공통체

COMMONWEALTH

ANTONIO NEGRI & MICHAEL HARDT

공통체

안토니오 네그리 · 마이클 하트 지음 | 정남영 · 윤영광 옮김

자본과 국가 너머의 세상

사월의책

공통체

1판 1쇄 발행 2014년 1월 2일
1판 3쇄 발행 2020년 5월 10일

지은이 안토니오 네그리 · 마이클 하트
옮긴이 정남영 · 윤영광
펴낸이 안희곤
펴낸곳 사월의책

편집 박동수
디자인 김현진

등록번호 2009년 8월 20일 제396-2009-126호
주소 경기도 고양시 일산동구 무궁화로 7-45 451호
전화 031)912-9491 | 팩스 031)913-9491
이메일 aprilbooks@aprilbooks.net
홈페이지 www.aprilbooks.net
블로그 blog.naver.com/aprilbooks

ISBN 978-89-97186-35-8 [93100]

* 책값은 뒤표지에 있습니다.
* 이 도서의 국립중앙도서관 출판시도서목록(CIP)은 e-CIP홈페이지(http://www.nl.go.kr/ecip)와 국가자료공동목록시스템(http://www.nl.go.kr/kolisnet)에서 이용하실 수 있습니다.
(CIP제어번호: CIP2013024146)

평화로운 사람들에게 힘을

차례

COMMONWEALTH
ANTONIO NEGRI & MICHAEL HARDT

공통적인 것을 향한 열망

이 책이 처음 출간된 후 몇 년간 가장 흥미로운 사회적 투쟁들 중 일부에서 '공통적인 것'the common이라는 개념이 얼마나 중심적인 것으로 자리 잡았는지를 보고 우리는 깊은 감명을 받았다. 예컨대 아랍의 봄에서 월스트리트 점거운동에 이르고 스페인의 '분노한 사람들'Indignados을 비롯한 다양한 유럽의 운동들을 관통하는 2011년 야영 및 점거운동의 물결에서 공통적인 것은 운동들의 열망과 힘을 이해하기 위한 열쇠가 되었다. 또한 2013년 여름 터키와 브라질에서 발생한 정부에 맞선 시위와 충돌은 2011년 투쟁의 열망들 가운데 많은 부분을 새롭게 하고 발전시켰으며 공통적인 것의 중심성을 더욱 부각시켰다.

우리가 공통적인 것이라는 말로 의미하는 바에 접근하는 가장 쉬운 길은 공통적인 것을 부정적인 방식으로 규정하는 것, 즉 공통적인 것은 사적인 것도 아니고 공적인 것도 아니라고 말하는 것으로 보인다. 다시 말해 공통적인 것은 한편으로 사적 소유의 지배와 신자유주의적 전략들에 대립하며, 다른 한편으로는 공적 소유의 지배, 즉 국가의 통제와 규제에 대립한다. 사적인 것과 공적인 것은 많은 측면에서 다르지만 공히 공통적인 것에 대한 접근을 제한하는 제도와 결정의 독점을 특징으로 한다.

긍정적인 관점에서 보면 공통적인 것은 개방적 접근과 집단적이고 민주적인 결정 및 자주관리로 정의되는 부의 한 형태(혹은 부를 관리하는 하나의 방식)이다. 주의해야 할 것은 공통적인 것은 자생적으로 조직되는 것이 아니라 관리를 필요로 한다는 사실이다. 사적 소유자나 국가가 통제하지 않으면 우리의 부와 자원이 필연적으로 파괴되고 말 것이라고 경고하는 '공유지의 비극'에 대한 저 모든 낡은 주장들은 누구도 공통적인 것을 관리하거나 보살피지 않는다는 가정에 기초하고 있다. 이와 달리 우리는 공통적인 것이 개방적이고 민주적인 방식으로 조직되고 유지될 수 있으며 또 그래야 한다고 주장한다. 그러한 자치의 형식을 발명하는 것이 공통적인 것을 위한 기획이 직면한 가장 큰 도전들 가운데 하나이다.

우리가 보기에 공통적인 것과 그 조직의 논리는 물질적 형태의 부와 비물질적 형태의 부 모두에 적용된다. 물질적 형태의 부에 관해 말하자면, 우리는 예컨대 지구와 그 생태계—수자원, 해양, 토지, 삼림, 대기 등—를 공통적인 것으로 다룰 수 있으며 어떤 경우에는 이미 그렇게 하고 있다. 예를 들어, 상수도를 사유화하고 기업에 매각하려는 신자유주의 전략에 맞서 강력한 투쟁들이 전개되어 왔는데(우리는 이 책에서 2000년 볼리비아에서 일어난 고무적인 투쟁을 간략하게 다룬다), 이처럼 세계 곳곳에서 벌어지고 있는 물에 대한 접근과 물의 관리를 둘러싼 점증하는 투쟁들은 공통적인 것에 입각한 관점의 영향을 뚜렷이 보여준다. 시위대들은 물은 우리의 것이라고 선언한다. 그런데 시간이 갈수록 이 운동들은 기업으로부터 물에 관한 권리를 빼앗아서 단순히 그것을 국가에 되돌려주는 것을 목표로 하지 않게 된다. 시장과 국가, 사적인 것과 공적인 것이 우리에게 주어진 유일한 선택지가 아니라는 것이다. 대신 이 운동들은 물을 공통적인 것으로 만들 수 있는 방법, 즉 제한된 자원의 분배를 결정하기 위한 민주적이고 참여적인 메커니즘을 구축하는 방법을 모색한다.

공통적인 것은 비물질적 형태의 부와 관련해서도 이와 유사하고 평행한 논리를 따른다. 현대 자본주의 생산에서는 아이디어, 이미지, 정보, 코드 등이 점점 더 중심적인 역할을 수행한다. 그런데 이 비물질적 자원들을 사적인 것으로 만들거나 공적인 것으로 만들면, 즉 자본주의적 소유자(혹은 국가의 관리자)의 통제에 종속시키면 그 자원을 활용하는 이들의 생산성이 감소한다. 새로운 아이디어와 새로운 코드를 가장 효과적으로 생산하기 위해서는 이전에 생산된 모든 아이디어와 코드에 대한 개방적 접근이 필요하기 때문이다. 다시 말해 자본주의적 생산의 심장부에 공통적인 것과 사적 소유 사이의 갈등이 존재한다. 전통적인 표현을 따르자면 점점 더 사회적인 성격을 띠는 생산 네트워크와 사적인 형태의 축적 사이의 갈등이라고도 할 수 있을 것이다.

공통적인 것을 둘러싼 투쟁은 2011년의 다양한 야영 및 점거운동들에서 중심적으로 나타났으며 2013년 여름에 한층 더 발전되었다.

예를 들어 2013년 이스탄불의 탁심광장Taksim Square에서 벌어진 사건들을 생각해보자. 게지공원Gezi Park을 파괴하고 19세기 오스만제국의 병영을 쇼핑몰로 재건축하려는 계획에 환경운동가들과 반자본주의 활동가들이 합세하여 반대하면서 시위가 시작되었다. 이러한 시작은 분명 지난 수십 년간 전세계적으로 확산되어 온 신자유주의와 젠트리피케이션gentrification에 맞선 다양한 투쟁들과 유사하다. 그러나 터키의 운동은 명확히 사적인 것에 반대하면서도 공적인 것을 지지하지 않았다. 다름 아닌 국가가 공원 파괴와 쇼핑몰 건축 계획을 주도했기 때문이다. 사실 다른 많은 경우와 마찬가지로 이 경우에도 사적인 것과 공적인 것을 구분하기란 불가능하다. 시위대는 공원을 공통적으로 만들 것을, 즉 공원을 집단적인 자치에 개방하여 관리되도록 할 것을 요구했다. 이후 탁심광장 시위는 메트로폴리스와 그 자원 및 삶형태에 대한 통제와 관련된 이스탄불을 비롯한 터키 도시들의 여러 이슈를 종합적으로 제기하는 것으로 성장했다. 곧이어 분출한 브라질의 투쟁들은 한층 더 명확하게 도시에 대한 공통적인 권리와 도시의 부를 모두에게 개방하는 것을 목표로 했다.

공통적인 것의 맥락에서는 경제투쟁과 정치투쟁 간의 전통적인 구분이 무너지는 경향이 있다는 것을 이러한 반란들이 어떻게 입증하는지를 이론적인 수준에서 인식하는 것이 중요하다. 항의들이 주로 경제적 관점에서 나타날 때조차—예를 들어 월스트리트 점거운동의 99% 슬로건이 종종 이런 식으로 해석되었다—공통적인 것의 확립은 언제나 그 중심에 정치적인 움직임을 필요로 한다. 공통적인 것을 향한 모든 기획은 우리가 공유하는 부와 자원의 관리에 적합한 집단적 자치의 형식을 발명해야 한다. 다시 말해 공통적인 것은 스스로 '민주적'이라고 주장하는 통합적 선거제도에 대한 비판뿐 아니라 보다 완전하고 참여적인 자치 형식의 발명 또한 함축한다. 다시 한 번 민주주의가 이론과 실천이 다루어야 할 사안이자 문제가 된 것이다.

이 책이 한국 독자들에게 다가갈 수 있게 된 것을 기쁘게 생각하며 이 일을 가능케 한 편집자와 역자들에게 감사를 표한다. 우리는 한국의 노동운동, 사회운동, 저항운동이 수행하는 이론적 논의와 적대적 실천들이 아시아·태평양 지역뿐 아니라 전지구적인 수준에서도 미래를 가리키는 핵심적 요소라는 사실을 오래전부터 알고 있었다. 이 책에 담긴 생각들이 어떤 식으로든 한국 운동의 정치적 논의와 활동에 기여할 수 있기를 희망한다.

마이클 하트·안토니오 네그리

서문

다중의 군주 되기

사람들은 오직 자신의 과감함이
공포로부터 얻어내는 만큼의 자유만을 가진다.
스탕달, 『나폴레옹의 삶』

평화로운 사람들에게 힘을.
마이클 프랜티, "세상을 폭격하라"

전쟁, 고통, 비참 그리고 착취가 지구화되고 있는 우리 세계를 점점 더 특징짓는다. 많은 이유로 우리는 '외부'의 어떤 영역에서 피난처를 찾는다. 다시 말해서 오늘날 출현하고 있는 제국의 훈육과 통제로부터 분리된 어떤 장소에서, 혹은 심지어 우리의 삶을 인도하고 우리의 정치적 행동에 근거를 부여해줄 수 있는 어떤 초재적이거나 초월적인 원리와 가치에서 피난처를 찾는다. 그러나 지구화가 낳은 하나의 주된 효과는 공통적인 세계의 창조이다. 이는 좋든 나쁘든 우리 모두가 공유하는 세계이며, '외부'가 없는 세계이다. 우리는 이 세계에서 지배 권력들에 종속되어 있을 뿐 아니라 부패에 오염된 채로 살아가도록 운명지어졌다는 허무주의자들의 인식을 공유해야 한다. 그것을 얼마나 명석하고 통렬하게 비판하는가와 무관하게 말이다. 우리로 하여금 외부에 남아 있도록 해줄 정치적 순수성과 '지고한 가치들'에 대한 꿈은 모두 버려라! 그러나 이러한 허무주의적 인식은 하나의 도구로, 대안적 기획의 구축을 향하는 길의 한 지점으로 그쳐야 한다. 이 책에서 우리는 윤리적 기획을, 제국 내에서 제국에 대항하는 민주적 정치 행동의 윤리학을 명확히 제시하고자 한다. 우리는 실현 가능한 전지구적 민주주의의 사회적 관계와 제도적 형태들을 발견하기 위해서 다중의 운동과 실천이 지금까지 어떤 것이었으며 앞으로 어떤 것이 될 수 있는지를 살펴볼 것이다. 다중이 자치自治 기술을 배우고 영속적인 민주적 사회조직 형태들을 발명하는 과정이 바로 '군주 되기'Becoming-Prince이다.

다중의 민주주의는 오로지 우리 모두가 공통적인 것the common을 공유하고 공통적인 것에 참여하기 때문에 상상할 수 있고 실현 가능하다. '공통적인 것'이라는 말로 우리가 맨 먼저 의미하는 것은 물질적 세계의 공통적 부—공기, 물, 땅의 결실을 비롯한 자연이 주는 모든 것—인데, 이 공통적 부는 유럽의 고전 정치 문헌들에서 공유되어야 할 인류 전체의 유산이라고 종종 주장되었던 것이다. 또한 우리는 더욱 의미심장하게, 사회적 생산의 결과물 중에서 사회적 상호작용 및 차후의 생산에 필요한 것들—지식, 언어, 코드, 정보, 정동affect 등—을 공통적인 것이라고 본다.* 공통적인 것을 이렇게 보는 입장은 인간

* '정동'은 스피노자에게서 온 개념으로서 라틴어 'affectus'를 옮긴 말이다. 스피노자는 정동을 "신체에 일어난 변용"을 "이 변용에 대한 관념"과 함께 가리키는 것으로 정의한다. 이때 "신체에 일어난 변용"은 "신체의 활동 능력을 증가시키거나 감소시키는, 촉진하거나 저해하는" 측면에서 파악된다(『윤리학』 3부, 정의3). 네그리와 하트는 『다중』(세종서적, 2008)에서 정동에 대해 이렇게 설명하고 있다. "정신적 현상들인 정서들emotions과는 달리, 정동들은 신체와 정신에 똑같이 관계한다. 사실상, 기쁨이나 슬픔과 같은 정동들은 유기체 전체에 담겨 있는 삶의 활력의 현재 상태를 보여주며, 신체의 일정한 상태를 사유의 일정한 양태와 함께 표현한다."(158쪽) (이하 모든 각주는 옮긴이의 주이다)

을 (자연의 착취자 혹은 관리인이라는) 자연과 분리된 위치에 놓지 않으며, 공통적 세계에서의 상호작용·돌봄·공생에 초점을 맞추고 공통적인 것의 이로운 형태들을 장려하며 해로운 형태들을 제한한다. 지구화 시대에는 생태적 차원과 사회경제적 차원에서 본 이 두 가지 형태의 공통적인 것을 유지·생산·분배하는 문제가 점점 더 중심적이 되어가고 있다.[1]

그러나 지배적 이데올로기들이 우리의 눈을 가리고 있는 오늘날, 공통적인 것이 우리 주변 어디에나 있는데도 그것을 알아보기란 어렵다. 최근 수십 년 동안 세계 도처에서 신자유주의 정책들이 문화적 생산물들—예를 들어 정보, 아이디어, 심지어는 동물이나 식물의 종種들—을 사유재산private property으로 만들면서 공통적인 것을 사유화하려고 하였다.* 우리는 다른 많은 사람들과 함께 입을 모아서 그러한 사유화에 저항해야 한다고 주장한다. 그러나 통상적인 견해를 가진 사람들은, 마치 공통적인 것이 부적절하거나 사멸했다는 듯이, 공적인 것 즉 국가를 비롯한 통치당국들의 관리와 규제가 사적인 것에 대한 유일한 대안이라고 생각한다. 물론 오랜 종획enclosure의 과정을 통해 지구의 표면은 공적 재산과 사적 재산으로 완전히 나뉘었고 남북아메리카의 토착 문명이나 중세 유럽에서 보는 바와 같은 공유지 체제는 파괴되었다. 그럼에도 불구하고 우리 세계의 매우 많은 부분은 공통적이다. 즉 자유로운 접근이 가능하고 능동적인 참여를 통해 발전된다. 예를 들어 언어는 정동이나 제스처처럼 대부분 공통적이며, 만일 사적이거나 공적인 것이 된다면—즉 단어·어구·품사의 많은

* 'property'의 역어로는 '재산'과 '소유' 중 맥락에 따라 더 적합한 것을 택한다.

부분이 사적 소유나 공적 권위에 종속된다면—표현·창조·소통의 힘을 잃게 될 것이다. 독자들의 마음을 안심시키려는 의도로 이 예를 든 것은 아니다. 사적인 통제와 공적인 통제가 만들어내는 위기들이 겉으로 보이는 것만큼 나쁜 것은 아니라고 말하려는 것도 아니다. 우리의 의도는 독자들이 자신의 시각을 다시 가다듬어 이미 존재하는 공통적인 것과 그것이 할 수 있는 바를 인식하도록 돕는 것이다. 이것이 공통적인 것과 그것이 가진 힘을 되찾고 확대하는 기획의 첫걸음이다.

다른 선택을 배제하는 것처럼 보이는, 사적인 것과 공적인 것 사이의 양자택일은 마찬가지로 해로운 자본주의와 사회주의 사이의 정치적 양자택일에 상응한다. 종종 자본주의 사회의 병폐에 대한 유일한 치료제는 공적 규제와 케인스적 그리고/혹은 사회주의적 경제 관리라고 생각된다. 그리고 반대로 사회주의의 폐해는 오로지 사적 소유와 자본주의적 통제에 의해서만 고칠 수 있는 것으로 간주된다. 그러나 때로는 서로 혼합되고 때로는 격렬한 갈등을 일으켰지만 사회주의와 자본주의는 공히 공통적인 것을 배제하는 소유체제이다. 우리가 이 책에서 발전시키고 있는 공통적인 것을 제도화하는 정치적 기획은 이 잘못된 양자택일을 사선으로 가로지르며 (즉 사적인 것도 아니고 공적인 것도 아니며, 자본주의적이지도 않고 사회주의적이지도 않다) 그리하여 정치의 새로운 공간을 연다.

사실, 자원과 부를 사유화하려는 계속적인 충동에도 불구하고 자본주의적 생산과 축적의 현대적 형태들은 역설적으로 공통적인 것의 확대를 가능하게 하고 심지어 필요로 한다. 자본은 순수한 형태의 명령이 아니라 사회적 관계이며, 그 존속과 발전은 자본 내부에 통합되어 있지만 자본에 적대적인 주체성들에 의존한다. 자본은 지구화 과정을 통하여 지구 전체를 그 명령 아래 둘 뿐 아니라 사회적 삶 전체를 창조하고 그것에 스며들어가서 착취한다. 그리고 그 과정에서 삶에 경제적 가치의 위계에 따른 질서를 부여한다. 정보·코드·지식·이미지·정동 등을 포함하는 새로운 지배적 생산 형태에서는 생산자들이 공통적인 것—특히 그 사회적 형태인 소통네트워크들, 정보은행들, 문화적 회로들—에의 자유로운 접근과 함께 더욱 많은 자유를 점점 더 필요로 한다. 예컨대 인터넷 테크놀로지의 혁신은 제한되지 않은 네트워크들 속에서 서로 연결하고 상호작용하는 능력에, 그리고 공통적인 코드와 정보자원에의 접근에 직접적으로 의존한다. 더 일반적으로 말하자면, 탈중심화된 네트워크에서 이루어지는 생산의 모든 형태는 (컴퓨터 테크놀로지를 수반하든 아니든) 자유와 공통적인 것에의 접근을 요구한다. 더 나아가, 생산되는 것—아이디어, 이미지, 정동 등—의 내용은 쉽게 재생산(복제)되기 때문에 이를 사유화하거나 공적 통제 아래 두려는 모든 법적·경제적 노력에 강하게 저항하는 경향, 공통적이 되는 경향이 있다. 이행移行은 이미 진행되고 있다. 현대의 자본주의적 생산은 자신의 욕구를 따르는 가운데, 공통적인 것을 바탕으로 하는 사회적·경제적 질서의 가능성을 열고 그 토대를 창출하고 있는 것이다.

상품 생산은 종종 주체를 위한 객체(대상)의 생산으로 이해되지만, 사실 삶정치적 생산의 궁극적 핵심은 주체성 자체의 생산이다(이 점은 우리가 더 높은 추상 수준으로 한 걸음 물러나 생각하면 알 수 있다). 바로 이 지형에서 우리의 윤리적·정치적 기획이 출발해야 한다. 그런데 어떻게 윤리적 생산이 주체성의 생산이라는 변화하는 토대—주체성의 생산은 고정된 가치들과 주체들을 늘 변형시킨다—위에 수립될 수 있을까? 질 들뢰즈Gilles Deleuze는 미셸 푸코Michel Foucault의 '장치' dispositif—주체성 생산의 물질적·사회적·정동적·인지적 메커니즘 혹은 기구—라는 개념에 대해 성찰하면서 "우리는 장치에 속하고 장치 안에서 행동한다"고 주장한다.* 그런데 우리가 장치 안에서 행동하려면 윤리적 지평이 정체성identity에서 생성becoming으로 재정향되어야 한다. 문제가 되는 것은 "현재 우리의 존재가 아니라 생성 과정 속에 있는 우리의 존재, 즉 '타자', 우리의 타자 되기이다."[2] 이러한 시점視點에서 볼 때 드러나는 것은, 오늘날 정치적 행동의 핵심에는 주체성 생산의 통제냐 아니면 자율이냐를 놓고 벌어지는 투쟁이 포함된다는 점이다. 다중은 이 과정의 결과로 나오는 특이한 주체성들을 공통적인 것 속에서 합성함으로써 스스로를 창조한다.**

우리는 정치 영역에서 우리가 가지고 있는 어휘가 현 세계의 새로운 조건과 가능성을 파악하기에 불충분하다는 것을 종종 깨닫는다. 우리는 이러한 난관을 극복하기 위해 때로 새로운 용어를 발명하지만, 더 이상 사용되지 않는 낡은 정치적 개념들을 부활시키고 다시 활성화시키는 경우가 더 많다. 이는 그 개념들이 강력한 역사를 가지고 있기 때문이기도 하고 현 세계에 대한 통상적 이해를 무너뜨리고 그것을 새로운 각도에서 다시 제시하기 때문이기도 하다. 이 책에서 특

* 앞으로 '장치'라는 단어가 'dispositif(s)'의 번역어로 사용된 경우에는 원어를 병기하기로 한다. 단, 맥락상 분명한 경우는 예외로 한다. 물론 이 단어가 일반적으로 '장치'로 옮겨지는 다른 단어들의 번역어로 쓰인 경우에는 원어병기를 하지 않는다.

** '합성'은 영어 'composition'을 옮긴 것이다. 이것을 일반적으로는 '구성'으로 옮길 수도 있으나 현재의 맥락에서는 '구성'으로 옮기는 'constitution'과 대조하여 사용되기 때문에, '합성'으로 옮긴 것이다. 'composition'은 특이성들(혹은 특이한 주체성들)이 서로 모여서 다중을 이루는 것 자체를 가리킨다. 이와 달리 'constitution'은 새로운 존재 혹은 정치체제의 창출을 가리키는 데 쓰인다.

별히 의미심장한 역할을 하는 두 개념은 가난과 사랑이다. 빈자貧者, the poor는 유럽에서 적어도 중세에서 17세기까지 널리 퍼진 정치적 개념이었다. 그러나 우리가 최선을 다해 그 역사의 어떤 부분에서 배우고자 하기는 하겠지만, 우리는 빈자가 오늘날 어떻게 되었는가에 더 관심이 있다. 가난의 관점에서 생각하기는 첫째로 전통적인 계급 구분을 문제 삼고 우리로 하여금 계급 구성이 어떻게 변했는지를 신선한 눈으로 연구하게 하며 임금관계의 안팎에서 이루어지는 광범한 생산 활동들을 보게 만드는 건강한 효과를 가지고 있다. 둘째, 이렇게 보았을 때 빈자는 결핍이 아닌 가능성에 의해서 정의된다. 빈자, 이주자, '불안정' 노동자들(안정적으로 고용되지 않은 사람들)은 종종 배제된 것으로 간주되지만, 실제로는 (종속된 상태로이긴 하지만) 삶정치적 생산의 전지구적 리듬 속에 완전히 들어와 있다. 경제적 통계를 통해서 가난의 조건을 부정적 관점에서 파악할 수 있을지 모르지만, 빈자들이 생성하는 삶형태, 언어, 운동, 혁신능력 등을 파악할 수는 없다. 우리의 과제는 빈자의 생산성과 가능성을 힘으로 전환시키는 방법들을 찾는 것이 될 것이다.

발터 벤야민Walter Benjamin은 이미 1930년대에 특유의 기품과 지성으로 변화하는 가난 개념을 파악했다. 그는 파괴—특히 제1차 세계대전이 자행한 파괴—를 목격했던 사람들의 경험에서 (허무주의적 색조를 띤 방식으로) 이 변화를 찾아낸다. 그러한 파괴가 우리를 공통적인 조건에 처하게 한다. 벤야민은 새롭고 긍정적인 형태의 야만성을 낳을 잠재력이 이 과거의 폐허로부터 탄생하는 것을 본다. "경험의 빈곤[가난]이 야만인에게 무슨 작용을 하는가? 그것은 그로 하여금 처음부터 시작하도록, 새로운 출발을 하도록, 조그만 시도를 공들여 하도록, 조금을 가지고 시작하여 더 크게 키우도록 만든다."[3] 빈자의 '야만적' 생산성이 공통적인 세계를 만드는 일에 착수하는 것이다.

공통적인 것의 힘과 생산성을 연구하기 위한 또 하나의 경로는 사랑이다. 사랑은 개인주의의 고립성을 탈출하기 위한 수단이다. 그러나 (통상적인 '사랑' 이데올로기에서처럼) 겨우 연인 혹은 부부관계나 가족의 사적 삶 속에 다시 고립되는 데 그치기 위한 것은 아니다. 공통적인 것의 생산과 사회적 삶의 생산을 핵심으로 하는 정치적 사랑 개념에 도달하기 위해서 우리는 대부분의 현대적 의미에서 벗어나 예전의 개념 일부를 가져와서 작업해야 한다. 예를 들어 소크라테스는 『향연』*Symposium*에서 그의 "사랑의 교사"인 디오티마Diotima를 따라서 사랑은 가난과 발명에서 태어난다고 말한다. 그는 그녀가 가르쳐준 것을 정밀하게 다듬을 의도로, 사랑이 아름다움과 부를 달성하고, 그리하여 욕망을 충족시킬 이상적 영역을 향하는 본성을 가졌다고 주장한다. 그러나 프랑스와 이탈리아의 페미니스트들은 플라톤이 디오티마를 잘못 알았다고 주장한다. 디오티마는 가난과 욕망을 아름다움과 부의 '충만함'으로 '승화'시키는 방향으로 우리를 이끌어가는 것이 아니라 차이로 규정되는 생성의 힘을 향해 이끌어간다는 것이다.[4] 디오티마의 사랑 개념은 우리에게 부의 새로운 정의를 제공하는데, 이 정의는 공통적인 것에 대한 우리의 생각을 확대시켜주고 해방과정이 향할 방향을 알려준다.[5]

가난과 사랑은 현재의 지배 권력을 전복하고 공통적인 것의 기획을 발전시키기에는 너무 약하게 보일 수 있으니, 그것들을 활성화하는 힘force의 요소를 강조할 필요가 있겠다. 이것은 일면으로는 지적 힘이다. 예를 들어 칸트Immanuel Kant는 계몽을 철학의 종말을 낳는 '광신적 비전들'을 추방할 수 있는 힘, 더 나아가 사고에 대한 모든 통제를 이겨낼 힘의 관점에서 파악한다. 데리다Jacques Derrida는 이 '계몽된' 칸트를 따라서 이성을 회의懷疑의 힘으로 되돌리고 이성의 혁명적 열정을 역사의 가장자리에서 출현하는 것으로서 인식한다.[6] 우리 또한 독단주의와 허무주의를 극복하는 데 그러한 지적 힘이 필요하다고 믿는다. 그러나 우리는 지적 힘을 물리적 힘과 정치적 행동으로 보완할 필요가 있다는 점을 강조한다. 사랑은 공통적 부에 기반을 둔 새로운 세계를 창출하기 전에 지배 권력을 물리치고 지배 권력의 부패한 제도들을 해체할 힘을 필요로 하는 것이다.

우리가 이 책에서 발전시키고 있는 윤리적 기획은 제국 내에서 정치적으로 다중을 구축하는 경로를 취한다. 다중은 가난과 사랑이 공통적인 것을 재생산하는 가운데 합성하는 일단의 특이성들이다. 그러나 다중의 군주 되기의 동학과 장치dispositifs를 서술하려면 이보다 더 많은 것이 필요하다. 우리는 다중에게 부과할 새로운 초월적인 것들 혹은 힘에의 의지의 새로운 정의들을 마치 마법사처럼 우리의 모자에서 꺼내지 않을 것이다. 다중의 군주 되기는 결정이 내재적으로, 즉 다중 내에서 이루어진다는 데 전적으로 의존하는 기획이다. 우리는 다중이 가동시킬 수 있는, 반란에서 혁명적 제도로의 이행을 발견해야 할 것이다.

'공통체'Commonwealth라는 이 책의 제목을 통해 우리는 통치를 다루는 고전적인 저작들—이 저작들은 사회의 제도적 구조와 정치적 구성을 탐구한다—의 일부 주제들로 회귀함을 나타내고자 한다.* 우리는, 일단 우리가 '공통체'라는 개념을 구성하는 두 항 사이의 관계를 인식한다면, 집단적 생산과 자치에 대한 우리의 능력에 초점을 맞추고 그 능력을 확대하면서 공통의 부의 세계를 제도화하고 관리할 필요가 있다는 점 또한 강조하고자 한다. 이 책의 전반부는 공통적인 것의 발전을 방해하고 부패시키는 세 가지 틀인 공화국, 근대성, 자본에 차례로 초점을 맞추는 철학적이고 역사적인 탐구이다. 그런데 우리는 이 세 가지 틀과 연관된 지형들 각각에서 움직이는 빈자 다중과 대안근대성altermodernity의 회로로부터 대안들 역시 출현하고 있음을 발견한다. 이 책의 후반부는 공통적인 것의 현황에 대한 정치적·경제적 분석이다. 우리는 다중의 현 상태와 잠재력을 가늠하기 위해 제국의 전지구적 협치governance 구조와 자본주의적 명령의 기구들을 탐구한다. 우리의 분석은 혁명의 가능성과 혁명이 필요로 하는 제도적 과정에 대한 성찰로 끝맺는다. 각 부의 끝에는 본문에서 제기된 핵심 쟁점을 본문에서와는 다른 더욱 철학적인 관점에서 다루는 절이 붙어 있다(이 절들의 기능은 스피노자의 『윤리학』에서 주석이 하는 기능과 유사하다). 이것들은 간주곡과 함께 하나의 연속적인 연구로서 (본문과 별도로) 연이어서 읽힐 수도 있다.

---

* 'commonwealth'는 'common'과 'wealth'로 나뉘고(이 둘이 본문에서 말하는 "두 항"이다), 그 의미를 단순히 조합하면 '공통적 부'가 된다('공통의 부', 혹은 '공동의 부'로도 옮길 수 있을 것이다). 그런데 'commonwealth'는 두 단어가 하나의 단어로 합성된 것이므로 두 단어로 이루어진 어구 'common wealth'와는 다른 의미를 가질 수 있게 된다. 즉 '공통적 부'를 기반으로 한 공동체 혹은 사회적 삶의 형태를 가리키게 되는 것이다. 바로 그렇기에 단순히 경제 영역만이 아니라 통치 영역 즉 정치 영역도 포함하게 된다. 아직 중세 '공유지'the commons가 존재할 때 그 공유지에 사는 '커머너들'commoners은 'commonwealth'를 바로 이러한 의미로 사용하였다. 그런데 자본주의의 진전과 함께 공유지 및 그것을 기반으로 한 삶형태가 파괴되면서 'commonwealth'는 지배계급에 의해 차용되어 단순히 'state'(국가)를 가리키는 말로 변신하게 된다(예를 들어 『리바이어던』과 같은 홉스의 저작들에서 'commonwealth'는 이런 의미로 사용된다). 국가와 자본이 바로 'commonwealth'를 파괴한 장본인이므로, 'commonwealth'가 '국가'를 의미하는 단어가 된 것은 매우 의미심장한 역사의 역설이다. 네그리와 하트는 'commonwealth'를 원래의 의미로 사용하고자 한다. 그래서 그 취지를 살려 'commonwealth'는 이 책에서 '공통체'로 옮겨질 것이다.

우리의 전제와 유사한 전제에서 출발하는 장-뤽 낭시Jean-Luc Nancy는 "[하이데거의] 『존재와 시간』을 '스피노자식'으로 독해하거나 다시 쓰는 것을 제안할 수 있는" 것이 아닌가 하고 생각한다.[7] 우리는 우리의 작업이 그 방향을 향하길 바란다. 즉 허무주의의 현상학을 전복하고 다중의 생산성과 창조성을 핵심으로 하는 과정을 열어젖히기를 바란다. 이 과정을 통해 우리는 세계를 혁명적으로 바꾸고 공유된 공통적 부를 제도화할 수 있게 될 것이다. 우리는 사건을 정의하고자 할 뿐 아니라 대초원을 불사를 불씨를 포착하고자 한다.

Republic:;)
/and/
the =
'Multitude
of tHË
:Pooor

1부

공화국 그리고 빈자 다중

하늘에 머물고 있는 해가 이제 지겹다.
나는 세상의 문장구조가 해체될 때까지 기다릴 수 없다.

이탈로 칼비노, 『엇갈린 운명의 성(城)』

Commonwealth

1.1 소유 공화국

백성들이 매우 좋아하며 대부분의 사람들이
얻으려고 노력하는 자유와 소유는
불과 물처럼 상극이어서 양립할 수 없다.
로버트 필머, 「아리스토텔레스의 정치학에 관한 논평들」

그래서 정치적 구성은 그 정점에서는
사적 소유의 구성이다.
칼 마르크스, 『헤겔 법철학 비판』

정치에서 최근에 보이는 묵시록적 어조에 대하여

권력에 대한 오늘날의 견해들에서는 새로운 제국주의와 새로운 파시즘을 경고하는 일종의 묵시록적 분위기가 우세하다. 모든 것이 주권 권력과 예외상태(즉 권리가 전반적으로 정지되고 법 위에 군림하는 권력이 출현하는 상태)로 설명된다. 사실 그러한 예외상태의 증거는 손쉽게 구할 수 있다. 일국적·국제적 분쟁을 해결하는 데 최후의 수단으로서만이 아니라 초기의 수단으로서도 폭력을 사용하는 일이 압도적으로 많은 것, 고문의 일반화된 사용과 심지어는 그 정당화, 전투에서 민간인을 무차별적으로 살상하는 것, 국제법의 무시, 자국민의 권리 및 보호의 정지—이런 식으로 계속 나열될 수 있다. 이러한 세계상은 중세 유럽인들이 그린 지옥의 모습과 닮았다. 불의 강에서 불타고 있는 사람들, 사지가 찢기고 있는 사람들, 그리고 그 가운데에서 그들의 몸을 통째로 게걸스럽게 먹고 있는 거대한 악마. 이 그림의 문제는 초재적 권위와 폭력에 초점을 맞춤으로써, 오늘날 우리를 계속해서 지배하는 주된 권력 형태들—소유와 자본에 구현된 권력, 법에 뿌리를 두고 법에 의해 전적으로 뒷받침되는 권력—을 가리고 신비화한다는 것이다.

통속적인 담론에서 묵시록적 비전은 도처에서 새로운 파시즘의 발흥을 본다. 많은 이들이 거의 빼놓지 않고 아부그라이브, 관타나모, 팔루자 및 애국법을 언급하면서 미국 정부가 파시즘적이라고 말한다. 다른 이들은 가자 및 웨스트뱅크 지역의 계속적인 점령, 암살 및 불도저를 외교수단으로 사용하는 것, 레바논 폭격 등을 언급하면서 이스라엘 정부를 파시즘적이라고 부른다. 또 다른 이들은 이슬람 세계의 신권神權정치적 정부와 운동을 지칭하기 위해 '이슬람 파시즘'이라는 말을 사용한다. 물론 많은 이들이 자신들이 비난하는 정치체제와 운동을 지칭하기 위해서 일반적으로 '파시즘'이라는 용어를 사용하기 때문에 사실상 그 말은 '매우 나쁘다' 정도의 의미만을 가지게 되었다. 그러나 '파시즘적'이라는 말이 사용되는 이 모든 경우에 그것이 부각시키는 요소는 권력의 권위주의적 얼굴, 무력武力에 의한 지배이다. 그리고 가려지거나 신비화되는 것은 헌법 및 법률과 관련된 과정들의 일상적 기능과 이윤 및 소유의 부단한 압박이다. 사실상 섬광처럼 일어나는 일련의 극단적인 사건과 사례들이 많은 이들로 하여금 일상적이고 지속적인 권력구조를 보지 못하게 한다.[1]

이 묵시록적 담론이 학자들에게서 나타날 때에는 주권 개념에 과도하게 초점을 맞추는 특징을 보인다. 그러한 저자들은 주권자가 예외를 관장하는 자이며 따라서 법의 내부와 외부에 공히 존재한다고 확언한다. 이 견해에 따르면 근대 권력은 여전히 근본적으로 신학적 성격을 띠는데, 신성神性에 입각한 권위가 세속화되었다는 의미에서라기보다는 주권권력이 사회 위에 있는 그리고 그 구조들 외부에 있는 초재적인 위치를 차지하고 있기 때문이다. 어떤 측면에서 이 지적 경향은 홉스Thomas Hobbes로의 회귀, 즉 사회적 지형 위에 거대하게 군림하는 리바이어던Leviathan으로의 회귀를 나타낸다. 그러나 더 근본적으로 그것은 1930년대에 특히 독일에서 칼 슈미트Carl Schmitt를 중심으로 벌어진 논쟁을 재연再演하고 있다. 통속적인 담론에서처럼 여기서도 권력의 경제적·법적 구조들은 부차적인 것으로만 혹은 기껏해야 주권권력이 마음대로 할 수 있는 도구들로만 간주되어 뒷전으로 밀리는 경향이 있다. 따라서 권력의 모든 근대적 형태는 주권 혹은 파시즘으로 붕괴되는 경향이 있으며, 사회 질서의 내부에도 있고 외부에도 있는 통제의 궁극적 장소인 수용소가 근대 사회의 전형적인 장소가 된다.[2]

이 두 묵시록적 비전들—주권권력에 대한 학술적 분석과 파시즘에 대한 통속적 비난—은 모두 권력과 정치적으로 씨름할 수 있는 여지를 봉쇄해버린다. 지금은 좌절되거나 봉쇄되어 있을지라도 언젠가는 풀려날 수 있는 해방의 힘들이 그러한 권력에는 들어 있지 않다는 것이다. 그러한 권력을 민주적인 경로를 따라서 변형할 희망은 없다. 권력에 대립하고 권력을 파괴해야 할 뿐이다. 실로 이러한 주권관에 함축된 하나의 신학적 측면은 극단적 선택항들을 마니교적으로 분할하는 것—초재적 주권에 굴복하느냐 아니면 통째로 대립하느냐—이다. 1970년대에 좌파 테러리스트 그룹들이 국가가 파시즘적이라고 주장했을 때, 이 주장이 그들에게 의미하는 바는 무장투쟁이 유일하게 실천 가능한 정치적인 경로라는 점이었음을 기억할 필요가 있다. 오늘날 새로운 파시즘에 대해서 말하는 좌파들은 일반적으로 무장투쟁을 요구하기보다는 도덕적 분노와 체념으로 그 주장을 따르지만, 핵심 논리는 같다. 주권적인 파시즘 권력과는 정치적으로 씨름하는 것이 불가능하다는 것이다. 그 권력이 아는 것이라고는 폭력뿐이기에.

그러나 오늘날 우리가 실제로 직면하고 있는 권력의 주된 형태는 그렇게 극적이거나 악마적인 것이 아니라 다소 세속적이고 일상적이다. 우리는 더 이상 정치를 신학과 혼동하지 말아야 한다. 현재 주권의 유력한 형태—만일 우리가 여전히 '주권'이라고 부르고 싶다면—는 협치의 법체계 및 제도들에 완전하게 뿌리를 내리고 있으며 그것들에 의해 지탱되고 있다. 이는 법의 지배the rule of law만이 아니라 소유의 지배the rule of property 역시도 특징으로 하는 공화제 형태이다. 달리 말하자면, 정치적인 것은 자립적인 영역이 아니며 경제적·법적 구조들에 완전히 함입되어 있다. 이러한 형태의 권력에는 이례적이거나 예외적인 측면이 하나도 없다. 이 권력은 자신이 자연스럽다고 주장하는데, 자연스러움이란 실상 그 조용하고 비가시적인 일상적 기능을 뜻하며, 이것이 권력을 인식·분석하고 그것에 도전하는 일을 극히 어렵게 만든다. 그렇다면 우리의 첫째 과제는 주권, 법 그리고 자본의 긴밀한 관계를 밝히는 것이다.

우리는 기원전 4세기에 고대 그리스 신화에 대해서 에우헤메로스Euhemerus가 수행했던 것과 다소 비슷한 작업을 현대의 정치사상에 대해서 할 필요가 있다. 에우헤메로스의 설명에 따르면, 모든 신화는 사실 인간의 역사적 행동에 대한 이야기일 뿐이며 이것이 계속 반복됨으로써 확대되고 윤기가 더해져 하늘까지 쌓아올려진 것이다. 마찬가지로 오늘날 주권의 신봉자들은 주권권력이 산꼭대기에서 우리 위에 군림하고 있다고 상상한다. 사실 권력의 지배적인 형태들은 전적으로 세속적인데도 말이다. 오늘날 우리가 정치 영역에서 에우헤메로스와 같은 관점을 취한다면, 하늘에서 주권을 찾는 일을 멈추고 지상에 있는 권력의 구조들을 인식할 수 있을 것이다.[3]

일단 현대의 주권이론들로부터 그 신학적 허울과 묵시록적 비전을 벗겨내고 나면, 그 이론들을 일단 사회적 지형으로 가져오고 나면, 우리는 오늘날 사회에서 권력이 어떻게 기능하는가를 더 자세히 살펴볼 필요가 있다. 철학적 용어로 말하자면, 우리는 이 관점 전환을 **초재적**transcendent 분석에서 **초월적**transcendental 비판으로의 이동으로 볼 수 있다. 철학에서 칸트가 이룩한 '코페르니쿠스적 혁명'은 이성과 지성understanding*을 초재적 본질과 물物자체에 고정시키는 중세의 시도들을 종식시켰다. 그 대신에 철학은 사유와 경험에 내재해 있는 초월적 구조를 드러내려고 노력해야 한다. "나는 대상들이 아니라 대상들에 대한 우리의 인식방식을—이것이 선험적으로 가능한 한에서—일반적으로 다루는 모든 인식을 초월적이라고 부른다."[4] 칸트의 초월적 차원은 이렇듯 전적으로 경험의 직접적이고 내재적인 사실들 내부에 전적으로 위치한 것도 아니고 그렇다고 해서 전적으로 외부에 위치한

* 많은 곳에서 '오성'悟性으로 옮기고 있는 영어 'understanding'은 독일어 'Verstand'의 번역어로 칸트 자신은 이 말을 라틴어 'intellectus'에 상응하는 의미로 사용한다. 그런데 칸트가 라틴어 'intellectus'와 독일어 'Verstand'로 가리키고 있는 능력은 한자 '오'悟가 의미하는 '깨달음'의 능력이라기보다는 사고하고 판단하고 이해하는 능력, 요컨대 '앎'知의 능력, 곧 '지성'知性이다. 더 자세한 내용은 백종현, 「칸트철학 주요 용어의 해설 및 번역어 선택의 문제」, 『실천이성비판』, 아카넷, 2009 참조.

것도 아니다. 바로 이 초월적 영역에 지식과 경험의 가능성의 조건이 있다고 그는 설명한다.*

칸트의 초월적 비판이 주로 이성과 지식에 초점을 둔 반면 우리의 비판은 권력을 향한다. 칸트가 초재적 본질과 신성한 원인에 몰두하는 중세철학의 풍조를 일소한 것처럼 우리 역시 예외의 관장(이는 실로 군주 고유의 특권들에 대한 낡은 생각의 잔존물이다)에 기반을 둔 주권이론들을 넘어서야 한다. 대신 우리는 권력의 초월적 차원에 초점을 두어야 하는데, 이 차원에서는 법과 자본이 주된 힘들이다. 그러한 초월적 권력들은 주권자의 명령을 통한다거나 무력을 주된 수단으로 하여 복종을 강요하지 않고 사회적 삶의 가능성의 조건을 구조화함으로써 복종을 강요한다.

켈젠Hans Kelsen에서 롤스John Rawls에 이르는 법 사상가 및 헌법 사상가 모두가 법이 초월적 구조로서 기능한다는 직관에 촉발되어 법이론에서 칸트적인 형식주의를 발전시키게 되었다.[5] 소유가 인간의 사고와 행동에 본질적이라는 생각은 입헌국가와 법의 지배의 규제적 이념으로 기능한다. 이는 역사적 토대가 아니라 윤리적 의무, 즉 도덕적 질서를 구성하는 형식이다.** '개인'이라는 개념은 **존재**가 아니라 **소유**

---

* 어원적으로 볼 때, 영어 'transcendental'과 'transcendent'에 상응하는 독일어 'transzendental'과 'transzendent'는 '초월하다' 혹은 '넘어가다'라는 의미를 갖고 있는 라틴어 동사 'transcendere'의 파생어인 형용사 'transcendentalis'와 분사 'transcendens'의 번역어이다. 양 단어는 칸트 이전 스콜라 철학의 맥락에서는 교환 가능한 말로 사용되었으며, 사실 칸트 자신도 『순수이성비판』에서 두 낱말을 구분해서 사용하겠다는 뜻을 밝힌 이후에도 무심코 곳곳에서 동의어로 사용하고 있다. 그러므로 구분의 필요가 크지 않은 곳에서라면 두 낱말 모두 '초월적'超越的으로 옮겨도 무방하겠으나 본문의 맥락에서는 양자의 구분이 핵심적 내용을 이루는바, 'transcendental'은 어원상의 의미를 살려 그대로 '초월적'으로 옮기되 'transcendent'는 그 라틴어, 독일어, 영어 형태 모두에서 공히 '내재적'으로 옮겨질 수 있는 낱말immanens, immanent과 짝을 이루어 쓰임을 고려해서 '초재적'으로 옮긴다. 이 두 단어의 실질적 의미는 본문의 맥락에서 충분히 파악할 수 있다.

에 의해 정의된다. 바꾸어 말하자면, 이 개념은 형이상학적이고 초월적인 '심층적' 통일성에 준거하는 것이 아니라 재산 혹은 소유물을 가지고 있으며 오늘날 점점 더 '세습재산'의 관점에서 주주株主로 정의되는 '피상적' 개체에 준거한다. 실상 소유를 정당화하는 초재적 형상은 개인이라는 개념을 통해서 적법성의 초월적 형식주의로 통합된다. 예외가 헌법에 포함된다고 말할 수도 있다.

자본 또한 자신의 고유한 법칙들을 부과하는 비인격적 형태의 지배로서 기능한다. 사회적 삶을 구조화하고 위계와 종속이 자연스럽고 필연적인 것처럼 보이게 하는 경제적 법칙이 바로 자본의 법칙이다. 자본주의 사회의 기본적 요소들—소수의 수중에 집중된 재력, 대다수 사람이 생계를 유지하기 위해 노동력을 팔아야 하는 것, 전세계 인구 중 다수가 이러한 착취의 회로로부터도 아예 배제되는 것 등—은 모두 선험적인 것으로서 기능한다. 이를 폭력으로 인식하기는 어렵다. 상황이 매우 정상적인 것처럼 되어 있고 그 힘이 매우 비인격적으로 행사되기 때문이다. 자본주의적 통제와 착취는 외부의 주권권력에 의존하는 것이 아니라 주로 비가시적인 내부적 법칙들에 의존한다. 그리고 금융 메커니즘이 훨씬 더 풍부하게 발달될수록 사회적 삶의 조

** 칸트의 문맥에서 '규제적'regulativ이라는 술어는 '구성적'konstitutiv이라는 술어와 구별되는 가운데 사용된다. '구성적'이란 경험적 대상을 선험적으로 구성 혹은 산출할 수 있다는 것을 의미하는 데 반해, '규제적'이란 경험적 대상의 산출에는 전혀 관여하지 않으면서 경험에 체계적 통일 혹은 목적을 부여하는 것을 의미한다. 칸트에게 있어서 신, 영혼과 같은 이념, 즉 이성 개념은 오직 규제적으로만 사용되어야 하며, 그것들이 구성적으로 사용될 경우에는 초재적 가상을 낳게 된다. 그러므로 이념은 '규제적 이념'이어야 하며, 이 규제적 이념은 경험과 직접 관계하는 자리에서보다는 초감성적 세계를 대상으로 하는 도덕철학이나 목적론에서 더 적극적인 역할을 부여받는다. 본문에 등장하는 "역사적 토대가 아니라 윤리적 의무, 즉 도덕적 질서를 구성하는 형식"이라는 표현은 규제적 이념의 이러한 위치 내지 역할을 염두에 둔 것으로 보인다.

건을 규정하는 자본의 힘은 훨씬 더 광범하고 완전해진다. 물론 금융자본은 매우 추상적이기 때문에 대부분의 사람들의 삶으로부터 멀리 떨어진 것처럼 보이는 것이 사실이다. 그러나 바로 그 추상성이 선험적인 것이 가지는 일반적 힘을 (그 영향력이 점점 더 보편화되는 힘을) 금융자본에게 부여한다. 자신이 금융시장에 연루되어 있다는 것을 사람들이 모를 때조차 그렇다. 사람들은 개인 부채 및 국가 부채를 통해서, 콩에서부터 컴퓨터에 이르는 모든 종류의 재화를 생산하는 데 가동되는 금융 도구들을 통해서, 그리고 통화와 이자율의 조작을 통해서 금융에 연루되는 것이다.

그렇다면 우리의 초월적 비판은 칸트의 논증형식을 따라서 어떻게 자본과 법이 한데 결합하여—그 결과가 우리가 소유 공화국이라고 부르는 것이다—모든 측면과 모든 국면에서 사회적 삶의 가능성의 조건을 결정하고 규정하는가를 보여주어야 한다. 그러나 우리의 초월적 비판은 분명 충실하지 않게, 특정한 목적을 가지고 칸트를 전유하며, 그의 저작을 사선으로 가로지른다. 우리는 그의 인식론적 도식의 형식적 구조가 소유와 법이 가진 권력의 형식적 구조에 상응함을 인지한다는 점에서는 그의 비판적 관점을 받아들인다. 그러나 우리는 초월적 영역을 긍정하기보다 그것에 도전하고자 한다. 칸트는 자본의 지배나 그 지배를 보장하는 입헌국가를 전복하는 데는 관심이 없다. 실제로 존-레텔Alfred Sohn-Rethel은 칸트가 특히 『순수이성비판』에서 권력과 소유의 구조가 자연스럽고 필연적인 것으로 보이게 만들면서 "부르주아 사회가 완벽하게 정상적인 사회임을 증명"하려 한다고 주장하는 데까지 나아간다.[6]

칸트와의 논쟁이 여기서 우리의 주된 일은 아니다. 우리는 오늘날의 지배적 권력들과 맞서기 위해서 그가 우리에게 제공해준 도구들을 사용하고 싶을 뿐이다. 그리고 우리가 마지막으로 강조할 것은 소유 공화국에 대한 이러한 초월적 비판이 주권과 파시즘에 대한 '초재적' 분석들을 특징짓는 무력함과 쓰라린 체념을 극복하는 데 도움이 되리라는 점이다. 자본, 공화국 입헌체제 그리고 이 양자의 교차를 권력의 초월적 형태로서 비판하는 일에는 절대적 거부의 태도가 필요하지 않으며 용인이나 순종의 태도 역시 (당연하게도) 불필요하다. 우리의 비판은 그 자체가 저항과 변형의 능동적 과정인데, 이 과정은 민주적 미래를 가리키는 요소들이 새로운 조건에서 작용하도록 해주며, 가장 의미심장하게는 자본 안에 갇혀 있는 산 노동과 공화국 내에 갇혀 있는 다중을 해방시킨다. 따라서 우리의 비판은 과거로의 회귀나 무로부터 미래를 창조하는 것을 목적으로 삼지 않는다. 그것은 낡은 사회의 껍질 안에 새로운 사회를 창조하는 변형의 과정이다.

공화주의적 재산권 또는 소유권

'공화주의'republicanism라는 용어는 근대 정치사상의 역사에서 상이하고 서로 경합하며 종종 상충하는 다양한 정치적 경향들을 부르는 말로 사용되어왔다. 토머스 제퍼슨Thomas Jefferson은 만년에 미국혁명의 초기에 대해 성찰하면서 "우리는 군주제가 아닌 공화주의적인 모든 것을 상상했다"라고 말했다.[7] 영국혁명의 시기와 프랑스혁명의 시기에도 그 용어가 지칭하는, 더 광범하지는 않지만 동등한 정도로 다양한 정치적 입장들이 확실히 있었다. 그런데 근대 공화주의에 대한 하나의 특수한 정의가 다른 것들을 물리쳤다. 소유의 지배와 사유재산권의 신성불가침성에 기반한, 따라서 재산 없는 사람들을 배제하거나 종속시키는 공화주의가 그것이다. 아베 시에예스Abbé Sieyés에 따르면 재산 없는 사람들은 단순히 "제대로 보수를 받지 못하는 손과 빨려나간 영혼만을 가지고 있는 **두 발 달린 도구들**의 방대한 무리"일 뿐이다.[8] 공화국이라는 개념과 소유의 지배 사이에 필연적이거나 본질적인 연결고리는 없다. 실제로 대안적 공화국 개념을 복원하거나 소유에 기반을 두지 않은 공화국에 대한 새로운 관념들을 창출하려 하는 것도 가능하다. 여기서 우리가 말하고자 하는 바는 단지 소유 공화국이 지배적인 개념으로서 역사적으로 출현했다는 것이다.[9]

영국, 미국, 프랑스에서 일어난 거대한 부르주아 혁명들의 추이는 소유 공화국의 출현과 공고화를 보여준다. 각 경우에 입헌질서와 법의 지배의 수립이 사유재산을 옹호하고 정당화하는 데 복무했다. 1부 후반부에서 우리는 영국혁명의 급진적인 민주적 과정이 어떻게 소유 문제—'재산을 가진 사람들'이 '빈자 다중'을 적으로 돌려 대결했던 것—에 의해 봉쇄되었는지를 탐구할 것이다. 여기서는 미국혁명과 프랑스혁명에서 소유가 수행한 역할만을 간략하게 살펴볼 것이다.

독립선언이 미국혁명의 구성적 힘*을 천명하고 새롭고 역동적이

* '구성적 힘'은 영어 'constituent power'의 옮김으로서, 이 어구는 원래 불어 'pouvoir constituant'에서 왔다. 이는 새로운 정치체제, 새로운 정치적 공동체를 구성하는 힘활력을 말한다. 'constituent power'는 '구성 권력' 혹은 '제헌 권력'이라고 옮겨지기도 하지만 여기서는 가장 단순하게 '구성적 힘'이라고 옮겼으며, 때에 따라서 '구성하는 힘'으로 옮기기도 했다. 네그리와 하트에게 있어서 영어 'constitution'구성은 새로운 정치적 신체의 창출이라는 의미로 종종 사용된다. 일반적으로 새로운 정치적 신체의 창출은 국가의 창출과 동일시되고, 따라서 헌법 제정이 거의 필연적으로 포함된다. 그래서 'constitution'에는 '헌법' 혹은 '헌법제정'이라는 의미도 있다. 그런데 '헌법제정'은 '구성적 힘'의 한 측면일 뿐이며, 또한 제정된 '헌법'에 기반을 둔 권력(일반적인 주권권력)은 '구성된 권력'일 뿐이다. 그러나 실제 현실에서는 많은 경우 헌법이 구성적 힘을 무력화하고 가리는 역할을 한다. 명사 'constitution'은 때로는 '구성'으로 때로는 '헌법'으로 옮겼으나, 경우에 따라 양자의 의미를 포개서 읽어야 할 곳도 있을 것이다.

며 개방적인 정치적 형식들을 통해서 표현되는 자치의 메커니즘을 입안한 지 겨우 10년 후에 헌법 입안을 둘러싼 논쟁과 『연방주의 논집』*Federalist*은 이러한 원래의 요소들 중 다수를 제한하고 부정한다. 헌법 논쟁들에서 지배적인 노선들은 국가의 주권구조를 다시 도입하여 공고히 하는 것을, 그리고 공화국의 구성적 충동을 입헌권력들 사이의 동학으로 흡수하는 것을 목표로 한다. 독립선언서에서는 구성적 힘이 근본적인 것으로 정의된 반면에 헌법에서는 구성적 힘이 국가의 세습재산과 같은 것으로, 즉 정부의 재산이자 정부가 책임져야 할 것으로, 입헌주권의 한 요소로 이해된다.

구성적 힘은 제정된 공법公法으로부터 제거된다기보다는 헌법이 기초하고 있는 힘의 관계들에 의해, 가장 중요하게는 재산권에 의해 봉쇄된다(그리고 공민의 실제 삶에서 추방된다). 모든 형식적 구성의 배후에는 '물질적' 구성이 있다고 법이론가들은 말하는데, 이때 물질적 구성이란 성문화된 구성을 특정의 틀 내에서 근거 짓고 입법·법해석·집행결정이 존중해야 하는 방향과 한계를 규정하는 힘의 관계들을 의미한다.[10] 원래 노예 소유자들의 권리를 포함하는 재산권이 이 물질적 구성의 본질적 지표인데, 이는 미국 시민이 가지는 모든 다른 헌법상의 권리와 자유를 자신의 색으로 물들인다. 찰스 비어드Charles Beard는 그의 고전적인 분석에서 "본질적으로 헌법은 근본적인 사유재산권이 정부에 앞서며 도덕적으로 민중 대다수의 손이 닿는 범위 너머에 있다는 생각에 기반을 둔 경제적인 문서이다"라고 썼다.[11] 미국 헌법의 입안자들이 자신들의 개인적인 경제적 이익과 부를 보호하고 있었다는 비어드의 주장에 많은 학자들이 이의를 제기하지만, 그의 분석에서 여전히 도전받지 않고 있으며 전적으로 설득력 있는 것으로 남아 있는 것은, 헌법 논쟁의 참가자들이 헌법을 경제적 이익과 재산권에 토대를 둔 것으로 보았다는 점이다. 예를 들어 존 애덤스John Adams는 "재산이 신의 법처럼 신성하지 않다는 생각, 그리고 재산을 보호하는 힘으로서 법과 공적 정의란 존재하지 않는다는 생각이 사회에 인정되어 받아들여지는 순간 무정부 상태와 폭정이 시작된다"라고 썼다.[12] 헌법에서 재산의 신성한 지위는 구성적 힘의 실천과 발전을 가로막는 핵심적인 장애물이다.

재산권이 헌법에 미치는 영향을 보여주는 극단적이며 의미심장한 사례는 무기를 소유할 권리가 가진 의미가 재산권에 의해 변형되는 과정이다. 이 권리는 17, 18세기 영국과 미국의 전통에서 자유를 성취하고 수호할 집단적 권리로서 긍정되었으며 (필연적으로 폭정에 이용되기 마련이라고 간주되는) 상비군보다는 민중군 혹은 민병대의 구성을 요구했다.[13] 미국에서 이 전통은 거의 완전히 사라졌으며, 헌법 수정조항 제2조에는 정반대의 의미가 부여되어 있다. 만인이 만인의 적이며 각자 자신의 재산을 훔치려고 하는 자들을 경계해야 된다는 것이다. 무기를 소지할 권리가 사유재산을 방어하는 방향으로 변형되는 과정에서 모든 중심적 헌법 개념들의 전반적인 전도顚倒가 발생한다. 많은 사람이 프랑스혁명 경험의 정의·평등·유대의 원리들과 비견되는, 미국 정치사상의 특징으로 보는 자유 그 자체가 자본주의 문명의 변호로 축소되는 것이다. 재산의 보호가 이렇게 중심에 놓이게 되자, 인간 본성에 대한 비관적 생각이 발생하기도 했다. 이는 혁명기에도 존재하긴 했지만 부차적이었는데 헌법과 관련된 논쟁에서 비로소 부각되었다. 예를 들어 제임스 매디슨James Madison은 "정부란 것이 인간 본성에 대한 모든 성찰들 중 최고의 것이 아니고 무엇인가? 만일 인간들이 천사라면, 정부는 필요하지 않을 것이다"라고 썼다.[14] 이제 자유는 인간 실존의 부정적 힘이 되며, 인간 본성에 속하는 생래적 갈등들이 내전 상태로 빠지는 것을 방지하는 보루 역할을 한다. 개인의 무장이 그러한 자유를 보장하는 유일한 것이 된다. 그런데 인간이 본래 서로 갈등한다는 이러한 생각의 바탕에는 재산을 둘러싼 싸움이 있다. '정치적 인간'Homo politicus은 '재산을 가진 인간'Homo proprietarius에 다름 아니게 된다.

프랑스혁명의 경우 재산권의 중심성은 대단히 역동적으로, 때로는 격렬한 방식으로 확립된다. 1789년, 1793년 그리고 1795년의 혁명기 프랑스 헌법들을 (그리고 특히 헌법들의 전문前文 역할을 하는 「인간 및 시민의 권리 선언」을) 순차적으로 간단히 살펴보기만 해도 헌법 사상의 발전이 어떻게 소유의 요구에 끊임없이 지배되는가에 대한 최초의 암시를 얻을 수 있다. 예를 들어 재산권은 세 개의 판에서 거의 동일한 용어로 긍정된다(1789년판의 2조와 1793년과 1795년판의 1조). 그러나 1789년과 1793년판에서는 재산권이 "억압에 저항할" 권리와 연결되어 있는 반면에 1795년판에서는 단지 "안전"security하고만 연관되어 있다. 평등은 1789년판의 6조와 1793년의 4조에서는 모든 주체의 기본권으로 정의된 반면(따라서 재산에도 적용되는 반면), 1795년의 6조에서는 시민들 혹은 그들의 대표자들 중 다수의 지배에 종속된다. 평등은 점점 더 형식적이 되며, 부를 보호하고 (재산소유자로 이해된) 개인의 소유력을 강화하는 법적 구조로서 정의된다.

'물권'—'jus reale', 사물들에 대한 권리—이라는 전통적 관념이 프랑스혁명의 과정에서 어떻게 다시 발견되는가에 초점을 맞출 때, 공화국에서 소유가 차지하는 중심적 위치의 더 실체적이고 복합적인 측면이 드러난다. 이 '물권', 특히 재산권은 특권과 배제를 결정하는 일단의 정태적 가치와 제도들을 더 이상 확립하지 않는다는 점에서 분명 구체제의 '물권'과는 다르다. 프랑스혁명에서 '물권'은 노동의 생산성에 의해 규정되는 새로운 존재론적 지평에서 출현한다. 그러나 모든 부르주아 혁명에서처럼 프랑스에서도 이 물권은 새롭게 출현하고 있던 자본주의 이데올로기와 역설적 관계를 가진다. 한편으로 물권은 영웅적인 자코뱅주의의 국면에서 우위를 점하는 것처럼 보였던 보편적이고 추상적인 권리보다 점점 더 큰 중요성을 부여받게 된다. 사적 소유는 적어도 자연을 변형하고 전유하는 인간의 능력을 가리키기는 한다. 예를 들어 1795년 헌법의 5조는 "소유는 자신의 재화와 소득을, 노동과 근면의 열매를 향유하고 이용할 권리이다"라고 되어 있다. 그러나 혁명이 진행됨에 따라 준거점이 일반의지라는 추상적 지형에서 소유의 권리와 질서라는 구체적 지형으로 이동한다.[15] 다른 한편, 지대와 소득의 토대를 이루는 물권은 노동으로부터 직접 파생되는 '동적 권리'dynamic rights와 대립되며, 비록 혁명 초기에는 동적 권리가 물권보다 우세한 것처럼 보이지만, 점차 물권이 동적 권리보다 우세해지며 결국 중심적 권리가 된다. 바꾸어 말하자면, 처음에는 하위의 낡은 생산조건으로서 (자본주의 이데올로기와 연관된) 동적 권리에 밀렸던 토지재산과 노예재산이 다시 등장하여 힘을 발휘하게 된다. 더욱이 부르주아 혁명으로 확고해진 새로운 권리의 편제에서 재산권이 다시 한 번 중심적이 될 때, 재산권은 더 이상 단순히 물권으로서 존재하는 것이 아니라 모든 근본적인 권리의 패러다임이 된다. 예를 들어 1804년의 민법 544조에 따르면 (오늘날 여전히 통용되는) 재산의 정의는 다음과 같다. "소유권은 법률이나 규칙에 저촉되는 방식으로 사용되지 않는 한에서 물건들을 절대적인 방식으로 향유하고 처분할 수 있는 권리이다."[16] 로크John Locke에서 헤겔에 이르는 유럽 정치사상의 주류 계보에서는 사람들이 사물을 전유할 수 있는 절대적 권리가 법적으로 정의된 자유로운 개인의 토대와 실질적인 목적이 된다.

공화주의 헌법에서 소유가 차지하는 중심적 위치는 아이티혁명과 그에 대한 이례적인 적개심을 고려함으로써 부정적인 방식으로 입증될 수 있다. 자유의 관점에서 볼 때에는 노예를 해방시킨 아이티의 혁명가들이 유럽이나 북미의 혁명가들 중 어느 누구보다도 더 앞서나간 것으로 간주되어야 마땅할 것이다. 그러나 18세기와 19세기의 공화주의자들 대다수는 아이티혁명을 포용하지 않았을 뿐 아니라 그것을 억누르고 그 효과를 봉쇄하려고 애썼다. 실상 이후 2세기 동안 역사가들은 이 혁명적 사건에 대한 기억조차 사그라지게 할 정도로 아이티를 근대 공화주의 혁명의 만신전萬神殿에서 배제하였다. 아이티혁명은 당대 유럽과 미국의 관점에서 보면 도저히 상상할 수도 없는 사건이었는데, 이는 물론 핵심적으로는 뿌리 깊은 인종적 우월성에 기반을 둔 이데올로기와 제도들 때문이었다. 그러나 우리는 아이티혁명이 소유의 지배를 위반했다는 점에서도 또한 상상할 수 없는 일이었음을 인식해야 한다. 여기에는 단순한 삼단논법이 작동한다. 1) 공화국은 사유재산을 보호해야 한다. 2) 노예들은 사유재산이다. 3) 그러므로 공화주의는 노예해방에 반대해야 한다. 실상 아이티의 사례에서 자유와 평등을 소중히 여긴다는 공화주의의 주장은 소유의 지배와 직접적으로 충돌한다. 그리고 여기서 소유가 승리자로 남는다. 이런 의미에서 아이티혁명을 공화주의의 정전正典에서 배제하는 것은 공화국에서 재산이 신성한 지위를 차지함을 알려주는 강력한 증거이다. 사실 아이티가 공화주의 혁명의 목록에서 빠지는 것이 적절할 수도 있는데, 이는 아이티혁명이 어떤 식으로든 공화주의 정신에 미치지 못하기 때문이 아니라 반대로 공화주의가 노예제에 맞선 아이티 반란이 품고 있는 자유와 평등의 정신에 입각해 있지 않기 때문이다![17]

소유의 우선성은 모든 근대 식민지의 역사에서 드러난다. 유럽의 식민본국이 식민지에 이성, 효율성, 법의 지배의 이름으로 새로운 통치방식을 도입할 때마다 그들이 확립하는 주된 '공화주의적 미덕'은 소유의 지배이다. 이는 예를 들어 18세기 말에 영국 식민지 통치당국과 동인도회사의 경영자들이 수립한 '영구정착법'에서 분명하게 드러나는데, 이 법은 재산(특히 토지재산)의 안전을 보장하고 벵골의 기존 유산계급인 자민다르Zamindar 계급의 위치를 강화하며 그럼으로써 과세와 세입을 공고히 하기 위한 것이었다. 라나지트 구하Ranajit Guha는 정착을 둘러싼 논쟁에 대한 분석에서 일부는 프랑스혁명의 추종자들이기도 한 영국의 부르주아지들이 그러한 준準봉건적인 토지정착제를 만든 장본인이라는 사실에 어리둥절해한다. 구하는 유럽의 부르주아들이 식민지를 지배할 때 그들의 권력을 받쳐줄 사회적 기반을 찾기 위해서 공화주의적 이상을 굽힌다고 생각한다. 그러나 실상 그들은 부르주아 공화국의 핵심적 원칙, 즉 소유의 지배를 확립하고 있을 뿐이다. 재산의 안전과 신성불가침성이 공화주의적 사고방식 속에 매우 굳게 박혀 있어서 식민지 통치당국은 그 전파의 타당성을 의심하지 않는 것이다.[18]

마지막으로 덧붙일 것은 20세기 전반부에 복지국가가 건설되면서 공적 소유가 공화주의적 헌법에서 한층 중요한 역할을 하게 된다는 점이다. 그런데 소유권의 이러한 변형은 노동 조직화의 자본주의적 변형을 따르며, 공적 조건들이 생산관계에 행사하기 시작하는 점증하는 영향력을 반영한다. 모든 변화에도 불구하고 '법의 정신은 소유이다'라는 언명은 여전히 유효하다. 1920년대에 저작활동을 한 에브게니 파슈카니스Evgeny Pashukanis는 매우 명료하게 이러한 사태전개를 예측했다. 파슈카니스는 이렇게 주장한다.

> 법 개념들의 논리는 상품 생산의 사회적 관계의 논리에 상응한다는 것, 그리고 사법私法 체계의 역사를 당국의 처분에서가 아니라 이런 관계 속에서 찾아야 한다는 것은 무엇보다 명백하다. 반대로 지배와 종속의 논리는 부분적으로만 법 개념들의 체계에 포함된다. 따라서 법적 국가 개념은 결코 이론이 될 수 없으며, 항상 사실들의 이데올로기적 왜곡으로서 나타날 것이다.[19]

파슈카니스에게는 사실상 모든 법이 사법이며 공법은 단지 부르주아 법이론가들이 상상하는 이데올로기적 형상에 불과하다. 여기서 우리의 목적에 핵심적으로 중요한 것은 소유 개념과 재산의 방어가 모든 근대적인 정치적 구성의 토대로 남아 있다는 점이다. 바로 이러한 의미에서 거대한 부르주아 혁명으로부터 오늘날까지 이르는 모든 공화국은 소유 공화국이다.

과감하게 알라!

칸트는 소유 공화국의 예언자인데, 직접적으로 그렇다기보다는 간접적으로 그렇다. 즉 그의 정치적 혹은 경제적 견해에서 그렇다기보다는 그가 인식론적·철학적 탐구들을 통해서 발견하는 힘의 형태와 관련해서 그렇다. 우리는 초월적 비판이라는 칸트의 방법을 따르고자 한다. 하지만 우리는 그를 충직하게 따르는 데서 벗어나 그의 저작을 그 결을 거슬러서 읽을 것이다. 우리가 제안하는 정치적 기획은 (칸트와 함께) 초재적 주권을 공격하고 (칸트와는 다르게) 소유 공화국의 초월적 권력을 불안정하게 만들기 위해 비판할 뿐 아니라 궁극적으로 (칸트를 넘어서) 사회적 삶이 가진 내재적 힘들을 긍정하는 것이다. 이 내재적 장場이 민주주의가 구축될 수 있는 (유일하게 가능한) 지형이기 때문이다.

내재성에 대한 우리의 긍정은 사회의 직접적이거나 자연발생적인 능력에 대한 그 어떤 믿음에도 기반을 두지 않는다. 사회적 내재성의 평면은 정치적으로 조직되어야 한다. 우리의 비판적 기획은 따라서 단순히 권력의 메커니즘을 거부하고 그것에 폭력을 가하는 문제만은 아니다. 물론 거부는 지배에 대한 중요하고 강력한 반응이다. 그러나 그것만으로는 부정적인 제스처를 넘어서지 못한다. 폭력 또한 결정적이고 필요한 대응이 될 수 있으며, 종종 우리의 뼈 속에 침전된, 지배가 가한 폭력의 방향을 (일종의 부메랑처럼) 되돌려서 그 폭력의 원천인 권력에 대한 반격이 되도록 한다. 그러나 그러한 폭력의 행사 역시 반反작용에 그칠 뿐이며 아무것도 창조하지 않는다. 우리는 이러한 자연발생적인 반응들을 교육하여 거부를 저항으로, 폭력을 힘의 사용으로 변형시킬 필요가 있다. 거부와 폭력은 직접적인 반응인 데 반해, 저항과 힘의 사용은 현실과의 대면, 그리고 우리의 정치적 본능과 습성의 훈련, 우리의 상상력과 욕망의 훈련의 결과이다. 또한 더 중요한 것은 저항과 (상호연계 방식으로 이루어지는) 힘의 사용은 권력에 대한 부정적 반작용을 넘어서 사회적 삶의 내재적 평면에 대안을 구축하는 조직화의 기획을 향한다는 점이다.

발명과 조직화의 욕구는 역설적이게도 우리를 칸트로, 더 구체적으로 말하자면 칸트의 저작들을 관통하면서 근대 권력의 명령과 권위에 대한 대안을 제시하는 소수자적 목소리로 데려다준다. 이 대안은 예를 들어 「'계몽이란 무엇인가'라는 물음에 대한 답변」이라는 그의 잘 알려진 짧은 글에서 명백하게 표면에 드러난다.[20] 미숙한 상태, 즉 우리가 말과 생각을 권위자들에게 의존하는 상태로부터 자발적으로 벗어나는 열쇠, 그리고 스스로 말하고 생각하는 능력과 그렇게 하고자 하는 의지를 수립하는 열쇠는 '과감하게 알라'sapere aude라고 칸트는 (호라티우스의 권고를 상기하면서) 말한다. 그러나 계몽에 대한 이러한 생각과 그것을 압축적으로 나타내는 권고는 칸트의 글이 진행되는 동안 지독하게 모호해진다. 한편으로 우리가 채택해야 하는 종류의 이성의 사용을 설명할 때 그것이 결코 과감하지 않다는 점이 분명해진다. 그러한 이성의 사용은 우리로 하여금 사회에서 지정된 역할들을 의무적으로 수행하고 세금을 납부하고 병사가 되고 공무원이 되며 궁극적으로는 군주인 프리드리히 2세의 권위에 복종하도록 강제한다. 이것이 바로 사람들이 말하는 대로 생활이 매우 규칙적이어서 그의 아침산책에 시계를 맞출 수 있을 정도인 그 칸트이다. 실로 칸트가 진행한 작업의 주된 방향은 견고한 유럽 합리주의 전통에 참여하는 것인데, 이 전통에서 계몽이란 현재의 사회 질서를 보존하고 그것을 지탱하는 방향으로 '이성의 개선'을 이루는 과정이다.

그러나 다른 한편 칸트는 계몽의 권고를 뒤집어 읽을 가능성을 연다. '과감하게 알라'는 말은 실제로 '과감할 줄 알라'는 의미 또한 가진다. 이 간단한 전도顚倒는 자율적으로 사고하고 말하고 행동하는 데 포함되는 위험과 함께 거기에 필요한 담대함과 용기를 가리킨다.* 이것이 소수자 칸트, 용감하고 과감한 칸트이다. 소수자 칸트는 종종 텍스트 속에 숨겨져 있고 묻혀 있지만, 때때로 맹렬하고 화산처럼 폭발하는 힘으로 터져 나온다. 이런 경우 이성은 더 이상 기존의 사회적 권위를 지탱하는 의무의 토대가 아니라 현재의 고착성을 뚫고 나가서 새로운 것을 발견하는, 굴하지 않는 반란의 힘이다. 만일 이러한 능력이 복종이라는 입마개에 의해 곧 침묵당할 뿐이라면 도대체 왜 우리는 과감하게 스스로 생각하고 말해야 하는가? 칸트의 비판적 방법은 실상 이중적이다. 그의 비판은 실로 지식과 현상의 초월적 조건의 체계를 결정하지만, 때로 초월적 차원을 넘어서 힘과 발명에 대한 휴머니즘적인 생각—이는 자유롭고 삶정치적으로 세계를 구축하는 데 열쇠가 된다—을 취하기도 한다. 다수자 칸트는 소유 공화국의 초월적 질서를 안정화하는 도구를 제공하는 반면, 소수자 칸트는 그 질서의 토대를 부수고 삶정치적인 내재성의 평면에서 변이와 자유로운 창조로 가는 길을 연다.[21]

칸트에게 존재하는 이러한 이중성 덕택에 우리는 두 가지 정치적 경로를 구분할 수 있다. 다수자 칸트의 노선을 오늘날 정치사상의 영역에서 가장 충실하게 이어받는 이들은 사회민주주의 이론가들인데, 이들은 이성과 계몽에 대해 말하기는 하지만 과감하게 아는 것과 과감할 줄 아는 것이 일치하는 지형으로는 결코 실제로 진입하지 않는다. 그들에게 계몽은 영원히 끝나지 않는 기획으로서, 이는 항상 기성의 사회구조를 받아들이고 권리와 민주주의에 대한 절충적인 견해에

* 영어 원문으로 '과감하게 알라'는 'dare to know'이고 '과감할 줄 알라'는 'know how to dare'이다. 이렇게 동사의 위치가 서로 바뀌었기 때문에 '전도'라고 한 것이다.

동의하며 '차악'次惡, the lesser evil에 순응할 것을 요구한다. 따라서 사회민주주의자들은 소유 공화국을 근본적으로 문제 삼지 않으며, 그 힘을 가볍게 무시하거나 아니면 그것을 개혁하여 민주주의와 평등이 이루어진 사회를 만들 수 있다고 순진하게 생각한다.

예를 들어 하버마스Jürgen Habermas와 롤스의 사회민주주의적 기획은 초월적이고 형식적인 도식에 기반을 둔 사회 질서를 유지하는 것을 목표로 한다. 하버마스와 롤스 둘 다 초기에는 사회 변형을 지향하는 역동적 개념을 제안했다. 하버마스는 헤겔의 상호주관성intersubjectivity 개념을 가지고 작업을 했는데, 이 개념은 주체가 근본적으로 생산적 능력을 가질 가능성을 연다. 롤스는 '차등 원칙'difference principle을 주장했는데, 이 원칙에 따르면 사회적 결정과 제도는 사회에서 가장 적은 혜택을 받는 사람들에게 가장 많은 혜택을 주어야 한다. 이 제안들은 비록 서로 다른 방식을 통해서이기는 하지만 사회 변형의 동학을 제시한다. 그러나 시간이 지나면서 이들에게서 사회 변형의 가능성과 주체가 능력을 가질 가능성은 희석되거나 완전히 폐기된다. 의사소통이성과 의사소통행위라는 하버마스의 개념들은 지속적으로 모든 사회 현실을 매개하는 과정을 정의하게 되며, 그리하여 기존 사회 질서의 주어진 조건을 받아들이고 심지어는 강화시킨다. 롤스는 주체의 능력과 변형과정을 무력화하고 사회체제의 평형을 유지하는 것을 강조하는 형식적·초월적 판단도식을 구축한다. 우리가 하버마스와 롤스에게서 발견하는 유형의 사회민주주의는 이렇듯 다수자 칸트의 계몽관을 되풀이하는데, 이는 (개혁의 수사修辭를 내세움에도 불구하고) 초월적 형식주의의 도식들을 통해 기존의 사회 질서를 강화한다.[22]

앤서니 기든스Anthony Giddens와 울리히 벡Ulrich Beck은 훨씬 더 경험적이고 실용적인 기반을 가진 형태의 사회민주주의를 제안한다. 하버마스와 롤스가 어떤 의미에서는 사회적 차원 '외부'에 있는 출발점과 매개를 필요로 하는 반면 기든스와 벡은 '내부'에서 출발한다. 회의론적 입장을 취하는 기든스는 개혁과정에 있는 사회에 대한 적절한 표상을 경험적이고 현상적인 수준으로부터 만들어내려 한다. 사회적 차원에서 출발해 초월적 차원으로 가는 방식으로 작업한다고 할 수도 있을 것이다. 그러나 사회가 순종하기를 거부할 때, 게토들의 반란과 도처에서 일어나는 사회 갈등이 사회 현실로부터 직접 출현하는 개혁주의적 매개라는 생각을 유지하는 것을 불가능하도록 만들 때, 기든스는 개혁과정을 종결지을 수 있는 주권권력에 호소한다. 역설적이게도 기든스는 초월적 기획을 도입한 다음에 초재적 권력에 호소함으로써 그 기획을 위반한다. 벡은 기든스보다 더, 그리고 실로 그 어떤 사회민주주의 이론가들보다 더 기꺼이 현실적인 사회적 장에 자신의 발을 굳게 딛고 그 장을 구성하는 모든 모호한 투쟁 · 불확실성 · 공포 · 열정들을 다루고자 한다. 벡은 예를 들어 공장체제와 공장폐쇄에 대한 노동자들의 투쟁의 동학을 인식할 능력이 있다. 그러나 그는 근대 공장체제와 같은 하나의 사회 형태의 소진을 분석할 수는 있지만 새로운 사회 세력의 출현을 온전하게 파악하지는 못한다. 따라서 그의 사유는 초월적 구조의 고정성에 부딪치게 되며 이 구조가 궁극적으로 그의 분석 방향을 결정하게 된다. 벡이 보기에 근대성은 초근대성hypermodernity에 자리를 내주는데, 실제로 초근대성이란 결국 근대성의 주된 구조들의 연장에 불과하다.[23]

이와 유사한 사회민주주의적 입장들이 현재 다양한 지구화 이론가들—데이비드 헬드David Held, 조지프 스티글리츠Joseph Stiglitz, 토머스 프리드먼Thomas Friedman—사이에 공유되고 있다. 이들에게 칸트의 영향력은 앞의 경우처럼 강하지는 않다. 그러나 이 이론가들은 자본과 소유의 구조를 문제 삼지 않고 전지구적 체제의 개혁을 설교한다.[24] 이 다양한 인물들 모두에게 사회민주주의의 본질은 (때로는 평등·자유·민주주의까지 목표로 삼는) 사회 개혁의 제안인데, 이 개혁은 소유 공화국의 구조를 문제 삼지 못하며 심지어는 강화한다. 이런 식으로 사회민주주의적 개혁주의는 자본의 개혁주의와 완전히 부합한다. 사회민주주의자들은 그들의 근대화 기획을 '미완'이라고 부르기를 좋아한다. 마치 더 시간이 있거나 더 노력을 하면 원하는 개혁이 마침내 이루어질 것이라는 듯이 말이다. 그러나 실제로 이 주장은 전적으로 환상일 뿐이다. 그 과정이 그들이 문제로 삼지 않은 초월적 소유구조와 법구조에 의해 처음부터 봉쇄되기 때문이다. 사회민주주의자들은 다수자 칸트의 초월적 입장을 충실하게 따르며, 역설적이게도 기존 사회 질서의 모든 요소들이 굳건하게 제자리에 머물러 있는 계몽의 과정을 옹호한다. 소유 공화국을 개혁하거나 완벽하게 하는 것은 결코 평등과 자유를 가져오지 못하며, 불평등과 비非자유의 구조를 영속화할 뿐이다. 17세기의 명석한 반동적 정치이론가인 로버트 필머Robert Filmer는 (이 장의 제사로 사용한 대목에서 보듯이) 자유와 소유가 불과 물처럼 상극이며 따라서 양립할 수 없음을 명료하게 인식한다.

이와 같은 신칸트주의적 입장들은 환상적이긴 하지만 해롭지는 않은 것처럼 보일 수 있다. 그러나 역사의 몇몇 시점에서 이 입장들은 해로운 역할을 담당했는데, 특히 파시즘이 발생하던 시기에 그랬다. 물론 그런 비극이 발생하면 누구라도 비난을 면하지 못한다. 그러나 19세기 후반부터 1920년대와 1930년대까지 신칸트주의는 부르주아 사회와 유럽 정치의 중심적 이데올로기를 구성했으며 실로 사회민주주의적 개혁주의가 활용할 수 있는 유일한 이데올로기였다. 주로 마르부르크(헤르만 코헨Hermann Cohen과 파울 나토르프Paul Natorp)와 하이델베르크(하인리히 리케르트Heinrich Rickert와 빌헬름 빈델반트Wilhelm Windelband)에서, 그러나 옥스퍼드, 파리, 보스턴, 로마에서도 칸트주의가 모든 가능한 형태로 개화하였다. 이데올로기의 합주가 그토록 널리 퍼지고 정신과학의 전체 체계에 미치는 영향력이 그토록 지대한 적은 없었다. 기업의 경영주와 생디칼리스트, 자유주의자와 사회주의자들이 역할을 나누어서 일부는 오케스트라에서 연주하고 일부는 합창에 참여했다. 그러나 이 합주에는 무언가 심히 어긋나는 것이 있었다. 사회의 불가피한 개혁과 정신의 진보에 대한 독단적 신념(이는 그들에게 부르주아 사회의 합리성이 높아지는 것을 의미했다)이 바로 그것이었다. 이 신념은 변형을 이루려는 정치적 의지나 아니면 적어도 투쟁에 참여하는 위험을 감수하는 태도에 기반을 둔 것이 아니었다. 그러다가 파시즘이 출현했을 때 근대성의 초월적 의식은 곧바로 일소되었다. 이러한 사실을 우리가 슬퍼해야 하는가? 초월적 환상을 가지고 있는 현대의 사회민주주의 사상가들이 우리가 직면한 위험—이는 우리가 앞에서 말했듯이 1930년대의 위험과는 다르다—에 대해서 그들의 선배들보다 더 효율적으로 대응하고 있는 것 같지는 않다. 진보에 대한 환상적 신념은 (단순한 상투형이 된 계몽의 규칙들을 유지하기보다) 과감하게 알려 하고 행동하려 하는 사람 누구에게나 끊임없이 폭력을 행사하는 권력의 초월적 메커니즘을 유지시키며, 정치적 행동과 투쟁의 실질적인 수단을 가리고 방해한다.

우리는 앞으로 소수자 칸트의 방법을 발전시키려고 노력할 것이다. 소수자 칸트에게 과감하게 알기는 과감할 줄 알기를 동시에 필요로 한다. 이 또한 계몽의 기획이지만, 유물론과 변형의 방법론이 저항·창조·발명의 힘들을 불러내는 대안적 합리성에 기반을 둔 기획이다. 다수자 칸트가 오늘날까지도 소유 공화국을 지탱하고 방어할 도구를 제공하는 반면에, 소수자 칸트는 어떻게 그 공화국을 전복하고 다중의 민주주의를 구축할지를 알려준다.

1.2 생산적인 신체들

In girum imus nocte
Et consumimur igni.*
우리는 밤새 돌아다니다가
불에 의해 태워진다/구제받는다
기 드보르

마르크스주의적 소유 비판에서…**

마르크스는 초기 저작—「유태인 문제에 대하여」와 『헤겔 법철학 비판』에서 『1844년 경제학 · 철학 수고』까지—에서 모든 자본주의적 법구조의 기반인 사적 소유에 대한 분석을 전개한다. 자본과 법의 관계는 매우 추상적이면서도 전적으로 구체적이라는 점에서 역설적인 권력구조를 정의한다. 한편으로 법구조는 사회 현실의 추상적 재현으로서 사회적 내용과 상대적으로 무관하다. 다른 한편 자본주의적 소유

* 역순으로 읽어도 똑같은 회문回文 형태의 수수께끼 문장으로, 기 드보르Guy Debord가 만든 여섯 번째(이자 마지막) 영화의 제목으로 사용되었다. 여기서는 네그리와 하트가 달아놓은 영어 번역을 우리말로 옮겼으나, 이와 다른 번역도 가능하다.

** 이 절의 제목은 다음 절의 제목과 연결시켜 읽어야 한다.

는 노동 착취의 구체적 조건들을 정의한다. 양자는 총체화하는 사회적 틀이며 사회적 공간 전체로 뻗어 있고 서로 연계되어 작동하며 추상적 차원과 구체적 차원을 한데 결합한다. 마르크스는 추상적인 것과 구체적인 것의 이 역설적 종합에 노동이 사적 소유의 실질적 내용이라는 인식을 덧붙인다. 마르크스는 이렇게 쓴다.

> 사적 소유의 관계 안에는 **노동**으로서의 사적 소유의 관계, **자본**으로서의 사적 소유의 관계 그리고 이 둘의 **연결**이 숨어 있다. 한편으로 인간의 활동이 **노동**—즉 자신으로부터 그리고 인간·자연으로부터 전적으로 소외된 활동, 따라서 의식과 활력 있는 표현으로부터 소외된 활동—이 되며, 인간의 실제 삶은 단순히 **노동하는 자**에 지나지 않는 인간의 **추상적** 삶이 되고 이런 삶을 사는 인간은 성취된 무無에서 절대적 무—사회적인 비非존재, 따라서 실질적인 비존재—로 나날이 전락한다. 다른 한편으로, 인간 노동의 대상(객체)은 **자본**이 되는데, 여기서 대상의 자연적·사회적 개별성이 모두 **소멸되며** 사적 소유는 그 자연적·사회적 성격을 잃는다(즉 모든 정치적·사회적 외양을 잃어서 **표면상**으로라도 인간의 관계를 조금도 나타내지 않는다).[25]

이렇듯 자본주의적 형태의 사적 소유는 가장 완전한 의미에서의 착취관계—인간의 상품화—를 산출하며 인간의 욕구와 가난의 물질성을 시야에서 배제한다.

이 초기 저작에서 보이는 마르크스의 비판적 접근은 강력하긴 하지만 소유가 법을 통해 작동하면서 인간의 삶에 끼치는 영향 전체를 파악하기에는 불충분하다. 많은 20세기 마르크스주의 이론가들은 사적 소유에 대한 비판을 법적 맥락을 넘어서 (자본주의 사회에서 억압과 착취를 구성하는) 다양한 물질적 동학을 설명하는 데까지 확대한다. 예를 들어 알튀세르Louis Althusser는 마르크스의 사례—즉 젊은 시절의 휴머니즘과 단절하고 성숙한 유물론으로 나아간 것—를 들면서 이러한 관점 전환을 문헌학적이고 학술적인 관점에서 명확하게 정의한다. 알튀세르는 실상 마르크스가 초월적 형식의 관점에서 소유를 착취로 분석하는 데서 자본주의 사회의 생산·재생산에서 이루어지는 신체들의 물질적 조직화의 관점에서 소유를 분석하는 데로 이행하는 것을 인식한다. 이러한 이행에서 철학이 정치에 자리를 내주게 되며, 비판은 말하자면 진리의 수준으로 고양됨과 동시에 지양된다. 대략 같은 시기에 마르크스주의 내에서 이루어진 이와 유사한 전환의 사례는 호르크하이머Max Horkheimer와 아도르노Theodor W. Adorno를 비롯한 프랑크푸르트학파의 이론가들에게서 (특히 그들이 미국 자본주의 발전의 상태를 대상으로 할 때) 볼 수 있다. 이들은 토대와 상부구조 사이의 개념적 경계의 붕괴, (그 결과로 나타나는) 물질적으로 효과적인 이데올로기적 지배구조—알튀세르의 '이데올로기적 국가 장치'에 상응하는 것—의 구축, 그리고 자본이 사회를 실질적으로 포섭하는 과정의 완료를 포착해낸다. 이처럼 다양한 형태의 개입의 결과는 비판의 '현상학화'phenomenologization이다. 즉 비판과 그 대상의 관계를 신체들의 집단적 차원 내에 존재하는 물질적 장치dispositif로 간주하는 데로 옮겨가는 것이다. 이는 요컨대 초월적인 것에서 내재적인 것으로의 전환이다.[26]

이 전환은 마르크스주의 전통 내에서 보기 힘들었던 관점, 즉 신체의 관점을 향해 나아간다. 이러한 전환의 업적을 알튀세르와 프랑크푸르트학파에게로 돌리는 것은 다소 부당하기는 하다. 진정한 이행은 투쟁과 행동에서 전개된 이론의 수준에서만 성취되기 때문이다(학술적 수준에서는 이행이 단지 직관적으로만 포착되거나 감지된다). 프랑스의 『사회주의냐 야만이냐』*Socialisme ou barbarie*와 이탈리아의 『붉은 노트』*Quaderni rossi*는 1960년대 마르크스주의 분석에서 최초로 신체의 관점이 가진 이론적·실천적 중요성을 제기한 잡지들에 속한다. 남아시아 잡지 『서발턴 연구』*Subaltern Studies*에서 제시된 노동자·농민 반란의 연구도 많은 측면에서 이와 유사한 방향으로 전개되며, 세계 전역에서 이 시기에 이루어진 마르크스주의 분석에서도 이와 유사한 경험들이 분명 출현하고 있다. 핵심은 분석 작업이 착취받고 종속된 사람들의 투쟁—이는 모든 제도적 관계와 모든 형태의 사회 조직의 모태로 간주된다—에 몰두하는 것이다. 마리오 트론티Mario Tronti는 1960년대 초에 이렇게 썼다. "지금까지 우리는 자본을 분석해왔다. 지금부터는 투쟁을 모든 역사적 운동의 원리로서 분석해야 한다."[27] 트론티와 함께 『붉은 노트』의 중심인물이었던 라니에로 판지에리Raniero Panzieri는 비록 마르크스주의가 사회학으로 태어났지만 그 근본 과제는 사회학적 관점을 정치과학으로 옮겨놓는 것, 그리고 거기에 머물지 않고 더 나아가 정말로 혁명의 과학으로 옮겨놓는 것이라고 덧붙인다. 또 다른 예를 들자면, 『사회주의냐 야만이냐』에서 코르넬리우스 카스토리아디스Cornelius Castoriadis는 혁명적 연구가 항상 사회운동의 형태를 추적해야 하고 또 그것에 의해 재정의되어야 한다고 강조한다. 그리고 마지막으로 한스-위르겐 크랄Hans-Jürgen Krahl은 1968년의 사건에 선행한 독일 사회주의 청년운동의 중심에 놓여 있는 저 놀라운 논의들 중 하나에서 혁명과정에 대한 모든 초월적 개념과의 단절을 강조하며, 정치적 구성에 대한 모든 이론적 파악은 구체적 경험에 기반을 두어야 한다고 주장한다.[28]

이런 맥락에서 「최후의 계급이 될 계급의 의식각성을 위하여」라는 제목의 상황주의 선언(1970)을 회고해보는 것은 흥미롭다. 이 전위적 텍스트에서 매력적인 점은 분명 그 우스꽝스러운 다다이즘적 선언이나 세련된 '문자주의적'Letterist 역설이 아니라* 그것이 노동의 구체적 조건에 대한 연구라는 사실, (비물질적 생산이 다른 모든 가치화 과정에 대해서 헤게모니를 쥐게 되는 때에) 노동력이 자본의 통제로부터 분리되는 현상을 미숙하고 부분적이지만 그럼에도 불구하고 정확한 관점에서 파악할 수 있었던 연구라는 사실이다. 이 상황주의적인 노동자 연구는 몇 가지 이례적인 면에서 21세기의 사회 변형을 앞질러 포착했다. 인지 노동이나 지적 노동처럼 비물질적 재화의 생산에 관여하는 산 노동은 항상 그것에 부과되는 한계를 초과하며, 소진되지 않는 욕망 형태들과 축적되는 삶형태들을 보여준다. 비물질적 생산이 헤게모니를 쥘 때 자본주의적 과정의 모든 요소들은 새로운 각도에서, 때로는 전통적인 역사적 유물론의 분석과 정반대되는 관점에서 보아야 한다. '자본주의에서 코뮤니즘으로의 이행'이라고 칭해졌던 것은 해방을 위한 실천의 과정이라는 형태, 새로운 세계의 구성이라는 형태를 띤다. 바꾸어 말하자면, 노동자 연구라는 활동을 통해 비판의 '현상학화'는 혁명적 성격을 띠게 된다. 그리고 여기서 우리는 마르크스의 부활을 보는 것이다.

이렇게 신체의 현상학이 마르크스주의 이론에 진입하는 것—이는 권리와 법의 이데올로기에 반대함으로써, 모든 초월적 매개나 변증법

---

* '문자주의'Letterism, Lettrism는 1940년대 중반 파리에서 일어난 전위 운동으로서, 다다이즘과 초현실주의에 뿌리를 두고 있다. 이 운동에 속하는 초기 작품들이 문자와 기타 시각적 · 구어적 상징들을 중심으로 했던 데서 그 이름이 나왔다.

적 관계에 반대함으로써 시작된다—은 정치적으로 조직되어야 한다. 그리고 실로 이 관점이 1968년 사건들의 기반 가운데 일부를 제공한다. 이러한 지적 발전은 어떤 면에서 3세기 전 이탈리아 르네상스에서 과학에 일어난 변형들을 상기시킨다. 르네상스 철학자들은 중세 스콜라 철학 전통에 대한 비판을 실재의 성격을 이해하려는 실험과 결합하였다. 예를 들어 해부할 동물을 찾기 위해 도시를 뒤지고, 외과용 메스를 사용하여 개별 신체들의 기능을 드러내려 하기도 했다. 마찬가지로 1950년대와 1960년대의 이론가들도 근대가 그 종결에 도달했다고 할 수 있는 때에, 마르크스주의 전통에 대한 철학적 비판을 전개할 필요성뿐 아니라 (공장과 사회적 투쟁을 읽어냄으로써 집단적 신체들의 새로운 해부학적 구조를 드러내줄 메스를 사용하여) 그 비판을 전투적 경험에 입각시킬 필요성도 인식하였다.

유럽 마르크스주의 이론에는 이러한 이행을 보여주는 많은 상이한 경로들이 존재한다. 물론 근본적인 계보는 공장 안팎에서 벌어지는 노동자들의 투쟁의 전개를 따라서 임금 요구에서 사회적 요구로 움직이며, 그리하여 투쟁과 분석의 지형을 확대하여 사회적 삶의 구석구석까지 도달한다. 투쟁의 동학은 적대적일 뿐 아니라 구축적constructive이다. 더 정확하게 말하자면 구성적constituent이어서 정치경제의 새로운 시대를 해석해내고 그 안에서 새로운 대안들을 제안한다(우리는 3부에서 이 경제적 변형과 그와 관련하여 일어나는 구성적 투쟁을 다시 상세히 다룰 것이다). 물론 다른 중요한 지적 발전들도 유럽 마르크스주의 이론가들로 하여금 신체의 관점으로 나아가도록 돕기도 하고 강제하기도 한다. 예를 들어 시몬 드 보부아르Simone de Beauvoir의 저작과 2세대 페미니즘의 초기 사상은 대단히 물질적이고 신체적인 젠더 차이와 위계에 강력하게 초점을 맞춘다.* 반인종주의 사상—특히 이 시기에 반식민주의 투쟁에서 출현한 것—은 유럽 마르크스주의 이론으로 하여금 지배구조를 인식하는 데나 해방 투쟁의 가능성을 인식하는 데나 신체의 관점을 채택하도록 압박하였다. 신체의 이론적 중심성으로 향하는 이와 다소 다른 경로를 1950년대 알랭 레네Alain Resnais의 영화 두 편에서 발견할 수 있다. 〈밤과 안개〉Night and Fog와 (마르그리트 뒤라스Marguerite Duras가 각본을 쓴) 〈히로시마 내 사랑〉Hiroshima mon amour은 유태인 학살의 공포와 일본에 투하된 원자폭탄이 가져온 참상과 관련한 유럽 지식인들의 상상을 드러낸다. 학살 행동의 현실과 그것이 가하는 위협이 바로 삶이라는 주제를 중심 무대로 밀어붙이기 때문에, 경제적 생산·재생산에 대한 모든 언급은 신체의 중심성을 망각할 수가 없다. 이 관점들 각각—페미니즘·반인종주의·반식민주의 그리고 대량학살에 대한 의식—은 그 세대의 마르크스주의 이론가들로 하여금 노동하는 신체의 상품화만이 아니라 젠더와 인종의 차별에 종속된 신체의 고통을 인식하도록 강제한다. 프로이트에서 마르쿠제에 이르는 인간 정신의 불만과 빈곤에 대한 일련의 고전적 연구가 식민적-자본주의적 폭력의 백과사전으로 읽힐 수 있다는 것은 결코 우연이 아니다.

그러나 역설적이게도 1960년대에 자본이 승리한 순간에, 즉 자본주의적 생산양식이 신체들에 곧바로 부과되고 삶의 상품화가 신체들의 관계를 전적으로 추상적으로 만들었던 바로 그 순간에, 신체들은

* 2세대 페미니즘the second wave feminism은 장소마다 조금씩 다르지만 대략 1960년대에서 1990년대까지의 페미니즘 활동을 가리킨다. 1세대 페미니즘(19세기 및 20세기 초기)이 주로 법적 불평등에 초점을 두었다면 2세대 페미니즘은 실질적 불평등에 초점을 두었다.

산업적 · 사회적 생산과정 내에서 반란의 형태로 도약하여 중심 무대로 되돌아갔다. 이는 우리로 하여금 (앞에서 분석했던) 부르주아 사회의 본래적 필연성으로, 즉 소유권이 바로 공화국의 기반이라는 점으로 되돌아가게 한다. 소유권은 공화국에서 예외적인 것이 아니라, 사회 질서의 초월적 조건과 물질적 토대 모두를 드러내는 정상적 조건이다. 신체들 그리고 신체들이 가진 힘의 관점만이 소유 공화국이 휘두르는 규율과 통제에 도전할 수 있다.

…신체의 현상학으로

철학이, 황혼녘에 출현하여 이울어가는 역사적 시대를 회고적으로 조명하는 미네르바의 올빼미일 수밖에 없는 것은 결코 아니다. 때로 철학은 역사를 앞질러간다. 그리고 이것이 항상 좋은 일인 것만은 아니다. 유럽의 반동적 철학들은 종종 역사적 사건들(여기에는 20세기의 파시즘 및 거대한 전체주의 체제들의 출현이 포함된다)을 앞질러서 그 이데올로기적 기반을 마련해주었다.[29] 예를 들어 20세기 초반 수십 년 동안 유럽 사상을 지배했으며 전체주의적 사건들을 효과적으로 앞질러 구현한 사상가들인 앙리 베르그송Henri Bergson과 조반니 젠틸레Giovanni Gentile를 생각해보라. 그들의 저작은 새롭고도 강력한 관점을 통해 우리를 신체의 현상학으로 돌아가도록 돕는 또 하나의 중요한 계보를 이룬다.

20세기 초 유럽 사상에서 이러한 흐름(이는 반동적 정치 이데올로기들에 심대한 영향을 미치고 있다)을 구성하는 본질적인 선구적 요소는 근본적 행동의 윤리학을 제기하는 생生의 철학을 발명한 것이다. 비판적 전통, 초월적 인식론, 칸트의 자유주의 이데올로기에 파괴적 분노를 퍼붓는 생기론vitalism은 일면 그 시대의 지배적인 정치적·경제적 사태 전개의 일부 측면에 상응하기 때문에 그러한 영향력을 가진다. 자본의 명령은 노동자들의 운동이 전복적 힘으로서 스스로를 처음으로 진지하게 표출함으로써 위기에 빠졌고, 자본의 안정적인 가치들은 혼돈스러운 상대주의에 의하여 위협받는 것처럼 보였다. 자본주의 이데올로기는 처음으로 돌아가서 그 가치들을 재긍정하고 자신의 결정 능력을 입증하며 사회적 매개의 메커니즘들이 만들어놓은 장애를 모두 파괴할 필요가 있었다. 이러한 맥락이 맹목적이고 거만한 주의주의voluntarism가 자랄 비옥한 토양을 제공한다. 베르그송에게서는 '흐름'으로 나타나고 젠틸레에게서는 '부정 없는 변증법'으로 나타나는 생기론은 패권적 의지를 긍정하는 강력한 이데올로기를 제공한다. 초월적 추상은 역사관이 권력의 목적론에 맞추어 형성될 수밖에 없을 때 그 대가를 치른다. 베르그송은 가톨릭교도로서, 젠틸레는 파시스트로서 삶을 마감했다. 이것이 역사가 그들의 사상에 재진입하는 방식이다. 역사가 절대적 상대주의에 의해 위협받는다고 생각될 때 종교적 가치 혹은 주의주의적 긍정이 유일한 대안인 듯 보이는 것이다.

이 시기의 위대한 역사주의 사상가들 또한 이 두 극, 즉 상대주의와 종교적/주의주의적 회피 사이에 갇혀 있었다. 예를 들어 19세기 후반 빌헬름 딜타이Wilhelm Dilthey와 그라프 파울 요르크 폰 바르텐부르크Graf Paul Yorck von Wartenburg 사이의 서신교환에서 그 선線들이 이미 선명하게 나타난다. 요르크에게 상대주의는 냉소주의와 유물론을 의미한다. 이와 달리 딜타이에게 상대주의는 역사적 과정 내부의 그리고 역사적 과정을 통한 활력 있고 특이한 긍정의 가능성을 열어준다.[30] 이 논쟁은 인식론적 관점에서 그리고 역사와 사건의 관계에서 20세기 유럽의 여러 비극을 예시하는데, 이 비극들에서 사건과 초재성은 긴 '유럽의 내전'에서 끔찍한 형태를 띠고 나타나며, 역사주의는 단순히 정치적 방향상실을 의미하게 되고 이러한 방향상실은 파시즘과 포퓰리즘의 여러 형상들로 나타난다. 비판 전통의 파괴와 신칸트주의의 해체는 생기론적 입장들이 유럽의 문화적·정치적 논쟁의 혼란스러운 무대에서 헤게모니를 쥐게 되는 하나의 필수적인 선행조건이다.

이러한 맥락에서 현상학이 출현하여 반反플라톤적, 반反관념론적, 그리고 무엇보다도 반反초월적 혁명을 작동시킨다. 현상학은 주로 헤겔 이후의 역사주의가 끼친 회의론적이고 상대주의적인 영향을 넘어서려는 시도로서 제시된다. 그러나 동시에 현상학은 모든 개념과 모든 생각에서 삶의 양태와 물질적 질료를 다시 발견하게 된다. 현상학은 칸트주의의 복합적 유산과 생기론의 폭력적 귀결에 대해 성찰하면서 비판을 초월적 추상에서 떼어내어 체험에 관여하는 것으로 다시 정식화하였다. 구체적이고 명확한 존재에의 이러한 몰입이 20세기 현상학의 위대한 강점인데, 이는 우리가 앞서 추적했던 마르크스주의의 변형(소유 비판에서 신체 비판으로의 변형)에 상응한다.

하이데거는 현상학의 영향력 있는 경로들 가운데 하나이다. 그러나 이는 지금 우리의 관심사인 신체 비판과 신체 긍정에 도달하지 못한 경로이다. 그의 사유에는 근대의 실패와 근대적 가치들의 파괴에 대한 깊은 성찰이 스며들어 있다. 그는 현상학을 고전적 존재론으로 되돌리는데, 이는 인간의 생산적 능력을 통해 존재를 재구축하는 수단을 발전시키는 데로 향하지 못하고 우리의 지상地上의 조건과 우리의 무력함과 죽음에 대한 명상에 그칠 뿐이다. 구축될 수 있는 모든 것, 저항과 투쟁이 생산하는 모든 것은 여기서 힘을 박탈당한 채로 있으며 존재의 표면에 "던져진" 채로 있다. 하이데거는 현상학이 내쫓는 것—베르그송의 생기론, 젠틸레의 주의주의, 역사주의적 상대주의—을 뒷문으로 들여와서 현존재를 구성하는 짜임새로서 제시한다. 예를 들어 하이데거의 '게라센하이트'Gelassenheit(놓아주기, 참여로부터 물러나기)라는 생각은 역사를 운명과 혼동함으로써 이전의 생기론과 주의주의를 다시 가져올 뿐 아니라 그것들을 파시즘에 대한 변호로서 재설정한다.* 라이너 쉬르만Reiner Schürmann은 이렇게 말한다. "누가 『존재와 시간』을 읽으면서 몇 년 후에 하이데거가 현존재를 누군가의 의지에 맡기리라고 생각했겠는가? 현존재Dasein의 '현'Da을 지배하는 우연한 의지를 이렇게 설정하는 것이 하이데거 사상의 인간학·신학·포퓰리즘을 규정한다."[31] 현상학이 철학에 일으킨 혁명을 특징짓는 신체 비판과 신체 긍정은 이렇듯 하이데거에서는 완전히 상실된다.

그러나 이 하이데거의 궤적이 후설Edmund Husserl에서 메를로 퐁티Maurice Merleau-Ponty로 이어지는 현상학의 훨씬 더 중요한 경로를 가려서는 안 된다. 후설은 비록 독일 학술계가 부과한 초월적인 것이라는 사변적 틀에 갇혀 있기는 하지만, 주체가 개인으로서 가지는 일관성을 부수고 아울러 지향성intentionality을 통한 지식을 기획하여 주체성을 타자와의 관계로서 재구축하는 데 일생을 바친다(이 기획은 후설로 하여금 1930년대에 유럽의 학문들과 그 윤리적 내용의 위기—자본주의·국가주권·제국주의·전쟁이 유럽 학문의 목표와 의미를 찬탈하였다—를 지

* 한국의 하이데거 연구자들은 '게라센하이트'를 보통 '내맡김'으로 옮긴다.

탄하도록 만든다). 메를로 퐁티에게서 신체들의 구체적 실재 안에 있다는 것은 타자성과의 훨씬 더 근본적인 관계(타자들 사이에 있음)를, 존재의 지각知覺 양태들과 언어적 형태들 속에 있다는 것을 함축한다. 그리고 항상 공통적인 것을 구축하는 기획이 타자성의 경험을 가로지른다. 이렇게 해서 내재성—형이상학적 초재성transcendence에 대립될 뿐 아니라 인식론적 초월론transcendentalism에도 대립되는 내재성—이 철학의 유일한 지평이 된다. 그러므로 메를로 퐁티 등의 경우 현상학의 이러한 경로가 이 지점에서 법과 소유의 지배에 대한 마르크스주의의 비판, 자연적이고 원초적인 구조로서의 인권에 대한 마르크스주의의 비판과 교차하는 것, 심지어는 정체성 개념 자체(개인, 민족, 국가 등등)에 대한 마르크스주의의 비판과 교차하는 것은 단순한 우연이 아니다. 물론 현상학이 이 시기에 초월적 비판을 제쳐놓고 신체들의 저항과 생산성을 긍정하는 사고를 아래로부터 가동시킨 철학적 경향으로서 유일한 것은 아니다. 우리는 다른 곳에서—예를 들어서 스피노자의 구성적 윤리학을 고정된 가치들에 대한 니체의 비판과 결합시키는 유물론의 전통에서—이와 유사한 생각들을 살펴본 적이 있다. 그러나 우리는 신체성과 타자성의 근본적 관계를 다른 무엇보다도 강하게 부각시키는 철학적 경향이 현상학이라고 말할 수 있을 것이다.

이런 식으로 메를로 퐁티의 저작을 통해 현상학의 계보를 추적하다보면 미셸 푸코의 저작이 지니는 중요성을 특별히 조명해주는 관점을 얻기도 한다. 이미 우리는 권력에 대한 그의 분석에서 푸코가 어떻게 중심 요소들을 택하여 밀고 나가는지를, 어떻게 존재를 추상적이거나 초월적인 형상으로서가 아니라 신체들과 그 타자성의 구체적 실재 속에서 제시하는지를 볼 수 있다.[32] 권력의 중심적·초재적 장소는 없으며 (실천과 훈육의 과정에서) 신체들의 표면을 가로질러 모세관과 같은 형태로 발휘되는 수많은 미시권력들만이 있을 뿐이라고 그가 주장했을 때, 많은 논평자들은 푸코가 마르크스주의 전통을 배반했다고 지적했다(푸코 자신도 이런 인상을 남기는 데 기여했다). 그러나 우리 생각으로는 푸코가 그의 작업의 이 국면에서 메를로 퐁티가 개시한 선을 따라 신체들과 권력에 대해 행한 분석은 소유에 대한 비판, 아울러 자본주의 사회의 모든 초월적 구조들에 대한 비판을 신체의 현상학으로 되돌릴 필요에 대해 청년 마르크스가 직관한 것들(그러나 완전한 인식의 형태로는 포착할 수 없었던 것들)의 일부를 마침내 현실화한 것이다. 푸코는 마르크스주의와의 관계에서 다양한 방식으로 변장하는데("나는 가면을 쓰고 나아간다"larvatus prodeo), 그럼에도 불구하고 그 관계는 극히 심층적인 것이다.

푸코에게서 신체의 현상학은 그의 삶정치 분석에서 정점에 이르는데, 핵심적인 것에 초점을 맞추자면 여기서 그의 연구과제는 단순하다. 제1공리는 신체들이 존재의 삶정치적 짜임새를 구성하는 요소라는 것이다. 삶정치적 지형에서 (여기서 권력들이 계속적으로 만들어지고 또 사라진다) 신체들은 저항한다. 이것이 제2공리이다. 신체들은 존재하기 위해서 저항해야 한다. 따라서 역사가 단지 삶권력이 지배를 통해 실재를 형성하는 지평으로서만 이해될 수는 없다. 역사는 오히려 삶정치적 적대와 삶권력에 대한 저항에 의해 결정된다. 제3공리는 신체들의 저항이 주체성을 생산한다는 것이다. 이는 고립되거나 독립적인 방식으로 이루어지지 않고 다른 신체들의 저항과의 상호작용이라는 복합적인 동학의 형태로 이루어진다. 저항과 투쟁을 통한 주체성의 생산은 (우리의 분석이 진행되면서) 기존 권력 형태의 전복뿐 아니라 대안적 제도의 구성에도 핵심적 중요성을 가진 것으로 드러날 것이다. 여기서 우리는 (우리의 이전 논의 맥락으로 돌아가서) 푸코가 소수자 칸트—과감하게 알려고 할 뿐 아니라 과감하게 행동하는 법을 아는 칸트—의 기치를 이어받는다고 말할 수 있다.

근본주의의 사라지는 몸들

너무 많이 사용되어 모호한 용어가 된 '근본주의'는 대개 경직되고 완고한 신념체계를 가리킨다. 그런데 여러 근본주의들에 놀라울 정도로 공통적인 것은 신체와의 독특한 관계이다. 얼핏 보기에는 근본주의가 삶정치에서 중심적 중요성을 가지는 신체적 관점의 극단적 사례로 생각될 수도 있다. 실로 근본주의는 신체에 이례적인, 심지어는 강박적인 관심을 집중시켜서 신체의 모든 (외부와 교류하는) 표면을, 그 습성과 관행을 강렬한 검사와 평가의 대상으로 만든다. 그러나 좀 더 자세히 들여다보면 신체에 대한 근본주의의 이러한 경계警戒는 삶정치에서 핵심적 위치를 차지하는 신체의 생산성—행동하는 신체들을 통해 존재를 아래로부터 구축하는 것—을 허용하지 않는다는 점이 드러난다. 반대로 근본주의의 주된 관심은 이 생산성을 막거나 봉쇄하는 것이다. 사실상 근본주의는 종국에는 신체들이 사라지게 만든다. 신체들이 실제로는 강박적 관심의 대상이 아니고 신체들 위에 군림하는 초재적 형식들 혹은 본질들의 단순한 기호로 드러난다는 점에서 그렇다. (이것이 근본주의가 현대의 권력구조와 그토록 발걸음을 맞추지 못하는 한 이유이다. 근본주의는 궁극적으로 초월적 차원보다는 초재적 차원에 준거한다.) 신체에 초점을 맞추지만 동시에 신체가 사라지게 하는 이 이중성이 근본주의를 규정하는 데 유용하다. 다양하게 분산된 근본주의들을 이 공통점으로 한데 묶어서 삶정치적 관점과 대조함으로써 삶정치적 관점의 특징과 가치를 더 선명하게 부각시킬 수 있게 해주기 때문이다.

물론 모든 종교적 근본주의의 주된 형태들—유태교, 기독교, 무슬림, 힌두교—은 음식의 제한, 신체와 관련된 의식儀式, 성적 지침과 금지사항, 심지어는 신체적 고행과 금욕의 관행을 통해 신체에 대한 강렬한 관심을 보이고 신체를 면밀히 조사한다. 사실 근본주의자들을 다른 종교인들과 구분하는 주된 특징은 신체에 극단적인 중요성을 부여한다는 점이다. 신체가 무엇을 행하는지, 신체의 어떤 부분이 바깥으로 드러나는지, 무엇이 신체 안으로 들어가고 무엇이 나오는지가 그 관심사이다. 근본주의적 규범이 신체의 일부를 베일, 머리 가리개 등으로 가리도록 요구할 때조차 실제로 표시되는 것은 신체의 이례적인 중요성이다. 근본주의에서 여성의 신체가 명백히 가장 강박적인 조사와 규제의 대상이지만, 검사와 통제로부터 면제되어 있는 신체는 없다. 남성의 신체, 청소년의 신체, 아동의 신체, 심지어 죽은 사람의 신체조차 검사와 통제를 받는다. 근본주의에서 신체는 강력하고 폭발적이고 불안정하다. 바로 이 때문에 신체는 부단한 검사와 주시를 필요로 하는 것이다.

그러나 종교적 근본주의들을 한데 묶어주는 또 하나의 특징은 신체들이 궁극적으로 초재적인 영역으로 용해된다는 점이다. 종교적 근본주의가 신체에 초점을 맞추는 것은 사실 신체를 엑스레이처럼 투시하여 영혼을 포착하고자 함이다. 만일 음식의 제한이 단지 신체의 건강 문제라면, 당연히 그 제한은 영양사의 정교한 지침이 될 뿐이고 돼지고기·쇠고기·생선의 소비에 대한 지시사항들은 칼로리와 음식이 유발하는 질병이라는 문제에 의거할 것이다. 그러나 신체 안으로 들어가는 음식은 실제로는 영혼과 관련하여, 더 정확하게는 음식을 먹는 사람이 종교적 공동체에 속해 있다는 점과 관련하여 가지는 작용과 의미로 인해서 중요하다. 이 두 문제 사이의 거리는 사실 그다지 멀지 않다. 이러한 관점에서 볼 때 영혼의 건강은 정체성에 기반을 둔 소속의 정도를 나타내는 하나의 지표일 뿐이기 때문이다. 이와 유사하게, 몸을 가리는 옷도 내적 덕의 지표이다. 신체의 궁극적 소멸은 근본주의의 순교관에서 가장 분명하게 드러난다. 순교자의 신체는 그 영웅적 행동에서 중심부를 차지한다. 그러나 그 행동이 실제로 가리키는 것은 저 너머의 초재적 세계이다. 여기에 근본주의가 신체와 맺는 관계의 극단적인 지점이 놓여 있다. 이 지점에서 신체의 긍정은 동시에 신체의 절멸이 된다.

이와 유사하게 민족주의적 근본주의도 인구에 관심을 갖고 신경 쓴다는 점에서 신체에 집중한다. 민족주의적 정책들은 신체의 건강과 복지를 위해서 광범한 기법들을 채택하며, 출생률과 위생, 영양과 주택, 질병 통제와 생식 관행을 분석한다. 신체들이 바로 민족을 구성하며, 따라서 민족의 최고 목표는 신체의 증진과 보존이다. 그러나 종교적 근본주의처럼 민족주의도 (비록 그 시선이 신체에 집중되는 것처럼 보이지만) 신체를 민족 정체성이라는 궁극적·초재적 대상의 표지標識 혹은 징후로만 본다. 민족주의는 도덕적 측면에서는 신체를 지나쳐 민족적 성격을 보며, 군사주의적 측면에서는 전쟁에서 신체가 희생되는 것을 민족정신의 발로로 본다. 따라서 민족주의의 경우에도 순교자 혹은 애국적 병사는 신체가 어떻게 사라지고 그 뒤에 더 높은 차원을 가리키는 지표만을 남기는지를 보여주는 범례적 형상이 된다.

신체에 대한 이러한 이중적 관계라는 점에서 볼 때 백인우월주의를 (더 나아가 인종주의 일반을) 근본주의의 한 형태로 보는 것은 타당하다. 19세기와 20세기의 근대적 인종주의의 특징은 '피부화' epidermalization, 즉 인종적 위계를 피부—색깔, 냄새, 윤곽, 결—에 심는 것이다.[33] 백인우월주의와 식민 권력의 특징이 신체에의 광적 집착이기는 하지만, 인종의 신체적 표징들은 그렇게 안정적이거나 신뢰할 만하지 않다. 백인으로 통하지만 백인이 아닌 사람이 백인우월주의자들에게 가장 큰 우려를 안겨준다. 실로 미국의 문화사·문학사는 이러한 '통하기'와 인종 구별의 애매함이 만들어내는 불안으로 가득 차 있다. 그런데 바로 그러한 불안이 백인우월주의의 핵심은 신체가 아니라는 점을, 적어도 단순한 의미에서는 아니라는 점을 분명하게 해준다. 백인우월주의도 신체 너머의 어떤 초재적 본질을 바라보고 있는 것이다. 조상과 계보를 지향하는 혈통 담론—이는 인종주의와 민족주의에 공통적으로 나타나는 주된 연결고리이다—은 신체 너머의 이러한 본질적 차이가 구체적 형태로 나타나는 하나의 사례이다. 사실 바이오테크놀로지와 유전자 검사가 인종적 차이의 새로운 특징짓기를 가능하게 하면서, 최근의 인종주의 담론은 어떤 면에서는 피부의 수준에서 분자적 수준으로 이전하였다. 그러나 신체의 분자적 특징들 또한 인종의 관점에서 보면 실로 초재적인 인종적 본질의 지표일 뿐이다.[34] 인종주의에는 궁극적으로 항상 정신적이고 형이상학적인 어떤 것이 있다. 그러나 그렇다고 해서 백인우월주의가 신체를 중심으로 하지 않는다고 말해서는 안 될 것이다. 다른 근본주의들처럼 백인우월주의의 특징도 신체와의 이중적 관계이다. 신체는 극히 중요한 것이면서도 결국은 사라진다.

마지막으로, 신체에 대한 이 이중적 관계를 통해서 경제주의를 근본주의의 한 유형으로 간주할 수 있다는 점을 지적하고 싶다. 언뜻 보기에는 경제주의도 그 순전한 물질성의 측면에서, 즉 경제적 관계 및 활동이라는 물질적 사실들이 다른 덜 신체적인 요소들(이데올로기·법·정치·문화 등)의 개입 없이도 스스로를 재생산하는 데 충분하다고 보는 한에서 신체를 중심에 놓는다. 경제주의는 주로 상품의 신체에 초점을 맞추며, 생산된 물질적 재화와 그 재화를 생산하여 시장에 가지고 가는 인간의 신체 모두를 상품으로 본다. 인간의 신체 자체가 다른 상품들 및 그것들의 생산적 소비에 의해 항상 생산·재생산되어야 한다. 이런 의미에서 경제주의는 신체들—생산하는 신체들, 생산되는 신체들, 그리고 소비되는 신체들—의 세계만을 본다. 그러나 표면적으로는 이런 식으로 신체에 전적으로 초점을 맞추는 것처럼 보이지만, 사실 경제주의의 시선은 이 신체들을 투과하여 그 너머에 있는 가치를 향해 있다. 그래서 경제주의는—자본주의적 형태의 경제주의든 사회주의적 형태의 경제주의든—"형이상학적 섬세함과 신학적 정밀함"을 가지게 되는 것이다.[35] 이런 관점에서 볼 때 상품이든 인간이든 실제적 신체는 경제주의의 궁극적 대상이 아니다. 경제주의에 진정으로 중요한 것은 신체들 위에, 혹은 뒤에 있는 경제적 가치의 양이다. 바로 이 때문에 인간의 신체가 상품이 된다. 다시 말해서 다른 상품들과 차이가 없게 된다. 가치의 관점에서만 보면 인간 신체의 특이성이 사라지는 것이다. 이렇듯 경제주의도 근본주의에 특징적으로 나타나는 방식으로 신체와 관계를 맺는다. 물질적 신체가 극히 중요하면서도 동시에 가치라는 초재적 차원에 가려지게 되는 것이다.

그런데 우리는 마지막으로 이 논의를 한번 비틀어서 따라가 볼 필요가 있다. 비록 이 모든 근본주의들—종교적·민족주의적·인종주의적·경제주의적 근본주의—이 신체와 신체가 가진 힘을 부정하긴 하지만, 적어도 처음에는 신체의 중요성을 부각시킨다. 이 점은 우리의 작업에서 중요한 역할을 할 수 있다. 바꾸어 말하자면 근본주의적 방식으로 신체에 초점을 맞추는 것에서 벗어나서 그것을 전복시키는 것이 신체들의 욕구와 온전한 힘을 긍정하는 관점을 향하는 출발점이 될 수 있는 것이다.

종교적 근본주의와 관련하여 가장 풍요롭고도 매력적인 (그러나 또한 가장 복잡하고 모순적인) 사례들 중 하나는 이란혁명이 발생한 해에 샤shah의 통치에 대항하여 일어난 이슬람 민중운동에서 푸코가 엿본 삶정치적 잠재력이다. 푸코는 이탈리아 신문인 『코리에레 델라 세라』*Corriere della Sera*의 의뢰로 1978년 9월과 10월에 각각 2주씩 이란을 방문하여 일련의 짧은 에세이들을 쓴다. 이 에세이들에서 그는 봉기의 전개과정을 단순하면서도 종종 감동적인 산문으로 전달하고, 그곳에 존재하는 세력들 사이의 관계, 냉전에서 이란의 석유가 가지는 중요성, 샤의 정치적 힘, 억압의 잔인성 등에 대한 기본적인 정치적 분석을 제공한다. 물론 푸코가 이 에세이들에서 이슬람의 정치를 승인하는 것은 아니다. 그는 시아파의 성직자층이나 이슬람교 자체에는 혁명적인 측면이 없다고 명확하게 밝힌다. 그러나 푸코는, 유럽 및 기타 지역의 유사한 역사적 사례에서와 마찬가지로, 이란에서도 종교가 민중 계층을 동원하는 투쟁 형태를 낳는다는 점을 인식한다. 우리는 푸코가 이란에서 일어난 저항운동에서 이슬람 근본주의의 삶정치적 힘에 대하여 생각하고 있는 것이라고 쉽게 상상할 수 있다(물론 푸코가 이런 말을 쓴 것은 아니다). 이보다 바로 2년 전에 푸코는 『성의 역사』 *History of Sexuality* 1권을 출간했으며, 곧 이어서 콜레주 드 프랑스에서 삶정치의 탄생에 대해 강의했다. 그러므로 이 에세이들에서 그가 민중운동에서 종교 세력이 일상생활, 가족들 사이의 유대, 사회적 관계들을 신중하게 규제하는 방식에 대해 민감한 관심을 갖는 것은 놀랄 일이 아니다. 반란의 맥락에서 볼 때 "그들에게 종교는 그들의 주체성을 근본적으로 변화시킬 어떤 것을 발견하는 것에 대한 약속이나 보장과 같았다"고 푸코는 설명한다.[36] 우리는 이란에서 샤가 타도된 후에 억압적인 신권神權체제—푸코가 반대했던 체제—가 수립된 사실을 놓고 푸코를 비난할 생각이 없다. 우리가 보기에 그의 글들에서 가장 의미심장한 것은, 그가 반란을 이끈 종교적 근본주의에서 그리고 이 근본주의가 신체에 초점을 맞추는 것에서 삶정치적 힘의 요소들을 어떻게 인식하는가이다. 이 삶정치적 힘은 만일 신권체제에 의해 봉쇄되지 않고 다른 방식으로 배치되었더라면 주체성을 근본적으로 변형시키고 해방의 기획에 참여할 수 있었을 것이었다.

민족주의의 경우에는 그 안에 담긴 잠재적으로 진보적인 요소들을 인식하기 위해서 그렇게 복잡한 사례를 들 필요가 없다. 특히 민족해방운동 과정에서 민족주의는 여러 정치적 실천을 실험하는 작업대 역할을 했다.[37] 예를 들어 파농Frantz Fanon이 알제리혁명의 와중에 정신과 의사로 일하면서 분석했던, 억압과 해방의 강렬한 신체적 성격을 생각해보라. 제도들과 일상적인 섭생을 관통하는 식민주의의 폭력은 식민지 민중의 뼈에 침전된다. 열역학 체계에서처럼 들어오는 폭력은 어디론가 분출되게 마련이라고 파농은 설명한다. 이는 식민지 민중의 정신 질환—안으로 자신을 향해 가해지는 폭력—이나 식민지 민중들 사이에서 행사되는 폭력의 형태들(부족들·씨족들·개인들 사이의 유혈 갈등을 포함한다)에서 가장 흔하게 나타난다. 그렇다면 파농이 보기에 민족해방투쟁은 폭력을 외부의 식민지 지배자에게로 (폭력이 온 곳으로) 다시 향하게 하는 일종의 신체훈련이다.[38] 그리하여 고문받고 고통받는 신체들은 혁명적 민족주의의 깃발 아래에서 그들의 진정한 힘을 발견할 수 있다. 물론 파농은 일단 독립이 성취되면 민족과 민족주의가 다시 장애가 되어서 혁명이 개시한 동학을 봉쇄함을 잘 알고 있었다. 민족주의는 결코 근본주의를 완전히 피할 수 없다. 그러나 그렇다고 해서 신체에 대한 민족주의의 강렬한 관심이 만일 다른 방향으로 향한다면 이례적으로 강력해질 수 있는 삶정치적 실천을 암시한다는 사실에 눈을 감으면 안 될 것이다. 민족해방투쟁의 사례를 염두에 두면 특히 그렇다.

백인우월주의가 가진 근본주의적 속성이 신체에 대한 관심을 통해 어떻게 삶정치적 실천을 향한 열림을 제공할 수 있는지를 보려면 그것에 다소 반어적인 방식으로 접근해야 한다. 하나의 예로 1960년대와 70년대에 미국에서 일어난 블랙파워 운동은 인종주의적 사고를 뒷받침하는 인간적 차이의 피부화를 변형시키고 재평가한다. 블랙파워 운동은 피부의 표면—피부색, 머리카락의 성질, 얼굴 생김새 등—에 관심을 집중한다. 그러나 이는 하얀 피부와 곧은 머리카락을 갖기 위해서가 아니다. 검게 되기가 목적이다. 검은 것이 아름답기 때문일 뿐 아니라 검음blackness(흑인성)이 바로 자유를 위한 투쟁을 의미하기 때문이다.[39] 이는 인종주의에 부정의 형태로 대응하는 반인종주의적 담론이라기보다는 긍정의 형태로 대응하는 대항인종주의적 counterracist 담론, 즉 신체에의 관심 집중을 검음을 긍정하는 수단으로 사용하는 담론이다. 그러나 이러한 긍정이 신체에의 관심에 어떤 초재적이고 형이상학적인 계기를 덧붙여서 그 결과 신체는 사라지고 어떤 본질적이고 영적인 검음이 주된 요소가 되는 것은 아님에 주목해야 한다. 아니, 만일 이런 일이 일어난다면 그것은 또 하나의 근본주의가 될 것이다. 대항인종주의는 물질적인 것 즉 신체의 아름다움과 힘에 연결된 상태로 남아 있을 때 삶정치적 실천의 가능성을 열게 된다.

마지막으로 덧붙일 것은, 마르크스가 고전 정치경제학에 대한 초기의 독해에서 경제주의를 전복할 가능성을 드러낸다는 점이다. 그는 아담 스미스Adam Smith를 비롯한 정치경제학자들의 저작에서 신체 및 그 생산성에 대한 강렬한 집중을 포착한다. 그러나 그는 또한 노동하는 신체들이 단지 자본을 위한 가치 생산자가 될 때 그 생산성이 협소해지고 종국에는 가려져 안 보이게 됨을 인식한다. 마르크스의 저작 중에서 가장 서정적인 대목들 가운데 일부가 이런 생각에 고취되어 있는데, 여기서 그는 삶의 모든 영역에 걸쳐 신체들의 온전한 생산성을 복원하려 한다. 사적 소유로부터 해방된 노동에는 우리의 모든 감각과 능력, 요컨대 "보기, 듣기, 냄새 맡기, 맛보기, 만져보기, 사유하기, 명상하기, 느끼기, 원하기, 활동하기, 사랑하기 등 **인간**이 세계와 맺는 관계들" 모두가 동시에 관여하게 된다.[40] 노동과 생산이 삶의 모든 영역에 걸쳐서 이런 식의 확대된 형태로 파악된다면, 신체는 결코 사라질 수 없을 것이고 어떤 초재적인 척도나 권력에도 종속될 수 없을 것이다.

근본주의를 특징짓는 신체에 대한 강렬한 집중은 이렇듯 각각의 경우에 삶정치적 관점을 향한 열림의 가능성을 제공해준다. 따라서 삶정치가 근본주의에 대한 궁극적인 해독제가 된다. 삶정치는 초재적이고 영적인 가치나 구조의 부과를 거부하고 신체들이 사라지는 것을 허용하지 않으며 오히려 신체들의 힘을 강조하기 때문이다.

1.3 빈자 다중

공통체란 (…) 밑바닥에 있는 가난한 다중 전체의 통치체이며,
다른 계층을 고려하지 않는다.
월터 롤리 경, 『국가의 격률』

선원들, 반역자들 그리고 추방된 자들의 해학과 재치는
마호가니 탁자에 둘러앉은 자들의 교양 있는 교류를 넘어선다. 그래야 한다.
교수형 집행인의 올가미가 오늘도 수백만 명의 목에 걸려 있으며,
그들에게는 마르지 않는 해학이 항존하는
파멸의 위협과 혼란의 세계에 맞서는 활력과 건강의 표현이다.
C. L. R. 제임스, 『선원들, 반역자들 그리고 추방된 자들』

빈자의 이름, 다중

소유가 공화국의 지배적인 형태를 규정하기 때문에, 다중은 가난을 특징으로 하는 한에서 공화국에 대립한다. 그러나 이 갈등은 부와 가난의 측면에서만이 아니라 더 중요하게는 생산되는 주체성의 형태라는 측면에서도 이해되어야 한다. 사적 소유가 창출하는 주체성들은 (서로 경쟁하는) 개인들인 동시에 (빈자에 맞서서) 재산을 보존하기 위해서 모인 계급이다. 거대한 근대 부르주아 공화국의 헌법들이 개인주의와 (재산과 관련된) 계급이익 사이를 매개하여 균형을 잡는다. 그렇다면 이 관점에서 볼 때 다중의 가난은 비참함이나 박탈을 가리키는 것도, 심지어는 결핍을 가리키는 것도 아니다. 그것은 특정한 사회

적 주체성의 생산을 의미한다. 이는 개인주의와 대립하는 동시에 배타적인 유산有産 집단과도 대립하며 근본적으로 복수複數적이고 개방적인 정치 집단을 낳는 사회적 주체성이다. 바꾸어 말하자면, 빈자는 아무것도 가진 것이 없는 사람들을 지칭하는 것이 아니라, 사회 질서나 재산과 무관하게 사회적 생산 메커니즘에 편입되어 있는 모든 사람들이 구성하는 광범한 다양체를 지칭한다. 이러한 개념적 갈등은 또한 정치적 갈등을 의미한다. 빈자 다중은 그 생산성으로 인해서 소유 공화국에 실질적이고 효과적인 위협이 된다.

다중과 가난의 구성적 관계를 이런 식으로 이해하기 위한 핵심적 토대가 17세기 영국의 정치투쟁에서 마련되었다. 그 당시 '다중'이라는 말은 일반적인 정치 담론과 팸플릿들에서 지위나 재산과 무관하게 정치 집단을 형성하기 위해 모인 모든 이들을 가리키는 거의 전문적인 용어가 되었다.[41] 이런 식으로 정의된 다중이 가장 낮은 사회계층과 무산자들을 의미하게 되는 것은 이해할 만하다. 이들이야말로 지배적인 정치 집단들로부터 가장 분명하게 배제된 사람들이기 때문이다. 그러나 실제로 다중은 경계가 없고 사회적 지위와 집단이 혼합된 상태를 본래적 특징으로 하는 개방적이고 포괄적인 사회 집단이다. 테이트Nahum Tate가 셰익스피어의 작품을 개작한 『리처드 2세』*Richard the Second*, 1681에서 일련의 직업들—제화공, 편자공, 직조공, 무두장이, 포목상, 양조업자, 푸주한, 그리고 시끌벅적한 무한히 많은 다른 사람들—을 열거하며 다중을 묘사할 때, 그는 이렇게 혼합된 사회 집단이란 것이 어떤 것인가를 알 수 있게 해준다.[42] 그런데 테이트가 보여주는 이러한 직종상의 다양성은 발생기 노동계급에 대한 참조점을 제공해줄 수는 있지만, 다중의 무한정성 (즉 지위나 재산과 무관하다는 것) 혹은 사회적·정치적 집단으로서 다중이 가지는 힘을 적절하게 포착하지는 못한다.

1647년 수평파와 신형군the New Model Army의 일부 분파들 사이에서 영국의 새로운 정치적 구성을 둘러싸고 그리고 특히 참정권을 둘러싸고 벌어진 푸트니 논쟁에서 (다중의 정의와 관련된) 다중과 가난의 관계가 더 명확하게 나타나기 시작한다. 수평파는 투표권을 재산을 가진 사람들에게 국한시키자는 주장에 강하게 맞섰다. 토머스 레인즈보로Thomas Rainsborough 대령*은 수평파를 옹호하면서 '다중'이라는 말을 사용하지는 않았지만, 경계가 없고 혼합된 정치 집단으로서 빈자를 제시한다. 레인즈보로 대령은 이렇게 말한다. "내 생각에 영국에 있는 가장 가난한 사람이라도 가장 위대한 사람처럼 살아갈 삶이 있습니다. 그러니 참으로 말이지요, 이건 분명합니다. 정부 아래 살려는 모든 사람은 먼저 자의로 정부 아래 있어야 한다는 것이지요. 그리고 내 생각에 영국의 가장 가난한 사람도 자신이 그 아래 있을 것을 선택하지 않은 정부에는 엄밀한 의미에서 구속되어 있지 않습니다."[43] 레인즈보로 대령은 "가장 가난한 사람"이라는 극단적인 지점을 언급할 때 어떤 정치 집단을 암시한다. 그러나 이는 결핍에 국한된 주체가 아니며 심지어 결핍으로 정의되는 주체도 아니다. 오히려 이 빈자 다중은 재산의 구분이 없는 정치 집단, 경계가 없는 혼합된 집단이며, 테이트의 직종 목록을 포함하겠지만 그 직종들에 국한되지는 않는다. 더욱이 레인즈보로가 보기에 빈자를 개방적이고 포괄적인 정치 집단으로 보는 생각은 보편적 (혹은 적어도 확대된) 참정권과 평등한 대의代議를 직접 뒷

* '레인보로'Rainborough로도 표기된다.

받침하고 심지어는 그것을 요구한다. 그리고 실제로 푸트니 논쟁에서 레인즈보로의 주된 상대인 병참장교 아이어턴Ireton은 정치적 주체에 대한 이러한 생각이 소유의 지배에 가하는 위협을 즉시 인식한다. 만일 투표권이 모두에게 속한다면 소유물인 재산도 모두에게 속할 수 있지 않느냐는 것이 아이어턴의 추론이다. 실로 논리는 바로 그 방향을 가리키고 있었던 것이다.

'다중'이라는 용어의 역사를 추적하는 일에는 문헌학적 난점이 있다. 다중의 주창자들의 정치 연설과 글 중 문서로 남아 있는 것이 거의 없기 때문이다. 현재 보존된 17세기 영국 문서들 가운데 대다수는 부정적인 내용의 것으로서 다중을 파괴하고 모독하고 부정하고자 하는 자들이 쓴 것이다. 무법의 다중, 어리석은 다중, 무식한 다중 등 항상 깎아내리는 형용어가 앞에 붙어서 다중이라는 용어에 대한 반감을 가중시킨다.

두 유명한 인물을 예로 들자면, 로버트 필머와 토머스 홉스는 다중의 권리뿐 아니라 그 존재 자체를 부정하려 한다. 필머는 성서를 근거로 삼는다. 그는 마치 성서가 역사적인 것처럼 전제하고는, 누구에게나 공통적인 자연권 때문에 다중이 시민적 질서를 결정할 힘을 가진다는 (벨라마인 추기경Cardinal Bellarmine 같은 저자들이 제시하는) 주장을 반박한다. 그의 주장에 따르면, 힘은 자연권에 의하여 다중 전체에게 고르게 주어진 것이 아니라 인류의 아버지인 아담에게 주어졌으며 아담의 권리가 모든 가부장들에게 정당하게 이전된다는 것이다. "처음부터 공동체에 대한 자연권을 가지는 독립적인 다중과 같은 것은 결코 없었다"라고 필머는 언명한다. "이는 오늘날 너무 많은 사람들이 믿고 있는 허구 혹은 공상일 뿐이다."[44]

홉스는 더 직접적으로 정치적인 근거 위에서 다중의 존재에 도전한다. 그는 다중이 정치 집단이 아니라고 본다. 다중이 정치적이 되기 위해서는 의지와 행동의 통일성으로 규정되는 '국민'people이 되어야 한다. 바꾸어 말하자면, 다수는 일자一者로 환원되어야 하며 그럼으로써 다중의 본질 자체가 부정되어야 한다. "다중이 통일되어 하나의 정치적 신체가 될 때, 그럼으로써 국민이 될 때 (…) 그리고 그들의 의지가 실질적으로 주권자에게 모아질 때, 그때 개별자들의 권리와 요구는 중지된다. 주권권력을 가진 자(혹은 자들)가 그들 모두를 대신하여 요구를 하며, 이전에는 **그들의 것**이라고 복수형으로 불렀던 것을 **그의** 이름으로 지킨다."[45] 필머와 홉스는 17세기 영국 정치사상의 주류를 대표하며, 이 주류는 다중에 대한 부정적 생각 혹은 부정적 반응만을 우리에게 전달한다. 그러나 그 반응—필머와 홉스의 공포감과 증오심—의 강렬함은 반응을 일으킨 원인이 가진 힘의 증거가 됨이 분명하다.

17세기 영국 사상에 나타난 다중의 정치를 연구하는 또 하나의 전략은 물리학 분야를 참조하는 것이다. 동일한 기본 법칙들이 물리적 신체와 정치적 신체에 똑같이 적용된다고 생각되었기 때문이다. 예를 들어 로버트 보일Robert Boyle은 존재하는 모든 신체를 동질적이고 단순한 요소들의 합성물로 보는 당대의 지배적인 견해에 도전하면서 다양성과 혼합이 본성상 우선적이라고 주장한다. 보일에 따르면 "작은 신체들의 수많은 무리들이 왔다 갔다 하며," 미립자들이 모여 이룬 "다중들"이 "서로서로, 때로는 이 신체와 때로는 저 신체와 연합"하게 된다.[46] 모든 신체는 항상 이미 혼합된 다중들이며 미립자 연합의 논리를 통한 새로운 결합의 가능성에 늘 열려 있다. 물리적 신체와 정치적 신체는 동일한 법칙을 따르기 때문에, 경계 없는 다중들을 기반으로 하는 보일의 물리학은 즉각적으로 정치적 다중과 그 혼합된 신체에 대한 긍정을 함축한다. 그리고 실로 이러한 위협을 이해하는 홉스가 소리 높여 보일을 반박하는 것은 놀랄 일이 아니다.[47]

우리는 물리학적 다중관과 정치학적 다중관의 이러한 연관을 완결하기 위해 영국 해협을 건너 네덜란드로 가야 한다. 스피노자의 물리학은 보일의 물리학처럼 순수 신체들의 원자론에 반대하며 혼합과 합성의 과정에 초점을 둔다. 여기서 양자—합리론적·기계론적 이론과 미립자적·실험적 견해—의 상이한 인식론을 자세히 다룰 필요는 없다. 두 저자 모두 자연을 기본 입자들의 마주침을 통해 구성되는 것으로 파악하기 때문이다.[48] 마주침의 결과는 더 작은 신체들로 해체되거나 새로운 더 큰 신체로 합성되는 것이다. 마찬가지로 스피노자의 정치학에서 다중은 혼합된 복합적인 신체로서, 클리나멘*과 마주침이라는 동일한 논리로 구성된다. 따라서 다중은 다른 모든 신체와의 마주침에 열려 있고 그 정치적 삶이 이 마주침의 질에 의존한다는 의미에서, 즉 기쁜 마주침이기에 더 힘 있는 신체를 구성하느냐 아니면 슬픈 마주침이기에 힘이 덜한 신체로 해체되느냐에 의존한다는 의미에서 포괄적 신체이다. 이 근본적인 포괄성이 스피노자의 다중을 명확히 빈자 다중—여기서도 빈자는 사회의 가장 낮은 층에 국한되지 않고 지위와 재산에 관계없이 모두에게 열려 있는 것으로 파악된다—으로 특징짓는 한 가지 요소이다. 마지막으로 스피노자는 이 다중을 민주주의의 유일한 주체로 규정하는 핵심적이고 결정적인 단계

* 클리나멘에 대해서는 이 책의 436면을 참조하라.

를 밟는다.[49]

다중과 빈자의 관계를 더 잘 이해하기 위해서는 몇 세기를 거슬러 올라가 르네상스기 이탈리아에서 빈자 다중의 형상이 시민사회 및 교회의 권력층이 세운 법정과 어떻게 대결하는지를 보아야 한다. 아시시의 프란체스코Francis of Assisi의 탁발수도회는 교회 권력의 부패와 사적 소유의 제도화—이 양자는 긴밀하게 연결되어 있다—모두에 맞서기 위해서 빈자의 덕을 설교한다. 프란체스코 수도회의 수사들은 『그라티아누스 교령집教令集』의 격률들—"자연법에 의해 모든 것이 모두에게 속한다"iure naturali sunt omnia omnibus와 "신성한 법에 의해 모든 것은 공통적이다"iure divino omni sunt communia—에 규범적 가치를 부여하는데, 이 격률들 자체가 교부들과 사도들의 기본 원리—"모든 것을 공동으로 가진다"habebant omnia communia(「사도행전」 2:44)—에 준거한 것이다. 3세기 후 푸트니에서 일어날 일을 예시하는 격한 논쟁이 교황 측과 프란체스코 수도회 사이에서 (그리고 수도회 내에서) 벌어졌는데, 이 논쟁에서 소유의 지배를 긍정하며 따라서 자연법이 정한 공통의 삶을 부정하는 사람들과 공통의 부를 기반으로 해서만 훌륭하고 정당한 사회가 지상에 건설될 수 있다고 생각하는 프란체스코 그룹들이 맞섰다. 사실상 그로부터 몇 년밖에 지나지 않은 1324년에 파도바의 마르실리우스Marsilius of Padua는 가난이 기독교적 완성의 유일한 기반일 뿐 아니라 (우리의 주된 관심사인) 민주적 사회의 유일한 기반이기도 하다고 주장했다.[50]

근대 전체에 걸쳐 다른 곳에서는 '다중'이라는 말이 17세기 영국에서와 같은 전문적인 정치적 의미로 사용되지 않는다. 그러나 빈자 다중의 유령은 지구 전역을 돌며 소유의 지배가 뿌리를 내리는 어디에서나 그것을 위협했다. 예를 들어 빈자 다중은 토머스 뮌처Thomas Münzer와 재세례파Anabaptists가 독일의 군주들에 대항하여 벌인 위대한 16세기 독일 농민전쟁에서 등장한다.[51] 유럽 식민 체제에 맞선 반란들—라파스La Paz에서 1781년 벌어진 스페인 지배에 대한 투팍 카타리Tupac Katari의 공격에서 1857년에 일어난 영국 동인도회사의 지배에 맞선 인도 반란까지—에서 빈자 다중은 소유 공화국에 도전한다. 물론 바다의 경우에도 생산과 무역의 해상 회로들이나 그 회로들을 먹이로 삼는 해적 네트워크들에 다중이 거주한다. 이 경우에도 우리에게 가장 강하게 전달되는 이미지는 부정적 이미지이다. 다중은 재산과 질서를 위협하는 '머리가 여럿인 히드라'로 제시되는 것이다.[52] 이 해상의 다중이 가하는 위협의 일부는 그 다양성에 있다. 이 다중은 선원들, 탈주노예들, 하인들, 병사들, 소매상들, 노동자들, 반역자들, 사회에서 추방된 자들, 해적들과 그 밖에 대양을 순회하는 수많은 사람들로 그때그때 구성된다. 이 다중이 소유와 소유의 지배구조를 침식하리라는 것 또한 위협 요소이다. 권력과 재산을 가진 자들이 바다에 출몰하는 위험한 히드라에 대해 경고할 때 그들은 동화를 이야기하는 것이 아니라 실질적이고 강력한 정치적 위협을 포착하고 그것을 무력화하려 하는 것이다.

마지막으로 자크 랑시에르Jacques Ranciére는 다중에 관한 17세기의 논쟁에서 우리가 발견하는 것과 유사한 관점에서 정치의 본성 그 자체를 이해한다. 랑시에르에게 "정치의 온전한 기반이 되는 것은 빈자와 부자 사이의 투쟁이다."[53] 혹은, 그가 계속해서 말하듯이, 더 정확하게는 공통적인 것의 관리에서 아무런 몫도 갖고 있지 않은 사람들과 공통적인 것을 통제하는 사람들 사이의 투쟁이다. 랑시에르의 말처럼, 중요하게 고려될(계산에 넣어질) 권리가 없는 사람들이 스스로를 고려될 만하게 만들 때 정치는 존재한다. 몫 없는 자들, 즉 빈자의 무리는 다중에 대해 내릴 수 있는 훌륭한 첫 번째 정의이다. 빈자의 무리는 결코 부자의 무리와 상동적이지 않다고 즉시 덧붙이는 한에서 그렇다. 부자의 무리는 소유 공화국이라는 형태로 사회 전체를 대표하는 척하며 보편성을 주장하지만 이는 거짓된 주장이다. 실제로 부자의 무리는 배타적 정체성에만 기반을 두며, 이 정체성이 가지는 통일성과 동질성은 재산의 소유에 의해 보장된다. 이와 달리 빈자의 무리는 사회의 배타적인 한 부분으로 구성된 정체성이 아니라, 지위와 재산에 관계없이 사회적 생산의 메커니즘에 다양하게 편입되며 개방적이고 다수적인 주체성의 생산에 의해 활성화되는 모든 사람들로 이루어진 형성체이다. 빈자 다중은 그 존재 자체가 소유 공화국에 객관적 위협을 가한다.

누가 빈자를 증오하는가?

종종 모든 사람이 빈자를 증오하는 듯 보인다. 부자들이 빈자를 증오함은 분명하다. 보통 그 증오를 (마치 가난이 어떤 내적 결점의 표시인 양) 도덕적 용어로 제시하며 때로는 동정과 연민의 용어로 포장하기도 한다. 그리 부유하지 않은 사람들조차 빈자를 증오한다. 그 부분적인 이유는 그들이 혹시 곧 처하게 될지도 모를 상태의 모습을 빈자에게서 보는 데 있다. 여러 형태로 나타나는, 빈자에 대한 증오의 배후에 있는 것은 공포이다. 빈자가 소유에 직접적인 위협을 가하는 것이다. 이는 빈자가 부를 결여하고 있고 그래서 고결한 장발장Jean Valjean처럼 그것을 훔쳐도 정당화될 수 있기 때문만이 아니라, 소유 공화국을 침식하고 전복할 힘을 가지고 있기 때문이기도 하다. 1850년 프랑스 의회에서 아돌프 티에르Adolphe Thiers는 "우리가 배제하고 싶은 것은 천한 다중이지 국민people이 아니다"라고 선언한다. 다중은 매우 이동적이고 통일된 지배 대상으로 포착될 수 없기 때문에 위험하며 따라서 법으로 추방해야 한다고 티에르는 계속해서 말한다.[54] 이러한 증오와 공포의 사례는 모두 뒤집어서 읽어야 한다. 즉 빈자가 가진 힘에 대한 긍정으로서, 아니면 적어도 인정으로서 읽어야 한다.

실제적인 공작工作—빈자를 분할하기, 행동과 표현의 수단을 박탈하기 등—의 역사와 나란히 빈자의 힘을 길들이고 침식하고 무력화하기 위한, 마찬가지로 긴 이데올로기적 노력의 역사가 존재한다. 이 이데올로기적 공작 중 매우 많은 수가 기독교 신학과 교리의 맥락 안에서 이루어졌다는 점이 흥미로운데, 이는 바로 빈자가 소유의 지배에 가하는 위협이 기독교 안에서 매우 강렬하게 경험되었기 때문일 것이다. 교황 베네딕트 16세는 2006년 회칙回勅 '신은 사랑이다'Deus caritas est에서 빈자의 힘의 성서적 기반에 직접적으로 도전하고 그 힘을 이데올로기적으로 신비화하려고 했다. 그는, 모든 것을 공유하라는 사도 시대의 명령은 현대 세계에서는 현실적이지 못하며, 더 나아가 기독교 공동체는 그런 사회 정의의 문제에 관여하지 말고 정부들이 해결하도록 놔두어야 한다고 주장한다. 사회 정의의 문제 대신에 그가 옹호하는 것은 가난하고 고통받는 이들을 위한 자선활동인데, 그럼으로써 그는 빈자를 힘 있는 주체가 아니라 동정의 대상으로 제시한다. 베네딕트 16세의 주장에 그다지 독창적인 점은 없다. 그는 기독교가 빈자에 맞서 벌이는 이데올로기적 십자군 전쟁의 긴 계보에서 그저

가장 최근의 모방자일 뿐이다.[55]

신비화를 통해 빈자의 힘을 말소시키려는 이러한 이데올로기적 노력의 한 정점(혹은 최저점)은 하이데거가 1945년 6월에 행한 「가난」 "Die Armut"이라는 간단한 제목이 붙은 짧은 강의이다. 강의가 행해질 때의 상황은 극적이고 의미심장하다. 프랑스군이 라인 강을 건넌 그해 3월 이래 하이데거와 프라이부르크 대학 철학부의 몇몇 동료들은 도시 동쪽 '검은 숲'의 산중에 있는 빌덴슈타인Wildenstein 성으로 피난해 있었으며, 거기서 계속 강의를 했다. 6월 말에는 프랑스군의 성 진입이 임박했으며, 하이데거는 소련군이 엘바 강둑에 와 있고 빈은 함락되었으며 베를린 함락도 멀지 않았음을 틀림없이 잘 알고 있었다. 그는 마지막 강의로 18세기 말 프랑스혁명이 진행되는 동안에 쓰여진 횔덜린의 문장—"우리에게 있어서는 모든 것이 정신적인 것에 집중되어 있고, 우리는 부유해지기 위해서 가난해졌다"—에 대해 말해보기로 한다. 그리고 하이데거는 강의 원고에서 이 문장을 처음 인용한 곳의 여백에 이렇게 덧붙인다. "왜 세계사의 현 순간에 내가 이 문장에 대해 말해보기로 했는지는 강의의 내용 자체에 의해 분명해질 것이다." 하이데거는 역사적으로 거대한 '재난'—나치 기획의 종말, 그가 이해하는 바의 독일과 독일 민족의 종말, 그리고 코뮤니즘의 전진—을 가까이 들여다보면서 가난에 대한 존재론적 논의로 응답하는 것이다.[56]

비록 하이데거가 강의의 온전한 의미는 세계사의 해당 순간과의 관계 속에서만 드러날 수 있다고 이미 밝히긴 했지만, 강의의 철학적 내용을 탐구하는 데서 시작해보자. 하이데거는 그의 일반적인 방법에 따라 횔덜린의 문장에서 핵심이 되는 용어들 각각에 물음을 던지면서 나아간다. 횔덜린이 "우리"로 의미하는 것은 무엇인가? 이에 대한 답은 쉽다. 독일인들이다. 그가 "정신적인"이라는 말로 의미하는 것은 무엇인가? 하이데거의 독자들이라면 이번에도 놀라지 않을 것이다. "정신적인"이라는 말로 그가 의미하는 것은 본질적인 존재론적 관계, 즉 인간의 본질이 존재Being와의 관계에 의해서 규정된다는 사실이다. 그리하여 정신적인 것에의 이러한 집중, 존재에 대한 이러한 강조를 통해 하이데거는 문장 후반부에 나타난 가난과 부에 대한 존재론적 독해를 할 수 있게 된다. 가난은 사실 일반적인 용법에서처럼 소유물과 관계를 맺고 있는 것은 아니라고 하면서 그는 자신의 독해를 시작한다(일반적인 용법에 따르면 가난은 물질적 필수품들을 가지고 있지 못한 상태일 것이다). 가난은 소유하기having가 아니라 존재하기being와 연관된다. "가난의 본질은 일정한 존재하기에 있다. 진정으로 가난한 것은 필요하지 않은 것the non-necessary 말고는 아무것도 결여하지 않은 상태로 존재하는 것이다."[57] 이 지점에서 하이데거는 가난이 필요에 의해서 (따라서 제한에 의해서) 규정되고, 이와 달리 필요하지 않은 것에 관여할 수 있는 특권을 부여하는 부는 자유를 가능하게 한다는 진부한 결론에 도달할 위험에 노출된다. 그러나 그러한 생각은 진부할 뿐 아니라 횔덜린의 말에서 가난에서 부유함으로 이르는 인과관계를 설명하지도 못한다.

하이데거는 종종 그러듯이 독일어 어원에 호소하여 수수께끼를 푼다. 옛 독일어 '*fri*'—여기서 '*freie*'(자유로운)가 나왔다—는 어떤 것이 그 고유한 본질 속에 거하게 한다는 의미에서 '보존하다' 혹은 '보호하다'를 의미한다. 따라서 무언가를 자유롭게 하는 것은 필요로 인한 제한으로부터 그 본질을 지키는 것을 의미한다고 한다. 그리하여 (자유의 속성인) 자유롭게 함은 필요를 전도시키거나 변형시킨다. "따라서 모든 형이상학이 이해하는 바처럼 필요는 결코 자유의 반대가 아니다. 오히려 오직 자유만이 그 자체로 전환된 필요이다." 이것이 하이데거로 하여금 목적을 달성할 수 있도록 해준다. 물론 빈자가 필요하지 않은 것을 결여하고 있는 것은 사실이며, 이것이 자유의 핵심이다. "우리는 우리가 결여하고 있는 것을 가지고 있지 않다. 그러나 바로 우리가 결여하고 있는 것이 우리를 가진다." 우리는 이것을 "모든 것이 정신적인 것에 집중되어 있는" 만큼, 즉 인간의 본질인 존재와의 관계에 집중되어 있는 만큼 인식한다. 우리는 결여의 상태에서도 어떤 의미에서는 존재에 대한 관계를 통하여 필요하지 않은 것의 자유로움에 속한다. "일단 인간의 본질이 자유롭게 하는 존재와 인간의 관계를 적절하게 고수하면, 다시 말해서 일단 인간의 본질이 필요하지 않은 것을 결여하게 되면 그때 인간은 진정한 의미에서 가난하게 된다."[58] 가난하게 됨이 부유하게 됨으로 이르는 것은 가난 자체가 존재와의 관계를 나타내기 때문이고 이 관계 속에서 필요가 자유로, 즉 그 고유한 본질의 보존과 보호로 전환되기 때문이다. 가난하게 되기는 따라서 그 자체로 부유하게 되기라고 하이데거는 결론짓는다.

하이데거 철학의 복잡함을 겪어보지 못한 사람은 이 시점에서, 왜 겨우 가난과 부의 구분을 흐리기 위해서 그런 재주를 부려야 하냐고 물을 만도 하다. 하이데거 자신이 글의 서두 여백에 적은 말에서 알려주듯이, 대답은 그가 직면하고 있는 '세계사적' 상황, 구체적으로는 소련군이 접근하고 있고 나치의 패배가 임박한 상황에서 찾아야 한다. 하이데거가 다른 저작에서 자신의 반공주의를 존재론적으로 표현하고 있음을 기억하라. 예를 들어 그는 10년 전에 『형이상학 입문』

*Introduction to Metaphysics*에서, 미국과 소련은 형이상학적 관점에서 볼 때 제한에서 풀려난 기술의 기획들을 가동시키고 있다는 점에서 실질적으로 일치한다고 주장했다. 하이데거가 보기에 미국인들과 소련인들에게는 분명 모든 것이 정신적인 것에 집중되어 있지 않다. 그런데 왜 1945년 6월에 하이데거는 가난의 존재론적 지위를 연구하기로 결심해야 했는가? 대답은, 그가 특정한 가난 개념이 코뮤니즘의 본질이자 주된 호소력이라고 생각하여 그 적의 안방에서 적과 싸우고 싶어 했다는 데 있는 듯하다. 실제로 코뮤니즘에 대한 하이데거의 싸움은 강의 마지막 부분에서 명시적으로 드러난다. 빈자는 코뮤니즘의 주장(그의 상상이지만)과 달리 부자와 대립되지 않으며, 오히려 가난의 진정한 의미는 인간의 본질이 존재와 맺는 관계를 인식하는 "정신적" 관점에서만 발견될 수 있다는 것이다.[59]

이는 분명 코뮤니즘 이데올로기에 대한 기묘하면서도 효과적이지 못한 도전이지만, 여기서 우리의 관심을 더 끄는 것은 하이데거가 빈자의 힘을 신비화하는 방식 그리고 표면상으로는 가난 개념을 구한다고 하면서 실제로는 매도하는 방식이다. 하이데거의 눈에는 빈자가 존재와의 관계에 의해 존엄을 얻는 것처럼 보이지만, 마치 전능한 신 앞에 선 무력한 피조물들처럼 빈자는 이 관계 속에서 완전히 수동적으로 남아 있다. 이런 점에서 빈자에 대한 하이데거의 접근법은 실제로 베네딕트 16세가 말하는 '자선'의 더욱 세련된 판본일 뿐이다. 빈자는 그 힘이 완전히 무력화되고 수동성이 확실하게 될 때, 오직 그때에만 동정과 아량의 대상일 수 있다. 이 호의적인 표면의 뒤에 흐릿하게 보이는 빈자에 대한 공포는 코뮤니즘(교황에게는 해방신학에 구현되어 있다)에 대한 공포와 직접적으로 연결되어 있다.

하이데거는 가난과 코뮤니즘을 명시적으로 연결시키지만, 우리는 가난에 대한 증오가 종종 인종주의를 가리는 가면 역할을 한다는 점 또한 기억해야 한다. 하이데거의 경우와 관련해서 우리는, 나치 독일에서 나타난 권위주의적 개인과 반유태주의 사이의 관계에 대한 아도르노 식의 사변적 논증을 상상해볼 수 있다.[60] 아메리카 대륙의 맥락으로 시선을 돌리면, 거기서 우리는 빈자에 대한 증오가 거의 모든 경우에 희미하게 가려진 혹은 전위轉位된 인종주의를 표현하고 있다는 것을 보게 된다. 가난과 인종이 아메리카 대륙 전역에 걸쳐 매우 긴밀하게 연결되어 있어서 이 증오는 검은 피부의 신체에 대한 혐오 및 유색 피부를 가진 사람들에 대한 불쾌감과 불가피하게 혼합된다. 헨리 루이스 게이츠 2세Henry Louis Gates Jr.와 코넬 웨스트Cornell West는 미국에 대해 "이 나라에서는 인종의 차이와 계급의 차이가 비참과 처참의 도가니에서 마구 뒤섞여서 둘 사이의 경계를 아는 사람이 거의 없을 정도가 되었다"라고 말한 바 있다.[61] 빈자에 대한 증오가 있는 곳이면 어디에서나 인종의 차이와 관련된 공포와 증오가 가까운 어딘가에 숨어 있을 가능성이 높다.

관계가 그렇게 명백하지는 않지만, 빈자를 존재론적으로 종속된 위치에 놓는 하이데거의 빈자 개념은 칼 슈미트의 정치신학 및 초재적 주권권력에 대한 긍정과 연결되기도 한다. 이 연결은 직관에 반하는 것처럼 보일 수도 있다. 하이데거는 형이상학의 종말을 매우 강조하며 존재를 초재적 본질로 위치시키기를 거부하기 때문이다. 만일 그렇게 위치시킨다면 존재는 슈미트의 정치적 주권자와 유사한 위치를 존재론의 영역에서 차지하게 될 것이다. 그러나 이 연결은 스펙트럼의 반대쪽에서, 즉 양자 모두 내재성의 힘을 깎아내리며 그 힘에 대해 공포를 가지고 있다는 점에서 분명하게 드러난다. 하이데거가 빈자 다중과 그 힘을 존재론적으로 깎아내리듯이, 슈미트의 주권관과 총통Führer 이론도 빈자 다중과 그 힘을 봉쇄하려 한다. 바로 이 점과 관련하여 슈미트와 하이데거 모두 나치체제를 지지했다는 사실은 사소하거나 단순히 일화적인 것이 아니다. 반동적인 사상가로부터 배우는 것을 결코 금해서는 안 된다. 실제로 최근 몇 년간 많은 좌파 학자들이 슈미트와 하이데거의 저작에 크게 의존해왔다. 그러나 그들이 반동적이라는 사실, 그들의 저작에서 확실하게 드러나는 이 사실을 절대 잊어서는 안 될 것이다.[62]

하이데거와 슈미트가 도전하지는 않고 단지 신비화하고 봉쇄하려고 했던 것은 그들이 생각한 것과는 반대 방향으로 향하는 빈자의 존재론적 관계로서, 이는 빈자의 혁신과 주체성에 그리고 기존의 현실에 개입하여 존재를 창조하는 빈자의 힘에 기반을 둔다. 이는 인간과 존재의 관계를 제시한다는 의미에서는 정신적일 수 있다. 그러나 그것은 또한 존재를 구축하는 신체들의 실천이라는 측면에서는 물질적이기도 하다. 이것이 우리가 연구하고자 하는 빈자의 존재론적 힘이다. 이는 하이데거와 슈미트로서는 어떻게 대면해야 할지 몰랐던 코뮤니즘 개념의 핵심에 놓여 있는 힘이다.

가난과 힘

17·18세기에 거대한 부르주아 혁명들이 진행되는 동안 다중 개념은 정치적·법적 어휘 목록에서 삭제되었다. 이러한 삭제를 통해 공화국res communis가 아니라 res publica은 소유를 긍정하고 보호하는 수단으로 협

소하게 정의되게 된다. 소유는 공화국만이 아니라 국민을 정의하는 열쇠이기도 하다. 양자 모두 보편성을 참칭하지만 실제로는 빈자 다중을 배제한다.

이러한 배제가 다중과 국민에 대한 홉스의 개념적 구분에 있어서 핵심 내용이다. 홉스는 왕이 곧 국민이라고 선언한다. 국민은 다중과 반대로 통일된 신민을 의미하며 따라서 한 사람에 의해서 대표(재현)될 수 있기 때문이다. 표면상 그의 구분은 단순히 기하학적이다. 국민은 하나이고(따라서 주권이 될 수 있고) 반면에 다중은 복수複數적이다(따라서 지리멸렬하고 스스로를 통치할 수 없다). 이는 우리가 보일과 스피노자와 관련하여 보았던 신체들의 물리학에 관한 논쟁을 그 정치적 귀결을 나타내기 위해서 조금 확대하여 옮겨놓은 것일 뿐이다. 그러나 우리는 이 시점에서 홉스가 말하는 국민의 통일성의 배후에 있는 것은 무엇인가를 물을 필요가 있다. 17세기 영국의 정치 담론에서 '국민'을 '자유보유자들'freeholders로, 즉 의회 의원들을 선출할 자격을 가지기에 충분한 독립적인 재산을 가진 사람들로 파악하는 것은 이례적인 일이 아니었다.* 바꾸어 말하자면, 국민을 한데 묶어주는 아교풀—그것의 결여가 다중의 복수성을 규정하는 것—은 바로 재산인 것이다. 홉스는 『비히모스』*Behemoth*에서 빈자를 국민에서 추방하는 재산의 기능을 훨씬 더 분명하게 밝힌다. 홉스는 이렇게 썼다. "사적 이득을 추구하는 것을 업으로 삼는" 상인들의 유일한 영화榮華는 "매매의 지혜에 의해서" 그리고 "가난한 사람들로 하여금 상인들 자신이 부르는

---

* '자유보유'freehold는 땅이나 재산을 마음대로 처분할 자유를 가지고 영속적이고 절대적으로 보유하는 것을 말한다. 원래는 봉건 시대에 농노가 아니라 자유민의 권리를 가지고 땅을 보유하는 것을 의미했다.

가격으로 노동을 팔게 해서" "크게 부자가 되는 것"이며 "따라서 가난한 사람들은 대부분 실을 잣고 천을 짜는 등의 노동을 하는 것보다는 브라이드웰[교도소]에서 일함으로써 더 나은 삶을 살 수 있을 것이다."[63] 빈자가 국민으로부터 배제되는 원인인 재산의 결여는 홉스에게 우연한 사실이 아니라 유산자의 재산을 유지·증가시키는 필연적이고도 부단히 재생산되는 조건이다. 빈자 다중은 국민과 소유 공화국을 지탱하는 필수적인 기둥인 것이다.

마키아벨리는 다른 측면에서 이 관계를 보여주며 빈자를 활성화하는 저항을 조명한다. "발가벗겨 놓고 보면 우리 모두 똑같다는 것을 알게 될 것이다." 마키아벨리는 '치옴피'ciompi—14세기의 양털 다듬는 노동자들wool carders*—가 '포폴로 그라쏘'popolo grasso—피렌체의 부자들—에 맞서 일으킨 반란에 참여한 익명의 반란자를 연설자로 하여 작성한 연설문에서 이렇게 썼다. 이 연설자는 부유한 양모공장 소유자들을 가리키며 계속해서 이렇게 말한다. "우리에게 그들의 옷을 입히고 그들에게 우리의 옷을 입혀보면, 틀림없이 우리는 고결하게 보일 것이고 그들은 천하게 보일 것이다. 가난과 부만이 우리를 불평등하게 만들기 때문이다." 빈자가 반란의 폭력에 대하여 가책을 느낄 필요는 없다. "우리에게 그러하듯이, 굶주림과 감옥에 대한 공포가 있는 곳에는, 지옥에 대한 공포가 있을 수 없고 있어서도 안 되기 때문이다." 연설자에 따르면 충실한 하인은 여전히 하인일 뿐이며 선량한 민중은 늘 가난하다. 그렇다면 이제 "우리를 그들로부터 해방시킬 뿐 아니라 그들보다 훨씬 우월한 존재가 되어서 그들로부터 비탄하고 두려

* 'wool carders'는 실을 잣기 위하여 양털을 빗질하여 다듬는 일을 하는 노동자들이다. 여기서 'card'가 그런 의미를 가진 동사이다.

워할 일을 당하게 되는 것보다 그들이 비탄하고 두려워할 일을 더 많이 당하게" 만들 때이다.[64] 이 대목에서 핵심은 가난이 인간 본성 자체의 특징이 아니라는 사실이다. 다른 글에서 마키아벨리는 인간의 가난과 허약함에 대한 자연주의적 이해에 빠져서 (그보다 앞서 루크레티우스Lucretius가 그랬고 그보다 나중에는 레오파르디Giacomo Leopardi가 그랬듯이) 잔인하고 무정한 우주에서 인간이 겪는 운명을 탄식한다. 예를 들어 『황금 당나귀』에서 그는 "우리 주위의 모든 동물은 옷을 다 입고 태어나지만, 인간만이 아무런 보호물 없이 벌거벗고 태어난다. 인간에게는 보호물이 되어줄 두터운 가죽도 없고 가시도 없으며 깃털도, 양털 같은 털도, 빳빳한 털도, 비늘도 없다."[65] 그러나 이러한 전통적인 현실주의 노선—이는 옛날의 유물론적 분석들이 가진 정태적 성격에서 유래한다—은 마키아벨리를 만족시키지 못한다. 그의 유물론적 방법은 즐거운 것이 되어야 한다. 현실주의적일 뿐 아니라 '치옴피'의 경우처럼 소유와 그 제도들에 맞서서 역동적이고 반란적이 될 필요가 있는 것이다.

여기서 마키아벨리는 근대 정치사상에서 근본적인 대안적 경로를 드러내는데, 이 경로에서 빈자는 초창기 자본 세력이 수행한 폭력적인 사유화가 남긴 존재, 혹은 생산·재생산의 새로운 조건에 갇힌 존재로 제시될 뿐 아니라, 공통적인 것의 특징들(공통의 사회적 삶, 공통의 사회적 부)을 여전히 지니고 있는 체제 안에서 착취되는 존재로 스스로를 인식하는 저항세력으로서도 제시된다. 빈자는 배제되는 동시에 포함되는 역설적 위치를 차지하는데, 이는 일련의 사회적 모순들—일차적으로 가난과 부 사이의 모순이지만 또한 종속과 생산, 위계와 공통적인 것 사이의 모순—을 부각시킨다. 그러나 마키아벨리가 드러내는 대안에서 가장 중요한 것은 이 사회적 모순들이 역동적이라는 점, 적대와 저항에 의해 활성화된다는 점이다. 그의 역사 및 정치 분석에 핵심적인 것은, 분개憤慨에서 사회적 무질서 혹은 봉기('투물티'tumulti)의 창출에 이르고 다시 다중—다중은 부로부터 배제되지만 부의 생산에는 포함된다—의 반란을 위한 조건을 마련하는 데로 나아가는 진전과정이다. 인간은 결코 벌거벗고 있지 않고 벌거벗은 삶으로 특징지어지지 않는다. 인간은 늘 옷을 입고 있으며 고난의 역사뿐 아니라 생산능력과 반란의 힘 또한 부여받고 있다.

스피노자는 마키아벨리의 이러한 대안을 이어받아 더욱 발전시키는데, 가장 두드러진 개념적 진전은 다중이 가진 힘의 신체적 측면을 부각시키는 것이다. 그는 신체가 가난과 욕구가 표현되는 장소라는 점을 인식할 뿐 아니라 신체에는 아직 그 한계가 알려지지 않은 힘이 깃들어 있다는 점을 강조한다. "아무도 신체가 무엇을 할 수 있는지를 아직 결정하지 못했다."[66] 그는 가난과 힘이라는 이 두 조건을 공동체의 산출로 향하는 동학 속에서 연결시킨다. 예를 들어 스피노자가 아이들의 무지에 대해, 혹은 우리 신체의 허약함이나 인간의 사회적 조건의 잔인함에 대해서 말할 때 그는 항상 그러한 가난의 상태를 변형(사회성과 사랑의 구축을 통해 고독과 허약함을 벗어나는 것)의 논리를 위한 출발점으로 제시한다. 이러한 다양한 형태들 속에서 스피노자가 포착해내는 힘은 공통적인 것의 추구로 요약될 수 있다. 인식론에서 (합리성을 구성하고 우리에게 더 큰 사유의 힘을 부여하는) '공통관념' notiones communes에 초점을 맞추고 윤리학에서 행동을 공통의 선을 향하는 것으로 제시하듯이, 정치학에서도 스피노자는 특이한 신체들이 함께 모여 공통적 힘을 이룰 수 있는 메커니즘을 추구한다. 다중이 가난과 싸우고 공통의 부를 창출하는 이 공통적 힘이 스피노자에게는 민주주의의 가능성을 지탱하는 주된 힘이다.

마르크스는 빈자의 힘이 사회적 반란의 중심에 있다는 마키아벨리의 직관을 확인하고 다중의 힘이 민주주의의 가능성에 필수적이라는 스피노자의 가설을 확인하면서 이 대안적 궤적에 한 단계를 더 추가한다. 다른 이들처럼 마르크스도 가난에서 자신의 추론을 시작하며, 자본주의에 고유한 형태의 가난의 기원을 이른바 시초 축적이라는 길고도 파란 많은 과정에서 찾는다. 토지를 비롯한 모든 생산수단으로부터 분리되었을 때, 노동자들은 이중의 의미에서 자유로웠다. 봉건적 예속상태에 묶여 있지 않다는 의미에서 자유로웠고, 또한 거추장스럽게 달린 것 즉 재산이나 심지어는 토지에의 접근권도 없다는 의미에서 자유로웠다. 프롤레타리아가 빈자 다중으로서 창출된 것이다. 마르크스는 이렇게 썼다. "생산수단과 생활수단을 박탈당한 노동력은 (…) 절대적 가난 그 자체이며 노동자는 노동력의 단순한 인격화일 뿐이다. (…) 그러한 존재로서 노동자는 개념적으로 말해서 **극빈자**이다." 여기서 마르크스가 말하는 극빈자는 단지 기아선상의 비참한 상태에서 사는 사람들을 가리키는 것이 아니라 자본의 형태로 축적된 대상화된 노동으로부터 산 노동이 분리되어 있는 한에서 모든 노동자들을 가리킨다. 그러나 벌거벗은 상태와 가난은 문제의 한 측면일 뿐이다. 마키아벨리와 스피노자처럼 마르크스도 프롤레타리아의 가난을 곧바로 프롤레타리아의 힘—자본주의 사회에서 산 노동이 "물질적 부의 일반적 가능성"이라는 의미에서 프롤레타리아가 가진 힘—과 연결시킨다. 따라서 산 노동은 객체로서 "절대적 가난"인 동시에 주체로서 "일반적 가능성"이다. 마르크스는 가난과 힘의 이러한 폭발성을 띤

결합을 사적 소유에 대한 궁극적 위협으로, 사적 소유의 심장부에 놓여 있는 위협으로 파악한다.[67]

이 시점에서 일부 독자들이 가난과 다중 같은 개념에 의존하는 것은 마르크스주의 범주들을 절망적으로 혼란에 빠뜨린다고, 예를 들어서 폭력적인 수탈에서 나오는 "전자본주의적" 참상과 임금노동과 착취가 낳는 자본주의 특유의 참상 사이의 차이를 흐린다고 항의할 법도 하다. 이런 식으로 우리가 마르크스의 유물론적 방법을 배반하고 그의 분석의 계급적 성격을 엉망으로 만든다는 것이다. 우리의 비판자들은 공상적 사회주의자들조차 마르크스와 과학적 사회주의가 행한 착취 분석을 그토록 철저하게 신비화하지는 않는다고 외칠 수도 있다!

그러나 우리는 우리의 접근법이 전통적인 마르크스주의 분석만큼이나 유물론적이라고 생각한다. 다만 (이유 가운데 하나만 들자면) 이제는 노동과 착취의 성격이 변했기 때문에 전통적으로 노동계급 주위에 둘러쳐져 있었던 경계를 일부 무너뜨리는 것이다. 노동과 착취의 성격 변화에 대해서는 나중에 자세히 다룰 것이다. 여기서 중요한 것 하나만 언급하자면, 착취는 오늘날 더 이상 생산적 기능을 가지고 있지 않고 단지 지배의 도구로서만 기능하는 경향이 있다는 것이다. 이는 지역에 따라 상이한 맥락에서 상이한 방식으로 이동성 · 유연성 · 불안정성을 특징으로 하는 삶과 노동의 양태가 자본주의적 생산 · 착취의 체제에 의해서 점점 더 심하게 부과됨에 따라, 임금노동자와 빈자가 더 이상 질적으로 상이한 조건에 종속되지 않고 공히 생산자들의 다중으로 동등하게 흡수된다는 사실에 상응한다. 빈자는 임금을 받든 받지 않든 자본주의적 생산의 역사적 기원 혹은 지리적 변경에만 위치해 있지 않고 점점 더 그 심장부에 놓여 있게 되며, 따라서 빈자 다중은 혁명적 변형을 위한 기획에서도 그 중심부에서 출현하게 되는 것이다.[68]

신체에 관하여 1
—사건으로서의 삶정치

나는 그림이다, 나는 자연이다, 나는 진실이다.

귀스타브 쿠르베

푸코가 삶권력을 어떻게 이해하는가를 파악하기 위해서는 그가 삶권력 개념으로 작업을 하기 시작하던 70년대 후반부에 『감시와 처벌』(1975)과 『성의 역사』 1권(1976)에서 발전시킨 권력(힘)에 대한 더 넓은 이론의 맥락에 그 개념을 위치시켜야 한다. 이 책들에서 푸코의 권력(힘) 개념은 항상 이중적이다. 그는 훈육체제, 권력의 구조물들, 분산된 모세관 네트워크들을 통한 권력의 행사에 대부분의 관심을 쏟는다. 그의 관심 대상은 주체를 억압하기보다는 생산하는 권력이다. 그러나 이 책들 전반에서 푸코는 때로 방백 혹은 여백에 단 주석처럼 보이는 것을 통해 권력의 타자(혹은 심지어는 다른 성격의 힘) 또한 늘 이론화하며, 다만 이 타자 혹은 다른 힘에 붙일 적절한 이름을 발견하지 못하는 것처럼 보인다. 그가 가장 자주 사용하는 용어는 저항이다. 그러나 저항은 그가 염두에 두고 있는 것을 진정으로 포착하지 못한다. 저항은 일반적으로 이해되는 바로는 그것이 맞서는 권력에 지나치게 의존하거나 종속되어 있기 때문이다. 우리는 '대항권력'counterpower이라는 마르크스주의적 개념을 푸코에게 제안할 수도 있지만, 이 용어는 그것이 대립하는 권력과 상동적인 제2의 권력을 함축한다. 우리가 보기에 푸코의 책들을 관통하는 권력의 타자는 권력에 저항할 뿐 아니라 권력으로부터의 자율도 추구하는 주체성의 대안적 생산으로 정의하는 것이 가장 좋다.

권력(힘)의 이중성에 대한 이러한 이해는 삶권력 개념을 발전시키려는 푸코의 시도에 접근하는 것을 돕는다. 여기서도 푸코의 관심은 주로 (인구의 통치, 즉 건강과 생식능력 등의 관리를 통해 기능하는) 삶을 지배하는 권력, 더 정확하게 말하자면 삶을 관리하고 생산하는 권력에 집중된다. 그러나 저항으로서의 삶을 강조하는, 대안적 실존을 향한 다른 형태의 삶의 힘을 강조하는 소수자적 흐름이 항상 존재한다. 저항이라는 관점은 이 두 힘들 사이의 차이를 분명히 해준다. 우리가 맞서 싸우는 삶권력은 그 성격이나 형태에 있어서 우리의 자유를 지키고 추구하게 해주는 삶의 힘과 비교될 수가 없는 것이다. 이 두 가지의 '삶의 힘들' 사이의 차이를 나타내기 위해서 우리가 채택하는 것은, 푸코의 저작에 시사되어 있기는 하지만 푸코가 일관적으로 사용하지는 않은, 삶권력biopower과 삶정치biopolitics의 용어상의 구분이다. 여기서 전자는 삶을 지배하는 힘(권력)으로 (다소 거칠게) 정의될 수 있고, 후자는 저항하는 그리고 주체성의 대안적 생산을 낳는 삶의 힘으로 정의될 수 있다.

그런데 푸코 해석의 주류는 삶정치의 이중적 성격을 적절하게 포착하지 못하고 있다. 프랑수아 에발드François Ewald가 처음 제시하고 나중에 로베르토 에스포지토Roberto Esposito가 뒤따르는 하나의 흐름은 삶정치의 지형을 주로 인구의 규범적 관리라는 입장에서 분석한다. 이는 삶의 **보험통계적** 관리에 해당한다. 이러한 관리에서는 일반적으로 통계적 관점에서 개인들을 보고 거대한 규범적 집합들로 개인들을 분류하는 것이 필요한데, 이는 이 집합들을 구성하는 미시적 체제들이 탈주체화되고 동질적으로 되면 될수록 더 일관성을 갖게 된다. 이 해석은 비록 문헌학적 충실성—하지만 이는 푸코의 저작에 대한 다소 협소한 관점과 결부된 것이다—이라는 장점을 갖긴 하지만, 삶의 모든 것을 포괄하는 위협적인 권력에 맞서서 어떤 대안적 힘이나 효과적 저항도 제시하지 못하고 단지 비판과 도덕적 분개의 모호한 느낌만을 제시한다는 점에서 우리에게 푸코와 삶정치에 대한 '자유주의적' 이미지만을 남겨준다.[69]

조르조 아감벤Giorgio Agamben의 해석을 중심으로 하는 (어느 정도는 데리다와 낭시의 저작에서도 나타나는) 두 번째 주된 흐름은 삶정치가 모호하며 갈등에 찬 지형이라는 점을 받아들이지만, 저항이 가장 극단적인 한계지점에서만, 전체주의적 형태의 권력의 주변부에서만, 불가능성이 임박한 자리에서만 일어나는 것으로 본다. 여기서 이러한 저자들은 아무래도 횔덜린의 시 「파트모스」의 유명한 행들—"위험이 있는 곳에 / 구원 또한 자란다"Wo aber Gefahr ist, wächst / Das Rettende auch—을 해석하고 있는 것 같다. 이러한 해석의 흐름은 삶정치를 어느 정도 삶권력으로부터 구분하지만, 무력하고 주체성을 결여한 것으로 남겨놓는다. 이 저자들은 푸코에게서 자율적이고 창조적인 행동의 가능성이 모두 제거된 삶정치 정의를 찾고자 하지만, 실제로 삶정치적 저항의 구성적 능력을 부정하는 이러한 분석의 지점들에서 이들이 기대는 것은 하이데거이다. 아감벤은 삶정치를 신학-정치적으로 조옮김하여, 삶권력과 단절할 유일한 가능성은 '무위'無爲, inoperosità에 있다고 주장한다. 이는 하이데거의 '게라센하이트' 개념을 상기시키는, 대안을 건설할 능력을 전적으로 결여한 공허한 거부의 태도이다.[70]

마지막으로 우리는 (일반적으로 푸코와 관련되어 제시되지는 않지만) 실존의 자연주의적 그리고/혹은 초월적 상수常數들과의 관계 속에서 삶을 이해하는 저자들을 삶정치에 대한 해석의 세 번째 흐름으로 설정해볼 수 있다. 이 관점에서는 일정한 자율성이 삶정치적 주체성에 부여된다. 예를 들어서 촘스키Noam Chomsky가 제시하는 불변의 논리적-언어적 구조들에서, 혹은 시몽동Gilbert Simondon, 스티글레Bernard Stiegler, 슬로터다이크Peter Sloterdijk 같은 저자들에게서 보이는 전前개인적 혹은 간間개인적인 언어적·생산적 관계들의 존재론적 지속에서 그렇다. 그러나 이러한 주체성은 비록 기존 권력구조들에 대한 저항으로 제시되기는 하지만 역동적 성격을 결여하고 있다. 불변적·자연주의적 틀 안에 갇혀 있기 때문이다. 이 불변하는 상수들의 삶정치적 저항은 결코 대안적 삶형태들을 창조할 수 없다.[71]

이 세 해석들 중 어느 것도 푸코의 삶정치 개념에서 우리가 가장 중요하게 생각하는 요소를 포착하지 못한다. 우리의 독해는 삶정치를 삶의 국지화된 생산적 힘들—즉 사회적 협력과 신체들·욕망들의 상호작용을 통한 정동과 언어의 생산, 자신과 타자에 대한 새로운 형태의 관계의 발명 등등—과 동일시할 뿐 아니라 (저항인 동시에 탈주체화로 제시되는) 새로운 주체성의 창조를 그 핵심으로서 긍정한다. 만일 우리가 푸코의 텍스트에 대한 문헌학적 분석에 지나치게 얽매이게 되면 핵심을 놓칠 수도 있다. 삶권력에 대한 그의 분석은 권력이 어떻게 주체에 대해서 그리고 주체를 통해서 작동하는가에 대한 경험적 서술만을 목표로 하는 것이 아니라 대안적 주체성의 생산을 위한 잠재력을 밝혀내고 그리하여 질적으로 상이한 형태의 힘들을 구분해내는 것 또한 목표로 하고 있다는 점 말이다. 이 점은 자유와 저항이 권력의 행사에 필요한 선행조건이라는 푸코의 주장에 함축되어 있다. "우리가 권력의 행사를 어떤 행동이 다른 이들의 행동에 작용하는 양태로 정의할 때, 이 행동을 (가장 넓은 의미에서의) 인간에 의한 인간의 통치로 특징지을 때, 우리는 자유라는 중요한 요소를 포함시키게 된다. 권력은 자유로운 주체들에게만, 그리고 그들이 자유로운 한에서만 행사된다. (…) 권력관계의 심장부에 놓여 있으며 늘 권력관계를 자극하는 것은 의지의 반항과 자유의 비타협성이다."[72] 삶정치는 여기서 사건으로서, 더 구체적으로 말하자면 자유의 사건들로 단단하게 짜인 교직물로서 나타난다.

삶정치는 무엇보다도 "자유의 비타협성"이 규범적 체계를 붕괴시킨다는 의미에서 삶권력과 달리 사건의 성격을 가진다. 삶정치적 **사건**은 역사의 연속성과 기존의 질서를 파열시키는 한에서 외부로부터 오지만, 부정적으로만 즉 파열로서만 이해될 것이 아니라 말하자면 내부로부터 출현하는 혁신으로도 이해되어야 한다. 푸코는 언어를 연구하는 초기 저작에서 사건의 창조적 성격을 포착하고 있다. 파롤la parole이 사건으로서 개입하여 랑그la langue를 파열시키는 동시에 그것을 넘어서 언어적 발명의 계기가 되는 것이다.[73] 그러나 삶정치적 맥락과 관련해서 우리는 언어적·인식론적 지형에서만이 아니라 인간학적·존재론적 지형에서도 사건을 자유의 행동으로 이해할 필요가 있다. 이러한 맥락에서, 랑그를 넘어가는 파롤의 혁신적 파열로 특징지어졌던 사건은 이제 주체화의 힘이 주체성의 장—이 장에는 규범들과 삶의 양태들이 축적되어 있다—에 개입하는 것, 즉 새로운 주체성의 생산으로 나타난다. 삶정치적 사건의 이러한 돌발은 혁신의 원천이며 또한 진리의 기준이기도 하다. 유물론적 목적론, 즉 역사를 만드는 사람들의 욕망과 자유를 향한 탐색에 이끌려 역사가 아래로부터 출현하는 것으로 보는 역사관은 여기서 역설적으로 니체가 말하는 영원회귀와 연관된다. 힘에의 의지가 추동하는 사건의 특이성은 영원한 것의 진리를 입증한다. 사건과 사건을 활성화하는 주체성이 역사를 구축하고 역사에 의미를 부여하며, 역사를 규정적 원인에 의해 정의되는 직선형의 전진으로 보는 역사관을 추방한다. 사건과 진리 사이의 이러한 관계를 포착함으로써 우리는 너무나도 자주 푸코의 삶정치에 가해지는 상대주의라는 비난을 떨쳐버릴 수 있게 된다. 그리고 삶정치를 사건으로 인식함으로써 삶을 구성적 행동들이 짜는 교직물로 이해할 수 있고 동시에 시간을 전략의 관점에서 파악할 수 있게 된다.

이 지점에서 푸코의 사건 개념을 바디우Alain Badiou의 사건 개념과 쉽게 구분할 수 있다. 바디우는 사건을 현대 철학의 중심문제로, 진리의 장소로 제시함으로써 큰 기여를 했다. 바디우에 따르면 사건은 그 환원 불가능한 다양성으로 인해, 즉 '모호한' 성격으로 인해 진리의 검토를 단순한 판단의 형태로부터 빼낸다. 이런 점에서 바디우와 푸코의 차이는 각 저자가 사건과 관련하여 시간의 관점에서 어디에 초점을 맞추는가를 보면 명확하게 드러난다. 바디우에게 사건—그가 가장 자주 예로 드는 것은 예수가 십자가에 못 박혔다가 부활한 사건,

프랑스혁명 혹은 중국 문화혁명이다—은 주로 그것이 일어난 **이후**에 가치와 의미를 획득한다. 따라서 그는 사건에 소급적으로 의미를 부여하는 개입과 그 사건을 계속적으로 언표하는 충실성 및 유적 절차에 집중한다. 이와 대조적으로 푸코는 사건의 생산과 생산성을 강조하며, 이는 뒤를 바라보는 시선보다는 앞을 바라보는 시선을 요구한다. 말하자면 사건은 실존 내부에 있으며, 그 실존을 가로지르는 전략들이다. 다시 말해서 바디우의 사건관이 포착하지 못하는 것은 푸코가 사건 안으로부터 부각시키는 자유와 힘 사이의 연결이다. 실상 사건에 대한 소급적 접근법은 반란 활동의 합리성에 접근할 수 있게 해주지 않는다. 반란 활동은 역사 과정 속에서 혁명적 사건들을 창출하고 지배적인 정치적 주체성들로부터 벗어나기 위해서 노력해야 하는 것이다. 사건을 만드는 내적 논리 없이는 사건을 단지 신념의 문제로서 외부로부터 긍정할 수 있을 뿐이며, 테르툴리아누스가 말했다고 하는 "나는 그것이 불합리하기 때문에 믿는다"credo quia absurdum라는 역설을 반복할 수 있을 뿐이다.[74]

삶의 생산을 저항·혁신·자유의 행동으로 제시하는 삶정치적 사건은 우리를 정치적 전략으로서의 다중의 형상으로 되돌아가게 한다. 지금까지 논의된 것과 꽤 다른 영역에서 예를 들자면, 이탈리아 반파시즘 파르티잔partisan인* 루치아노 볼리스Luciano Bolis가 그의 회고록에서 모래알과 다중의 저항 사이의 관계를 (월트 휘트먼Walt Whitman의 민주적인 풀잎들을 생각나게 하는 방식으로) 어떻게 제시하는지 생각

* 제2차 세계대전 당시 이탈리아의 반파시즘 저항군은 '파르티잔 저항군'Partisan Resistance, Resistenza partigiana이라고 불린다. 이 저항군은 파시즘 정권에 의해 불법화된 여러 정당의 당원들이 자발적으로 구성한 독립적 군대이다.

해보라. 볼리스는 자신의 희생이 투쟁에 참여하는 다중의 고통 가운데 사막의 모래알 하나일 뿐임을 온전하게 알고 있다. 볼리스는 이렇게 설명한다. "그러나 나는 저 '모래알들'의 이야기를 쓰는 것이 살아남은 자의 의무라고 생각한다. 우리의 해방과 그 기초에 있는 가치들이 피·공포·기대를 대가로 해서, '파르티잔'이라는 단어 뒤에 있는 모든 것—이는 오늘날까지도 공허한 안일함에 의해 오해되고, 조롱받고, 거부당하고 있다—을 대가로 해서 얻어진 것임을 특수한 상황이나 상이한 감수성으로 인해 '다중'의 일부가 아니었던 사람들조차 이해하고 있기 때문이다."[75] 삶정치는 주체성과 역사 사이의 파르티잔적 관계로서, 이 관계는 다중적 전략에 의해 정교하게 구축되고, 사건과 저항에 의해 형성되며, 정치적 결정을 투쟁하는 신체들의 구축과 연결시키는 담론에 의해 구체화된다. 우리가 세계를 잃었거나 세계가 우리로부터 탈취되었다고 탄식할 때 들뢰즈는 이와 유사한 파르티잔적 방식으로 삶의 삶정치적 생산을 "세계에 대한 신뢰"로서 제시하고 있는 것이다. "당신이 세계를 믿는다면 당신은 아무리 사소하더라도 통제를 벗어나는 사건을 촉진시키고 그 넓이나 부피가 아무리 작더라도 새로운 시공간을 발생시킨다. (…) 통제에 저항하는 우리의 능력, 혹은 그 반대로 통제에 종속되는 무능력은 우리의 모든 움직임의 수준에서 평가되어야 한다."[76] 이렇듯 저항의 사건들은 통제를 벗어나는 힘만이 아니라 새로운 세계를 창조하는 힘 또한 갖고 있다.

신체들이 가진 삶정치적 힘의 마지막 사례로서 또 다른 영역에 속하는 마이스터 에크하르트Meister Eckhart의 설교 「예수가 들어왔다」의 한 대목을 생각해보자.

> 이제 주의를 기울여보라! 만일 인간이 영원히 처녀로 남는다면 그는 결코 열매를 맺지 못하리라. 인간이 열매를 맺으려면 그는 필히 아내가 되어야 한다. 여기서 '아내'는 정신에 주어질 수 있는 가장 고결한 이름이며, 실로 '처녀'보다 고결하다. 사람이 하느님을 자신 안에 받아들이는 것은 좋다. 이렇게 받아들임으로써 그는 처녀가 된다. 그러나 하느님이 그 안에서 열매를 맺게 되는 것은 더 좋다. 선물이 열매 맺게 하는 것이 선물에 대한 유일한 감사의 표시이다. 정신이 감사함 속에서 답례로 예수를 낳고 다시 하느님 아버지의 품으로 돌려보낼 때 정신은 아내가 된다.[77]

에크하르트는 우리의 주의를 삶정치적 사건의 생산성에 집중시키고자 한다. 그러나 짐 한 보따리가 딸려온다! 이런 대목을 읽으려면, 그 대목이 (마치 사진 현상 용제溶劑에 여러 번 담가지듯이) 수십 년 동안의 페미니즘 이론을 거쳐 가게 해야 한다. 어떻게 '여성'이 (주로 여성을 생물학적 생식능력에 묶어놓음으로써) 여성을 종속시키는 가부장제에 의해 만들어지는가를 분석한 보부아르Simone de Beauvoir에서 시작하여, 그 다음으로 특히 가부장제의 기독교적인 양태들과 처녀/음녀라는 이분법의 존속을 드러낸 페미니즘 종교학자들을 거쳐, 마지막으로 여성 형상들이 어떻게 유럽 정치철학의 정전正典에서 (공적 영역에서는 배제되어야 할) 혼란과 위험한 다산多産의 표지로서 기능하는지를 입증하는 페미니즘 정치이론가들이 있다. 에크하르트의 설교에서 이 남성주의적이고 이성애주의적인 층들을 벗겨내고 났을 때 그 표면에 떠오르는 이미지는 확연하게 퀴어적이지 않은가! 남성이 여성적이 되면서 생산성이 폭발하며, 여기서 에크하르트의 신비주의적 비전은 슈레버Schreber 판사의 환각들을 상기시킨다. 프로이트의 보고에 따르면 슈레버는 자신이 신에 의해 수태되어 새로운 인류를 낳기 위해서 여성이 되고 있다고 믿었다. 흥미롭게도 에크하르트에게 생산성은 젠더 교차의 계기와 일치한다(에크하르트가 남성의 여성성에서 자신이 발견하는 것과 같은 생산성을 여성의 남성성에서 인식할 수 있었을까?). 삶정치적 사건은 사실 항상 퀴어적인 사건이며, 지배적인 정체성들과 규범들을 분쇄하고 힘과 자유 사이의 연결을 드러내며 그럼으로써 대안적 주체성을 생산하는 전복적 주체화 과정이다.

따라서 삶정치적 사건은 모든 형태의 형이상학적 실체론 혹은 개념론과 단절한다. 존재는 사건 속에서 만들어진다. 삶정치적 사건이라는 생각이 미국의 실용주의와 강하게 공명한다는 것을 주목해보면 흥미롭다. 퍼스Charles Peirce는 이렇게 썼다. "만일 자연이 우리에게 고도로 균일적으로 보인다면 이는 단지 우리의 힘이 우리의 욕망에 맞추어지기 때문이다."[78] 사실 실용주의자들은 삶정치적 사건에 대한 수행 분석을 주장하며, 삶정치적 힘의 운동은 반대 방향으로도 마찬가지로 작동함을 입증한다. 바꾸어 말하자면, 우리의 욕망이 자연에 맞추어지기도 하는 것이다. 우리는 2부 끝에 달린 「인간에 관하여 1」에서 이 점을 다시 다룰 것이다(독자들은 각 부의 끝에 달린 이 결론적 논의들이 별도로 하나의 연속적인 주장으로서 읽힐 수 있음을 잊지 말기 바란다).

Modernity

/and/

the =

'Landcapes

of

Altermodernit

2부

근대성 그리고 대안근대성의 풍경들

우리는 뭐든지 할 태세로 우주로 날아오른다…
그러나 좀 더 자세히 살펴보면, 우리의 열정은 모두 가짜임이 드러난다.
우리는 우주를 정복하기를 원치 않는다. 우리는 단지 지구의 경계를
우주의 한계에 이르기까지 확장하고 싶을 뿐이다…
우리는 다른 세계들을 필요로 하지 않는다. 우리는 거울을 필요로 한다.
우리는 다른 세계들과 함께 무엇을 해야 할지 알지 못한다.

스타니스와프 렘, 『솔라리스』

Commonwealth

2.1 저항으로서의 반근대성

인디언들의 경험이 보여주듯이,
식민 지배의 형식적인 종식 그 자체만으로는
식민주의적 지식의 통치를 끝내는 데
거의 아무런 도움이 되지 않는다.
라나지트 구하, 『벵골에 있어서 소유의 지배』

근대성 내부의 권력과 저항

근대성은 언제나 둘이다. 근대성은 이성, 계몽주의, 전통과의 단절, 세속주의 등의 관점에서 묘사되기 이전에 하나의 권력관계로, 다시 말해 지배와 저항, 주권과 해방을 위한 투쟁으로 이해되어야 한다.[1] 이러한 시각은 근대성이 유럽에서 출현하여 식민지들에서 전前근대적인 것—야만적인 것으로 생각되든, 종교적인 것으로 생각되든, 원시적인 것으로 생각되든 간에—과 대결했다는 통상적인 내러티브와 배치된다. 월터 미뇰로Walter Mignolo는 이렇게 주장한다. "식민성 없는 근대성은 존재하지 않는다. 식민성은 근대성을 구성하는 요소이기 때문이다."[2] 식민성은 근대성의 심장부에 놓여 있는 위계를 나타내는 한에서 근대성을 구성한다. 그러므로 근대성은 유럽에만 속하거나 식민지들에만 속하는 것이 아니라 양자에 걸쳐 있는 권력관계 속에 놓여 있다.[3] 따라서 식민 지배에 대한 저항과 같은 반근대성의 힘들은 근대성 외부에 있는 것이 아니라 전적으로 그 내부에, 즉 근대성의 권력관계 내부에 존재한다.

역사가들이 아메리카, 아시아, 아프리카에서 이루어진 유럽의 팽창을 **정복**이 아니라 식민적 **마주침**으로 사고해야 한다고 주장할 때, 그들은 반근대성이 근대성 내부에 있다는 사실을 부분적으로 염두에 두고 있는 것이다. 정복이라는 관념은 분명 유럽의 팽창이 동반한 폭력과 야만성을 강조하는 이점을 가지고 있지만, 피식민인들을 수동적으로 묘사하는 경향이 있다. 더욱이 그 관념은 이전에 존재하던 문명이 식민 지배자들의 문명에 의해 파괴되고 대체되었거나, 아니면 식민세계 외부에 손상되지 않은 채로 보존되었다는 식의 사고를 함축한다. 예컨대 라나지트 구하의 서술대로 이러한 전통적인 견해는 식민 인도 사회를 "19세기 영국의 자유주의적 부르주아 문화의 복사본으로 혹은 선행했던 전前자본주의 문화가 단순히 살아남은 것으로" 묘사한다.[4] 근대성은 이 둘 사이에 있다고 할 수 있다. 즉 지배자들과 피지배자들을 연결하는 위계관계에 근대성이 자리 잡고 있으며, 양측 모두 그 관계 속에서 변화된다. 마주침이라는 관념은 권력관계의 이자二者적 성격을, 그리고 지배와 저항의 투쟁관계에서 나오는 혼합과 변형의 과정을 부각시킨다.

식민적 마주침의 관점에서 작업하는 역사가들은 두 가지 중요한 사실을 기록하고 있다. 하나는 식민 이전의 문명들이 많은 경우 매우 발전되어 있고 풍부하고 복합적이며 정교하다는 사실이고, 다른 하나는 소위 근대 문명에 대한 피식민인들의 기여가 상당한데도 대체로 인정되고 있지 않다는 사실이다. 이러한 시각은 전통적인 것과 근대적인 것, 야만적인 것과 문명화된 것 간의 흔한 이분법을 사실상 무너뜨린다. 우리의 논의에 더욱 중요한 것은 근대성의 마주침들이 지속적인 상호변형의 과정을 드러낸다는 점이다.

예컨대 스페인인들이 중앙 멕시코에 도착하기 오래전에, 나우아족Nahua, 즉 나우아틀어Nahuatl를 사용하는 아즈텍 왕국의 주민들은 지중해 도시국가 규모의 고도로 발전된 도시들을 건설했는데, 이를 알테페틀altepetl이라 부른다. 알테페틀은 메트로폴리스의 다양한 부분들이 질서정연하게 주기적으로 돌아가며 주권자에게 노역과 공납을 바치는 셀cell 방식 혹은 모듈 방식에 따라 조직된다. 1521년 콰테목Cuauhtémoc이 코르테스Cortés에게 굴복한 이후, 알테페틀은 단순히 오랜 스페인화 과정을 통해 유럽의 도시 형태로 탈바꿈하지도 않고 원래의 모습대로 존속하지도 않는다. 모든 초기 스페인 정착촌들과 행정형태들—엔코미엔다encomienda, 지방행정구, 인디언 자치체, 행정관할구역—은 기존의 알테페틀 위에 세워지고 알테페틀의 형태에 맞추어진다.[5] 나우아 문명은 변화 없이 살아남지 못했지만, 스페인인들 역시 마찬가지였다. 오히려 도시구조 및 행정관행과 더불어 음악과 언어를 비롯한 문화적 형식들이 점차 혼합되고, 수많은 경로를 통해 대서양을 가로질러 쌍방향으로 흘러 다녔으며, 그리하여 양쪽 모두를 변형시켰다.[6]

더 직접적으로 정치적인 다른 사례를 들자면, 미합중국이 형성되기 꽤 오래전에 이로쿼이족Iroquois은 여섯 부족—모호크족Mohawks, 오네이다족Oneidas, 오논다가족Onondagas, 카유가족Cayugas, 투스카로라족Tuscaroras, 세네카족Senecas—간의 관계를 관리하기 위한 연방주의 시스템을 발전시킨 바 있는데, 이는 이후 미국 헌법에 포함되게 되는 견제와 균형, 군사당국과 행정당국의 분리를 비롯한 여타의 특성들을 가지고 있었다. 이러한 이로쿼이족의 연방제도는 18세기 미국의 벤저민 프랭클린Benjamin Franklin, 토머스 제퍼슨과 같은 인물들 사이에서 폭넓게 논의되고 높이 평가되었다. 아메리카 원주민들이 유럽 정착민들에게 준 물질적 도움—농작물 심는 법, 혹독한 겨울을 나는 법 등—은 국민적 신화 속으로 통합되었지만, 미국의 정치형태는 대개 순전히 유럽적 기원을 갖는 것으로 이야기된다.[7] 요컨대 이러한 사례들은 단지 근대성의 마주침을 특징짓는 혼합과 상호변형을 설명하기 위한 것이다.

그러나 이러한 사례들은 근대성의 폭력과 불평등한 권력관계를 강조하지 않는다는 문제점을 안고 있다. 근대의 지배세력은 단순한 **차이**가 아닌 **저항**과 마주친다. 라나지트 구하의 설명대로, 식민적 역사기술記述이 주로 성취한 것이자 논박되어야 할 것은 "영국 치하 인도의 정치사에서 저항이 사라지도록 만드는 마법적 술책이다."[8] 근대성의 구축과 기능에서 세계의 나머지 부분들, 특히 유럽의 지배에 종속되어 있던 부분들이 담당했던 역할을 끊임없이 부인해야 한다는 점에서, 근대성이 순전히 유럽의 발명품이라는 생각에는 정신병적인 무언가가 있다. 이러한 부인은 정신적 억압repression의 일종이라기보다는 정신분석학적 의미의 **배제**foreclosure의 한 사례로 간주될 수 있다. 정신분석학자들의 설명에 따르면, 억압된 요소나 생각은 내부 깊숙이 묻히는 반면, 배제된 것은 외부로 추방되며 그리하여 자아는 그 생각이 자신에게 전혀 떠오르지 않는 것처럼 행동할 수 있다. 그러므로 억압된 것은 신경증적 주체에게 돌아올 때 내부로부터 떠오르지만, 정신병적 주체는 배제된 것을 외부에서 가해지는 위협으로 경험한다. 근대성이 유럽의 발명품이라는 생각에서는 우선 유럽 외부의 사람들과 문명들이 근대 문화와 사회에 공헌한 역사가 배제된다. 이로써 유럽이 모든 근대적 혁신의 원천인 것처럼 보이게 된다. 이뿐만 아니라 더욱 중요하게는 근대성 안에서 근대성에 맞서는 수많은 **저항들**이 배제된다. 이 저항들이 유럽중심적 근대성 관념에 주된 위험요소가 되기 때문이다. 그러나 '반근대적' 타자를 몰아내기 위해 쏟은 그 모든 격렬한 에너지에도 불구하고, 저항은 내부에 남아 있다.[9]

물론 반근대성의 힘들이 근대성 내부에, 마주침이라는 공통의 지형에 존재한다고 주장하는 것이 근대세계가 동질적이라고 말하는 것은 아니다. 공간에 대한 끊임없는 이야기들에도 불구하고 탈식민성 및 지구화에 대한 현재의 이론적 논의들이 일반적으로 실재적 차이가 전혀 존재하지 않는 맥 빠진 공간을 제시하고 있다는 지리학자들의 불평은 정당하다.[10] 근대 권력관계의 이자적 성격을 공간적 관점에서 적절하게 포착하는 하나의 틀은 중심부-주변부 모델이다. 이 모델에 따르면 지배하는 중심부와 종속된 주변부는 오직 서로에 대한 관계 속에서만 존재하며, 주변부는 중심부 발전의 필요에 부응하기 위해 구조적으로 '저발전'되기 때문이다.[11] 그러나 이와 같은 근대성의 지리학은 저항이 지배의 외부에서 온다고 사고할 때 잘못된 길로 접어든다. 너무나 자주 유럽 혹은 '서구'는 동질적이고 통일적인 것으로, 지배-피지배 관계 중 지배의 극極으로 묘사되며, 이는 유럽의 해방투쟁과 계급투쟁의 오랜 역사를 보이지 않게 만든다.[12] 그리고 이에 따라 많은 분석들이 유럽 외부에 위치한 지배와 통제의 형식들을 무시하며, 그것을 단순히 유럽적 지배의 반향쯤으로 여긴다. 이러한 오류는 단지 중심부와 주변부의 수를 늘림으로써—예컨대 각각의 종속국가 내에서뿐만 아니라 유럽 내에서도 중심부와 주변부를 발견함으로써—교정될 수 있는 것이 아니다. 근대성을 이해하기 위해서는, 지배와 저항의 관계를 서로가 서로의 외부에 있는 관계로 사고하여 반근대성을 외부로 몰아내는 일을 멈추고, 저항이 내부에 존재하는 차이를 나타낸다는 사실을 인식해야 한다. 그 결과 도출되는 지리학은 도시 대對 시골, 유럽 대 유럽 외부, 지구상의 부유한 지역들 대 가난한 지역들 등의 단순한 대립보다 더 복합적이다.

근대성을 권력관계로 정의할 때 도출되는 한 가지 최종적인 귀결은 근대성을 끝나지 않은 기획으로 여기는 일체의 관념의 토대를 허무는 것이다. 근대성이 순전히 야만과 비합리성에 맞서는 힘으로 사고된다면 근대성을 완성하려고 노력하는 것은 필연적으로 진보적인 과정으로 간주될 수 있을 터인데, 앞서 우리가 다룬 하버마스를 비롯한 사회민주주의 이론가들이 이러한 생각을 공유하고 있다.[13] 그러나 근대성을 권력관계로 이해할 때, 근대성을 완성한다는 것은 단지 같은 것을 지속하는 것, 즉 지배를 재생산하는 것일 뿐이다. 더 많은 근대성, 혹은 더 완성된 근대성은 우리의 문제들에 대한 답이 아니다. 그 반대다! 대안의 단서를 찾기 위해서는 근대성의 완성이 아니라 반근대성의 힘들, 다시 말해 근대적 지배 내부에 있는 저항들을 탐구해야 한다.

근대 공화국에서의 노예 소유

근대성의 역사와 공화주의의 역사는 때로는 구분할 수 없을 정도로 한데 엮여 있다. 앞서 살펴본 대로 17세기와 18세기에는 공화국에 관한 몇 가지 상이한 관념들이 경합하였고, 이들 중 일부는 확실히 다중의 지배와 매우 유사한 무언가를 이야기하기도 했지만, 그럼에도 오직 소유 공화국이라는 하나의 관념만이 다른 것들을 제치고 지배적인 것으로 나타났다. 소유 공화국은 근대성과 매우 잘 어울린다. 왜냐하면 소유관계가 근대성을 구성하는 권력관계의 한 형태, 그것도 특권적 형태이기 때문이다. 역설적이게도 근대 노예제의 역사를 살펴보는 것이 공화국, 소유, 근대성 간의 이 밀접한 관계에 대한 탐구를 행하는 데 특히 유용하다. 노예제는 공화국의 치부恥部이다. 흑인 노예제와 노예무역이 유럽과 아메리카 대륙 전역에서 18세기 내내 그리고 19세기에 이르기까지 왕성했고 심지어 공화주의적 정부들의 핵심적 특징이었음에도 불구하고 말이다. 미국에서 노예관계와 노예생산은 공화국과 그 경제의 명시적인 주춧돌이었다. 프랑스와 영국의 경우, 비록 국경 내에 미국에 필적할 만한 숫자의 노예가 있었던 것은 아니지만, 노예제와 노예무역이 국민경제, 정치적 논쟁, 식민행정의 불가결한 요소였다. 표면 아래 깊은 곳까지 살펴보지 않아도 노예제가 얼마나 확고하게 공화국에 뿌리내리고 있었는지 충분히 알 수 있다. 그렇다면 물어야할 것은, 노예제가 공화주의와 근대성의 표준적인 관념에 심각하게 반함에도 불구하고 왜 과거의 주변적인 잔여물이 아니라 중심적인 받침대로서 그토록 오랫동안 근대 공화국들 내부에서 기능했는가라는 물음이다.

노예제가 공화국의 치부인 것은 무엇보다 평등과 자유라는 공화국의 핵심적인 이데올로기적 원리를 침범하기 때문이다. 여성이나 무산자 같은 인구 부문도 공화주의적 헌법에 의해 정치적 권리와 평등을 박탈당했지만, 가장 극단적인 이데올로기적 모순을 제기한 것은 노예의 불평등과 부자유였다. 18세기와 19세기의 많은 공화주의적 저술들이 노예제를 공화주의적 자유와 평등에 반하는 첫째가는 방해물로 제시하기는 하지만, 그들은 일반적으로 고대 노예제를 상기시킬 뿐이며 그들 자신의 사회를 지탱하고 있는 당대의 노예제, 즉 아메리카 대륙의 흑인 노예제는 무시한다.[14] 이러한 이데올로기적 맹목성은 노예들의 존재를 숨기거나 그들의 존재를 부인할 수 없을 때는 외부로 몰아내서 전근대적 세계의 잔여물로, 따라서 공화국이나 근대성과 무관한 것으로 만들려는 작업의 일부이다.

노예제가 공화국의 치부인 두 번째 이유는 자유로운 노동이라는 자본주의 이데올로기를 침범하는 데 있다. 자본주의 이데올로기 역시 노예제를 주된 부정적 배경으로 사용한다. 자유는 임금 노동자가 자신의 노동력을 소유하고 있으며 따라서 자유롭게 노동력을 임금과 교환할 수 있다는 사실에 의해 규정된다. 노동자는 노예와 달리 자신의 노동력의 소유자로서 소유 공화국에 이데올로기적으로 흡수될 수 있다. 게다가 재산노예제chattel slavery*는 노동과 소유 사이의 본질적인 구분을 흐리기 때문에, 노예는 소유 공화국 내부의 이데올로기적 모순이 최대에 달하는 지점, 즉 자유나 소유 중 하나는 유지될 수 있지

* 노예의 인신을 재산의 일종으로 취급하는 제도를 말한다. 고대 노예제가 가장 본래적이고 대표적인 사례이며, 미국의 노예제도 여기에 해당한다. 다른 형태의 노예제로는 부채노역제debt bondage, 계약하인제indentured servitude, 농노제serfdom 등이 있다.

만 둘 다 유지될 수는 없는 지점이 된다. 여기서 다시 한 번 공화주의적이고 자본주의적인 이데올로기 조작은 노예의 존재를 숨기거나, 아니면 자본이 결국 역사로부터 추방하게 될 전근대적 경제관계의 단순한 잔여물로 만들려 한다.[15]

그러나 문제가 이데올로기적일 뿐 아니라 물질적이고 경제적이기도 할 때, 노예들의 존재를 숨기는 것은 그리 간단한 일이 아니다. 이러한 역사과정에서 노예제와 임금노동을 분리시키기는 어렵다. 많은 역사 서술이 하는 대로 초점을 서유럽 국가들로 제한한다면, 자본주의적 생산의 발전은 노예를 통한 생산으로부터 상대적으로 분리되어 있는 것처럼 보일 수 있다. 혹은 서유럽 국가들의 경계에 서서 보면, 노예무역과 노예를 통한 생산이 유럽에서 산업자본의 출현을 가능케 하는 부의 주요한 외적 원천을 제공하는 것처럼 보인다. 더욱이 많은 역사가들이 주목해온 대로, 노예 플랜테이션 시스템은 후에 산업공장이 실행하게 될 생산계획, 분업, 훈육체제를 실험하고 완성했다. 그런데 이러한 지평에서 보면, 노예제와 자본주의는 시간적 순서를 형성하는 것처럼 보인다. 마치 자본과 근대성이 노예제에 적대적이며, 천천히 그러나 확실하게 노예제를 끝장낼 것처럼 말이다.

그러나 일단 시야를 넓혀서 유럽을 훨씬 넘어서는 인간·부·상품의 광범위한 이동 회로가 자본의 탄생과 성장에 필수적인 맥락이었다는 점을 인식하고 나면, 우리는 노예제가 적어도 18세기와 19세기의 상당 기간 동안 자본주의적 생산에 전적으로 통합되어 있었다는 사실을 알 수 있다. 마르크스는 이렇게 쓴다. "수리남, 브라질, 북아메리카 남부에서의 흑인 노예제는 (…) 기계제, 신용 등이 그러한 것만큼이나 오늘날 산업주의의 중심축이다. 노예제가 없다면 면화가 없을 것이고, 면화가 없다면 근대 산업이 존재하지 않을 것이다. 식민지들에 가치를 부여해온 것이 노예제이고, 세계무역을 만들어낸 것이 식민지들이며, 세계무역은 대규모 기계 산업의 필수조건이다."[16] 노예와 프롤레타리아는 전세계적인 자본주의적 분업에서 상호보완적인 역할을 수행했다. 그리고 자메이카, 헤시피, 앨라배마의 노예들은 실로 버밍엄, 보스턴, 파리의 노동자들만큼이나 영국과 프랑스의 자본주의 경제 내부에 통합되어 있었다. 그러므로 우리는 자본주의적 관계가 필연적으로 노예제를 침식하고 파괴한다고 생각할 것이 아니라, 일반적으로 하나는 대서양의 동쪽에 그리고 다른 하나는 대서양의 서쪽에 위치하는 거대한 분리 구도를 통해 18세기와 19세기 내내 양자가 서로를 지탱했다는 사실을 인식해야 한다.[17]

그러나 지금까지의 우리의 논의는 근대 노예제의 본질인 인종적 위계를 아직 건드리지 못했다. 소유 공화국에서 노예제가 하나의 일탈로 간주되었던 것과 꼭 마찬가지로, 인종주의 역시 유사한 이데올로기적 관점에서 근대성 외부에 있는 요소이자 근대성의 왜곡으로 사고되며, 이는 다시 한 번 미완성 가설로 이어진다. 마치 근대성이 스스로를 완성하면 결국 인종주의를 몰아낼 것이라는 듯이 말이다. 그러나 소유 공화국과 흑인 노예제가 내적으로 긴밀한 관계에 있다는 사실을 인식하면, 근대성 안의 인종주의를 하나의 이데올로기로서만이 아니라 물질적이고 제도적인 관행들의 체계로서, 즉 노예제 훨씬 너머까지 확장된 권력구조로 볼 수 있게 된다. 그러므로 근대성 안에서 인종적 위계가 노예제뿐 아니라 다른 무수한 형태들로 끈질기게 지속된다는 사실은, 근대성이 '미완'임을 나타내는 것이 아니라 인종과 근대성 간의 밀접한 관계를 가리킨다.[18] 앞서 우리는 식민성이 없다면 근대성은 존재하지 않는다고 말했다. 이제 여기서 우리는 인종이 식민성과 유사하게 근대성을 구성하는 역할을 수행하는 것을 볼 수 있다. 근대성, 식민성, 인종주의라는 세 개의 항이 각각 서로에게 필수적인 지지대로 복무하면서 하나의 복합체로 함께 기능하고 있는 것이다.

그러므로 노예제는 소유 공화국이 가지고 있는 정신병의 상징으로 간주될 수 있다. 소유 공화국은 자신의 트라우마인 노예제라는 현실의 존재를 인정하길 거부하는 부인否認의 태도 혹은 노예제를 외부로 몰아내는 배제의 태도를 통해 이데올로기적 일관성을 유지한다. 의심의 여지없이 이것이 근대 역사에서 아이티혁명이 그토록 무시되어 왔던 이유의 일부이다. 앞서 말한 바와 같이 아이티혁명은 적어도 한 가지 핵심적인 측면에서, 즉 모든 인간이 평등하고 자유롭다면 분명 어느 누구도 노예가 될 수 없다는 측면에서 어쨌든 영국·미국·프랑스의 혁명들보다 훨씬 더 공화주의 이데올로기에 충실하다. 그럼에도 불구하고 아이티는 저 '혁명의 시대'에 대한 역사적 서술들에 거의 등장하지 않는다. 아이티혁명의 과정은 모순적 힘들, 비극적 전환, 비참한 결과로 가득하다. 그러나 이 모든 것에도 불구하고 아이티혁명은 노예제에 맞선 최초의 근대 혁명으로 남아 있으며, 따라서 우리는 그것을 진정으로 근대적인 최초의 혁명이라고 부를 수도 있을 것이다. 그러나 이렇게 말하면, 공화국과 근대성을 그것들의 물질적이고 제도적인 실체가 아니라 이데올로기적인 자기규정에 따라서만 받아들이는 셈이 된다. 아이티혁명은 공화국과 근대성의 이데올로기적 자기규정의 범위를 확장하면서도, 그 물질적이고 제도적인 실체에는 거스른다. 노예들을 해방시키는 것은 소유의 지배를 침범하고, 인종 분할에 반하는 입법—피부색에 상관없이 모든 아이티인은 흑인이라고 선언하는 14조를 포함하고 있는 1805년 아이티 헌법이 그러하다—은 제도화된 인종적 위계의 토대를 침식한다. 아이티혁명이 당시의 (그리고 지금의) 유럽과 북아메리카 공화주의자들 거의 모두에게 상상도 할 수 없는 사건이라는 것은 놀라운 일이 아니다. 아이티혁명은 침묵당하거나 밖으로 내몰아져야 한다. 왜냐하면 아이티혁명은 공화주의와 근대성의 이데올로기와 실체 사이에 존재하는 심원한 모순을 드러내기 때문이다.[19]

노예제와 근대 공화국 간의 밀접한 관계—그리고 더 일반적으로 근대성의 이중성—를 인식하면 노예들과 그들의 저항이 갖고 있는 힘을 부각시킬 수 있다는 이점이 있다. 하나의 추상적 범주로 사고되는 경우, 노예는 종종 절대적 예속의 형상으로, 자유를 완전히 박탈당한 주체로 제시된다. 그러므로 노예들은, 권력은 오직 자유로운 주체들에 대해서만 행사된다는 앞서 언급한 푸코의 주장에 대한 유용한 한계 사례를 제공한다. 푸코에 따르면, 만약 노예들이 정말로 절대적인 지배하에 있다면, 그들에게 행사되는 권력이란 존재하지 않을 것이다. 물론 노예들이 자유롭다는 주장은 모순처럼 들린다. 푸코의 요점은 모든 주체가 자신의 **저항** 능력의 근거가 되는 자유의 여백—그것이 아무리 협소하다 하더라도—에 접근할 수 있다는 것이다. 따라서 권력은 오직 "자유로운 주체들"에 대해서만 행사된다는 말은 실로 권력은 오직 저항하는 주체들, 심지어는 권력이 움직이기 전에 자신의 자유를 행사하는 주체들에 대해서만 행사된다는 것을 의미한다. 이런 관점에서 보면, 노예들은 주인의 채찍으로부터 벗어나 있는 해 질 무렵부터 해 뜰 무렵까지의 시간에 가장 자유로운 것이 아니라 자신들에 대해 행사되는 권력에 저항할 때 가장 자유롭다.[20] 스피노자는 이와 유사한 주장을 하되 그것에 존재론적 토대를 부여한다. "어느 누구도 한 사람의 인간이기를 그칠 정도로 그렇게 완전히 자신의 권리, 따라서 자신의 힘을 다른 이에게 양도할 수는 없으며, 자신이 원하는 모든 것을 할 수 있는 지고의 권력이란 결코 존재하지 않는다."[21] 노예들의 저항은 자유로서 행사되는 힘과 가난 사이의 관계를 한계까지 밀어붙인다.

역사적 관점에서 이러한 고찰은 노예들의 반란·봉기·탈주가 수행한 결정적 역할을 조명한다. 노예제는 (마치 한갓 전근대적인 유물인 양) 공화주의적 가치들의 양심에 의해 전복된 것도 아니며, (마치 자본이 완전히 제거하는 데 다소 시간이 걸리는 전자본주의적 형태인 양) 자본의 진보적 힘에 의해 전복된 것도 아니다. 노예제는 노예들 자신의 저항으로 파괴되었다. 노예들 스스로가 노예제를 통치 형태로서 유지될 수 없는 것으로, 생산 형태로서 이윤을 낳지 못하는 것으로 만든 것이다.[22] 두보이즈W. E. B. Du Bois는 미국의 노예들 자신이 노예 해방의 주역이며 남북전쟁의 결과를 결정했다고 주장함으로써 이러한 가설의 극단적인 사례를 제공한다. 그에 따르면 노예들은 플랜테이션 경제를 사보타주하고 남군南軍으로 가는 식량과 보급품의 흐름을 가로막기 위해 탈주를 시작했으며 "끝에 가서는 대략 50만 명이 직접적으로 참여한 총파업"을 벌였고, 이것이 남군의 토대를 침식하는 데 기여했다.[23] 두보이즈는 이 총파업을 오랜 노예 저항의 역사를 응축하고 있는 상징으로, 그리고 더욱 중요하게는 흑인 노예들이 어떤 식으로 그들 자신의 해방에 있어서만이 아니라 인류 전체의 역사에서도 결정적인 역할을 수행하는 자유로운 주체가 되는지를 분명하게 보여주는 상징으로 제시한다. 두보이즈는 이렇게 주장한다. "[민주주의와 노예제 사이의] 이러한 불일치를 사고하도록 강제한 것, 해방을 불가피한 것으로 만들고 근대세계로 하여금 모든 인종과 피부색의 사람들을 포함하는 민주주의라는 이념을 (전적으로 받아들이지는 않는다 하더라도) 최소한 고려하게끔 만든 것은 다름 아닌 흑인 자신이었다."[24] 이처럼 노예들의 저항과 반란은 소유 공화국과 근대성 전체의 심장부에 놓여 있는 모순을 명확히 보여준다.

동유럽에서 17세기에 종교전쟁에 뒤이어 봉건적 관계들이 복고된 때부터 민족(국민)국가들이 탄생할 때까지 이어진, 노예제와 노예적 예속상태가 역사상 두 번째로 크게 확산되었던 시기에서도 이와 유사한 현상들을 찾아볼 수 있다. 마르크스와 막스 베버Max Weber 모두 이 역사에 주목했는데, 이는 그것이 생산양식 발전단계론이라는 결정론과 어긋나기 때문만이 아니라—동유럽의 노동자들은 운신이 상대적으로 자유로웠던 국면 이후에 자본주의적 생산양식의 형성과정 **내부**에서 다시 노예적 예속상태로 떨어진다—이미 산업화 이전의 시기에 어떻게 노동력의 이동성과 자유가 자본이 관용할 수 없는 저항과 적대의 힘을 구성하는지를 보여주기 때문이기도 하다. 사실 이러한 형태의 노예적 예속상태는 결국 파괴되는데, 이는 부분적으로 서유럽의 메트로폴리스들을 향한 농민들의 탈주에 의한 것이다. 주인에 대한 하인의 적대는 엑서더스를 통해 자본가계급에 맞선 노동계급의 '추상적'이고 객관적인 적대로 변형된다.[25] 다시 한 번 중요한 점은 노예적 예속상태의 상황에서조차 "자유로운 주체들"은 저항할 수 있는 힘을 가지고 있으며, 저항 즉 반근대성의 힘이 근대 역사의 운동들을 이해함에 있어서 핵심이라는 사실이다.

노예들의 저항에 대한 이러한 고찰이 명확히 해주는 한 가지는, 노예들은 올랜도 패터슨Orlando Patterson이 "사회적 죽음"이라 명명한 것을 겪음에도 불구하고 저항 속에서 살아남는다는 사실이다. 인간은 '벌거벗은 삶'bare life으로 환원될 수 없다. 만약 그 말이 일체의 저항할 자유와 힘의 여백마저 빼앗긴 이들을 가리키는 것이라면 말이다.[26] 인간은 오직 우리가 앞서 논의한 마키아벨리적 의미에서만 '벌거벗은'—즉 분노와 힘과 희망으로 가득 찬—존재이다. 그리고 이러한 논의는 위계뿐 아니라 적대 역시 근대성의 이중적 본성을 나타낸다는 사실을 부각시킴으로써 우리를 다시 근대성 자체의 정의라는 문제로 인도한다. 노예들의 저항이 반근대성의 힘인 것은 자유와 평등이라는 이데올로기적 가치들에 반대했기 때문이 아니라—이와 반대로 (두보이즈가 분명히 보여준 바와 같이) 노예들의 반란은 근대 역사에서 그러한 가치들의 가장 고귀한 사례에 속한다—근대성의 권력관계의 핵심에 놓여 있는 위계적 관계에 도전했기 때문이다. 이러한 방식으로 사고될 때 반근대성은 근대성 자체에 내재적이며 근대성과 분리 불가능하다.

삶권력의 식민성

근대성의 권력관계에 있어서 반근대성은 외재적 형태의 지배—노예주인의 채찍질과 정복자의 칼에서 자본주의 사회의 경찰과 감옥에 이르기까지—를 통해서만이 아니라 더욱 중요하게는 내재적인 주체화 메커니즘을 통해서도 통제된다. 근대성-식민성-인종주의라는 세 요소가 부리는 수법과 도구들이 예속된 사람들에게 스며들고 삼투된다.

물론 이는 근대성이 완전하고 절대적인 통제로 구성된다는 것을 의미하기보다는, 오히려 근대성 내부에서 태어나는 저항들에 다시 한 번 주의를 기울이도록 한다. 다시 말해 근대 권력의 삼투성은 반근대성의 내적 기원과 상응한다.

탈식민주의 연구에서 가장 영향력 있는 작업들 중 일부는 식민권력의 삼투성, 심지어 전일적 성격을 설명하기 위해 재현양식 및 이데올로기적 구축물이 가지는 효력을 강조한다. 예컨대 에드워드 사이드Edward Said의 오리엔탈리즘 연구는 (소설·역사서술·행정문서를 비롯한 무수한 텍스트들에서 나타나는) 식민화된 피지배주민들에 대한 재현이 어떻게 식민지배자들의 마음속에 있는 식민적 위계를 정당화할 뿐 아니라 피식민인들의 의식까지 주조해내는지를 보여준다.[27] 서발턴subaltern은 말할 수 없다는 가야트리 스피박Gayatri Spivak의 유명하고 도발적인 주장 역시 이와 유사하게 재현의 이데올로기적 힘에 초점을 맞춘다. 스피박의 주장에 따르면, 사티sati 즉 과부를 순장하는 풍습을 둘러싼 영국 식민이데올로기와 전통적인 가부장 이데올로기 간의 충돌에서, 식민지 인도의 과부들은 이중으로 침묵을 강요당하는 굴욕적인 위치에 서게 된다. 즉 그녀들은 한편으로는 "갈색인종 남성으로부터 갈색인종 여성을 구하는 백인남성"의 담론에, 다른 한편으로는 "여성들이 죽기를 원한다"는 전통적인 주장에 직면하는 것이다. 이러한 이데올로기적 구축물들은 식민적 상황에 완전히 스며들어서, 스피박의 예에서처럼 여성 서발턴이 발 딛고 서서 말할 수 있는 어떠한 입장도 철저하게 가려버린다.[28] 이데올로기적이고 재현적인 구축물에 대한 이러한 분석들은 매우 강력한데, 이는 부분적으로 그러한 분석들이 (아무리 일반화되더라도 항상 분리가능하고 제한적인 것으로 남는) 폭력과 무력을 통해서만이 아니라 사회 전체에 경계 없이 퍼져 있는 식민적 의식양태와 지식형태에 대한 적어도 암묵적인 동의를 통해서 식민성이 이룩되고 유지되는 방식을 설명해주기 때문이다.

근대 식민지의 이데올로기 통제에 쓰이는 가장 강력한 도구들 중 일부는 종교기관들이 휘두른다. 모든 주요 종교들이 이러한 일에 관여하지만—이슬람교, 힌두교, 유교 등이 각기 다른 방식으로 그러하며, 오늘날에는 아프리카와 라틴아메리카에서 급속하게 확장하고 있는 기독교의 복음주의 교회와 오순절파 교회가 있다—특히 가톨릭교회는 유럽의 정복 및 식민지 개척의 오랜 역사와 맺어온 밀접한 관계를 고려할 때 특별한 위치를 부여받아야 한다. 스페인의 아메리카 정복과 식민화 과정 내내 가톨릭교회의 수사와 성직자들이 스페인 국왕의 군인과 장군들을 이데올로기적·도덕적으로 보완하는 역할을 수행했다는 것은 이제 진부한 이야기다. 가톨릭교회는 이교도들을 기독교인으로 개종하는 과제를 추구했을 뿐 아니라 원주민들의 이성적 역량, 기독교도가 될 수 있는 능력, 심지어 그들이 인간이라는 사실까지도 문제 삼으며 그들의 본성과 능력에 관한 정교한 이데올로기적 구조물들을 고안해냈다. 이러한 가톨릭교회의 인종주의적이고 식민주의적인 이데올로기적 구축물들과 관련하여 가장 주목할 만한 것은 그 영속성이다. 심지어 2007년에 브라질을 방문한 교황 베네딕트 16세조차 그것들을 반복할 수 있었다. 그는 아메리카 대륙의 주민들에 관해 이렇게 말했다. "예수 그리스도는 그들이 조용히 간구하고 있었던 구세주이십니다. 그들은 자신들의 문화를 비옥하게 해주기 위해 오신 성령을 영접했습니다. 성령께서는 그들의 죄를 사하시고 육화된 말씀이 그들 안에 심어놓으신 수많은 씨앗들을 싹틔우셨으며, 그리하여 그들을 복음의 길로 인도하셨습니다. 예수 그리스도와 그의 복음의 선포는 어떠한 경우에도 콜럼버스 이전의 문화들을 소외시키지 않았습니다. 또한 그것은 외국 문화의 강제도 아니었습니다."[29] 교황이 분명하게 말하고 있듯이, 이데올로기적 구축물은 예속된 이들에게 내재적이며 내재적이어야만 한다. 그것은 외부로부터 부과된 것이 아니라 이미 존재했던 무언가, 현실화되길 기다리고 있던 무언가로 경험된다.

많은 식민·탈식민주의 학자들처럼 이러한 종류의 재현과 이데올로기적 구축물을 비판하는 일은 분명 아주 중요하다. 그러나 이러한 기획에는 한계가 존재한다. 이데올로기는, 설사 어디에나 스며든다고 하더라도, 아무튼 예속된 주체들(혹은 그들의 이익)의 외부에 있거나 적어도 그들로부터 분리가능하다는 것이 이데올로기 비판이 늘 상정하는 바이다. 다시 말해 이데올로기 및 재현에 대한 관념들은 근대성-식민성-인종주의 복합체의 깊이를 파악하기에 충분할 만큼 멀리까지 나아가지 않는다. 예컨대 일반적으로 인종주의나 '인종적 사고' racial thinking가 하나의 이데올로기로 간주될 때, 그것은 근대성의 일탈 혹은 실패로 제시되며, 따라서 널리 스며들어 있다고 하더라도 전체로서의 근대사회로부터는 상대적으로 분리된 것으로 여겨진다. 그러나 식민성과 마찬가지로 인종주의는 근대성에 내재적일 뿐 아니라 근대성을 구성하기도 한다. 카마이클Stokely Carmichael과 해밀턴Charles Hamilton의 주장대로, 인종주의는 단지 편견이나 선입견과 같은 개인적인 문제일 뿐 아니라 이데올로기적 층위를 훨씬 넘어서는 문제이며, 행정·경제·사회적 권력기구들 전체에 걸쳐 구체화되고 표현된다는 의미에서 "제도적"이다.[30] 헤스Barnor Hesse에 따르면, "이러한 사고는 원주민의 혈통에 관한 추상적인 골상학과 은유들의 체계화된 관념들이 구성하는 외관상 자율적으로 보이는 이데올로기적 우주로부터 '관행의 체제들'regimes of practices로 강조점을 이동시킨다."[31] 다시 말해 인종주의는 이데올로기가 아니라 통치성governmentality으로 이해되는 것이 더 좋다는 것이 헤스의 주장이다. 이는 중요한 관점 이동이다. 근대성-식민성-인종주의 복합체를 규정하는 권력관계는 기본적으로 앎knowing의 문제가 아니라 함doing의 문제이다. 따라서 우리의 비판은 이데올로기적이고 인식론적인 것이 아니라 정치적이고 존재론적인 것에 초점을 맞춰야 한다. 근대성의 인종주의와 식민성을 삶권력으로 인식하는 것은, 권력이 의식형태뿐 아니라 예속된 주체들에 속속들이 삼투되어 있는 삶형태까지 관리한다는 사실을 강조함으로써, 그리고 이 권력이 생산적이라는 사실—외부에서 주체성에 가해지는 금지와 억압의 힘일 뿐만 아니라 (더욱 중요하게는) 주체 내부에서 주체를 생성하는 힘이기도 하다는 사실—에 주의를 기울임으로써 사고의 지평을 이동시켜준다.

가톨릭교회에 관한 논의로 돌아가자면, 우리는 악명 높은 스페인 종교재판을 삶권력 행사의 원형으로 간주해도 좋을 것이다. 종교재판은 17세기 무렵 페루를 비롯한 아메리카 대륙의 여러 지역에서 식민체제의 주된 지주支柱로 확고하게 자리 잡았다. 물론 종교재판은 하나의 이데올로기적 구조물이었다. 그것은 스페인인이 된다는 것, 기독교인이 된다는 것이 의미하는 바에 대해서 극도로 엄밀한 규정들을 발전시키고 강제했으며, 이교도, 이단자, 교회 및 국왕의 적을 색출하고 적발해냈다. 그러나 종교재판은 후에 근대국가의 관료제를 구성하게 될 규약·절차·규정·기록관리 등의 체계를 고안해낸 고도로 발전된 관료제이기도 했다. 리마 종교재판소the Lima Inquisition*는 전근대적 비합리성의 유물이라기보다는 다른 어떤 것 못지않게 근대성의 출생지를 확인하기에 좋은 장소이다. 인종적 사고, 식민성, 행정구조들을 한데 모아서 근대성을 규정하는 위계와 권력관계를 전형적인 방식으로 생산해냈다는 점에서 말이다. 종교재판은 하나의 극단적인 사례일 수 있다. 그러나 종교재판은 어떻게 고해성사, 올바른 행위의 준수 등을 비롯한 무수한 관행과 절차를 통해 주체가 생산되는지를 매우 분명한 방식으로 보여준다. 근대성-식민성-인종주의의 권력은 단 한 번도 단순히 상부구조적 현상이었던 적이 없다. 그것은 오히려 피지배 주민들의 집단적 실존 전체를 가로지르는 가운데 그들의 몸에 삼투되어 내부에서 삶형태를 생산하는 물질적 장치이다.[32]

만일 식민성이 내적으로 기능하여 삶형태를 생산하는 삶권력의 한 형태라고 한다면, 이는 저항이 들어설 자리가 없고 필연적으로 패배할 것이라는 의미인가? 나탕 바슈텔Nathan Wachtel은 이 문제를 훨씬 더 구체적인 역사적 관점에서 제기하면서, 16세기 페루의 반식민주의 반란들이 정말로 모두 패배했는가라는 질문을 던진다. 그는 이렇게 답한다. "전쟁의 승패와 식민적 상황을 생각하면 그렇다고 할 수도 있을 것이다. 그러나 우리는 원주민 반란이 전개 맥락에 따라 다양한 형태를 취할 수 있었음을 알고 있다." 칠레의 아라우칸족the Araucanians은 유럽적인 전쟁도구를 사용한 반면, 페루 원주민들은 전통적 방법에 더 의존했으며 소규모의 수동적 저항 형태들이 널리 퍼져 있었다. 바슈텔의 결론은 우리가 찾으리라 기대했던 결과들이 뒤집힐 가능성이

---

* 페루의 수도 리마는 스페인 치하에서 종교재판의 중심지로 기능했다.

열려 있는 것으로 보아야 한다는 것이다. 때로 패배처럼 보이는 것이 승리로 판명될 때가 있고, 그 반대의 경우 역시 존재한다. 그리고 사실 이런 식으로 승리와 패배를 가늠하는 것이 가장 유용한 척도는 아닐 것이다.[33] 이러한 논의는 앞서 언급했던 더 일반적인 이론적 문제로 우리를 다시 데리고 간다. 삶권력이 모든 곳에 손을 뻗치고 모세혈관처럼 작용하여 주체들에 완전히 삼투되어 있다는 사실은 저항을 위한 장소가 존재하지 않는다는 것을 의미하는가? 이 질문은 권력에 대한 푸코의 연구에 대해 제기되는 수많은 이견들과 공명한다. 이들은 권력에 내재하는 모든 것은 권력에 기능적이라고 생각한다. 그러나 여기서 문제가 되고 있는 논점을 이해하기 위해서는 바슈텔이 제시하는 관점의 역전이 필요하다. 권력이 우선적이고 저항이 그것에 반작용한다는 식으로 생각해서는 안 된다. 역설적으로 들릴지도 모르지만, 저항이 권력에 우선한다. 여기서 우리는 권력은 오직 자유로운 주체들에 대해서만 행사된다는 푸코의 주장이 갖는 중요성을 온전하고 정당하게 평가할 수 있다. 주체들의 자유가 권력의 행사보다 우선하며, 주체들의 저항은 단지 이 자유를 증진하고 확장하고 강화하기 위한 노력일 뿐이다. 이러한 맥락에서 저항을 위한 외부, 즉 외적 입지점이나 토대를 꿈꾸는 것은 무익하고 무력하다.

그리하여 우리의 이론적 기획은 교차대구법交叉對句法으로 표현될 수 있을 것 같다. 첫 번째 운동은 근대성-식민성-인종주의 복합체에 대한 연구를 이데올로기라는 외적 위치로부터 삶권력이라는 내적 위치로 이동시킨다. 두 번째 운동은 이와 반대 방향으로, 즉 반근대적 저항들의 내부로부터 단절과 대안의 구축을 감당해낼 수 있는 삶정치적 투쟁들로 나아간다.

2.2 근대성의 양면성

알레그리아는, 세상의 지도가 어둠 속에 걸려 있다가
갑자기 하나의 작은 불꽃이 타오르고 다른 불꽃들이 뒤를 이어서,
혁명의 불꽃들이 남북아메리카를 가로질러
목걸이 모양을 이루는 것을 상상했다.

레슬리 마몬 실코, 『망자亡者들의 연감』

마르크스주의와 근대성

근대성과 관련하여 마르크스주의 전통은 양면적이며 때로는 모순적이기까지 하다. 마르크스주의 전통은 근대성을 진보로 찬양하고 모든 반근대성의 힘들을 미신과 후진성으로 비하하는 강력한 흐름을 포함하고 있다. 그러나 그 전통은 반근대성 노선 또한 포함하고 있으며, 이는 계급투쟁과 긴밀히 결합된 이론적·정치적 입장들에서 가장 분명하게 나타난다. 노동자, 농민을 비롯한 자본주의적 통제 하에 있는 모든 이들이 벌이는 자본에 대한 저항이 근대성 내부에 있는 반근대성의 중심적인 사례를 구성한다.

근대성과 진보를 동일시하는 견해에 견고한 기초를 제공하는 것

은 칼 마르크스의 저작이다. 예컨대 그는 『정치경제학 비판 요강』에서 "자본주의적 생산에 선행하는 형태들"을 분석하는 가운데 아시아적 생산양식과 고대적(노예제) 생산양식을 자본주의적 양식의 형성과 연결시키는 결정론적 연관관계를 주장한다. 경제사에 대한 이러한 목적론적 해석에 따르면, 때로 동일한 역사적 시기에 존재하기도 했던 경제적 형태들과 관행들 사이에 위계가 정립되며, 그 결론은 영락없이 마르크스 시대에는 자본주의적 생산양식이 중심적 위치를 차지한다는 것이 된다. 그리고 그 과정에서 마르크스가 다소 다른 맥락에서 "인간의 해부는 원숭이 해부의 열쇠를 품고 있다"고 주장할 때와 같은 조야한 논리가 동원되는 것이다. 엥겔스와 더불어 마르크스는 많은 저작들에서 유럽 외부의 사람들을 자본의 발전으로부터 분리되어 역사적 혁신의 능력을 결여한 채 변치 않는 현재에 갇혀 있는 "역사 없는 사람들"로 간주하는 경향이 있었다.[34] 이것이 1850년대 반식민적 저항, 농민투쟁 등을 비롯하여 일반적으로 자본주의적 생산에 직접적으로 참여하고 있지 않은 모든 노동자들의 운동을 마르크스가 과소평가한 이유를 설명해준다. 마르크스는 또한 이러한 관점으로 인해서, 식민지에 자본주의적 생산관계를 도입한다는 이유로 식민화(예컨대 영국의 인도 지배)를 진보를 위해 필요한 것으로 여기게 되었다.[35] 이 점과 관련하여 우리는 마르크스 저작의 이러한 요소에 대한 19세기와 20세기 초 유럽의 역사학자와 사회학자들의 비판이 마르크스 분석의 목적론적, 진화론적 측면에는 도전하지 않았다는 점을 덧붙여야 한다. 예컨대 막스 베버는 발전을 평가하기 위한 기준의 전체 폭을 종교·정치·문화를 비롯한 여타의 현상들을 포괄하는 것으로 확대하면서도 결정론적인 진보 논리를 약화시키지는 않는다.[36]

마르크스 사유의 근대화 중심적이고 진보주의적인 가닥은 매우 다양한 마르크스주의 담론들에서 재생산된다. 우선 앞서 언급했던 '미완'의 근대성이라는 사회민주주의적 관념이 그와 유사한 가정에 기초하고 있다. 그 사상가들이 마르크스와 맺고 있는 관계라고 해봐야 보잘것없는 것이긴 하지만 말이다. 사회주의적 산업발전 정책과 더불어 과학적 사회주의의 오랜 역사 역시 마르크스 사유의 그러한 측면으로부터 나온 것이다. 또한 산업노동계급에 속하지 않는 노동과 반란의 형상들을 경시하는 경향이 마르크스주의 전통에서 상당한 영향력을 가지고 있다.[37]

세계체제론은 마르크스 사유의 이러한 가닥을 이어받은, 모호하지만 그럼에도 불구하고 중요한 사례이다. 이미 (세계체제론에 영감을 준) 페르낭 브로델Ferdinand Braudel의 저작에서, 그리고 훨씬 더 이전의 형태론적인 자본주의 발전론들에서도 세계시장은 상품을 수출할 수 있는 자본주의적 역량의 대체로 선형적인 확장과정을 통해 구성되는 것으로 이해되었다. 세계체제론은 자본이 점차 세계 전체를 자신 내부로 흡수한다는 식으로 전개된다. 이런 일은 분명 실제로 일어났지만, 그렇게 단순하거나 선형적인 방식으로는 아니었다. 세계체제론적 관점이 전지구적 확장에 대한 분석에서 전적으로 선형적인 진행과정을 제시하지 않는 것은 사실이다. 공간의 점진적 확대—이것은 자본주의적 통합과정이 비가역적인 것으로 제시된다는 의미에서 선형적이다—는 자본주의적 확장의 주기적 모순을 나타내는 시간적 절제를 동반한다. 즉 시초축적에서 시작하여 산업 집중을 거쳐 금융축적에 이르렀다가 금융축적이 창출하는 위기 이후에 다시 되돌아가는 과정을 거치는 것이다. 이러한 주기적 순환과 그 리듬을 거치는 가운데,

발전의 헤게모니적 중심은 지리적으로—이전에는 지중해 연안에서 대서양 연안으로, 오늘날에는 태평양 지역으로—이동하고, 그 결과 공간적 위계 그리고/혹은 배제되는 지대들을 낳게 된다. 그러나 세계체제론이 주기적 변화들을 고려할 때조차 자본주의적 발전과 확장의 체제적systemic 성격은 유지된다. 이 이론이 '반체제'antisystemic 운동을 언급할 때조차 적절히 설명해내지 못하는 것은 반근대성의 힘들이다. 세계체제론은 계급투쟁이 역사적·사회적·경제적 발전을 결정하는 데 근본적이라는 사실을 인식하지 못한다. 세계체제론은 자본이 노동의 힘과 자본의 지배를 한데 모으는 (그리고 잘라서 분리하는) 하나의 관계라는 것을 이해하지 못한다. 그리고 마지막으로 세계체제론은 자본주의적 생산에 직접적으로 참여하지 않는 주체들의 저항을 적절히 고려하지 못한다. 세계체제론의 덜 세련된 형태들은 순차적 단계들을 통한 발전이라는 관념에 의존한다(단계가 진행될수록 사회적·경제적 관계의 진보 정도가 더 높아진다). 그러나 세계체제론은 그 가장 세련된 형태의 경우에도 반근대성의 어두운 힘에 접근하지 못한 채로 마르크스주의와 근대성의 연결관계를 재생산한다.[38]

그러나 마르크스주의 전체를 진보주의적 근대관과 동일시한다면 그것은 실수일 것이다. 사실 마르크스주의 전통에서 계급투쟁 및 혁명적 행동과 가장 밀접했던 이론들, 자본주의적 근대성의 권력을 전복하고 그 이데올로기와 단절하기 위해 헌신했던 이론들에 주목할 때, 우리는 완전히 다른 그림을 얻게 된다. 20세기 초에 나타난 반제국주의 이론과 정치 기획들은 마르크스주의와 혁명적 코뮤니즘에 있어서 반근대성의 중요한 사례이다. 로자 룩셈부르크Rosa Luxemburg의 저작에서 자본주의적 기업의 가치실현과 가치증식의 지형은 자본주의 시장의 확장 한계에, 주되게는 식민지 경계에 좌우된다. 이러한 경계 위에서 (그리고 지속적인 시초축적 과정을 통해 확장하는 자본의 능력 위에서) 총이윤의 공고화가 이루어지고 그와 함께 지구 전체가 자본주의적 명령 내부로 점진적으로 포섭된다. 그러나 룩셈부르크가 보기에 이러한 발전은 엄청난 모순들을 만들어낸다. 그리고 모순과 위기와 관련하여 그녀는 자본주의적 근대성에 맞서 일어나는 주체적 힘들을 강조한다.

> 자본이 자국과 외부세계의 비자본가 계층을 무자비하게 파괴하면 할수록, 노동자들 전체의 생활수준을 점점 더 하락시키면 시킬수록, 하루하루 진행되는 자본 축적의 역사는 일련의 정치적·사회적 재앙과 격동들로 이루어지게 된다. 여기에 주기적인 경제적 파국 혹은 위기가 겹치면서 축적은 더 이상 진행되지 못하게 된다. 그러나 자본 자신이 만들어낸 이러한 자연적인 경제적 곤경이 본격적으로 도래하기 전이라도, 국제적 노동계급이 자본의 지배에 맞서 반란을 일으키는 것이 필요하다.[39]

이러한 발전의 경계지점에서 반근대성의 힘, 즉 프롤레타리아 반란이 끊임없이 자본주의의 위기를 발생시키는 것이다.

자본주의 위기의 주체적 양상은 레닌에게서 훨씬 더 극적으로 나타난다. 제1차 세계대전에서 상충하는 제국주의 기획들을 놓고 거대 자본주의 열강들이 서로 전투를 벌이는 동안, 전쟁과 그 전쟁을 추동하는 자본주의 논리에 맞선 투쟁들은 반제국주의·반식민주의 투쟁들에 공통의 지반을 제공한다. 레닌의 "대중적 개요"인 『제국주의론』은 금융자본, 은행 등을 분석하는 한편, 제국주의 국가들 간의 전쟁이 세계 노동자들에게 비참과 죽음뿐 아니라 그들을 분리해왔던 이데올로기적 장벽을 돌파할 수 있는 기회도 제공했다고 주장한다. 레닌은 쇼비니즘과 개혁주의에 물들어 사실상 제국주의를 지지했던 유럽 국가들의 "노동귀족"을 맹렬히 비판하고, "(식민지 및 반식민지의) 10억 명의 사람들"을 "'문명' 국가의 자본주의 임금노예들"과 결합시키는 공통적인 반제국주의 투쟁의 잠재력을 상정한다.[40] 코뮤니즘 운동에 활기를 불어넣는, 자본주의적 근대성에 맞선 이러한 공통적인 투쟁의 힘은 진보주의적 담론들의 결정론 및 목적론과 완전히 결별한다.

마오쩌둥은 혁명적 코뮤니즘 이론의 이러한 노선을 계속 밀고 나가 그 속에서 반근대성의 힘을 부각시킨다. 마오는 근대성 모델을 따라가기만 해서는 중국의 경제적·사회적 발전을 성취할 수 없다는 점을 인식하고 있었다. 통치구조를 개혁하고 노동자들의 생활조건을 변화시켜서 노동자들을 자본주의적 지배로부터 해방시키기 위해서는 대안적인 경로가 필요했다. 농민의 정치적 역할에 대한 마오의 높은 평가가 정통 입장으로부터의 극도로 중요한 이탈 가운데 하나라는 것은 말할 나위가 없다. 더 일반적인 차원에서 스탈린주의 경제사상에 대한 그의 강력한 비판이 그러하듯이 말이다.[41] 왕후이의 견해에 따르면, 마오의 가장 극단적인 근대화 기획들에도 강력한 반근대성의 요소가 존재한다. 이러한 "반근대적인 근대화 이론"은 청조淸朝 후기부터 이어진 중국 사상의 특성과 혁명적 코뮤니즘 전통의 반근대성을 결합시킨 것이라고 왕후이는 설명한다.[42]

이처럼 혁명적 코뮤니즘의 사유 속에 존재하는 반근대적 흐름—이는 우리가 다룬 저자들에게 있어서조차 근대성 및 진보의 관념과 섞여 있는 양면적인 것이기는 하다—을 확인했으니, 이제 마르크스의 작업을 다시 한 번 살펴봐야 한다. 앞서 암시했듯이 마르크스의 작업이 근대성 노선을 전적으로 지지하는 것은 아니기 때문이다. 마르크스는 말년인 1870년대 후반에 수십 년간에 걸친 『자본론』 작업에 이어 공산주의 인터내셔널을 창립하기 위한 기획에 돌입한 이후, 전자본주의 혹은 비자본주의적 소유형태들에 관심을 갖고 루이스 모건Lewis Morgan, 막심 코발레프스키Maksim Kovalevsky, 존 피어John Phear, 헨리 메인Henry Maine, 존 러벅John Lubbock, 게오르크 루트비히 마우러Georg Ludwig Maurer 등과 같은 근대 인류학 및 사회학의 창시자들이 쓴 작품을 읽기 시작한다. 그는 부르주아적 사적 소유가 단지 나란히 존재하는 수많은 소유형태들 가운데 하나일 뿐이며, 자본주의적 소유의 지배는 잔인하고 복합적인 훈육을 통해서만 달성된다는 가설을 발전시킨다. 그리하여 마르크스는 자신이 1850년대에 발전시킨 '전자본주의적 형태들'에 관한 경직된 이론을 완전히 뒤집는다. 요컨대 그는 경제법칙이 역사적·사회적 환경으로부터 독립적으로 작동한다는 주장에 의문을 제기하고, 이전의 유럽중심적 견해가 가지고 있던 한계 너머까지 자신의 시야를 확대해서, 근본적 차이들을 내부에 품고 있는 지구 전체라는 관점에 유럽의 역사를 종속시킨다.

1870년대 말 두 러시아 혁명가 그룹 사이에서 판결을 내려달라는 요청을 받았을 때, 마르크스는 근대적 '진보'에 관해 이전에 가졌던 생각들과 확실하게 갈라서는 것으로 보인다. 당시 두 그룹 중 한쪽은 마르크스 자신의 저작을 인용하여 러시아에서 코뮤니즘을 위한 투쟁이 개시될 수 있기 전에 먼저 자본주의가 발전되어야 한다고 주장했고, 다른 쪽은 러시아 농민공동체인 미르에서 이미 존재하는 코뮤니즘의 토대를 보고 있었다. 여기서 마르크스는 곤란한 입장에 서게 된다. 왜냐하면 그의 주요 저술들은 전자의 입장을 지지하는 반면, 당시의 생각은 후자와 일치했기 때문이다. 마르크스는 (예를 들어 베라 자술리치에게 보내는 편지의 초고에서) 자신의 두 견해를 조화시키기 위해 애쓰면서, 이 문제를 다루기 위해서는 "순전한 이론으로부터 러시아의 현실로 내려가야 한다"고 주장한다. 그는 이 시기에 쓴 또 다른 편지에서, 『자본론』에서 서유럽의 공동소유가 파괴된 것이 역사적 필연이라고 서술한 내용은 러시아를 비롯한 그 밖의 지역에도 직접적으로 적용될 수 있는 보편사가 아니라고 설명한다. "서유럽에서의 자본주의 발생에 관한 역사적 스케치를, 그들이 놓여 있는 역사적 상황과 관계없이 모든 이들에게 운명처럼 부과되는 역사철학적인 일반적 발전이론으로 변형"시키는 것은 잘못이라는 것이다.[43] 사실 러시아에서 혁명의 과제는 러시아적 코뮌을 위협하는 자본의 '진보적' 발전을 저지하는 것이었다. 마르크스는 이렇게 쓰고 있다. "혁명이 적절한 순간에 도래한다면, 혁명이 농촌코뮌에 전면적인 자유를 부여하기 위해 자신의 모든 힘을 집중한다면, 농촌코뮌은 곧 러시아 사회 갱생의 요소로, 또 자본주의 체제에 의해 노예화된 국가들보다 우월함을 나타내는 요소로 발전하게 될 것이다."[44] 반근대성의 힘에 대한 이러한 긍정과 발리바르 Étienne Balibar가 마르크스의 "반진화론적" 가설이라고 부른 것이 그에게 존재하는 모순을 드러내는가? 만약 그렇다면 우리가 보기에 그것은 건강한 모순, 그의 사유를 풍부하게 해주는 모순이다.[45]

이처럼 생각이 변화하는 과정에서 마르크스가 직관적으로 알았지만 분명하게 표현하지 못했던 것으로 보이는 한 가지 중요한 요소는, 반근대성의 혁명적 형태들이 공통적인 것에 확고하게 뿌리내리고 있다는 사실이다. 호세 카를로스 마리아테기José Carlos Mariátegui는 유럽 내부와 외부 모두에서 반근대적 저항의 이러한 측면을 인식할 수 있는 유리한 위치에 있었다. 그는 1920년대에 유럽으로 가서 그곳의 사회주의 운동과 코뮤니즘 운동을 연구한 뒤, 고향인 페루에 돌아와서 안데스 원주민 공동체인 아이유ayllu가 그와 유사한 기초 위에 서 있다는 것을 알게 된다. 원주민 공동체들은 토지에 대한 공통의 접근권, 공통적인 노동형태, 공통의 사회조직—마리아테기가 생각하기에는 마르크스의 관심을 끌었던 혁명 이전의 러시아 농민공동체인 미르와 유사한 어떤 것—을 방어하고 보존했다. 마리아테기는 이렇게 쓴다. "인디언들은 백년간의 공화주의적 입법에도 불구하고 개인주의자가 되지 않고" 공통적인 것에 기초해서 공동체 속에서 저항한다.[46] 마리아테기는 전통 잉카 사회의 신권神權적이고 전제적인 요소들을 분명하게 인식하고 있었다. 그러나 그는 그 속에서 저항의 기초로 복무하는 공통적인 것에 확고하게 내려진 뿌리 역시 발견했다. 그는 유럽 코뮤니즘과의 접촉을 통해 원주민과 "잉카 코뮤니즘"의 사회적 형태들이 갖고 있는 중요성과 잠재력—물론 콜럼버스 이전 시대로부터 손상되지 않고 보존된 유물이나 유럽 정치운동의 파생물로서가 아니라 근대사회 내부에서 벌어지는 저항의 역동적인 표현으로서의 중요성과 잠재력—을 이해하게 된다. 유럽 내부에서든 외부에서든, 반근대성은 우선적으로 공통적인 것의 사회적 표현 속에서 이해되어야 한다.

사회주의적 발전

마르크스주의 이론 전통이 근대성과 양면적인 관계를 맺고 있는 데 반해, 사회주의 국가들의 실천은 근대성과 더 명확한 방식으로 연결되어 있다. 위대한 세 번의 사회주의 혁명들—러시아, 중국, 쿠바—

은 강력한 반근대성의 힘이 그것들을 낳은 혁명적 투쟁을 가로지르고 있음에도 불구하고 모두 확고히 근대화 기획을 추구하게 된다. 많은 저자들이 주장했듯이 지배적인 자본주의 국가들은 발전 이데올로기와 경제정책을 20세기 내내 장려하고 강제했다. 이 이데올로기와 정책은 모두에게 이로운 것으로 묘사됨에도 불구하고 전지구적인 근대성-식민성의 위계를 재생산하는 것이었다. 그런데 사회주의 국가들의 프로그램 역시 마찬가지로 발전이라는 관념에 몰두하여, 많은 이들의 기대를 벗어나 자신들이 반대하는 자본주의 국가의 권력 형상과 구조를 반복했다. 혁명 이후의 사회주의 국가들에도 여전히 중심적인 이데올로기적 지주支柱로 남아 있었던 제국주의 비판이 발전주의 정치경제학의 진흥과 병행되어야만 했던 것이다.

앞서 말했듯이, 볼셰비키가 승리하기 훨씬 전부터 혁명적 사유의 강력한 이론적 경향들은 사회주의의 목표를 해방이 아닌 '더 높은 발전'으로 상정했다. 여기서 발전은 지배적 국가들의 근대화를 반복하는 것, 혹은 심지어 능가하는 것을 의미했다. 국민으로서의 인민과 사회주의 국가를 건설하는 작업은 둘 다 발전주의라는 이데올로기에 복무하며, 이는 대안적 욕구와 고유한 지역 전통의 그 어떤 자율적 발전도 좌절시킨다. 때로 국가경제 발전은 자본주의 국가들을 따라잡기 위해 거쳐야만 하는 연옥煉獄으로 제시되기도 하지만, 그보다 더 자주 그 자체로 천국인 것으로 간주된다. 물론 발전에 대한 비판이 번영의 거부를 함축하는 것은 아니다(오히려 그 반대다!). 근대성에 대한 비판이 합리성 혹은 계몽에 대한 반대를 의미하는 것은 아닌 것처럼 말이다. 앞서 말했듯이 우리에게 필요한 것은 사태를 다른 각도에서 보는 것, 그리고 어떻게 근대성과 발전 프로그램의 지속이 그 본질적 특성

인 위계를 재생산할 따름인지를 인식하는 것이다.[47]

사회주의 국가들의 경제 프로그램에서 나타나는 근대성과 발전주의의 양면성은 레닌이 1898년에 쓴 『러시아에서의 자본주의 발전』에서 이미 찾아볼 수 있다. 이 책에서 레닌이 긍정하는 근대적 경제발전 모델은 서발턴 계급들의 '전근대적'—정확히는 반근대적—적대에 대한 그의 호의적인 평가와 직접적으로 충돌한다. 그는 이 모순을 뒤로 미룸으로써 해결하려 한다. 서발턴 계급들이 자본주의 지배에 효과적으로 도전할 수 있게 되는 지점까지 성숙하도록 하기 위해서는 경제적 진보가 필요하다는 식으로 말이다. 그러나 레닌이 (특히 국가 사멸론에서) 모순을 미래로 미룸으로써 해결하려 할 때마다, 사실은 진짜 문제를 덮고 있을 뿐이라는 점에 주목하라. 성숙과정이나 이행은 결코 끝나지 않고, 모순은 건드리지도 못한 채 온전하게 남는다. 이러한 사례에서 레닌은 혁명적 투쟁의 정신을 결여하고 있을 뿐 아니라, 자본주의 이데올로기와 그것의 진보 관념이 갖고 있는 신비화 작용에 대한 충분한 분석 또한 결여하고 있다.[48] 이와 유사한 방식으로, 사회주의 국가들의 발전주의 이데올로기와 경제정책은 근대적 진보의 측면을 부각시키고 반근대성의 요소들을 제거함으로써 자신을 낳은 혁명적 힘과 이론을 드러내기보다는 그것의 양면성을 대패질하여 일면적으로 만든다.

현실 사회주의의 '위대한 희망'이 무너져 내린 20세기 막바지에 거대한 세 번의 사회주의 실험이 모두 공통적인 위기에 휘말린 것은 우연이 아니다. 소련의 경우, 그것의 발전 모델이 자본주의적 발전의 언어로 번역된 해방의 신기루가 아니라면 무엇이었겠는가? 소련의 발전 모델은 발전단계들을 통해, 자본주의 근대성의 서투른 흡수와 사회주의 수사修辭로의 변형을 통해 경제적 종속으로부터 벗어나기를 꿈꾸었다. 마르크스주의는 모든 반근대성의 요소들을 후진적이고 저발전된 것으로 배제하는 진화론적 진보이론으로 단순화되었다. 소비에트의 위기는 정치구조의 민주적 지위, 관료 엘리트의 통치 메커니즘, 소비에트의 준準식민적 팽창이라는 지정학적 상황 등을 포함하는 사회 발전의 모든 측면과 연관되어 발생한 것이었다.

중국에서는 위기가 붕괴로 이어지지 않았다. 위기는 강력하게 중앙집중화된 발전에 대한 정치적 관리를 자본주의적 노동조직화 노선을 따라 세련화하는 체제 진화로 이어졌다. 이 과정은 사회주의적 · 관료주의적 · 중앙집중적 수단을 통해서 이루어지기도 하고 사회적으로 좀 더 탈집중화된 방식으로 이루어지기도 했는데, 이 과정에서 중국의 시장 세력들은 (기업들이 중국의 낮은 임금과 열악한 노동 조건을 통해 이윤과 경쟁상의 이점을 획득할 수 있는) 전지구적 시장이라는 구도 속에서 활동할 수 있는 여지와 뒷받침을 얻게 된다. 중국식 신자유주의는 (제한된 사유화, 국가통제의 지속, 도시와 농촌 간의 새로운 위계를 수반하는 새로운 계급분할의 창출 등의 측면에서) 자본주의 국가들의 신자유주의와 다르지만 그 효과는 결코 덜하지 않다. 돌이켜보면, 현재의 중국 신자유주의 체제는 사회주의 체제 내부에서 발전주의 이데올로기가 시종일관 얼마나 강력했는지를 더 명확하게 확인할 수 있도록 해준다.

마지막으로 쿠바의 경우 지금까지는 위기의 궁극적 결과가 발생하는 것을 가까스로 막아내 왔다. 그러나 이는 시간 속에서 동결됨으로써만, 본래의 구성요소를 잃어버린 사회주의 이데올로기의 방부제가 됨으로써만 가능한 일이었다. 하지만 위기의 엄청난 압력은 계속해서 심대한 결과를 낳는다. 그리고 쿠바는 자신의 미래를 예시豫示하는 것으로 보이는 두 가지 위협적인 선택항—파국적 종말이라는 소비에트의 경험 아니면 신자유주의적 진화라는 중국의 경험—을 끊임없이 피해야만 한다.

이와 동일한 사회주의 이데올로기가 수십 년간 인도와 동아시아에서 아프리카와 라틴 아메리카에까지 이르는 이른바 저개발국 혹은 개발도상국들을 돌아다녔다. 이 경우에도 역시 자본주의적 발전이론과 사회주의적 종속이론 사이에는 강한 연속성이 존재했다.[49] 근대성과 근대화 기획이 혁명적 투쟁들에서 나타난 반근대성의 힘을 통제하고 억압하는 데서 핵심이 되었다. '국가 발전'과 '전全인민의 국가'라는 관념—이것은 끊임없이 미래에 대한 환상을 불러일으키는 약속을 했지만, 단지 기존의 전지구적 위계를 정당화하는 데 복무했을 뿐이다—은 사회주의 이데올로기의 가장 해로운 역류들 가운데 하나였다. '전인민의 단결'이라는 이름하에 사실은 계급적 갈등을 (억누르고 있을 뿐이면서도) 극복한 척하는 정치적 공작들이 조직되었고, 그리하여 파시스트와 코뮤니스트, 우파와 좌파의 정치적 의미가 혼란스러워졌다. 사회주의라는 가면 뒤에 숨어 있는 근대성의 이러한 반동적 기획은 경제 위기의 순간에 가장 강력하게 나타난다. 그것은 1930년대 소비에트의 끔찍한 경험의 일부였으며, 어떤 면에서는 오늘날에도 다시 반복되고 있다. 다만 오늘날에는 그러한 일이 '전인민의 단결'이라는 이름으로 이루어지는 것이 아니라, 정치세력으로 선출된 좌파와 우파가 의회주의적이고 포퓰리즘적인 '중도주의'를 향해 미친 듯이 돌진하여 발리바르가 "중도의 극단주의"라 칭한 것을 만들어냄으로써 이루어지고 있다.[50]

아이러니하지만 소비에트 관료들의 낡은 표현을 사용해 말하자면, 위대한 세 번의 사회주의 경험에서 나타나는 '잘못된 관점'은 진보주의적인 자본주의 발전 규범이 '현실 사회주의' 지배계급의 의식 속에 내면화되었다는 사실 때문이 아니라, 오히려 역설적이게도 너무 약하게 내면화되었다는 사실 때문에 생겨난 것이다. 비록 이러한 사회주의의 실험들은 실패했지만, 러시아와 중국에서의 자본주의적 발전은 실패하지 않았다. 이 국가들은 상대적으로 짧은 위기를 겪은 이후에, 자본주의적 발전과 단절했다고 이야기되던 때보다 훨씬 더 부유하고 강력한 모습으로 자본주의에 복귀했다. '현실 사회주의'는 강력한 시초축적 기계이자 경제발전 기계로 드러났다. '현실 사회주의'는 저발전의 조건 속에서 여러 혁신들 중에서도 특히 자본주의 국가들이 주기적 위기 국면에서만 채택할 수 있는 (예컨대 케인스주의의 도구들과 같은) 도구들을 발명해냈으며, (4부에서 보게 되겠지만) 현재의 전지구적 질서 속에서도 계속 사용되고 있는, 예외를 관장하는 통치수단들을 미리 실행하고 정상화했다. 오늘날 전지구적인 자본주의 발전의 동력이 고갈되었음을 고려하면, '현실 사회주의'의 위기는 우리 시대와 결정적인 관련성을 갖는다. 그것은 이제 바로 우리의 이야기인 것이다.

그러나 러시아, 중국, 쿠바의 승리한 사회주의 혁명들이 전세계 반자본주의·반제국주의 해방운동들에게 준 도움과 영감을 망각하거나 축소한다면 그것은 잘못이다. 우리는 저 혁명들에 대한 우리의 비판이 그것들을 기억에서 지우려는 지배 이데올로기의 저속한 시도를 강화하는 것으로 귀결되지 않도록 주의해야 한다. 이 혁명들 각각은 바이러스 전염처럼 전세계로 확산되는 투쟁의 연쇄를 촉발했고, 자신의 희망과 꿈을 다른 운동들에 전파했다. 사실 지금의 역사적 시점에서,

사회주의 국가들의 명백한 위기가 해방운동들이 가는 길을 얼마나 방해하고 또 실제로 얼마나 도왔는지를 현실적으로 가늠할 수 있다면 그것은 유익할 일일 것이다. 다시 말해 만약 우리가 1917년에 시작된 '단기 20세기'가 1989년에 베이징과 베를린 사이에서 끝났다고 말한다면, 이 말이 의미하는 것은 결코 코뮤니즘을 향한 희망과 운동이 그때 끝났다는 것이 아니라, 단지 또 다른 세기가 시작되었다는 것일 뿐이다. 우리는 오늘날 반근대성의 힘들이 자본주의적 지구화 과정의 내부에서 그것에 맞서 행동하는 방식들 중 일부를 탐구하고, 사회주의 국가들이 갇혀 있었던 발전주의 이데올로기라는 새장으로부터 벗어날 수 있는 탈출로를 발견할 것이다.

여하튼 이러한 역사로부터 분명히 드러나는 한 가지 사실은, 더 이상 근대화와 발전단계의 관점에서는 해방투쟁을 사고할 수 없다는 것이다. 사회주의 혁명과 민족해방투쟁들에서 실현되지 못했던 반근대성의 힘은 우리 시대에 온전한 모습으로 다시 전면에 등장한다. 체 게바라Che Geuvara는 사회주의 독트린의 구조적 결정론과 선형적 역사관으로부터 벗어나려 했던 말년에 이러한 사실을 직관적으로 알았던 것 같다. 그는 그러한 사회주의 독트린이 자본주의적 근대성의 기본 특성들을 재생산할 뿐이라는 것을 인식했다. 그는 이렇게 쓴다. "자본주의가 우리에게 남겨준 무딘 무기들의 도움으로 사회주의를 실현한다는 망상을 좇으면" 막다른 길에 이르게 된다. "코뮤니즘을 건설하기 위해서는 새로운 물질적 토대와 더불어 새로운 인간el hombre nuevo을 만드는 것이 필요하다."[51] 체 게바라는 사회주의적 발전주의가 가하는 속박들을 체험으로 확실히 알고 있었다. 그는 혁명 이후에 국립은행 총재와 산업부 장관을 지낸다. 그러나 1965년 수수께끼처럼 대중의 시야로부터 사라져서는 차례로 콩고와 볼리비아의 혁명투쟁에 가담하기 위해 떠나며, 결국 볼리비아에서 살해당한다. 혹자들은 쿠바와 정부직책을 떠나는 이러한 결정을 낭만주의자의 모험벽癖이거나 아니면 소매를 걷어붙이고 국가경제 건설이라는 어려운 과제와 대면하고 싶지 않은 마음을 나타낸다고 생각한다. 그러나 우리는 그것을 사회주의 국가의 관료주의적·경제적 구속복에 대한 거부, 발전 이데올로기의 명령에 복종하는 것에 대한 거부로 해석한다. 체 게바라가 코뮤니즘을 건설하기 위해 추구한 새로운 인간은 결코 거기서 발견되지 않을 것이다. 그가 정글로 날아간 것은 해방투쟁 속에서 알게 된 반근대성의 힘들을 다시 발견하려는 필사적인 시도였다. 오직 아래로부터의 운동만이, 오직 생산과정과 정치과정의 기초를 이루는 주체성들만이 갱신과 변형의 의식을 구축할 능력을 갖고 있다는 사실은 체 게바라의 시대보다 오늘날 한층 더 분명하다. 이 의식은 더 이상, 한때 사회주의적 과학이라 칭해졌던 것과 유기적인 관계를 맺었던 지식인 집단으로부터 나오지 않는다. 오히려 그것은 자율적으로 그리고 창조적으로 반근대적이고 반자본주의적인 희망과 꿈을 제안하는 노동계급과 다중으로부터 나타난다.

캘리밴, 변증법에서 탈출하다

근대 내내, 종종 가장 급진적인 합리주의 및 계몽의 기획과 나란히, 괴물들이 끊임없이 튀어나온다. 라블레Rabelais에서 디드로Diderot에 이르기까지 그리고 셰익스피어Shakespeare에서 메리 셸리Mary Shelly에 이르기까지, 유럽에서 괴물은 숭고한 불균형과 가공할 만한 초과의 형상을 나타낸다. 마치 근대적 합리성의 범위가 괴물의 비범한 창조적 힘을 담기에는 너무 좁다는 듯이 말이다. 유럽 바깥에서도 반근대성의 힘들은 괴물로 묘사되는데, 이는 그들의 힘을 통제하고 그들에 대한 지배를 정당화하기 위한 것이다. 16세기 스페인인들에게 아메리카 원주민들의 인간제물 이야기는 그들의 잔인성·폭력·광기의 증거로 여겨졌다. 나중에 식인종에 대한 관념이 아프리카 식민지배자들에게 기능했던 바도 이와 마찬가지였다. 16, 17세기 유럽과 아메리카에 널리 퍼져 있었던 마녀사냥·마녀화형·마녀재판도 반근대성의 힘을 이성과 종교를 배반하는 비합리성과 미신으로 간주하여 쫓아낸 또 다른 사례들이다. 사실 마녀사냥은 종종 그즈음에 (자주 여성들이 이끌었으며 식민성, 자본주의적 명령, 가부장적 지배에 저항했던) 강렬한 농민반란이 일어났던 지역에서 이루어졌다.[52] 그러나 근대성은 자신의 괴물들을 다루는 데 어려움을 겪으며, 그것들을 환상, 즉 과열된 상상력이 만들어낸 허구로 만들어 추방하기 위해 애쓴다. 마르크스는 이렇게 쓴다. "페르세우스는 자신이 쫓는 괴물들이 자신을 보지 못하도록 하기 위해 마술 모자를 썼다. 우리는 괴물이 존재한다는 것을 부정하기 위해 우리의 눈과 귀를 가릴 정도로 마술 모자를 눌러쓴다."[53] 그러나 괴물들은 실재한다. 그리고 우리는 괴물들이 근대성에 대해 말해주는 바를 이해하기 위해 눈과 귀를 열어야 한다.

호르크하이머와 아도르노는 반근대성의 괴물들—비합리주의, 신화, 지배, 야만—을 계몽과의 변증법적 관계로 가져감으로써 파악하려 한다. 그들은 이렇게 쓴다. "우리는 사회에서 자유가 계몽적 사고와 분리될 수 없다는 것을 의심치 않는다. 그러나 우리는 그와 동등한 정도로 명확하게 다음과 같은 사실, 즉 다름 아닌 계몽적 사고라는 개념 자체가 그것과 한데 얽혀 있는 사회의 구체적인 역사적 형태들, 제도들 못지않게 오늘날 모든 곳에서 일어나고 있는 퇴보[계몽의 역전]의 씨앗을 이미 품고 있다는 사실을 우리가 알게 되었다고 믿는다."[54] 그들은 근대성이 자신의 대립물과 불가분할 정도로 밀접한 관계에 사로잡혀 있으며, 그리하여 불가피하게 자기파괴에 이르게 된다고 생각한다. 호르크하이머와 아도르노는 1940년대 초 미국 망명생활 중에 글을 쓰면서, 나치의 발생과 그 체제에서 이루어진 합리성과 야만의 혼합을 이해하기 위해 분투한다. 그러나 그들이 보기에 나치는 비정상적인 것이 아니라 근대성의 본성 그 자체의 징후였다. 그들은 프롤레타리아 역시 이와 동일한 변증법에 종속되어 있으며, 따라서 합리적 사회 조직화와 자유를 위한 프롤레타리아의 기획은 총체적 관리사회의 창조에 불가피하게 복무할 수밖에 없다고 주장한다. 호르크하이머와 아도르노는 이 변증법의 포섭의 계기도, 해소의 계기도 보지 못하고 오직 근대의 이상들이 끊임없이 좌절되고 심지어 자신의 대립물로 점진적으로 타락해가는 것만을 본다. 그들이 보기에 우리는 진정으로 인간적인 조건을 실현하기는커녕 새로운 종류의 야만 속으로 빠져 들어가고 있다.

호르크하이머와 아도르노의 논의는 마르크스주의 사상의 목적론적 근대화 노선과 결정적으로 결별했다는 점에서 매우 중요하다. 그러나 우리가 보기에 그들은 근대성과 반근대성의 관계를 변증법으로 설정함으로써 두 가지 실수를 범한다. 첫째, 그러한 도식은 반근대성의 힘들을 동질화하는 경향이 있다. 어떤 반근대성은 실제로 나치처럼 사람들을 노예로 만드는 끔찍한 악령이 된다. 그러나 그와 다른 반근대성은 억누를 수 없는 자유의 형상들과 함께 위계와 주권의 구조에 도전한다. 둘째, 호르크하이머와 아도르노는 이 관계를 변증법 속에 가둠으로써 반근대성을 근대성에 반대되는 것, 심지어는 모순되는 것으로 제한한다. 그리하여 변증법은 운동의 원리가 되는 대신, 관계를 정지상태로 가져간다. 호르크하이머와 아도르노가 출구를 찾지 못하고 인류를 대립물들의 영원한 유희라는 운명 속에 버려두고 있다는 사실이 이를 통해 설명된다. 그렇다면 문제의 일부는 반근대성의 형상들 사이에 존재하는 차이를 인식하지 못하는 데 있다. 왜냐하면 반근대성의 형상들 가운데 가장 강력한 것, 가장 우리의 관심을 끄는 것은 근대성과 거울이미지 관계나 부정적 관계를 맺지 않고 사선斜線의 자세를 취하기 때문이다. 다시 말해서, 단순히 근대적이고 합리적인 모든 것에 반대하는 것이 아니라 새로운 합리성과 새로운 해방의 형태를 창안하기 때문이다. 우리는 긍정적이고 생산적인 반근대성의 괴물들, 해방의 괴물들이 어떻게 늘 근대성의 지배를 초과하여 대안을 가리키는지를 인식함으로써 호르크하이머와 아도르노의 변증법이 만들어놓은 악순환으로부터 벗어날 필요가 있다.

이러한 변증법으로부터 벗어나는 한 가지 방법은 괴물의 관점에서 관계를 보는 것이다. 예컨대 셰익스피어의 『폭풍』*Tempest*에 등장하는 야만적이고 기형적인 캘리밴Caliban은 끔찍하고 위협적인 괴물로서 식민화된 원주민을 강력하게 상징한다(캘리밴이라는 이름 자체가 식민기간 동안 몰살된 카리브해 섬들의 원주민, 즉 카리브인들을 암시하는 동시에, 'cannibal'[식인종]의 철자 순서를 바꾼 것으로 해석될 수 있다). 마법사 프로스페로Prospero는 캘리밴을 잘 대해주고 교육시키려고 애썼지만 캘리밴이 자신의 딸 미란다Miranda를 위협하는 통에 나무에 난 틈 사이에 가둘 수밖에 없었다고 말한다. 고전적인 대본에 따라, 원주민의 괴물스러움과 야만성이 근대성의 이름으로 이루어지는 유럽인의 지배를 정당화하는 것이다. 그러나 캘리밴은 완전히 죽임을 당하거나 추방될 수 없다. 프로스페로는 미란다에게 이렇게 말한다. "우리는 그가 없으면 안 된단다. 그는 우리를 위해 불을 피우고, 나무를 해오고, 우리에게 이익이 되는 일을 해주니 말이다."[55] 그들은 괴물의 노동을 필요로 한다. 그러므로 괴물은 섬 사회 내부에 있어야만 한다.

캘리밴의 형상은 20세기에 카리브제도에서 벌어진 반식민투쟁에서 저항의 상징으로 재구성되기도 하였다. 식민지배자들이 만들어낸 괴물스러운 이미지는 반대쪽에서 보면 피식민인들의 고난과 식민지배자들에 맞선 해방투쟁을 이야기해주는 것으로 재평가된다. 레타마르Roberto Fernández Retamar는 이렇게 쓴다. "프로스페로는 섬을 침략해 우리 선조들을 죽이고 캘리밴을 노예로 만들었으며 자신을 이해시키기 위해 캘리밴에게 자신의 언어를 가르쳤다. 바로 그 언어—지금 캘리밴에게는 그 언어 이외에 다른 언어가 없다—를 사용해서 프로스페로를 저주하고, 그에게 '역병'이 덮치기를 기도하는 것 말고 캘리밴이 무엇을 할 수 있겠는가. 나는 우리의 문화적 상황, 우리의 현실을 이보다 더 잘 표현해주는 다른 어떤 은유도 알지 못한다. (…) 우리의 역사, 우리의 문화가 캘리밴의 역사와 문화가 아니라면 무엇이겠는가?"[56] 캘리밴의 문화는 식민 지배의 무기를 바로 그 지배를 향해 돌려세우는 저항의 문화이다. 그러므로 레타마르에게 쿠바혁명의 승리는 프로스페로에 대한 캘리밴의 승리를 의미한다. 이와 유사하게 에메 세제르Aimé Césaire 역시 셰익스피어의 희곡을 다시 쓴다. 너무나 오랫동안 프로스페로의 지배를 받아왔던 캘리밴은 이제 마침내 자유를 획득하고, 육체적 구속의 사슬을 부수는 것은 물론 이데올로기 차원에서도 식민지배자에 의해 내면화된 괴물스러운 (저발전, 무능력, 열등의) 이미지로부터 해방된다. 그리하여 "캘리밴의 이성"은 유럽의 정전正典과 구분되어 자율적으로 전개되는 아프리카계 카리브인들의 사유를 나타내는 형상이 된다.[57]

이러한 반식민적 캘리밴은 호르크하이머와 아도르노가 우리를 가둬둔 변증법으로부터 벗어날 수 있는 길을 제시한다. 유럽 식민지배자의 눈으로 보면, 괴물은 이성과 광기, 진보와 야만, 근대성과 반근대성이 벌이는 변증법적 투쟁에 갇혀 있다. 그러나 해방투쟁을 벌이는 피식민인의 관점에서 보면, 식민지배자와 맞먹거나 그보다 더 뛰어난 이성과 문명을 부여받은 캘리밴이 괴물스러운 것은, 오직 그의 자유에 대한 욕구가 식민적인 삶권력 관계의 한계를 초과하여 변증법의 사슬을 날려버리는 한에서이다.

괴물들의 이러한 야만적 힘을 인식하기 위해, 전형적인 인종주의와 타자성에 대한 공포를 표현하면서도 괴물이 가진 변형의 힘을 부각시키는 유럽 철학의 또 다른 장면으로 돌아가 보자. 스피노자는 친구인 발링Pieter Balling으로부터 최근 아들이 죽은 이후에 불안하게도 계속해서 이따금씩 아들의 목소리를 듣는다는 내용의 편지를 한 통 받는다. 스피노자는 답장에서 자신에게도 당혹스러웠던 환각의 사례가 있었음을 이야기한다. "어느 날 아침 벌써 날이 밝아오고 있을 때, 아주 깊은 꿈에서 깨어나 보니 꿈에서 나에게 다가왔던 이미지들, 특히 전에 한 번도 본 적이 없는 검은 피부의 딱지투성이 브라질인 [이미지가] 마치 실재인 것처럼 생생하게 내 눈앞에 남아 있었다네."[58] 이 편지와 관련하여 첫 번째로 이야기할 수 있는 것은 검은 피부의 딱지투성이 브라질인을 일종의 캘리밴으로, 인종주의적으로 그리고 있다는 것이다. 이는 십중팔구 네덜란드 상인과 기업인들, 특히 17세기에 브라질에서 사업을 했던 네덜란드 유대인들의 경험에 대한 스피노자의 간접적인 지식으로부터 나온 것임에 틀림없다. 물론 스피노자가 그런 인종주의적 이미지를 사용한 유일한 유럽 철학자는 아니다. 가장 이름 있는 고전의 저자들 중 상당수—그중에서도 헤겔과 칸트—가 비유럽인 일반, 특히 어두운 피부색의 인종들을 비이성의 형상으로 그릴 뿐 아니라, 그들의 열등한 정신적 능력을 입증하기 위한 논변을 제시한 바 있다.[59] 그러나 이 지점에서 저 편지에 대한 독해를 멈춘다면, 우리는 스피노자가 말하는 괴물의 가장 흥미로운 점을 놓치게 된다. 왜냐하면 스피노자는 어떻게 그 브라질인의 이미지가 자신에게 상상력의 힘을 보여주는지를 설명하는 데로 나아가기 때문이다. 스피노자에게 있어서 상상력이란 환상을 만들어내는 것이 아니라 실재적인 물질적 힘이다. 상상력은 우리가 하나의 몸과 다른 몸, 하나의 생각과 다른 생각 간의 공통적인 것을 인식하는 열린 장場이다. 그리고 그 결과 생겨나는 공통관념들은 이성의 구성요소이자, 사유하고 행동하는 우리의 힘을 증가시키기 위한 지속적인 기획의 도구이다. 그러나 스피노자에게 있어서 상상력은 언제나 초과적이어서, 기존 지식과 사유의 한계를 넘어서며 변형과 해방의 가능성을 제시한다. 그러므로 그가 말하는 브라질인 괴물은 그의 식민적 정신을 나타내는 표지이기만 한 것이 아니라 상상력의 초과적이고 야만적인 힘을 표현하는 형상이기도 하다. 반근대성의 모든 형상을 대립적 정체성들의 길들여진 변증법적 유희로 환원해버리면, 우리는 그 괴물스러운 상상이 가지고 있는 해방적 가능성을 놓치게 된다.[60]

물론 전혀 해방적이지 않은 반근대성의 힘이 오랫동안 존재해왔고 오늘날에도 계속해서 존재하고 있는 것이 사실이다. 나치의 기획에서 반동적 반근대성을 봤다는 점에서 호르크하이머와 아도르노는 옳다. 그리고 우리는 인종청소, KKK단의 백인우월주의 판타지, 세계 지배에 대한 미국 신보수주의자들의 망상과 같은 다양한 근대적 기획에서도 반동적 반근대성을 확인할 수 있다. 이 모든 기획들이 갖고 있는 반근대적 요소는, 근대성의 핵심에 있는 관계를 파괴해서 피지배자와 대면해야 하는 과제로부터 지배자를 해방시키려는 그들의 노력이다. 코르테스Juan Donoso Cortés로부터 칼 슈미트에 이르는 주권이론들 역시 주권자를 해방시킴으로써 근대성의 관계를 파괴하고 그 관계의 핵심에 있는 투쟁을 종식시키려 한다는 점에서 반근대적이다. 이 이론들이 주장하는 소위 정치적인 것의 자율은 실제로는 지배자의 피지배자로부터의 자율, 피지배자의 도전과 저항으로부터의 자유일 뿐이다. 물론 이러한 꿈은 망상에 지나지 않는다. 지배자들은 결코 피지배자 없이 존속할 수 없기 때문이다. 프로스페로가 캘리밴 없이 살아갈 수 없듯이, 그리고 궁극적으로는 자본가가 저 '성가신' 노동자들로부터 결코 자유로워질 수 없듯이 말이다. 그러나 그러한 꿈이 망상에 지나지 않는다는 사실이, 그 꿈이 무수한 비극들을 계속해서 만들어내고 있는 오늘날의 현실을 조금이라도 멈춰주는 것은 아니다. 이 괴물들은 실제로 악몽을 만들어내는 재료인 것이다.*

이러한 논의는 반근대성의 힘들을 분석함에 있어서 두 가지 긍정적인 과제를 제기한다. 첫 번째 과제는 반동적인 반근대성과 해방적인 반근대성을 명확히 구분하는 것이다. 전자는 주권자를 해방시킴으

* 이는 『폭풍』에 나오는 프로스페로의 대사—"우리는 꿈을 만들어내는 재료이다"We are such stuff / As dreams are made on—를 조금 변형한 것이다.

로써 근대성의 관계를 파괴하려 하는 힘과 연관되고, 후자는 저항을 긍정하고 피지배자들의 자유를 확장함으로써 위계에 도전하고 위계를 전복하는 해방적 힘과 연관된다. 두 번째 과제는 어째서 이러한 저항과 자유가 늘 지배의 관계를 초과하며, 그리하여 근대적 권력과의 그 어떤 변증법적 관계로도 되돌려질 수 없는가를 인식하는 것이다. 이 괴물들이 근대성과 반근대성 간의 대립을 넘어서 나아가는 새로운 창조적 힘들을 자유롭게 하는 열쇠를 가지고 있다.

2.3 대안근대성

메랭: 어디서 오셨나요?
아조르: 세계에서요.
메랭: 나의 세계 말인가요?
아조르: 오, 잘 모르겠어요, 너무나 많은 세계가 있잖아요!
마리보, 『논쟁』

많은 세계들이 가능한 하나의 세계.
사파티스타의 슬로건

어떻게 반근대성에 갇히지 않을 것인가

지금까지 우리는 반근대성을 적어도 세 가지 의미에서 근대성에 내재하는 저항의 형태로 탐구해왔다. 첫째, 반근대성은 팽창적인 근대성의 힘으로부터 전근대적인 것이나 비근대적인 것을 보호하기 위한 노력이 아니라, 근대 권력관계 내부에서 일어나는 자유를 쟁취하기 위한 투쟁이다. 둘째, 반근대성은 지리적으로 근대성의 외부에 있는 것이 아니라 근대성과 동일한 외연을 갖는다. 유럽의 영토를 근대성과 동일시하고 식민세계는 반근대성과 동일시하는 식은 될 수 없다. 세계의 예속된 지역들이 다른 지역과 동일하게 근대적인 것과 마찬가지로, 노예반란, 농민봉기, 프롤레타리아 저항을 비롯한 모든 해방운동의 형태로 반근대성이 지배세계의 역사를 관통하고 있다. 마지막으로, 반근대성은 시간의 관점에서도 근대성의 외부에 존재하지 않는다. 근대적 권력이 행사된 이후에 하나의 반작용으로 반근대성이 나타나는 식이 아니라는 의미에서 말이다. 사실 반근대성이 우선적이다. 오직 위계와 지배에 대한 저항을 통해 자유를 표현하는 자유로운 주체들에 대해서만 근대적 권력관계가 행사될 수 있기 때문이다. 근대성은 저 해방의 힘들을 봉쇄하기 위해 반작용적으로 대응할 수밖에 없다.

그러나 이 지점에서, 특히 해방투쟁들의 야만적이고 초과적이며 괴물스러운 성격을 확인한 이후에 우리는 반근대성의 개념과 실제가 가지고 있는 한계와 만나게 된다. 사실 근대성이 결코 반근대성과의 관계에서 빠져나올 수 없는 것과 마찬가지로, 반근대성 역시 궁극적으로는 근대성에 묶여 있다. 이것은 저항의 개념과 실천이 가지고 있는 일반적인 한계이기도 하다. 저항은 대립적 태도에 갇히게 될 위험을 안고 있다. 우리는 저항에서 대안으로 이동해서 어떻게 하면 해방운동이 자율을 성취하고 근대성의 권력관계로부터 벗어날 수 있는지를 알 수 있어야 한다.

지구화 항의운동에서 발견되는 용어상의 단서가 이러한 딜레마로부터 벗어날 수 있는 출구를 보여준다. 1990년대 후반과 2000년대 초반에 걸쳐 북아메리카와 유럽에서 전지구적 체제의 지도자들이 회담을 할 때마다 대규모 시위가 일어나고 있던 때에, 미디어는 재빨리 그들에게 '반지구화'antiglobalization라는 딱지를 붙였다. 운동의 참가자들은 이 용어를 불편해했다. 현재 지구화가 진행되는 형태에 반대하는 것은 사실이지만, 대다수가 지구화 그 자체에는 반대하지 않았기 때문이다. 사실 그들의 제안은 대안에 초점을 맞추고 있었으며, 그 대안은 마찬가지로 전지구적인 교역관계, 문화적 교류, 정치적 과정이었다. 그리고 다름 아닌 운동들 자체가 전지구적 네트워크를 구축하고 있었다. 이런 맥락에서 그들 스스로가 제안한 이름은 '반지구화'가 아니라 '대안지구화'alterglobalization—혹은 프랑스에서 통용되는 대로 하면 '대안세계주의'altermondialiste—였다. 이러한 용어상의 이동은 대립물들—지구화와 반지구화—의 폐쇄적 유희로부터 벗어나는 사선斜線을 제시하고, 강조점을 저항에서 대안으로 이동시킨다.

우리는 이와 유사한 용어상의 이동을 통해 근대성과 반근대성에 관한 논의 지형을 변화시킬 수 있다. **대안근대성**altermodernity은 근대성과 사선적 관계를 맺는다. 대안근대성은 반근대성만큼이나 근대성의 위계들과의 충돌을 나타내지만, 저항의 힘을 보다 분명하게 자율적 지형으로 향하도록 한다. 그러나 우리는 대안근대성이라는 용어가 오해를 낳을 수 있다는 사실에 즉시 주의를 기울여야 한다. 어떤 이들에게 이 용어는 근대성의 주요 특성들을 보존하면서 근대성을 새로운 전지구적 조건에 적응시키는 개혁주의적 과정을 의미할 것이다. 또 어떤 이들에게 그것은 대안적 형태의 근대성을 암시할 수도 있다. 특히 그것이 지리와 문화에 따라 중국식 근대성, 유럽식 근대성, 이란식 근대성 등으로 규정되는 경우에 말이다. 우리의 의도는 '대안근대성'이라는 용어가 근대성과의 그리고 근대성을 규정하는 권력관계와의 결정적 단절을 가리키도록 하는 것이다. 우리가 생각하는 대안근대성은 반근대성의 전통으로부터 출현하는 것이기 때문이다. 그러나 대안근대성은 대립과 저항 너머까지 나아간다는 점에서 반근대성으로부터도 벗어난다.

'식민지 지식인'의 진화단계에 대한 프란츠 파농의 서술은 어떻게 근대성과 반근대성으로부터 대안근대성으로 나아갈 것인가라는 문제를 풀어갈 실마리를 제공한다. 파농에 따르면 첫 번째 단계에서 식민지 지식인은 유럽의 문화와 사유에 가능한 한 많이 동화된다. 식민지 지식인은 근대적이고 좋고 옳은 모든 것이 유럽에서 기원한다고 생각하며, 식민지의 과거와 현재 문화를 평가절하한다. 그처럼 동화된 지식인은 유럽인들보다 더 근대적이 되고 더 유럽적이 된다. 어두운 피부색은 빼고 말이다. 그러나 일부 용기 있는 식민지 지식인들은 두 번째 단계에 도달하여 유럽중심주의적 사고와 식민권력에 도전한다. 파농은 이렇게 설명한다. "식민지 지식인은 자신의 구원을 확보하기 위해, 백인문화의 패권으로부터 벗어나기 위해 자신의 알려져 있지 않은 뿌리로 돌아가서 어떠한 어려움이 있더라도 자신을 버리고 그 야만적 민중 속으로 들어가야 할 필요를 느낀다."[61] 지배국가에서도 반근대적 지식인들이 이와 유사한 행동을 취하는 것을 어렵지 않게 확인할 수 있다. 그들은 인종·젠더·계급·섹슈얼리티의 선을 따라 제도화된 근대성의 위계와 질서를 공격하고 종속된 민중의 전통과 정체성을 토대이자 준거점으로 긍정한다. 파농은 이러한 반근대적 지식인들의 입장이 품고 있는 고귀함을 인정한다. 그러나 또한 그는 민족의식, 네그리튀드Negritude(흑인성), 범아프리카주의가 갖는 위험을 경고할 때와 동일한 방식으로, 반근대적 지식인들에게 존재하는 함정에 대해 경고한다. 그 함정이란 정체성과 전통에 준거하는 것—과거의 고난에 대한 것이든 과거의 영광에 대한 것이든 간에—은 근대성의 지배와 대립하는 과정에서조차 정태적 고착상태를 낳는다는 것이다. 지식인은 반근대성에 갇히지 말고 그것을 통과해서 세 번째 단계로 나아가야 한다. 파농은 이어서 이렇게 말한다. "전통을 고수하려 하는 것 혹은 무시되어 왔던 전통을 되살리는 것은 역사를 거스르는 일일 뿐 아니라 민중을 거스르는 일이기도 하다. 민중이 무자비한 식민주의에 대항하는 무장투쟁을 지지할 때, 혹은 심지어 정치투쟁을 지지할 때조차 전통의 의미는 달라진다."[62] 정체성 역시 고정된 상태에 머물지 않고 오히려 혁명적 생성으로 변형되어야 한다. 파농이 보기에 혁명 과정의 궁극적 결과는 새로운 인간의 창조여야만 한다. 그것은 근대성과 반근대성의 정적인 대립 너머로 나아가며 역동적이고 창조적인 과정으로 나타난다. 대립이 아니라 단절과 변형이 반근대성에서 대안근대성으로의 이행을 규정한다.

반근대성과 대안근대성의 경계를 연구함에 있어서 특히 복잡한 하나의 영역은 최근 수십 년간 주로 아메리카와 태평양 지역에서 발전해온 토착성indigeneity 운동과 담론이다. 물론 이것은 고전적인 반근대성의 지형이다. 유럽의 침략 이후 줄곧, 토착적 전통과 정체성에 대한 긍정은 강력한 방어무기로 사용되어왔다. 게다가 역설적이게도 일부 사회, 특히 호주·뉴질랜드·캐나다 등과 같이 원주민의 권리가 역사적 협정에 근거하고 있는 사회에서 토착적 권리에 대한 주장은 기억과 전통의 보존과 연결되어 있으며 정체성으로부터의 일탈은 사실상 처벌로 이어진다. 정착민 사회에 흔한 자유주의적 다문화주의 이데올로기에 따라서 원주민 주체들은 본래의 정체성 역할을 수행하도록 요청받거나 심지어 강요받는다.[63] 그럼에도 불구하고 이 시대의 많은 토착운동과 담론은 반근대성에서 벗어나 대안근대성으로 향하는 일을 어떻게든 해내고 있다.

반근대적 입장과 대안근대적 입장 사이에 존재하는 애매한 부분들이 분명하게 나타난 사례로 1980년대 초에 기예르모 본필 바타야Guillermo Bonfil Batalla가 편집한 라틴아메리카 토착이론가들의 선집이 있다. 서문에서 바타야는 선집의 모든 저자들에게서 공통적으로 발견되는 '인디오성'indianidad의 기획이 실제로 겨냥하는 것은 '인디오'의 소멸이라고 설명한다. 물론 그가 소멸이라는 말로 의미하는 바는 인디오의 물리적 파괴가 아니다(인디오의 물리적 파괴는 실로 지난 500년간 지속되어온 근대성의 부산물이며 때로는 직접적인 목표였다). 그것은 또한 라틴아메리카 전역의 과두정부들이 추진한 '근대화' 정책에 따라 원주민들을 스페인화하고 동화시키는 과정, 즉 인종 간 결혼, 이주, 교육 등을 통해 '인디오'를 사라지게 만들어서 토착문명을 박물관으로 보내버리는 과정을 의미하는 것도 아니다. 인디오를 소멸시키려는 기획이 실제로 노리는 바는 식민지배자들이 만들어놓은 정체성을 파괴하는 것이며, 따라서 확고하게 반근대성에 기초해 있다. 그러나 우리의 입장에서 결정적으로 중요한 논점은 논의의 다음 단계에서 등장한다. 식민적 정체성이 소멸한 이후 취할 수 있는 한 가지 선택항은 전통적인 사회조직 및 권위의 양태들과 더불어 '본래의' 정체성—키체Quiché, 마야Maya, 케추아Quechua, 아이마라Aymara 등—을 유럽 문명과 만나기 전에 존재했던 모습 그대로 회복하는 것이다. 이와 같은 생각은 반근대성의 전통, 곧 파농이 말한 두 번째 단계에 딱 머물러 있다. 이 선집을 비롯한 여러 책들에서 나타나는 바타야의 담론은 일반적으로 반근대성의 정체성 구도에 갇혀 있다. 그러나 그럼에도 불구하고 그는 또 다른 선택항으로의 열림을 암시한다. 바타야는 이렇게 쓴다. "종족적 정체성은 추상적이고 몰역사적인 생명력이 아니다. 그것은 사회적 생성과 거리가 먼 차원이 아니며, 영원불변의 원리도 아니다."[64] 이러한 사회적 생성에 대한 생각은 토착주의의 반근대성에서 벗어나 토착적인 대안근대성을 향해 움직일 수 있는 가능성을 시사한다.

소설가 레슬리 마몬 실코Leslie Marmon Silko는 대안근대성에 관한 가장 흥미로운 이론가 가운데 한 사람이다. 그녀의 소설은 토지 절도竊盜, 사유재산의 지배, 군사주의를 비롯한 근대적 지배의 여러 측면들이 어떻게 수많은 북아메리카 원주민들의 삶을 계속해서 파괴하고 있는지를 보여준다. 그러나 실코의 소설에서 가장 두드러지는 점은 정체성과 전통의 반근대적 구도를 무너뜨리는 혼합·운동·변형의 과정이다. 그 과정은 메스티사/메스티소, 흑인 인디언, 백인-인디언 혼혈, 부족에서 추방된 인디언 등 혼종적 형상들로 가득하며, 그들은 끊임없이 경계를 넘고 사막을 가로질러 움직인다. 그녀의 주인공들은 과거, 선조들의 지혜, 조상들의 신성한 책들을 결코 잊지 않는다. 그러나 그들은 전통을 살아 있게 하고 고대의 예언을 지키기 위해 끊임없이 세계를 새롭게 하고 그 과정에서 자신을 변형시켜야 한다. 북아메리카 원주민들의 관행·지식·의식儀式은 그 힘을 유지하기 위해 부단히 변형되어야 한다. 그러므로 실코의 세계에서 혁명이란 단순히 파괴자들에 맞서 들고 일어나서 우리의 생존을 보장하는 데 그치는 것이 아니라, 역설적이게도 과거로부터 전해진 우리의 가장 소중한 유산을 보존하는 데로 나아가는 유일한 길이기도 하다.[65]

멕시코 원주민의 권리를 위한 사파티스타 운동은 이러한 대안근대성의 명확한 정치적 사례를 제공한다. 사파티스타는 권리를 정체성과 연결시키는 종래의 전략들 가운데 어느 것도 추구하지 않는다. 그들은 (실정법 전통에 따라) 원주민 정체성을 법적으로 다른 정체성들과 동등하게 인정해줄 것을 요구하지 않으며, (자연법에 따라) 국가와의 관계에서 전통적인 토착적 권력구조 및 기관들의 주권을 주장하지도 않는다. 사실 대부분의 사파티스타들에게 있어서 정치화되는 과정은 이미 멕시코 국가와의 충돌과 원주민 공동체의 전통적 권위구조에 대한 거부 모두를 수반하는 것이다. 이런 맥락에서 1996년 '원주민의 권리와 문화에 관한 산안드레 협정'San Andrés Accord on Indigenous Rights and Culture 체결 당시 에르네스토 세디요Ernesto Zedillo 정부와 헌법 개정을 둘러싸고 협상을 벌일 때 사파티스타의 전략을 이끌었던 원칙은 자율과 자결自決이었다. 정부가 협정을 존중하지 않자, 사파티스타는 자율적인 지역 행정중심지caracoles와 '좋은정부위원회'juntas de buen gobierno를 설치함으로써 자신들의 원칙을 실행에 옮기는 일련의 기획을 시작했다. 사파티스타 공동체의 구성원 대부분이 원주민임에도 불구하고, 또 인종주의에 맞서 일관되고도 강력하게 투쟁하고 있음에도 불구하고, 그들의 정치는 고정된 정체성에 의존하지 않는다. 그들은 "우리 자신일 수 있는" 권리가 아니라 "우리가 원하는 것이 될 수 있는" 권리를 요구한다. 사파티스타는 이러한 운동과 자기변형의 원칙을 통해 반근대성에 갇히지 않고 대안근대성의 지형으로 나아간다.[66]

이처럼 대안근대성은 반근대적 투쟁의 오랜 역사에 삽입될 뿐 아니라 근대적 주권과 반근대적 저항 간의 그 어떤 고정된 변증법과도 단절한다. 반근대성에서 대안근대성으로 이행하는 가운데 전통과 정체성이 변형되듯이, 저항 역시 새로운 의미를 띠게 되어 이제 대안의 구성에 몰두하게 된다. 앞서 설명한 바대로 저항의 기초를 이루는 자유가 전면에 등장하여 새로운 정치적 기획을 선언하는 사건을 구성한다. 이러한 대안근대성에 대한 사고는 우리에게 사회주의와 코뮤니즘을 구별하는 예비적 방법을 제공한다. 사회주의는 근대성과 반근대성에 양면적으로 다리를 걸치고 있는 반면, 코뮤니즘은 공통적인 것과의 직접적 관계를 제시하여 대안근대성의 길을 발전시킴으로써 근대성과 반근대성 모두와 결별해야 한다.

코차밤바의 다중

대안근대성은 문화와 문명의 문제일 뿐 아니라 노동과 생산의 문제이기도 하다. 그러나 근대 내내 이 영역들은 종종 분리되어 있거나 심지어 서로 적대적인 것으로 생각되어 왔다. 근대화 기획에 관여하는 산업노동계급이 노동투쟁을 이끄는 반면, 문명투쟁은 반근대적 의제를 제기하는 유색인종과 원주민 집단들이 담당한다는 것이 세계의 많은 지역들에서 통용되는 (전적으로 잘못된 것은 아닌) 통상적 관념이다. 문명투쟁의 입장에서 보면, 노동운동의 목표와 정책은 지배계급의 그것만큼이나 해로울 수 있다. 지배계급의 인종주의적 실천을 답습하고 역시 지배계급의 것인 유럽중심적인 문화적 전망을 조장하기 때문이다. 반대로 노동운동의 관점에서 보면, 문명투쟁은 종종 후진적이고 전근대적이며 심지어 원시적인 것으로 비춰진다. 다른 많은 주체성들 역시 이 갈등에 연루되어 왔다. 농민운동은 때에 따라 이쪽 편에 가깝기도 했고 저쪽 편에 가깝기도 했다. 젠더투쟁은 때때로 한쪽 편 혹은 양쪽 모두와 연대를 하기도 했지만, 대개 양쪽 모두에서 부차적인 것으로 취급받았다. 이러한 이데올로기적·실제적 갈등이 코뮤니즘운동, 민족해방운동, 반제국주의운동 내부의 연대에 긴장을 부여하거나 심지어 연대를 파괴하기도 했다. 그러나 반근대성에서 대안근대성으로의 이행은 이 투쟁 영역들을 (적어도 잠재적으로는) 새롭게 정렬시키는 중요한 변화를 수반한다. 이는 투쟁 영역들이 통합되거나 하나의 영역이 다른 영역들에 대해 헤게모니를 장악한다는 의미가 아니라 평행하게 놓인 진로를 따라 각 영역이 자율적으로 나란히 전진한다는 의미에서의 새로운 정렬이다.

2005년 에보 모랄레스Evo Morales의 대통령 당선으로 이어지는 길을 닦은 볼리비아 사회운동은 이러한 대안근대성의 평행정렬—이것은 다양한 요구와 사회적 주체들의 자율성과 연결을 표현하는 정치적 형식을 부각시킨다—의 강력한 사례이다. 볼리비아에서 벌어진 투쟁들의 주기에는 두 개의 정점이 있었는데, 하나는 코차밤바Cochabamba와 주변 계곡의 수자원 통제권을 둘러싼 2000년 투쟁이고, 다른 하나는 엘알토El Alto와 고지대의 천연가스자원 통제권을 둘러싼 2003년 투쟁이다. 그 일반적 성격을 말하자면, 이 투쟁들은 최근 세계 전역에서 일어난 신자유주의에 맞선 저항의 고전적 사례이다. 볼리비아 내륙의 중간 규모 도시인 코차밤바의 경우를 보면, 외국 투자자들에게 수도사업을 매각하고 이들이 '적정요금체계'를 수립하게 함으로써 공공수도사업에 필요한 보조금을 폐지하라는 세계은행의 권고가 볼리비아 정부에 주어졌다. 정부가 그 권고에 따라 수도사업을 매각한 후 외국계 컨소시엄이 즉각 지역수도요금을 35% 인상했고, 그때 시위가 시작되었다. 2003년의 가스전쟁도 동일한 각본에 따라 진행된다. 게다가 이 투쟁들은 고립된 사건이 아니며, 적어도 2000년부터 2005년까지 볼리비아 전역에 걸쳐 계속된 고강도의 운동들 가운데 가장 눈에 띄는 지점일 뿐이다. 이러한 투쟁들에서 가장 주목할 만한 점은 무척이나 다양한 경제적·사회적 요구들을 수평적 네트워크로 연계해내는 방식이다. 그들은 이러한 방식을 통해 반근대성에서 대안근대성으로의 이행을 다른 어떤 경험들보다 더 명확하게 보여준다.

이 상황의 복합성을 제대로 평가하기 위해서는 볼리비아 사회와 운동들이 언제 어디서나 다양성을 나타낸다는 점을 인식해야 한다. 첫째, 이 투쟁들에 걸려 있는 것은 단순히 (토지·노동·천연자원 등의) 경제적인 문제가 아니며 인종·문화·문명의 문제이기만 한 것도 아니다. 실상 이 모든 것이 동시에 걸려 있다. 둘째, 각각의 영역마다 다양한 주체성들이 투쟁에 참여하고 있다. 사회학자 레네 사발레타 René Zavaleta가 1970년대 볼리비아를 '소시에다드 아비가라다'sociedad abigarrada—영어로는 'many-colored society'(다색사회), 'variegated society'(다채로운 사회), 심지어 'motley society'(잡색사회) 등으로 어색하게 번역될 수 있다—로 특징지을 때, 그는 바로 이러한 다양성을 포착하고 있는 것이다.[67] 사발레타는 이러한 사회적 다양성을 부정적인 시각으로, 즉 볼리비아의 '전근대적' 특성을 나타내는 표지로 본다. 근대성이 동질적 계급, 정체성, 사회제도에 의해 정의되기라도 한다는 듯이 말이다. 그러나 우리가 생각하기에 볼리비아는 프랑스나 인도 혹은 캐나다만큼이나 근대적일 뿐 아니라, 그 나라들만큼 대안근대성에 개방되어 있기도 하다. 사발레타의 눈에 포착된 다양성은 대안근대성의 맥락에서는 사회 변형의 잠재적 열쇠이다. 여기서 문제는 어떻게 예의 사회적 다양성들이 상호작용하는가, 특히 어떻게 공통의 투쟁 속에서 협력하는가이다. 이 역학을 이해하기 위해서는 '소시에다드 아비가라다'의 성격을 더 자세히 살펴보고 사회운동을 구성하는 다양한 사회적 특이성들 간의 관계를 인식해야만 한다.

매우 다양한 인종집단들이 투쟁에 참여한 것은 분명하다. 유럽에서 온 혈통 외에도 볼리비아에는 공식적으로 36개의 원주민 종족들이 있다. 그중에서도 다양한 혼혈인구와 더불어 아이마라족과 케추아족이 가장 많은 수를 차지한다. 이것이 운동을 다수적 혹은 다색적으로 만드는 한 가지 축이다. 노동의 형태와 부문도 마찬가지로 다양하지만, 이 축은 볼리비아 경제사에 대한 약간의 지식 없이는 이해할 수 없다. 1952년 혁명 이후 노동운동과 농민운동은 강력한 조합들로 조직되었으며, 산업노동인구가 상대적으로 적었기 때문에 볼리비아의 광부들이 국가 정치에서 핵심적인 역할을 담당했다. 그러나 정치적·군사적 억압으로 인해, 그리고 더 중요하게는 볼리비아의 노동인구를 변화시킨 경제 구조조정으로 인해 구舊노동계급의 헤게모니는 1980년대 말경에 끝나게 된다. 가장 큰 광산들 중 일부가 문을 닫았으며, 한 세대 전에 광산 노동자로 모집되었던 농민들 다수가 다시 일거리를 찾아 이주해야 했다. 노동자들이 점점 다른 장소, 다른 직업으로 이동하도록 강제됨에 따라, 그리고 고정된 계약 없이 일해야 하는 노동인구의 비율이 훨씬 더 늘어남에 따라, 노동계급의 구성은 한층 더 복잡해졌으며 전세계의 다른 노동계급들과 마찬가지로 더 유연하고 이동적이 되어야 했다. 그 결과 노동자들과 노동조건이 다양해졌으며, 그로 인해 노동계급을 수직적인 중앙집중적 구조로 조직하는 것이 더 이상 가능하지 않게 되었다. 광부들은 이제 볼리비아 노동계급 전체의 이해利害를 헤게모니적으로 대표할 수 없었다. 다른 나라의 자동차 노동자 혹은 철강 노동자들이 더 이상 그러한 역할을 수행하지 못하듯이 말이다. 그리하여 노동계급 내의 모든 헤게모니적 관계와 대의적 관계가 문제시되었다. 전통적 조합들이 계급 주체와 경험의 복합적 다양성을 적절히 대의하는 일은 가능하지조차 않았다. 그러나 이러한 변화는 노동계급과의 작별의 신호도, 심지어 노동자 투쟁의 쇠퇴의 신호도 아니다. 그것은 프롤레타리아트의 점증하는 다양성과 투쟁의 새로운 형상을 가리킨다. 이처럼 볼리비아의 사회운동은 적어도 두 개의 교차하는 축—인종적·종족적·문화적 축과 공통의 투쟁에 참여하는 다양한 노동부문들의 축—을 따라 '다색적' 성격을 가지는 것이다.[68]

사발레타를 따르는 일군의 동시대 볼리비아 학자들은 내적으로 분화된 대안근대성의 투쟁들을 명명하기 위해 낡은 계급형태와 대조적인 '다중형태'multitude-form라는 용어를 사용한다. 다중형태가 '소시에다드 아비가라다'의 투쟁들을 특징짓는다. 사발레타는 능동적으로 통일되어 있는 계급과 달리 다양성을 갖고 있다는 이유로 다중을 수동적이거나 단지 자생적이기만 한 것으로 여겼지만, 이 동시대 학자들은 다중을 일관된 정치적 기획의 주역으로 이해한다. 다중은 한편으로 투쟁에 참여하는 사회적 특이성들의 다양성을 강조하면서도 다른 한편으로는 공통된 행동을 조직하고 수평적 조직구조 속에서 평등을 유지하려 하는 정치적 조직형태이다. 예를 들어 2000년에 코차밤바에서 투쟁을 조직한 '수자원 방어를 위한 공동행동'Coordination for the Defense of Water이 그러한 수평적 구조 가운데 하나이다. 사실 최근 볼리비아의 경험은 다중형태가 노동계급의 다양한 구성부분들이나 인종적·종족적 영역에 존재하는 다양한 부분들 자체 내에서만이 아니라, 이 두 영역들을 가로질러 연결하는 정치적 조직을 구축하는 모습을 분명하게 보여준다. 알바로 가르시아 리네라Alvaro García Linera는 이렇게 설명한다. "운동들의 이러한 파편화는 사회 자체가 종족적·문화적·정치적·계급적·지역적 차원에서 구조적으로 분화되어 있는 현실을 표현한다. 이러한 현실 때문에 우리는 위계적 연합이 아닌 임시적인 수평적 네트워크의 형태로 사회적인 것을 절합할 수단을 다시 발명해야 한다."[69] 다중형태가 모든 문을 열 수 있는 만능열쇠인 것은 아니다. 그러나 다중형태는 진정한 정치적 문제를 적실하게 제기한다. 그리고 그 문제를 감당할 모델로서, 평행한 경로를 따라 수평적 네트워크의 형태로 자신들의 행위를 마디마디 결합함으로써 함께 사회를 변형시킬 수 있는 자율적이고 평등한 사회적 특이성들의 개방적 집단을 상정한다.[70]

이처럼 다중은 평행론parallelism을 응용한 개념으로서, 이 개념은 엄청나게 다양한 특이성들의 자율·평등·상호의존의 관계를 특징으로 하는 대안근대적 투쟁의 특수성을 포착할 수 있다. 세계 전역의 유사한 다른 많은 투쟁들과 마찬가지로 볼리비아의 투쟁에서도 (광부와 같은) 하나의 노동부문이 모든 노동자들을 대의한다고 주장하거나 지도하는 일은 있을 수 없다. 그 대신 광부·산업노동자·농민·실업자·학생·가사노동자를 비롯한 수많은 노동부문들이 동등하게 투쟁에 참여한다. 이와 유사한 맥락에서 볼리비아의 투쟁들은 비원주민 집단이 지도하지도 않고 원주민 집단이 지도하지도 않는다. 문화·종족·노동위치 등에 의해 이러저러한 정도로 규정되는 다양한 사회적 특이성들이 자신들의 투쟁을 다중의 형태로 함께 조직한다. 여기서 주된 원리는 앞서 사파티스타의 맥락에서 살펴봤던 것과 같다. 그것은 정체성의 인정이나 긍정 혹은 보존이 아니라 다중의 자기결정 능력을 목표로 한다. 대안근대성에서는, 다양성을 정치적 기획의 주요소로 정립하는 투쟁의 새로운 형상이 반근대성의 장애와 분리—특히 문명투쟁과 노동투쟁 간의 분리—를 대체한다.

볼리비아 다중의 투쟁은 공통적인 것에 기초한다는, 대안근대성의 또 다른 본질적인 특성 또한 보여준다. 첫째, 이 투쟁들의 중심적인 요구는 물과 가스라는 자원의 사유화 방지를 확실하게 하는 것을 명시적 목표로 삼는다. 이러한 의미에서 대안근대성의 다중은 소유 공화국과 대립한다. 둘째로, 더욱 중요한 것은 다중의 투쟁이 공통적인 조직구조에 기반을 두고 이루어진다는 것이다. 여기서 공통적인 것은 천연자원이 아니라 하나의 사회적 산물로 이해되며, 이러한 의미의 공통적인 것은 혁신과 창조성의 고갈되지 않는 원천이다. 예컨대, 2003년에 엘알토에서 투쟁에 활기를 부여했던 '천연가스 방어를 위한 위원회'Committees for the Defense of National Gas는 지역에 이미 존재하던 자치의 관행과 구조들의 토대 위에서 기능했다. 엘알토는 라파스La Paz 주변에 불규칙하게 확장된 교외 도시인데, 주로 지난 20년간 지방의 고지대 지역을 떠나 수도로 이주해온 아이마라족들이 산다. 그리하여 한편으로 투쟁은 공통적인 것—자원과 소유물에 대한 공통적 접근, 공동체 일에 대한 공통의 책임 등—에 기반을 둔 지방 아이마라 공동체의 조직형태와 자치 관행으로부터 성장하고 또 그것에 의해 조건지어졌다. 다른 한편으로는 도시 전체에 걸쳐 연합조직을 이루고 있는 엘알토의 지역위원회들이 또 다른 자치의 기초를 형성했다. 지역위원회들은 교육에서 보건 및 여타의 사회적 서비스에 이르기까지 정부가 제공하지 않는 광범위한 서비스를 제공하고, 공유자원과 시민의 책임에 관해 결정한다. 그러므로 2003년에 대중시위가 일어났을 때, 그것은 일부가 생각하는 것처럼 자생적인 봉기가 아니라 이미 존재하고 있던 네트워크와 잘 확립된 자치 관행으로부터 직접적으로 성장해 나온 성숙한 조직구조였다.[71]

이렇게 일단의 특이성들로 구성되고 자기결정의 실천과 공통적인 것에 기초하는 것으로 제시된 다중의 형상에도 여전히 대안근대성의 한 가지 본질적인 요소가 누락되어 있다. 그것은 끊임없는 변신 metamorphosis, 즉 혼합과 운동이다. 모든 특이성은 하나의 사회적 생성이다. 그러므로 다중이 제시하는 것은 공통적 투쟁에 관여하는 '소시에다드 아비가라다'일 뿐 아니라 늘 변신의 과정 중에 있는 사회이기도 하다. 저항 그리고 타자와의 협력이란 언제나 변화를 일으키는 경험이다. 이러한 사회는 여러 색으로 이루어진 정적인 모자이크라기보다는 만화경에 더 가깝다. 거기서 색들은 끊임없이 움직이는 가운데 새롭고 더 아름다운 무늬를 형성하고, 나아가 한데 섞여 새로운 색을 만들어내기까지 한다.

단절과 구성

이 장에서 우리는 대안근대성의 풍경들 중 일부를 살펴보는 가운데, 그것들이 어떻게 반근대적 투쟁으로부터 자라나오면서도 그 너머까지 나아가는지를 강조했다. 다중형태를 실험한 몇몇 사회운동들이 분명하게 보여주고 있는 대안근대성의 과제는 근대성이 만든 위계적 관계와 반근대성의 정체성에 저항하고 도전할 뿐 아니라 공통적인 것에 기초한 대안적인 사회관계를 창조하는 것이다. 이런 맥락에서 대안근대성은 초근대성hypermodernity 및 탈근대성postmodernity에 관한 담론들과 몇 가지 속성을 공유하면서도 근본적으로 다르다.

간단하게 말하기 위해서 농담조로 민족(국민)별로 구분해서 이야기할 수도 있을 것 같다. 초근대성 개념에 주로 책임이 있는 것은 독일인들이고, 탈근대성은 미국의 지식인들, 대안근대성은 프랑스인들이 그렇다고. 물론 우리가 대안근대성 입장을 선호하는 것은 친프랑스적 태도와 아무런 관련이 없지만 말이다. 이 개념들은 모두 근대에 일어난, 혹은 근대와의 일정한 역사적 단절을 주장한다. 그러나 그 단절의 성격과 단절이 열어놓는 가능성은 중요한 측면에서 서로 다르다. 우리는 '초근대성'이라는 말로, 울리히 벡과 위르겐 하버마스 같은 저자들이 만들어낸 제2의 근대, 성찰적 근대 등의 개념을 함께 묶어서 이야기하려 한다. 이 개념들은 오늘날의 세계에서 근대적 원리들과의 어떠한 단절도 나타내지 않으며 오히려 근대의 주요 제도 일부의 변형을 제안한다. 이러한 관점은 국민국가, 노동과 자본주의적 생산의 배치와 관리, 사회의 삶정치적 조직화, 핵가족 등과 관련하여 일어난 구조적인 변화들 중 많은 부분을 정말로 잘 포착해낸다. 그러나 그들이 보기에 이들 가운데 어느 것도 근대와의 단절을 함축하지 않으며, 실제로 그들은 그러한 변화가 바람직한 결과라고 생각지도 않는다. 오히려 그들은 근대를 근대화하는 것, 근대의 원리를 근대 자신의 제도들에 성찰적 방식으로 적용함으로써 근대를 완성하는 것을 염두에 두고 있다. 그러나 우리가 보기에 이러한 초근대성은 저항이 아닌 개혁을 신뢰함으로써 근대성의 중심적인 위계를 지속시킬 뿐이며, 그리하여 자본이 사회를 자신의 내부로 '실질적으로 포섭'하는 새로운 형태들을 인식할 때조차 자본주의적 지배에 도전하지 않는다.[72]

탈근대성은 근대성의 핵심 요소들의 종말을 제시한다는 점에서 초근대성보다 한층 더 실질적인 단절을 나타낸다(근대성의 종말은 저자에 따라 축하할 만한 일로 간주되기도 하고 한탄스러운 일로 간주되기도 한다). 우리 역시 이전 책에서, 매우 다양한 사회 영역들에서 새로운 조건과 새로운 가능성을 제시하는 역사적 단절의 중요성을 강조하기 위해 탈근대성 개념을 사용한 바 있다. 예컨대 경제 영역에서 비물질적 생산의 헤게모니가 출현함에 따라 생산관계가 재조직되는 것, 정치 영역에서 일국적 주권구조가 쇠퇴하고 전지구적 통제 메커니즘이 출현하는 것 등이 탈근대성의 이름으로 설명되었다. 그러나 '탈근대성'이라는 용어는 개념적으로 모호하다. 이미 끝난 것에 주로 초점을 맞추는 부정적인 지칭 방식이기 때문이다. 사실 탈근대성 개념을 긍정하는 많은 저자들이 '부정적 사유' 그리고/혹은 『위기』*Krisis*가 대표하는 철학의 전통과 연결될 수 있다.[73] 그들은 권력의 새로운 형상에 직면하여 계몽주의의 파괴적 운명과 이성의 무력함에 집중한다. 그러나 위기에 대응함에 있어서 이성이 보여주는 무능에 대한 강력한 항의와 비난에도 불구하고 그들은 이 권력에 저항하고 해방을 위해 분투하는 현존하는 주체성들의 능력을 전혀 인식하지 못한다. 말하자면 『위기』의 철학자들은 계몽주의적 사유의 지배적 노선과 그 유럽중심주의의 확고한 몰락을 (아마도 어떤 경우에는 제대로 이해하지 못한 채로) 정확하게 포착하지만, 계몽주의 비판이라는 무덤을 관할하는 가운데 허약한 사고와 유미주의만을 제시할 수 있을 뿐이다. 그리고 자연스럽게도 그들은 무덤 주변에서 신학을 말하기 시작한다.[74] 엄청나게 다양한 탈근대성 이론들이 일반적으로 오늘날 사회적 규범과 관습이 가지게 된 휘발성을 언급한다. 그러나 탈근대성이라는 용어 자체는 저항이라는 강력한 관념이 들어설 여지를 주지 않고 근대성 '너머'를 구성하는 것을 명확히 표현하지도 않는다.

대안근대성은 근대성과 단절함에 있어서 초근대성과 탈근대성보다 더 발본적인 차원을 보여준다. 사실 대안근대성은 근대성과 두 마디 떨어져 있다. 우선 대안근대성은 반근대성의 투쟁과 저항—근대성의 핵심에 자리하고 있는 위계에 대한 저항—에 근거를 둔다. 둘째, 대안근대성은 반근대성과도 단절하며, 변증법적 대립을 거부하고 저항에서 대안의 제안으로 나아간다. 초근대성의 주창자들과 달리 대안근대성에는 근대성의 핵심 원리들이 개량되거나 완성될 수 있다는 믿음이 존재하지 않는다. 반근대성의 투쟁들이 오래전에 그러한 환상의 잔재를 쓸어버렸다. 또한 대부분의 탈근대성 제안들과 반대로, 대안근대성은 새로운 가치관, 새로운 지식관, 새로운 실천관을 강력한 형태로 제공한다. 요컨대 대안근대성은 주체성 생산을 위한 장치dispositif를 구성한다.

이제 대안근대성의 정의를 단순히 다른 개념들과의 대립이라는 측면에서가 아니라 독자적으로 구축하기 위해, 우리는 세 가지 일반적인 연구 노선을 제안한다. 그것들 각각은 대안근대성에서 한데 합쳐지는 투쟁의 역사들과 연관된다. 첫째는 유럽 계몽주의 노선, 더 정확하게는 유럽 계몽주의 내의 대안적 노선이다. 우리는 앞서 마키아벨리, 스피노자, 마르크스 사이의 연결관계를 추적함으로써 이러한 노선의 사례를 제시한 바 있다. 부르주아 사회와 근대 유럽 철학이 시작된 이래, 이 노선은 주권적 절대주의—어떤 식으로 조직되어 있건 간에, 심지어 공화주의적 외양을 하고 있을지라도—에 맞서 절대적 민주주의를 향한 모색을 수행해왔다.[75] 임마누엘 칸트와 프리드리히 니체 같은 유럽 철학의 많은 중심적 인물들이 이 노선과 관련하여 모호한 위치를 점하고 있다. 그러나 그러한 인물들과 유럽의 사상 일반을 비판할 필요 때문에, 그 전통과 주요 철학자들이 해방에 관한 매우 강력한 생각들 또한 품고 있다는 사실을 잊어서는 안 된다. 때로는 근대의 권력관계를 정당화하고 공고화하는 지배적인 초월적 구조가 가난·착취·미신·지배로부터 인류를 자유롭게 하려는 욕구를 가려서 인식되지 못하도록 만들 수도 있다. 그러나 그럼에도 불구하고 그러한 욕구는 유럽의 사유에서 하나의 대안적인, 지하地下의 노선으로 계속된다.

전세계의 노동자운동이 종종 극적이고 때로는 비극적인 방식으로 근대성, 반근대성, 대안근대성 간의 경계를 따라 이어져온 두 번째 노선을 구성한다. 이 경우에도 그 대안적 노선은 마르크스주의 이론과 사회주의적 실천 모두에서 자주 물 밑으로 가라앉아 보이지 않게 되곤 했다. 지배적인 노동자운동 이론에서는 종종 진보와 자본주의적 발전을 직선형으로 보는 이데올로기가, 유럽적 사유와 유럽 사회가 혁신의 원천이며 나머지 세계의 미래 경로를 미리 보여준다는 확신과 짝을 이루곤 했다. 사회주의 국가들과 '현실 사회주의'는 자본주의적 근대의 생산관계가 유지되어야 하며 진보는 '발전단계들'을 통해 진행되어야 한다는 확신을 언제나 벽장 속에 숨겨 가지고 있었다. 그러나 이러한 측면에 대한 가차 없는 비판 때문에 노동운동 전통의 도처에 존재하는 대안적 노선을 보지 못해서는 안 된다. 우리는 앞서 살펴보았듯이 이 전통의 주요 사상가들이 강력한 양면성을 지녔다는 점을 유념해야 한다. 사적 소유에 대한 비판 속에서 코뮤니즘을 인식하려는 초기 마르크스의 기획, 자신의 이론이 품고 있는 유럽중심적이고 진보주의적인 성격에 대한 후기 마르크스의 비판, 레닌의 사유 속에서 다시 나타나는, 반제국주의 투쟁의 지형을 다시 열고 코뮤니즘적 행동을 자본주의 발전의 구조적 봉쇄로부터 떼어내려는 경향, 그리고 마오에게 존재하는, 공통적인 것에 기초한 새로운 문명의 구축과 함께 급진적인 반자본주의 혁명을 더 밀고 나가려는 의지와 시장

경제 및 권위주의적 국가의 관료적 건설 사이의 모순—일본에 맞선 게릴라전과 대장정으로부터 대약진운동과 문화대혁명으로 이어지는 긴장—등을 말이다. (사실, 1989년 천안문 반란을 이해하기 위한 가장 훌륭한 접근법은, 베이징의 학생들과 노동자들의 요구를 당 지도부가 부과하고 있었던 새로운 자본주의적 훈육 및 관리구조의 유혹과 폭력에 맞서 이러한 민주적 노선의 급진적 희망을 새롭게 하려는 시도로 읽는 것이다.) 이러한 전통의 패배와 파국적 결과들에도 불구하고, 착취와 위계에 맞선 해방투쟁의 혁명적 경험에는 그리고 반근대적 저항의 모든 계기들에는 근대성이 발명한 명령관계와 확고하게 결별할 가능성을 정립하는 대안적 경로 또한 존재해왔다. 지금부터 몇 년 뒤에 우리는 현실 사회주의와 그 붕괴가 초래한 결과를 되돌아보고, 단지 노동의 조직화만을 규정하는 것처럼 보였던 착취와 지배 사이의 사회적 관계가 실제로는 사회 전체에 스며든다는 점을 알게 될 수 있을 것이다. 다시 말해 현실 사회주의의 경험 속에서 삶권력이 지배하는 사회로의 이행이 완전한 형태로 나타났으며, 따라서 이곳에서 삶정치의 힘들 역시 출현하여 대안근대성의 선들을 그리는 것이다.

세 번째 노선은 식민성, 제국주의 그리고 수많은 인종차별적 지배의 변형태들에 저항하는 반근대성의 힘들을 한데 연결한다. 우리는 앞서 그러한 운동들이 반동적이고 대립적인 입장에 갇혀 근대성과의 변증법으로부터 벗어나지 못하는 위험을 기술한 바 있다. 그러나 한층 더 심각한 위험은 성공적인 반란이 근대의 위계적 권력관계를 재생산하는 것으로 끝나는 것이다. 얼마나 많은 승리한 민족해방투쟁들이 단지 소규모 엘리트 집단을 기반으로 자본주의적 소유관계 및 명령관계를 영속화할 뿐인 탈식민 국가를 건설하는 결과를 낳아 자신의 민족이 전지구적 위계의 밑바닥에 놓이는 것을 받아들이고 주민 대다수가 비참한 운명에 처하게 되는 것을 용납해왔는가! 그러나 반근대성의 전통 내부에는 언제나 대안근대적인 힘과 형태가 출현할 가능성이 살아 숨 쉬고 있다. 특히 앞서 살펴보았듯이 공통적인 것—토지나 천연자원 같이 미리 주어진 형태의 공통적인 것만이 아니라 더욱 중요하게는 사회관계 혹은 삶형태들의 네트워크 같이 생산의 결과로 나타나는 공통적인 것—이 투쟁의 기초이자 목표로 나타날 때면 언제나 그러하다.

그러나 이 세 노선들 가운데 어느 것도 그것 하나만으로 적실한 대안근대성의 정의를 구성할 만큼 충분치는 않다. 우리의 가설은 이 세 영역들 각각에서 운동하는 반근대성의 힘들이 과거에 거듭 패배하고 봉쇄되긴 했지만, 오늘날 다른 영역들에서 일어나는 저항의 선들과 연결된다면 대안근대성으로 다시 제안될 수 있다는 것이다. 많은 사람들이 생각하는 것과 달리, 자본주의적 총체성은 모든 적대를 흡수할 수 있는 도착점이나 역사의 종말이 아니라, 저항이 생산영역 전체와 사회적 삶의 모든 범위로 확산되는 임계점이다. 세 노선들은 대안근대성이 요구하는 변신, 인간학적 변형을 인정하는 방식으로 한데 엮여져야 한다. 프란츠 파농과 체 게바라가 서로 다른 맥락에서 천명했듯이, 근대성을 타파하고 반근대성을 넘어서기 위해서는 새로운 인간이 창조되어야만 한다.

반근대성에서 대안근대성으로의 이러한 이행은 오늘날 지식인이 담당해야 하는 역할의 몇몇 측면을 명확히 한다. 첫째, 규범적 구조, 사회적 위계, 착취 등에 대한 비판은 여전히 필요하지만, 지적 활동을 위한 충분한 기초는 아니다. 지식인은 또한 새로운 이론적·사회적 배치를 창출하고, 투쟁의 실천과 욕구를 규범과 제도로 번역하며, 새로운 사회조직화 양태를 제안할 수 있어야 한다. 달리 말해 비판의 소명이 앞으로 밀어붙여져서 과거와의 단절에 그치지 말고 계속해서 새로운 미래를 계획하는 방향으로 나아가야 한다. 둘째, 여기에 전위를 위한 자리는 없다. 심지어 그람시적 의미에서 진보적 힘들과 유기적 관계를 맺는 지식인을 위한 자리도 없다. 지식인은 오직 투사이며 투사일 수밖에 없고, 하나의 특이성으로서 다중 만들기를 목표로 하는 공동연구에 다른 이들과 함께 참여한다. 그러므로 지식인은 역사의 운동을 결정하는 '앞'이나 그것을 비판하는 '옆'에 있는 것이 아니라 완전히 '안'에 있다. 오늘날 지식인의 기능은 기독교 초기 몇 세기 동안 교부학教父學의 맥락에서 발전된 기능과 (많은 면에서 근본적으로 다르기는 하지만) 몇 가지 측면을 공유한다. 여러 측면에서 교부학은 제국 내부의 혁명적 운동이었다. 교부학은 권력에 맞서 빈자들을 조직하고, 전통적 지식 및 관습과 발본적으로 단절할 뿐 아니라 새로운 사유와 실천의 체계를 창안할 것 역시 요구했다. 오늘날 우리가 새로운 문화와 새로운 삶의 양태를 창안하기 위해 자본주의적 근대성으로부터 벗어나는 길을 찾아야 하듯이 말이다. 그렇다면 이것을 (농담을 좀 섞어서) **새로운** 교부학이라 부르자. 여기서 지식인은 오류를 고발하고 환상을 폭로하는 과제, 새로운 지식 활동의 메커니즘을 구체화하는 과제뿐 아니라, 공동연구 과정에서 다른 이들과 함께 새로운 진리를 생산하는 과제 또한 부여받는다.

인간에 관하여 1
—삶정치적 이성

소리 내서만 생각할 수 있는 사람들을 상상해보라
(소리 내서만 읽을 수 있는 사람들이 있듯이).
루트비히 비트겐슈타인, 『철학적 탐구』, 331.

『광기의 역사』에서 푸코는 어떻게 정신구조와 인구에 대한 일련의 봉쇄와 배제를 통해 광기가 발명되는가를 상술하고, 이러한 역사를 폭로함으로써 이성의 절대적 지배의 토대를 허물고자 할 뿐 아니라 광기 너머에 있는 또 다른 진리를 가리킨다. 푸코는 다음과 같이 묻는다. "광기의 진리의 생산이 지식관계들과 다른 형태로 발현되는 것이 가능한가?"[76] 대안근대성의 지평은 저 다른 차원의 합리성에 놓여 있으며, 그 합리성은 이성/광기 쌍 너머까지 확장된다. 그러나 광기 **너머**에 있는 진리란 무엇인가? 더 단순하게 표현하자면, 어떻게 이러한 **타자**가 가능하며, 그것은 어디서 발견될 수 있는가?

이러한 질문들에 대한 한 가지 논리적 응답은 **외부에서** 진리와 합리성을 찾는 것이다. 사실 광기에 대한 푸코의 연구를 인용하자마자,

우리는 곧 피식민인들에게 식민적 이성이 미치는 영향과 그들에게 광기를 귀속시키는 사태를 분석하기 위해 푸코의 연구를 그의 사유가 가지고 있는 유럽적 한계 너머로 확장시켜야 한다.[77] 실제로 20세기 후반의 가장 강력한 인식론 비판들 가운데 일부는 외부 혹은 다른 곳에서, 즉 예속된 집단의 정체성과 입장에 근거하여 관점을 확립한다. '캘리밴의 이성'과 탈식민적 인식론은 유럽중심주의와 대결하는 사례들이다. 또한 페미니즘적 인식론은 사유와 지식의 생산에서 젠더 지배가 갖는 힘에 도전해왔다.[78] 이 같은 작업틀들의 가장 큰 공헌 가운데 하나는 전통적 인식론의 거짓된 보편성과 객관성의 가면을 벗기고, 저 지식체계가 근대성을 특징짓는 위계와 권력관계에 뿌리박고 있음을 입증한 것이다.

많은 비평가들이 날카롭게 의식하고 있듯이, 이러한 인식론적 비판들을 힘 있는 것으로 만들어주는 외부적 관점과 정체성 토대는 또한 한계로 나타날 수 있다. 예를 들어, 해러웨이Donna Haraway는 정체성에 기초한 외부적 관점을 찾으려는 일체의 시도는 에덴동산과 같은 절대적으로 순수한 장소로의 회귀를 꿈꾸는 기미를 보인다고 경고한다.[79] 앞서 파농으로부터 끌어왔던 슬로건을 사용해서 같은 위험을 다른 방식으로 표현해보자면, 위와 같은 기획들은 반근대성에 갇힐 위험이 있다고 말할 수 있다. 정치에서와 마찬가지로 인식론에 있어서도, 우리는 근대성 내부에 있는 비판과 저항의 힘에 초점을 맞추고, 이러한 내부적 위치에서 대안을 창조할 수단을 발견할 필요가 있다. 인식론적 맥락에서 반근대성에서 대안근대성으로 이행하는 것은 합리성을 삶정치적으로 사고하는 데로 나아가야 한다.

두 가지 직관이 삶정치적 이성의 지형을 탐구함에 있어서 초기적 길잡이로 쓰인다. 첫째, **공통적인 것의 경험**은 보편적인 것과 특수한 것의 대립이 초래한 인식론적 난국을 타개할 수 있는 작업틀을 제공한다. 일단 지배적인 근대적 합리성을 특징짓는 거짓된 보편들을 비판하고 나면, 당연히 보편적 진리를 고무하려는 어떠한 시도도 의심의 눈초리를 받게 된다. 비판을 통해 보편성이라고 주장되는 것들의 가면뿐 아니라 보편적 진리의 선언을 위한 초재적 혹은 초월적 토대의 가면 또한 벗겨졌기 때문이다. 그러나 이에 대한 반작용으로 진리에 대한 어떠한 요구도 없이 단순히 우리 스스로를 특수한 지식들에 가두는 것은 충분치 않다. 공통적인 것은 보편적인 것과 특수한 것의 대립을 사선으로 가로지른다. '공통감[상식]'common sense과 '공통지' common knowledge라는 용어의 표준적 용법은 우리가 염두에 두고 있는 바를 일정 정도 포착한다. 그것들이 특수한 것의 한계를 넘어, 일정한 사회적 일반성을 포착하는 한에서 말이다. 그러나 이러한 용어들은 일반적으로 공통적인 것을 수동적인 무언가, 사회에서 이미 주어져 있는 무언가로 여긴다. 이와 달리 우리는 '공통관념'common notions에 대한 스피노자의 생각을 좇아, 집단적인 사회적 실천을 통한 공통적인 것의 **생산과 생산성**에 집중한다. 보편적인 것과 마찬가지로 공통적인 것은 진리에 대한 권리를 주장한다. 그러나 이때 진리는 위에서 내려오는 것이 아니라 아래로부터 구축된다.[80]

이와 같은 논의는 곧장 우리의 두 번째 길잡이 직관으로 이어진다. 두 번째 직관은 인식론이 투쟁의 지형에 근거해야 한다는 것이다. 여기서 투쟁이란 지배의 현실에 대한 비판을 추동할 뿐 아니라 또 다른 실재의 구성에 생기를 불어넣는 투쟁이다. 진리가 아래로부터 구축된다는 것은 진리가 공통적인 것에 기반을 둔 저항과 실천을 통해 벼려진다는 것을 의미한다. 그러므로 삶정치적인 것과 그것의 발전에 대한 우리의 생각은 앞서 언급했던 것처럼 반근대성에서 대안근대성으로의 정치적 이행과 그저 유사하기만 한 것이 아니다. 어떤 의미에서 그것은 동일한 투쟁 과정을 상이한 속성을 통해 바라본 것이다. 삶정치적 투쟁은 새로운 실재와 새로운 진리 모두를 생산하는 투쟁인 것이다.

공통적인 것에서 지식의 기초를 발견하는 일은 무엇보다도 객관성을 가장하는 과학의 전통에 대한 비판을 수반한다. 그러나 물론 이 비판은 그 전통의 외부를 찾지 않는다. 대신 비판은 내부로부터, 푸코가 "우리 사회와 같은 사회에서 조직된 일체의 과학적 담론의 제도화 및 작용과 밀접하게 관련되어 있는 중앙집중화하는 권력-효과에 맞선 (…) 지식들의 봉기"라고 부르는 것을 통해 생겨난다.[81] 과학의 객관성—이것은 식민적, 자본주의적, 남성주의적, 제국적 지배의 관행들을 지지하고 발전시켜온 진리의 정치학과 동맹을 맺고 있다—에 대한 비판은 이제 적어도 진보적인 학술서클들 내에서는 통상적인 것이 되었으며 널리 받아들여지고 있다. 그러나 유독 우리의 관심을 끄는 것, 그리고 특히 내적이고 봉기적인 관점에서 드러나는 것은 초월적인 것과 전혀 관계없는 하나의 공통적 주체가 여기서 형성된다는 사실이다.

사실 공통적인 것의 출현은 수많은 저자들을 비트겐슈타인Ludwig Wittgenstein의 언어게임 개념과 삶형태 개념이 열어젖힌 인식론적·정치적 가능성으로 이끌어왔다. 비트겐슈타인은 "그래서 당신은 사람들이 가진 견해의 일치가 무엇이 옳고 무엇이 그른지를 결정한다고 말하는 것인가?"라는 수사修辭적 물음을 스스로에게 던진다. 그리고 이렇게 답한다. "옳고 그른 것은 다름 아닌 사람들이 **말하는** 바의 것이다. 그들은 그들이 사용하는 **언어**에서 일치한다. 그것은 견해의 일치가 아니라 삶형태Lebensform에 있어서의 일치이다."[82] 우리는 비트겐슈타인의 작업에서 두 가지 측면에 주목해야 한다. 첫째, 그는 진리를 언어와 언어게임에 근거지음으로써 그것을 초월적인 것의 일체의 고정성으로부터 빼내어 유동적이고 가변적인 실천의 지형에 위치시키고, 그리하여 논의의 조건을 앎knowing에서 함doing으로 이동시킨다. 둘째, 그는 진리를 불안정하게 만든 이후 그것에 일관성consistency을 회복시켜준다. 언어적 실천이 삶형태들로 조직되는 진리를 구성한다. "언어를 상상한다는 것은 삶형태를 상상한다는 것을 의미한다."[83] 비트겐슈타인의 개념들은 한편으로는 개별적이고 우연한 경험을 벗어나고 다른 한편으로는 초월적인 정체성과 진리를 벗어나서, 그것들 사이 혹은 그것들 너머에서 공통적인 것을 드러낸다. 결국 언어와 언어게임은, 삶형태 개념이 그러하듯, 공통적인 것이 조직되고 표현된 것들이다. 비트겐슈타인의 삶정치는 공통적인 것의 지형 위에서 지식에서 출발하여 집단적 실천을 거쳐 삶으로 나아간다.[84]

인식론 비판의 철학 전통에 속하는 다른 무수한 사례들 역시 이와 유사하게 공통적인 것과 관련되어 있다. 예컨대 현상학에는 메를로퐁티에서 레비나스와 데리다로 이어지는 경로가 있는데, 여기서 지식비판은 공존재Mitsein(함께 있음)의 분석학과 결합되어 있으며, 물론 이는 공통적인 것에 관한 또 하나의 강력한 이론이다. 그러나 문제는 단순히 공통적인 것을 가리키는 것이 아니라 공통적인 것을 어디에 위치시키는가, 즉 공통적인 것을 자연적이거나 실체적인 본질을 가진 것으로 여기는가 아니면 집단적 실천에 근거한 것으로 보는가이다.

예를 들어 기능주의적 인류학과 사회학에 익숙한 종류의 실체적 본질을 생각해보라. 데스콜라Philippe Descola는 그러한 기능주의를 자연적 집합의 모든 구성요소들이(정해진 위치에 기초해서) 일치하여 안정적 총체성을 영속시키는 하나의 지평으로 특징짓는다.[85] "정체성 개념의 모든 사용은 이 개념에 대한 비판에서 시작되어야 한다"고, 즉 모든 "실체적 정체성" 혹은 자연적 총체성에 대한 비판에서 시작되어야 한다고 레비-스트로스Claude Lévi-Strauss가 주장하듯이, 공통적인 것이라는 개념의 모든 사용 역시 그 개념에 대한 비판에서 시작되어야 한다.[86] 이처럼 공통적인 것은 근거 혹은 전제인 동시에 과정의 결과이기도 한 역설적 위치에 놓여 있다. 그러므로 이 지점에서부터 우리의 분석은 '공통적임'being common이 아니라 '공통적인 것 만들기'making the common를 목표로 해야 한다.

우리 시대의 몇몇 인류학자들은 우리와 비슷한 경로를 따라 대안적·삶정치적 합리성에서 공통적인 것이 담당하는 역할에 관해 유사한 결론에 도달한다. 그리고 그것은 자연과 문화, 자연과학과 정신과학 간의 분리를 넘어선다. 예컨대 에두아르두 비베이로스 데 카스트루Eduardo Viveiros de Castro는 브라질 아마존에 사는 아메리카 원주민의 비非근대적 존재론을 근대 인식론 전통을 비판하기 위한 입지점으로 활용한다. 그는 도발적이게도 아메리카 원주민의 관점을 전통적 근대철학의 입장을 뒤집은 것으로서 제시하는데, 이는 아메리카 원주민들이 동물을 비롯한 다른 비非인간들을 '사람'으로, 인간의 일종으로 여겨서 통상 '자연'이라고 불리는 것과 인간의 상호작용이 '사회적 관계'와 유사한 형태를 취한다는 사실의 귀결을 설명하기 위한 것이다. 결과적으로 (칸트에서 하이젠베르크에 이르는) 근대철학은 관점이 대상을 창조한다고 상정하는 데 반해 여기서는 관점이 주체를 창조하며, 근대철학이 하나의 자연과 다수의 문화를 생각하는 데 반해 여기에는 하나의 문화(모든 것은 어떤 의미에서 인간적이다)와 (상이한 세계를 점하고 있는) 다수의 자연이 존재한다. 그리하여 비베이로스 데 카스트루는 근대철학의 '다문화주의'와는 반대로 아메리카 원주민의 '다자연주의'multinaturalism를 발견한다. "하나의 문화, 다수의 자연—하나의 인식론, 다수의 존재론. 관점주의perspectivism는 다자연주의를 함축한다. 관점은 재현이 아니기 때문이다. 관점이 재현이 아닌 것은, 재현은 정신이나 영혼의 속성인데 반해 관점은 신체에 위치하는 것이기 때문이다." 그리고 "내가 '신체'라 부르는 것은 다른 것과 구별되는 실체나 고정된 형상 같은 것이 아니다. 여기서 신체는 정동의 배치를, 혹은 아비투스habitus를 구성하는 존재의 방식을 의미한다."[87] '다수'의 존재론은 존재들 간의 고정된 분할을 함축하지 않는다. 비베이로스 데 카스트루는 아라웨테족Araweté의 우주론에 대한 연구에서 '생성'이 '존재'에 선행하고, 타자와의 관계가 (단순히 정체성을 확립하는 수단이 아니라) 재규어 되기, 타자 되기 같은 끊임없는 생성의 과정인 우주를 묘사한다.[88] 여기서 우리의 목적은—또한 비베이로스 데 카스트루의 목적은—아메리카 원주민의 비근대적 존재론을 옹호하는 것이 아니라, 근대 인식론을 비판하는 데 그 관점을 활용하고 그것을 대안근대적 합리성 쪽으로 밀고 나가는 것이다. 비트겐슈타인을 논의하면서 살펴보았던 것과 마찬가지로 여기서 요구되는 것 역시 앎에서 함으로의 이동, 즉 신체의 관점을 통해 드러나는, 타자성을 향해 항상 열려 있는 다양한 존재들을 발생시키는 것으로 강조점을 이동시키는 것이다. 그리고 이때 신체는 정동의 배치 혹은 존재의 방식, 말하자면 삶형태이며, 이 모든 것이 공통적인 것 만들기의 과정에 기초한다.

브뤼노 라투르Bruno Latour는 다른 수단을 통해 공통적인 것은 구축되어야 한다는 유사한 주장에 도달한다. 그러나 그는 그 지점에서 만족하고 암중모색tâtonnement, 즉 손으로 더듬어가는 경험의 시행착오를 조직해야 한다고 단순하게 결론 내린다. 우리는 자연과 문화 사이에서 세계가 언제나 파편의 형태로 경험된다는 라투르의 의견에 동의한다. 그러나 우리는 모종의 잃어버린 총체성들을 재구성하는 것이 아니라 그것들을 공통적 경험의 짜임새로 옮겨놓고 **실천을 통해** 그것들로부터 새로운 삶형태를 구성하는 훨씬 더 강력한 힘을 주장한다.[89]

지금의 논의에서와 같이 우리가 공통적인 것에 매우 큰 무게를 둘 때, 어떤 이들은 이것이 차이를 부인하거나 부정하는 동일성 혹은 정체성을 상정하는 것과 마찬가지라고 반대할 것이다. 이들의 생각과 달리 우리는 비트겐슈타인이나 비베이로스 데 카스트루의 사유 속에서 공통적인 것이 등장할 때, 그것은 특이성에 대한 긍정을 동반한다는 점을 강조할 것이다. 언어게임과 삶형태라는 비트겐슈타인의 개념은 타자성과 맞물리는 한에서만 공통적인 것을 표현한다. 다시 말해 공통적인 것은 특이성들(예를 들어 언어적 표현의 특이성들) 간의 상호작용으로 구성된다. 이는 비베이로스 데 카스트루가 묘사한 아메리카 원주민의 다수의 존재론과 생성의 과정에도 똑같이 해당된다. 관점의 차이는 의견이나 원칙의 차이일 뿐 아니라 우리가 어떤 세계에 사는지와 관련된 차이이기도 하다. 혹은 관점의 차이는 실로 우리가 각자 상이한 세계에 살고 있다는 사실을 가리킨다. 그럼에도 불구하고 모든 세계는 생성에 의해 규정되며 끊임없이 타자성과 맞물린다. 정체성(동일성)과 차이는 대립하지만, 공통적인 것과 특이성은 양립 가능할 뿐 아니라 서로를 구성한다.

이제 우리는 삶정치적 이성이 발전시켜 나가야 할 세 가지 특성을 잠정적으로 제시할 수 있다. 삶정치적 이성은 합리성이 삶에 봉사하도록 하고, 기술이 생태적 요구—여기서 생태적이라는 표현은 단순히 자연의 보존이 아니라 비베이로스 데 카스트루의 말대로 인간과 비인간 간의 '사회적' 관계의 발전과 재생산을 의미한다—에 봉사하도록 하며, 부의 축적이 공통적인 것에 봉사하도록 해야 한다. 이는 다음과 같은 사실들을 명확히 한다. (이번에는 동일한 세 가지 항목을 반대 순서로 짚어보자.) 경제적 가치화는 공통적 재화의 사회적 전유를 기초로 하지 않고는 더 이상 가능하지 않다. 생활세계 및 그 물리적 환경의 재생산은, 공통적인 것의 기획이 기술을 직접적으로 통제하지 않고는 더 이상 가능하지 않다. 마지막으로 합리성은 다중의 공통적 자유의 도구로서, 즉 공통적인 것의 제도화를 위한 메커니즘으로서 말고는 더 이상 기능할 수 없다.

그러나 만약 삶정치적 이성이 공통적으로 존재하기being-in-common의 상태가 공통적인 것 만들기의 과정으로 변환되는 집단적 실천의 지형에 근거하지 않는다면, 이 모든 것은 무기력하고 맥 빠진 것으로 남게 될 것이다. 삶정치적 이성의 집단적 실천은 **전략적 연구**strategic investigation의 형태, 전투성의 형태를 취해야 한다. 이는 무엇보다도 (「신체에 관하여 1」에서 논의했듯이) 삶정치적 맥락에서는 진리가 존재의 사건으로 생겨나고 죽기 때문에, 공통적 경험에 의해 생산되기 때문에 필요하다. 스피노자는 어디에선가, 자신이 손에 가지고 있는 (두 가지 다른 동전인) 세스테르티우스sestertius나 임페리알imperial의 진리를 말하고 그 가치를 파악하기 위해서는, 그 동전에 화폐로서의 가치를 부여하는 공통의 목소리를 참조해야 한다고 농담조로 말했다. 진리는 크게 소리 내어 선언되어야 진리다. 그런데 우리는 「인간에 관하여 1」에서 진리는 선언될 뿐 아니라 수행되기도 해야 한다는 것을 보았다. 스피노자는 이를 '경험 즉 실천'experientia sive praxis이라는 공식으로 표현한다. 이것은 공통의 삶을 살고자 하는 주체들의 행동주의가 진리를 형성한다는 원칙이다. 그 어떤 초재적 권력이나 초월적 권력도 주체들과 진리, 시민들과 그들의 힘 사이에 끼어들 수 없다. 스피노자는 이렇게 쓴다. "정치이론의 측면에서 홉스와 나의 차이는 (…) 다음과 같은 점에 있습니다. 나는 언제나 자연권을 온전한 상태로 보존합니다. 그리고 한 국가의 주권은 오직 그 힘이 어떤 주체의 힘을 넘어서는 정도에 비례해서만 그 주체에 대해 권리를 갖는다고 주장합니다. 자연상태에서는 언제나 그렇습니다."[90] 진리는 크게 소리 내어 말해지며, 공통적으로 행해지는 행위 속에서 매개 없이 생산된다.

우리가 염두에 두고 있는 종류의 전략적 연구는 한편으로 사회학적 거리두기와 정치적 목적을 결합하여 노동자들의 상태와 관계를 조사했던 전통적인 마르크스주의적 '공장 연구'factory investigation와 유사하다. 그러나 이것은 당의 지식인 엘리트들이 근본적으로 해당 상황의 외부에서 이루어낸 것으로 남아 있었다.[91] 다른 한편으로 우리가 생각하는 전략적 연구는 1960년대 '토론집회'teach-ins에 공통적이었던 지식의 상호적 생산 같은 것과도 유사하다. 실제로 그것은 사회적 상황의 공통적 짜임새에 온전히 참여하는 일종의 윤리적 실천으로 여겨졌다. 그러나 그것은 정치적 행동으로 유효하게 조직되지는 않았다.[92] 우리가 생각하는 전략적 연구와 더 가까운 세 번째 구상은 앞선 두 사례의 요소를 통합하면서도 그것을 넘어선다. 그것은 푸코식의 장치 개념, 즉 주체성의 생산에 활발하게 작용하는 물질적·사회적·정동적·인지적 메커니즘에 관한 개념이다. 푸코는 장치를 전략적 목적에 의해 방향을 부여받은 이질적 요소들의 네트워크로 정의한다.

> 나는 장치를, 말하자면 일정한 역사적 순간에 긴급한 요구에 응답하는 일을 주된 기능으로 하는 일종의 형성체로 이해한다. 이런 의미에서 장치는 두드러지게 전략적인 기능을 가진다. 그것은 힘의 관계들에 대한 일정한 조작, 이 힘의 관계들에 대한 합리적이고 잘 조직된 개입을 수반한다. 이는 그 관계들을 모종의 방향으로 발전시키기 위한 것일 수도 있고, 저지하기 위한 것일 수도 있으며, 안정시켜 활용하기 위한 것일 수도 있다. 그러므로 장치는 언제나 권력관계 속에 새겨진다. 그러나 그것은 또한 그것 자신으로부터 유래하는 동시에 그것을 조건 짓는 지식이 갖고 있는 한 가지 또는 여러 가지 한계들에 항상 묶여 있기도 하다.[93]

푸코의 전략적 지식 개념을 통해 우리는, 지배적 권력을 전복하고 힘들을 특정의 방향으로 재정향하는 것을 목표로 하는, 현재의 힘들의 관계에 대한 개입으로 공통적인 것의 집단적 생산을 사고할 수 있다. 이러한 의미의 지식의 전략적 생산은 즉각적으로 주체성의 대안적 생산을 함축한다. 그런데 장치의 동학은 이렇게 지식과정으로부터 주체성 생산의 처방으로 확장되는 데 그치지 않는다. 그것은 더 나아가 언제나 공통적인 것의 구성에 열려 있고 역사와 삶에 내재하며 역사와 삶을 혁명적으로 변화시키는 과정에 참여한다. 그러므로 삶정치적 이성은 장치들과 공통적인 것 간의 일종의 존재론적 공명에 의해 규정된다.

그런데 우리가 지금까지 푸코를 통해 이야기한 이 모든 것은 지난 수십 년간 다중의 운동 내부에서 이루어진 논의들을 통해 일련의 다른 경로를 거쳐 이야기되어 왔던 것이기도 하다. 이러한 경로들 가운데 하나는 1960년대 산업노동자 운동과 그 과학적 지식의 위기로부터 시작되었다. 공장 안팎의 지식인들은 지식생산 과정을 당 지도부로부터 분리시켜 전유하기 위해 투쟁했고, 상황에 전적으로 내재하며 현재의 권력관계에 개입하는 아래로부터의 대안적 지식을 노동자들과 함께 구축하는 '공동연구'라는 방법을 발전시켰다.[94] 또 다른 경로는, 자신들의 전문성을 사회운동에 봉사하도록 하는 동시에 운동으로부터 배우고 거기서 전개되는 지식생산에 참여함으로써 자신들의 연구를 풍요롭게 하기 위해 대학 바깥에서 작업을 수행하는 교수와 학생들이 만들어왔다. 이러한 전투적 연구는 더 거대한 지식생산의 힘을 풀어놓기 때문에, 단지 봉사활동—도덕적 의무가 부과하는 요구에 부응하기 위해 학문적 가치를 희생시키는 것—으로 간주되는 것이 아니라 학문적 관점에서도 탁월한 것으로 여겨진다.[95] 주로 최근의 지구화 운동에서 발전되어온 세 번째 경로는, 공장에서 실험적으로 전개되었던 '공동연구' 방법을 채택하여 그것을 삶정치적 생산의 영역 전체에 적용한다. 사회센터와 유목대학nomad university, 웹사이트 그리고 운동저널들에서, 사회적 실천의 회로에 완전히 뿌리박은 고도로 선진적인 형태의 전투적 지식생산이 발전되어왔다.[96] 이 모든 경로들에 있어서 전략적 연구는 언제나 장치를 통한 지식의 생산이다. 전략적 연구는 현실을 변화시키기 위해 주체성 생산에 능동적으로 참여하는 것이며, 이는 궁극적으로 새로운 진리의 생산을 수반한다. 로빈 켈리Robin Kelly는 이렇게 쓴다. "혁명적 꿈들은 정치적 참여로부터 분출한다. 집단적인 사회운동은 새로운 지식의 인큐베이터이다."[97] 전략적 연구는 실로 행하지 않고는 이야기할 수 없는 그 무엇이다.

엔초 멜란드리Enzo Melandri의 말에 따르면, 우리는 계속해서 우리의 현실적 실천에 대한 확인과 증명을 찾고 있다. 그것들이 혁명적이기를 바라면서 말이다. 그러나 실제로 확인은 전혀 부족하지 않다. 부족한 것은 혁명이다. 우리는 건초더미에 초점을 맞추는 일을 멈추고 바늘을 찾아야 한다. 이것은 요동치는 혁명의 운과 더불어 성공하거나 실패할 것이다.[98]

Capital /and/ *the* 'Struggles *over* Common Wealth

3부

자본 그리고 공통의 부를 둘러싼 투쟁

따라서 우리는 우리의 살림을 위해 공통의 땅과 숲을 요구하고
또 그것을 취할 것을 결의한다. 그리고 그대들을 우리 위에 군림하는
존재가 아니라 우리와 동등한 존재로 볼 것을 결의한다.
우리는 우리가 태어난 나라인 **잉글랜드**가 어떤 사람이냐에 관계없이
모두를 위한 살림의 공동 보고(寶庫)임을 매우 잘 알기 때문이다.

제라드 윈스턴리 외, 「잉글랜드의 가난하고 억압받는 민중의 선언」

Commonwealth

3.1 자본 구성의 변형

외국어로 글을 쓰는 것이 우리 정신에 미치는 영향은
어둠상자에서 반복적인 투시가 미치는 효과와 같다.
어둠상자는 이렇게 반복해서 투시함으로써
실제 대상 및 원근법에 상응하는 뚜렷한 이미지를 구현할 수 있는데,
이때 **그 효과는 실제 대상보다는 어둠상자에 달려 있다.**
자코모 레오파르디, 『지발도네』

삶정치적 노동의 기술적 구성

오늘날 경제적 생산은 이행기를 거치고 있고, 이 과정에서 자본주의적 생산은 사회적 관계와 삶형태들을 점점 더 그 결과물로서 산출하고 있다. 바꾸어 말하자면 자본주의적 생산은 삶정치적이 되고 있다. 이러한 새로운 상황을 이해하는 데 필요한 새로운 도구들을 발명하는 일에 착수하기 전에, 우리는 경제적 삶의 현 상태를 파악하는 마르크스의 방법으로 돌아갈 필요가 있다. 이 방법은 자본의 구성을 연구하는 것으로 이루어지며, 이는 당대의 생산과정에서 노동력과 불변자본이 각각 차지하는 비율과 역할을 식별하는 것을 포함한다. 그리고 오늘날 전지구적 경제에서 누가, 무엇을, 어떻게 생산하는지를 확정하기

위해서는 특히 자본의 '기술적 구성', 더 정확하게는 노동의 기술적 구성을 먼저 연구할 필요가 있다. 노동의 기술적 구성의 전반적 윤곽을 그리게 되면, 우리는 자본주의적 착취와 통제의 현재 형태들을 인식할 수 있을 뿐 아니라 자본으로부터의 해방이라는 기획을 위해 가용한 수단을 가늠할 수 있는 토대를 얻게 될 것이다.

정치경제학자들이 강조하는 세 가지 주된 경향을 살펴보는 것이 세계 곳곳에서 현재 진행되고 있는 노동의 변형을 이해하는 첫 단계로서 훌륭한 작업이 된다. 첫째는 자본주의적 가치화 과정에서 비물질적 생산이 헤게모니 혹은 우위를 차지하는 방향으로 나아가는 경향이다.[1] 앙드레 고르André Gorz는 "생산물들의 비물질적 차원" 즉 상징적·미적·사회적 가치가 "그 물질적 실재보다 우위에 있다"고 주장한다.[2] 예를 들어 이미지, 정보, 지식, 정동, 코드, 사회적 관계가 자본주의적 가치화 과정에서 물질적 상품 혹은 상품의 물질적 측면보다 더 큰 중요성을 가진다는 것이다. 물론 자동차나 철강 같은 물질적 재화의 생산이 사라진다거나 그 양이 감소한다는 말이 아니다. 그 가치가 점점 더 비물질적 요인이나 재화에 의존하고 종속된다는 말이다. 이러한 비물질적 재화(혹은 물질적 재화의 비물질적 측면)를 생산하는 노동형태는 흔한 말로 '머리와 마음의 노동'이라고 할 수 있으며, 서비스노동, 정동노동, 인지노동을 포함한다. 물론 이 상투적 제유提喩에 오도되어서는 안 된다. 인지노동과 정동노동은 신체의 특수한 기관에 국한되는 것이 아니라 신체와 정신 전체와 연관되기 때문이다. 바꾸어 말하자면 생산물이 비물질적인 경우에도 생산하는 행위에는 여전히 신체와 정신이 모두 관여한다. 이러한 상이한 노동형태들에 공통적인 것은 (일단 구체적인 차이들을 제쳐놓고 보면) 그 삶정치적 성격에 의해 가장 잘 표현된다. 로베르 부아예Robert Boyer는 이렇게 말한다. "만일 앞으로 수십 년 사이에 출현할 모델을 추측하는 모험을 해야 한다면 우리는 필시 **인간에 의한 인간의 생산**이라는 모델을 말해야 할 것이고 이 모델이 출현할 수 있게 하는 제도적 맥락을 당장 탐구해야 할 것이다."[3] 그리고 마라치Christian Marazzi가 주목하듯이, 현재 자본주의적 생산에서 진행되고 있는 이행은 '인간생성적 모델'anthropogenetic model을 향한다. 바꾸어 말하자면 삶정치적 경제로의 전환인 것이다. 살아 있는 존재가 고정자본이 되는 것이 이러한 변형의 중심에 놓여 있으며 삶형태의 생산이 부가가치의 토대가 되고 있다. 이러한 과정에서는 인간의 능력과 지식—이는 직장업무에서 획득되기도 하지만 더 중요하게는 직장 외부에서의 활동에서도 자동화되고 컴퓨터화된 체계들과 상호작용하며 축적된다—을 가동시키는 것이 직접적으로 가치를 생산한다.[4] 그렇다면 이 '머리와 마음의 노동'이 가진 변별적 특징은 생산의 **객체**가 실제로는 사회적 관계나 삶형태에 의해 정의되는 생산의 **주체**라는 역설이다.

노동의 기술적 구성의 두 번째 주된 경향은 이른바 노동의 여성화이다. 이는 일반적으로 상대적으로 독립적인 세 가지 변화를 가리킨다. 첫째, 양적인 측면에서 노동의 여성화는 지난 2, 30년 동안 강대국과 종속국을 막론하고 임금노동시장에서 여성의 비율이 급속히 증가하였다는 점을 가리킨다. 둘째, 노동의 여성화는 노동일working day의 질적 전환, 즉 남성과 여성 모두에 대해서 노동의 시간적 '유연성'을 나타낸다. 특히 유럽을 비롯한 일부 강대국들에서는 많은 노동자들이 쟁취한 성과인 규칙적으로 분할된 노동일(8시간 노동, 8시간 자유 시간, 8시간 수면)이 최근 급속히 쇠퇴했다. 시간제 고용 및 비공식적 고용,

불규칙적인 시간, 한 사람이 여러 개의 직업을 가지는 것—이는 오랫동안 종속국들에서 전형적으로 나타나는 현상들이었다—은 이제 지배적 국가들에서도 일반화되고 있다. 셋째, 노동의 여성화는 전통적으로 '여성들의 노동'(정동적, 정서적 업무 혹은 인간관계와 관련된 업무)과 연관되어온 특질들이 노동의 모든 부문에서 (비록 지역에 따라 상이한 형태로이긴 하지만) 점차 중심적인 위치를 차지하는 경향을 가리킨다(이는 첫째 경향을 구성하는 삶정치적 생산의 우위와 부합한다). 이렇게 자본주의적 생산이 상품 생산만이 아니라 사회적 관계와 삶형태의 생산을 점점 더 명확하게 목표로 함에 따라(심지어는 후자가 주가 됨에 따라), 생산적 노동과 재생산적 노동의 전통적인 구분이 붕괴한다. 노동시간과 삶시간의 구분이 흐려짐에 따라 노동의 생산적 힘은 사회적 삶을 생성하는 힘으로 전환된다. 우리가 이러한 변화를 나타내기 위해 '여성화'라는 용어를 사용하는 것은 씁쓸한 아이러니를 전제로 한 것이다. 노동의 여성화가 성평등을 낳은 것도 아니고 성에 따른 노동의 분업을 파괴한 것도 아니기 때문이다. 오히려 그 반대다! 정동적 노동은 직장 안팎에서 여성에게 상대적으로 과도하게 부과된다. 실상 언제라도 기꺼이 정동 노동을 (즉 적절하게 미소 짓고, 상처 입은 마음을 돌보고, 사회적 관계를 만들어내고, 일반적으로 돌봄과 양육을 행하는 것을) 하려 하지 않는 여성은 누구나 일종의 괴물로 간주된다. 게다가 여성들은 노동력 대열에 대대적으로 진입했음에도 불구하고 도시와 시골 모두에서 비공식 부문의 일들을 남성보다 더 많이 담당할 뿐 아니라 여전히 세계 전역에서 보수를 받지 못하는 가사노동과 재생산노동(살림하고 아이를 돌보는 일)의 주된 담당자이다. 여성의 이중적 노동일은 더 나은 교육, 더 좋고 임금을 더 많이 받는 일에 접근하는 데 강력한 장애가 된다. 전통적으로 여성들이 하는 일과 연관된 속성들에 따라 노동이 변형되는 것, 그리고 여성들이 점점 더 많이 임금노동자의 대열에 진입하는 것은 대부분의 경우 (남성들만이 아니라) 여성들의 상태를 악화시키는 결과를 낳았다. 여성화라는 용어는 이렇게 오해하기 쉬운 측면을 가지고 있기 때문에, 이 용어가 지칭하는 변화과정을 (이 과정의 젠더적 성격을 명심하는 한에서) 노동이 **삶정치적으로 되는** 과정으로 이해하는 것이 우리에게 더 유용하다. 노동이 삶정치적으로 된다고 말하는 것은 노동과 삶, 생산과 재생산 사이의 경계가 점점 더 흐려지는 경향을 강조하는 것이기 때문이다.[5]

노동의 기술적 구성의 세 번째 주된 경향은 새로운 패턴의 이주 및 사회적·인종적 혼합과정의 결과이다. 거대 기업에서 소규모 기업에 이르기까지, 농업에서 제조업에 이르기까지, 가사노동에서 건설에 이르기까지, 지배적 국가의 모든 수준의 자본주의적 사업들은 지역의 노동력을 보완할 합법 및 불법 이주민들의 항상적인 유입을 필요로 한다. 그리고 이것이 자본가계급 내에 계속적으로 이데올로기적 갈등을 불러일으킨다. 나중에 살펴보겠지만, 자본가계급은 수지타산에 따르면 이주민의 유입을 선호할 수밖에 없으면서도 도덕적·민족주의적 의식에서 그리고 종종 인종주의적 의식에서 이주민에 반대하는 입장을 취한다. 또한 종종 매우 특수한 생산부문들에서는 한 종속국에서 다른 종속국으로 엄청난 노동력이 흘러가기도 하고 한 국가 내에서 대대적인 이주가 일어나기도 한다. 이러한 이주는 노동력시장을 양적인 측면에서 변형시켜 본격적으로 전지구적인 것으로 만든다(물론 노동력의 움직임이 자유롭지 못하고 매우 제한되어 특수한 경로를 통해서만 가능하며 종종 극단적인 위험을 동반하기도 하지만 말이다). 동시에 노동시장은 질적인 변형도 겪는다. 한편으로, 노동력 이주에서 여성들이 점점 더 높은 비율을 차지하는 쪽으로 바뀌고 있다. 여성들은 전통적으로 여성에게 할당되는 일(가사노동, 성노동, 노인 돌보기, 보육)을 함과 동시에, 전자 · 섬유 · 신발 · 장난감 등의 제조업 부문에서 저低숙련의 노동 집약적인 일을 담당하는 것이다(이제 이 부문들에서는 젊은 여성노동자들이 수적으로 우세하다). 이러한 전환은 노동의 '여성화'와 나란히 일어나고 있으며, 지구상의 가난한 지역들에 사는 여성의 '민첩한 손가락' 이라는 인종적 상투형과 결합되어 있다. 찬드라 모한티Chandra Mohanty는 "노동 범주들이 자연스러운 것으로 정착하는 데 작용하는 **유연성 · 시간성 · 비가시성 · 가사家事성의 관념**이 제3세계 여성들을 적당한 값싼 노동력으로 구성하는 데 결정적인 역할을 한다"라고 쓰고 있다.[6] 다른 한편, 노동력 이주는 (예나 지금이나) 인종적 분할과 갈등으로 특징지어진다. 이주는 때때로 전지구적 인종별 분업을, 그 경계를 넘음으로써 부각시킨다. 다른 경우, 특히 지배적 국가에서 인종적 위계는 갈등의 발화점이 된다. 그러나 이주는 때로 이례적인 고난과 고통의 상태를 창출할지라도, 대결 및 엑서더스를 통해 인종 분할(경제적 의미에서의 분할과 사회적 의미에서의 분할 모두)을 전복하고 변형할 잠재력을 늘 갖고 있다.

이 세 가지 주된 경향은 정치경제학의 전통적인 개념과 방법들 대부분에 중요한 도전을 제기한다. 삶정치적 생산은 경제적 무게중심을 물질적 상품의 생산에서 사회적 관계의 생산으로 이동시키며, 이미 말한 대로 생산과 재생산 사이의 경계를 흐리기 때문이다. 경제적 분석의 방법은 일반적으로 양적 측정에 의존하고 자동차, 컴퓨터, 일정량의 밀처럼 셀 수 있는 대상의 가치를 계산하기 때문에, 경제학자들이 무형가치와 무형자산이라고 부르는 것이 문제를 발생시킨다. 마르크스주의 전통을 포함한 정치경제학 비판 역시 일반적으로 측정과 양적 방법에 초점을 두어 잉여가치와 착취를 이해한다. 그러나 삶정치적 생산물은 모든 양적 측정을 **초과하는** 경향이 있으며, 쉽게 공유되고 사유재산으로 묶어두기 어려운 **공통적** 형태를 띠는 경향이 있다. 이러한 새로운 맥락에서 마르크스를 다시 살펴보면, 우리는 자본을 점진적으로 정의해나가는 그의 작업이 실제로 우리에게 이 삶정치적 맥락을 분석할 중요한 단서를 준다는 것을 발견하게 된다. 비록 자본주의 사회에서 부는 우선적으로 방대한 상품의 집적으로 나타나지만, 마르크스가 드러내는 것은 자본이 실제로는 상품 생산을 통한 잉여가치의 창출과정이라는 점이다. 그런데 마르크스는 이러한 통찰을 한 단계 더 발전시켜 자본이 본질적으로 **사회적 관계**라는 사실을, 더 정확히 말하자면 자본이 상품 생산을 통해 잉여가치를 창출함으로써 사회적 관계를 부단히 재생산한다는 사실을 발견한다. 자본을 사회적 관계로 인식하는 것은 우리에게 삶정치적 생산을 분석하는 첫 번째 열쇠를 준다.

미셸 푸코는 '인간이 인간을 생산한다'라는 결론에 이르는 마르크스의 사유 흐름이 가진 기묘함과 풍요로움을 온전히 알아본다. 푸코는 마르크스의 말을 휴머니즘의 표현으로 이해해서는 안 된다고 주의를 준다. "내가 보기에 생산되어야 하는 것은 자연이 설계한 바의 인간, 혹은 그 본질이 미리 정한 바의 인간이 아닙니다. 우리는 아직 존재하지 않는 어떤 것을 생산해야 하며, 그것이 무엇이 될지는 알 수 없습니다." 그는 또한 이것을 단지 통상적으로 이해되는 바의 경제적 생산의 연속으로 이해해서도 안 된다고 주의를 준다. "나는 이러한 인간에 의한 인간의 생산이 가치의 생산처럼, 부의 생산처럼, 혹은 경제적 효용을 가진 대상의 생산처럼 성취되는 것으로 이해하려는 사람들에게 동의할 수 없습니다. 반대로 인간에 의한 인간의 생산은 현재의 우리를 파괴하는 것이며 전적으로 다른 존재를 창조하는 것, 즉 총체적 혁신입니다."[7]

바꾸어 말하자면, 생산하는 주체와 생산되는 객체라는 관점에서는 인간에 의한 인간의 생산을 이해할 수 없다. 생산자도 주체고 생산물도 주체다. 인간이 생산하고 인간이 생산된다. 푸코는 분명히 이러한 상황의 폭발성을 (온전히 이해하는 것 같지는 않지만) 감지한다. 삶정치적 과정은 자본을 사회적 관계로서 재생산하는 데 국한되지 않으며, 더 나아가 자본을 파괴하고 무언가 전적으로 새로운 것을 창조하는 자율적 과정을 이룰 잠재력을 제시한다. 삶정치적 생산과 우리가 개관한 세 가지 주된 경향은 분명 착취와 자본주의적 통제의 새로운 메커니즘을 함축하며, 우리는 이 메커니즘을 나중에 더 자세히 탐구할 것이다. 그러나 푸코의 직관을 따라 처음부터 시야에서 놓치지 말아야 할 것은 어떻게 삶정치적 생산이 (특히 자본주의적 관계의 한계를 초과하고 항상 공통적인 것에 준거한다는 점에서) 노동에 점점 더 큰 자율성을 부여하는가, 그리고 어떻게 해방의 기획에서 사용할 수 있는 도구 혹은 무기를 제공하는가이다.

삶정치적 착취

우리는 노동의 기술적 구성에 대한 일반적 개요—누가, 무엇을, 어떻게 생산하는가—를 드러냄으로써 자본의 구성을 연구하는 마르크스의 방법의 전반부를 새롭게 출현하고 있는 삶정치적 생산과의 관계에서 살펴보았다. 이제 자본의 '유기적 구성'으로 논의를 돌려보자. 자본의 유기적 구성은 가변자본과 불변자본 사이의 관계로 구성된다. 혹은 마르크스가 사용한 '유기적'이라는 은유를 감안하여 말하자면, 산 노동과 죽은 노동(기계·화폐·원료·상품의 형태를 띤다) 사이의 관계로 구성된다. 현대 자본의 유기적 구성을 연구하려면 새로운 형태의 착취만이 아니라 삶정치적 맥락에서 잉여가치가 생산되는 새로운 조건들을 다루어야 한다. 바꾸어 말하자면, 유기적 구성은 자본주의적 생산의 '객체적' 조건뿐 아니라 더 중요하게는 자본가들과 노동자들 사이의 적대 관계가 포함하고 있는 '주체적' 조건과 연관되며, 이는 착취와 반란으로 표현된다.

오늘날 자본 축적은 점점 더 생산과정의 외부에서 일어나기 때문에 착취는 **공통적인 것의 수탈**이라는 형태를 띤다. 이러한 변화는 주로 두 가지 양상으로 인식될 수 있다. 신자유주의를 비판하는 학자들은 종종, 오늘날 자본 축적이 약탈의 방식으로 작동한다는 점을 강조한다. 다시 말해, 공적 부와 사회적으로 공동으로 보유되는 부를 사유재산으로 변형시킴으로써 강탈한다는 것이다.[8] 예를 들어 나오미 클라인Naomi Klein은 세계 전역의 많은 국가들에서 채택된 신자유주의 경제정책 모델을 분석하는 데 '재난 자본주의'disaster capitalism라는 개념을 사용한다. 이 모델은 '충격'—이는 군사적·정치적 차원에서 의식적으로 만들어질 수도 있고 환경재난으로 인해 나타날 수도 있다—이라는 계기를 이용하여 공적 산업, 공공복지구조, 공공교통망 등의 대대적 사유화를 촉진한다.[9] 종속 지역들과 (아프리카에서 많이 볼 수 있는) 국가구조가 특히 약한 나라들을 연구하는 학자들은 신자유주의적 축적이 주로 천연자원이라는 형태를 띤 공통적인 것을 수탈하는 식으로 이루어지는 사례를 부각시킨다. 석유, 다이아몬드, 금 및 기타 광물의 채취는 주권국가도 없고 강한 법적 구조도 없이 전쟁으로 분열된 지역들에서 활발하게 이루어진다. 외국의 자본주의 기업들은 종종 소수의 지역 노동자들을 고용하여 부를 채취하고, 채취한 부를 과거 식민지 체제에서 자행되었던 약탈을 상기시키는 방식으로 나라 바깥으로 가져간다.[10]

이런 맥락에서 최근 마르크스주의 학자들이 시초축적 개념에 새삼스레 관심을 집중하는 것은 놀랄 일이 아니다. 바로 그 개념이 마르크스로 하여금 자본주의적 생산과정의 외부에서 인간적·사회적·자연적 부의 직접적인 수탈—예를 들어 아프리카 노예를 플랜테이션 소유주에게 팔거나 남북 아메리카에서 금을 약탈하는 것—을 통해 이루어지는 부의 축적을 이해하도록 해주었기 때문이다. 그러나 현재의 마르크스주의 학자들이 일반적으로 마르크스와 달라지는 지점이 있다. 그것은 이 학자들이 (우리가 2부에서 보았듯이) 그러한 시초축적의 메커니즘과 자본주의적 생산과정 사이에 선형적인 역사적 관계가 없다는 것을, 전자가 후자에게 자리를 내주는 식의 진보주의적 역사 발전이란 없다는 것을 보여준다는 점이다. 이들이 보기에는 시초축적이 계속 다시 등장하고 자본주의적 생산과 공존하는 부단한 왕복운동이 있을 뿐이다. 그리고 오늘날 신자유주의 경제가 점점 더 공통적인 것의 수탈을 통한 축적을 선호하는 한, 시초축적이라는 개념은 훨씬 더 중심적인 분석 도구가 된다.[11]

그러나 신자유주의 정책이 가진 강탈과 수탈의 측면을 중심으로 하는, 공통적인 것의 수탈의 이러한 첫째 양상은 자본의 유기적 구성을 분석할 충분한 수단을 제공하지 못한다. 비록 이 첫째 양상에서 국가 정책과 죽은 노동의 운명이 온전하게 표현되기는 하지만, 이 양상은 자본의 유기적 구성을 연구하는 데 필요한 다른 요소, 즉 산 노동의 생산성에 대해서는 거의 아무런 말도 해주지 않는다. 달리 말하자면, 정치경제학자들은 (그리고 정치경제학의 비판자들은) 신자유주의를 설명하면서 자본주의적 축적을 단지 혹은 주로 기존 부의 수탈로 제시하는 데 만족해서는 안 된다. 자본은 본질상 자신이 부리고 착취하는 노동력을 통해 부를 창출하는 **생산적** 체제이고, 또 그러한 체제여야 한다.

삶정치적 노동의 착취를 중심으로 하는, 공통적인 것의 수탈의 둘째 양상이 우리로 하여금 자본의 유기적 구성에 대한 마르크스적 연구를 훨씬 더 잘 수행하게 해준다. 우리가 이미 그 개요를 제시했던, 노동의 기술적 구성의 변형에서 나타나는 세 가지 주된 경향은 모두 부의 공통적 형태들—지식, 정보, 이미지, 정동, 사회적 관계—을 생산하는 데 관여하며, 자본은 이 부의 공통적 형태들을 수탈하여 잉여가치를 발생시킨다. 당장 주목할 점은 이 둘째 양상이 주로 첫째 양상에서와는 다른 부류의 공통적인 것의 관념에 준거한다는 점이다. 공통적인 것의 첫 번째 관념은 비교적 운동성이 약하고 전통적인 것으로, 일반적으로 천연자원과 연관된다. 일찍이 근대 유럽의 사회이론가들은 공통적인 것을 인간이 사용할 수 있는 자연의 혜택—여기에는 경작할 수 있는 비옥한 땅과 땅에서 나오는 결실들이 포함된다—으로 여겼으며, 종종 종교적인 관점에서 성경에서 증거를 들기도 했다. 예를 들어 존 로크는 "다윗 왕이 시편 115장 16절에서 말하듯이 하느님은 대지를 사람의 자식들에게 주셨다. 인류 전체에게 주셨다"라고 선언한다.[12] 공통적인 것의 두 번째 관념은 역동적인 것으로서,

노동의 산물과 미래의 생산수단을 모두 포함한다. 이러한 형태의 공통적인 것에는 우리가 공유하는 대지만이 아니라 우리가 창조하는 언어, 우리가 수립하는 사회적 관행, 우리의 관계를 규정하는 사회성의 양태 등도 해당된다. 첫째 형태의 경우와는 달리 이러한 형태의 공통적인 것에는 희소성의 논리가 적용될 수 없다. 잘 알려져 있다시피, 토머스 제퍼슨은 "나로부터 어떤 생각을 받아들이는 사람은 나의 생각을 감소시키지 않으면서 가르침을 받아들이는 것인데, 이는 나의 촛불로 자신의 촛불에 불을 붙이는 사람이 나의 촛불을 어둡게 하지 않으면서 불을 받아들이는 것과 같다"라고 말한 바 있다.[13] 이 두 번째 형태의 공통적인 것—인공적인 공통적인 것, 혹은 실로 자연과 문화의 구분을 흐리는 공통적인 것—의 수탈이 삶정치적 노동을 착취하는 새로운 형태를 이해하는 데 열쇠가 된다.

삶정치적 생산을 분석할 때 우리는 소외에서 착취로 움직인 마르크스의 사유 궤적과는 반대로 착취에서 소외로 다시 끌어당겨지게 된다. 물론 그렇다고 해서 청년기 마르크스의 휴머니즘으로 되돌아가는 것은 아니지만 말이다. 삶정치적 생산은 소외의 특징을 새롭게 부각시킨다. 예를 들어 인지노동과 정동노동의 경우, 자본은 노동의 산물만이 아니라 노동과정 자체를 노동자로부터 소외시키기 때문에 노동자들은 일을 할 때 그들의 사유·사랑·돌봄의 능력을 자신의 것으로 느끼지 않는다.[14] 그러나 이렇게 소외 범주로 되돌아가게 되는 것은 착취와 긴밀하게 연관된 몇몇 특징들(특히 자본의 생산적 역할을 나타내는 것들)이 쇠퇴했기 때문이기도 하다. 자본은 삶정치적 노동을 제한하고 그 생산물을 수탈하며 어떤 경우에는 생산에 필요한 수단을 제공할 수도 있지만, **생산적 협력**을 조직하지는 않는다. 마르크스는 대규모 산업과 관련하여 생산과정에서 자본가가 담당하는 본질적 역할(이는 착취 메커니즘과 분명하게 연결되어 있다)이 협력을 제공하는 것이라는 점을 인식하고 있다. 다시 말해서 공장에 노동자들을 모아서 그들에게 같이 일할 수 있는 도구를 주고 협력계획을 제공하며 협력을 실제로 시행시키는 것이 자본가의 역할이라는 것이다. 마르크스는 자본가가 전장戰場의 장군이나 오케스트라의 지휘자처럼 협력을 보장한다고 생각한다.[15] 그러나 삶정치적 생산에서는 자본이 협력관계를 결정하지 않는다. 혹은 적어도 예전과 같은 정도로 결정하지는 않는다. 인지노동과 정동노동은 일반적으로 자본가의 명령에서 독립하여 자율적으로 협력을 산출한다. 심지어 콜센터나 음식점처럼 가장 속박되어 있고 착취를 많이 당하는 상황에서도 일부는 그렇다. 지식·소통·정동과 연관되는 협력수단은 일반적으로 생산적 마주침들 자체에서 창출되며 외부로부터의 지시를 통해 주어질 수 없다. 사실상 자본은 협력을 제공하기보다는 **협력을 수탈하며** 이 점이 삶정치적 노동력의 착취에서 중심적 요소라고 말할 수도 있을 것이다. 이러한 수탈은 (협력이 이미 집단성을 함축하기 때문에) 개별 노동자를 대상으로 이루어진다기보다는 사회적 노동의 장場을 대상으로 이루어진다. 즉 정보흐름, 소통네트워크, 사회적 코드, 언어적 혁신, 정동과 정념의 행위의 수준에서 작동한다. 삶정치적 착취는 이런 식으로 사회적 생산과 사회적 실천의 수준에서 이루어지는 공통적인 것의 수탈을 포함한다.

이렇듯 자본은 자본의 **외부**에서 생산된다고 할 수 있는 가치를 삶정치적 착취를 통해 포획하고 수탈한다. 삶정치적 생산이 헤게모니를 쥐게 되면서 경제학자들이 가치의 증감을 이해하는 데 '외부성'externality 개념을 전보다 더 자주 사용하는 것은 단순한 우연이 아니다. 그들은 예를 들어 교육을 잘 받은 인구의 존재는 특정 국가에서 활동하는 기업에 긍정적으로 작용하는 외부성이며, 이와 달리 교육을 제대로 못 받은 인구는 부정적인 외부성이라고 말한다. 기업의 생산성이 전적으로 기업 외부에 있는 요인들로 인해서 높아지거나 낮아진다는 것이다.[16] 우리는 나중에 외부성 문제를 더 자세히 다룰 것이다. 그러나 여기서 (전통적인 경제 공식과는 반대로) 자본이 사실상 점점 더 생산과정과 거기서 이루어지는 부의 생성의 외부에 놓이기 때문에, 경제학자들이 자본의 외부에 있는 요인들의 점증하는 중요성을 인정하고 있다는 가설을 세울 수는 있다. 바꾸어 말하자면, 삶정치적 노동은 점점 더 자율적이 되고 있다. 그리고 자본은 (신자유주의 분석가들이 말하듯이) 자율적으로 생산된 공통의 부를 포획·수탈하려 한다는 점에서 약탈적이 되고 있다.

같은 논점을 다른 경제적 용어로 그리고 조금 다른 관점에서 제시하자면, 노동력의 착취와 잉여가치의 축적은 이윤의 관점이 아니라 **자본가 지대**의 관점에서 이해되어야 한다.[17] 이윤이 주로 생산과정에 내적으로 관여함으로써 창출되는 반면, 지대는 일반적으로 생산과정의 외부에서 잉여를 추출하는 방식으로 파악된다.* 1930년대에 케인스John Maynard Keynes는 "지대 취득자(금리생활자)의 안락사"를, 즉 자본의 주된 형상으로서의 "무無기능 투자자"가 사라지게 될 것을 예측하고 환영했다. 그는 "자본주의의 지대 취득적 측면을 자신의 일을 마치

---

* 토지소유자가 아무런 기능도 행하지 않고 토지를 소유하고 있다는 사실만으로 잉여가치의 일부를 차지할 때 지대취득자가 된다. 이 경우에 잉여가치를 추출하는 기능을 담당하는 것은 자본가이다. 그런데 자본이 생산과정의 외부로 이동하게 되면 자본가가 아무런 기능도 행하지 않고 자본을 소유하고 있다는 사실만으로 잉여가치를 차지하는 현상이 필연적으로 나타나게 된다. 이렇게 차지된 몫이 바로 '자본가 지대'이다.

면 사라질 과도적 국면으로" 이해했다. 자본의 미래는 생산을 조직하고 감독하는 데 활발하게 관여하는 자본주의적 투자자에게 속한다는 것이다.[18] 이러한 예측과 달리 현대 삶정치적 생산의 네트워크에서는 공통적인 것으로부터의 가치 추출이 점점 더 자본가가 생산에 관여하지 않은 채로 이루어진다. 지대가 이렇게 새롭게 우세해지는 현상은, 창출된 가치를 노동과정에서 멀리 떨어진 추상적 수준에서 포획하고 수탈하는 금융자본이 (케인스가 무기능 투자자라고 깎아내린 방대한 층과 함께) 오늘날 자본주의적 축적의 관리에서 중심적 위치를 차지하는 이유에 대한 본질적 통찰을 제공해준다.

마르크스의 개념들에 대해서 마지막으로 한마디만 해두자. 우리는 우리 논의의 여러 지점에서 노동의 자본에의 실질적 포섭이라는 개념이 매우 유용하다는 것을 알게 되었다. 마르크스가 이 개념으로 말하고자 한 것은 자본의 외부에서 창출되어 선재先在하는 노동활동들이 자본의 훈육기구와 생산과정 내부에 단순히 흡수되는 국면(이는 형식적 포섭의 국면이다) 이후에 도래하는 것으로서, 자본이 새롭고 고유하게 자본주의적인 노동형태들을 실질적으로 창출하여 노동을 (말하자면) 자본의 신체 안에 온전히 통합하는 국면이다. 삶정치적 맥락에서는 자본이 노동만이 아니라 사회 전체를, 아니 실로 사회적 삶 전체를 포섭한다고 할 수 있다. 삶이 바로 삶정치적 생산에 투여되는 것인 동시에 거기서 생산되는 것이기 때문이다. 그러나 자본과 생산적인 사회적 삶 사이의 관계는 더 이상 마르크스가 이해했던 의미에서 **유기적**organic이지 않다. 자본이 점점 더 생산의 외부에 있게 되며 따라서 생산과정에서 자본이 차지하는 기능적 역할이 점점 더 감소하기 때문이다. 삶정치적 노동력은 자본의 신체 안에서 기능하는 기관organ이 아니라 점점 더 자율적인 존재가 되고 있으며,* 자본은 단지 그 훈육체제, 포획기구, 수탈메커니즘, 금융네트워크 등을 갖추고 솔개처럼 호시탐탐 노동력 위를 맴도는 기생적寄生的 존재가 되고 있다. 유기적 관계의 파열과 노동의 점증하는 자율은 자본주의적 생산과 통제에 새로운 형태의 위기를 초래하는 핵심적 요인들이다. 이제 이 문제를 논의해보기로 하자.

삶정치적 생산과 통제의 위기들

자본이 위기에 처해 있다. 그래서 어떻단 말인가? 우리는 매일 신문에서 위기—증권시장의 위기, 신용 위기, 모기지 위기 등 모든 종류의 위기—에 관한 기사를 읽는다. 돈을 잃는 사람들도 있을 것이고 부자가 되는 사람들도 있을 것이다. 자본주의 경제의 객관적 불안정성, 경기순환, 생산·유통·가치실현의 내생적 위기들이 궁극적으로 붕괴를 낳으리라고 사람들이 믿던 때가 있었다. 그러나 자본은 그러한 믿음과 달리 (가장 명민한 자본 분석가들이 오랫동안 말해왔듯이) 붕괴를 통해, 더 정확하게는 위기를 통한 창조적 파괴를 통해 작동한다. 현재의 신자유주의 경제체제에서는 실상 위기와 재난이 공적 재화를 사유화하고 새로운 자본축적 메커니즘을 설치하는 지렛대로서 점점 더 중요해지고 있다.[19] 그러나 자본주의의 모든 위기가 동일한 것은 아니다.[20] **객체적인** 경제 위기들은 자본주의적 축적의 함수가 될 수 있는 반면, **주체적이며** 정치적인 (혹은 실로 경제적인 동시에 정치적인) 위기들은 자

* '유기적'organic이란 각자 미리 정해진 기능을 가진 '기관들'organs이 하나의 신체로 통합되어 있다는 의미이다.

본에 실질적 위협을 가한다. 후자의 위기가 오늘날 삶정치적 생산의 맥락에서 출현하고 있다. 자본주의적 통제 방식이 노동력의 새로운 기술적 구성이 가진 힘들을 봉쇄하지 못하는 것이다. 실상 자본주의적 통제력의 행사는 점점 더 삶정치적 노동의 생산성에 족쇄가 되고 있다.

현재 자본이 맞고 있는 위기의 개요를 스케치해보기 전에 상기해야 할 것이 있다. 1970년대에 자본주의적 통제가 겪은 (현재와 유사한) 위기의 기본 조건들이 바로 그것인데, 이 조건들은 1960년대에 지배적 국가들에서 일어난 노동투쟁과 사회투쟁이 복지국가 모델의 기반을 무너뜨린 후에 나타난 것이다. 그 당시 국가와 자본주의적 생산의 위기를 야기한 원인은 더 높은 임금, 더 많은 부의 재분배, 그리고 노동계급의 삶의 질 향상을 부단히 요구하는 노동자들의 투쟁만이 아니었다. 노동자들의 일반화된 불복종과 일련의 다른 사회운동들—이 운동들은 일정한 정도로 서로 연계되어 있었으며 사회적·정치적 요구의 목소리를 점점 더 높이고 있었다—또한 그 원인이었다. 국가에 여러 가지 요구를 하는 "흑인들, 아메리카 원주민들, 치카노들, 백인 소수민족 집단들, 학생들, 여성들"이 재정적·경제적 위기를 일으키고 있을 뿐 아니라 더 중요하게는 통제의 위기를 일으키고 있다고 새뮤얼 헌팅턴Samuel Huntington이 탄식했을 때, 그는 적어도 어렴풋이나마 위험을 감지하고 있었다.[21] 그런데 그러한 위기를 다른 위기와의 관계 속에 그리고 그 결과로 발생하는 자본 및 국가의 변형과의 관계 속에 놓고 보는 것이 중요하다. 복지국가 자체가 주로 20세기 초에 일어난 노동자들의 투쟁이 야기한 위기에 대한 효과적인 대응으로서 수십 년 동안 봉사했다. 그러나 1970년대가 되자 복지국가 메커니즘은 새로이 출현한 사회적·경제적 세력을 더 이상 통제할 수 없었다. 1970년대의 위기에 대한 대응으로 복지국가에서 신자유주의 국가로의 전환, 삶정치적 생산형태 및 통제형태로의 전환이 일어났다.

우리는 자본주의적 지배구조와 해방을 위한 투쟁이 늘 서로를 규정하는 관계에 있다고 보는 관점에서 이 역사적 전개를 읽는다. (이 관계를 변증법적이라고 부르기에는 마음이 내키지 않는다. 어떠한 종합적 해결도 없으며 오직 왕복운동만이 있기 때문이다.) 한편에서 노동자들의 투쟁과 사회투쟁이 자본의 재구조화를 결정하며, 다른 한편에서 그 재구조화가 미래의 투쟁 조건이 된다. 바꾸어 말하자면, 자본주의 발전의 각 시기에 노동의 기술적 구성이 변형될 때마다 노동자들은 가능한 수단을 사용하여 반란의 새로운 형태와 자본으로부터의 자율의 새로운 형태를 발명한다. 그리고 이에 대한 대응으로 자본은 생산·착취·통제의 기반을 재구조화할 수밖에 없게 되며 다시 한 번 기술적 구성을 변형하게 된다. 이 시점에서 또 다시 노동자들은 새로운 반란을 위한 새로운 무기를 발견하게 되고, 이런 식으로 계속 진행된다. 우리의 가설은, 오늘날 우리가 또 한 번 그러한 위기의 순간에 도달하고 있다는 것이다.

현재의 삶정치적 위기를 이해하는 첫 단계에서 우리는 앞에서 말했던 노동의 변형에서 나타나는 세 가지 일반적 경향들을 다시 살펴볼 수 있다. 각 경향마다 그에 상응하는 자본주의적 노동통제 전략이 있는데, 어느 경우든 통제 메커니즘은 삶정치적 노동의 생산성을 거스르고 가치창출을 방해하며 그럼으로써 위기를 심화시킨다. 첫째 경향, 즉 인지적·정동적·삶정치적 형태의 노동의 경우, 자본주의적 명령의 전략들은 내향적인 동시에 외향적으로 전개된다.* 내향적 전략들은 주로 생산적 협력이 이루어지는 공통적인 장을 분할하고 구획한다. 그리하여 사적 기관 및/혹은 국가 기관들이 다양한 훈육·감시·감독의 테크닉을 통하여 사회적 생산과정을 감독·규제할 명령기지와도 같은 것을 세운다. 다른 내향적 전략들은 삶정치적 생산의 기반이 되는 공통적인 것을 고갈시킨다. 초등교육의 사유화와 중등교육 재원의 감소를 통해 공교육 제도를 파괴하는 것이 그 방식 중 하나이다. 외향적 전략의 전형적인 사례는 금융의 작동이다. 금융은 생산네트워크에 직접 개입하지 않고 널리 퍼져서, 축적된 지식·코드·이미지·정동 및 이것들이 생산하는 삶정치적 관계들에 자리 잡고 있는 공통의 부를 수탈하고 사유화한다. 이렇듯 자본의 전유과정은 삶정치적 노동이 사회적으로 창출하는 공통적인 것과 대립한다. 이런 점에서 금융세계는 상대적으로 분리되어 있는 가운데 사회적 노동력의 움직임을 모방한다(혹은 실로 거울처럼 전도하여 반영한다). 그런데 우리가 공통적인 것을 발전의 객체가 아니라 주체로 인식하면, '삶형태들'을 유지·재생산하려고 노력하는 다중이 전통적인 훈육과 통제의 체제를 통해 다루어질 수 없다는 것은 분명하다. 미국의 서브프라임 모기지 위기와 뒤이은 전지구적 경제 위기가 입증하듯이, 국가가 사적 영역의 과도한 이니셔티브를 교정하고 사회복지를 보장하기 위해서 은행들에 구제자금을 지원할 수밖에 없을 때, 자본과 산 노동 사이의 갈등은 금융의 지형에서 일어나기 시작한다.

여기서 우리는 첫 번째 모순을 만난다. 내향적 통제전략과 외향적 통제전략 모두 공통적인 것을 파괴하기 때문이다. 전자는 생산의 공

* '내향적', '외향적'은 'intensive'와 'extensive'의 옮김이다. 그 어원적 의미—'in'(안으로)+'tend'(뻗어가다), 'ex'(밖으로)+'tend'(뻗어가다)—를 그대로 살렸다.

통적 기반을 구획하거나 고갈시킴으로써, 후자는 공통적 결과들을 사유화함으로써 파괴한다. 공통적인 것이 파괴될 때마다 삶정치적 노동의 생산성은 감소한다. 예를 들어 매우 전문적이기는 하지만 삶정치적 생산 전체의 기본 특징들을 공유하고 있는 분야인 과학적 지식의 생산을 생각해보라. 과학적 지식이 생산되려면 과거 과학활동의 결과인 적절한 정보·방법·아이디어들이 광범한 과학자 공동체에 개방되고 접근 가능해야 하며, 서로 다른 실험실과 연구자들 사이에 학술지·학술대회 등을 통한 협력과 교류의 메커니즘이 고도로 발달되어 있어야 한다. 새로운 지식이 생산되면 그것 또한 미래의 과학적 생산의 기반으로 이용될 수 있도록 공통재가 되어야 한다. 이런 식으로 삶정치적 생산은 기존의 공통적인 것이 새로운 공통적인 것을 낳고 이것이 다시 확대된 생산의 기반이 되는 선순환 과정을 확립해야 한다. 그러나 공통적인 것의 구획과 수탈은 불가피하게 이 선순환을 파괴하며, 그럼으로써 자본은 점점 더 삶정치적 생산에 족쇄가 된다.

자본주의적 통제의 둘째 전략은 불안정성의 부과이다. 이는 노동의 '여성화'에 상응하는 것으로서, 모든 노동형태를 시장 유연성의 무한한 양상들에 맞추어 조직한다. 20세기 중반 이후 노동력의 대부분이 엄격하게 규정된 노동일 아래 상대적으로 안정되고 보장된 고용을 경험했던 유럽과 일본에서도, 지난 수십 년 동안에는 노동이 불안정하게 되는 과정이 특히 눈에 띄었다. 노동자들은 점점 더 여러 직업들 사이를 오갈 수밖에 없는 처지가 되고 있다. 하나의 직업에 오래 있지 못하고 다른 직업을 얻어야 하는 경우뿐 아니라 하루에 여러 직업을 감당해야 하는 경우도 있다. 이처럼 불안정성의 중심적 측면은 노동일과 관련해서든 취업의 전체 경력과 관련해서든 새로운 시간체제를 부과한다는 것이다. 혹은 달리 표현하자면, 불안정성이란 노동시간과 비非노동시간의 분할을 파괴하고 내내 일하지는 않지만 항상 일을 할 태세가 되어 있기를 요구하는 식으로 노동자들의 시간성을 결정하는 통제 메커니즘이다.[22] 물론 노동의 불안정성은 지배적 국가의 여성과 인종적 소수자, 혹은 여성이든 남성이든 종속국(여기서는 비보장, 비공식 노동배치가 오랫동안 일반적인 것이었다)의 노동자들 대다수에게는 새로운 것이 아니다. 그러나 이제 불안정성은 세계 전역에서 노동력의 모든 수준에 걸쳐 일반화되고 있으며 실로 새로운 극단적 형태를 띠기도 한다.

인류학적 관심의 대상이 된 한 일화가 이러한 극단적인 불안정성을 설명해준다. 대니 호프먼Danny Hoffman이 보고하는 바에 따르면, 라이베리아의 먼로비아 근교 한 마을에 사는 모하메드라는 이름의 남자는 한 번에 수천 명의 젊은이들을 조직하여 다양한 비공식 직업들에 배치하는데, 이 젊은이들 중 다수는 라이베리아나 시에라리온에서 전투병으로 활동한 경력을 가지고 있다. 그는 어떤 날에는 라이베리아 남동부에 있는 불법 다이아몬드 광산에 임시직으로 사람들을 보내며, 또 어떤 날에는 다른 곳에 있는 고무나무 플랜테이션에 사람들을 보낸다. 심지어 그는 특정 장소로 2,000명의 사람들을 보내서 유엔 기구로부터 기금을 받는 무장해제 프로그램에 참가하는 전직 전투병 행세를 하게 할 수도 있다. 이들은 군사작전에 항상 동원될 수 있다. 이들은 불안정노동의 극단적 사례에 해당한다. 무한히 유연하고 이동적이며 항상 무슨 일이라도 할 수 있는 '부동浮動 인구'population flottante인 것이다.[23] 이들을 산업예비군으로, 혹은 어떤 종류든 예비군으로 보는 것은 더 이상 도움이 안 된다. 예비군과 개념상 짝을 이루는 '상비군' 즉 보장을 받는 안정된 노동력이 없기 때문이다. 더 정확하게 말하자면, 불안정성의 통제체제 아래에서는 노동력 전체가 예비군이 되며, 노동자들은 항상 대기 중이고 고용주의 처분에 맡겨지게 된다. 이렇듯 불안정성은 특별한 종류의 빈곤, 시간의 빈곤으로 파악될 수 있다. 이러한 상태에서 노동자들은 자신의 시간에 대한 통제력을 박탈당하게 되는 것이다.

노동의 불안정성은 삶정치적 생산에 필요한 시간 통제를 전도시키기 때문에 두 번째 모순을 낳는다. 아이디어, 이미지 혹은 정동의 생산은 하루 중 특정 시간에 쉽게 국한되지 않으며, 따라서 삶정치적 생산은 노동일이 노동시간과 비노동시간으로 구분되는 전통적인 관행을 침식하는 경향이 있다. 삶정치적 노동의 생산성, 특히 삶정치적 생산과 관계된 창조성은 생산자가 자신의 시간을 조직할 자유를 필요로 한다. 그러나 불안정성이 부과하는 통제는 시간을 빼앗아가며, 따라서 불안정한 상황에서 노동을 할 때에는 당신의 시간 중 어느 부분도 당신 자신의 것이 아니게 된다. 물론 당신은 요구에 따라 생각을 하거나 정동을 생산할 수 있다. 그러나 기계적으로만, 창조성과 잠재적 생산성을 제한하고서만 그럴 수 있다. 이처럼 한편으로 자율적으로 시간을 조직하도록 허용받았을 경우에 삶정치적 노동이 가지게 되는 생산성과 다른 한편으로 불안정성이 노동에 부과하는 족쇄—이것이 노동의 자기통제력을 박탈한다—사이에 모순이 발생하는 것이다.

자본주의적 통제의 세 번째 전략은 점증하는 노동력의 이주 및 혼합에 상응하는 것으로서, 노동의 흐름을 특정 방향으로 돌리거나 정지시킬 물리적·사회적 장벽의 구축을 수반한다. 기존의 국경을 강화하는 것과 새로운 국경을 창출하는 것에는 종종 일종의 도덕적이고 심지어 문명적이기까지 한 공포가 동반된다. 미국이 멕시코인들로 뒤덮이거나 유럽이 이슬람교도들로 뒤덮이지 않을까 하는 두려움이 노동의 이동성을 봉쇄하는 전략들과 혼합되고 그 전략들을 뒷받침한다. 인종주의와 인종분리의 낡은 도구들이 세계 전역의 강대국과 종속국 모두에서 통제의 무기로 벼려진다. 장벽 세우기는 국경에서만 일어나는 것이 아니라 더 중요하게는 각 나라 안에서도, 메트로폴리스 공간과 시골 풍경을 가로질러, 인구를 분할하고 문화적·사회적 혼합을 방지하기 위해 일어난다. 우리는 이주민들을 막기 위해 국경에 세워진 벽들 이외에도, 한 국가 내에서 불법적 지위에 있다는 점이 그 지위에 있는 사람들에게 미치는 영향에도 주의를 집중해야 한다. 법적으로 떳떳치 못한 상태에 있으면 사회적 서비스와 시민권을 가질 수 없게 될 뿐 아니라, 사회의 다른 부분과 자유롭게 섞이는 일에 선뜻 나설 수도 없게 된다. 불안정성이 시간의 빈곤을 창출하듯이, 지리적·사회적 장벽은 공간의 빈곤을 심화시키는 것이다.

이주를 막고 분할을 창출하는 것은 분명 적어도 한 측면에서는 생산에 모순을 제기한다. 지배적 국가의 정부들이 불법이주민이 들어오지 못하게 하는데 '성공할' 때, 기업들은 즉시 노동력의 부족을 외친다. 불법노동자들이 없다면 누가 토마토와 사과를 딸 것이며, 누가 나이든 사람들을 돌보고 가사노동을 할 것이며, 누가 저임금 장시간 노동의 공장에서 일을 할 것인가? 버나드 맨더빌Bernard Mandeville은 200년도 더 전에 "재산이 잘 확보된 곳에서는 가난한 사람들 없이 사는 것보다 돈 없이 사는 것이 더 쉬울 것이다. 가난한 사람들이 없다면 누가 일을 할 것인가?"라고 말한 바 있다.[24] 이동 및 혼합과 관련된 모순은 더 심층적인 수준에서 훨씬 더 강렬하게 반복된다. 삶정치적 생산은 생산성을 높이기 위해서, 노동력의 움직임에 대한 자기통제력뿐 아니라 문화적·사회적으로 다르지만 동등한 상황에 있는 사람들의 항상적인 상호작용 또한 필요로 한다. 현대 경제학자들은 디자인, 브랜드 구상, 전문화된 산업, 패션, 문화산업 등의 부문에서 창조성을 많이 언급하면서도, 삶정치적 노동의 창조성이 문화의 부단한 흐름과 혼합을 가능하게 하는 개방적이고 역동적인 평등주의 문화를 필요로 한다는 사실은 일반적으로 경시한다.[25] 공간의 폐쇄와 사회적 위계를 통한 통제는 생산성에 족쇄가 된다. 이러한 관점에서 본 모순은 실로 포함과 배제 사이의 모순이며, 지배적인 두 통합 모델—프랑스와 가장 흔히 연관되는 공화주의-동화주의同化主義적 전략과 영국에 전형적인 다문화 전략—의 위기로 통치 수준에서 분명하게 드러난다(미국은 두 전략 모두를 서로 다른 비율로 결합시키면서 실험하고 탐구했다). 이 모델들이 위기에 처한 것은 겉으로 드러난 주장과는 반대로 양 모델이 공유하는 목표가 사회적 위계를 창출·유지하며 사회적 공간을 폐쇄하는 것이며, 그것이 삶정치적 생산을 방해하기 때문이다.

지금까지 살펴본 세 가지 모순 모두 착취 및 통제를 위한 자본의 전략과 테크닉이 삶정치적 노동의 생산성에 족쇄가 되는 경향을 가리킨다. 자본은 축적의 선순환—기존의 공통적인 것에서 시작하여 삶정치적 생산을 거쳐 확대된 새로운 공통적인 것에 이르며 이것이 다시 새로운 생산과정의 기반이 되는 순환—을 창출하는 데 실패하고 있다. 자본은 삶정치적 노동을 통제하고 공통적인 것을 수탈하려고 개입할 때마다 생산과정을 방해하고 불구로 만들어 절름거리게 한다. 물론 이는 전적으로 새로운 현상은 아니다. 마르크스의 시대 이래 정치경제학 비판은 자본주의적 생산의 사회적 성격과 자본주의적 축적의 사적 성격 사이의 모순을 줄곧 강조해왔다. 그러나 삶정치적 생산의 맥락에서 모순은 마치 몇 제곱을 한 것처럼 심화된다.

3.2 위기에서 엑서더스로 향하는 계급투쟁

건전한 목소리로는 충분히 말했다.
이제 다시 진짜 악마로서 행동할 때이다.
요한 볼프강 폰 괴테, 『파우스트』

노동과 자본 사이의 열려진 사회적 관계

삶정치적 생산의 맥락에서는 자본이 단순히 사회적 관계가 아니라 **열려진** 사회적 관계로 이해되어야 한다는 것을 우리는 알게 되었다. 예전에 자본은 자신 안에서 노동력과 노동에 대한 명령을 결합시켰다. 마르크스의 언어로 말하자면, 자본은 가변자본(임금노동력)과 불변자본의 유기적 구성을 구축할 수 있었다. 그러나 오늘날 자본의 유기적 구성에 파열이 생겨 틈이 점점 벌어지고 있다. 이렇게 자본의 유기적 구성이 점차 해체되는 가운데 가변자본은 (특히 삶정치적 노동력은) 불변자본과 그것이 부과하는 명령과 통제라는 정치적 힘으로부터 분리되고 있다. 삶정치적 노동은 고유한 형태의 사회적 협동을 만들어내고 가치를 자율적으로 창출하는 경향을 띤다. 실상 삶정치적 생산의 사회적 조직화는 자율적이면 자율적일수록 더 생산적이다. 따라서 자본은 생산의 일관된 주기를 창출하고 노동력을 가치창출 과정에 통합하거나 포섭하는 것에 점점 더 어려움을 겪는다. 아마 우리는 앞으로 이러한 노동력을 가리키는 데 '가변자본'이라는 용어를 더 이상 사용하지 말아야 할지도 모른다. 그것이 불변자본과 맺는 생산적 관계가 점점 더 희박해지고 있기 때문이다.

그래서 우리는 자본의 운이 다했다고, 끝장났다고 선언해야 하는가? 혁명이 이미 시작되었는가? 혹은 더 전문적인 용어로 말하자면, 가변자본이 확정적으로 불변자본의 손아귀로부터 스스로를 해방시켰는가? 아니다. 앞에서 말했듯이, 위기는 붕괴를 의미하지 않으며 자본의 모순은 아무리 심하더라도 결코 그 자체로는 자본의 종말을 의미하지도, 더 나아가 자본주의적 지배에 대한 대안을 창출하지도 않는다. 대신 자본에 일어나는 파열과 새로 출현하는 삶정치적 노동의 자율은 정치적 열림을 제시한다. 우리는 자본주의적 관계의 파열에 **승부를 걸** 수 있으며, 삶정치적 노동의 자율을 바탕으로 정치적 구성작업을 할 수 있는 것이다. 자본의 열려진 사회적 관계는 기회를 제공해준다. 그러나 그것을 문턱 너머로 밀고가기 위해서는 정치적 조직화가 필요하다. 아베 시에예스가 프랑스혁명 전야에 제3신분의 가치가 무엇인지를 물을 때—모든 것이지만, 정치적으로는 아무런 가치가 없다!—그는 경제적 상황이 제시하는 (이와 유사한) 문턱에 기반을 둔 정치적·철학적 논쟁을 개시한다. 사회적 생산의 중심부에서 출현하고 있었던 제3신분은 더 이상 자신의 종속을 순순히 받아들여 구체제의 지배세력에게 세금을 낼 생각이 없었다. 삶정치적 생산·착취·통제의 개요를 스케치한 이후에 우리가 밝혀보아야 하는 것은 오늘날 계급투쟁의 조건이다. 즉 그 기반이 되는 자원은 무엇이고, 갈등의 주된 사회적 선은 무엇이며, 어떤 정치적 형식들이 조직화에 쓰일 수 있는가?

기본적인 것에서부터 시작해보자. 자본과의 관계에서 삶정치적 노동이 갖는 자율성(이것이 자본의 사회적 관계를 비틀어 연다)은 주로 두 가지 사실에 기반을 둔다. 첫째는 경제적 생산에서 **공통적인 것**이 그 기반이자 산물로서 가지는 새로운 중심적 혹은 증강된 역할이다(이에 대해서는 이미 부분적으로 탐구한 바 있다). 둘째는 노동력의 생산성이 자본이 노동력을 이용하면서 부과하는 한계를 점점 더 **초과한다**는 사실이다. 노동력은 항상 그 잠재력의 측면에서 자본과의 관계를 초과해왔다. 사람들이 직장에서 하는 일보다 훨씬 더 많은 일을 할 능력이 있고 직장에서 생산하는 것보다 훨씬 더 많은 것을 생산할 능력이 있다는 의미에서 그렇다. 그러나 과거에 생산과정, 특히 산업적 생산과정은 자본의 한계를 넘는 잠재력의 현실화를 심각하게 제한했다. 예를 들어 자동차생산 노동자는 이례적인 기계학적·기술공학적 숙련과 지식을 가지고 있지만 이 숙련과 지식은 대체로 특정 장소에 묶인다. 이 숙련과 지식은 공장에서만 현실화되며 따라서 자본과의 관계에서만 현실화된다(집의 차고에서 차를 좀 만지는 것은 별도로 하자). 이와 달리 정동적·지적 재능, 협력과 조직적 네트워크를 발생시키는 능력, 소통기술, 그리고 그 밖에 삶정치적 노동을 특징짓는 능력들은 일반적으로 특정 장소에 묶이지 않는다. 우리는 직장에서만이 아니라 거리와 집에서도 이웃이나 친구들과 함께 생각할 수 있고 관계를 형성할 수 있다. 삶정치적 노동력의 능력은 직장에서의 노동을 초과하여 삶 속으로 흘러들어간다. 우리는 이 능력에 대해 '초과'excess라는 말을 쓰기가 망설여진다. 노동력의 관점에서는, 혹은 사회 전체의 입장에서는 결코 '너무' 많지가 않기 때문이다. 오직 자본의 관점에서만 초과이다. 그 능력이 개별 자본가에 의해 포획될 수 있는 경제적 가치를 생산하지 않기 때문이다. 물론, 곧 살펴보겠지만, 삶정치적 생산이 더 넓은 사회적 수준에서 (일반적으로 외부성으로서) 자본에 의하여 포획될 수 있는 경제적 가치를 생산하기는 하지만 말이다.

이 지점에서 우리는 삶정치적 맥락에서의 계급투쟁은 엑서더스의 형태를 띤다는 첫 번째 가설을 세워볼 수 있겠다. 여기서 엑서더스란 (적어도 논의의 초기 단계에서는) 노동력의 잠재적 자율을 현실화함으로써 자본과의 관계에서 **빠져나가는** 과정을 의미한다. 따라서 엑서더스는 삶정치적 노동력이 가진 생산성을 거부하는 행동이 아니라, 자본이 노동력의 생산적 능력에 부과하는, 점점 더 단단히 조여 오는 족쇄를 거부하는 행동이다. 엑서더스는 자본과의 관계를 초과하는 생산적 능력의 표현으로서 자본의 사회적 관계에 벌어진 틈을 통과하여 문턱을 넘어감으로써 성취된다. 그렇다면 논의의 초기 단계에서는 이런 형태의 계급투쟁을 일종의 '마룬식 엑서더스'maroonage로 간주할 수 있다. 노예제의 사슬로부터 집단적으로 탈출하여 자치공동체와 킬롬부quilombo를 건설한 노예들처럼, 자본과의 관계로부터 빠져나온 삶정치적 노동력은 그 생산적 힘을 현실화할 수 있게 해주는 새로운 사회적 관계와 새로운 삶형태를 발견하고 구축해야 하는 것이다.* 그러나 마룬들의 경우와는 달리 이 엑서더스는 반드시 장소를 옮기는 것을 의미하지는 않는다. 우리는 바로 이곳에 머물러 있으면서, 현재의 생

* 'maroonage'는 '탈주노예'를 의미하는 'maroon'을 변형하여 만든 단어이다. '킬롬부'는 탈주노예들, 즉 '마룬들'이 브라질의 후배지後背地에 건설한 정착촌이다.

산관계와 사회적 조직화의 방식을 변형함으로써 탈주선을 그릴 수 있다.

물론 여전히 계급투쟁은 자본주의적 명령에 저항하고 자본주의적 권력의 기반들을 공격하는 것을 포함한다(이에 대해서는 나중에 더 자세하게 다룰 것이다). 그러나 계급투쟁은 자본과의 관계로부터의, 자본주의적 생산관계로부터의 엑서더스 또한 필요로 한다. 그런데 저항의 필요조건은 노동관계 자체에서 노동자들에게 직접적으로 주어지지만—노동자들은 '아니오'라고 말할 힘, 노동을 자본에게 제공하기를 중지할 힘을 항상 가지고 있으며 생산과정을 전복할 능력이 그들의 생산능력 자체에 언제나 들어 있다—**엑서더스**의 필요조건은 그렇게 분명하게 겉으로 드러나지 않는다. 엑서더스는 공통적인 것(공통적인 것에 대한 접근뿐 아니라 공통적인 것을 사용할 능력)을 기반으로 해서만 가능하다. 그런데 자본주의 사회는 생산수단을 사유화함으로써, 실로 사회적 삶의 모든 측면을 사유화함으로써 공통적인 것을 제거하거나 차폐하는 쪽으로 쏠리는 듯하다. 그러므로 정치적 조직화의 문제로 들어가기 전에 오늘날의 사회에서 접근 및 사용 가능한 공통적인 것의 현존 형태들을 더 상세히 논의할 필요가 있을 것 같다.

공통적인 것의 유령들

비록 가려져 있고 신비화된 형태로이지만, 공통적인 것의 유령들은 자본주의 사회 전역에서 출몰한다. 자본은 공통적인 것에 대한 이데올로기적 혐오에도 불구하고 공통적인 것 없이는 존재할 수 없으며, 오늘날에는 점점 더 명시적으로 그렇다. 이 공통적인 것의 유령들을 추적하기 위해서는 생산적인 사회적 협력과 자본주의 사회에서 그 협력을 재현하는 다양한 추상의 양태들이라는 경로를 따라갈 필요가 있다. 이 실제로 존재하는 형태의 공통적인 것을 일부 드러내는 것은, 자본과의 관계로부터 빠져나오는 다중의 엑서더스를 위한 기반을 세우는 첫걸음이다.

공통의 부의 방대한 저장고 중 하나는 메트로폴리스 자체이다. 도시 역사가들 및 건축사가들이 설명하듯이, 근대 도시의 형성은 산업자본의 발전과 긴밀하게 연결되어 있다. 노동자들의 지리적 집중, 자원 및 다른 산업들의 근접성, 소통 및 수송체계 등을 비롯한 도시 생활의 특징들은 산업생산에 필수적인 요소들이다. 19세기와 20세기 전체에 걸쳐서 도시의 성장과 도시 공간의 특성은 산업공장, 즉 그것의 필요, 리듬, 사회적 조직형태에 의하여 결정되었다. 그러나 오늘날 우리는 **산업적 메트로폴리스**에서 **삶정치적 메트로폴리스**로의 전환을 목도하고 있다. 그리고 삶정치적 경제에서는 도시를 구성하는 공통적인 것과 생산과정 사이의 관계가 점점 더 강렬해지고 직접적이 되어가고 있다. 물론 도시는 단지 건물·도로·지하철·공원·폐기물처리시설·소통케이블로 이루어진 물리적 환경이기만 한 것이 아니라 문화적 실천, 지적 회로, 정동적 네트워크, 사회적 제도들의 살아 있는 역동체이다. 도시가 담고 있는 공통적인 것을 구성하는 이 요소들은 삶정치적 생산을 위한 필수조건일 뿐 아니라 그 결과이기도 하다. 도시는 공통적인 것의 원천이며 공통적인 것이 흘러들어가 모이는 저장소이다(우리는 4부 뒤에 붙인 「신체에 관하여 2」에서 삶정치적 메트로폴리스의 동학을 더 상세하게 탐구할 것이다).

메트로폴리스에 있는 공통의 부와 그것을 사유화하려는 노력을 인식하는 데 유용한 하나의 렌즈는 도시 부동산 경제(이는 탈신비화가 절실하게 필요한 분야이다)가 제공해준다. 고전 정치경제학자들에게 지대와 토지 가치가 큰 어려움을 제기했다는 점을 기억하는 것이 유용하다. 아담 스미스의 공리대로 만일 노동이 모든 부의 원천이라면, 토지 혹은 더 일반적으로 부동산의 가치는 어떻게 설명되는가? 물론 토지에는 노동이 결합된다. 땅을 일구고 그 위에 건물을 짓는 데 노동이 들어가기 때문이다. 그러나 이것이 부동산의 가치를 적절하게 설명해주는 것은 분명히 아니다. 도시 환경에서는 특히 그렇다. 지대가 독점가격이라고 말하는 것도 핵심을 건드리지는 못한다. 부동산의 가치는 내적으로 설명될 수 없으며 외부적 요인들과의 관계에서만 이해될 수 있다.[26]

물론 현대의 부동산 경제학자들은 도시에서 아파트, 건물 혹은 토지의 가치가 전적으로 내적 특징(건축물의 질이나 크기)에 의해서만 재현되지는 않으며 외부성에 의해서도, 아니 주로 외부성에 의해서 결정된다는 점을 매우 잘 알고 있다. 여기에는 부정적 외부성과 긍정적 외부성이 모두 작용한다. 오염된 공기, 혼잡한 교통, 소란스러운 이웃, 높은 범죄율, 토요일 밤에 1층이 디스코텍으로 바뀌어 잠을 잘 수 없게 만드는 환경 등이 부정적 외부성의 사례들이다. 반대로 놀이터가 가까운 곳에 있다는 점, 역동적인 지역문화, 지적 교류회로들의 존재, 평화로우면서 고무적인 사회적 상호작용 등은 긍정적 외부성의 사례이다. 이러한 외부성들에서 우리는 공통적인 것의 유령을 만난다. 부동산 경제학자들은 외부성이 소유관계의 영역 외부에 존재한다는 점, 따라서 시장논리와 교환에 잘 종속되지 않는다는 점에 골몰한다. 그들의 주장에 따르면, 효율적인 자유로운 시장에서는 사람들이 합리적인 결정을 내리지만, '시장 왜곡'이 일어나면 즉 외부성이 작용하여 사회적 비용이 사적 비용과 균등하지 않게 되면 시장 합리성이 상실되고 그 결과로 '시장 실패'가 온다. 이들을 미치게 하는 것은, 특히 도시 환경에서는 부동산의 가치가 주로 외부성에 의해서 결정된다는 사실이다. 시장 실패가 규범이 되는 것이다. 따라서 가장 정통에 속하는 신자유주의 경제학자들은 상황을 '합리화'하고 공통적인 것을 사유화하여, 그것이 교환될 수 있게 하고 시장의 규칙을 따르게 하는 데 필요한 도식들을 발명하는 데 시간을 들인다. 사회적 비용이 사적 비용과 균등하게 되도록 만들고 그럼으로써 시장교환의 논리를 복원하기 위해서 예를 들어 오염이나 교통을 화폐로 환산하는 방식을 찾는 것이다.[27]

참고로 외부성의 중요하고도 점증하는 역할이 우리로 하여금 정치경제학의 표준적 전제들 가운데 일부를 다시 생각하게 해준다는 점에 주목할 필요가 있다. 앞서 이야기한 바와 같이 정치경제학자들이 전통적으로 전제했던 지대에서 이윤으로의 전진이라는 움직임이 오늘날 전도되었듯이, '절대지대'(이는 단순히 땅을 소유하고 있다는 사실에 기반을 둔다)에서 '상대지대'(소유한 땅에 추가된 노동 가치에 기반을 둔다)로 움직이리라고 추정되었던 경향도 전도된다. 오늘날에는 소유물에 투여된 노동이 갖는 중요성이 소유물의 외부에 있는 (도시의 삶정치적 생산·재생산이 이루어지는 일반적인 사회적 회로들에 있는) '공통의 노동'이 갖는 중요성보다 점점 덜해지면서 상대지대에서 절대지대로 되돌아가는 경향이 두드러진다.[28]

땅에 발을 굳게 딛고 손에 지갑을 탐욕스럽게 쥐고서 도시의 가치를 사고파는 일을 일상적으로 담당하는 부동산 중개인들은 공통적인 것의 지배적인 역할을 이해하는 데 복잡한 이론을 필요로 하지 않는다. 그들의 주문—"위치, 위치, 위치"—은 부정적 외부성을 최소화하고 긍정적 외부성을 최대화하는 전략을 그들의 방식으로 나타낸 것이다. '위치'는 공통의 부(공원만이 아니라 이웃관계의 질, 소통의 통로, 지적·문화적 동학 등)에 얼마나 가까우며 얼마나 쉽게 접근할 수 있는가를 나타내는 말에 불과하다. 부동산 중개인들은 외부성을 사유화하고 시장을 '합리화'할 필요가 없다. 그들은 공통적인 것에 시선을 두면서 메트로폴리스와 그 '불합리성'으로부터 능히 돈을 벌 수 있는 것이다.

우리의 목적은 부동산으로 부자가 되는 방법을 조언하는 것이 아니라 공통적인 것의 유령을 추적하는 것이다. 부동산 중개인들의 실제 영업과 더불어 부동산 경제학의 이론들은 어째서 메트로폴리스 자체가 공통적인 것(좋은 것과 나쁜 것을 모두 포함하며, 물질적인 요인들만이 아니라 더 나아가 비물질적인 요인들도 포함하는 공통적인 것)의 거대한 저장고인지를 보여준다. 그런데 경제학자들이 이해하지 못하는 것은 공통의 부가 어디서 오는가이다. 공통적인 것은 자본주의적 조직화 메커니즘과 시장의 관점에서는 외부적일 수 있지만, 삶정치적 생산과정의 관점에서는 완전히 **내부적**이다. 공동으로 생산된 부의 일부를 부동산 투기자들과 금융업자들이 추상·포획·사유화하는 것인데, 이는 앞서 말했듯이 공통적인 것의 생산을 더 진전시키는 데 족쇄가 된다. 이 딜레마는 도시의 예술인 마을들과 젠트리피케이션의 고전적 변증법에 의해 설명된다. 가난한 예술가들이 돈이 없어서 재산가치가 낮은 동네로 이사 오고, 거기서 예술을 생산하는 것 이외에 새로운 도시 풍경도 생산한다. 이들의 활동이 그 동네를 지적으로 자극적이고 문화적으로 역동적인 멋진 곳으로 만들게 되면서 재산가치가 오르고 그 결과로 결국 가난한 예술가들은 그곳에 더 이상 살지 못하고 이사할 수밖에 없게 된다. 부유한 사람들이 이사 오고, 그 동네는 천천히 지적이고 문화적인 성격을 잃게 되며 지루하고 메마르게 된다. 도시의 공통적 부가 끊임없이 부동산 시장에서 투기로 수탈되고 사유화된다는 사실에도 불구하고, 공통적인 것은 여전히 도시에서 유령으로 살아가고 있다.[29]

공통적인 것의 유령을 추적할 수 있는 또 하나의 방대한 영역은 금융이다. 게오르크 짐멜Georg Simmel은 메트로폴리스의 특성은 화폐가 요구하는 바로 그 특성들, 즉 세밀한 분업, 비인격적 마주침, 시간의 동시성 등이라고 말한다.[30] 실로 이 다양한 특징들의 심층에 크게 자리 잡고 있는 것은 추상의 힘이다. 금융자본은 엄청난 추상 엔진으로서, 공통적인 것을 (마치 표면이 일그러진 거울에 비추듯이) 재현하는 동시에 신비화한다.[31]

금융자본은 경제적 위험을 증폭시킨다는 이유로, 아무것도 생산하지 않는다는 이유로 오랫동안 비판받아왔다. 그리고 2008년의 전지구적 위기 이후 금융에 대한 비난이 극도로 확산되었다. 비판가들은 금융이 카지노자본주의이며, 사회적 유용성이 하나도 없는 합법적 도박이나 다름없다고 비난한다. 이들의 주장에 따르면, 산업자본이 생산력에 직접 관여하고 물질적 생산물로 가치를 창출한다는 점에서 존엄성을 가지는 반면에, 금융의 산물들은 허구적이고 돈에서 돈을 벌며 실질적 가치의 생산으로부터 추상되어 있고 따라서 그러한 가치의 생산에 기생한다. 이러한 비판들에는 일리가 있다(금융도구들이 투기만이 아니라 위험의 관리를 위해서도 사용되고, 삶정치적 경제가 점점 더 비물질적 생산물을 향하고 있기는 하지만). 그러나 이 비판들은 금융의 본질적 성격을 파악하지 못하고 있다. 만일 금융투기가 도박으로 간주될 수 있다면, 그것은 지적이고 정보를 갖춘 형태의 도박이며, 이 도박에서 투자자는 경주마의 신체적 상태와 경주로의 물리적 상태를 판단하여 경마에 돈을 거는 사람처럼 다양한 지표들—그중 일부는 매우 추상적이다—을 통해 일정한 생산부문의 미래 상태를 판단해야 한다. 금융자본은 본질적으로 공통적인 것을—다시 말해서 특정한 상품, 한 분야의 상품들, 혹은 어떤 다른 유형의 자산이나 현상을 생산하는 데 필요한 공통의 관계와 네트워크들을—**재현하는** 정교한 기계이다. 이러한 재현은 공통적인 것 자체로부터의 이례적인 추상 과정을 포함한다. 금융 생산물들은 실로 점점 더 추상적이고 난해한 형태를 띠어서 생산과 직접 관계하지 않고 미래 생산의 재현이나 그 재현의 2차적 재현과 관계할 수 있다. 금융이 가진 추상하는 힘은 어지러울 정도이다. 바로 이 때문에 수학 모델이 그토록 핵심적이 되는 것이다. 그러나 추상 자체는 오직 재현되는 부의 사회적 성격 때문에만 가능하다. 추상의 수준이 하나씩 올라갈 때마다 금융도구들은 생산과정에서 직접적으로 혹은 간접적으로 협력하는 사회적 네트워크들을 더 넓은 수준에서 장악한다. 바꾸어 말하자면, 이러한 추상의 힘은 공통적인 것에 의존하는 동시에 공통적인 것을 신비화한다.[32]

금융의 역할은 다른 형태의 자본에 비해 최근 수십 년 동안 기하급수적으로 확대되었다. 조반니 아리기는 이것을 19세기 후반과 그 이전 시기들에 영국을 중심으로 이루어졌던 금융의 융성과 유사한 주기적 현상으로 해석한다.[33] 그러나 우리가 보기에 더 중요한 것은 금융의 융성을 그와 동시에 부각되고 있는 삶정치적 생산의 중심성과 연결시키는 것이다. 삶정치적 노동이 자율적인 한, 생산된 공통의 부를 그 부의 외부에서 그리고 생산과정으로부터 떨어진 채로 수탈하기에 적절한 도구가 금융이다. 그리고 금융은 어떤 식으로든 공통의 사회적 삶의 생산물과 생산성을 재현하지 않고서는 수탈을 할 수 없다. 이런 면에서 금융은 화폐 자체가 가진 힘 이외의 다른 것이 아니다. "화폐는 순수한 상호작용을 가장 순수한 형태로 재현한다"고 짐멜은 말한다. "화폐는 가장 추상적인 개념을 이해가능하게 만든다. 화폐는 개체들을 넘어가는 데 본질적 의의가 있는 개체적 사물이다. 따라서 화폐는 인간이 세계와 맺는 관계의 적절한 표현이다. 이 관계는 개별적이고 구체적인 사례들에서만 포착될 수 있는데, 물론 이는 그 개별적이고 구체적인 것이 모든 특이성들을 서로 엮으며 바로 그러한 식으로 실재를 창출하는 살아 있는 정신적 과정의 구현인 한에서만 그러하다."[34] 금융은 공통적인 것을 가장 광범한 사회적 형태로 포착한다. 그리고 추상을 통해 공통적인 것을 교환될 수 있는 가치로 표현하며 그러는 가운데 이윤을 창출하기 위해 공통적인 것을 신비화하고 사유화한다. 우리는 금융자본을 찬양하거나 저주할 의도가 없다. 금융자본을 그 안에 숨어 있는 공통적인 것의 유령을 추적하는 연구의 분야로 취급하기를 제안할 뿐이다.

부동산 시장의 사례와 금융의 사례 모두 추상과 공통적인 것 사이의 긴장되고도 양면적인 관계를 드러낸다. 여기서 마르크스가 자본의 추상하는 힘을 어떻게 보는지를 간단히 살펴보는 식으로 이 양면성을 설명하고 나서 다음 논의로 넘어가기로 하자. 추상은 자본이 기능하는 데에도 필수적이고 자본을 비판하는 데에도 필수적이다. 사실 『자본론』에서 마르크스의 출발점은 추상적 노동을 상품의 교환가치를 규정하는 토대로서 분석하는 것이다. 자본주의 사회에서 노동은 재단

사, 배관공, 기계공의 구체적 노동들로부터 추상되어 그 특수성과 무관하게 노동 일반으로서 간주되어야 한다고 마르크스는 설명한다. 이러한 추상적 노동이 상품에 응결된 것이 바로 모든 상품이 공유하는 공통의 질료이며, 바로 이것이 상품의 가치를 보편적으로 측정 가능하게 해주고 궁극적으로 화폐가 일반적 등가물로서 기능하게 해준다. 마르크스를 읽는 사람들 중에는 책의 첫머리에서부터 정치적 좌표를 찾기 위해 안달이 나서 이러한 구분들을 정치적 입장으로 연결시키는 사람들이 너무 많다. (구체적 노동에는 찬성하고 추상적 노동에는 반대하며, 사용가치에는 찬성하고 교환가치에는 반대하는 식으로 말이다.) 그러나 마르크스는 추상을 양면성을 가진 것으로 본다. 추상적 노동과 교환의 체계가 잉여가치를 추출해내고 자본주의적 통제를 유지하는 메커니즘인 것은 맞지만, 노동계급을 생각하는 것을 가능하게 해주는 것 역시 (서로 다른 직업들에서 이루어지는 노동에 공통적인 것을 재현하는) 추상적 노동이라는 개념이다. 추상적 노동이 없다면 노동계급도 없다! 이것은 자본이 자신의 이익을 추구하고 그 필수적 기능을 확보하는 가운데 역설적으로 자본주의적 생산양식에 저항하고 궁극적으로는 그것을 극복할 도구를 창출하게 되는 사례들 중 하나일 뿐이다. 자본주의적 추상은 항상 공통적인 것에 의존하며, 그것 없이는 존속할 수 없고 오직 그것을 끊임없이 신비화하려 할 수 있을 뿐이다. 여기서 추상의 양면성이 나오는 것이다.

부패와 엑서더스

모든 사회제도는 공통적인 것에 의존한다. 그리고 사실상 어떤 공통적인 것을 활용·동원·창조하느냐에 따라 그 성격이 규정된다. 따라서 사회제도들은 엑서더스의 기획에 필수적인 자원이다. 그러나 우리는 공통적인 것이 다 이로운 것은 아니라는 점을 기억해야 한다. 경제학자들에게 긍정적인 외부성이 있고 부정적인 외부성이 있듯이, 공통적인 것에도 (스피노자의 말을 빌면) 함께 사유하고 행동하는 우리의 힘을 증가시키는 형태와 감소시키는 형태가 모두 존재한다. 이로운 형태는 새로운 것을 생성시키는 발동기이다. 반면에 해로운 형태는 부패를 확산시키고 사회적 상호작용의 네트워크들을 봉쇄하며 사회적 생산의 힘을 감소시킨다. 따라서 엑서더스는 공통적인 것의 이로운 형태들을 최대화하고 해로운 형태들을 최소화하는, 바꾸어 말하면 부패에 맞서 싸우는 선별의 과정을 필요로 한다. 자본은 분명 (우리가 보았듯이) 통제와 수탈의 메커니즘을 통해 공통적인 것을 구획하고 사유화하는, 부패한 형태의 공통적인 것에 해당한다. 그러나 상대적으로 독립된 형태의 부패한 공통적인 것들도 지배적인 사회제도 안에서 발견된다.

자본주의 사회에서 공통적인 것이 부패한 형태로 나타나는 가장 중요한 사회제도 세 가지는 가족, 기업, 민족이다. 셋 모두 공통적인 것을 동원하고 공통적인 것에의 접근을 제공한다. 그러나 동시에 셋 모두 공통적인 것을 제한하고 왜곡하고 일그러뜨린다. 다중은 이 세 가지 사회적 지형에서 생성을 가능하게 하는 이로운 형태를 해롭고 부패한 형태로부터 분리해내는 선별의 과정을 진행시켜야 한다.

가족은 아마도 현대 사회에서 공통적인 것을 동원하는 주된 제도일 것이다. 실상 많은 사람들에게 가족은 집단적인 사회적 경험, 협력적 노동배치, 돌봄, 친밀함이 있는, 유일하지는 않지만 제일가는 장소이다. 가족은 공통적인 것의 토대 위에 서 있지만, 동시에 일련의 위계·제한·배제·왜곡을 부과함으로써 공통적인 것을 부패시킨다. 첫째, 가족은 끊임없이 공통적인 것을 갈고 으깨는 젠더 규범성의 기계이다. 가족에서 가부장이 권위를 갖는 구조는 문화에 따라 다르지만 그 일반적 형태는 유지된다. 가족 내의 성분업은 종종 비판받지만 매우 끈질기게 존속한다. 그리고 가족이 명령하는 이성애규범적 모델은 세계 전역에 걸쳐 놀랄 정도로 유사하다. 가족은 젠더 위계를 부과하고 젠더 규범들을 강요함으로써 공통적인 것을 부패시킨다. 그리하여 대안적인 젠더적 실천이나 대안적인 성적 욕망의 표현 시도는 모두 봉쇄되고 처벌받는다.

둘째, 가족은 사회적 상상계 내에서 친밀과 유대의 관계를 나타내는 유일한 패러다임으로 기능하면서 다른 가능한 형태들을 모두 가리고 밀어낸다. 세대 간의 관계는 불가피하게 부모-자식 모델에 따라 형성된다(그래서 예를 들어 학생들을 돌보는 교사는 부모와 같아야 한다). 그리고 동세대의 친구관계는 형제관계나 자매관계로 제시된다('전우 형제들'과 여성회의 '자매들'). 성적 관계에 기반을 두든 아니든 대안적인 친족구조는 금지되거나 가족의 지배 아래 가두어진다. 내적 위계, 젠더 규범, 이성애규범성을 동반할 수밖에 없는 가족 모델의 배타적인 성격은 다른 형태의 친밀함과 유대를 포착할 수 있는 사회적 상상력의 딱한 결핍을 나타내는 증거일 뿐 아니라, 대안적인 사회적 관계와 비非가족 친족구조를 창출하고 실험할 자유의 결핍을 나타내는 증거이기도 하다.[35]

셋째, 가족은 욕망과 관심을 개인을 넘어 공동체로 확대하는 척하면서 가장 극단적인 형태의 나르시시즘과 개인주의를 풀어놓는다. 사실 가족의 이익을 위해 행동하는 것이 일종의 이타주의라는 믿음이 일반적으로 얼마나 강한지 놀라울 정도이다. 실제로는 가장 맹목적인 이기주의인데 말이다. 예를 들어서 많은 부모들은 자식을 어느 학교에 보낼지 결정할 때 자기 자식의 이익이 다른 사람 혹은 공동체 전체의 이익과 대립하는 경우, 가장 지독한 반反사회적 주장들을 덕스러운 것인 양 쏟아내며, 자식의 이름으로 필요한 온갖 행동을 하고 때로는 자식을 자신의 확장이나 복제품으로 보는 희한한 나르시시즘을 보여주기도 한다. 가족의 연속성이라는 논리를 통해 미래의 이익을 정당화하는 정치적 담론—특정의 공공 정책이 당신 자식의 이익을 위해 필요하다는 말을 참으로 많이 들어보지 않았는가?—은 공통적인 것을 자손을 통해 투사되는 일종의 개인주의로 축소시키며 미래를 더 넓은 사회적 관점에서 파악하지 못하는 엄청난 무능력을 드러낸다.[36]

마지막으로, 가족은 사유재산의 축적과 이전을 위한 핵심적 제도로 기능함으로써 공통적인 것을 부패시킨다. 사유재산의 축적은 가족에 기반을 둔 상속이 법으로 보장되지 않으면 한 세대가 끝날 때마다 중단될 것이다. 가족이라는 제도를 폐지하자! 물론 이는 고립된 개인들이 되기 위해서가 아니라 공통적인 것에의 동등하고 자유로운 참여를 실현하기 위해서이다. 가족은 공통적인 것을 제공하겠다는 약속을 하지만 항상 그 약속을 어기고 공통적인 것을 부패시킨다.

공통적인 것을 생성하기도 하고 부패시키기도 하는 또 하나의 형태는 기업이다. 자본주의적 생산 일반은 사회적 협력의 공통적 네트워크들을 발전시키고 그 결과를 사적 축적물로서 포획하는 거대한 장치이다. 물론 많은 노동자들에게 직장은 다른 사람들과의 협력과 집단적 기획을 경험하고 현대 사회의 개인주의와 고립을 벗어나는, 가족 외부의 유일한 장소이다. 계획된 방식으로 함께 생산하는 것은 마르크스가 말하듯이 '동물정기精氣' animal spirits를 자극해서, 직장 내에서 사회성과 생산적 교류가 가져다주는 보람과 즐거움을 생성시킨다. 예상할 수 있는 바이지만, 기업은 노동자들이 직장에서 경험하는 자극과 만족을 기업 자신의 덕으로 돌리고 그럼으로써 기업에 헌신하는 마음과 충성심을 갖도록 장려한다. 기업 이데올로기는 기업에 좋은 것은 우리 모두에게 좋은 것이라고 후렴처럼 되뇐다. 자본주의 사회에서 직장노동이 공통적인 것에 관여하고 사회적·생산적 협력을 위한 장소를 제공하는 것—물론 정도의 차이가 있으며 낮은 수준의 노동력의 경우에 종종 그 정도가 훨씬 덜하다—은 사실이며 이를 부정해서는 안 된다. 그러나 이미 상세히 설명했듯이, 생산에 관여하는 동시에 생산과정에서 생성되는 공통적인 것은 수탈될 뿐 아니라 자본이 부과하는 위계와 통제를 통해 부패하고 족쇄가 채워지기도 한다. 여기서 우리가 덧붙여야 할 것은 공통적인 것을 생성하고 부패시키는 일부 방식에서 기업이 가족과 놀라울 정도로 유사하다는 점이다. 가족과 기업이라는 두 제도는 현대 사회라는 사막에 존재하는 공통적인 것의 오아시스처럼 보이기 쉽다. 그러나 가족에서나 직장에서나 협력관계에는 엄격한 내적 위계와 외적 한계가 부과된다. 그 결과, 많은 사람들이 가족의 끔찍함에서 탈출하여 기업의 따뜻한 품에 안기려고 하거나, 반대로 기업에서 탈출하여 가족에서 피난처를 찾으려고 한다. 많이 논의되는 직장과 가족의 '균형'은 실로 차악次惡들 사이의, 공통적인 것의 두 부패한 형태들 사이의 선택일 뿐이다. 그러나 우리 사회에서 가족과 기업은 너무나도 많은 사람들에게 공통적인 것에의 접근—그것이 아무리 왜곡된 것일지라도—을 제공하는 유일한 사회적

공간이다.[37]

공통적인 것을 동원하는 동시에 부패시키는 사회제도의 마지막 형태는 민족이다. 많은 사람들이 공통적인 것의 한 지형으로서 민족—이는 인구의 집단적인 문화적·사회적·정치적 표현을 담지한다—에 속하는 경험을 한다는 것은 분명하다. 민족이 사회적 삶의 중심 지형이라는 주장은 위기와 전쟁의 시기에 그 목소리가 높아진다. 이때 사람들은 민족의 통합을 위해서 다른 차이는 제쳐놓도록 요구받는다. 베네딕트 앤더슨Benedict Anderson의 영향력 있는 정식화에 따르면 민족은 공유된 역사나 일단의 언어적 · 문화적 전통을 넘어서 있는 상상된 공동체이다. 이는 공통적인 것의 동원을 말하는 또 하나의 방식이다. 상상할 수 있는 **유일한** 공동체, 사회적 유대를 표현하고 개인주의에서 탈출하는 유일한 형태가 민족이라는 것은 참으로 슬프게도 우리의 정치적 대안들이 얼마나 비참한 상태에 있는지를 가리키고 있지 않는가! 정치가 **오직** 민족의 이름으로만 행해진다면 이 얼마나 딱한 일인가! 가족이나 기업의 경우와 마찬가지로 민족의 경우에도 공통적인 것은 심각하게 제한된다. 민족은 내적·외적으로 위계와 배제에 의해 정의된다. 민족은 불가피하게 '하나의 국민' 즉 민족 정체성의 구축과 가동을 통해 기능하는데, 이는 자신과 다른 모든 사람들을 배제하거나 종속시킨다. 민족 그리고 하나로 통합된 국민이 때로는 (특히 반식민주의 · 반제국주의 투쟁에서) 그것이 가진 사회적 장을 통합하는 구심적 메커니즘들과 함께 해방을 위한 기획의 일부로서 기능한 적이 있는 것은 사실이다. 그러나 파농이 말했듯이 그때에도 민족과 민족의식은 '함정'을 가지고 있었으며, 이는 전투의 열기가 사그라진 후에야 비로소 온전하게 인식될 수 있었다. 우리의 귀에는 민족과 국민의 영광과 통합을 위해 희생하라는 외침이 항상 파시즘적으로 들린다. 지배적 국가에서나 종속국에서나 이런 말이 권위주의적·전체주의적·군사주의적 모험들의 후렴으로 반복되는 것을 너무나 많이 들어왔기 때문이다. 이것은 민족과 관련하여 발생하는 공통적인 것의 부패현상들 중 일부일 뿐이다.[38]

가족·기업·민족이 우리에게 혐오감을 불러일으키긴 하지만, 그래도 이 세 가지 제도가 부패한 형태로라도 공통적인 것에 관여하고 공통적인 것을 동원한다는 점, 그럼으로써 다중의 엑서더스를 위한 중요한 자원을 제공한다는 점을 기억해야 할 것이다. 이 세 제도들은 생산적 협력의 네트워크, 누구나 접근 가능한 부의 자원, 소통의 회로를 제시하는데, 이것들은 공통적인 것에 대한 욕망을 자극하는 동시에 좌절시킨다. 다중은 가족·기업·민족으로부터 탈출하는 동시에, 그것들이 동원하는 공통적인 것에 대한 약속을 바탕으로 하여 그 위에 새로운 것을 구축해야 한다. 삶정치적 생산의 맥락에서는 공통적인 것에의 접근을 개방하고 확대하는 것이 바로 생산 및 재생산 수단에 대한 통제력을 쥐는 것임을 명심하자. 그리고 그것이 자본으로부터 빠져나와 다중의 자율을 구축하는 과정의 기반이며, 이러한 엑서더스의 기획이 오늘날 계급투쟁이 취하는 주된 형태라는 것 역시 기억하자.

전투를 좋아하는 독자라면 그 안에 싸움이 충분히 들어 있지 않다는 이유로 엑서더스로서의 계급투쟁이라는 생각을 받아들이기가 꺼려질 것이다. 걱정할 것 없다. 오래전에 모세가 배운 것은, 권력을 가진 자들이 싸우지 않고 그대로 놓아주는 법은 없다는 것이다. 그리고 더 중요한 것은, 엑서더스가 벌거벗은 채로 맨발로 한 푼도 없이 나서는 것을 의미하지 않는다는 점이다. 이는 당연하다. 우리는 우리의 것을 취할 필요가 있다. 공통적인 것을 재전유해야 한다는 말이다. 공통적인 것은 우리가 과거에 행한 노동의 결과이며 미래에 행할 자율적인 생산과 재생산의 수단이다. 여기가 바로 전장이다.

3.3 다중의 카이로스

전체의 외관을 바꾸지는 않았던 점진적인 와해작용이
돌발적 사건으로 중단되며, 섬광과도 같은 이 사건이
순식간에 새로운 세계의 형상을 세운다.
G. W. F. 헤겔, 『정신현상학』

다중이 할 수 있는 것

모든 객관적 조건들은 갖추어졌다. 삶정치적 노동은 자본의 명령이 부과하는 한계를 부단히 초과하며, 자본의 사회적 관계에 벌어진 틈은 삶정치적 노동이 자율을 요구할 수 있는 가능성을 열고 있다. 엑서더스의 토대는 이미 존재하고 있고 또 항상 새로 창출되는 공통적인 것 속에서 주어지며, 착취와 통제를 위한 자본의 메커니즘들은 점점 더 삶정치적 생산성을 거슬러 그것에 족쇄를 채우고 있다. 그러나 이와는 반대되는 방향의 객관적 조건들도 있다. 새로운 자본주의적 메커니즘들이 새로운 방식으로 공통적인 것을 착취·사유화하고 있으며, 낡은 사회제도들이 부단히 공통적인 것을 부패시키고 있는 것이다. 이렇게 해서 우리가 도달하게 되는 곳은 어디인가? 객관적 조건의 분석은 우리를 여기까지만 데려다주며, 그 너머로 데려가지는 않는다. 자본주의의 위기는 자동적으로 붕괴로 이어지지 않는다. 공통적인 것의 삶정치적 장에서 생산하고 또 생산되는 특이성들의 다양성이 자연발생적으로 엑서더스를 성취하고 자율을 구축하는 것은 아니다. 문턱을 넘고 정치적 사건을 발생시키기 위해서는 정치적 조직화가 필요하다. 물리적 시간의 단조로움과 반복성을 파열하는 적절한 '때'를 나타내는 카이로스kairos를 정치적 주체가 포착해야 하는 것이다.*

우리는 엑서더스와 해방의 기획을 정치적으로 조직하기에 적절한 개념으로서 다중을 제안한다. 통일성·중앙지도부·위계에 기반을 둔 전통적 조직형태들은 바람직하지도 않고 효율적이지도 않다는 것이 (현재의 삶정치적 맥락에서는 이전보다도 훨씬 더 그렇다는 것이) 우리의 확신이기 때문이다.[39] 다중이라는 제안에 대해서는 이론가들과 정치활동가들 사이에서 논쟁이 시작된 지 몇 년 되었으며, 우리는 여기서 이루어진 논의들을 활용하여 다중 개념을 평가하고 더 정밀하게 만들 수 있을 것이다. 우리가 가장 생산적이라고 본 비판들은 일반적으로 두 가지 근본적인 문제를 중심으로 한다. 하나는 일관된 정치적 행동을 취할 수 있는 다중의 능력에 관한 것이고, 다른 하나는 다중의 행동의 진보적 혹은 해방적 성격에 관한 것이다.

첫 번째 문제와 관련하여 다중 개념을 가장 생산적으로 비판하는 사람들은, 특히 삶정치적 맥락에서는 사회가 근본적인 복수성, 더 정

* 그리스어에는 시간을 나타내는 두 가지 단어가 있다. 순차적으로 진행되는 물리적 시간(시계의 시간)을 나타내는 '크로노스'chronos, *Χρόνος*와 그 물리적 시간의 창조적 파열로서의 '사이 시간'을 나타내는 '카이로스'*καιρός*가 그것이다.

확하게 말하자면 환원될 수 없는 특이성들의 다양체로 구성된다는 우리의 판단을 받아들인다. 문제는 이 특이성들이 정치적으로 함께 행동할 수 있는가 없는가, 있다면 어떻게 가능한가이다. 여기서 근본적으로 관건이 되는 것은 '정치적인 것'의 개념 자체이다. 예를 들어 피에르 마슈레Pierre Macherey는 정치란 개인적 수준에서가 아니라 사회적 수준에서 결정을 할 수 있는 능력을 필요로 한다고 매우 옳게 설명한다. "어떻게 다중의 삶이 신체가 될 수 있는가?"라고 그는 묻는다. "정치적 조직체의 개입이 필요하다. 이때 정치적 조직체란 다중의 뿌리줄기 구조를 유지하면서도 그 자체로 집단적이어야 하고 수직적인 명령 형태를 거부해야 하는 조직체, 그런 점에서 수평성의 평면에서 전개되기를 요구받는 내재적 운명에 항상 충실한 조직체를 말한다. 그렇다면 어떻게 다중은 다중을 구성하는 특이성들의 자율을 희생하지 않고 스스로를 조직할 수 있는가?"[40] 마슈레는 다중의 다양성이 정치적 장애물 혹은 난제를 낳는다고 본다. 정치적 신체로서 행동하고 결정을 내리는 것은 통일성을 필요로 한다고 생각하기 때문이다. 따라서 그는 다중을 위한 정치적 기획은 모두가 모순에 빠져 있다고 본다. 수평적 다양성을 희생하고 통일된 수직적 조직을 채택하여 더 이상 다중이 아니게 되거나, 아니면 그 구조를 유지함으로써 정치적 결정과 행동을 하지 못하게 되거나, 둘 중 하나라는 것이다.

에르네스토 라클라우Ernesto Laclau도 이와 유사하게 다중의 내재성과 복수성을 정치능력을 가로막는 장벽으로 간주한다. 그는 오늘날 다중의 초기적 조건이 존재한다는 데 동의한다. 사회적 장이 근본적인 이질성을 특징으로 한다는 것이다. 그다음에 그는 (여전히 다중 노선을 따라서) 정치적 행동은 내재성의 평면에 있는 특이성들이 그들 사이의 정치적 관계를 정의하고 구조짓는 절합의 과정에 관여하는 것을 필요로 한다고 설명한다. 그러나 절합이 일어나려면 모든 특이성들에게 정체성을 부여하는 준거점으로 기능하고 과정을 이끌 수 있는 지도적 헤게모니 세력이 내재성의 평면 위로 출현해야 한다고 말할 때, 라클라우는 다중 노선에서 일탈한다. 헤게모니는 특이성들의 복수성을 통일성으로 재현하며 그리하여 다중을 민중people으로 변형시킨다.* 민중은 그 통일성으로 인해서 정치적 행동과 결정을 할 수 있다고 생각된다. "탁월한 정치적 행동은 항상 '민중'의 구축이 될 것이다."[41] 마슈레처럼 라클라우도 다중을 정치로 가는 도상에 있는 형상으로, 그러나 아직 정치적 형상이 되지는 못한 것으로 본다.

둘째 문제는 다중이 정치적으로 행동할 수 있는가 없는가와 관련된 것이 아니라 그 정치적 행동의 방향과 주로 관련된다. 말하자면 다중의 정치 형식과 연관된 것이 아니라 내용과 연관된 것이다. 주목할 것은, 이러한 방향의 문제를 제기하는 사람들은 다중의 정치적 결정과 행동이 해방을 향하리라고 생각할 이유가 없다고 본다는 점이다. 예를 들어 다중 개념을 가장 풍요롭게 발전시킨 사람들 중 한 명인 파

* 'people'을 우리말로 옮기는 일은 종종 난감하다. 어떤 때에는 '국민'이 적절하지만, 또 때로는 '민중(인민)'으로 옮기는 것이 적절할 때도 있고, 어떤 경우에는 양자 모두 다소 부적절하기 때문이다. 이 번역서의 다른 곳에서는, 특히 홉스의 주권론과 같은 내용을 다루는 경우에는 'people'을 주로 '국민'으로 옮겼다. 하지만 여기서는 이 옮김이 적절하지 않다고 생각되어 '민중'으로 옮긴다. 우리말 '민중'이 하나의 의미만을 가지지 않는다는 점이 어려움을 낳기는 한다. 예컨대 1980년대 변혁운동에서 '민중'은 노동자계급의 지도 아래 하나로 '통일'되며 노동자권력의 과도단계인 민중'권력'의 주체가 되는 집단을 가리키는 말로 사용되었다. 다른 한편, 민중문학 전통에서 '민중'은 종종 '빈자 다중'의 의미로 사용되었다. 독자들은 현재의 단락에서는 '민중'이 전자의 의미로 채택되었음을 본문의 내용에서 충분히 알 수 있을 것이다. 독자들에게 맥락에 따른 이해를 구하며, 아울러 다른 곳(예컨대 사회주의 국가를 논의하는 곳)에서는 '인민'이라는 역어를 사용한 경우도 있음을 밝혀둔다.

올로 비르노Paolo Virno는 다중의 정치가 극히 양면적이라고 본다. 그가 보기에 다중은 사회적 유대와 공격성을 대체로 같은 정도로 가지고 있기 때문이다. 자연상태에 있는 인간이 누구나 선하다고 생각하는 것은 순진하거나 무책임하다고 정치철학의 오랜 전통이 경고하듯이, 비르노는 삶정치적 생산을 특징으로 하는 '자연상태'의 양면성을 강조한다. 다중이 가지고 있는 강력한 새로운 도구들—소통·정동·지식 등의 도구 및 언어적 도구들—은 반드시 선으로 향하는 성질을 가지고 있는 것이 아니며 악을 위해서도 마찬가지로 쉽게 사용될 수 있다. 때문에 비르노는 '현실주의적' 입장을 취하여, 다중의 긍정적인 정치적 능력에 관한 어떠한 논의도 부정적인 것을 보는 냉정한 시선을 동반해야 한다고 주장한다.[42]

이와 유사하게 발리바르도 진보적 지향이나 반체제적 성격을 다중의 행동에 보장해줄 내적인 정치적 기준이 다중 개념에 결여되어 있음을 강조한다. 다중은 전지구적 착취체제에 저항하고 체제와 싸우는 만큼이나 체제에 기여할 수도 있다는 것이다. 비르노처럼 발리바르도 다중의 양면적 성격을 강조한다. 그는 이 양면성을 예를 들어 다중과 관련된 공포의 이중적 의미를 통해 설명한다. 그가 보기에 다중이 느끼는 공포와 다중이 불러일으키는 공포 둘 다 정치적으로 다양한 방향으로 나아갈 수 있다. 발리바르의 견해를 비유적으로 표현하자면, 다중은 올바르게 항해하는 배가 될 수도 있지만, 키가 없이는 결국 어디로 갈지 예측할 수가 없다는 것이다.[43]

지젝과 바디우는 다중의 정치적 지향에 대한 문제제기를 한 단계 더 끌고 나아가서, 다중이 양면적이지 않고 지배세력과 한편에 서 있다고 주장한다. 지젝은 다중이 반자본주의 투쟁의 외양을 띠고 있을 때조차 실제로는 자본의 권력을 흉내 내며 뒷받침한다고 비난한다. 그는 다중론의 결함을 마르크스에게로 소급하여 추적한다. 지젝이 시사하는 바에 따르면, 마르크스의 오류는 자본이 자신의 무덤을 파는 세력을 창출한다고, 즉 자본주의 사회와 생산의 발전이 바로 자본의 내부에 혁명을 할 수 있는 적대적인 정치주체인 프롤레타리아를 창출한다고 믿은 것이다. 이에 반해서 지젝은 자본이 내적으로 산출하는 외면상의 적대와 대안은 실제로는 체제를 뒷받침하는 것으로 끝난다고 주장한다. 예를 들어서 그는 어떻게 자본이 무한히 다양한 상품과 그 상품들이 이끌어내는 욕망을 통해 시장과 소비의 영역에서 번성하는 다양체들을 창출하는지에 초점을 맞춘다. 그리하여 이 관점에서 보면 다중을 구성하는 다양체들과 그 수평적 네트워크 구조들은 자본 자신의 탈중심화되고 탈영토화하는 배치를 거울처럼 반영하며, 따라서 자본에 저항한다고 생각될 때조차 다중의 행동은 불가피하게 자본주의적 지배를 반복하고 재생산한다. 지젝은 근본적 변혁과 특히 자본주의적 지배에 대한 혁명적 대립이 다중론이 말하듯이 자본의 내부로부터 나오는 법은 결코 없을 것이라고 주장한다.[44]

지젝이 다중론의 잘못을 마르크스의 오류 탓으로 돌리는 반면, 바디우는 그것을 푸코의 연구작업 및 저항관 탓으로 돌린다. 바디우의 추론에 따르면, 저항은 항상 권력과 씨름하기 때문에 결코 권력을 벗어나지 못하며 더욱이 사건이 권력과 결별할 필요성을 결코 인식하지 못한다. 창조적이고 반체제적인 다중을 구상하는 것은 모두 꿈같은 환각un rêverie hallucinée일 뿐이라고 그는 주장한다. "이 경우에 '저항'이라는 이름으로 통하는 것은 권력 자체의 진보를 구성하는 요소일 뿐이다." 따라서 바디우의 평가에 따르면 현존하는 다중의 운동들은 별다른 의미를 갖고 있지 못하다. "우리가 본 것은 소시민 대중운동의 닳아빠진 레퍼토리에서 나온 매우 평범한 행동들일 뿐이다. 이러한 행동을 하는 사람들은 아무것도 하지 않으면서 즐길 권리를 시끄럽게 주장하고 그 어떤 형태의 기율도 피하려고 특히 조심한다. 이와 달리 우리는 기율이 모든 분야에서 진리에 이르는 열쇠임을 안다."[45] 바디우의 다중 비판은 사실상 지젝의 비판의 연장이며 일반화이다. 지젝이 마르크스의 오류를 지적하면서 다중이 자본과 싸운다는 외양 아래 단지 자본의 지배를 흉내 내며 뒷받침하고 있다고 비판한다면, 바디우는 푸코를 언급하면서 다중을 비롯한 저항기획들이 실제로는 권력 자체의 진보를 구성하는 요소일 뿐이라고 주장하는 것이다.

다중과 공통적 자연

다중의 정치적 능력과 지향에 관한 이러한 문제제기와 비판은 다중 개념이 우리의 삶정치적 현실에서 해방을 위한 조직화의 기획에 얼마만큼 적합한지를 집중적으로 해명할 기회를 마련해준다는 점에서 유용하다. 제기된 문제들에 답하기 위해서는 다중이 어째서 자연발생적인 정치적 주체가 아니라 정치적 조직화의 기획인지를 보여주고, 그리하여 논의를 '다중으로 **존재하기**'being the multitude에서 '다중 **만들기**'making the multitude로 이동시켜야 한다. 그러나 제기된 문제들을 직접 다루기 전에 우리는 다중 개념의 철학적·정치적 토대 중 일부를 탐구하고, 특히 다중이 자연과 상호작용하고 자연을 변형시키는 방식을 연구할 필요가 있다.

'국민(민중)'처럼 다중은 정치적 구성과정의 결과이다. 물론 국민은 복수적인 사회적 장 위에 군림하는 헤게모니적 권력에 의해 통일체로서 형성되고, 다중은 내재성의 평면에서 헤게모니 없이 이루어지는 절합들을 통해 형성된다는 점에서 양자는 차이가 있다. 우리는 이 두 과정들이 정치와 자연상태의 관계를 상이한 방식으로 정립한다는 점을 인식함으로써 이 차이를 다른 관점에서 볼 수 있다. 정치이론의 오랜 전통은 헤게모니 혹은 주권의 구축이 자연상태의 아나키에서 시민적 상태civil state의 정치적 삶으로의 이행을 필요로 한다고 말한다. 그러나 다중의 구성은 자연상태와 시민적 혹은 정치적 상태를 이렇게 구분하지 않는다. 다중의 구성은 자연상태를 결코 떠나지 않으면서도 철저하게 정치적이다. 다중의 구성에서 자연의 변형이 작동하는 것을 보면 이는 겉으로 보이는 것만큼 역설적이지 않다.

페미니즘 이론가들은 자연을 고정되고 불변적인 것으로 그리고 문화적·사회적 상호작용으로부터 분리되어 있고 그것에 선행하는 것으로 보는 사고방식이 야기하는 정치적 장애를 올바로 인식하면서, 어떻게 자연이 항상 구축되고 변형될 수 있는지를 입증해왔다. 예를 들어 주디스 버틀러는 자연의 고정성을 문제 삼음으로써 전통적인 성-젠더 구분에 이의를 제기한다. 2세대 페미니즘의 주류 이론은 젠더가 어떻게 변형 가능하고 사회적으로 구축되는지를 연구하면서도 성차性差는 자연적이고 생물학적이며 따라서 불변적인 것으로 전제한다고 버틀러는 설명한다. 버틀러는 젠더만이 아니라 성도 사회적으로 구축되며 성과 성차는 푸코의 말로 하자면 담론적 형성체라고 주장한다. 이는 성이 생물학이나 신체와 직접적으로 연결되어 있음을 부정하고자 하는 것이 아니라 우리가 성에 대해서 알고 생각하는 것, 즉 성에 대한 우리의 이해방식이 특정의 사회적 담론들에 불가분하게 함입되어 있음을 시사하고자 하는 것이다.[46] 다른 페미니즘 이론가들은 자연이 사회적 구축물과 실천에 따라서 변이한다는 것을 입증하기 위하여 과학적·생물학적 관점에서 이 입장을 계속 밀고나간다. 예를 들어 앤 포스토-스털링Anne Fausto-Sterling은 어떻게 자연과 신체가 사회적 상호작용을 통해 늘 변형되는지를, 특히 우리가 성과 성차라고 알고 있는 것이 어떻게 사회·문화적 실천과 의식에 전적으로 함입되어 있는지를 탐구한다. 그녀의 주장에 따르면, 우리가 인간의 신체를 구성하는 요소들 중에서 가장 고정된 본성을 가진 것들 가운데 하나라고 생각하는 뼈구조조차 발달하는 데 특수한 유인誘因들을 필요로 하며, 성장기 신체 활동과의 복잡한 관계들—이것들 중 다수는 특수한 젠더 관련 활동에 의해 규정된다—에 따라 상이하게 변화한다. 문화가 뼈를 형성한다.[47] 자연이라는 것은 없다는 말이 아니다. 자연이 사회적·문화적 상호작용에 의해서 끊임없이 변형된다는 말이다. 자연이 변이한다는 주장은 구성적 존재론이라는 철학적 입장, 즉 존재는 사회적 행동과 실천이 이끄는 생성의 과정을 겪게 되어 있다는 생각과 긴밀하게 연관되어 있다. 스피노자의 어휘를 빌리자면, 신 혹은 존재 혹은 자연은 세계에서 이루어지는 양태들의 상호작용으로부터 분리되어 있거나 그것에 선행하지 않으며 오히려 전적으로 그 양태들에 의해 구성된다.[48]

자연의 조형성과 변이 가능성에 대한 이러한 연구는 실로 공통적인 것과 연관된다. 정말이지 자연은 공통적인 것을 지칭하는 또 하나의 단어일 뿐이다. 그러나 우리가 앞에서 언급했던, 공통적인 것의 두 개념 사이의 구분을 염두에 두는 것이 중요하다. 전통적인 사고 속의 공통적인 것이 사회 바깥에 있는 자연세계인 반면에, 삶정치적인 공통적인 것은 삶의 모든 영역에 똑같이 스며들며 따라서 대지·공기·원소 혹은 식물 및 동물만이 아니라 인간 사회를 구성하는 요소들(공통의 언어·습관·몸짓·정동·코드 등)과도 연관된다. 로크나 루소 같은 사상가들이 대표하는 전통적인 생각에 따르면 사회의 형성과 역사의 진보가 불가피하게 공통적인 것에 담을 치고 사유재산으로 만들어 공통적인 것을 파괴하는 반면, 삶정치적 입장은 공통적인 것의 보존을 강조할 뿐 아니라 공통적인 것을 생산하는 조건을 둘러싼 투쟁을 강조하고 또한 그 특성들 중에서의 선별, 이로운 형태들의 증진, 해롭고 부패한 형태들로부터의 탈출을 강조한다. 이것을 공통적인 것의 생태학이라고 부를 수도 있을 것이다. 이는 자연과 사회, 인간과 비인간 세계에 똑같이 초점을 맞추고 양자가 상호의존·돌봄·상호변형의 역동적 관계를 맺는 것으로 파악하는 생태학이다. 이로써 우리는 어째서 다중의 정치적 조직화가 주권론 전통이 주장하는 방향과 달리 자연상태를 떠나는 것을 필요로 하지 않으며, 오히려 자연·문화·사회에 동시에 작용하는 공통적인 것의 변형을 요구하는지를 더 잘 이해할 수 있게 되었다.

공통적인 것의 변형은 우리를 곧바로 주체성의 생산이라는 문제로 이끈다. 1980년대와 1990년대에 이 문제를 둘러싸고 이른바 포스트모더니즘 논쟁이 얼마나 열띠게 벌어졌던가를 생각해보는 것이 유용할 듯하다. 한편에는 일반적으로 의식의 생산에 초점을 맞추는 포스트모더니스트들이 있었다. 어떤 면에서 그들의 입장은 고전적인 프랑크푸르트학파의 테제—자본주의 사회에서 문화산업, 소비지상주의, 상품문화로 인해 소외된 의식이 생산된다는 것—를 반복하면서도 프랑크푸르트학파의 침울함을 더 명랑한 성향으로 대체한 것이었다. 상품화된 자본주의 문화의 회로들에서 주체성이 생산된다는 주장은, 어떤 이들에게는 유희와 우연에 기반을 둔 약한 자유관을 예고하는 듯했다. 다른 편에는 이성·실재·진리만이 아니라 해방을 위한 정치의 가능성의 이름으로 주체를 옹호하는 모더니스트들이 있었다. 이들은 권력이 기능하는 영역 외부에 있는 안정된 주체가 계급정치·인종정치·페미니즘 및 기타 정체성 영역들에서 정치의 토대로서 필요하다고 생각했다. 이 두 진영—인정컨대 논의의 편의상 구도를 단순화하여 제시한 것이 사실이다—이 가장 가시적인 논쟁들을 독점하였으나, 우리의 입장에 더 가까운 제3의 접근법이 같은 시기에 푸코, 들뢰즈, 가타리에 의해서 발전되었다. 이 저자들은 제도적 구조물, 정신분석적 담론, 국가장치 등에서 주체성이 생산되는 메커니즘에 초점을 맞추지만, 주체성이 권력의 장치들에 의해서 생산된다는 점을 찬양하지도 않고 그것에 절망하지도 않는다. 그들은 주체성의 생산을 정치투쟁이 벌어지는 주된 지형으로 본다. 우리는 주체성이 생산되는 회로들에 개입하고 통제의 장치들로부터 탈출하며 자율적 생산의 기반을 구축할 필요가 있는 것이다.[49]

주체성 생산의 정치는 (앞서 분석한) 공통적인 것이 변형되는 경제적 과정을 더 잘 이해하도록 돕는다. 삶정치적 생산 즉 아이디어·코드·이미지·정동 및 사회적 관계의 생산은 인간 주체성을 구성하는 요소들을 직접적으로 취급한다. 이 지형이 바로 주체성이 태어나고 머무는 지형이다. 여전히 경제적 생산을 주체가 자연에 관여하는 것으로, 즉 노동을 통한 객체의 변형으로 생각하는 사람이 있을 것이다. 그러나 삶정치적 노동이 변형하는 '자연'은 주체성 자체이다. 따라서 경제적 생산과 주체성의 이러한 관계는 노동과정에 대한 전통적인 파악의 근거를 무너뜨리며 잠재적으로 빙빙 도는 고리 모양의 움직임을 창출한다. 그러나 우리는 공통적인 것의 변형이라는 관점에서 생산과정에 접근함으로써 이렇게 역설로 보이는 것을 헤치고 나아갈 수 있다. 그러면 삶정치적 생산에서 핵심을 이루는 이러한 종류의 경제적 과정은 자연과 주체성이 변형되고 구성되는 존재론적 과정이기도 하다는 것이 분명해진다.

그렇다면 다중은 존재하기로서 이해될 것이 아니라 만들기로서 이해되어야 한다. 혹은 더 정확히 말하자면 고정되거나 정태적이지 않고 부단히 만들기 과정을 거치면서 변형되고 풍부해지고 구성되는 존재하기로 이해되어야 한다. 그러나 이는 그 과정의 배후에 만드는 주체가 따로 있는 것이 아니라는 점에서 독특한 종류의 만들기이다. 주체성의 생산을 통해 다중은 그 자체가 영속적인 타자 되기, 즉 부단한 집단적 자기변형 과정의 주체가 된다.

'다중으로 존재하기'에서 '다중 만들기'로

일단 우리가 다중으로 존재하기에서 다중 만들기로 관점을 전환하면, 그리고 일단 우리가 다중을 공통적인 것에 기반을 둔 부단한 변형의 과정으로 인식하면, 우리는 앞에서 개관한 다중 개념에 대한 문제제기와 비판들에 더 잘 응답할 수 있게 된다. 첫째 부류의 문제를 제기하는 이들은 다중이 헤게모니에 의해 통일되지 않기 때문에 정치를 할 능력이 없다고 본다. 여기서 관건은 헤게모니적인 통일된 주체들만이 정치적 행동을 할 수 있느냐, 아니면 수평적으로 조직된 다양체들도 정치적 행동을 할 수 있느냐이다. 우리는 앞에서 행했던 경제적 연구를 참조함으로써 이 물음에 답할 수 있다. 삶정치적 생산은 공통적인 것의 지형에서 일어나고 오직 그 지형에서만 일어날 수 있다. 아이디어·이미지·코드는 고독한 천재가 생산하는 것도 아니고 보조하는 도제를 둔 장인이 생산하는 것도 아니며, 협력하는 생산자들의 광범위한 네트워크가 생산하는 것이다. 노동은 자본주의적 명령으로부터 점점 더 자율적이 되는 경향이 있고, 따라서 자본의 수탈 및 통제 메커니즘은 생산성을 방해하는 족쇄가 되고 있다. 삶정치적 생산은 지휘자 없이 박자를 맞추는 오케스트라이며, 만일 누구라도 지휘대에 오른다면 오케스트라는 연주를 멈추게 될 것이다.

우리는 이러한 삶정치적 경제의 생산 모델에서 정치적 행동을 유추해낼 수 있다. 광범한 사회적 다양체가 비물질적 생산물과 경제적 가치를 생산하듯이, 다양체로서의 다중도 정치적 결정들을 산출할 수 있다. 실상 이는 유추를 훨씬 넘어서는 것이다. 경제 영역에서 필요하여 발휘되고 있는 능력들은 동시에 정치적인 능력이기도 하기 때문이다. 바꾸어 말하자면, 계획을 짜서 협력을 조직하고 집단적으로 생산할 수 있는 생산자들의 능력은 정치 영역에도 직접적인 영향을 미쳐서 집단적인 결정을 위한 도구와 습관을 제공한다. 이런 점에서 한나 아렌트Hannah Arendt와 같은 저자들이 제시하는 경제적 생산과 정치적 행위의 분할은 전혀 타당하지 않게 된다. 아렌트의 정치관은 복수성과 자유에 초점을 맞추고 정치적 행위를 공통의 세계에서 소통하고 협력하는 특이성들의 영역으로 특징짓는다. 그녀는 이것을 호모 파베르Homo faber의 경제적 영역과 구분한다. 이 경제적 영역은 따로 작업장에 할당되며 도구의 차원에서 생산물을 만드는 것을 향한다. 그녀의 추론에 따르면, 경제적 생산자는 정치를 규정하는 '행위'와 '말'을 게으름과 쓸모없는 잡담으로 비난하는 경향이 있다. 작업work은 협소하게 목적으로 향하며, 그리하여 "생산과정의 힘은 전적으로 최종 생산물에 의해 흡수되고 소진된다." 이에 반해 정치적 과정의 힘은 생산물로 소진되지 않으며 오히려 "그 결과가 증식하는 동안" 증가한다. "인간사의 영역에서 지속되는 것은 이러한 과정들이며, 그 지속은 인류 자체의 지속만큼 무한하고 또 그만큼 물질의 소멸 가능성이나 개별 인간들의 유한성으로부터 독립되어 있다."[50] 아렌트는 분명히 공장을 주된 모델로 하는 물질적 생산이라는 경제적 패러다임을 언급하고 있다. 그러나 우리가 일단 시선을 삶정치적 생산으로 돌리면 그녀가 정치적인 것에 귀속시키는 모든 특성들—공통적 세계에서 이루어지는 광범하게 다양한 특이성들의 협력, 말과 소통의 핵심적 중요성, 공통적인 것에 기반을 두는 동시에 공통적인 것을 결과로 낳는 과정의 부단한 연속성—이 경제적인 것에도 마찬가지로 적용된다는 것을 분명하게 알 수 있다. 이것이 이러한 형태의 생산을 지칭하기 위하여 '삶**정치적**'이라는 용어를 사용하는 하나의 이유이다. 경제적 능력과 행동 그 자체가 직접적으로 정치적이기 때문이다. 여기서 우리는 아렌트가 노동이라 부르는 세 번째 근본적인 인간 활동을 구분해낸다는 점에 주목해야 한다. 그녀가 생각하는 노동은 신체의 생물학적 기능에 상응하며 따라서 삶에 필요한 것들의 생산에 상응한다. 그러므로 그녀의 설명에 따르면 노동의 조건과 목적 모두 삶 자체이다. 물론 아렌트는 주로 정치 영역을 욕구의 세계로부터 분리하여 돋보이게 하기 위한 배경으로 노동 개념을 사용한다. 그러나 여기서도 우리는 그녀의 구분이 점점 타당성을 잃어가는 것을 볼 수 있다. 정치가 욕구와 삶의 영역으로부터 분리 가능했던 적은 결코 없을 것이다. 그러나 특히 오늘날에는 삶정치적 생산이 점점 더 삶형태의 생산을 일반적 목적으로 하고 있다. 따라서 '**삶**정치적'이라는 용어가 효용이 있는 것이다. 이렇듯 다중 만들기에 초점을 맞출 때, 우리는 어떻게 생산적 활동이 자기 만들기라는 정치적 행위이기도 한지를 인식할 수 있게 된다.

이제 다중의 정치적 능력에 관한 첫째 부류의 물음에 쉽게 대답할 수 있는 준비를 온전히 갖추게 되었다. 정치적 행동과 결정에 필요한 특이성들의 조직화가 직접적이거나 자연발생적이지 않은 것은 사실이다. 그러나 헤게모니와 통일성, 즉 주권적이고 통일된 권력—국가든, 정당이든, 국민이든—의 형성이 정치의 필수 조건이라는 의미는 아니다. 자연발생성과 헤게모니 사이의 양자택일만 가능한 것은 아니다. 다중은 공통적인 것 속에서 특이성들의 갈등적이면서도 협력적인 상호작용을 통해 스스로를 조직하는 힘을 발전시킬 수 있다. 이러한 경향을 인정한다 하더라도, 다중이 그러한 책임을 감당할 준비가 되어 있는가, 정치적으로 조직·행동·결정할 능력을 충분히 갖추고 있는가라는 질문은 여전히 합리적이다. 어떤 관념적이거나 상상된 인구를 바탕으로 혁명을 하지 말라는 1917년 10월 혁명 전야 레닌의 권고를 기억하자. 러시아 민중은 스스로를 다스릴 준비가 되어 있지 않으며 이행기 동안 그들을 이끌 지도 세력을 필요로 한다고 그는 주장하였다. 러시아 민중은 작업장에서 종속과 감독 그리고 관리자들을 필요로 하도록 훈련받았으며, 직장에 상사가 있기에 정치에서도 상사를 필요로 한다는 것이다.[51] 레닌의 권고에 담긴 논리는 오늘날의 경제에서 삶정치적 생산이 갖는 경향적 헤게모니와 그것에 동반되는 특성과 능력에 대한 앞선 우리의 설명에 더욱더 무게를 부여한다. 만일 우리가 사람들의 일상생활에서, 직장에서, 혹은 더 일반적으로는 사회적 생산에서 자기조직화와 협력의 능력을 현실적으로 확립할 수 있다면 다중의 정치적 능력은 더 이상 문제가 되지 않을 것이다.

진보적이냐 퇴보적이냐, 현재의 권력체제에 저항하느냐 그것을 뒷받침하느냐라는, 다중의 정치적 지향과 관련된 두 번째 부류의 물음에는 쉽게 답하기가 어렵다. 앞선 장들에서 우리는, 권력이란 자유로운 주체들에게만 행사되기 때문에 저항이 권력에 선행하며, 따라서 비록 권력의 '내부에서 대항하는' 상황에 있다고 하더라도 저항이 권력의 구조를 강화하거나 반복할 수밖에 없는 것은 아니라고 말했다. 우리는 또한 삶정치적 사건이라는 개념을 제시했는데, 이는 사건은 오직 '외부에서만' 오며 따라서 우리의 유일한 정치적 의무는 외부에서 온 사건과 그 진리에 충실하려고 노력하는 것, 사건이 출현한 후에 기율을 유지하는 것이라는 생각과는 다른 것이었다. 사건이 외부에서 온다는 생각을 따르는 사람들은 일종의 메시아에 대한 열망과도 같은 것을 가지고 또 다른 사건이 오기를 기다릴 수 있을 뿐이다. 이와 달리 삶정치적 사건은 공통적인 것을 생산하는 창조적 행동들 속에 들어 있다. 창조의 행동에는 실로 무언가 신비로운 것이 있다. 하지만 이것은 매일 다중의 내부에서 솟아오르는 기적이다.

그러나 사건의 창출과 저항은 아직 다중의 정치적 지향을 확립하지 못한다. 공통적인 것의 특징들과 공통적인 것에 대한 다중의 관계가 우리에게 어떻게 나아가야 할지에 대한 암시를 준다. 마슈레는 언제나 권력의 한계를 초과하는 공통적인 것의 반란적 성격을 짚어낸다. "따라서 공통적 삶이라는 말은 협력과 협동을 가동시키는, 일단 움직이면 무한히 확장될 수 있는 네트워크를 가동시키는 집단적 창조의 모든 형상들을 의미하는 것으로 이해되어야 한다. 바로 이 때문에 공통적 삶은 모든 체제와 모든 고정된 질서를 넘어서며, 필연적으로 이 체제와 질서에 대해서 반란을 일으키게 되는 것이다."[52] 공통적인 것에 기반을 둔 다중이 항상 권력의 한계를 초과한다는 사실은 지배체제와의 양립 불가능성을, 그리고 그런 의미에서 반체제적 성격을 가리킨다. 그러나 이러한 사실만으로는 아직 다중의 해방적인 정치적 지향을 확립하기에 충분치 않다.

다중의 정치적 방향성의 한 측면은 사회제도들에 축적된—가족·기업·민족을 포함하는—공통적인 것의 모든 부패한 형태로부터의 엑서더스에서 찾을 수 있다. 다중은 공통적인 것의 이로운 형태를 선별하고 해로운 형태로부터 벗어나야 한다. 우리는 이제, 이 제도들에서 공통적인 것이 가진 부패한 측면이란 위계·분할·한계를 통하여 주체성의 생산을 봉쇄하고 더 나아가 공통적인 것의 생산을 봉쇄하는 데 있음을 알 수 있다. 다중은 선별과 엑서더스를 통해 공통적인 것을 가동시켜 그 생산과정을 재개해야 한다.

정치적 지향은 또한 (정치적 구성으로서만이 아니라 경제적 생산으로도 파악되는) 다중 **만들기**의 측면에서 정의되어야 한다. 삶정치적 생산의 맥락에서 다중은 공통적인 것을 기반으로 움직이고 공통적인 것을 생산함으로써 부단히 자신을 변형시킨다. 이는 프롤레타리아는 늘 변형되는 주체라는, 노동을 통해서 변형될 뿐 아니라 더 나아가서 노동으로부터 자유롭게 풀려난 시간에 이루어지는 사회적·협력적·창의적 활동을 통해서 변형되는 주체라는 푸리에Charles Fourier의 유토피아적 통찰에 대한 마르크스의 찬탄을 상기시킨다. 마르크스는 푸리에의 통찰을 확장시켜 이렇게 설명한다. "그렇다면 이 과정은 생성의 과정에 있는 인간과 관련해서는 수련인 동시에 생성을 완료한 인간과 관련해서는 실천, 실험적 과학, 물질적으로 창조적인 대상화하는 과학이다. 생성을 완료한 인간의 머릿속에는 사회에 대한 축적된 지식이 존재하는 것이다."[53] 생산과정에서 이루어지며 공통적인 것의 확장에 기반을 둔 다중의 자기변형이 정치적 영역에서 다중의 자치라는 방향을 처음으로 가리킨다.

그러나 삶정치적 사건들로 활기를 띠게 되고 공통적인 것의 부패한 형태들에서 탈출하며 이로운 형태의 공통적인 것의 생산을 촉진하는 데 바쳐지는 이 모든 요소들도 아직 다중의 정치적 지향을 적절하게 구체화한 것은 아니다. 우리는 이 지점에서 조직화의 문제를 직접 다룰 필요가 있다. 이것이 바로 다중의 진보적·해방적·반체제적 성격이 다중 고유의 튼실한 제도들에서 확증되고 공고화되어야 할 지형이기 때문이다. 다중에게 적절한 정치적 조직화의 이론, 바로 이것이 우리가 이 절에 뒤이은 「특이성에 관하여 1」과 「간주곡」에서, 그리고 이 책의 후반부 전체를 통하여 다루게 될 주된 과제들 중 하나가 될 것이다. 조직화의 지형이야말로 다중이 혁명적 형상이 될 수 있으며 실로 오늘날 혁명을 할 수 있는 유일한 형상임을 확증할 장소이다.

특이성에 관하여 1
—사랑에 사로잡히다

그대의 사랑이 말벌과 난초의 관계와 같게 하라.
질 들뢰즈·펠릭스 가타리

우리가 지금까지 쌓아온 이론적 요소들—빈자 다중에서 대안근대성의 기획까지, 삶정치적 노동의 사회적 생산성에서 자본의 명령으로부터의 엑서더스까지—은 그것들을 묶어서 일관된 기획으로 생기를 불어넣는 또 하나의 요소가 없다면 그 모든 힘에도 불구하고 활성화되지 못한 채로 단순히 병존할 위험에 처하게 된다. 빠진 것은 '사랑'이다. 그렇다. 우리는 사랑이라는 용어가 많은 독자를 불편하게 만든다는 것을 안다. 어떤 사람들은 당혹하여 앉은 자리에서 몸을 꿈틀거릴 것이고, 또 어떤 이들은 우월감으로 능글맞게 웃음 지을 것이다.[54] 사랑은 감상으로 가득 차 있어서 철학적인 담론에 거의 맞지 않으며 정치적 담론에는 더욱 적합하지 않은 것으로 보인다. 사랑에 대해 말하고 사랑의 따뜻한 품에 안기는 것은 시인들에게나 맡기라고 많은 이들이 말한다. 이들과 달리 우리는 사랑이 철학과 정치에 필수적인 개념이며 이 개념을 파고들고 발전시키는 데 실패한 것이 현대 사상이 가진 허약성의 한 가지 핵심적 원인이라고 생각한다. 사랑을 사제, 시인, 정신분석가들에게만 맡겨두는 것은 현명한 일이 아니다. 우리는 사랑 개념과 관련하여 대청소와도 같은 것을 할 필요가 있다. 그리하여 사랑을 철학적·정치적 담론에 부적격한 것으로 보는 일부 잘못된 생각들을 치워버리고 사랑 개념을 그 효용을 입증하는 방식으로 다시 정의해야 한다. 우리는 그 과정에서 철학자들과 정치학자들이, 그리고 심지어 경제학자들까지도 자신들의 사유가 냉정한 정밀성을 가진 것으로 상상함에도 불구하고 실제로는 종종 사랑에 대해 말하고 있음을 발견하게 될 것이다. 그리고 만일 그들이 그토록 부끄러움을 타지만 않는다면 자신들도 종종 사랑에 대해 말한다고 할 것이다. 이는 어째서 사랑이 실제로 우리가 전개하고 있는 기획의 살아 있는 핵심인지를, 사랑이 없다면 나머지는 생명력 없이 쌓아놓기만 한 무더기로 남으리라는 것을 입증하는 데 도움이 될 것이다.

사랑을 철학적·정치적 개념으로 이해하기 위해서는 빈자의 관점에서, 빈자들이 어디서나 보여주는 사회적 유대와 사회적 생산의 수많은 형태들에서 시작하는 것이 유용하다. 유대, 다른 사람들을 돌보는 것, 공동체를 창조하는 것, 공통의 기획으로 협력하는 것은 빈자들에게 필수적인 생존 메커니즘이다. 이로써 우리는 앞서 강조했던 가난의 요소들로 돌아가게 된다. 빈자는 물질적 결핍에 의해서 정의되지만, 사람들이 벌거벗은 삶으로 환원되는 경우는 없으며 항상 발명과 생산의 힘을 갖추고 있다. 실상 빈자의 진정한 본질은 결핍이 아니라 힘(활력)이다. 우리가 연대하여 모일 때, 우리가 우리의 개별적 신체들 그 어느 것보다 훨씬 더 강력한 사회적 신체를 형성할 때, 우리는 새로운 공통적 주체성을 구축하고 있는 것이다. 그리하여 빈자의 관점의 도움으로 드러나는 우리의 출발점은, 공통적인 것이 생산되고 주체성이 생산되는 과정이 바로 사랑이라는 것이다. 이 과정은 단지 물질적 재화와 기타 필수품들을 생산하는 **수단**이 아니라 그 자체로 **목적**이기도 하다.

만일 이러한 진술이 너무 감상적으로 들린다면, 정치경제학의 분석을 통해서도 같은 지점에 도달할 수 있다. 우리가 3부를 거쳐 오면서 밝혔듯이, 삶정치적 생산의 맥락에서 공통적인 것의 생산은 경제적 생산으로부터 분리되어 있거나 경제적 생산의 외부에 있지 않다. 즉 사적인 영역이나 재생산 영역에만 국한되어 있는 것이 아니라 자본의 생산과 분리 불가능하게 통합되어 있다. 정동적 네트워크, 협력의 계획, 사회적 주체성의 생산에서 사랑은 경제적 힘이다. 이런 식으로 파악된 사랑은 사람들이 종종 특징짓는 바처럼 자연발생적이거나 수동적이지 않다. 사랑은 하늘에서 뚝 떨어지듯 신비하게 일어나는 사건이 아니다. 사랑은 공동으로 계획하고 실현하는 행동이며 삶정치적 사건이다.

사랑은 철학적 의미에서도 생산적이다. 즉 존재를 생산한다. 우리가 사랑에 다름 아닌 주체성의 생산에 관여할 때, 우리는 단지 세계 안에 새로운 객체들을 창조하는 것이 아니며, 심지어는 새로운 주체들을 창조하기만 하는 것도 아니다. 우리는 새로운 세계 자체를, 새로운 사회적 삶을 생산한다. 바꾸어 말하자면, 존재는 그것을 뒤에 두고 삶이 진행되는 어떤 불변의 배경이 아니라 살아 있는 관계이며, 우리는 부단히 그 관계에 개입할 힘을 가지고 있다. 사랑은 이미 존재하는 것과의 단절과 새로운 것의 창조를 나타낸다는 점에서 존재론적 사건이다. 존재는 사랑에 의하여 구성된다. 이러한 존재를 구성하는 능력은 철학자들 사이에 수많은 충돌이 벌어진 전장이었다. 예를 들어 하이데거는 (앞서 우리가 다룬) 가난에 대한 강의에서 존재론적 구성이라는 생각에 열심히 반격을 가한다. 그의 주장에 따르면 필요하지 않은 것을 결핍할 때 필요한 것 즉 존재와의 관계가 드러나므로, 인류는 부유해지기 위해서 가난해진다. 그러나 존재와의 관계에서 하이데거가 생각하는 바의 빈자는 구성적 능력을 가지지 못하며, 인류 전체도 실상 존재 앞에서 무력하다. 이 점에서 스피노자는 하이데거의 정반대편에 서 있다. 하이데거처럼 스피노자도 인류가 존재에 대한 자신의 관계를 인식할 때 부유해진다고 말할 것이다. 그러나 스피노자에게 그 관계는 하이데거의 경우와 전혀 다르다. 특히 스피노자 『윤리학』의 신비로운 5부에서 인간은 사랑을 통해 능동적으로 존재를 구성하는 것으로 제시된다. 스피노자는 예의 기하학적 엄밀성으로, 사랑은 기쁨이라고, 즉 행동하고 사유하는 우리의 능력의 증가가 그 외적 원인에 대한 인식과 함께 일어나는 것이라고 설명한다. 사랑을 통해 우리는 그 원인과 관계 맺으며, 새롭고 더 높은 활력을 가진 신체와 정신을 형성하면서 우리의 기쁨을 반복하고 확대하고자 한다. 바꾸어 말하자면, 스피노자에게 사랑은 공통적인 것의 생산인데, 이는 더 많은 활력을 가지고 더 많은 것을 창조하려 하면서 늘 더 높은 것을 목표로 하게 되어 마침내 신에 대한 사랑에 관여하는 지점에 이르게 된다. 여기서 신에 대한 사랑이란 자연 전체에 대한 사랑이며 공통적인 것의 가장 확대된 형상이다. 모든 사랑의 행동은 기존 존재와의 단절을 나타내고 새로운 존재를 창조한다는 점에서 존재론적 사건이라고 말할 수 있다. 가난에서 사랑을 통해 존재에 도달하는 것이다. 결국 존재는 공통적일 수밖에 없는 것을 말하는, 사유화되거나 울타리 쳐지는 것을 거부하고 항상 누구에게나 열려진 상태로 남아 있는 것을 말하는 또 하나의 방식일 따름이다(사적 존재론이란 것은 없다). 그러므로 사랑이 존재론적으로 구성적이라고 말하는 것은 단지 사랑이 공통적인 것을 생산한다는 것을 의미할 뿐이다.

사랑을 공통적인 것의 생산과 같은 것으로 보자마자, 사랑도 바로 공통적인 것처럼 심층적으로 양면적이며 부패의 가능성을 안고 있음을 인식할 필요가 생긴다. 사실 오늘날 일반적인 담론에서 그리고 대중문화에서 사랑으로 통하는 것은 대부분 그 부패된 형태들이다. 이러한 부패는 주로 공통적인 것에서 동일한 것the same으로 이동하는 데서, 즉 공통적인 것의 생산에서 동일한 것의 반복 혹은 통일화의 과정으로 이동하는 데서 발생한다. 이와 달리 사랑의 이로운 형태를 다른 것과 구분해주는 변별적 특징은 공통적인 것과 특이성들의 부단한 상호작용이다.

사랑의 부패한 형태 중 하나는 정체성에 기반을 둔 사랑, 즉 동일한 것에 대한 사랑이다. 이는 예를 들어 당신의 이웃을 사랑하라는 요구를 거리가 가장 가까운 사람, 즉 당신과 가장 닮은 사람을 사랑하라는 요구로 이해하는 협소한 해석에 기반을 둘 수 있다. 가족에 대한 사랑—가족 안에 있는 사람을 맨 먼저 그리고 가장 많이 사랑하고 그 외부에 있는 사람들을 그 다음으로 사랑하거나 배제하라는 압력—은 정체성에 기반을 둔 사랑의 한 형태이다. 인종에 대한 사랑, 민족에 대한 사랑 혹은 애국심도 이와 유사하게 당신과 가장 닮은 사람을 가장 사랑하라는 압력, 따라서 당신과 다른 사람은 덜 사랑하라는 압력의 사례들이다. 이처럼 공통적인 것의 부패한 형태인 가족·인종·민족은 당연하게도 부패한 형태의 사랑의 기반이다. 이러한 관점에서 우리는, 포퓰리즘·민족주의·파시즘 및 다양한 종교적 근본주의들이 증오보다는 사랑에 기초하고 있지만 이 경우 사랑은 정체성에 기반을 둔 끔찍하게도 부패한 것이라고 말할 수 있다.

이러한 부패와 싸우는 초기의 전략은 이웃을 사랑하라는 요구에 대한 더 넓은, 더 관대한 해석을 채택하여, 이웃을 가장 가깝거나 가장 닮은 사람이 아니라 그 반대로 타자로 읽는 것이다. "따라서 이웃은 (…) 그저 자리를 지키고 있을 뿐이다"라고 프란츠 로젠츠바이크Franz Rosenzweig는 말한다. "사랑은 어떤 순간에라도 이웃이라는 자리에 들어올 수 있는 모든 구체적 존재들—사람들과 사물들—을 향하며, 최종적으로는 모든 것에, 세계 전체에 적용된다."[55] 그렇다면 일신론적 종교들의 모든 계명의 구현인 이웃을 사랑하라는 요구는, 타자를, 혹은 실로 타자성alterity을 사랑할 것을 요구하는 것이 된다. 성서의 주해를 설명으로 제시하는 것이 불편한 사람은 월트 휘트먼Walt Whitman의 시들을 생각해보라. 거기서 낯선 사람에 대한 사랑은 계속해서 경이·성장·발견을 특징으로 하는 마주침으로 나타난다. 니체의 차라투스트라가 이웃에 대한 사랑보다 더 높은 것이 "가장 먼 것에 대한 사랑"이라고 가르칠 때 그는 휘트먼과 유사한 생각을 말하고 있다.[56] 낯선 사람에 대한 사랑, 가장 먼 것에 대한 사랑, 타자성에 대한 사랑은 정체성에 기반을 둔 사랑—이는 사랑으로 하여금 늘 동일한 것을 반복하도록 강제함으로써 사랑의 생산성을 방해하고 왜곡한다—이라는 독에 해독제로서 기능할 수 있다. 여기에 삶정치적 사건으로서 사랑이 가지는 또 하나의 의미가 있다. 사랑은 이미 존재하는 것과의 단절 및 새로운 것의 창조를 나타낼 뿐 아니라 특이성들을 생산하고 특이성들이 공통의 관계 속에서 합성되도록 한다.

부패한 사랑의 두 번째 형태는 사랑을 통일의 과정으로, 동일한 것 되기의 과정으로 제시한다. 현대 문화에서 지배적인 '낭만적 사랑'의 관념—이것은 헐리웃이 매일 파는 상품이며 그것의 상투적인 요소이다—은 두 사람이 결합하여 하나가 될 것을 요구한다. 이 부패한 낭만적 사랑의 정해진 순차적 진행—연애-결혼-가족—은 마치 사람들이 잃어버린 퍼즐 조각처럼 자신의 짝을 찾아서 다시 온전한 하나를 만드는 (혹은 복원하는) 것처럼 보이게 한다. 결혼이나 가족은 커플을 하나의 단위 안에 가두며 이것이 차후에 (앞에서 말한 것처럼) 공통적인 것을 부패시킨다. 이와 동일한 통일로서의 사랑의 과정이 많은 상이한 종교전통들에서, 특히 그 신비주의적 측면에서 표현되기도 한다. 신에 대한 사랑이 신성한 통일체로 합일되는 것을 의미하는 것이다. 그러한 신비한 합일의 관념이 종종 낭만적 사랑의 상투적 언어를 사용하여 약혼자, 신성한 결혼 등을 거론하는 것은 놀랄 일이 아니다. 모두 동일한 목적, 즉 다수를 일자一者로 만들고 차이나는 것은 동일한 것으로 만드는 목적을 가지고 있기 때문이다. 마찬가지로 애국주의의 다양한 형태들도 통일된 민족, 민족 정체성을 형성하기 위해 차이와 타자성을 옆으로 제쳐놓는다(밀어놓는다)는 생각을 공유한다. 통일로서의 사랑이라는 이 두 번째 부패한 형태는 사실상 정체성에 기반을 둔 첫째 형태의 부패—동일한 것에 대한 사랑, 동일하게 만드는 사랑—와 긴밀하게 연관되어 있다.

여기서 우리 논의의 (이미 분명해졌을) 철학적 요점은, 다양한 특이성들이 공통적인 것 안에서 보여주는 동학은 다수와 일자 사이의 낡은 변증법과는 아무런 관계가 없다는 것이다. 일자는 다수와 대립하지만, 공통적인 것은 다양체들과 양립가능하고 심지어는 내적으로 다양체들로 구성된다. 공통적인 것과 다양체의 이러한 양립 가능성은 정치적 행동의 영역에서 제시되면 간단하게 (아마 너무도 간단하게) 이해될 수 있다. 만일 우리가 공통적인 세계를 공유하지 않는다면, 우리는 서로 소통하거나 서로의 욕구와 욕망에 관여할 수 없을 것이다. 그리고 만일 우리가 다양한 특이성들이 아니라면 소통하고 상호작용할 필요가 없을 것이다. 이런 점에서 우리는 공통적인 세계에서 이루어지는 특이성들의 상호작용과 합성으로서의 정치라는 아렌트의 생각에 동의한다.[57]

그러므로 공통적인 것 속에서 특이성들이 마주치도록 촉진하는 것이 바로 정체성과 통일성으로 인해 부패된 사랑—이는 주체성의 생산을 중단시키고 공통적인 것을 무효로 만든다—과 싸우는 주된 전략이다. 동일성과 통일성은 창조를 포함하지 않으며 차이 없는 반복일 뿐이다. 이와 달리 사랑은 공통적인 것 안에서 이루어지는 특이성들의 마주침과 실험—여기서 다시 새로운 공통적인 것, 새로운 특이성들이 생산되어 나온다—으로 규정되어야 한다. 우리가 존재론적 맥락에서 사랑의 과정을 **구성**constitution으로서 특징지었다면, 정치적 맥락에서는 그 **합성**composition의 힘을 강조해야 할 것이다. 사랑은 악보의 테마들처럼 특이성들을 한데 모아 합성하되, 통일체로 만들지 않고 사회적 관계들의 네트워크로 만든다. 공통적인 것의 구성과 특이성들의 합성이라는 사랑의 이 두 측면을 한데 모으는 것이 사랑을 물질적이고 정치적인 행동으로 이해하기 위한 중심적 과제이다.

우리는 경제적 생산이 실제로는 사랑의 문제라고 주장하면서 이 논의를 시작했다. 그러나 우리는 경제학자들이 이런 식으로 문제를 보지 않는다는 것을 매우 잘 알고 있다. 사실 경제학자들은 18세기 초 버나드 맨더빌의 풍자문학 『꿀벌의 우화』*The Fable of the Bees*를 사랑을 반대하는 노래로서, 경제학과 사랑 사이에 연관이 불가능하다는 증거로서 오랫동안 찬양해왔다. 여기서 맨더빌은 부유하고 강력하지만 (기만·탐욕·게으름·비겁함을 포함하는) 온갖 사적인 악덕들이 횡행하는 벌집에 대해 말한다. 벌집의 도덕가들은 부단히 악덕을 비난하지만 소용이 없다. 결국 벌집의 신神은 자꾸 같은 말을 듣는 것에 지쳐서 모든 꿀벌들을 덕이 높은 존재로 만들고 악덕을 제거한다. 그러나 그렇게 하자마자 벌집의 노동이 중단되고 벌집 사회는 붕괴한다. 이 우화는 분명 사회적 도덕가들과 합리주의적 유토피아주의자들을 겨냥한 것이다. 맨더빌은 그보다 앞선 마키아벨리와 스피노자처럼, 사회이론가는 사람들이 **어떠해야 하는가**를 설교하기보다 사람들이 **어떠한가**를 연구하고 실제로 사람들을 움직이는 정념들을 분석해야 한다고 주장하는 것이다.

맨더빌의 우화는 의도대로 18세기 영국 사회에 분개심을 불러일으켰다. 그러나 아담 스미스를 비롯한 몇몇 사람들은 맨더빌의 우화를 자본주의 이데올로기의 확인으로 읽었다. 스미스는 덕이 아니라 악덕이 공적 이익의 원천이라는 맨더빌의 주장—사람들은 탐욕 때문에 일하며, 비겁하기 때문에 법을 지킨다 등등—을 취해 자기이익이 시장교환과 자본주의 경제의 기반이라는 생각을 뒷받침하도록 한다. 모두가 자기이익을 위해 행동하면, 마치 보이지 않는 손이 이끄는 것처럼 시장 활동의 결과로 공적 이익이 생기리라는 것이다. 물론 공감을 비롯한 도덕적 감정들의 완강한 옹호자인 스미스는 악덕을 옹호하는 것이 아니라 단지 초점이 빗나간 도덕적 명령과 좋은 의도의 공적 통제를 경제 외부에 두고 싶었을 뿐이다. 스미스가 시장으로부터 가장 단호하게 추방하는 것은 공통적인 것이다. 사적 이익으로부터만 공적 이익이 나온다는 것이다. 널리 알려진 바이지만, 스미스는 이렇게 썼다. "우리가 식사를 기대할 수 있는 것은 푸주한, 양조업자 혹은 빵집 주인의 자비심 때문이 아니라 자신의 이익에 대한 그들의 관심 때문이다. 우리는 그들의 인간성과 관계하는 것이 아니라 그들의 자기사랑과 관계하며, 그들에게 우리 자신의 필요에 대해서가 아니라 그들의 이익에 대해서 말한다."[58] 경제적 교환의 영역에는 서로에 대한 사랑이 들어설 자리가 없다는 것이다.

벌집 안의 사회에 초점을 맞추지 말고 벌집 바깥에서 이루어지는 수분受粉에 초점을 맞출 때 우리는 경제생활에 대해 다소 다른, 최신의 우화를 얻게 된다. 꿀벌의 경우, 벌집에서 날아서 갈 수 있는 거리 내에 있는 꽃들이 긍정적 외부성을 구성한다. 꿀벌들은 사과꽃, 벚꽃 사이를 날아다니며 꿀을 모아서 벌집으로 나른다. 꿀벌이 꿀을 모을 때 꽃의 꽃밥에서 꽃가루가 다리에 묻게 되며 그 꿀벌이 다른 꽃으로 갈 때 다리에 묻은 꽃가루의 일부가 떨어져 그 꽃의 암술머리에 묻게 된다. 그리하여 꽃에게 꿀벌의 활동이 긍정적 외부성이 된다. 열매를 맺는 데 필요한 타가수분을 완료해주는 것이다. 이 꿀벌과 꽃의 경제적 우화는 긍정적 외부성과 서로 이익을 주는 교환에 기초한 상호부조의 사회를 제시한다. 여기서 꿀벌은 꽃의 욕구를 충족시키고 꽃은 꿀벌의 욕구를 충족시킨다.[59]

우리는 맨더빌과 스미스가 이 우화에 인상을 찌푸릴 것이라고 상상할 수 있다. 덕과 목적의식적 상호부조를 사회적 생산의 바탕으로 제시하기 때문이다. 우리도 꿀벌의 수분 우화에 대해서 머뭇거려진다. 그러나 맨더빌이나 스미스와는 다른 이유에서 그렇다. 우리의 머뭇거림은 이 우화가 장려하는 사랑의 종류와 관련된 것이다. 꿀벌과 꽃은 실로 일종의 사랑을 제시하지만, 이는 정태적이고 부패한 형태의 것이다. (우리는 우리가 꽃과 꿀벌을 인간으로 형상화하고 있다는 것을, 즉 인간의 특성과 욕망을 꽃과 꿀벌에 투사하고 있다는 것을 안다. 하지만 우화란 다 그런 것이 아니던가?) 꿀벌과 꽃의 결합은 하늘에서 맺어준 인연이다. 둘은 서로를 '완결'시켜 온전한 하나를 형성하는 반쪽들로서, 공통적인 것을 동일성과 통일성에 가둔다. 그러나 이러한 결합이 공통적인 것이 가진 생산성의 모델이 아니냐는 물음, 그것이 꿀과 열매를 생산하지 않느냐는 물음이 가능하다. 그렇다. 이것을 일종의 생산으로 부를 수도 있을 것이다. 그러나 그것은 실제로는 동일한 것의 반복일 뿐이다. 우리가 찾고 있는 것은, 그리고 사랑에서 중요한 것은 주체성의 생산과 특이성들의 마주침으로서, 이는 새로운 배치*와 공통적인 것의 새로운 형태를 구성하는 것이다.

새로운 우화를 쓰기 위해서 종種을 바꿔보자. 어떤 난초들은 암말벌의 성 페로몬 냄새를 발산하며, 꽃의 모양도 암말벌의 성기처럼 생겼다. 따라서 수분은 숫말벌들이 난초 사이를 다니면서 성기를 꽃에 삽입하고 그 과정에서 꽃가루를 몸에 묻히는 '의사擬似 교미'에 의해 이루어진다. 가타리는 들뢰즈에게 보낸 편지에서 "말벌들이 꽃과 성교를 하네!"라고 아이처럼 기뻐하며 외친다. "말벌들은 이 일을 그렇

* 여기서 '배치'로 옮긴 것은 'assemblage'로서, 이는 들뢰즈와 가타리의 주요 개념 중 하나인 'agencement'을 영어로 옮긴 것이다. '배치' 개념에 대해서는 들뢰즈와 가타리의 『천 개의 고원』을 참조하기 바란다.

게, 그냥, 재미로 하는군!"[60] 이 사례에서 가타리가 얻는 즐거움은 부분적으로 이 사례가 보통 자연에 부여되는 근면과 '생산주의'의 근거를 무너뜨린다는 사실에 기인한다. 이 말벌들은 의무에 충실한 일벌이 아니다. 이 말벌들은 무언가를 생산하도록 내몰리지 않는다. 그냥 재미있고 싶어 한다. 가타리의 관심을 끄는 두 번째 점은, 커플과 가족에서 일어나는 사랑의 부패에 대한 그의 평생에 걸친 비판을 강화하는 측면이 이 수분 이야기에 분명히 있다는 것이다. 말벌과 난초는 꿀벌과 꽃의 경우와 달리 결혼과 안정된 결합이라는 도덕 이야기를 제시하지 않으며, 오히려 일부 남성 동성애공동체에 공통적인 (특히 에이즈의 공격이 시작되기 이전에 있었던) 순차적으로 상대를 바꾸는 성性관계 시나리오들을 생각나게 한다(이는 장 주네Jean Genet, 데이비드 보이너로비치David Wojnarowicz, 새뮤얼 들레이니Samuel Delany가 쓴 글들의 여러 대목에서 볼 수 있다). 상대를 바꾸고 모르는 사람과도 관계를 맺는 성이 가타리에게 (혹은 주네, 보이너로비치, 들레이니에게) 따라야 할 사랑의 모델이라는 말이 아니라, 이 우화가 사랑이 커플과 가족에 갇혀 부패하는 데 대한 해독제를 제공하며 그리하여 사랑을 특이성들의 마주침으로 활짝 열어놓는다는 말이다.

가타리의 그 편지가 쓰이고 몇 년이 지난 후에 말벌과 난초 이야기가 들뢰즈와 가타리의 『천 개의 고원』*A Thousand Plateaus*에 실렸을 때 그 우화는 더 정련되어 진화 담론의 맥락에서 제시되었다. 들뢰즈와 가타리는 우선 난초가 식물학자들이 종종 말하듯이 말벌을 흉내 낸다거나 말벌을 기만하려는 것이 아님을 강조한다. 난초는 '말벌 되기'(말벌의 성기가 되기)의 과정에 있고, 말벌은 '난초 되기'(난초의 생식체계의 일부가 되기)의 과정에 있다. 중심적인 것은 이 두 '되기(생성)' 사이의 마주침과 상호작용이며, 이 두 '되기'는 함께 새로운 배치를, 말벌-난초 기계를 형성한다. 이 우화의 내용에는 의도나 이익과 같은 것이 들어 있지 않다. 말벌과 난초는 상호부조라는 덕의 모범이 아니며 이기적인 자기사랑의 모델도 아니다. 들뢰즈와 가타리의 기계적machinic* 언어는 그들로 하여금 "그것이 무엇을 의미하는가?"라는 물음을 피하게 해주며, 대신에 "그것은 어떻게 작용하는가?"에 초점을 맞추게 해준다. 이렇듯 그 우화는 말벌-난초의 사랑에 대한 이야기, 타자성의 마주침과 다르게 되기의 과정에 기반을 둔 사랑에 대한 이야기인 것이다.[61]

맨더빌의 꿀벌들은 (적어도 스미스의 독해에 따르면) 시장에서 노동과 재화를 사고팔며 자기이익에 몰두하고 공통의 이익은 돌보지 않는, 자유롭게 행동하는 개인들이라는 자본주의적 꿈의 모델이다. 이와 달리 상호부조라는 덕스런 결합의 형태로 꽃과 관계를 맺는 충실한 일벌들은 사회주의적 유토피아의 재료이다. 그러나 이 모든 벌들은 산업생산이 헤게모니를 가졌던 지난 시대에 속한다. 이와 달리 난초를 사랑하는 말벌들은 삶정치적 경제의 조건을 가리킨다. 아무것도 생산하지 않는데 어떻게 이 말벌들이 경제적 생산의 모델이 될 수 있느냐고 물을 수 있다. 꿀벌과 꽃은 꿀과 열매를 생산하지만, 말벌과 난초는 단지 쾌락과 미를 창조하는 쾌락주의자요 심미가가 아닌가!

* 'machinic'은 들뢰즈와 가타리가 사용하는 개념인 '기계'machine의 형용사이다. 이를 우리말로 옮긴 '기계적'은 'mechanical'의 번역어로 오해되기 쉽지만 역자들로서는 달리 어쩔 수가 없다. 만일 'mechanical'이 나온다면 역자들은 '기계론적'이라고 옮길 것이다. 들뢰즈와 가타리의 '기계' 개념은 가타리의 설명에 따르면 '생기론'vitalism과 '기계론'mechanism 양자를 넘어서기 위한 것이기 때문이다. 이렇듯 'machinic'은 'mechanical'과 단지 다를 뿐 아니라 다른 차원에 있는 것이다. 들뢰즈와 가타리의 기계 개념은 그들의 공저 『반反오이디푸스』와 『천 개의 고원』 등에 제시되어 있다.

말벌과 난초의 상호작용이 물질적 재화를 주된 생산물로 하는 것이 아님은 사실이다. 그러나 그들의 비물질적 생산을 깎아내려서는 안 된다. 그들의 사랑에서 일어나는 특이성들의 마주침에서 새로운 배치가 창출되는데, 그 특징은 각 특이성이 공통적인 것 속에서 계속적으로 변형된다는 점이다. 바꾸어 말하자면 말벌-난초의 사랑은 삶정치적 경제를 움직이는 주체성 생산의 모델이다. 이제 일벌들에 대해서는 더 이상 관심을 두지 말고 말벌-난초의 사랑이 제시하는 특이성과 생성에 초점을 맞추자!

간주곡
—악과 싸우는 힘

하늘과 땅에는 말이야, 호레이쇼,
자네의 철학에서 꿈꾸는 것보다 더 많은 것이 있다네.
윌리엄 셰익스피어, 『햄릿』

연합의 발동기인 사랑은 이중의 의미에서 공통적인 것의 힘이다. 즉 사랑은 공통적인 것이 발휘하는 힘인 동시에 공통적인 것을 구성하는 힘이다. 따라서 사랑은 자유를 향한 움직임이기도 하다. 그 과정에서 특이성들의 합성은 통일성이나 정체성을 낳지 않고 소통과 협력의 망網에 평등하게 참여하는 모든 특이성들의 점증하는 자율성을 낳는다. 사랑은 비참과 고독의 삶을 떠나서 다중을 만드는 기획에 참여하는 빈자의 힘이다. 우리는 연구를 계속하면서 어떻게 이 자유와 평등의 행진이 사회적·정치적 제도들의 형성을 통해 지속적인 것이 되고 강화되고 공고화될 수 있는지를 밝혀야 한다.

이 모든 것은 천사들을 위한 정치이론으로서는 좋게 들리지만 인간을 위한 정치이론으로서는 그렇지 않다고 말하는 이가 있을 수도 있다. 인간이 항상 사랑에 기초해서 행동하는 것은 아니며 종종 공통적인 것을 파괴하기도 한다고 말이다. 그렇다면 인간이 근본적으로 선하다고 전제하기보다는 근본적으로 악하다고 보는 것이 더 현실적이지 않은가? 실로 그러한 현실주의적인, 더 정확히는 비관주의적인 입장이—'만인의 만인에 대한 투쟁'을 말하는 토머스 홉스에서 '잠재적으로 무한한 종내種內 공격성'을 인간의 특징으로 보는 정치적 인간학을 제시하는 헬무트 플레스너Helmuth Plessner까지—유럽과 미국의 정치철학에서 지배적인 견해이다.[1] 이러한 입장에서 보면 인간의 마음에 도사리고 있는 악을 고려하지 않는, 사랑에 기반을 둔 정치적 인간학은 그저 순진할 뿐이다. 사람들이 우리가 원하는 바대로 존재하며 인간 본성이 근본적으로 선하다고 믿는 것이 위험한 이유는 악과 대결하고 악을 제한하는 데 필요한 정치적·개념적 도구를 손상시키기 때문이다. 비관주의적 저자들은 인간이 얼마나 위험한가에, 특히 인간 본성이 어떻게 불화·폭력·갈등으로 특징지어지는가에 초점을 맞추는 이론이 악을 취급하고 봉쇄할 수 있으며, 그럼으로써 악을 제어하는 사회를 구축할 수 있다고 주장한다.

정치사상은 인간을 우리가 원하는 대로가 아니라 있는 그대로 이해해야 한다고 보는 현실주의적 관점이 매우 중요하다는 데 동의한다. 인간의 자연적 본성이 선한 것은 아니다. 지난 장에서 발전시킨 관점에서 말하자면, 이는 공통적인 것과 사랑의 양면성에, 즉 공통적인 것과 사랑이 긍정적 형태만이 아니라 부정적 형태도 띨 수 있다는 사실에 상응한다. 더 나아가 (우리가 말했듯이) 다중의 자연발생적인 행동이 반드시 반체제적인 것도 아니고 해방을 향하는 것도 아니다. 사실 스피노자가 말하듯이 사람들은 종종 자신의 노예상태를 위해 투

쟁한다. 마치 그것이 구원이라도 되는 듯이 말이다.[2]

그러나 비관적인 정치적 인간학이 가진 문제는, 인간의 근본적 선함을 정당하게 기각하면서도 악을 똑같이 인간 본성의 근본적이고 불변적인 요소로 제시한다는 데 있다. 어떤 이들은 악을 종교적인 관점에서 초재적인 것(예를 들어 죄)으로 제시하고, 다른 이들은 악을 초월적 요소(인간 사회의 한계를 표시하는 근본악radical evil)로 제시한다. 바울은 이 두 정식화를 한 행으로 파악해낸다. "나는 법을 통하지 않고서는 죄를 알지 못하였을 것입니다."(「로마서」 7:7) 만일 악이 근본적이라면 그것을 무력화하고 봉쇄하려고 노력해야 한다. 비록 악과 죄가 (칸트가 말하듯이) "이성의 수면상태"에서 나오는 "필연적인 미망迷妄"으로 인식되더라도 그것들은 규제되어야 한다. 법의 형식은 (따라서 사회적 행위 전체를 선험적 규범에 따라 통제하는 기능을 법에 부여하는 관행들과 이론적 메커니즘들은) 언제나 이 형이상학적인 틀 속에서 근본악의 존재론을 초월적으로 보완해왔다.[3] 그러나 대부분의 정치적인 논의에서 형이상학적 토대는 필요하지 않다. 인간의 본성에 들어 있는 악이란 경험적으로도 충분히 확인된다. 인간이 이미 저질렀고 매일 저지르고 있는 모든 악—전쟁, 잔인함, 고통!—을 보라. 이는 세속적 신정론theodicy, 神正論과 같은 것에 도달하게 된다. 이 세상에 이렇게 많은 악이 있는데, 인간이 그렇게 빈번하게 악한 방식으로 행동하는데 어떻게 인간이 선할 수 있는가? 이렇듯 종교·철학·경험의 어느 영역에 기반을 두든 비관주의적인 정치적 인간학은 악을 인간 본성의 불변적 특징으로 보며, 때문에 인간의 본성은 사회에서 늘 제한되고 봉쇄되어야 한다고 여긴다.

그러나 여기서 우리가 대면하고 있는 것은 생산적이지 못한 문제

제기이다. 우선 '인간 본성이 선한가 아니면 악한가?'라고 묻는 것이 잘못이다. 선과 악은 우연한 평가이지 불변적인 것이 아니기 때문이다. 선과 악은 의지의 행사 이후에 따라오는 판단들이다. 예를 들어 스피노자는 (그리고 그 뒤를 이어 니체는) 인간은 어떤 것을 선하다고 보기 때문에 추구하는 것이 아니라 그것을 추구하기 때문에 선하다고 본다고 설명한다. 푸코가 촘스키와의 논쟁에서 정의의 문제—당시의 경우에는 정의로운 전쟁—는 정치적 행동 이후에만 발생한다고 말했을 때, 그는 스피노자의 요점을 더 명확하게 정치적인 관점에서 제시한 것이었다. 프롤레타리아는 지배계급과의 전쟁을 정의로운 전쟁으로 보기 때문에 그 전쟁을 벌이는 것이 아니라, 지배계급을 전복하고자 하기 때문에 계급전쟁을 정의롭다고 여긴다는 것이 푸코의 설명의 핵심이었다.[4] 선과 악이 정의와 불의처럼 힘의 관계에 의존하는 상대적 용어들이라고 말하는 것은 선과 악이 존재하지 않는다고 말하는 것이 아니라, 단지 그것이 고정된 불변의 토대가 아니라고 말하는 것이다.

인간 본성이 선한가 악한가를 따지는 것이 생산적이지 못한 이유는, 정치적 인간학의 분석을 어떤 종류의 것이든 불변적인 것에 입각시킨다면 그 결과는 막다른 골목에 이른다는 데 있기도 하다. 바꾸어 말하자면 문제는 어떤 불변소가 인간 본성을 정의하느냐가 아니라 **인간 본성이 무엇이 될 수 있느냐**이다. 인간 본성과 관련된 가장 중요한 사실은 (만일 우리가 여전히 인간 본성이라는 말을 쓴다면) 인간 본성이 늘 변형될 수 있고 또 실제로 변형되고 있다는 것이다. 현실주의적인 정치적 인간학은 이러한 변신metamorphosis의 과정에 초점을 맞추어야 한다. 이것은 우리를 조직화와 자기변형을 통한 다중 만들기의 문제로 돌아가게 한다. 선과 악의 문제는 단지 다중 만들기가 개시된 이후에 그 기획의 맥락에서만 제시될 수 있다.

인간 본성을 불변적으로 악한 것으로 보는 견해를 비판한 우리의 의도가 이 용어를 쓰는 것을 불가능하게 만드는 것은 아니다. 악은 존재한다. 우리는 주위 어디에서나 악을 본다. 그러나 악의 문제는 그 계보가 이해될 수 있고, 그리하여 우리에게 악과 싸우는 열쇠를 주는 방식으로 제시되어야 한다. 비관주의적인 정치적 인간학은 악의 존재를 기록하긴 하지만 악을 불변적인 것으로 취급함으로써 그 기원을 이해하려는 시도를 봉쇄해버린다. 악은 그저 존재한다는 것이다.

우리가 정치적 인간학에 제안하는 것은 악을 사랑과 공통적인 것의 파생물이자 그 왜곡으로서 파악하는 것이다. 악은 사랑이 부패하여 역으로 사랑에 장애가 된 것이다. 혹은 같은 것을 초점을 달리 두어 말하자면, 악은 공통적인 것이 부패하여 공통적인 것의 생산과 생산성을 봉쇄하게 된 것이다. 따라서 악은 본래적으로 혹은 우선적으로 존재하는 것이 아니라, 사랑에 대하여 이차적인 위치에 있을 따름이다. 우리는 앞서 사랑의 부패한 형태로 인종주의·민족주의·포퓰리즘·파시즘 등에 대해 말했다. 마찬가지로 우리는 자본주의적 수탈과 사유화를 통한 공통적인 것의 파괴만이 아니라 공통적인 것의 부패한 제도들로서 가족·기업·민족을 분석했다. 악이 가진 이러한 이중적 지위, 즉 부패이자 장애로서의 지위는 우리가 연구를 시작하기 위한 기준을 제공해준다.

이런 식으로 악의 문제를 제기했을 때, 사랑의 정치에 대해 모델 역할을 하는 스피노자의 견해로 돌아갈 수 있게 된다. 우리는 스피노자 특유의 기하학적 순차 추론으로 시작해야 한다. 감각의 수준에서 그는 삶의 노력이자 삶을 위한 노력(코나투스conatus)을 식별해낸다. 이러한 노력은 정동을 통해서 기능하는 욕망(쿠피디타스cupiditas) 위에서 이루어지고 방향을 부여받는다. 욕망은 다시 이성 속에서 작동하는 사랑(아모르amor)에서 강화되고 긍정된다. 이러한 순차 추론의 움직임은 부정을 포함하지 않으며—노력은 욕망에 의해 부정되지 않으며, 욕망도 사랑에 의해 부정되지 않는다—점진적 누적의 형태를 띠기에 욕망과 사랑은 삶을 위한 노력으로서 점점 더 강력하게 된다. 그리고 이러한 과정은 그 자체가 직접적으로 정치적이다. 이러한 순차 추론의 모든 마디들의 목적이 집단적인 사회적 삶의 형성, 더 일반적으로는 공통적인 것의 구성이기 때문이다. 스피노자는 이렇게 쓴다. "아무도 혼자서는 스스로를 지키고 삶에 필요한 것들을 마련할 만큼 강하지 않기 때문에 고독에 대한 공포가 모든 사람들에게 존재한다. 따라서 인간은 자연히 시민적 상태를 열망한다. 또한 인간이 시민적 상태를 완전히 해체하는 일은 일어날 수 없다."[5] 이 대목은 사회의 형성에서 발생하는 자연상태의 부정을 이론화하는 17, 18세기 저자들의 서술을 닮았다. 그러나 이들과 핵심적으로 다른 점은 스피노자의 경우 이것을 긍정적이고 누적적인 전진으로 제시한다는 것이다. 자유와 공통적인 것을 향한 노력이 삶의 가장 기본적인 수준에 자리 잡고 있다. 그다음에 욕망이 공통적인 것의 구축을 가동시킨다. 마지막으로 사랑이 사회를 형성하는 공통적인 제도들을 공고히 한다. 이러한 순차적 과정에서 인간 본성은 부정되는 것이 아니라 변형된다.

그러나 스피노자는 더없는 현실주의자이다. 그는 사랑을 통해 공통적인 것을 사회적으로 구축하는 일은 방해 없이 이루어지지 않으며 인간이 바로 그 장애물을 만들어내는 장본인이라는 점을 인정한다. 인간이 무지·공포·미신으로 인해서 이 방해물들과 악 일반을 만들어낸다는 것이 표면적인 차원에서의 그의 설명이다. 그러므로 악과 싸우기 위해서는 무지와 공포를 극복하고 미신을 파괴해야 하는 까닭에, 지성의 진리와 의지의 정확한 발휘를 교육하는 것이 악에 대한 해독제가 된다. 그러나 이는 스토아학파 철학자라면 누구나 말해줄 수 있는 것이 아닌가! 스피노자의 차이는 더 심층적인 수준, 즉 정신과 신체의 교육 혹은 훈련이 사랑의 움직임에 기반을 두는 차원에 놓여 있다. 그는 예를 들어 아우구스티누스처럼 악을 존재의 결여로 파악하지 않는다. 또한 사랑의 결핍으로 제시하지도 않는다. 그에게 악은 변질된 사랑, 부패되어 사랑의 기능을 방해하는 사랑이다. 그렇다면 무지·공포·미신을 단지 지성의 결여로 생각하지 말고 지성의 힘이 자기파괴적이 된 것으로, 그리고 마찬가지로 신체의 힘이 왜곡되고 봉쇄된 것으로 생각하자. 그리고 사랑이 궁극적으로 공통적인 것을 창출하는 힘이기에 악은 공통적인 것의 해체 혹은 실로 그 부패인 것이다.

이것이 왜 때로 사람들이 노예상태가 자신들의 구원인 양 그것을 위해 투쟁하는지, 왜 빈자가 때로 독재자를 지지하고 노동계급이 우익 정당에 표를 주는지, 그리고 왜 학대받는 배우자와 아이들이 학대자를 보호하는지에 대한 스피노자식 설명을 제시해준다. 그러한 상황은 분명히 무지·공포·미신의 결과이다. 그러나 그것을 허위의식이라고 부르는 것은 충분한 변형의 도구를 제공해주지 못한다. 피억압자에게 진실을 제공하고 무엇이 이익이 되는지를 가르치는 것은 사태를 변화시키는 데 거의 도움이 되지 않는 것이다. 자신의 노예상태를 위해 싸우는 사람들은 변질되고 왜곡되고 실패한 사랑과 공동체의 결과로서 더 잘 이해된다. 그러므로 악과 대결할 때 물어야 할 첫째 물음은 **구체적으로 어떤 사랑이 여기서 변질되었는가? 어떤 공통적인 것의 사례가 부패되었는가?** 이다. 사람들은 변질된 사랑과 공통적인 것의 부패한 형태들에 강하게 중독된다. 슬프게도 그들은 종종 이것 말고는 사랑과 공통적인 것의 사례를 알지 못하는 것이다! 이런 맥락에서 스피노자가 윤리학을 의료적 틀에서 생각한다는 것—신체와 정신의 병을 치료하는 것을 넘어서, 더 중요하게는 우리의 지적·신체적 힘이 어떻게 부패되는지, 어떻게 스스로에게 해롭게 되는지, 어떻게 자기파괴적이 되는지를 밝혀내는 것이 윤리학이라고 보는 것—이 이해가 된다. 아마도 이 윤리적·정치적 치료 모델이 왜 프로이트가 그토록 스피노자에게 매료되었는지를 설명해줄 것이다.

그러나 이것이 치료 모델이기만 한 것은 아니다. 윤리와 정치는 '힘의 존재론'ontology of force에서 한데 모인다. 이 존재론은 너무나 많은 형이상학적·초월적·종교적 관점들이 강요하는 사랑과 힘의 분리를 제거한다. 유물론적 관점에서 보면 힘이 사랑이 가진 잠재력에 실체를 부여하듯이 사랑은 존재와 힘의 관계를 제안하고 구성하는 데 열쇠가 된다. 예를 들어 마르크스는 "베이컨에게서 [그리고 르네상스 일반에서] 유물론은 여전히 자신 안에 소박한 방식으로 다면적인 발전의 싹을 가지고 있다"고 말하면서 "물질의 매력적인 미소"와 "감각적·시적 매혹"에 대해서 말한다. 이러한 물질의 형태들이 "물질의 충동·활기·긴장" 심지어 "그 고통"까지도 부여받은 "존재의 힘"이다.[6] 사랑과 힘의 관계에는 무언가 괴물스러운 것이 있는 것이다! 그러나 저 **괴물**, 즉 자아와 타자 사이의 관계를 구현하는 흘러넘치는 힘이 모든 사회적 제도의 기반이다. 우리는 이미 어떻게 스피노자가 코나투스(존재를 지속하려는 노력)의 물질성에서 시작하여 (고립된 특이성들을 다중으로 합성하는) 이성적이며 신성한 사랑에 이르는 움직임에서 제도들의 발전을 제시하는지 살펴보았다. 완전히 다른 관점에서이긴 하지만 고통에 대한 비트겐슈타인의 명상에서도 이와 비슷한 것이 발견된다. 그가 보기에 고통은 공통의 언어적 경험을 구축하지 않고서는, 그리고 궁극적으로 공통의 삶형태를 제도화하지 않고서는 소통될 수 없다. 스피노자가 말하는 고독과 비트겐슈타인이 말하는 고통은—둘 모두 존재의 결핍을 나타낸다—우리를 공통적인 것으로 밀어붙인다. 힘과 사랑이 한데 모여 존재의 부패 및 그것이 가져오는 비참과 싸울 무기를 만들어내는 것이다.[7]

이렇듯 사랑은 공통적인 것을 생산하고 사회에 공고히 자리 잡게 하는 존재론적 발동기일 뿐 아니라 열려 있는 전쟁터이기도 하다. 사랑의 힘에 대해서 생각할 때는 어떠한 보장도 없다는 점을 늘 명심할 필요가 있다. 사랑의 작동과 그 결과에 대해서는 정해진 것이 아무것도 없는 것이다. 사랑이 변질되어 과정을 봉쇄하고 파괴할 수 있다. 따라서 악과 싸우는 투쟁은 사랑의 훈련 혹은 교육을 포함한다.

그렇다면 이 점을 명확히 하기 위해서 사랑의 힘의 세 가지 작동형태 혹은 활동 영역을 정리해보아야 하겠다. 첫째, 그리고 우선적으로, 사랑의 힘은 공통적인 것의 구성이며 궁극적으로는 사회의 형성이다. 이는 (마치 사랑이 통일체로 융합되는 것을 의미해야 하는 양) 사회적 특이성들의 차이를 부정하고 획일적인 사회를 형성함을 의미하지 않는다. 사랑은 특이성들을 사회적 관계 속에서 합성하며 그런 식으로 공통적인 것을 구성한다. 그러나 사랑의 과정이 부패한 형태의 공통적인 것을 생산하는 쪽으로 전환될 수 있기 때문에, 그리고 변질된 사랑이 공통적인 것을 봉쇄하고 파괴하는 장애물들을 만들기 때문에—어떤 경우에는 공통적인 것의 다양성을 정체성과 통일성으로 환원하고, 또 어떤 경우에는 공통적 관계들 내에 위계를 부과한다—사랑의 힘은 둘째로 악과 싸우는 힘이기도 해야 한다. 이제 사랑은 분개·불복종·적대의 형태를 띤다. 우리는 앞서 엑서더스를 (정체성의 요구로부터 벗어나고 종속과 노예상태로부터 탈출함으로써) 공통적인 것의 부패한 제도들과 싸우는 하나의 수단으로서 제시한 바 있다. 사랑의 힘의 이 처음 두 측면들—연합과 반란의 힘, 혹은 공통적인 것의 구성과 부패와의 싸움—은 셋째 측면에서, 즉 다중 만들기에서 함께 작동한다. 이 기획은 엑서더스의 과정을 공통적인 것의 제도를 창출하는 것을 목적으로 하는 조직화 기획과 병행시켜야 한다. 그리고 이 세 측면들 모두는 다중의 훈련 혹은 교양Bildung에 의해 활성화되어야 한다. 사랑이 변질되지 않고 잘 진행되어 지속적인 사회적 형태로 공통적인 것을 실현하는 과정은 결코 생래적이거나 자연발생적이지 않다. 사랑의 발휘는 학습되어야 하며 우리 욕망의 집단적 조직화를 통해, 감성적·정치적 교육과정을 통해 새로운 습관이 형성되어야 한다. 공고화되어 새로운 사회적 제도들이 되는 습관과 관행이 변형된 새로운 인간 본성을 구성할 것이다.

이 지점에서 분명해져야 하는 점은 사랑이 항상 힘의 사용을 포함한다는 것, 혹은 더 정확하게 말하자면 사랑의 행동 자체가 힘의 발휘라는 것이다. 사랑은 천사일 수 있으나, 그냥 천사가 아니라 무장한 천사이다. 앞서 우리는 사랑의 구성적 힘과 공통적인 것을 창출하는 능력이 존재의 생산, 실재의 생산에 관여하는 존재론적 힘이라고 부를 수 있는 것을 함축한다는 것을 보았다. 그러나 사랑의 힘이 가지는 전투적 형상은 위계적 제도 및 공통적인 것의 부패에 대항하는 반란과 그것으로부터 빠져나오는 엑서더스에 초점을 맞출 때 한층 분명해진다. 그리고 더 나아가 다중 만들기와 공통적인 것의 제도들을 형성하는 일은 구성적인 정치적 힘이라고 불릴 수 있는 것을 동반한다. 그러나 정말이지 사랑의 이 세 힘들은 분리되어 있지 않다. 이것들은 사랑이 가진 역능의 세 측면일 뿐이다.

사랑과 힘 사이의 연결 또한 어떠한 보장도 받지 못한다는 점을 분명히 해야 한다. 우리는 인종주의·가부장주의·정체성주의 등의 형태로 변질된 사랑도 힘을 결핍하고 있는 것은 아님을 안다. 사실 이 형태들은 종종 자신들이 공통적인 것에 대한 헌신에서 벗어난 것을 덮어버릴 듯이 넘치는 힘을 발휘한다. 그렇다면 사랑의 힘은 그 부패한 형태들의 힘과 구분될 수 없는 것인가? 그렇지 않다. 이런 식으로 힘의 사용에 대하여 우려하는 것은 잘못된 신중함이다. 우리는 사랑의 힘을 구별해내는 데 사용될 수 있는 여러 기준을 쉽게 열거할 수 있다. 첫째, 사랑과 힘의 연결은 공통적인 것을 내용으로 한다. 공통적인 것을 통해 특이성들의 상호작용이 사회적 유대와 정치적 평등의 과정에서 합성된다. 둘째, 사랑의 힘의 방향은 저 특이성들의 자유를 향한다. 셋째, 이러한 힘이 조직화에서 발휘되는 형태들은 항상 개방적·구성적·수평적이어서 조직이 고정된 수직적 권력관계로 동결될 때마다 사랑은 그것을 초과하고 한계를 넘쳐흐르며 조직을 다시 모든 이의 참여에 열어놓는다. 넷째, 사랑과 힘의 관계는 특이성들의 합의와 각자의 자율에서, 상호성의 관계와 집단적 자치에서 정당화된다. 다섯째, 이 힘은 항상 이 과정을 점점 더 강력하게 지속하도록 해주는 제도들에서 이 과정을 공고화하는 방향을 향한다. 이런 식으로 계속

열거할 수 있다.

진정한 어려움은 기준들을 식별해내는 개념적 수준에 있지 않고, 전투를 수행해야 할 정치적 장에 놓여 있다. 우리가 사랑과 그 부패한 형태들의 힘을 명확히 이해한다 해도, 우리가 사회에서 악과, 즉 우리든 다른 이들이든 모두가 중독된 변질된 사랑 및 공통적인 것의 부패한 형태들과 눈을 크게 뜨고 대면한다 해도 성공의 보장은 없다. 자코모 레오파르디Giacomo Leopardi는 유명한 장시 『가냘픈 금작화』*Lenta ginestra*에서 피할 수 없는 것처럼 보이는 죽음과 파괴의 운명에 맞서 공동으로 투쟁하는 특이성들과 사랑의 여림을 포착한다. 올올한 베수비오 화산이 위협적으로 솟아 있지만, 여린 금작화들은 끈질기게 계속해서 화산의 사면을 타고 올라간다. 미리 승리를 보장받는다면 투쟁에 진입하는 것이 쉬울 것이다. 레오파르디는 사랑은 우리 앞에 진을 친 세력이 아무리 엄청나더라도 부단히 싸운다는 사실을 찬양한다. 희망이 조직되어 인간의 공동체를 구축할 수 있을 때에만 승리가 가능하며 화산에 대한 공포가 격퇴될 수 있다는 것이다.[8]

마지막으로 악, 그리고 악과 싸우는 수단에 대한 우리의 견해가 나타내는 정치적 변별점을 강조하기 위해서 논의의 출발점이었던 비관주의적인 정치적 인간학으로 돌아가보자. 우리와 매우 가까운 내용의 저작을 지은 저자들 사이에서조차 최근에는 악이 인간 본성의 불변적 요소라는 생각을 악을 제한하는 것을 목적으로 하는 정치와 연결시키는 경향이 보인다. 이러한 방향으로 추론을 발전시키게 되는 하나의 매혹적인 계기는, 바울의 서한 중에서 카테콘(제한하는 자katechon)이라는 형상을 제안하는 대목이다. 카테콘은 악마적 형상인 '무법자'에게 제한을 가하며, 그럼으로써 적절한 때가 올 때까지 세상의 종말을 연기시킨다고 바울은 설명한다(「데살로니가후서」 2:1-12). 이 신비한 '제한자'는 기독교 신학에서 일반적으로 주권적 권력이라고 해석되었다. 기독교 초기에 테르툴리아누스는 로마 제국을 카테콘으로 보았으며, 20세기에 칼 슈미트는 기독교 제국이 카테콘이라고 말했다. 어떤 대상을 카테콘으로 보느냐와 무관하게 이 저자들은 카테콘이 우리를 큰 악에서 보호해주는 차악이라는 데 동의한다. 이러한 생각은 비관주의적인 정치적 인간학이 함축하는 바에 완벽하게 상응한다. 악 혹은 종내 공격성과 같은 것이 인간 본성의 불변적 요소라는 생각을 받아들인다면, 악을 제한하는 것이 정치의 **유일한** 중심 과제는 아닐지라도 중심 과제 중 하나가 될 것이며, 이는 우리를 '차악'의 정치에 가두게 될 것이다.[9]

이와 달리, 악을 사랑의 부패이자 사랑이 공통적인 것을 창출하는 데 대한 장애로 보는 우리의 견해는 제한의 정치가 아니라 악과 싸우는 정치로 나아간다. 악은 사랑에서 파생되기 때문에 우리는 외적 봉쇄에 한정되지 않고 그 내적 메커니즘에 접근한다. 사랑은 악에 맞선 투쟁이 벌어지는 전쟁터이다. 더욱이, 사랑의 우선성은 이 싸움에서 우리가 우세한 힘을 가졌음을 나타낸다. 만일 악이 우선적이라면 우리는 악에 대해서 무력할 것이다. 우리는 제국이 악을 제한하고 죽음의 접근을 막아주기를 믿어야 할 것이다. 그러나 악은 사랑에서 파생되기에 악의 힘은 필연적으로 사랑에 못 미친다. 사랑은 죽음보다 강하다. 그 때문에 우리는 사랑을 통해 행동하면서 악과 싸울 힘을 가지게 되는 것이다. 이러한 사랑의 정치는 차악의 지배를 받아들일 필요가 없다. 악을 한 번에 완전히 패배시킬 수 있다고 생각해야 한다는 말이 아니다. 그렇지 않다. 사랑과 공통적인 것의 부패는 계속될 것이다. 그러나 이는 싸워야 하고 이겨야 하는 싸움이 우리에게 주어져 있음을 의미한다.

지금부터 이 책의 나머지 부분에서 우리는 새로운 주체성을 생산하고 제도를 형성하는 공통적인 것의 메커니즘들을 다중의 운동 내에서 찾아보고자 한다. 그러나 이 논의를 끝내기 전에 사랑과 힘의 관계에 대한 하나의 끔찍한 역사적 경험을 당에 대한 사회주의적·볼셰비키적 사고와 관련하여 살펴보아야 할 것 같다. 전제는 합리적이고 이해할 만하다. 우리는 고립되어서는 아무것도 할 수 없으니 단결만이 분개와 개별적 반란의 가치를 효과적으로 만들고 증식시키는 길이다. 그래서 투사들은 손을 잡고 전진하여 지식과 열정으로 무장한 작고 단단한 집단을 창출했으며, 이 집단이 사회를 변형하는 불씨가 될 것이었다. 그러나 결론은 잘못되었다. 규범과 척도에 대한 당의 규정들, 당의 결정들(심지어 생살여탈권)은 은밀하게 그러나 돌이킬 수 없는 방식으로 운동의 경험으로부터 분리되고 자본주의적 소외의 논리로 흡수되어 관료적·압제적이 되었다. 다양체에 힘을 주어야 할 것이 정체성의 폭력으로 변형되었다. 통일성이 초재적 가치로 제시되고 혁명의 슬로건은 공통적인 것을 부패시키는 데 복무했다. 아니, 당은 악을 무찌르지 못할 것이다. 오늘날 이러한 부패의 기억은 악과 싸울 힘을 발견하도록 우리를 더 밀어붙일 뿐이다.

Empire;)
'R*eturns*

4부

제국, 돌아오다

그리고 아마도 수많은 전쟁과 승리를 경험했고
군사적 질서와 지능이 최고도로 발전했으며 이러한 일을 위해
가장 큰 희생을 하는 데 익숙하다는 점에서 남다른 국민이
자발적으로 "칼을 부숴버리자"고 외치며 군사기구 전체를
그 최후의 기반까지 파괴하는 위대한 날이 올 것이다.

프리드리히 니체, 『인간적인, 너무나 인간적인』

Commonwealth

4.1 실패한 쿠데타의 짧은 역사

우리는 세계가 원하든 원치 않든 세계를 운영할 것이다.
세계로서는 어찌할 도리가 없다.
그리고 내 생각엔 우리 역시 마찬가지다.
조셉 콘래드, 『노스트로모』

죽은 자들로 하여금 죽은 자들을 묻게 하라

새로운 천년의 첫 10년 동안에 일어난 지정학적으로 가장 중요한 사건은 일방주의의 결정적 패배일 것이다. 지난 천년의 끝머리에 새로운 협치governance의 과정들을 가동시키고 전지구적 질서의 새로운 구조를 확립하기 시작한 진정으로 새로운 전지구적 상황이 출현했다. 주로 국민국가들의 힘에 기초했던 이전의 제국주의들과 질적으로 다른 새로운 제국이 형성되고 있었던 것이다. 그러나 전세계적으로 지배적인 세력들, 특히 미국 정부는 제국의 형성에 직접적으로 관여하기보다는, 새로운 상황을 부정하고 억압하면서 과거에서 망령들을 불러내어 죽은 정치적 지배의 형상들로 하여금 비틀거리며 무대로 나가서 낡아빠진 위대한 꿈들을 재연再演하도록 했다. 제국주의적 정복, 민족주의적 영광, 일방적 결정, 전지구적 지도권이라는 야망들이 끔찍한 현실적 폭력으로 모두 되살아났다. 이러한 환상들이 가장 강력했던 미국에서는, 과거에 대안처럼 보였던 것들—고립주의 · 제국주의 · 국제주의—이 부활해서 한데 엮어졌지만, 결국 미국 예외주의라는 실로 온통 꿰매어진 하나의 기획의 상이한 얼굴들일 뿐이라는 것이 드러났다. 그런데 이 유령 같은 형상들이 무너져 내려 생명 없는 무더기가 되는 데는 고작 몇 년밖에 걸리지 않았다. 21세기 초에 금융·경제 위기가 미국의 제국주의적 영광에 최후의 일격을 날렸다. 21세기 첫 10년이 끝날 때쯤에는 일방주의가 군사적·정치적·경제적으로 실패했다는 것이 일반적으로 받아들여졌다.[1] 이제 제국의 형성과 정면으로 대면하는 것 외에 다른 선택은 없다.

저 10년은 일극적 세계의 꿈에 종말을 고했다. 국제관계학 연구자들이 일반적으로 하는 이야기에 따르면, 20세기에는 일군의 지배적 국민국가들이 지배하는 다극적 세계—이것의 뿌리는 베스트팔렌 조약까지 거슬러 올라가지만, 진정으로 전지구적인 형태로 출현한 것은 유럽, 미국, 일본의 제국주의적 기획을 통해서였다—에서 냉전으로 겨루는 두 개의 초강대국에 의해 규정되는 양극적 세계로의 커다란 전환이 있었다. 많은 학자와 정책 입안자들은 소련의 몰락과 냉전의 종식이 '일정한 형태의 다극적 체제로의 회귀인가 아니면 유일한 초강대국, 경쟁자도 동료도 없는 유일한 제국주의 국가인 미국을 중심으로 하는 일극적 체제의 성립인가' 하는 양자택일의 문제를 제기한다고 생각했다. 그러나 저 10년 동안 헤게모니와 일방적 지배를 확립하기 위한 미국의 시도가 실패하는 과정은 일극적 세계의 전망이 환상이라는 것을 증명했다. 현재는 미국의 전략가들조차 일극적 체제의 붕괴가 보내는 신호는 과거의 양극적 혹은 다극적 질서로의 회귀가 아니라 새로운 질서의 출현이라는 점을 인정하기 시작하고 있다. 미국 국무부의 정책계획 책임자였던 리처드 하스Richard Haass의 설명은 이렇다.

> 언뜻 보기에는 오늘날의 세계가 다극적인 것처럼 보일 수 있다. 주요 열강들—중국, 유럽연합(EU), 인도, 일본, 러시아, 미국—이 전세계 인구의 절반 이상, 전세계 GDP의 75% 그리고 전세계 국방비 지출의 80%를 차지하고 있다. 그러나 겉으로 보이는 모습은 사실과 다를 수 있다. 오늘날의 세계는 고전적인 다극적 체제와는 근본적으로 다르다. 전보다 훨씬 많은 권력 중심들이 존재하며, 이 극들 중 상당수는 국민국가가 아니다. 실제로 오늘날 국제 질서의 가장 중요한 특징들 가운데 하나는 국민국가가 권력에 대한 독점권을 상실했으며, 일부 영역들에서는 우월한 지위 역시 상실했다는 사실이다. 국가는 지역적 · 전지구적 조직들에 의해 위로부터 도전받고, 민병(시민군)에 의해 아래로부터 도전받으며, 다양한 비정부기구들(NGOs)과 기업들에 의해 옆으로부터 도전받고 있다. 권력은 이제 다수의 수중에서, 그리고 다수의 장소에서 발견된다.

그러므로 하스에 따르면 (일극, 양극, 다극 등) 종래의 어떠한 기하학도 새로이 출현하고 있는 전지구적 질서를 적절히 설명하지 못한다. 그는 이어서 이렇게 말한다. "21세기 국제관계의 주된 특징은 무극성nonpolarity으로 드러나고 있다. 세계는 하나 혹은 둘 혹은 그 이상의 국가들이 아니라 다양한 종류의 권력을 소유하고 행사하는 수많은 행위자들이 지배하고 있다. 이것은 과거와 완전히 달라지는 지각 변동을 나타낸다."[2] 사실상 냉전 종식 이후부터 형성되고 있었던 현재의 전지구적 질서의 특징이 권력의 분산, 더 정확히는 네트워크 형태의 권력—이것은 지배적 국민국가, 주요 기업, 초국적 경제·정치기구, 다양한 비정부기구, 미디어 복합기업을 비롯한 일련의 상이한 권력들의 광범위한 협력을 필요로 한다—이라는 점은 이제 논쟁의 여지가 없으며, 심지어 진부하기까지 하다. 다시 말해 21세기의 문제는 제국의 문제라는 것이 빠르게 상식이 되어가고 있다.[3]

그렇다면 저 10년은 잃어버린 10년이었던 것인가? 제국주의적 모험과 일방주의적 허세를 부활시킴으로써 역사를 우회하여 제국주의적 기계를 '완성'했지만 겨우 그 기계의 확연한 노후화를 입증하는 것으로 끝나버린 이 시기 이후에, 우리는 예전에 있던 바로 그 자리로 돌아왔는가? 이러한 과정을 통해 어떻게 제국의 형성이 진행되었는지, 제국의 모습이 어떻게 뚜렷해졌고 그것이 어떻게 새로운 방향으로 움직여왔는지를 알아보기 위해 우리는 일방주의의 실패와 다자주의의 불가능성을 좀 더 자세히 살펴볼 필요가 있다.

미국을 중심으로 하는 일극적 질서를 수립하려는 시도는 실제로는 전지구적 체제 내에서 일어난 쿠데타였다. 말하자면 그것은 미국의 '군주적' 권력을 증대하기 위해 다른 지배적 국민국가들이나 초국적 기관 같은, 새롭게 출현하고 있는 제국적 질서의 모든 '귀족적' 권력들을 극적으로 예속시킨 것이었다. 쿠데타는 새롭게 생겨나고 있는 제국의 형태를 낡은 제국주의—다만 이번에는 오직 하나의 제국주의적 권력만이 존재하는 제국주의—로 되돌리려는 노력이었다. 쿠데타의 주요 사건들과 궁극적 실패는 저널리스트와 학자들에 의해 지금까지 연대순으로 면밀하게 기록되어 왔다. 2001년 9월 11일 세계무역센터와 펜타곤이 공격받기 한참 전에 '새로운 미국의 세기를 위한 계획'이 이미 준비되어 있었다. 그러나 모든 쿠데타는 하나의 방아쇠, 즉 권력 장악을 정당화해줄 파국적 사건을 필요로 하는 법이다. '테러와의 전쟁'이라는 수사修辭가 제국체제의 비상사태를 정당화했고, 전지구적 질서의 권력들을 미국의 수중에 집중하려는 시도 속에서 쿠데타가 시작되었다. 쿠데타는 일방적 통제를 확립하고, 워싱턴의 의지에 따르느냐의 여부에 따라 국민국가들의 지위를 높이거나 낮췄으며, 국제적·초국적 기관들의 기능과 자율의 토대를 침식하는 등의 일을 수행했다. 전세계의 모든 결정들이 거쳐야만 하는 중앙의 권위가 새롭게 생겨나고 있는 제국체제 위에 부과되었다. 아프가니스탄 침공과 이라크 점령이 중심 사건인 것은 맞지만, 쿠데타는 전지구적 체제의 다양한 층위에서 일련의 경제적·정치적 작용들 또한 수반했다. 그러므로 군사적 실패가 가장 눈에 띄기는 했지만 결코 쿠데타 좌절의 유일한 척도는 아니었다. 이러한 관점에서 볼 때, 많은 이들이 지칠 줄 모르고 반복해서 말하는 것처럼 '9월 11일'에 모든 것이 달라졌다는 것은 사실이 아니다. 역사적 단절이라는 수사가 쿠데타 세력의 행동을 조장했다. 그러나 쿠데타가 실패로 돌아가고 먼지가 걷힌 지금, 우리는 9월 11일의 공격과 그에 이어진 일방주의적 모험들은, 그것이 아무리 끔찍하고 비극적이었다 하더라도 사실 발본적 변화의 계기가 아니라 제국 형성의 단계였다는 것을 분명히 알 수 있다.[4]

기세등등했던 쿠데타 초기에 일부 계획자와 지지자들이 과거의 제국주의적 조직, 특히 미국과 영국의 조직들을 찬양하기 시작했던 것은 우연이 아니다. '제국주의자'라는 용어는 수십 년간 정치 스펙트럼 전체에 걸쳐서 거의 '파시스트'라는 비난과 맞먹는 모욕으로 쓰여 왔는데, 갑자기 일군의 소수지만 중요한 전문가와 정치인들이 공공연하게 제국주의를 감싸고돌았던 것이다! 그 밖의 다른 이들은 그 용어를 쓰는 것은 겁내면서도 제국주의에 대한 모든 진부한 변명들—전지구적 환경을 개조하는 능력, 문명화 작용, 도덕적 우월성 등—을 부활시켰다. 신중한 축에 속하는 학자와 정책입안자들은 쿠데타와 그 성공을 주어진 것으로 받아들이면서도, 과도함에 대해 경고하고 그것의 통치를 좀 더 인간적이고 오래 지속될 수 있는 것으로 만들려고 노력했다. 이러한 노력으로 전형적인 것은 '하드파워'에 지나치게 의존하는 일의 위험성을 경고하고 '소프트파워'를 더 많이 활용할 것을 권하는 다양한 헤게모니 논의들이었다.[5] 그러나 차이들에도 불구하고 이 다양한 입장들을 가로지르는 것은 제국주의적 정치질서관이었다.

쿠데타에 가장 헌신적이고 또 쿠데타의 성공을 가장 확신했던 몽상가들은 이른바 신보수주의자들이었다. 이들은 미디어를 타고 널리 알려진 저널리스트·사이비 학자·정부관료들의 집단으로서, 미국 언론의 주류인 보수적인 부문에서 강한 영향력을 발휘하는 세력이었다. 이 이데올로그들은 미국이 압도적인 힘을 보유하고 다른 나라들의 정치적 이슈를 일방적으로 결정하며 이를 통해 세계평화를 보장하는 전지구적 정치질서의 전망을 공유하고 있다는 점에서 '이상주의자들'이다. 또한 그들은 자신들의 명령을 따르지 않았을 때 발생하게 될 끔찍한 결과를 경고한다는 점에서 종말론적이기도 하다. 데이비드 프럼David Frum과 리처드 펄Richard Perle은 불길하게도 이렇게 썼다. 테러와의 전쟁에서 "미국인들에게 중간은 없다. 승리 아니면 홀로코스트일 뿐이다."[6] 이 이데올로그들은 근본적으로 제국에 반대하고—즉, 새롭게 출현하고 있는 제국 형성체를 구성하는 광범위한 권력들의 네트워크와의 협력에 반대하고—제국주의에 찬성한다. 실로 그들의 구호는

"제국주의가 아니면 죽음을 달라!"이다.

신보수주의자들은 전망에는 강하지만 실질에는 대단히 취약하다. 그들은 과도한 자만심만 부리지, 제국주의적 권력의 행사와 일방적 헤게모니의 유지에 필수적인 기반에는 거의 관심을 기울이지 않는다. 그들의 계획은 군사적 힘에 크게 의존하지만, 그들은 새로운 군사적 역량을 창안하거나 발전시키지 못하고 단지 전략상의 변화만을 믿는다(이에 대해서는 다음 절에서 살펴볼 것이다). 게다가 그들은 경제계획에는 놀라울 정도로 무관심하다. 때로 신자유주의 경제의 지지자들과 연합하기도 하지만, 이는 그들의 전망에 있어서 부차적인 것으로 남는다. 그들의 의제는 본질적으로 정치적이다. 즉 "전지구적인 환경을 형성하고" 전지구적인 정사政事를 조직·지휘할 미국의 일방적인 힘을 확립하고 행사하는 것이 그 본질이다. 그러나 정치 영역에서조차 신보수주의자들은 도덕적·정치적 권위를 획득할 필요를 무시한다. 그들은 당연히 국민국가들과 다른 주요 권력들이 군소리 없이 워싱턴이 바라는 바에 동의할 것이라고 생각하는 듯하다. 요컨대 신보수주의자들은 과거의 강대한 영국 제국주의자들의 자세를 취하지만, 자신들의 꿈을 뒷받침해줄 실질—지배를 유지할 무력이나 헤게모니를 지속시켜줄 동의—을 결한 채 우스꽝스러운 모습을 하고 있을 뿐이다.[7] 그들은 헤게모니 자체에 대한 관심 없이, 심지어 필수적 전제조건들을 무시하면서 헤게모니를 주장하는 매우 이상한 기획에 착수한 것이다.

쿠데타의 실패가 분명해진 이후, 신보수주의자들은 서로 다른 진영으로 뿔뿔이 흩어졌다. 가장 영리하고 기회주의적인 자들은 입장을 바꿈으로써—예컨대 전지구적 질서에 있어서 국민국가들의 힘을 다시 옹호함으로써—그리고 무엇보다 자신은 결코 쿠데타에 동의한 적이 없다고 주장함으로써 위기에 빠진 자신의 경력을 구해내려 애쓴다. 이와 달리 강경파는 쿠데타의 전망에 대한 확신을 유지하는 가운데, 단지 쿠데타를 제대로 수행해내지 못한 데 대해, 특히 주로 이라크에서의 군사적 과오들에 초점을 맞추어 부시 행정부 등을 비난한다.[8] 물론 쿠데타가 실패한 것은 무능 때문만은 아니었다. 미국 일방주의와 그 제국주의적 기획들은 쿠데타를 계기로 피로 얼룩진 몇 년간을 날뛰고 다니기 전에도 이미 죽어 있었다. 아마도 신보수주의 이데올로그들은 이미 죽은 이데올로기를 묻을 무덤을 파기에 적합한 자들인지도 모른다.

이것과 기묘한 대칭을 이루면서 이 시기에 일어난 또 다른 역사적으로 이례적인 현상은 좌파 쪽에서 쿠데타를 제국주의로의 회귀로 분석하는 학술서적과 대중서적들이 폭발적으로 쏟아져 나온 것이다. 대략 2003년에서 2005년까지의 몇 년간 그러한 책들이 서가를 지배했다. 그 책들은, 새로운 세계질서도 새로운 제국 형태도 없으며, 따라서 (다행스럽게도!) 새로운 개념과 이론을 만들 필요도 없다고 설명한다. 전지구적 질서와 지배는, 20세기 내내 그러했듯이, 계속해서 미제국주의로 규정된다. 물론 표면적으로 보면 이러한 주장은 옳다. 실제로 쿠데타는 제국주의를 부활시키려는 시도였기 때문이다. 그러나 표면 아래를 들여다보면 그것은 완전히 잘못된 주장이다. 죽은 세대의 전통이 악몽처럼 살아 있는 자들의 두뇌를 짓누르고 있다. 사실상 이 학자들은 쿠데타 선동가들의 허풍에 속아 넘어가서, 그들이 되살려낸 형상들과 제국주의 권력 흉내를 액면 그대로 받아들인 것이다. 이와 같은 새로운 (혹은 그리 새롭지 않은) 미제국주의 이론들은 실제로는 미국 예외주의를 전도된 형태로 반복하는 것이다. 여기서 미국이 예외인 것은, 미국의 찬양자와 옹호자들이 주장하는 대로 미국이 자유와 민주주의를 위한 덕과 소명을 가지고 있기 때문이 아니라, 지배하려 하는 의지를 가지고 있기 때문이며—많은 국민국가들이 그러한 의지를 공유하고 있기 때문에 미국과 별다른 차이가 나지 않는다면—더욱 중요하게는 그렇게 할 수 있는 힘을 유일하게 가지고 있기 때문이다. 그러나 죽은 자들로 하여금 죽은 자들을 묻게 해야 할 때가 왔다.[9]

미국 헤게모니의 소진

이제 쿠데타가 실패로 돌아가고 전지구적 문제들에 대한 미국의 일방적 통제를 확립하려는 시도가 거의 좌절되었으므로, 우리는 이러한 국면에서 제국체제가 처한 현재의 상태를 분석하기 위해 군사적·경제적·정치적·도덕적 문제들과 관련하여 저 쿠데타의 실패를 상세히 검토해볼 필요가 있다. 가장 분명하고 극적인 것은 군사적 실패이다. 아프가니스탄 침공과 탈레반 정권의 급속한 붕괴는 실로 서곡에 불과했다. 이라크는 미국이 UN과 일부 주요 동맹국들을 무시하고 '혼자 할' 수 있음을 입증하는 시험장이 될 것이었다. 바그다드가 거의 아무런 저항도 없이 빠르게 점령되었고, 미국과 동맹국들의 군대가 이라크 전체에 배치되었으며, 미국의 점령정부가 수립되었다. 2003년 여름 즈음에 임무가 완수되었다. 일방적 군사력이 자신의 유효성을 증명했으며 쿠데타는 확고한 토대 위에 서 있는 것처럼 보였다. 정복자는 자신의 힘을 발휘할 새로운 경기장(시리아? 이란?)을 찾아 둘러보기 시작했다.

그러나 그 뒤 몇 년에 걸쳐, 당연한 것으로 여겨졌던 군사적 승리가 파도에 휩쓸린 듯 사라진다. 점령군에 대한 저항이 처음에는 한두 방울씩 떨어지고 점차 주기적인 소나기가 되었다가 마침내는 폭우로 발전했다. 점령군과 괴도정부가 성공적으로 통제하고 있다고 보고되었던 아프가니스탄은 곧 심각한 갈등들에 흔들리고 있는 것으로 밝혀졌다. 이라크에서는, 점령군과 새로 수립된 이라크 정부의 점령군 파트너들이 둑에 난 구멍에 손가락을 넣고 있는 소년의 입장에 처하게 되었다. 사망자 수가 증가함에 따라 둑이 터져 무제한적 내전이 일어날 가능성 역시 높아졌다. 결국 이라크의 미군이 '증강'되고 그 결과 폭력은 감소되었지만, 이것이 이미 드러난 사실을 변화시키지는 못했다. 이라크라는 시험장에서, 일방적 군사력은 전지구적 질서를 창조하고 보증할 수 있는 능력을 증명한 것이 아니라 반대로 그렇게 하지 못하는 완전한 무능을 보여주었다. 미국이 종국에 승리를 선언하게 되더라도, 일방주의는 이라크에서 패배한 것이다.

돌이켜보건대, 이라크에서의 실패는 군사사상軍事思想의 두 가지 확고한 진리를 부각시킨다. 첫 번째는 정복군과 점령군 각각에 필요한 규모와 구성이라는 문제와 관련된 것이다. 이라크에서 일방주의적 기획의 제1요소는 종종 '군사혁신'revolutionary in military affairs, RMA 혹은 '국방변혁'defense transformation이라 불리는 군사전략이었다. 당시 미국방장관이었던 도널드 럼스펠드Donald Rumsfeld가 종종 장군들과 군대 조직의 반대까지 무릅쓰고 가장 공공연하게 지지했던 이 전략은 두 가지 주요한 전략적 혁신에 기초하고 있다. 그 하나는 전투에서 정보와 무기기술을 통합적으로 사용함으로써 병력 수준을 감소시키는 것이고, 다른 하나는 군사조직을 더 가볍고 이동하기 쉬우며 유연하게 재구성하는 것이다. 2003년 '바그다드의 승리'와 이 전략의 외견상의 성공은 병력손실 없이 (즉 미국 병력의 손실 없이) 적을 제압할 수 있는 사이보그와 로봇 군대에 대한 꿈을 일시적으로 고취했다. 그러나 이라크인들의 저항이 거세지자 이 전략의 유효성이 급속히 침식되었다. 높은 기술 수준의 무선 송수신기를 장착한 상대적으로 소규모 군대는 강력한 공격무기이지만 차지한 위치를 방어하지 못한다는 점, 혹은 저널리즘적 용어로 말하자면 전쟁에서 이길 수는 있지만 평화를 얻을 수는 없다는 점이 분명해졌다. 점령은 많은 수의 병력을 필요로 한다는 전통적인 견해가 상식으로 되돌아왔다. 2007년 초 럼스펠드가 국방장관에서 쫓겨나면서, 미국 정부는 '군사혁신'의 핵심 전략들을 사실상 포기하고 그 대신 이라크의 병력을 급속하게 증강하기 시작한다.[10]

이라크에서의 패배로 재확인된 두 번째 전통적인 군사적 견해는 대립하고 있는 양측 주체성의 거대한 차이를 강조한다. 무장저항, 특히 점령군에 맞선 무장저항은 주체성 생산의 가공할 만한 엔진이다. 점령되어 있는 상황은 이라크인들에게서 위험과 죽음을 무릅쓰고 때로는 끔찍하고 야만적인 형태를 취하기도 하는 비상한 자발성을 불러일으켰다. 이는 점령자의 존재가 저항을 생산하는 데 충분하다는 것을 다시 한 번 가르쳐준다. 그러나 점령군에게는 그러한 주체성의 생산이 존재하지 않는다. 전쟁을 9·11과 연결시키고, 더 일반적으로는 '테러리즘' 혹은 급진적 이슬람을 통합된 전지구적 적으로 만들려는 그 모든 이데올로기적 캠페인에도 불구하고 말이다. 과거 어느 시점에는 애국심이 다른 나라와의 전쟁을 뒷받침할 수 있는 주체성 생산을 가능케 한 적도 있었지만, 오늘날 그러한 메커니즘의 효과는 제한적이다. 현재 점령군은 이런저런 방식으로 용병에 의해 충원되고 있다. 일찍이 마키아벨리는 주체성 생산에 의해 추동되는 '무장한 민중'이 그 어떤 용병 군대보다도 우월하다는 것을 인식했다. 그리고 그 어떤 기술적 우위도 결코 저 주체적 불균형을 감당하지는 못할 것이다.

미국의 일방주의적 군사전략의 이 두 장애물—기술적 변혁의 한계와 주체성의 불균형—은 시가전에서 강력하게 맞물려 작동한다. 군사전략가들은 점점 더 많은 반란과 저항이 메트로폴리스에서 일어나게 될 것이라는 점과 군사혁신RMA으로 기동되는 기술적 장치가 이러한 환경에 맞지 않는다는 것을 잘 알고 있다.[11] 얽히고설켜 있는 도시의 통행로에서는 원거리 전투를 수행하기가 어렵다. 이번 부의 끝에 달린 「신체에 관하여 2」에서 논의하게 되겠지만, 메트로폴리스는 주체성 생산을 위한 공장이기도 하다. 메트로폴리스를 형성하고 있는 잘 확립된 공통적인 것의 공간, 소통회로, 사회적 습관들이 저항하는 주체성 생산의 강력한 증폭기로 기능하는 것이다. 메트로폴리스는 하룻밤 사이에도 불타오를 수 있으며, 그 불꽃은 꺼지기를 완강히 거부한다.

물론 한 번의 작전에서의 패배가 군사전략의 오류를 입증하는 것은 아니다. 틀림없이 어떤 이들은, 단지 전前바트당 관리들을 쫓아낸 것, 이라크 군대를 해산시킨 것, 저항에 충분히 빠르게 반격하지 못한 것 등과 같은 전술적 오류들 때문에 실패했다고 말할 것이다. 또한 미군 및 그와 연관된 싱크탱크들에 소속되어 있는 전략가들이 (추상적 이론과 비디오게임 시뮬레이션의 도움을 받아) '군사혁신'을 도시환경에 맞게 재편하고 기술적·전략적 혁신을 통해 '지속적 영역 제압'persistent area dominance과 같은 목표를 달성하기 위해 바쁘게 노력하고 있으리라는 것도 믿어 의심치 않는다.[12] 이스라엘의 군사이론가들 역시 병력을 위험에 노출시키지 않으면서도 도시환경을 통제할 수 있는 효과적인 전략을 개발하는 데 열심이다.[13] 그러나 미래의 혁신 및 개선에 관계없이, 이러한 전략이 미국의 일방주의 군사기획을 뒷받침할 수 없다는 것이 이미 분명하다.

미국의 이라크 전쟁을 설계한 주요 인물들이 순진하거나 전문성이 부족한 군사전략가들일 수는 있다. 그러나 의심의 여지없이 그들은 정치적으로 명석하게 생각하는 사람들이다. 그들은 미국의 사상자 수가 많아질 경우 틀림없이 국내 지지기반이 침식될 것이라는 사실을 알고 있다. 그들은 또한 아프가니스탄과 이라크를 넘어서 일방주의적인 전지구적 질서를 위해 앞으로 필요할 것들을 내다보고 있다. 미군이 구식 군사전략의 논리로 러시아나 중국 같은 다른 주요 열강들에 대적할 수 있는 방법은 없다. 단적으로 말해 미군은 충분한 수의 병력을 보유하고 있지 않다. 새로운 전략은 수적 불균형을 극복하고 이 비대칭성을 이점으로 전환시킬 것을 약속한다. 이 전략을 만든 사람들은 그러한 기술적-전략적 우위만이 장기간에 걸친 일방적인 군사적 통제를 창출해내기 위한 유일한 희망이라고 믿는다. 그러나 이러한 전략이 정치적 논리의 필요는 충족시킬지 몰라도, 군사적으로는 유지될 수 없음이 증명되었다. 심지어 아프가니스탄과 이라크에서처럼 상대적으로 소규모이며 제대로 무장하지 못한 시민군을 상대로 해서도 말이다.

쿠데타가 일어나고 그것이 실패하는 동안 미국의 국제적인 정치적 헤게모니 또한 급속히 쇠퇴했다. 2003년 이라크 침공을 계획했던 이들 중 몇몇은 아마도 미국의 탱크들이 바그다드에서 꽃과 키스로 환영받기를, 나아가 다른 국민국가들이 전쟁을 이끌어준 것에 대해 미국에 감사하기를 기대했을 것이다. 20세기의 중요했던 시기들 동안,

특히 냉전이 가장 강렬했던 기간 동안 세계의 많은 지역에서 미국이 헤게모니적 지위를 누렸다는 사실은 곧 사람들의 기억에서 사라질 것이다. 미국의 헤게모니에 대한 이데올로기적 설명은 미국이 국내와 국외 모두에서 일관되게 자유와 민주주의를 장려하고 방어하기 위해 행동한다는 생각에 입각해왔다. 그러나 우리는 과테말라와 칠레에서 필리핀과 인도네시아에 이르기까지 때로는 공공연하고 때로는 비밀스러운 공작을 통해 민주적으로 선출된 정부의 토대를 침식하고 독재정권을 지원해온 미국 정부의 오랜 역사를 잘 알고 있다.[14] 미국의 헤게모니에 동의하는 진정한 이유는, 다른 국민국가들이 미국의 행위가 변함없이 자신들의 국가적 이익, 더 정확히는 권력을 가진 자들의 이익을 증진시킨다고 믿었다는 사실에 있었다. 그런데 이러한 믿음을 유지시키는 것은 쉬운 일이 아니다. 물질적 이해利害는 필연적으로 '이상주의적인' 이데올로기적 정당화와 결부되어 있고 그것 없이는 유지될 수 없기 때문이다.[15] 키케로Cicero가 로마에 대해 말했던 바와 같이, 동맹국들에게 미국의 전지구적 리더십은 종종 임페리움imperium보다는 파트로키니움patrocinium으로 생각되었다.*

아부 그라이브Abu Ghraib 감옥의 사진들이 미국의 도덕적·정치적 권위의 쇠퇴에 대한 상징, 그리고 미국의 이미지가 자유와 민주주의의 수호자에서 기본권과 국제법의 파괴자로 바뀐 것에 대한 상징으로 기능할 수 있을 것이다. 물론 수십 년간 비판적 목소리들이 미군이 암살단을 훈련시키고 고문의 사용을 조장하는 방식에 대해 항의해왔다. 그러나 미군 병사들이 이라크 포로를 고문하고 조롱하는 사진은

---

* 고대 로마에서 '임페리움'은 포괄적이고 무제약적인 명령권 혹은 지배권을 의미했고, '파트로키니움'은 유력자와 하층민 간의 보호·피보호 관계를 가리켰다.

그나마 남아 있던 미국의 도덕적 이미지마저 완전히 박살내고, 관타나모를 비롯한 여타의 비정규감옥들에서 미국이 테러와 고문을 정치적·군사적 도구로 널리 사용했다는 사실로 초점을 이동시켰으며, 미국 정부가 국제법을 위반하여 고문의 사용을 승인하고 조장한다는 사실을 부각시켰다. 아부 그라이브의 사진들이 공개된 후 토머스 프리드먼Thomas Friedman은 이렇게 경고했다. "우리는 이라크 전쟁보다 훨씬 더 중요한 무언가를 잃을 위험에 처해 있다.[16] 세계의 도덕적 권위와 영감의 매개자로서의 미국을 잃을 위험에 처해 있는 것이다." 물론 미국이 최대의 인권 침해국이나 고문 지지국은 아니다. 그러나 미국의 이미지는 더 이상 권리와 법, 자유와 민주주의의 증진을 위한 패러다임으로 기능할 수 없다.

우리는 미국 헤게모니의 이데올로기적 가리개가 닳아 얇아진 것은 아마도 그 실체가 이미 텅 비어버렸기 때문이 아닌가 생각한다. 다시 말해 다른 국가들이 미국의 국제적 행위—전쟁, 일방주의적인 모험적 행동, 경제모델 등—가 더 이상 자신들의 이익을 한결같이 증대시키지는 않는다고 규정했다는 것이다. 이러한 변화에 대해서는 다음 절에서 경제적 이해利害의 관점에서 더 자세히 분석해봐야 할 것이다. 그러나 우선은 쿠데타 실패가 미국의 하드파워와 소프트파워의 쇠퇴, 즉 군사전략의 패배 및 도덕적·정치적 권위의 붕괴와 어떻게 일치하는지를 인식하는 것으로 충분하다.

1달러의 가치는 얼마인가?

미국 일방주의의 붕괴와 제국체제 안에서 미국이 시도한 쿠데타의 실패는 단지 군사적 힘이나 전략이 작용한 결과만은 아니다. 경제적 힘은 정치적·도덕적 권위와 함께 헤게모니에 필요한 '소프트파워'의 일부이다. 일방주의 기획의 경제적·군사적·정치/도덕적 측면들은 각자 독립적인 논리에 따라 움직이지만, 권력의 상승 국면에는 서로를 북돋우고 하강 국면에는 서로를 끌어내리는 식으로 서로의 효과를 증대시킨다. 가장 넓은 관점에서 말하자면, 경제 영역에서 헤게모니적 권력의 성공은 (적어도 현대 자본주의의 조건에서는) 일반적인 수준에서 자본가들의 이윤을 보장하는 능력에 달려 있다. 일국적 이해관계만이 아니라 동맹권력들의 이해관계에 있어서도 그러하다. 경제적 헤게모니를 측정하는 것은 분명 엄정함과는 무관한 일이지만, 미국의 일방적인 경제적 통제에 대해 '불신임'표를 던지는 목소리가 점점 늘어나고 있는 다양한 영역들로부터 징후를 읽어내는 것은 가능하다.

가장 가시적인 것은 이라크에서 미국이 맛본 군사적 패배이지만, 가장 의미심장한 것은 아마도 미국의 경제적 실패일 것이다. 그리고 이 경제적 실패는 일방주의 기획이 불가능함을 강력하게 예증한다. 이라크 유전에 대한 통제는 의심의 여지없이 중요하지만, 점령의 주된 경제적 목적은 신자유주의적 개혁을 발본적으로 실험하는 것이었다.[17] 폴 브레머Paul Bremer가 이끄는 이라크 점령정부는 노동권, 국유산업, 복지체제 등을 포함한 이라크 경제의 기존 사회구조를 파괴하는 임무를 부여받았다. 말하자면 경제 영역을 완전히 쓸어버려서 일종의 백지상태를 만들고 거기서부터, 즉 원점에서부터 순수한 신자유주의 경제를 만들어내겠다는 의도였다. 그러나 브레머 정권은 (자신의 무능함과 더불어) 다양하게 전개된 강한 경제적 저항들로 인해 좌절을 맛봤다. 브레머 정권은 이라크의 경제적 재화를 사유화하고 외국기업에 파는 일이 어렵다는 것을 금방 알게 되었다. 외국기업들이 구매하기를 주저했는데, 한편으로는 이라크에서 계속되고 있는 폭력이 사업을 거의 불가능하게 만들기 때문이었고, 다른 한편으로는 국제법이 점령정부가 판 국가산업과 국가자원에 대한 소유권을 정당한 것으로 인정하지 않을까 두렵기 때문이었다. 순수한 신자유주의 경제의 창출은 사유화에 대한 이라크 노동자들의 저항으로 인해서도 불가능해졌다. 실제로 나오미 클라인의 보고에 따르면, 국가산업에서 해고된 일부 노동자들이 즉각 군사적 저항에 가담했다. 이처럼 미국 일방주의의 기획은 이라크에서 군사적으로 실패했을 뿐 아니라 경제적으로도 실패했다. 즉 이윤을 발생시키고 보장할 새로운 경제체제를 창출하는 데 실패한 것이다. 이라크는 발본적인 신자유주의적 개혁의 일반적 전략이 일방주의 기획에서 미국의 군사적 통제 및 정치적 헤게모니와 결합된 하나의 사례이다.[18]

만족스러운 방식으로 직접 대답하는 것은 불가능하지만, 본질적인 질문은 미국의 일방주의—'테러와의 전쟁', 정치적 헤게모니, 경제정책들—가 기업을 이롭게 하고 전지구적 자본의 이윤에 도움이 되는가이다. 물론 이는 핼리버튼Halliburton이나 벡텔Bechtel 같은 한줌의 특정 기업들에게 도움이 되는가를 묻는 것이 아니라, 전체로서의 집합적 자본을 이롭게 하는가를 묻는 것이다. 이 문제에 접근하는 한 가지 유용한 길은 국제 경제협정에서 다른 국민국가들에게 자신이 원하는 바를 강제하는 미국의 능력에 초점을 맞추는 것이다. 사실 미국은 자신의 경제적 헤게모니에 대한 동의를 얻는 데 있어 점점 더 많은 어려움을 겪고 있다. 예를 들어 이른바 도하 라운드Doha round라는 세계무역기구 회의 자리에서 이루어진 미국의 제안에 대한 저항이 증가해왔는데, 이는 2001년 도하와 2003년 칸쿤Cancún에서 시작되어 수년간 계속되고 있다. 연례회담은 교착상태가 전개되면 실패를 선언하는데, 문제는 주로 지배적인 국가들의 농업보조금과 산업시장 및 농업시장에 대한 접근권에 관한 것이다. 이 점과 관련하여 가장 주목할 만한 미국의 상징적인 패배는 아마도 미주자유무역지대FTAA 협정에 대해 라틴아메리카의 지지를 얻는 데 실패한 일일 것이다. 지난 세기의 상당 기간 동안 워싱턴은 '자신의 뒷마당'에 기댈 수 있었고 자신의 경제기획에 대한 라틴아메리카 국가들의 지지를 확신할 수 있었다. 그러나 2005년 마르델플라타Mar del Plata에서 라틴아메리카 정부들은 (적어도 부분적으로는) 미국의 경제적 헤게모니로부터 독립을 선언할 수 있었다. 이는 국가주권을 정치적으로 확고히 한 것일 뿐 아니라, 더욱 의미심장하게는 이들 나라의 지배엘리트들이 더 이상 미국의 헤게모니를 자신의 경제적 이해利害에 이로운 것으로 보지 않음을 가리킨다. 바그다드와 도하에서 마르델플라타에까지 이르는 이 모든 실패들, 워싱턴의 의지에 맞선 이 저항들은 미국의 소프트파워에 대한 일련의 '불신임'투표로 읽힐 수 있다. 미국의 일방주의 경제기획이 실패했다는 징후들인 것이다.

국제적인 경제적 헤게모니의 가장 근본적인 지표는 일국의 통화가 갖는 지위와 기능일 것이다. 수십 년간 달러의 지배는 전세계 경제에서 달러가 외환거래 및 보유의 제1통화 역할을 함으로써 입증되었는데, 이는 미국 경제에 대한 국제적 신뢰와 미국의 경제적 리더십에 대한 동의를 나타내는 것이었다. 달러가 지속적으로 다른 통화에 비해 높은 가치를 유지했다는 말은 아니다. 사실 환율조작은 종종 국내의 경제 문제를 국제적 무대에서 해결하는 메커니즘으로 지배권력에 복무한다. 오늘날 달러는 여전히 전지구적 통화로 기능하고 있지만, 이는 단지 과거 영광의 잔존효과에 불과할 것이다. 조반니 아리기는 이렇게 쓴다. "순전한 지배와 반대되는 성격을 가지는 것으로서의 미국 헤게모니는 분명 이미 끝이 났지만, 파운드화가 영국 헤게모니의 종언 이후에도 30~40년간 국제통화로서 계속 사용되었듯이 달러화도 그러할 것이다."[19] 아마도 앞으로 언젠가 유로화나 위안화, 혹은 여러 통화들의 일정한 결합이 지배적인 지위에 오를 텐데, 그때 달러화의 헤게모니는 이미 옛일이 되어 있을 것이다.

2007년에 시작된 미국의 주택담보대출 위기와 이어서 발생한 전지구적 금융·경제 위기는 현재 세계에서 미국 경제가 차지하고 있는 위치의 몇 가지 중요한 측면을 보여준다. 한편으로 그것은 미국 경제에서 뉴딜정책과 복지구조가 이뤄놓은 것들이 주로 전지구적 금융시장에 의존함으로써 어느 정도로 허물어졌는지를 드러낸다. 지구화는 미국의 사유화 경제정책을 안정시키고 그 비용을 부담해주었다. 다른 한편으로 미국의 주택보유자들이 담보대출을 갚을 수 없게 되자, 전세계 자본가들이 미국의 위기에 얼마나 많은 영향을 받는지가 분명해졌다. 여전히 전세계에서 투자를 끌어오고 있기는 하지만, 미국 시장의 헤게모니는 급격하게 약화되었다. 달러의 가치는 점점 더 미국의 생산성—달러가 이것의 화폐적 상징이다—이 아니라 전세계 금융시장을 협박하는 능력에 의존하고 있다.[20]

미국 일방주의 기획의 실패의 다양한 갈래들은 2005년 허리케인 카트리나의 여파 속에서 하나로 합쳐져 대재앙이 되었다. 비상사태에 대응해야 할 정부기관의 부패와 무능은 정말이지 수년간 체계적으로 열악해진 사회구조의 표면적 효과일 뿐이었다. 전세계에서 체감되어

왔던 실패한 신자유주의적 경제기획의 효과가 이제 미국 본토에서 극적으로 나타나게 되었던 것이다. 몇몇 언론인과 정치인들이 집 잃은 사람들을 '난민'이라고 불렀을 때 야기된 공분은, 미국 시청자들이 세계의 종속지역들과 관련시키는 데 익숙한 이미지에 맞닥뜨렸을 때 내부와 외부 간의 혼동으로 인해 생겨난 불안을 가리킨다. 허리케인 카트리나의 여파는 또한 계속되고 있는 미국의 인종적 분할, 그리고 인종과 가난 사이의 강한 연결을 노출시켰다. 이 참사는 루이지애나나 미시시피 같은 지역에서 충분한 자원 없이 살고 있는 흑인들의 비율이 높다는 사실뿐 아니라, 정부기관과 미디어가 인종에 따라 얼마나 다르게 반응하는지도 상기시켰다. 허리케인 이후 몇 주간 미국의 인종주의는 정부기구에서부터 통상적 편견들에 이르기까지 사회의 모든 수준에서 생생히 드러났다. 마지막으로 카트리나 참사는 이라크 전쟁에 대한 미국인들의 지지에 있어서 전환점을 기록했다. 몇몇 논평가들은 직접적인 연관성—전쟁에 돈을 써서 국가 기반시설이 취약해졌다, 미시시피와 루이지애나의 주방위군이 전쟁에 배치되어 재난구조에 동원될 수 없었다 등—을 지적했지만, 여론이 말하는 연관성은 더 추상적이고 심원한 층위에서 한층 강력하게 작용했다는 것이 우리의 생각이다. '바그다드의 승리'로 표현된 제국주의적 영광을 찬양한 지 고작 2년 만인 2005년 여름, 일방주의 기획의 균열들이 도처에서 나타나고 있었으며 카트리나가 몰고 온 재앙은 그것을 확인해주었다. 사건들은 수년간 계속될 것이었지만, 쿠데타가 실패했다는 것은 이미 분명했다.

4.2 미국 헤게모니 이후

속주(屬州)들은 자신들이 만들어내는 변화 속에서
일반적으로 질서에서 무질서로,
그리고 다시 무질서에서 질서로 움직인다.
세상의 일이란 본성상 가만히 멈춰 있도록
허락되어 있지 않기 때문이다.
마키아벨리, 『피렌체사(史)』

공위기

미국 일방주의 기획의 실패는 많은 분석가들로 하여금 전지구적 헤게모니를 이어받을 후계자를 찾아다니도록 만들었다. 신권神權적 통제하에 있는 이슬람 통일체를 기초로 지구상의 많은 지역들을 다스리는 새로운 칼리프 통치가 등장할 것인가? 통합된 유럽이 지배적인 지위를 되찾고 전지구적 사안들을 결정할 것인가? 아니면 세계는 중국이 일방적 헤게모니를 행사할 준비가 될 때를 그저 기다리고 있는 것인가? 그러나 '새로운 왕위 요구자'에 관한 이 모든 생각들은 받아들이기 어렵다. 이러한 생각들은 전지구적 질서의 형태가 여전히 제국주의적이며, 미국이 일방적 헤게모니를 달성하지 못했다 하더라도 다른 국민국가나 주권이 그것을 해낼 수 있을 것이라는 전제에 입각해 있기 때문이다. 우리가 보기에 미국 일방주의의 붕괴는 미국의 기획이 실패했다는 사실만이 아니라, 더욱 중요하게는, 일방주의 자체의 실패를 나타낸다. 전지구적 질서의 형태는 돌이킬 수 없을 정도로 달라졌다. 오늘날 우리는 이행의 시기, 즉 낡은 제국주의는 죽었지만 새로운 '제국'은 아직 출현 중에 있는 공위기空位期를 살고 있다.

조반니 아리기는 미국 헤게모니의 쇠락에 대한 가장 강력하고 통찰력 있는 분석들 중 하나를 제시한다. 축적 주기에 대한 아리기의 견해에 따르면, 전지구적 경제체제에서 헤게모니적 권력의 상승기는 새로운 생산과정에 대한 꾸준한 투자를 특징으로 하는 데 반해, 생산에서 금융으로의 이행은 퇴락의 징후이다. 그러므로 1970년대부터 시작된 미국 경제의 금융화는 '초로'初老 국면의 신호이며, 그가 보기에 이것은 거의 한 세기 전 영국의 경제적 헤게모니가 쇠퇴하던 시기와 유사하다. 아리기가 볼 때, 미국의 경제적 헤게모니의 쇠퇴와 함께 일어난 군사적 실패는 더욱 확실한 몰락의 증거이다. 그리하여 달러가 금본위제로부터 분리된 것과 제1차 석유위기가 발생한 지 얼마 되지 않은 시점에 발발한 베트남 전쟁이 미국의 **징후적** 위기signal crisis였다면, 이라크 점령은 **종국적** 위기terminal crisis를 나타낸다. 이런 맥락에서 아리기는 동아시아—그는 초기 저작에서는 일본을, 좀더 최근 저작에서는 중국을 주도 국가로 여긴다—를 중심으로 하는 새로운 주기가 미국이 주도하는 전지구적 축적 주기를 뒤이을 것이라는 가설을 세운다. 그러나 아리기의 주장을—그의 저작이 포함하고 있는 어떤 요소들이 실제로 이러한 방향을 가리키고 있기는 하지만—중국이나 여타의 국민국가가 (그 자체가 영국 헤게모니, 더 거슬러 올라가면 네덜란드, 제노바, 베니스 헤게모니의 반복인) 미국 헤게모니의 형태를 반복할 것이라는 주장으로 읽는 것은 잘못이다. 오히려 축적의 새로운 주기는 새로운 전지구적 정치질서, 그리고 세계 자본의 지리학과 작동양식의 재조직을 필요로 한다. 다시 말해 중국은 새로운 제국주의적 권력이 되지 않을 것이며, 국민국가 헤게모니의 특징들을 더 큰 규모로 반복하는 전지구적 거대국가mega-state가 출현하는 일도 없을 것이다. 사실 아리기가 수행한 분석의 가장 혁신적인 측면은 "세계 문명들 간의 더 큰 평등에 기초한 세계시장 사회"가 출현하고 있다는 주장이다(아리기는 이러한 주장을 아담 스미스에 대한 창조적이고 세심한 독해를 통해 다듬어낸다). 그는 중국의 부상이 가진 가장 중요한 측면은 그것이 강대국들과의 관계에서 종속국들이 일반적으로 상승하는 현상의 일환이라는 점에 있다고 생각하며, 이를 한 국민국가의 헤게모니에 기반하지 않은 새로운 축적형태의 시작으로 이해한다. 그리하여 아리기 논의의 중요한 결론은, 미국 헤게모니의 쇠퇴와 함께 하나의 국민국가가 전지구적 경제·정치 체제에 대하여 헤게모니—제국주의적 형태의 것이든 일방주의적 형태의 것이든 아니면 그 밖의 다른 어떤 형태의 것이든—를 쥐는 시대의 종말이 왔다는 것이다. 현재 출현하고 있는 전지구적 질서는 근본적으로 새로운 형태를 띨 것이 틀림없다.[21]

이전에는 미국 헤게모니에 헌신했으나 현재의 이행을 알아차릴 만큼은 영리한 이론가와 정책입안자들은 지금 또 다른 전지구적 질서의 패러다임을 발견하여 전지구적 무질서의 위협에 맞서야만 하는 상황에 처해 있다. 그러나 그들의 상상력은 너무나 제한적이어서, 전지구적 질서의 문제를 해결할 일방주의가 몰락하자 재빨리 다자주의, 즉 서로 협력하는 지배적 국민국가들의 제한적 집단이 지도하는 국제 질서로 되돌아가버린다. 헨리 키신저Henry Kissinger는 그것을 공개적으로 선언한다. "세계는 17세기의 유럽을 닮았다. 그러나 세계는 19세기의 유럽이 되어야 한다."[22] 30년 전쟁 이전의 17세기 유럽은 카오스였다. 전쟁을 종식시킨 베스트팔렌 조약이 체결되고 나서야 유럽의 질서가 세워졌으며, 그 조직원리는 종교와 절대주권이었다. 그리하여 주권들 간의 협정 외부에는 어떠한 국제 질서도 없었으며, 국민국가들 외부에서 권력을 행사하는 기구도 없었다. 키신저는 베스트팔렌 조약이 낳은 정치적 세계가 19세기경에 완성되었다고 생각한다. 그때와 비교해서 오늘날 바람직한 유일한 차이는 종교의 자리에 이데올로기가 들어서고 주권국가들의 다자적 협력이 활성화되는 것이라고 그는 덧붙인다. 키신저조차 16세기 유럽에서 정치적 지배를 종교적 권위와 연결시켰던 "제후의 영지에서는 제후의 종교를 따른다"cuius regio, eius religio라는 원칙이 오늘날 전지구적 질서의 기초가 될 수 없다는 점을 인정하는 것이다. 그는 문명들 간의 충돌이 아니라 국민국가들 사이의 다자주의적 조화에 초점을 맞춘다. 프랜시스 후쿠야마Francis Fukuyama도 신보수주의적이고 일방주의적인 꿈을 포기한 이후 키신저의 주장에 호응하여 강대국들의 협력에 기초한 다자적 질서를 요구한다. 그러나 후쿠야마와 키신저 모두 국제기구들의 지원에 의존하지 않는, 국가들의 다자적 배치를 상상하고 있다.[23] 아마도 이것이 키신저의 상상력이 그러한 질서를 그리기 위해 19세기까지 거슬러 올라가는 이유일 것이다.

사실 다자적 질서를 유지할 수 있는 국제 시스템은 완전히 무너졌다. 전후 질서를 떠받치기 위해 1945년 이후 만들어졌던 모든 국제적·초국적 기구들이 위기에 처해 있다. 그중 한 가지만 이야기해보면,

유엔UN의 창설과 함께 사람들은 사법적 당위sollen가 국제적으로 구축되고, 국민국가들의 협력을 통해 부과될 수 있을 것이라고 생각했다. 그러나 오늘날 다자주의적인 도덕적 의무부과는 그 힘을 상실했다. 유엔 설립 당시에 이루어졌던, 국제 질서의 근본적 측면들을 법률화하려는 노력이 헛수고였다는 말은 아니다. 유엔이 덮어주었던 부정不正한 일들과 강대국들의 잦은 조작에도 불구하고, 유엔은 때로 평화의 최소기준을 부과하는 데 실제로 성공했다. 냉전 기간 동안 유엔의 사법질서가 다루었던 많은 참사들 가운데 몇 가지를 생각해보라. 예컨대 1956년 수에즈와 헝가리에서 두 번의 큰 위기가 발생했을 때, 유엔의 현실주의적인 정치적 지향은 훨씬 더 파괴적인 세계적 폭발들을 방지하는 데 도움이 되었다. 유엔 질서는 '신성동맹'이나 제국적 독재가 아니라 모순적이고 언제나 무너질 위험을 품고 있지만 궁극적으로는 견고하고 현실주의적으로 움직이는 국제적인 사법체계였다. 유엔의 시작은 실제로는 19세기가 아니라 온갖 민주적 열망들을 분출시켰던 20세기 파시즘의 패퇴에 뿌리를 두고 있다. 그러나 유엔이 유효할 수 있는 조건들은 소진되었다. 유엔헌장의 문구와 정신은 이제 무너졌다. 요컨대 국제적 합의와 협력을 지휘할 수 있는 다자적 질서, 새로운 베스트팔렌조약은 오늘날 불가능하다. 무엇보다 그러한 것을 지탱해줄 (유엔에서 브레튼우즈 기구들에 이르는) 제도적 질서가 더 이상 유효하지 않기 때문이다.

그러므로 일방주의의 실패가 한동안 주된 경쟁자로 여겨졌던 다자주의의 부활로 귀결될 수는 없다. 사실 국제 시스템은 미국의 쿠데타 시도를 이겨내고 살아남을 수 없었다. 삼손은 패배하면서 적들을 끌고 같이 쓰러졌다. 그러나 실제로는 일방주의가 결정적인 한 방을 날리기 전에도, 다자적 질서를 지탱하는 데 필수적인 국제기구들이 이미 흔들리고 있었다. 여하튼 일방주의가 몰락했다고 해서 다자주의와 그 국제기구들이 군사적·경제적·이데올로기적·사법적 지형에서 제기되고 있는 현재의 도전들에 응답할 수 있는 것은 아니다. 그러므로 이러한 맥락에서 베스트팔렌으로 돌아가자는 키신저의 호소에 귀를 기울이는 것은 가능하지조차 않다.

제국적 협치

일방주의가 실패하고 다자주의가 불가능한 것으로 드러난 이후, 이전에 존재했던 전지구적 질서의 형태들만으로 정치적 상상력을 채우고 있는 사람들에게 남아 있는 것은 일종의 정글의 법칙이 전세계 시장들을 지배하는 무질서 상태, 만인의 만인에 대한 전쟁뿐이다. 그러나 일방적·다자적 통제들이 약화된 상황 속에서도 지구화가 계속되고 있다는 사실을 분명히 해두어야 한다. 우리는 새롭게 등장하여 전지구적 체제에 질서를 부여하고 있는 관리·규제·통제의 새로운 형태들을 인식할 필요가 있다. 사실 새로운 관점을 채택하고 나면, 전지구적 규범·구조·권위의 복합적 네트워크가 이미 존재한다는 것을 보기 시작할 수 있다. 그것은 부분적이고 불완전하며 어떤 측면에서는 깨어지기 쉽지만, 그럼에도 불구하고 실제로 힘을 발휘하고 있다.

새롭게 출현하고 있는 경제적·정치적 통제의 제도적 형태들에 대한 사스키아 사센Saskia Sassen의 엄밀한 분석은 우리에게 이 새로운 전지구적 질서를 연구할 수 있는 견고한 기초를 제공해준다. 사센은 (마치 양자가 상호배제적이기라도 하다는 듯이) 국민국가의 여전한 중요성을 지구화 과정과 대립시키는 저 모든 무익한 논쟁들을 확실하게 잠재운다. 그녀의 주장에 따르면, 새로이 출현하고 있는 전지구적 질서는 국민국가들의 외부에서 형성되고 있을 뿐 아니라 더욱 중요하게는 그 내부에서도 형성되고 있으며, 국민국가의 일부 구성요소들을 점차 전지구적 의제와 시스템 쪽으로 향하게 만드는 '탈국민국가화' denationalization 과정을 가동시킨다. 다시 말해, 일국적인 것이 전지구적인 것 내부에 있는 만큼이나 전지구적인 것도 일국적인 것 안에 있는 것이다. 이런 맥락에서 사센은 현재 출현하고 있는 전지구적인 정치적·제도적 질서를 "국민국가와 국가 간 시스템interstate system이 여전히 결정적인 구성요소로 남아 있지만, 그것들이 홀로 떨어져 있지 않고 내부로부터 철저하게 변화되는" 배치의 관점에서 읽어낼 것을 제안한다.[24] 그녀는 어떻게 전지구적 질서의 조건들이 변화해서, 한편으로 미국이든 다른 왕위 요구자 국가든 일방적 통제를 행사하지도 못하고 제국주의적 기획들을 성공적으로 수행하지도 못하며, 다른 한편으로 국가 간의 다자적인 제도적 구조 또한 제 힘으로 전지구적 체제를 관리하고 규제할 수 없게 되었는지를 보여준다. 사센이 전지구적 질서를 결정하고 있다고 본 배치들은 초국적·일국적·비非국가적 제도와 권력기관들의 혼합으로 구성된다.

매우 다양한 저자들이 국민국가의 안과 밖 모두에서 형성되고 있는 이 권력기관들과 배치들의 새로움을 탐구하기 위해 '통치'government와 대비하여 '협치'governance라는 용어를 사용한다. '전지구적 협치'(글로벌 거버넌스)라는 용어는 일반적으로 헤게모니 권력이나 국제 시스템처럼 전체를 관장하는 정치적 권위가 부재하는 상황에서 종종 그때그때 가변적인 방식으로 기능하고 규범을 생산하는 규제구조를 가리키는 데 사용된다.[25] 이 용어의 가장 중요한 두 가지 계보는 어떤 측면에서는 합치하지만, 또 매우 상이한 방향으로 논의를 끌고 가기도 한다. 첫째, '협치'는 기업 담론에서 유래한다. 기업 담론에서 협치는 국가구조와 대비되는 자본주의적 기업에 전형적인 권위의 구조 그리고 관리와 책무성accountability의 메커니즘들을 부각시킨다. 기업 관리를 간접적으로 참조하는 것은 적어도 전지구적 질서를 (국가 행위자들에 제한되지 않는 방식으로) 국가와 기업 그리고 여타의 지배기관들을 포함하는 혼합체제로 사고하도록 하는 수단으로 기능한다.[26] 둘째, 협치 개념은 또한 철학적 담론, 특히 미셸 푸코와 니클라스 루만Niklas Luhmann의 작업에서도 유래한다. 이들은 매우 상이한 측면에서 새로운 통치 개념의 계보를 탐구하면서, 행정과정에서 행위자, 규제, 규범성 간의 관계가 낳는 창조성에 초점을 맞춘다. 루만과 푸코 모두 주권과 주권의 명령하는 힘에 관한 전통적인 개념들을 보다 유연한 결정구조와 더 개방적인 협상과정으로 옮겨놓으려 한다. 이러한 맥락에서 협치는 정치적 의사소통이 이루어지는 방향의 역전을 나타낸다. 체제의 중력 중심이 다양한 수준의 결정 네트워크 내부에서 이루어지는 국가와 비非국가 행위자들 간의 더 큰 협력 쪽으로 옮겨감에 따라, 하향식 과정 대신 상향식 과정이 사용되고 귀납적 절차가 연역적 절차를 대신한다.[27]

협치 개념의 두 가지 주요한 계보, 즉 기업 계보와 철학 계보는 모두 현재 상황을 분석할 수 있는 새로운 지평을 여는 데 도움을 준다. 전지구적 협치는 단일한 권력 중심으로부터 나오는 명령과 정당화의 통일성에 기초한 관리 모델이 아니다. 전지구적 협치는 오히려 엄청나게 불균등한 힘을 가진 다양한 국가 및 비국가 행위자들이 함께 작용하는 지속적인 협상의 과정, 합의에 의한 계획과 조정을 위한 도구들의 배치이다. 그리고 오직 이러한 행위자들 간의 협력만이 전지구적 지형에서 정책입안 과정을 결정할 수 있다. 오늘날 전지구적 질서는 전지구적 지평에서 요구와 힘들의 이질적 집합을 구성하는 일단의 다양한 규범·관습·법령·법률들에 의해 정의된다.

여러 학자들이 협치에 대한 생각을 발전시켜서 서로 매우 다른 전지구적 질서의 모델을 구축해낸다. 주로 경제학과 금융에서 유래하는 한 가지 모델은 협치의 효율성을 재는 척도로서 '시장가치'에 초점을 맞춘다. 이 끊임없는 활동의 구체적인 제도적 형상은 국제적인 경제적·사회적 관계의 규칙을 구축하고 관리한다. 이 모델에서 협치는 국가 및 비국가 기관들이 세운 다중심적이고 분산된 조절 메커니즘으로 사고된다. 그런데 이 모델은 주로 기업경영의 논리에서 나온 것이기 때문에, 일반적으로 권위 및 규칙의 기능과 구조가 상업과 이윤을 촉진하고 뒷받침하는 측면에서만 이해된다.[28]

신제도주의적 자유주의 전통으로부터 나온 두 번째 모델은 협치를 이해관계와 사법 내에서 전지구적 통치의 포스트주권적post-sovereign 형태들을 구축할 수 있는 기계로 본다. 이 모델은, 주된 행위자로서 국가에 초점을 두고 국가기구 및 국가 간 기구들이 새로운 전지구적 맥락에서 (때로는 변형된 형태로) 계속해서 기능하는 방식을 강조하는 (국제관계 분야의) 현실주의적 전통으로부터 이탈한 것이면서도, 여전히 그것과 밀접하게 관련된 것으로 이해되어야 한다. 이 모델은 예컨대 국지적 분쟁을 해결하고 조정하기 위해 해당 국가 내에서나 국제적으로 열리는 수많은 대치와 협상의 장에서 유용한 것으로 드러난다. 그러나 신제도주의적 협치는 이러한 활동에만 국한된 것이 아니라, 예방적 경찰력과 즉결재판소에 의지하기도 하며, 이런 식으로 통치구조들을 통합하고 배치하기 위한 효과적인 메커니즘들의 네트워크를 창출한다.[29]

세 번째 모델은 개별적 수준에 기초한 절차에 의해서는 효과적으로 다루어질 수 없는 집단적 이해들을 직접 관리하는 노동조합 제도의 네오코포라티즘적 도구들에 의거한다. 여기서 협치는 이익들 간 교환의 자기규제 과정으로 정의되고, 다수적이고 다두多頭정치적인 사법에 동의하는 행위자들에 의해 추동되며, 국가와 통치기관들로 하여금 규범 생산의 지형으로부터 공유된 규칙들의 생산이라는 지형으로 물러나도록 강제하여, 안정적인 사법질서를 위한 단일한 법정을 점진적으로 수립하려 한다.[30] 이 모델은 제국의 협치를 이해함에 있어서 다른 모델들보다 훨씬 더 적절한 관점을 제공한다. 제국의 협치는 개방적이고 구성적인 과정을 만들기 위해 협력하는 국제기구, 지배적 국민국가, 다국적 기업, 대륙적·지역적 국가연합 등을 포함하는 다양한 정치적·경제적 단위들을 과두정치로 모아내는 것이기 때문이다. 사실 이 모델에 비추어보면, 전지구적 자본은 일반적 매개의 도구들을 마디로 하여 자본가 세력과 조직된 노동자 세력을 잇는 규제구조를 구축하기 위해 앵글로색슨적 '고딕 체제'gothic regime와 게르만적 '푸펜도르프 모델'Puffendorf model을 절충적으로 혼합하는 것처럼 보인다. 17세기에 로한 공작Duke of Rohan은 이것을 '트루티나 스타투움'Trutina Statuum—국가들의 '천칭'天秤, 더 구체적으로 말하자면 국가 및 비국가 행위자들을 규제하는 배치를 구성하고 해체하는 메커니즘—이라고 불렀다.[31] 이것은 절대정신의 철학에서 역사의 통일적 행진을 이끄는 헤겔적 국가와는 전혀 다른 것이다. 현재와 같은 전지구적 협치의 관행과 구조들은 매우 다수적이고 유연한 과정을 제공한다.

위와 같은 모델들은 모두 다원주의적 규제 형태로서 협치를 제시하는데, 이는 아래로부터 만들어지고 가변적이고/거나 다층적이고/거나 다중심적인 기하학적 형태로 구성되는 네트워크 속에서 수립된다. 분명 국가는 여전히 전지구적 정책 입안의 다양한 하부구조들 사이에 연결이 이루어지는 전략적 장소이다(국가들마다 그 정도는 다르다). 주요 기업과 다국적 회사들이 때때로 재분배와 사회적 동등함이라는 최소한의 협치 기준을 제시(부과)하고 국가들이 그것을 법규로 시행해야 하는 데서 볼 수 있듯이 말이다. 이런 맥락에서 협치에 대한 다양한 사고들은 법률생산 **장치**dispositifs의 탈헌법화deconstitutionalization와 통치화governmentalization—주권으로부터 명령을 떼어내서 시장에 적합하도록 만들고 다양한 행위자들 사이에 분배하는 것—라는 생각을 공유한다.[32]

그러나 협치와 민주주의를 혼동해서는 안 된다. 협치가 다수의 행위자로 구성되고 상대적으로 유연하고 개방적이며 (적어도 국가주권 구조와 비교할 때) '아래로부터' 형성되는 것은 사실이다. 그러나 협치의 다양성은 매우 제한적인 것으로서 위계적으로 상호연관되어 있는 권력들의 특권적 집단, 과두적 지배집단에만 국한되어 있다. 또한 협치의 개방성은 권력과 소유의 효과들에 의해 심각하게 제한되어 있다. 사실 협치의 다수성과 개방성은 시장교환의 구조 및 실천들과 관련될 때 가장 잘 이해될 수 있을 것이다. 이러한 의미에서 전지구적 협치는 포스트민주주의적postdemocratic 명령방식들로 온통 삼투되어 있다.

전지구적 협치에 대한 이러한 분석은 적어도 일방주의적 구조와 다자주의적 구조의 무능이 반드시 권력을 진공과 카오스의 상태로 남겨두는 것은 아니라는 사실을 분명히 해줄 것이다. 어떤 측면에서는 미국의 쿠데타가 실패한 이후 집합적 자본이 경제적·사회적·정치적·군사적 위기를 관리하는 지휘권을 장악했다고 할 수 있다. 이 지점에서 어째서 일부 사람들에게 오늘날 출현하고 있는 제국이 (우리가 앞서 인용한 용어를 사용하자면) 무극無極적 세계로 비춰졌는가를 이해하기는 어렵지 않다. 그러나 새 안경을 끼고 보면, 국가 및 비국가 행위자들의 배치를 구축하고 권위의 새로운 형태들을 확립하며 규제와 관리의 새로운 규범과 관행들을 결정하는 다수의 극과 부산스러운 활동이 존재함을 알 수 있다. 이런 의미에서 매년 '세계경제포럼'World Economic Forum이 개최되는 다보스가 워싱턴보다 더 중요해지고 있다고 말할 수도 있을 것이다. 전지구적 시스템은 권위구조와 규제 메커니즘이 부분적이고 종종 무력하며 고르게 적용되지 못한다는 점에서 실제로 위기에 처해 있다. 그러나 이 위기는 단지 전지구적 협치의 과정들이 새로이 형성되고 있는 제국의 하부구조를 구성하고 있는 공위기를 나타낼 뿐이다.

새로운 아프리카 쟁탈전

제국주의는 끝났고 새로운 제국적 질서가 구체화되고 있다는 사실을 인식하는 것이 결코 사회들 간의 그리고 사회 내의 분할과 위계가 사라졌거나 심지어 감소했다는 생각을 함축하지는 않는다. 자본주의적 지구화의 몇몇 지지자들은 세계가 "평평"해지고 있다고, 전지구적 경제가 하나의 매끄러운 공간이 되어가고 있으며 경제적 기회와 생산의 조건이 지구 전체에 걸쳐 더 평등해지고 있다고 주장하지만, 이는 순전히 이데올로기적인 신비화일 뿐이다. 예전부터 이어져왔거나 새롭게 등장한 노동과 권력의 전지구적 분할이 때로 (예컨대 중국과 베트남, 프랑스와 알제리, 영국과 나이지리아를 나누는) 국경선과 일치하지 않을 수는 있다. 그러나 사실 국가를 중심에 두고 차이와 위계를 바라보는 관점은 과거에도 많은 경우 잘못된 것으로 드러났다. 중요한 점은 새로이 제국적 형성체가 출현하고 있는 가운데 분할이 줄어들기는커녕 많은 경우 더욱 심각해지고 있다는 것이다. 수많은 학자들, 그중에서도 특히 인류학자와 지리학자들이, 어째서 지구화되고 있는 세계가 평평하지 않고 도리어 극적으로 불균등한지, 차이와 위계의 낡은 선과 새로운 선 모두가 세계를 어떻게 홈이 파인 것으로 만들고 있는지를 분명하게 보여준다.[33]

우리의 분석과 관련해서 가장 중요한 것은 노동과 권력의 분할이 사회적 통제 메커니즘으로 기능하는 방식이다. 지리적 불균등성과 분할은 제국주의 시대에 그러했듯이 여전히 위계를 유지하고 사회적 적대들을 전치轉置시키는 (그리하여 통제하는) 역할을 한다. 고명한 제국주의자 세실 로즈Cecil Rhodes는 이러한 기능을 아주 잘 이해하고 있었다. "내가 늘 품어온 생각이 사회 문제에 대한 해결책이다. 즉 영국의 4,000만 주민을 피비린내 나는 내전으로부터 구하려면, 우리 식민본국 정치인들은 잉여인구가 정착할 수 있고 또 그들이 공장과 탄광에서 생산한 재화의 새로운 시장이 되어줄 수 있는 새로운 땅을 획득해야 한다. 내가 늘 말했듯이 제국은 빵과 버터의 문제다. 내전을 피하고 싶다면 제국주의자가 되어야 한다."[34] 물론 이러한 지리적 분할을 지탱할 식민 정부와 식민 영토는 이제 존재하지 않는다. 그러나 그럼에도 불구하고 자본과 자본의 전지구적 협치 메커니즘은 위계를 유지하고 사회적 갈등을 전치시키기 위한 수단으로 분할을 여전히 필요로 한다. 오늘날 불균등성은 때로 훨씬 더 좁은 지역에도 침투하여 한 도시 안에서도 이런저런 분할들을 만들어낸다. 예컨대 특히 유럽에서 백인들이 사는 부유한 도시 중심부와 어두운 피부색의 유색인종들이 사는 가난한 주변부 사이에 존재하는 지리적 분할은 불균등성을 만들어내고 유지하는 하나의 모델로 발전해왔다. 로스앤젤레스에서 리우데자네이루에 이르는 아메리카 대륙의 대도시들은 또 다른 모델을 제시한다. 이곳에서 지리적 분할의 양상은 동심원적 성격이 덜하다. 제멋대로 뻗어나가고 있는 라고스와 자카르타 같은 메갈로폴리스들은 또 다른 구분과 분할의 패턴을 보여준다. 노동과 권력의 분할은 또한 다른 규모로도 이루어져서, 북-남, 동-서, 혹은 사선으로 이어지는, 여러 국가와 대륙들을 가로지르는 선을 그리기도 한다. 이 불균등발전의 지도제작법을 연구하는 것은 매우 중요한 일이기는 하지만, 여기서 그 일을 하려는 것은 아니다. 우리의 논점은 단지 이러한 분할이 제국이 형성되고 있는 와중에도 (때로는 상이한 규모로 뿌리에서부터 재조직되고 종종 강화되면서) 아직 존재하고 있다는 것, 그리고 (로즈가 이해한 바대로) 위계를 보존하고 사회적 갈등을 전치시킴으로써 통제를 유지하는 데 이러한 분할이 여전히 필요하다는 것이다.

노동의 자본 아래로의 형식적 포섭에서 실질적 포섭으로의 점진적인 역사적 이행—이는 자본주의적 지구화 과정에 상응한다—에 대한 마르크스의 분석과 현재의 상황이 어떻게 다른지를 인식하면 이 지점이 명확해질 것이다. 자본주의적 생산 외부에서 만들어진 노동 관행과 관계가 자본주의적 생산의 지배 아래로 그대로 도입되던 때의 포섭은 마르크스가 보기에 여전히 **형식적인** 것이었다. 예를 들어 어떻게 수공업적 생산방법들이 보존되어 매뉴팩처 체제에 도입되었는지, 혹은 어떻게 비자본주의적 농업 관행들이 자본주의적 농업의 형태 속에 보존되었는지를 생각해보라. 그러므로 형식적 포섭은 자본의 내부에 있는 동시에 외부에 있는 현상을 가리킨다. 그러나 자본이 더 이상 비자본주의적인 형태에 매어 있지 않고 따라서 고유하게 자본주의적인 새로운 노동과정을 창출할 때, 이 포섭은 **실질적**이 된다. 마르크스에게는 공장에서 이루어지는 산업노동 형태가 실질적 포섭의 주된 사례이다. 실질적으로 포섭된 노동은 더 이상 자본 외부와 내부의 경계에 있지 않고 전적으로 내부에 속한다. 로자 룩셈부르크와 같은 몇몇 위대한 20세기 제국주의 이론가들은 마르크스의 분석을 일국사회 너머로 확장해서, 비자본주의적 경제를 지배적이고 자본주의적인 경제 아래로 형식적으로 포섭하는 과정으로서 제국주의를 분석한다. 이렇게 볼 때 형식적 포섭은 자본과 자본 외부의 경계선, 제국주의자들이 위계를 유지하고 사회적 갈등을 전치시키기 위해 사용하는 분할을 나타낸다. 따라서 이러한 관점에 따르면 지구화 과정은 모든 사회를 자본주의적 생산 회로 속으로 끌어들이는, 형식적 포섭에서 실질적 포섭으로의 일반적인 이행을 포함한다. 저 유명한 마르크스와 엥겔스의 선언처럼, 자본은 모든 민족에게 절멸당하지 않으려면 받아들여야 하는 조건으로 자본주의적 생산양식을 채택할 것을 강요하여 세계를 자신의 이미지대로 만든다. 그러나 세계 전체가 실질적 포섭의 단계에 있는 모습, 즉 단일한 자본주의적 총체를 상상하는 것은 노동과 권력의 지리적 분할이 존재하지 않는 평평하고 매끄러운 세계에 대한 전망으로 이어지기 쉽다. 사실 우리는 지구화 과정에서 이미 진행 중인 역방향의 운동, 즉 실질적 포섭에서 형식적 포섭으로의 운동 역시 인식할 필요가 있다. 이 운동은 자본의 새로운 '외부'를 만드는 것이 아니라 자본주의적 지구 내에 심각한 분할과 위계를 만들어내고 있다. 그러나 이는 과거로의 회귀를 의미하지 않는다. 형식적 포섭을 향한 운동과 실질적 포섭을 향한 운동이 지구화의 도정에 있는 자본주의적 세계 속에 공존하며, 이 세계의 지리는 낡은 경계와 균열, 새로운 경계와 균열로 홈들이 패여 있는 것이다.[35]

실질적 포섭에서 형식적 포섭으로 되돌아가는 움직임은 어떤 측면에서 수많은 낡고 기생적인 자본주의적 전유형태들이 최근 다시 등장하고 있는 것과 상응한다. 키신저의 상상대로 19세기 국제정세로 돌아가는 것처럼 보이는 무언가가 있다면, 그것은 우리가 오늘날 새로운 '아프리카 쟁탈전'을 목격하고 있다는 점에 있다. 19세기 마지막 수십 년간 유럽의 국민국가들은 영토에 대한 제국주의적 통제권을 두고 경쟁하는 가운데 아프리카 대륙을 식민지들로 쪼개 나누어 가졌다. 19세기 유럽인들은 주로 상아나 금 같은 부를 아프리카에서 뽑아낼 수 있기를 꿈꾸고 있었다. 오늘날 전세계에 걸쳐 그와 유사한 종류의 추출이 새로이 눈에 띄고 있다. 데이비드 하비David Harvey는 이를 강탈에 의한 축적이라 부른다. 강탈에 의한 축적은 주로 부를 발생시키는 것이 아니라 이미 존재하는 부의 소유권을 취하는 방식으로 이루어지는 전유형태이다. 이러한 강탈은 대개 빈자들이나 공공부문으로부터, 합법적이거나 불법적인 수단을 통해, 가장 빈번하게는 합법성의 경계가 불명확한 상황에서 이루어진다.[36] 다른 이들을 강탈함으로써 부를 축적하려는 강자들의 경쟁이 이렇게 일반화되는 가운데 형식적 포섭의 낡은 요소들이 명확히 다시 출현하고 있는 것이다.

이러한 전유 쟁탈전이 경제 외적인 폭력으로 끊임없이 지탱되고 촉진됨은 물론이다. 나오미 클라인은 이를 '재난 자본주의'라 부르는데, 이 패러다임 내에서 강탈에 의한 축적과 신자유주의 경제정책의 부과는 군사 쿠데타나 침략에서 생태적 재난에 이르는 일정한 형태의 충격에 의해 개시된다. 물론 자본은 언제나 파국으로부터 이윤을 뽑아낼 방법을 찾아왔으며, 가장 빈번하게는 파국을 부와 생산을 집중시킬 지렛대로 사용해왔다. 그러나 클라인은 1970년대 이래 그리고 공위와 무질서로 특징지어지는 최근에는 점점 더, 재난을 통한 경제변혁과 강탈에 의한 전유가 지배적인 모델이 되어가고 있다고 주장한다.[37]

여기서 우리가 새로운 아프리카 쟁탈전이라고 부르고 있는 것은 분명 전세계에서 일어나고 있는 일이다. 그러나 그것은 아프리카에서 특히 강렬하고 야만적인 형태를 띤다. 시에라리온의 다이아몬드 광산에서 우간다의 유전지역에 이르기까지, 종종 외국기업의 손아귀에서 비정규 사병조직의 비호 하에 움직이는 '채광 자본주의' 형태들이 지역 경제를 지배하게 되었다. 제임스 퍼거슨James Ferguson은 이러한 맥락에서는 일반적으로 말하는 바와 반대로 안정·평화·법치가 경제성장과 상응하지 않는다는 점을 지적한다. 그는 이렇게 말한다. 오히려 "(세계은행과 IMF의 개혁자들이 볼 때) 가장 큰 '실패'인 나라들은 외국투자자본을 끌어들이는 데 가장 성공적인 국가들에서 나왔다."[38] 한 세기 전에는 쟁탈전을 주도한 것이 유럽 국가들이었던 데 반해, 오늘날에는 기업들이 전지구적 협치의 복합적 형태 이면에서 약탈품을 나누어먹고 있다.

이러한 맥락에서 낡고 겉보기에 시대에 뒤떨어진 용어들이 자본주의적 지구화 과정에서 보이는 불균등성과 차이를 설명하기 위해 귀환하는 것은 아마도 전혀 놀라운 일이 아닐 것이다. 하나의 인상적인 사례는 1980년대부터 일부 저명한 중국 역사가들이 마르크스의 '아시아적 생산양식' 개념으로 되돌아간 것이다. 마르크스는 헤겔의 역사 이론에 크게 기대고 있는 이 용어를, 자급적인 마을 공동체로부터 추출한 잉여를 전유하는 전제국가를 중심으로 하는 정적이고 따라서 비역사적인 사회적 생산장치를 가리키기 위해 사용하며, 이를 유럽 자본주의 발전의 역동성과 대비시킨다. 2부에서 살펴보았듯이 아시아적 생산양식이라는 관념은 역사적으로 부정확하고 유럽중심적이라는 이유로 마르크스주의자들과 비마르크스주의자들 모두로부터 철저하게 비판받아왔다. 그러나 레베카 칼Rebecca Karl의 설명에 따르면, 마오쩌둥 이후 시대에 이 용어를 되살려낸 중국 역사가들은 아시아를 새로운 일반적 세계사에 종속시키기 위해서가 아니라 전지구적 자본주의 체제에서 중국이 차지하는 예외적인 위치를 확인하기 위해 이 용어를 채택한다. 이들은 아시아적 생산양식의 '영원한 정체停滯'를 강점으로 생각한다. 수천 년에 걸친 중국 통치의 안정성이 국가 중심적인 자본주의 발전 모델을 지지해준다는 것이다.[39] 우리가 보기에 매우 의심스러운 아시아적 생산양식 개념의 유용성은 제쳐두고 이야기하자면, 이 역사가들이 지적하고 있는 차이들은 매우 실제적이다. 그러나 우리는 이 차이들이 가리키는 것이 새롭게 출현하고 있는 전지구적 제국 형성체의 **외부**가 아니라 그 **내부**에 있는 분할과 위계의 선들이라고 생각한다.

현재 전지구적 상황이 보여주고 있는—매우 다양한 구시대적 형태의 폭력, 경제적 전유, 정치적 지배 등의 재출현을 수반하는—무질서와 복잡성으로 인해, 많은 이들이 전지구적 질서의 조건을 이해하기 위해 일방주의적 헤게모니나 다자주의적 협력과 같은 낡은 모델에 기대고 있다. 그러나 우리는 이러한 공위의 시대에 과거의 유령이 계속해서 출몰한다 할지라도, 새로이 출현하고 있는 세계질서를 근본적으로 새로운 관점에서 읽어야 한다고 주장한다. 이 새로움에 주목한 윌리엄 로빈슨William Robinson은 이렇게 주장한다. "미국을 떠난 헤게모니의 바통은 새로운 헤게모니적 국민국가로도, 심지어 지역블록으로도 넘어가지 않고 초국적 구도로 넘겨지게 될 것이다."[40] 전지구적 협치의 맥락에서 형성되고 있는 배치와 권력체들에 주목하면 다양한 국가적·초국가적·비국가적 힘들의 협력을 통해서만 기능할 수 있는 새로운 제국 형성체가 출현하고 있음을 볼 수 있다. 미래의 정치는 이 제국과의 관련 속에서 만들어져야 할 것이다.

4.3 반란의 계보

나로 말하자면, 나는 군중을, 떼를 증오합니다.
내겐 그들이 어리석거나 혐오스러운 악행을 범한 자들로 보입니다…
나는 반란의 나날들을 빼고는 결코 군중을 좋아했던 적이 없습니다…
그러한 날들에는 대기에 엄청난 생기가 돕니다.
그러한 날들에 우리는 자연의 그것만큼이나 **웅대하면서**
그보다 더 열정적인 인간의 시(詩)에 도취됨을 느낍니다.
귀스타브 플로베르가 루이즈 콜레에게, 1853년 3월 31일

반란이 역사에 생명을 불어 넣는다

4부에서 지금까지 우리는 현재 출현하고 있는 제국의 주요 특징들, 즉 국가 및 비국가 권력들의 구성, 협치의 배치, 내적 모순, 지리적 위계, 권력과 노동의 분할 등을 개괄적으로 살펴보았다. 그러나 현재의 전지구적 질서의 불안정성과 불확실성에 관한 이야기가 계속 들려올 때, 우리는 이것이 단지 객관적 조건이 아니라 쉽게 눈에 띄지 않는, 적어도 권력자의 관점에서는 쉽게 보이지 않는 갈등과 적대의 결과가 아닌지 의심하기 시작해야 한다. 사실 전지구적 질서를 이해함에 있어 한 걸음 더 나아가려 한다면, 다른 방향에서, 즉 저항과 반란의 관점에서 접근해야 할 것이다. 이는 우리로 하여금 2부에서 살펴본 방법론적 원리, 즉 자유의 공리로 되돌아가도록 한다. 자유의 공리는 다음과 같은 방식으로 요약될 수 있다. 권력은 오직 자유로운 주체들에 대해서만 행사될 수 있으며, 따라서 이 주체들의 저항은 권력을 뒤따르는 것이 아니라 그 주체들의 (권력에 선행하는) 자유의 표현이다. 자유의 행사로서의 반란은 권력에 선행할 뿐 아니라 권력이 반작용으로 취할 형태들을 미리 규정한다. 그러므로 현재 출현하고 있는 제국의 성격을 더 잘 이해하고자 한다면, 제국을 압박하는 적대·반란·반역을 탐구할 필요가 있다. 자유를 위한 이러한 투쟁들이 권력구조의 발전 전체를 규정하는 것이다.[41]

이러한 원리로부터 도출되는 또 다른 결론은 제국 역시 주로 내적 발전들로 인해 붕괴한다는 것이다. 예컨대 로마 제국은 실제로 야만족의 침입 때문이 아니라 정당성의 내적 쇠퇴 그리고 계급투쟁과 제국의 명령에 맞선 세력들의 성장으로 인해 무너졌다. 소련 역시 냉전의 군사적·정치적 압력 때문이 아니라 주로 부자유不自由에 맞선 내부 반란, 특히 극단적 훈육형태를 동반하는 대공장의 사회주의적 관리와 새롭게 등장한 삶정치적 생산형태가 요구하는 자율성 사이의 모순으로 인해 붕괴했다.[42]

그러므로 우리의 과제는 무질서한 전지구적 협치의 세계에서 권력의 부자유와 부정의不正義, 가혹한 형태의 통제와 위계, 잔인한 형태의 착취와 수탈에 직면한 주체들이 표현하는 **분노**에 기초해서 아래로부터 솟아나는 적대적 주체성들을 조직할 수 있는 틀을 연구하는 것이다. 스피노자의 말처럼 분노는 반역과 반란의 운동들이 전개되는 원점이자 그 기본적인 재료이다. 이렇게 물을 수도 있을 것이다. 왜 왔던 길을 거슬러 처음으로 돌아가야 하는가? 세계 전역의 나라들에 군사주의, 자본주의적 지구화 등을 비롯한 다양한 부정의들과 싸우는 확실히 자리 잡은 야당이 있고 심지어 좌파정부도 일부 존재한다. 한 세기 넘게 노동자의 이름으로 협상해온 노동조합들도 있다. 그리고 기본적 필수품이 부족한 이들을 지원하고 보호하기 위해 노력하는 온갖 종류의 비정부기구들도 있다. 왜 수레바퀴를 다시 발명하기 위해 애써야 하는가? 왜 분석의 이 지점에서 단순히 기존의 제도적인 저항 형태들을 탐구하지 않는 것인가? 기존의 저항형태들을 연구하는 것은 분명 중요한 과제이며, 우리는 이전 책에서 현재 제국의 명령에 맞서 다중이 벌이고 있는 운동들의 광범위한 목록을 작성하는 데 상당한 에너지를 쏟았다. 거기서 우리는 전통적인 쟁의와 반란의 모델들이 현재의 상황에서 어떻게 변화되어야 하고, 또 변화되고 있는지—예를 들어 노동조합이 삶정치적 생산의 맥락에서 빈자와 불안정고용자들을 포괄하는 새로운 전략을 어떻게 발전시켜야 하는지, 또 사회운동들은 어떻게 국경을 가로지르는 네트워크를 구축해야 하는지 등—를 강조했다.[43] 또한 우리는 이 책의 앞부분에서, 예컨대 인종투쟁과 노동투쟁을 한데 모으는, 대안근대성으로 나타나는 다중의 운동들을 검토한 바 있다. 여기서 우리는 그러한 작업보다는 좀 더 철학적인 관점에서 문제에 접근하고자 한다. 가장 기본적이고 추상적인 지점에서 출발하여 새로운 관점을 가지고 다중의 형성으로 되돌아가는 길을 논리적으로 건설하고자 하는 것이다. 이러한 보다 철학적인 접근을 경험적 연구들에 대한 보완으로 생각해주기 바란다.

반역과 반란의 원료인 분노에서 시작해보자. 스피노자가 상기시켜주듯이, 우리는 억압에 맞서 행동하고 우리가 겪는 집단적 고통의 원인들에 도전할 힘을 분노에서 발견한다. 분노를 표현하는 가운데 다름 아닌 우리의 실존 자체가 반란을 일으킨다.[44] 따라서 분노는 일정한 양의 폭력을 포함한다. 이는 우리가 앞서 간단히 언급한 사실, 즉 권력에 대한 저항, 권력의 폭력에 맞선 자유의 표현은—노동자가 사장과 맞설 때, 피식민인들이 식민지배자와 대결할 때, 시민이 국가에 대항할 때 등—언제나 힘의 차원을 수반한다는 사실과 밀접하게 관련되어 있다.

그러나 권력의 학대와 명령에 대한 분노로부터 솟아나는 힘과 저항은 직접적이거나 자생적인 것으로, 따라서 나이브한 것으로—물론 그 때문에 조금이라도 덜 강력한 것은 아니지만—나타날 수 있다. 분노는 언제나 특정한 장애나 침해에 대응하기 위한 특이한 현상으로서 생겨난다. 그렇다면 분노의 **전략**이라는 것이 있을 수 있을까? 분노가 정치적 자결自決의 과정에 이를 수 있을까?[45] 근대 정치운동사에서 (격렬한 16, 17세기 유럽의 농민봉기들에서 19세기와 20세기의 자생적인 노동자반란들에 이르는, 또 반식민적 반란들에서 인종폭동, 다양한 형태의 도시반란, 식량폭동 등에 이르는) 분노에 기초한 자기조직적 반란의 위대한 사례들은 종종 자크리jacquerie로 불리어왔다. 보통 정치사에서 그러한 사건들은 부정적으로 그려진다. 통상적인 해석은 이렇게 진행된다. 좋다, 분명 이 사람들은 고난을 겪고 있고 그래서 정당한 이유를 가지고 있다. 그러나 그들의 행동의 자생성은 잘못된 길을 따라간다. 한편으로 자크리의 폭력은 합리적인 선을 넘어서 복수復讐의 대상을 무차별적으로 파괴하는 것으로 보인다. 아이티의 반란노예들에게 살해된 백인 식민지배자들의 이야기나 1967년 여름의 폭동 기간 동안 화염에 휩싸인 디트로이트의 이미지를 생각해보라. 다른 한편, 통상적인 내러티브에 따르면, 자크리의 자생성은 타도된 권력에 대한 대안으로 기능할 수 있는 어떠한 조직구조나 합법적 제도도 남겨놓지 않는다. 자크리는 섬광처럼 타올랐다 사라져버린다. 프랑수아 비용François Villon의 위대한 시들은 자크리의 짧은 모험과 비극적 운명들로 가득하다. 그러나 우리는 유럽과 러시아에서 인도와 중국까지, 아프리카에서 아메리카 대륙과 그 너머까지 이르는 지역의 근대사를 점철한 그러한 봉기들이 (혹자들이 말하는 것처럼) 전염병과도 같이 확산되었고 잠잠했다가도 어김없이 다시 나타났다는 점을 인식해야 한다.[46] 그 짧음과 불연속성에도 불구하고, 이러한 자크리들의 지속적인 재출현이 억압 메커니즘뿐 아니라 권력의 구조 자체를 깊숙이 규정한다.

자크리들이 제기하는 정치적 문제를 다루기 전에, 우리는 먼저 자크리들이 타격 대상이 되는 생산관계에 의해 강하게 특징지어진다는 점을 언급해야 한다. 이러한 관점에서 보면, 폭동들은 흔히 생각하는 것보다 훨씬 덜 일반적이면서 더 지적이다. 막스 베버의 용어로 말하자면, 자크리는 합목적적zweckadäquat일 수 있다. 다시 말해 자크리는 자신의 목적에 적합할 수 있으며, 그리하여 자생적임에도 불구하고 어느 정도 '조직될' 수 있다. 근대 내내 농민 반란들은 지대제도에 맞서 봉기했으며, 귀족권력과 식민권력의 상징적 장소들을 인식하고 파괴했다. 이와 달리 산업노동자들의 반란은 본질적으로 고정자본과 기계에 대한 사보타주를 통해 전개된다. 그리고 우리에게 가장 흥미로운 것은, 2005년 11월 파리 근교를 중심으로 발생한 사건들과 같은, 삶정치적인 사회적 생산체제에 맞선 투쟁들이 학교와 공적·사적 교통수단, 즉 메트로폴리스에서의 사회적 노동력 착취에 필수적인 사회적 이동 및 분할의 조건들에 초점을 맞춤으로써 새로운 지성을 입증한다는 점이다.[47]

사실 반란, 부의 파괴, 권력구조에 대한 사회적 사보타주는 늘 조직화의 학교였다. 자크리의 테러는 자크리가 품고 있는 (봉건영주, 식민권력, 인종주의적 체제 등에 맞선) 해방에 대한 욕구에 상응한다. 자크리의 경우 조직은 일단의 특이한 요구들로서 등장하지만, 거기에는 언제나 다중의 행동을 공통적이게끔 만드는 압력이 존재한다. 그리고 조직의 시작은 대개 비공식적인 네트워크들의 구축과 재생산이라는 형태를 취한다. 과거에는 일반적으로 자크리로부터 생겨난 조직—예컨대 유럽사에서 14세기 피렌체의 치옴피 반란에서 17세기 나폴리의 마사니엘로Masaniello의 반란에 이르기까지, 또 16세기 독일의 농민반란에서 프랑스의 구체제에 맞서 일어났던 모든 반란들에 이르기까지—이 도시의 경우에는 반란적이고 농촌에서는 유목적이라고 여겨졌다. 이러한 측면에서 보면, 러시아혁명은 (농촌에서의 연계된 행동을 동반하는) 도시 자크리 모델로 간주될 것이고, 중국혁명은 대장정 내내 유목적이고 농촌적인 자크리였던 것으로 여겨질 것이다. 그러나 분석을 진행해감에 따라 우리는 오늘날의 자크리들이 특히 메트로폴리스의 지형과 관련하여 이 두 가지 특성들을 새로운 조직적 형상으로 결합한다는 사실을 알게 될 것이다.

이 지점에서 우리는 반동적 이론가들, 특히 스페인과 독일의 거대한 반혁명 전통에 속하는 칼 슈미트와 같은 이론가들 역시 자크리에 초점을 맞추지만, 그것에 정반대의 의미를 부여하고 자크리를 혁명적 운동이 추동하는 변혁에 맞서 기존 권력을 정당화하고 방어하는 보수적인 사건으로 독해한다는 점에 주목해야 한다.[48] 그러나 이러한 분석이 갖고 있는 (우리가 보기에는 본질적인) 한 가지 한계는 자크리가 어떻게 전통적 지배구조에 '민중적' 정당성을 부여하는지를 볼 뿐, 창조적이고 유목적인 권력에 부여하는 더 심원한 정당성은 보지 못한다는 점에 있다. 자크리는 항상 나름의 방식으로 이중권력—지배권력에 맞선 새로운 권력, 착취구조에 맞선 삶형태, 명령의 형상에 맞선 해방의 기획—을 표현한다. 현대 세계에서 자크리의 도시 모델과 농촌 모델이 혼합되고 중첩되면 될수록, 이러한 이중권력은 더욱 많이 나타난다.

이 책을 비롯한 여러 곳에서 우리의 분석은 종종, 생산자들이 생산관계를 거부하고 생산관계를 전복하는 물질적 조건을 조직함으로써 구성된 질서를 파열하는 행동에 초점을 맞춘다. 실제로 우리 작업의 주된 출발점들 가운데 하나인 마르크스주의와 코뮤니즘의 혁명 전통은 혁명적 과정이 주로 경제적 생산의 영역에서 발생한다고 본다. 오늘날 이러한 전통의 일부로 남아 있기를 원하는 이들에게조차, 혁명적 행동의 전망은 한층 더 넓게, 삶정치적 지평에서 사고되어야 한다. 3부에서 자세히 주장했듯이, 경제적 생산의 장소가 사회적 지형 전체로 확산되었고, 경제적 가치의 생산은 점점 더 사회적 관계 및 삶형태의 생산과 구별 불가능해진다. 이제 노동자혁명으로는 충분치 않다. 삶에서의 혁명, 삶의 혁명이 필요하다. 조르주 소렐George Sorel은 이러한 이행을 직관적으로 포착한 듯하지만, 착취에 맞선 투쟁과 사회적 질서의 부패에 대한 분노의 표현들 간의 물질적 연관을 사고하지는 못한다. 소렐은 '성대한 밤'le grand soir을 하나의 신화로 정식화한다. 그리고 그것이 필요한 신화라고 믿는다. 그러나 레닌이 옳게 주장했듯이 진정으로 필요한 것은, 자크리가 표현하는 (권력의 상징과 제도적 현실에 맞선) 멈출 수 없는 일련의 폭력, 탈취, 사보타주의 행위들을 윤리-정치적 분노와 연결하는 것이다.[49]

그러나 핵심적인 문제는 어떻게 모든 반란의 계기를 통치의 계기로 옮겨놓을 것인가, 어떻게 반란을 지속적이고 안정적인 것으로 만들 것인가, 즉 어떻게 자크리를 유효하게 만들 것인가라고 레닌은 덧붙인다. 그리고 우리는 여기에 근본적으로 동의한다. 여러 시대, 세계 여러 곳의 공장 노동자들에게 있어서 적대적 관계의 안정화는 계급투쟁을 통해 그 적대적 관계를 (개인적 층위만이 아니라 복지, 사회적 서비스 등의 사회적 층위도 포함하는) 임금 문제로 옮겨놓음으로써 성취되었다. 그러나 삶정치적 생산의 맥락에서는 착취·복지·생존을 둘러싼 투쟁을 화폐와 임금의 문제로 옮겨놓는 일이 점점 더 불가능해지고 있다. 그렇다면 삶정치적 지평에서 반란의 행위는 어떻게 안정화될 수 있는가? 여기에 낡은 사회주의적·공산주의적 응답이 들어설 자리는 없다. 이 질문에 대한 새로운 답을 탐구하기 위해, 이제 우리는 저항의 정치적 인간학으로 방향을 돌린다. 우리는 여전히 자크리에서 표현되는 분노와 반란이 변혁의 과정에 본질적이라고 확신한다. 그러나 조직화 없이는 자크리가 변혁을 달성할 수 없다는 것 역시 확신한다. 다시 말해, 자크리는 충분하지 않지만 필수적이다.

저항의 인간학

이 지점에서 우리는 '혁명적 삶정치', 더 정확히는 삶정치적 맥락에서의 혁명에 관한 이론을 발전시켜야 한다. 그리고 그 토대를 탐구하기 위해서 오늘날 정치의 인간학적 구조, 즉 복종과 저항의 조건을 탐구하는 것으로 시작해야 한다. 간주곡에서 우리는 홉스에서 슈미트에 이르는 정치적 인간학의 비관주의 전통을 비판했다. 이제 일을 마무리하기 위해서는 로크에서 칸트에 이르는 자유주의 전통에 대한 비판을 덧붙여야 한다. 이 전통은 자본주의적 사회 질서를 효과적으로 변호하는데, 이러한 일은 소유적 개인주의라는 전제에 단단히 발 딛고 섬으로써 이루어진다(반면 그것의 머리는 초월적 도식에서 정당성을 구한다). 그러나 실제로는 이미 청년 마르크스와 맥퍼슨C. B. Macpherson이 이를 효과적으로 비판한 바 있다.[50] 여기서는 현재의 신자유주의적·신보수주의적 이데올로기들에 암묵적으로 내포되어 있는 정치적 인간학이 어떻게 저 두 전통을 결합하는지를 지적하는 것이 우리에게 더 유용할 것 같다. 저 두 전통의 결합은 일반화된 불안정성과 공포의 생활세계에 자리 잡은 무제한적인 소유적 개인주의에 이른다. 그런데 이는 삶권력의 절대지배하에 있는 철저하게 자본주의적인 사회에 대한 엄청난 신비화이다.[51] 이러한 신비화에 맞서 우리는 착취가 여전히 이 사회의 토대로 남아 있으며 따라서 사회를 유지하기 위해서는 산 노동이 요구되고 다중이 자본주의적 권위에 동의할 것이 요구된다는 것을 인식해야 한다. 자본주의적 권위가 바로 분노의 대상이며 반란의 표적이 되어야 할 주권자이다. 만약 전적으로 자본주의적인 삶권력 형태가 현재 사회의 모든 인간학적 조건의 근본적인 토대를 구성한다면, 불복종·반란·반역의 형태들 역시 삶정치적일 것이라는 점, 즉 공통적인 것의 실재에 함입된 특이한 표현들일 것이라는 점을 추론하는 일은 어렵지 않다. 스피노자의 정의에 따르면, "분노는 다른 사람을 해친 자에 대한 증오이다."[52] 이것이 반란이 공통적인 것에 근거하는 방식이다.

분노·불복종·반역·반란은 사회의 인간학적 짜임새에서 단절의 형상을 구성한다. 그러나 역설적이게도 그것들은 연속성 또한 구성한다. 자크리의 맥락에서 살펴보았듯이 그것들은 끊임없이 다시 나타나며, 더 나아가 지속적으로 사회를 조직하기 위한 조건을 마련한다. 푸코는 반란의 특이하고 국지적인 성격과 지속적인 효과의 연속성 모두를 주장한다. "누구도 '나를 위한 반란, 그것이 모든 인간의 해방에 기여할 것이다'라고 말할 권리는 없다. 그러나 나는 '반란을 일으켜봤자 소용없다, 언제나 똑같을 뿐이다'라고 말하는 이들에게 동의하지 않는다. 권력에 맞서 목숨을 거는 사람들로 도덕을 논해서는 안 된다. 반란을 일으키는 것은 옳은가 옳지 않은가? 이런 문제는 열려 있는 채로 내버려두자. 사람들은 봉기하기 마련이다. 그것은 사실의 차원에 속한다. 그리고 바로 그런 식으로 주체성이 (위대한 인간의 주체성이 아니라 그 어떤 사람이든 그의 주체성이) 역사에 도입되고 역사에 자신의 숨을 불어넣는다."[53] 반란이 일으키는 파열은 인간학적으로 끊임없이 계속된다. ("사람들은 봉기하기 마련이다. 그것은 사실의 차원에 속한다.") 뿐만 아니라 반란은 다중이 역사를 만드는 방식, 그냥 놔두면 죽은 채로 있게 될 것에 생명을 불어넣는 방식이기도 하다.

혁명적 산업노동자 운동에서 노동자들의 행동의 상상계를 구성하는 것은 '안에서 그리고 맞서서'within and against였다. 공장 안에서 그리고 자본에 맞서서. 전문 산업노동자 시대에서 대중노동자 시대에 이르기까지, 이처럼 '가변자본'이 '불변자본' 안에서 그것에 맞서는 관계는 노동의 기술적 구성 및 조직된 프롤레타리아의 정치적 구성과 관련하여 다양한 형태를 취했다. 공장이 더 이상 자본 생산의 주요 장소가 아닌 오늘날의 삶정치적 맥락에서도 이러한 상상계는 계속 존재하지만, 변형을 겪는다. 프롤레타리아트는 사회 전체에 존재하며 사회 어디에서나 생산한다. 그리고 바로 이 사회적 총체성에 맞선다. 이는 정치와 반란의 또 다른 인간학적 조건을 나타낸다. 착취와 소외에 대한 거부는 이제 더욱 분명하게 자본의 사회 전체를 향하며, 그리하여 엑서더스의 과정을, 즉 자본의 지배로부터의 일종의 인간학적 (그리고 존재론적) 분리를 가리킨다.

오늘날 저항의 정치적 인간학은 또한 과거·현재·미래의 관계를 다시 조직하는 새로운 시간성을 특징으로 한다. 우리는 노동과 자본주의적 착취의 시간성이 어떻게 변화해왔는지를 살펴봄으로써 이러한 이행에 대한 최초의 대략적인 상을 얻는다. 마르크스와 마르크스주의 전통은 두 가지 주요한 시간적 분할에 주목한다. 하나는 (노동자를 재생산하는 데 필요한 가치가 생산되는) 필요노동시간과 (자본가에 의해 수탈되는 가치가 생산되는) 잉여노동시간 사이의 분할이고, 다른 하나는 노동시간과 삶시간 사이의 분할이다. 3부에서 주장했듯이, 삶정치적 생산에서는 이 두 가지 시간적 분할이 모두 무너지고 있다. 오늘날 필요노동시간과 잉여노동시간은 순차적 관계에 있는 것이 아니라 동시적 관계에 있는 것으로 사고되어야 한다. 마찬가지로 노동시간은 삶시간 전체로 확산되어서 그 전체에 자신의 착취와 명령의 논리를 부여하는 경향이 있다. 그러므로 자본주의적 가치화와 수탈의 시간성은 더 이상 측정된 시간단위들의 순차적 연속이라는 관점에서 이해되어서는 안 되고, 늘 선형적 시간성에 대한 예외로 나타나는 일종의 동시성 속에서 이해되어야 한다. 앞서 우리는 삶정치적 생산을 분석하면서, 전통적인 자본주의적 시간 분할의 이러한 점진적 붕괴, 생산과 착취, 노동과 삶의 이러한 중첩을 이해하기 위해 되풀이해서 빈자의 형상으로 되돌아갔다. 그리고 빈자의 관점에서 우리는 이 새로운 시간성의 또 다른 성격을 인식한다. 빈자의 삶정치적 생산성은 언제나 자신에게 부과되는 모든 척도를 초과하고, 또 언제나 자본주의적 착취 메커니즘들을 넘쳐흐른다. 그리하여 우리가 여기서 실제로 대면하고 있는 것은 두 가지 시간성, 즉 자본이 구현하는 예외의 시간성과 다중이 구현하는 초과의 시간성이며, 이 둘 모두 낡은 시간의 척도 너머로 움직인다. 과거에 자본과 노동은 비대칭적이고 비동시적인 시간성—에른스트 블로흐Ernst Bloch의 말대로 현재에 잘 자리 잡은 자본주의적 시간성과 미래를 지향하는 프롤레타리아적 시간성—을 가지고 충돌했다. 그러나 이제 자본과 노동은 동일한 시간적 지평에서 두 가지 선택항을 제시한다.[54] 사실 오늘날 혁명은 더 이상 우리와 분리된 미래의 사건으로 상상될 수 없고, 현재 속에서, 어떤 의미에서는 이미 자신 안에 미래를 담고 있는 '초과하는' 현재 속에서 살아가야 한다. 혁명적 운동은 자본주의적 통제와 동일한 시간성의 지평에 있으며, 안에 있으면서 맞서는 혁명의 특성은 엑서더스의 운동을 통해 분명하게 드러난다. 엑서더스는 자본주의적 명령의 예외성에 맞서 다중의 초과하는 생산성을 제시한다.

동일한 차원과 시간성에서 자본주의적 발전과 사회적 혁명이 서로 충돌하는 모습을 처음으로 드러낸 것은 1968년의 투쟁들이었다. 사회주의적 노동자운동은 계약에 기반을 둔 노동제도와 착취 사이의 변증법적 관계에 따라 위치지어지고 움직였는데, 1968년에 이러한 변증법적 이중성이 파괴되자 사실상 그 역사의 마지막 단계에 접어들게 되었다. 노동과정으로부터 '분리된' 노동조합은 더 이상 아무런 의미가 없고, 생산을 특징짓는 공통적인 사회적 지성으로부터 '분리된' 경영자 역시 마찬가지였던 것이다. 이 때문에 부르주아들은 1968년의 사건들을 증오한다. 노동운동의 변증법적 조건들이 사라지자, 자본이 의존하는 제도적인 매개의 메커니즘들 역시 제거되었다.

이것이 바로 자본주의적 협치가 질서를 부여해야 할 상황이다. 그리고 그것은 어려운, 아마도 불가능한 과제일 것이다. 앞서 논했듯이 지배구조는 더 이상 사회적 장 위에 군림하면서 착취과정에 명령을 부과할 수 없다. 말하자면 그것은 사회적 장 내부에 있어야 한다. 이것이 전지구적 협치 질서가 필연적으로 불안정성과 불확실성을 특징으로 할 수밖에 없는 이유이다.

이것은 또한 우리가 자크리를 다시 생각해야 하는 상황이기도 하다. 그 공통적인 존재론적 기초와 엑서더스를 향한 경향을 생각할 때, 만약 이처럼 새로운 인간학적 조건에 위치한다면 자크리는 무엇을 표현할 수 있을까? 반란에서 일어나는 분노의 격정, 그 절박함과 공격성이 어떻게 조직될 수 있을까? 이러한 맥락에서 자생적 상태로부터 조직화로 가는 길은 무엇일까? 저항의 인간학적 조건들은 사실상 완전히 달라져 있다. 흥미롭게도, 다른 책들에서 우리는 종종 다중을 군중, 폭도, 대중과 구분하기 위해 많은 애를 썼는데, 여기서는 이 사회적 집단들이 분노와 반란에 방향을 부여받고 조직될 경우 긍정적으로 되살려질 수 있는 가능성을 본다. 사실 노예가 된 이들, 억압받는 이들, 착취받는 이들 등 모든 예속된 계급들을 이렇게 재구성하는 것이 언제나 계급투쟁의 일이었다. 그렇다면 이 장의 제사로 쓰인 플로베르의 말을 따라 이렇게 이야기할 수도 있을 것 같다. 우리는 반란의 날들을 빼고는 군중을 증오하는데, 반란의 날에 군중은 일종의 인간의 시를 성취한다고. 다중을 만들기 위해서는 바로 이 미래의 시가 쓰여야만 한다.

반란의 지리학

노동의 삶정치적 변형의 시간적 차원을 일부 분석했으니, 이제 그 공간적 차원을 검토할 필요가 있다. 우리가 3부에서 도달한 주장, 즉 메트로폴리스가 삶정치적 생산의 제1의 장소가 되었다는 주장에서 시작할 수 있겠다. 이는 자본의 생산이 더 이상 공장이나 다른 어떤 분리된 장소에 제한되지 않고 사회적 영토 전체로 확산된다는 것을 의미한다. 소통, 사회적 차이와의 예기치 않은 마주침, 공통적인 것에의 접근, 집단적 삶형태의 생산과 같이 전통적으로 메트로폴리스와 연관되었던 특성들이 오늘날에는 점점 더 도시환경과 농촌환경 모두를 특징짓고 있다. 게다가 이러한 특성들은 삶정치적 생산의 중심 요소이다. 이러한 메트로폴리스적 영토에서 사회적 삶이 생산하고 또 생산된다.

삶정치적 노동력에 부과되는 유연성과 이동성은 이주의 압력과 함께 놀라운 탈영토화의 동학을 창조한다. 경계의 붕괴와 유목주의를 이야기할 때, 우리는 경계의 붕괴가 유목주의를 결정하는 것이 아니라 오히려 유목주의 자체가 경계를 무너뜨리고 자본주의적 통제의 영토적 안정성을 위협한다는 점을 분명히 해야 한다.[55] 산업자본에 전형적인 과거의 발전계획은 도시화, 산업화, 국가형성을 연결시켜냈지만, 삶정치적 생산은 이 과정을 파열시킨다. 집합적 자본은 점점 더 이동적이고 유연한 다중과 마주한다. 명령과 착취의 관점에서 이것은 혼란스럽고 무질서하게만 보일 뿐이다. 그러므로 자본이 직면한 과제는 끊임없이 경계를 재설정하고 노동인구를 재영토화하며 고정된 사회적 공간을 재구축하는 것이다. 달리 말해 자본은 질서와 명령에 필수적인 경계들을 다시 세우기 위해 국지화된 사회적 위계들에 대한 정의定義를 계속해서 갱신하기 위해 애써야 한다.

이렇게 새로운 분할과 위계의 선을 창출하는 것은 (앞서 우리가 논한 바 있는) 마르크스가 서술한 형식적 포섭에서 실질적 포섭으로의 이동을 뒤집는 일반적 과정의 한 사례이다. 그러나 경계의 구축과 형식적 포섭으로의 이동이, 마치 농민·장인노동과 산업노동 사이의 분할 혹은 자본주의 사회와 식민지 영토 사이의 분할이 다시 출현한 양, 단순히 낡은 위계들로의 회귀를 나타내는 것은 아니라는 점을 분명히 해야 한다. 그것은 진화과정상의 퇴행이 아니라 오히려 역사적 혁신이다.[56] 이렇게 보는 관점은 정치적 권위와 지배의 형상들에 관해서도 타당하다. 시대에 뒤떨어진 형상들이 다시 나타나고 있는 것처럼 보일 때조차 그것들은 정말로 새롭다. 그러나 여기서 차이는, 정치적 지배의 형상들은 변형과정의 결과이지 원인이 아니라는 점이다. 상부구조로 불리곤 했던 정치구조들은 사회적 변형의 리듬 및 특성들에 대하여 상대적 독립성을 유지한다. 우리는 이 책의 나머지 부분에서 이 새로운 정치구조에 대한 검토작업으로 되돌아갈 것이다.

삶정치적 생산에서 노동에 부과되는 유연성과 이동성을 원인으로 하는 노동의 중심 특징은 그 불안정한 성격—보장된 계약, 안정된 시간표, 확실한 고용 등의 결여—이다. 이처럼 비공식적이고 변화가 잦은 직업의 업무와 과제 속에서 노동시간과 삶시간이 한데 뒤섞인다. 유럽적 맥락에서 불안정노동자의 상징적 공간은 메트로폴리스의 가난한 주변부인 방리유banlieu이다. 방리유 사람들은 매일 그저 생계를 유지하기 위해 도시의 모든 경계를 횡단하며, 그중 많은 이들이 대륙 내에서 혹은 대륙을 가로질러 대대적으로 이루어지는 이주의 대열에 평생 몸 담는다. 그러나 이들의 이동은 끊임없이 일단의 복합적 장애물들에 방해받고, 지하철·거리·쇼핑센터 그리고 도시 전체에서 경찰과 소유의 위계에 의해 저지당한다. 방리유 사람들은 전적으로 경제적·사회적 생산과정 내에 있으면서도 동시에 사회적으로 배제되며, 때문에 불안정노동의 착취와 통제의 양태에 대한 적절한 상징으로 기능한다.[57]

내부와 외부의 경계를 지속적으로 무너뜨리는 이러한 불안정노동의 세계에는 대중들을 지도하거나 대의하려는 정치적 전위가 들어설 자리가 분명 더 이상 존재하지 않는다. 오직 협력하고 소통하는 노동하는 주체성들의 네트워크만이 존재할 뿐이다. 물론 이 네트워크는 종종 모순적인 요소들을 포함하는데, 특히 방리유나 게토의 정치적 중심성이 단순히 현상학적 요소가 아니라 하나의 정치적 장치dispositif로 다시 출현할 때 그러하다.[58] 앞서 우리는 오늘날 착취 구조들이 공간의 재형성과 경계의 지속적인 재구축을 필요로 하며, 사회적 노동력의 가난과 불안정성을 유지시킨다고 말했다. 그러나 이처럼 다양한 위계들을 통과하는 과정에서 자크리의 분노와 그 분노의 표현이 본질적이 되는 순간이 존재한다. 빈자들, 불안정한 자들, 착취되는 자들이 메트로폴리스의 시간과 공간을 재전유하고자 할 때, 바로 여기서 정치적 문제가 발생한다. 저항에서 제안으로, 자크리에서 조직화로 중심 프로그램이 이동해야 한다. 그러나 이것은 극도로 어려운 과제이며, 우리는 이 과제의 장애물들과 정면으로 대면해야 한다.

삶정치적 생산과 그 네트워크들의 시간성과 공간성 모두가 이처럼 모순적이다. 그러나 그 모순적 성격은 적어도 하나의 발단, 잠재력을 암시한다. 어떻게 하면 이 네트워크들을 통해서 저항으로부터 제안들—생산적 주체성들로 하여금 힘을 축적할 수 있도록 해주는 제안들—의 정식화로 이행할 수 있을 것인가? 문제는 어떻게 반란의 계기들을 촉진하고 확장할 것인가라기보다는 어떻게 힘을 축적하고 투쟁을 성숙시킬 기초를 식별해낼 것인가이다. 그러나 다양한 시간성이 사건에서 폭발하고 다양한 공간적 형상들이 자크리에서 연결된다. 자크리는 자본주의적 협치와 마찬가지로 사회적 공간을 재구성하지만, 자본주의적 협치와는 다른 방향에서 그렇게 한다. 즉 자크리는 위계를 파괴하고 운동의 새로운 길을 열며 새로운 영토적 관계를 창조한다. 어떻게 하면 이러한 재구성의 사건이 일어날 수 있는가? 어떻게 하면 이러한 힘이 사회적 기획의 영혼이 되어, 분노에 자양분을 주는 사랑을 표현할 수 있는가? 우리는 사회적 재생산, 소득, 복지, 시민권 행사에 관한 투쟁이 종종 다중의 삶시간과 삶공간을 재전유하는 형태를 취한다는 점에 주목해야 한다. 이것이 조직화 프로그램을 정의하기에 충분한 것은 아니지만, 그럼에도 불구하고 긍정적 규정이자 힘의 지표이다. 경제적-정치적 요구들이 다중의 힘의 행사와 긴밀하게 엮여서 사건을 성공적으로 규정할 때, 그때가 반란의 힘이 역사에 관여하고 혁명 프로그램의 부활이 시작되는 때이다.

이러한 발전에 맞서, 심지어는 그 잠재력에 맞서 테러가 사용된다. 모든 형태의 저항에 대해 테러가 사용되는데, 역설적이게도 저항에 '테러리스트'라는 딱지가 붙는다. 자크리, 재전유 투쟁, 메트로폴리스 봉기가 자본주의적 삶권력의 가장 주된 적이 된다. 이것들은 오직 삶정치적 지형에서만 탄생하는 사회적 반란이며, 이 반란이 메트로폴리스와 맺는 관계는 산업노동 계급의 투쟁이 공장과 맺는 관계와 같다. 그리고 공장에서와 마찬가지로 여기에도 이중적 관계가 존재한다. '안에서 그리고 맞서서' 존재하는 방리유 사람들은 메트로폴리스의 재전유와 파괴 모두를 원한다. 메트로폴리스의 부·소통네트워크·협력은 재전유하려 하며, 위계·분할·명령구조는 파괴하고자 하는 것이다. 이는 녹록치 않은 근본적인 모순이다.

이러한 상황에서는 그 어떤 해법의 제안이나 프로그램의 정의도 전지구적인 사회적 공간 내에서 주어져야 한다. 앞서 보았듯이 일국적 주권 자체만으로는 전지구적인 사회적 공간을 조직할 수 없으며, 국제기구나 기업 혹은 비정부기구들도 마찬가지이다. 심지어 이 다양한 권력들이 잡다하게 모여서 이룬 전지구적 협치체제조차 전지구적인 공간적 배치를 규정할 수 없다. 유일하게 가능한 기초는 전지구의 주민들이 벌이는 운동에, 그리고 그들이 전지구적 규범 및 착취 규칙을 거부하는 데 있다. 세계정치적cosmopolitical 수준에서 반란을 전지구적인 사회적 공간이라는 지형으로 가져간다는 것은 생산적인 사회적 네트워크들에서, 즉 방리유와 메트로폴리스, 그리고 다중 만들기 과정에 있는 프롤레타리아를 연결시키는 모든 네트워크들에서 일어나는 국지적 저항을 심화시키는 과정을 통과한다는 것을 의미한다. 전지구적인 공적 공간을 구축하려면, 다중이 엑서더스의 과정에서 빈자들의 저항의 인간학적 조건을 굳건하게 하고 강화할 수 있는 제도들을 창조해야 한다.

5부와 6부에서는 지금까지 사용해왔던 것보다 훨씬 더 구체적인 용어들로 정치적 조직화와 혁명을 탐구해야 할 것이다. 그러나 그 지점에 도달하기 전에 우선 현재의 상황에서 정치경제학 비판을 수행하고, 그다음에 정치적 제도에 관한 이론을 발전시켜야 할 것이다. 그런데 여기서 이 장의 논의를 끝내기 전에 반드시 기억해야 할 것은, 피

착취자들의 반란과 빈자들의 자크리 없이는 그 어떤 비판적 사유나 조직화 기획도 가능하지 않다는 것이다.

신체에 관하여 2
—메트로폴리스

서로 어깨를 걸어 떼려야 뗄 수 없는 도시들을 나는 만들겠네.
동지들의 사랑으로,
동지들의 남자다운 사랑으로.
월트 휘트먼, 「오 민주주의, 너를 위하여」

메트로폴리스는 우선 다중의 골격과 척수로 간주될 수 있을 것 같다. 즉 다중의 활동을 지원하는 조성된 환경, 정동·습관·욕망·지식 및 사회적 관계와 문화적 회로의 저장소와 기술창고를 이루는 사회적 환경으로 말이다. 메트로폴리스는 다중의 과거—예속·고난·투쟁—를 기록하고 다시 활성화시킬 뿐 아니라, 다중의 미래의 조건을 (긍정적인 것이든 부정적인 것이든) 제시하기도 한다. 그러나 이러한 유기체적 비유는 자주 기능주의적이고 위계적인 관계를 함축하는 것으로 이해되기 때문에—머리는 명령하고 손은 복종한다는 등의 식으로—오해를 불러일으킬 수 있다. 우리는 메트로폴리스를 **비유기적 신체**, 즉 다중의 기관 없는 신체로 이해한다. 들뢰즈와 가타리에게 영감을 준 구절에서 마르크스는 이렇게 쓴다. "자연, 즉 인간의 신체가 아닌 한에서의 자연은 인간의 비유기적 신체이다."[59] 자연은 창조적 인간 활동의 기초인 공통적인 것의 부를 구성하고, 반대로 과거의 인간 활동은 자연에 새겨지고 기입된다고 마르크스는 설명한다. 삶정치적 생산의 시대에는 메트로폴리스가 점점 더 이러한 다중의 비유기적 신체로서의 역할을 수행하게 된다.

사실 생산에 초점을 맞추면, **메트로폴리스와 다중의 관계는 공장과 산업노동계급의 관계와 같다**라는 더욱 정확하고 시사적인 유비에 이르게 된다. 지난 시기에는 공장이 가장 주된 장소였고 산업노동계급의 세 가지 중심 활동—생산, 내부적 마주침과 조직화, 적대와 반란의 표현—을 위한 조건을 갖추고 있었다. 그러나 오늘날 다중의 생산적 활동은 공장의 담을 넘쳐흘러 메트로폴리스 전체로 스며들고, 그 과정에서 그 활동의 특성과 잠재력이 근본적으로 변형된다. 우리는 생산, 마주침, 적대라는 이 각각의 영역에서 이루어지는 다중의 활동을 차례로 살펴봄으로써 이러한 변화를 추적하기 시작할 것이다.

메트로폴리스는 삶정치적 생산이 이루어지는 장소이다. 공통적인 것의 공간, 사람들이 함께 살아가고 자원을 공유하고 소통하고 재화와 아이디어를 교환하는 공간이기 때문이다. 사실 현대 이탈리아어는 공통적인 것—이탈리아어로 'il comune'—이 도시를 가리키는 단어로 사용되는 중세 라틴어의 용법을 보존하고 있다. 3부에서 밝혔듯이, 삶정치적 생산의 기초로 기능하는 공통적인 것은 토지·광물·물·가스와 같은 물질적 요소들에 뿌리를 두고 있는 '자연적인 공통적인 것'이라기보다는, 언어·이미지·지식·정동·코드·습관·관행으로 구성되는 '인공적인 공통적인 것'이다. 이 인공적인 공통적인 것이 메트로폴리스의 전 영토를 가로지르며 메트로폴리스를 구성한다. 그러므로 메트로폴리스는 삶정치적 생산의 순환에 완전히 삽입되고 통합되어 있다. 메트로폴리스에 뿌리를 내리고 있는 공통적인 것의 저장소에 접근하는 것이 생산의 기초이며, 그 생산의 결과는 다시 메트로폴리스에 새롭게 새겨지고 메트로폴리스를 재구성하고 변화시킨다. 메트로폴리스는 공통적인 것을 생산하는 공장이다. 그러나 대공업과는 대조적으로, 이러한 삶정치적 생산의 순환은 점점 더 자본으로부터 자율적이 된다. 협력의 도식이 생산과정 자체에서 생겨나는 한편, 그 어떤 명령의 부과도 생산성에 장애를 가져오기 때문이다. 그리하여 (그 생산성이 협력의 도식과 자본가의 명령에 의존하는) 산업 공장은 **이윤**을 발생시키는 반면, 메트로폴리스는 자본이 자율적으로 창출된 부를 포획할 수 있는 유일한 수단인 **지대**를 주로 발생시킨다. 따라서 도시의 부동산 가치는 대부분 공통적인 것의 표현, 혹은 주변의 메트로폴리스적 지형에 뿌리를 두고 있는, 경제학자들이 '외부성'이라고 부르는 것의 표현이다. 3부에서 삶정치적 생산의 이러한 측면들을 탐구해본 바 있는데, 이제 우리는 그 측면들이 메트로폴리스에서 어떤 상황으로 나타나는지 더 잘 이해할 수 있다.

삶정치적 생산은 도시를 변형시키고 새로운 메트로폴리스 형태를 창조하고 있다. 건축가들과 도시사가들이 도시의 역사를 시기 구분하는 한 가지 표준적인 방식은 도시의 경제적 기능의 변동을 따르는 것이다. 농업생산이 지배적인 사회, 그리고 일반적으로 전자본주의적인 사회에서 도시는 교환을 위한 장소를 제공한다. **상업도시**는 생산으로부터 분리되어 있는데, 이는 재화가 주로 (산에서 채굴되거나 들에서 재배되는 등) 다른 곳에서 생산되기 때문이다. 18세기부터 시작된 거대한 산업도시의 형성은 노동자들을 도시지역으로 집중시키고 다양한 산업들을—코크스제련소 옆에 제철소 옆에 자동차공장이 있는 식으로—근접한 곳에 있도록 만들었다. **산업도시**는 자본주의적 생산의 부상浮上을 가능케 하는 주요한 지렛대들 가운데 하나이다. 물론 수공업 노동이나 매뉴팩처 같은 일부 생산이 도시 내에서 늘 이루어져 왔지만, 공장은 경제적 생산의 헤게모니적 심급 자체를 도시로 옮겨놓는다. 그러나 공장이라는 공간은 도시 안에 있음에도 불구하고 여전히 분리되어 있다. 산업노동계급은 공장에서 생산을 한 뒤, 다른 생활 활동을 하기 위해 공장의 담을 지나 도시로 나간다. 마지막으로 오늘날에는 **삶정치적 도시**가 출현하고 있다. 삶정치적 생산이 헤게모니를 쥠에 따라, 경제적 생산의 공간과 도시 공간이 서로 중첩되는 경향이 생긴다. 생산 공간과 도시 공간을 나누는 공장의 담은 더 이상 존재하지 않는다. 또한 이제 '외부성'은 그것을 가치화하는 생산의 장소 외부에 있지 않다. 노동자들은 메트로폴리스 전체에서, 그 모든 구석과 틈새에서 생산한다. 공통적인 것의 생산은 사실상 도시의 삶 그 자체와 다름이 없는 것이 되어가고 있다.[60]

사회적 삶에 의해 생산되는 동시에 사회적 삶을 생산하는 공통적인 것에 함입되어 있다는 것 외에 메트로폴리스를 특징짓는 또 다른 요소가 있다. 그것은 예측 불가능하고 우발적인 마주침, 더 정확히 말하자면 타자성과의 마주침이다. 샤를 보들레르Charles Baudelaire에서 버지니아 울프Virginia Woolf, 제임스 조이스James Joyce에서 로베르트 무질Robert Musil과 표도르 도스토예프스키Fyodor Dostoyevsky에 이르는 위대한 유럽 모더니즘 문학은 메트로폴리스를 재현함에 있어서 이러한 공통적인 것과 마주침 사이의 관계를 강조한다. 전원생활은 동일한 것의 단조로운 반복으로 그려진다. 당신은 모든 마을 사람들을 알고 있으며, 낯선 사람의 등장은 매우 놀라운 사건이다. 반대로 메트로폴리스는 특이성들 간의 예측 불가능한 마주침이 발생하는 장소이다. 그것은 당신이 알지 못하는 사람들과의 마주침일 뿐 아니라 다른 곳에서 온 사람들과의 마주침이며, 상이한 문화·언어·지식·정신세계와의 마주침이다. 가령 보들레르는 메트로폴리스에 들어가는 것을 "다중 속에 몸을 담그는 것"prendre un bain de multitude으로 생각한다. 그것은 사람들이 마주침에, 즉 "예기치 않게 일어나는 일들, 지나가는 모르는 사람들"à l'imprévu qui se montre, à l'inconnu qui passe에게 자신을 완전히 내어줄 때, "보편적인 교감"에 취하게 만든다.[61] 언뜻 보기에 공통적인 것은 다양성이나 특이성들의 마주침과 어긋나는 것처럼, 심지어 모순되는 것처럼 보일 수 있지만, 실제로는 앞서 삶정치적 생산의 맥락에서 살펴보았듯이 (동일성의 경우와 반대로) 그것들과 전적으로 양립 가능하다. 보들레르가 메트로폴리스의 맥락에서 보여주듯이 공통적인 것과 예기치 못한 마주침은 서로에게 필수적이다.

일단 메트로폴리스를 이러한 특성들—공통적인 것에 뿌리박고 있다는 것과 우발적 마주침에 개방되어 있다는 것—로 정의하고 나면, 메트로폴리스적 삶이 일반적인 전지구적 조건이 되고 있다는 점이 분명해진다. 양적인 관점에서 이는 세계사가 최근에 하나의 문턱을 넘어섰다는 사실, 즉 처음으로 지구 인구의 과반수가 도시 지역에서 살고 있다는 사실과 상응한다. 그러나 도시공간과 세계 인구에 대한 이러한 양적인 관점은 우리가 강조하고자 하는 변형을 썩 잘 포착하지는 못한다. 우리의 질적인 관점은 도시와 시골 간의 전통적인 분할이 어떻게 붕괴되고 재조직되었는가를 보는 다른 시각을 제공한다. 예를 들어 마르크스가 19세기 프랑스의 정치적 풍경을 분석하면서 도시 프롤레타리아트의 정치적 역량과 농민들의 정치적 역량을 구별할 때, 그의 추론은 소통과 협력이라는 문제를 중심으로 이루어진다. 프롤레타리아트는 새로운 소식과 정보에 접근할 수 있을 뿐 아니라 내부적으로 소통할 수 있는 능력을 가지고 있으며, 자신들 사이에서 교류와 논쟁의 회로를 창출한다. 도시 프롤레타리아트는 공장에서 서로 나란히 일하기 때문에 협력의 관행이 이미 주어져 있다. 그러나 19세기 프랑스 농민들은 (적어도 마르크스가 보기에는) 공통적 관계나 사교의 망網이 없이 농촌 여기저기에 흩어져 가족이나 소규모 공동체 단위로 고립되어 있었다는 점에서 소통에 열려 있지 않았다. 달리 말하자면 마르크스는 농민을 '자연적인 공통적인 것'에 뿌리박고 있는 것으로, 프롤레타리아트를 '인공적인 공통적인 것'—마르크스는 이것이 정치적 행동에 필수적이라고 생각한다—에 뿌리박고 있는 것으로 간주한다. 그런데 오늘날에는 소통과 사회적 협력의 회로가 지구 전체에 일반화되어가고 있다. 시골생활은 더 이상 고립과 소통 불가능성을 특징으로 하지 않는다. 물론 공통적인 것에도 상이한 강도들이 존재한다. 그러나 그 구분선은 도시환경인가 시골환경인가 하는 문제와는 점점 더 무관해지고 있다.[62]

세계의 메트로폴리스화에 주목할 때 우리가 말하고자 하는 바는 모든 장소가 똑같아지고 있다는 것이 아니라, 모든 장소가 공통적인 것의 상이한 특성들과 그것들이 제시하는 상이한 마주침들로 구별되어야 한다는 것이다. 앞서 경제적 외부성의 맥락에서 살펴보았듯이, 공통적인 것은 긍정적일 수도 있고 부정적일 수도 있다. 예컨대 메트로폴리스의 역동적인 지역 문화 회로들은 공통적인 것의 긍정적 형태이지만, 오염·교통문제·사회적 갈등 같은 것들은 부정적 형태이다.

마찬가지로 마주침 역시 이로울 수도, 해로울 수도 있다. 건축가들과 건축사가들이 미국에서 '메갈로폴리스'가 부상하는 것을 한탄할 때, 즉 1930년대 베를린·뉴욕·상하이로 대표되는 고전적이고 응집적인 메트로폴리스 형태를 대체하고 있는, 도시의 무정형의 무분별한 확장을 한탄할 때, 그들은 공통적인 것의 약화와 특이성들의 마주침에 대한 방해의 증가에 대해 항의하고 있는 것이다. 그들의 설명에 따르면, 메갈로폴리스가 결여하고 있는 가장 중요한 것은 문화의 밀도 높은 분화이다.[63] 마찬가지로, 마이크 데이비스Mike Davis가 점점 더 일반적인 것이 되어가고 있는 전지구적 조건을 정의하기 위해 '슬럼'이라는 용어를 사용할 때, 그는 그곳에 살고 있는 사람들의 가난이 아니라 그들을 둘러싸고 있는 공통적인 것의 부정적 형태와 그들이 종속되어 있는 해로운 마주침들을 강조하고 있는 것이다.[64] 우리가 보기에는 이 형성체들 모두가, 공통적인 것의 강도와 특성들 그리고 그것들이 제시하는 마주침에 따라 저마다 차이가 나는 메트로폴리스들이다.

최근 일련의 연구자들이 라고스와 킨샤사에서 요하네스버그에 이르는 아프리카 도시형태, 즉 아프로폴리스Afropolis의 특수성을 연구하고 있다. 많은 아프로폴리스들이 극단적인 박탈과 가난을 특징으로 하는 것은 사실이지만, 단순히 그것들을 슬럼이나 실패한 도시로만 여기는 것은 충분치 않다고 이 학자들은 주장한다. 바깥에서 볼 때 대부분의 아프리카 메트로폴리스에서 도시계획이 대개 부재하거나 비효율적이었다는 점은 분명하다. 그러나 이 학자들은 무너지고 있는 기반시설과 극빈자들의 존재에도 불구하고 메트로폴리스가 실제로 작동하고 있다는 사실에 주목한다. 그것은 주로 외부인들에게는 잘 보이지 않는 소통·이동성·고용·교류·협력의 비공식 네트워크들을 통해 작동한다. 다시 말해 빈자 다중은 피난처를 찾고 사회적 삶형태들을 생산하며 광범위한 마주침의 회로를 통해 공통적인 것의 자원들을 끊임없이 발견하고 창조하면서 생존전략을 발명해낸다. 빈자들의 삶은 아름다우니 그들을 걱정하지 말라거나 모든 도시들이 이와 같아야 한다는 것은 물론 아니다. 이러한 연구들이 갖는 중요성은 극도의 역경 속에서도 빈자들이 무엇을 할 수 있는지, 어떻게 공통적인 것을 생산하고 마주침을 조직할 수 있는지를 보여준다는 점에 있다.[65]

그러나 우리가 지금껏 메트로폴리스의 특징을 묘사하는 데 사용한 마주침이라는 개념은 그저 수동적이고 자생적일 뿐이다. 메트로폴리스가 다중에게 산업노동계급의 공장과 같은 것이 되기 위해서는 마주침의 장소일 뿐 아니라 조직화와 정치의 장소이기도 해야 한다. 그리스의 폴리스polis라는 개념의 정의 중 하나가 바로 이것, 즉 특이성들의 마주침이 정치적으로 조직되는 장소라는 것이리라.* 메트로폴리스의 거대한 부는 행복한 마주침이 공통적인 것의 새로운 생산을 낳을 때, 가령 사람들이 각자의 상이한 지식과 능력을 소통해서 협력적으로 새로운 무언가를 만들어낼 때 드러난다. 행복한 마주침은 개별적 신체들이 홀로 있을 때보다 실로 더 큰 능력을 가진 새로운 사회적 신체를 생산한다. 물론 모든 마주침이 기쁜 마주침은 아니다. 메트로폴리스에서 일어나는 타인들과의 자생적인 마주침 중 대다수는 대립적이거나 파괴적이며, 해로운 형태의 공통적인 것을 생산한다. 가령 이웃이 내는 소음으로 밤잠을 설칠 때나 이웃이 버린 쓰레기에서 냄새가 날 때, 더 일반적으로는 메트로폴리스의 교통체증과 대기오염이

* 정치를 의미하는 'politics'의 어원은 그리스어 '폴리스'ϖόλις로 소급한다.

주민 모두의 삶의 질을 떨어뜨릴 때 그렇다. 소통과 협력을 증진시키고 새롭고 더 강한 사회적 신체를 창조하며 더 기쁜 공통의 삶을 낳는 새로운 관계를 타인들과 함께 형성하는 일은 쉽지 않다. 불행한, 대립적인 마주침들이 사회적 신체를 해체하고 다중의 공통적 삶을 부패시킨다. 사실 매우 많은 우연한 마주침들이 해롭기 때문에, 메트로폴리스의 주민들은 타인과의 마주침을 피해 서로를 보지 않고 조용히 지나가기 위해 종종 스스로를 닫아버린다. 사람들은 공통적인 공간에 보이지 않는 벽을 세우고 마치 피부가 무감각해지고 마비되고 괴저에 걸린 것처럼 접촉에 둔감해진다. 그리고 특권층은 자신과 근본적으로 다른 사람들 가까이에 살면서도 자신과 똑같은 사람들하고만 교류하기 위해 고립된 지역에 스스로를 유폐한다. 이것이 메트로폴리스를 정의하는 주된 특성이 타락하는 때, 메트로폴리스가 더 이상 공통적인 것의 공간도, 타인과의 마주침의 공간도, 소통과 협력의 장소도 아니게 되는 때이다.[66]

메트로폴리스의 정치는 마주침의 조직화이다. 그 과제는 기쁜 마주침을 증진하고 그것이 반복되게 하며 불행한 마주침을 최소화하는 것이다. 이것은 우선 타자에 대한 개방성과 타자와 관계를 형성하는 능력, 기쁜 마주침을 발생시키고 그리하여 점점 더 큰 능력을 가진 사회적 신체들을 창조하는 능력을 필요로 한다. 둘째로 (아마 이것이 더 중요한 것이리라) 대립적이고 파괴적인 관계에서 벗어나고 그 관계의 결과로 나오는 파멸적인 사회적 신체들을 해체하는 법을 배울 필요가 있다. 마지막으로, 너무나 많은 자생적 마주침들이 즉각적으로 기쁜 것은 아니기 때문에, 이 메트로폴리스의 정치는 대립적 마주침을 가능한 한 기쁘고 생산적인 마주침으로 변형시키는 방법을 발견해야

한다.[67]

이 지점에서 메트로폴리스에서의 마주침의 조직화는 정치적 문제일 뿐 아니라 직접적으로 경제적인 문제이기도 하다는 점을 분명히 해야 한다. 기쁜 마주침은 경제적으로 중요한 행위이며, 사실 여러 측면에서 삶정치적 경제의 정점이다. 기쁜 마주침에서 공통적인 것이 발견되고 공통적인 것이 생산되는 것이다. 이것은 우리가 앞서 제시한 슬로건—메트로폴리스와 다중의 관계는 공장과 산업노동계급의 관계와 같다—을 새롭게 보는 시각을 제공해준다. 다중의 기쁜 마주침의 조직화는, 특정 기계를 중심으로 모이거나 연속된 조립라인에서 함께 작업하는 등 공장 안에서 협력적 팀을 이루는 노동자들의 생산적 배치에 상응한다. 그러나 부의 삶정치적 생산은 (이것이 핵심적 요점이다) 다른 각도에서, 즉 자본의 관점이 아니라 다중의 관점에서 포착되어야 한다. 사실 자본은 메트로폴리스에서 기쁜 마주침을 조직할 수 없고, 다만 생산된 공통적 부를 포획하거나 수탈할 수 있을 뿐이다. 다중이 이러한 마주침을 자율적으로 조직하고, 메트로폴리스의 정치를 위해 요구되는 훈련을 시작해야 한다. 이러한 사례를 그레이스 복스Grace Boggs와 제임스 복스James boggs에게서 볼 수 있다. 이들은 미국의 주요 도시들에서 흑인 인구가 크게 증가하고 있었던 1960년대 중반에 "도시는 흑인의 땅이다"라는 슬로건과 함께 메트로폴리스를 자율적으로 조직하는 정치를 블랙파워 운동의 맥락에서 제안했다.[68] 실제로 자율의 기치하에 일어난 도시반란들이 산업도시의 위기, 나아가 미국 헤게모니의 위기를 발생시킨 주된 동력이었다. 그러나 오늘날 도시반란은 (여전히 인종적 성격을 강하게 띠고 있기는 하지만) 더 이상 산업적 형상들이 이끌지 않는다. 자본주의적 가치화에 메트로폴리스적 생산이 삼투될 때, 도시봉기는 조직화의 새로운 형태를 예고하는 독창적인 요소들을 보여준다. 공장과 기계에 대한 사보타주라는 전염병을 촉발시켰던 산업노동자들의 초창기 파업들처럼 말이다.

그러나 다중이 자유롭고 평화롭게 메트로폴리스의 조직화를 해내도록 허용되는 일은 결코 없다. 메트로폴리스는 공통적인 것과 마주침 외에도, 적대와 폭력에 의해 아마도 가장 의미심장하게 규정된다. 마지막으로 한 번만 더 어원분석을 통해 이 측면을 강조하겠다. 고대 희랍어에서 메트로폴리스는 식민지들을 지배하고 통제하는 '모母도시' mother city를 의미한다. 제국주의 시대에 같은 말의 프랑스어 표현 또한 동일한 방식으로 사용되었다. 즉 '메트로폴리탄 프랑스' metropolitan France, 프랑스 본국라는 말은 아프리카·아시아·태평양·카리브해에 있는 프랑스 식민지들과 구분되는, 유럽에 있는 프랑스의 영토를 의미했다. 오늘날에도 '메트로폴리스'는 여전히 위계를 나타내지만, 그 지리학은 달라졌으며 더 복잡해졌다. 물론 일반적인 관점에서 현대의 메트로폴리스들 사이에—예컨대 뉴욕과 멕시코시티, 런던과 뭄바이, 파리와 다카르, 상하이와 청두 사이에—식민관계를 반영하는 상당한 불평등이 여전히 남아 있는 것은 사실이다. 그러나 우리는 이러한 위계뿐 아니라, 모든 메트로폴리스 안에 때로는 아주 가까이에 (즉 서로 다른 구역들 간에 그리고 각 구역들 내부에) 존재하는 위계들 또한 볼 필요가 있다. 이것은 우주에서 본 지구 표면의 열熱지도와 같은, 강도와 문턱의 지리학이다.

모든 현대의 메트로폴리스는 병들었다. 위계와 분할이 (제도화된 인종주의, 부자와 빈자의 분리, 기타 다양한 배제와 종속의 구조를 통해) 공통적인 것을 부패시키고 이로운 마주침들을 가로막는다는 의미에서 그렇다. 예컨대 '상파울루는 벽의 도시다'라고 말하는 것은 그 도시의 병에 대해 진단하는 것이 된다.[69] 긍정적인 마주침들을 막을 뿐 아니라 당신에게 부정적인 마주침들로 폭격을 해대는 것이 바로 그 병세病勢이다. 만약 당신이 가난하고 어두운 피부색을 가졌다면, 많은 지배적 국가에서 지하철을 타거나 차를 몰 때마다 경찰의 검문을 받게 될 것이다. 종속국가에서는 당신이 사는 동네가 깨끗한 물과 적절한 하수처리의 부족으로 인한 질병으로, 그리고 범죄로 고통받기 쉬울 것이다. 그러한 메트로폴리스는 정글이다. 그리고 거기서 보이는 공통적인 것과 마주침의 형태들은 당신이 벗어나야 할 것들이다!

메트로폴리스의 분할은 경제적으로 지대와 부동산 가치에 의해 끊임없이 생산되고 강제된다. 젠트리피케이션은 모든 메트로폴리스에서 전지구적 위계와 불평등을 작은 규모로 재생산하며 사회적 분할을 창출하고 유지하는 하나의 무기이다. 3부에서 논의했듯이 지대와 부동산 가치는 공통적인 것, 즉 경제학자들이 우리를 둘러싸고 있는 메트로폴리스의 긍정적·부정적 외부성이라 부르는 것에서 직접적으로 파생된다. 그러나 공통적인 것에 대한 지대의 관계가 순전히 수동적이고 기생적이기만 한 것은 아니다. 물론 이윤을 낳는 산업자본과 달리 지대는 생산의 조직화와 직접적인 관계를 맺지는 않는다. 그러나 그럼에도 불구하고 (계급분할을 보존하고 확대하는) 부의 포획과 재분배는 사회적 생산, 구체적으로는 비물질적 노동력이 갖는 생산성의 조직화와 연관된다. 이는 왜 지대가 신자유주의와 금융화 체제의 전형적인 경제적 도구가 되었는지를 설명하는 데 도움을 주는데, 5부에서 살펴보겠지만 신자유주의와 금융화 체제는 계급 구분선에 따른 부의 재분배뿐 아니라 서비스와 비물질적 재화의 생산에도 열심이다. 지대는 **공통적인 것의 탈사회화**를 통해 작동하며, 메트로폴리스에서 생산되고 다져진 공통적 부를 사유화하여 부자들의 수중에 몰아준다. 이러한 권력의 배치에는 오스만Haussmann이 설계한 파리의 대로들이 보여주는 선명한 시각적 선들이 필요치 않다. 지대와 부동산은 도시풍경 전체로 유동적으로 확장되어 사회적 착취의 장치들을 만들어내는, 편재하는 분리와 통제의 기구機具이다. 현대 메트로폴리스의 짜임새 자체가, 조용하지만 다른 어떤 형태의 폭력 못지않게 악랄하고 잔인한 경제적 통제를 행사한다.[70]

여기서 메트로폴리스와 다중의 관계는 공장과 산업노동계급의 관계와 같다는 말의 세 번째이자 마지막 의미가 나온다. 메트로폴리스는 공장과 마찬가지로 위계와 착취, 폭력과 고난, 공포와 고통의 장소이다. 공장은 수세대에 걸쳐 노동자들에게 몸이 망가지는 곳, 산업용 화학물질에 중독되고 위험한 기계에 죽임을 당하는 곳이었다. 메트로폴리스 역시 위험하고 해로운 장소인데, 특히 빈자들에게 그렇다. 그러나 바로 이 때문에 메트로폴리스는 공장처럼 적대와 반란의 장소이기도 하다. 앞서 살펴보았듯이 삶정치적 생산은 자율성을 필요로 하기 때문에, 자본이 점점 더 생산과정의 외부로 밀려나며, 가치를 수탈하기 위한 자본의 모든 수단들은 공통적인 것에 장애가 되어 공통적인 것을 파괴하거나 부패시킨다. 역설적이게도 자본이 부의 생산에 장벽이 되는 것이다. 그러므로 다중의 분노와 적대는 위계와 통제의 폭력에 맞서는 쪽으로 향할 뿐 아니라, 공통적인 것의 생산성과 마주침의 자유를 방어하는 쪽으로 향하기도 한다. 그런데 이처럼 생산의 주체인 다중은 정확히 어디서 반란을 일으킬 수 있는가? 산업노동자들에게는 공장이 명확한 장소를 제공한다. 사장이 당신의 면전에 있으며, 기계를 파괴하거나 공장을 점거하거나 생산을 중단하는 등의 일을 할 수 있다.

메트로폴리스의 다중은 산업노동계급의 공장에 비교할 만한 반란의 장소를 가지고 있지 않으며 따라서 분노를 허공에 분출할 위험을 품고 있는 것처럼 보인다. 그러나 최근 몇 년간 우리는 이러한 문제에 대한 해법을 실험하는 일련의 메트로폴리스 자크리들을 목격했다. 예를 들어 아르헨티나에서 2001년에 시작된 피케테로piqueteros 운동은 공장과 메트로폴리스 사이의 유비를 문자 그대로 발전시킨다. 봉쇄할 공장출입문이 없는 실업노동자들이 대신 거리를 봉쇄하고 교통을 방해하고 메트로폴리스를 마비시키는 식으로 도시에 '말뚝picket을 박기'로 결정한 것이다. 다시 말해 피케테로는 메트로폴리스를 상대로 일종의 살쾡이 파업을 실험했다. 2000년과 2003년에 있었던, 물과 가스를 둘러싼 볼리비아의 싸움—2부에서 분석한 바 있다—역시 주요 도시들을 연결하는 고속도로를 수시로 봉쇄하는 유사한 전술을 발전시켰다. 2003년 투쟁이 절정에 달했을 때는 반란에 나선 다중이 (라파스를 둘러싸고 있는) 주로 토착민들이 거주하는 가난한 도시외곽 지역인 엘알토로부터 내려와 도시 중심부와 그곳에 있는 백인전용 거주지역을 점거함으로써 인종적 분리와 부의 장벽을 넘쳐흐르고 엘리트들에게 공포를 안겨주었다. 2005년 파리 외곽에서 발생한 반란 역시 이와 유사하게 메트로폴리스의 이동성을 봉쇄하고 (방리유 사람들이 자신들에게 주어지지 않은 사회적 이동성의 도구로 여긴) 자동차와 교육기관들을 불태움으로써 인종적 위계와 부의 위계를 공격했다. 그리고 볼리비아와 마찬가지로 프랑스의 반란 또한 공통적인 것의 수탈과 마주침에 대한 방해에 맞서는 싸움에서 인종적 적대와 노동에서의 적대를 결합해냈다. 이러한 반란들은 메트로폴리스 **안에** 있을 뿐 아니라 메트로폴리스에 **맞서** 있기도 하다. 즉 이 반란들은 메트로폴리스의 특정한 형태에, 그 병적 측면과 부패에 맞서는 것이다.[71]

그러나 앞서 논의했듯이, 자크리와 자생적 반란이 반드시 이로운 것은 아니며 종종 자기파괴적일 수 있다. 그러므로 메트로폴리스에서의 다중의 정치를 위한 세 번째 과제는 (이는 사실 대부분의 경우 공통적인 것의 생산과 기쁜 마주침을 증진하는 일보다 먼저 이루어져야 한다) 메트로폴리스의 위계와 분할에 맞서는 적대를 조직하고 메트로폴리스의 폭력에 대한 증오와 분노를 모아내는 것이다. 기쁨은 파괴에도, 즉 당신이 증오하는 것, 당신이 당하는 고통의 원천을 공격하는 데에도 있다! 세계의 메트로폴리스화가 반드시 위계구조와 착취구조의 일반화만을 의미하는 것은 아니다. 그것은 또한 반란의 일반화를 의미할 수 있으며, 그다음에는 아마도 협력과 소통의 네트워크들의 성장, 특이성들의 마주침과 공통적인 것의 증가된 강도를 의미할 수도 있을 것이다. 바로 여기서 다중은 자신의 고향을 발견하는 것이다.

Beyond 'Capital'

5부

자본을 넘어서?

전쟁 후에 우리를 장악한 국제적이면서도 개인주의적인
퇴폐한 자본주의는 성공적인 것이 아니다.
지적이지 않고, 아름답지도 않으며, 정당하지 않고, 도덕적이지도 않다.
그리고 재화를 가져다주지도 않는다.
요컨대 우리는 이 자본주의를 싫어하며, 경멸하기 시작하고 있다.
그러나 그 자리에 대신 무엇을 놓을까를 생각해보면,
우리는 매우 당혹스러워진다.

존 메이너드 케인스, 『국가의 자급자족』

Commonwealth

5.1 경제적 이행의 조건들

집에 불이 나면 사람들은 점심식사조차 잊는다. 그렇다.
그러나 사람들은 잿더미에서 다시 먹을 것을 찾아낸다.
프리드리히 니체, 『선악을 넘어서』

신자유주의 좀비들

미국 일방주의와 경제적 신자유주의의 결혼은 비교적 최근의 일이다. 구혼은 1973년 피노체트가 이끈 칠레 쿠데타와 함께 시작되었는지도 모른다. CIA가 쿠데타의 뒤를 봐주었으며 밀턴 프리드먼Milton Friedman과 '시카고 보이즈'가 작성한 경제계획이 쿠데타 세력에 의해 실행되었으니 말이다. 1979년 대처Margaret Thatcher가 영국 수상이 되면서 사태가 심각해졌다. 그러나 일방주의와 신자유주의의 결합은 1980년대에 레이건Ronald Reagan이 백악관에 들어서면서 비로소 완성되었다. 그 시점에서 공공재와 산업의 철저한 사유화라는 경제정책, 노동조직들에 대한 무자비한 공격, 자유무역의 이데올로기가 미국의 전지구적인 정치적·군사적 지배와 병행하는 것이 자연스럽고 불가피한 것으로 보이기 시작했다. 레이건이 베를린 장벽을 부수고 소련만이 아니라 사회주의 자체를 격파했다는 신화가 만들어져서 이제는 미국이 뒷받침하는 신자유주의 경제정책 말고는 세계 어디에도 다른 대안이 없는 것처럼 되었다.[1]

물론 대안이 없다는 수사修辭에도 불구하고 실제로는 대안들이 존재했다. 특히 4부에서 보았듯이 전지구적 권력의 다양한 다자주의적 구도—이는 대개 지배적인 유럽 국민국가들 사이의 협력을 포함한다—가 이 시기 전체에 걸쳐서 미국 일방주의와 경합하였다. 물론 다자주의적 선택항들이 반反자본주의적이지는 않았다. 그러나 이 선택항들은 국가통제와 사유화, 복지구조와 자유시장을 신자유주의와는 다른 식으로 혼합했다. 실상 이러한 경합은 전지구적 자본주의 체제의 이윤과 연속성을 어떤 정치체제가 더 잘 보장할 수 있느냐를 둘러싸고 벌어진 것이었다고 할 수도 있다. 미국 일방주의와 신자유주의의 결합을 정치적으로 결정한 것—이 결정은 물론 어떤 중역회의실이나 정부 사무실에서 단번에 이루어진 것이 아니라 광범한 스펙트럼의 행위자들이 관여하여 이루어진 것이었다—은 전지구적인 경제적 이행(일부 경제학자들이 말하는 포디즘에서 포스트포디즘으로의 이행 혹은 산업생산에 중심을 둔 패러다임에서 삶정치적 생산에 중심을 둔 패러다임으로의 이행)을 통제하기 위해 자본주의적 명령을 더 강화시키고 집중시키는 효과를 낳았다. 이는 지금의 시점에서 되돌아보면 극단적인 결정이었으나, 이 극단성은 수행해야 할 과제의 막중함과 이행을 관리하는 일의 어려움을 나타내는 것이었다.

미국 일방주의의 붕괴와 함께 결혼생활은 파탄 났다. 일방주의의 정치적·군사적 병기고는 자본주의적 이행을 관리할 능력이 없는 것으로 판명되었으며, 최근에는 10년간의 끝나지 않을 듯한 전지구적 전쟁으로 인해 경제적 무질서가 증가했을 뿐이다. 미국의 금융 붕괴 및 그에 뒤이은 전지구적 경제 위기와 함께 문제적 측면들이 명확하게 시야에 들어왔다. 사실 위기와 자본의 이행이 가진 성격을 보면, 일방주의의 무기들이 신자유주의가 직면한 과제들을 다루기에 전혀 적합하지 않다는 것이 명백하다.

모든 것을 종합하여 한마디로 말하자면, 삶정치적 노동의 새로운 존재론이 위기를 야기한다고 할 수 있다. 현대 경제에서 중심적 역할을 담당하며 출현하고 있는 지적·정동적·인지적 노동형태들은 공장사회의 시대에 발전된 훈육과 명령의 형태들로는 통제될 수 없다. 사실 우리는 다른 곳에서 삶정치적 생산의 헤게모니를 향한 이 이행은 1960년대와 1970년대에 (자본주의적 통제를 위한) 제국주의적·산업적 훈육 모델에 맞서 지구 전역에서 벌어진 투쟁들의 축적에 의해 시작된 것이라고 주장한 바 있다. 이행은 특정 형태의 자본주의적 생산과 명령이 노동자들의 운동과 사회투쟁에 패배한 것에 대한 반응이었던 것이다.[2] 이 이행을 관리하기 위해 제국주의적 상상계를 동반하는 미국 일방주의에 기댄 것은 실로 낡은 치료법으로 새로운 질병을 치료하려는 시도였다. 결국 따지고 보면, 자본주의적 경제전략을 일방주의와 연결시킨 이 결정의 주된 책임은 미국 정부에 있다기보다는 세계 전역의 안절부절못하는 증권시장들과 공황상태에 잘 빠지는 부유한 자들의 영혼에 있다. 부르주아의 불안정성을 조심하라! 물론 자본이 시장을 진정시키고 이윤을 안정적으로 만들기 위해서 강한 중앙집중적인 정치적 권위에 의존한 것은 이번이 처음은 아니다. 그러나 이 이행의 성격과 삶정치적 생산에 필요한 조건에는 저 철 지난 형태의 훈육과 통제가 더 이상 먹혀들지 않는다는 점이 드러나고 있다.

4부에서 정치·군사적 관점에서 보았듯이 일방주의의 실패가 분명해지자, 주요한 논평자들과 정치가들은 어김없이 신자유주의에 대한 정치적 뒷받침을 찾기 위해 다자주의로 달려간다. 다자주의는 예를 들어 늘 세계경제포럼의 공식적인 이데올로기였는데, 스위스 다보스에서 열리는 이 포럼에는 세계 전역의 정부 지도자와 기업 지도자들이 한데 모인다. 그 논리에 따르면, 점점 더 지구화되고 있는 세계는 그만큼 더 다자주의적 권력 체제에 의존할 필요가 있다. 그러나 그러한 다자주의적 뒷받침은 어디에서도 발견되지 않는다. 일방주의가 다자주의를 패퇴시켜버린 것이다. 미국은 혼자서 지배하기에는 너무 약했는지 몰라도 다자주의적 질서를 봉쇄할 만큼은 충분히 강했다. 일방주의가 실패하면 다자주의가 그 자리를 차지할 수 있다는 말이 아니다. 그렇지 않다. 다자주의의 토대는 일방주의가 최후의 일격을 가하기 전에도 이미 썩어가고 있었다. 일방주의도 다자주의도 신자유주의적 경제기획을 뒷받침할 수 없다. 사실 신자유주의를 뒷받침할 수 있는 정치형태를 찾는 일은 아무 소용이 없을지도 모른다. '정치적인 것의 자율성'이라는 신념을 가진 사람들과 달리, 우리는 정치권력이 독립적으로 경제적 체제를 구성하고 유지할 수 있다고 믿지 않는다. 여기서 문제는 정치적 뒷받침의 결핍만이 아니라 더 중요하게는 신자유주의 자체의 무능이기도 하다.

신자유주의가 어떻게 실패했는지를 이해하기 위해서는, 그리고 사실 신자유주의는 결코 자본주의적 생산을 위한 프로그램이 될 수 없었다는 것을 이해하기 위해서는, 관점을 이동하여 삶정치적 지형에 초점을 맞출 필요가 있다. 신자유주의 정책의 주된 특징들—강한 사유재산권과 약한 노동권, 공통재와 공공재의 사유화, 자유시장, 자유무역—은 모두 교역과 부의 재분배에 집중되어 있다. "신자유주의화의 주된 실질적 성취는 부와 소득을 생성하기보다는 재분배하는 것이었으며" 이는 주로 공적인 것과 빈자를 강탈함으로써 부자들을 위한 축적을 이루는 전략 덕분이었다고 데이비드 하비는 올바르게 주장한다. 하비에 따르면, 이런 의미에서 신자유주의는 그 바탕에서는 계급권력을 복구하기 위한 기획이다.[3] 신자유주의 정책 아래에서 일국적으로나 전지구적으로나 실로 부자는 훨씬 더 부유해졌고 빈자는 그에 상응하여 더 가난해졌다. 채취(석유, 가스, 광물)가 신자유주의의 전형적 산업이다. 그러나 실상 신자유주의에서 부의 '생성'은 대부분 단순히 사회주의의 시체를 먹어치움으로써 이루어졌다. 이러한 일은 이전의 제2세계에서만이 아니라 제1세계와 제3세계에서도 일어났으며, 공적인 재산·산업·제도에 굳건히 모여 있는 부를 사적인 손에 이전시켜주는 식으로 이루어졌다. 자본주의적 생산방식의 본질은 부를 **생산**하는 것이고 또 그래야 함을 명심하라. 바로 여기에 신자유주의의 약점이 있는 것이다. 그러므로 신자유주의의 위기는 그것을 효과적으로 뒷받침할 정치 질서를 제공하고 재산의 재분배를 보장하는 데 일방주의나 다자주의가 실패했다는 점에 기인한다기보다 생산을 자극하고 조직하는 도식을 제시하지 못한 신자유주의의 무능에 기인한다. 이 도식 없이는 그 어떤 자본주의적 전략도 오래 살아남을 수 없다.

신자유주의가 지속가능한 경제 프로그램이 될 수 있다는 환상은 탈산업경제에서 생산이 가지는 성격이 많은 이들에게는 매우 이해하기 어려운 것임을 말해주는 증거이다. 공장 문을 나오는 자동차, 철근, 냉장고나 농장으로부터 나오는 곡물을 보고 그 수를 세는 것은 당연히 쉽다. 그러나 삶정치적 경제에서 우세하게 된 비물질적 생산물들—이미지, 코드, 지식, 정동, 심지어는 사회적 관계와 삶형태들—을 어떻게 일일이 셀 수 있겠는가?

이 상황의 새로움을 제대로 알아보기 위해서 예를 들어 자본주의 경제사에서 지식이 수행한 생산적 역할을 간략하게 스케치해보자. 경제사가들은 실천과 노동을 통해 발전한 지식이 이미 중상주의重商主義 시대에 생산적 힘으로 기능했다는 사실을 한껏 강조해왔다.[4] 산업자본주의에서도 지식은 여전히 발전을 낳는 근본적인 힘이었지만, 산업 패러다임이 모양을 갖추어감에 따라 점차 (노동자들의 실천에 육화되고 그들의 숙련과 노하우에 집적되는) 내적 요소라기보다는 (노동자들에서 분리되어 노동자들을 통제할 수 있는) 외적 요소로서 중요성을 가지게 되었다. 산업자본주의가 성숙해가면서 지식은 근본적 위치를 차지하지만 명령체계 안에 완전히 흡수되게 되었다. 이와 달리 오늘날의 경제에서 사회 전역에 널리 퍼져 있는 지식—대중지성—은 통제체계의 힘이 미치지 못하는 핵심적인 생산력이 되어가고 있으며 이러한 전환이 산업 패러다임을 침식하고 있다. 카를로 베르첼로네Carlo Vercellone는 이렇게 쓴다.

> 산업자본주의의 위기는 주로 두 주요 축 위에 구축되는 대안적 발전 모델을 이미 구성한 사회변형의 결과이다. 첫째 축은 지식의 재전유와 사회화인데, 이는 이른바 노동의 과학적 조직화를 훌쩍 넘어서서 생산주의를 거부하는 대안적 노동형태들을 창출하기에 이르렀다. 둘째 축은 복지국가의 집단적 서비스들(건강·교육·연구 등)을 비생산주의적 발전양식의 부문이자 원동력으로서 확대하는 것인데, 이 비생산주의적 발전양식은 상품

에 기반을 두지 않고, '인간에 의한 인간의 생산'과 사회에 널리 퍼진 지적 능력의 재생산을 목표로 하는 집약적 지식 생산에 기반을 둔다.[5]

바꾸어 말하자면, 생산은 삶형태들을 창출하는 '인간생성적'인 것이 되고 있다. 경제적 생산에서 지식이 그리는 이러한 궤적으로부터 두 가지 중요한 사실이 나온다. 첫째, 지식은 더 이상 단순히 (상품형태에 담기는) 가치를 창출하는 수단이 아니다. 오히려 지식 생산 자체가 가치 창출이다.[6] 둘째, 지식은 더 이상 자본주의적 통제의 무기가 아닐 뿐 아니라, 자본이 지식 생산을 통한 가치화를 추구할 수밖에 없으면 없을수록 지식이 자본의 통제를 더욱 벗어나는 역설적 상황이 발생하게 된다.

여기서 우리는 삶정치적 생산의 시대에 자본의 신자유주의적 형태들만이 아니라 자본 그 자체가 처한 딜레마를 건드리고 있다. 나중에 그 귀결을 더 자세하게 탐구할 것인데, 이 지점에서는 신자유주의가 위기에 빠진 원인이 일방주의와 한데 묶여서 같이 가라앉고 있기 때문만은 아니라는 점을 인식하는 것으로 충분하다. 사실상 신자유주의는 이미 죽어 있었다. 신자유주의는 삶정치적 생산력을 포착하고 활용하지 못하며, 생산을 양성하고 부의 창출을 증가시키는 도식을 제공할 수 없기 때문이다. 바꾸어 말하자면, 삶정치적 생산이 자본에 문제를 제기하는데 신자유주의는 이에 대한 답을 가지고 있지 못하다.

사회주의적 환상들

일방주의의 실패가 분명해지자 주요 논평가들과 정치가들이 다자주의로 (그것이 이미 죽었다는 것을 모르고) 다시 달려갔듯이, 신자유주의의 실패가 명확해지자 바로 그 동일한 인물들이 이제는 사회주의 혹은 정부가 경제를 관리·통제하는 형태로 (그것이 가진 힘이 이미 완전히 소진되었다는 것을 모르고) 향하고 있다. 신자유주의와 사회주의라는 두 이데올로기가 현대의 경제적 상상계의 유일한 두 극極인 듯이 보인다. 그러나 삶정치적 경제에서는 둘 중 어느 것도 생산을 통제하고 촉진할 수 없다.

사회주의는 실로 20세기 전체에 걸쳐서 냉전으로 분열된 양 진영에 경제적 생산의 강력한 모델을 제시했다. 사회주의는 자본주의와 결코 대립하지 않으며 오히려 (소련에 대한 많은 비판적 분석가들이 주장하듯이) 국가가 관리하는 자본주의적 생산체제라는 점을 이해하는 것이 중요하다. 매우 사회주의적인 요소들—관료에 의한 경제계획 및 규제, 국가가 운영하는 산업 및 공공 서비스, 자본과 조직된 노동의 통합적 국가규제 등—을 자본주의 국가에서도 흔하게 찾아볼 수 있다. 20세기 후반부에 종속국들(미국 편이었던 국가들이나 소련 편이었던 국가들이나 공히)의 경제 이데올로기를 지배했던 발전주의의 다양한 형태들도 이와 유사하게 국가 개입과 관료주의적 계획을 통한 생산력 증가에 초점을 두고 있었다. 마찬가지로 종속이론과 긴밀하게 연결된 수입대체산업화 프로그램도 시장과 관세의 국가통제에 그리고 민족산업의 형성 및 규제에 대한 국가개입에 주로 의존했다.[7] 결국 사회주의는 산업자본의 증진과 규제를 위한 체제, 노동규율이 정부와 관료주의적 제도들을 통해 부과되는 체제이다. 그러나 산업 경제가 삶정치적 경제로 이행함에 따라 사회주의적 관리와 규제는 그 모든 유효성을 상실한다.

산업 패러다임을 넘어서지 못하는 사회주의 이데올로기와 체제의 무능이 소련의 붕괴를 낳은 한 가지 중요한 요인이었다. 군비경쟁에 지출된 비용, 아프가니스탄에서의 군사적 패배, 심지어 상품에 대한 국민들의 욕망 등을 붕괴의 원인으로 꼽는 것도 어느 정도 설득력이 있지만, 우리가 보기에 훨씬 더 중요한 것은 마지막 수십 년 동안 소련에서 사회적 생산을 가로막았던 장애물과 소련 사회 내부의 동학을 보는 것이다. 알렉세이 유르착Alexei Yurchak은 '후기 사회주의'(1960년대에서 1980년대까지의 시기)에 대한 놀라운 민족지학民族誌學적 연구에서, 소련 사회가 냉전적 전체주의 이론가들의 주장과 달리 사막이기는커녕 오히려 이례적으로 역동적인 문화적·이데올로기적 환경이었음을 입증한다. 이 역동성은 물론 사회주의 체제가 촉진하거나 양성한 것이 아니다. 반대로 사회주의 체제는 사회적·문화적 창조성에 끝없는 방해물이 되어 심각한 경기침체를 낳았다. 따라서 (유르착의 시사적인 정식화에 따르면) 소련의 붕괴를 거친 사람에게 그 붕괴는 매우 뜻밖의 것인 동시에 하나도 놀랍지 않은 것이었다. 그들에게 사회주의 체제의 힘은 영원한 것처럼 보였지만, 동시에 그들은 그 체제가 더 이상 생존할 수 없으리라는 것도 알고 있었던 것이다.[8] 사회주의 체제는 산업사회에 효과적으로 규율을 부과했다. 그러나 삶정치적 생산으로의 이행이 나타나기 시작하자 사회주의적 규율은 삶정치적 생산이 필요로 하는 사회적 자율성과 문화적 창조성에 족쇄가 되었을 뿐이다.

사회주의와 삶정치적 생산의 양립 불가능성은 소련만이 아니라 모든 형태의 사회주의, 관료주의적 계획, 국가규제 등에도 해당된다. 가장 근본적인 (따라서 가장 추상적인) 수준에서, 사회주의의 두 가지 주된 측면이라고 할 수 있는 경제활동의 공적 관리와 훈육적 노동체제가 삶정치적 생산과 직접적으로 어긋난다. 앞서 우리는 삶정치적 노동이 자본의 통제로부터 점점 더 자율적이 되며 그 원인은 더 이상 협동의 도식이 (공장의 경우처럼) 외부에서 자본에 의해 제공되지 않고 생산과정 내에서 생성되는 데 있다고 말한 바 있다. 국가통제 및 정부에 의한 훈육으로부터의 자율도 마찬가지로 필요하다. 아마도 '명령을 받고 생각하기' 혹은 '지시대로 정동적 관계를 창조하기'가 가능할지도 모른다. 그러나 그 결과는 자율적 사회 활동으로 성취되는 것 앞에서는 무색할 것이다. 더 나아가 삶정치적 생산의 결과들(사회적 주체성·관계·삶형태 등)은 직접적으로 존재론적인 차원을 가진다. 이 과정에서 가치가 생성되지만 그것은 측정 불가능하다. 더 정확하게 말하자면, 그 가치는 회계의 단위들을 항상 초과한다. 그것은 기업의 복식부기 장부를 넘쳐흐르며 국민국가의 공적 대차대조표를 좌절시킨다. 생각, 이미지 혹은 관계의 가치를 어떻게 측정할 수 있겠는가? 삶정치적 노동과정의 자율성과 생산되는 가치의 측정 불가능하고 넘쳐흐르는 성격이 현재 자본주의적 명령이 처한 모순의 두 핵심 요인이다. 자본이 잉여가치를 포획하기 위해서는 생산하는 특이성들을 소외시켜야 하고 생산적 협력의 통제권을 쥐어야 하며 가치의 비물질적이고 초과적인 성격을 무력화해야 하고 생산되는 공통적인 것을 수탈해야 한다. 이 모든 것이 생산과정 자체에 장애물을 세우고 그 과정을 바탕에서부터 무너뜨린다. 정부에 의한 관리와 통제도 동일한 모순을 낳는다. 공통적인 것을 수탈하고 그 가치에 울타리를 치는 것이 사적인 손에서 이루어지든 공적 수단으로 이루어지든, 즉 자본주의적 명령으로 이루어지든 정부 통제로 이루어지든 그 결과는 같다. 삶정치적 생산의 순환이 위축되고 부패되는 것이다.

오늘날 어떤 정치체제가 생산을 양성하는 동시에 제어할 수 있는

지를 연구하기 위해서 우리는 사회적 생산과 사회적 부가 의미하는 바를 경제적 관점에서 더욱 탐구해야 한다. 많은 경제학자들이 이 문제를 파고들고 조야한 경제주의적 생산관을 넘어서고자 '사회적 자본'이라는 개념을 사용한다. 그들은 사회는 원자화된 개인들로 이루어지지 않으며 이해와 신뢰, 공유된 지식과 행동규범, 언어와 습관 등의 네트워크들로 짜인 사회적 교직물에 의해 연결되어 있다고 설명한다. 신뢰와 공감이 없다면 시장교환은 일어나지 않을 것이다. 사회적 지식과 규범이 없다면 노동자들은 서로 협력하여 생산하지 못할 것이다. 따라서 사회적 자본은 보충하는 위치에 있는 개념이다. 다양한 형태의 공동체들이 부의 집적을 구성하고 이것이 산업자본, 금융자본, 상업자본 등 모든 형태의 자본이 기능할 수 있도록 해준다는 것이다.[9] 사회적 자본에 대한 이러한 생각은 비물질적인 사회적 관계들이 행하는 경제적 역할에 주의를 집중하는 데 성공하지만, 이 관계들은 본격적인 생산과정의 주변에 있는 것으로만 파악된다. 바꾸어 말하자면 사회적 자본은 그 자체로는 생산적 자본이 아니라는 것이다. 그리고 경제학자들은 사회적 자본을 자본의 주된 형태에 보조적인 것으로 파악하기 때문에, 사회적 자본을 측정하는 공식을 고안하여 자신들의 도식에 맞추고 그를 통해 사회적 자본을 산업 회계표의 틀 안에 가두려고 끊임없이 노력한다. 그러나 사회적 자본에 대한 이러한 생각은 실제로 자본주의적 생산의 산업 패러다임을 보완하고 완결하는 것을 목표로 하기 때문에, 따라서 수량과 평형으로 이루어진 산업 패러다임의 개념 체계 안에 머물러 있기 때문에, 삶정치적 생산으로의 이행, 그 자율적 생산성, 그리고 그 측정 불가능성이 제기하는 규제와 통제의 역설들 가운데 어느 것도 풀어내지 못한다.

사회민주주의의 전통적 형태들은 오늘날에도 자본주의적 생산과 자본주의 사회를 관리할 정의롭고 인간적이며 지속가능한 정치로서 계속해서 제안되고 있다. 그러나 사회민주주의 이론들은 삶정치적 생산이 제기하는 과제를 감당할 수단이 없으며 이러한 새로운 상황에서 완전히 방향을 잃고 만다. 대기업과 제도화된 노동조합들 사이에 합의와 신뢰를 수립하며 가능한 갈등들을 중재하고 노동자들에게 합당한 소득을 가져다준다는 사회민주주의 교의는 코포라티즘corporatism의 막다른 골목에 완전히 갇혔을 뿐 아니라* 새로 생겨나는 범주의 노동자들로부터 점점 더 멀어지고 있다. 사회적 자본에 대한 이론들처럼 사회민주주의도 삶정치적 생산의 새로운 형상들을 기껏해야 포드주의적 산업과 그 축적방식에 대한 보충 혹은 부속물로서 포착할 수 있을 뿐이다. 따라서 이 관점에 따르면 삶정치적 노동의 형상들 중에서 전통적인 노동조합 구조와 어긋나지 않는 형상만이 유일하게 정치적으로 유의미하다. 사실상 사회민주주의는 과거로부터 계속 존재해온 생산형태와 생산관계만을 볼 수 있으며 사회민주주의의 관점에서 볼 때 다른 모든 것은 아예 존재하지 않는다.

기든스Anthony Giddens가 이론화하고 블레어Tony Blair가 실천한 '제3의 길' 사회민주주의는 포드주의 시기의 코포라티즘적 노동조합 정치가 (적어도 이데올로기적으로는) 과거의 것이 되었음을 인식한다는 점에서 교조적 사회주의들을 넘어서는 분석상의 진전을 나타낸다. 이 수정된 사회민주주의는 본질적으로 신자유주의 정책의 일부 핵심 요소

* '조합주의'로 옮겨지기도 하는 코포라티즘은 자본과 노동자들이 집단 대 집단으로서 단체교섭에 의하여 합의에 도달하는 방식으로 갈등을 해결하는 체제이다. 전경련과 민주노총의 대립은 형태상으로는 전형적으로 코포라티즘의 구도에 속한다. 신자유주의는 이 구도를 낡은 것으로 만듦으로써 노동자들의 힘을 약화시켰다.

들—규제완화, 사유화 등—을 받아들이며, 이 요소들을 삶정치적 노동력의 사회적·협력적 발전을 통해 창출된 경제적 가치에 대한 더 많은 고려와 결합시킨다. 그 결과 '제3의 길' 사회민주주의는 삶정치적 생산에 대해 더 진전된 의식을 갖게 되고, 그 생산물들을 포획하여 자본주의적 이윤과 발전을 위해 쓰이게 하려는 시도를 더 많이 하게 되지만, 삶정치적 생산이 제기하는 과제를 해결할 수단은 여전히 갖고 있지 못하다. 사회주의적 규제의 그 어떤 형태도 (심지어 신자유주의 요소들과 결합된 것일지라도) 삶정치적 생산을 자신의 구조 내에서 '합리화'하거나 그 성장을 증진시킬 수 없다. 삶정치적 생산은 공통적인 것에 속한다. 공적 메커니즘도 사적 메커니즘도 삶정치적 생산을 관리하거나 봉쇄할 수 없다.

오늘날 우리는 신자유주의와 규제받지 않는 자본주의가 초래한 위기와 참상을 겪고 나서 사회주의 혹은 경제에 대한 일정한 형태의 정부통제에 다급하고 절실하게 호소하는 목소리들을 듣는다. 실제로 자본은 물리적 형태의 공통적인 것과 사회적 형태의 공통적인 것 모두를 걱정스러울 정도로 빠르게 파괴하고 있다. 기후 변화와 자원 고갈을 비롯한 생태적 재난들이 주는 위협이 계속해서 증가하고 있다. 극심한 사회적 불평등, 부·인종·국적의 장벽과 위계들, 참담한 가난, 그리고 기타 많은 위협들이 공통적인 것의 사회적 형태들 또한 부수고 있다. 그런데 우리가 접하는 많은 묵시록적 시나리오들의 배경에는 정부의 관리와 규제가 해결책이라는 생각이 자리 잡고 있다. 국가 규제가 적어도 금융 붕괴라는 최악의 시나리오는 피하게 해줄 것이다! 분명 일정한 국가 통제가 지구를 구할 수 있거나, 혹은 구하진 못하더라도 적어도 파멸을 늦출 수는 있을 것이다! 최소한 국가는 전지구의 엘리트층이 강탈로 축적한 부의 일부를 빈자들에게 재분배할 수 있지 않은가! 이처럼 사회주의는 종종 규제받지 않는 자본주의가 저지른 파괴에 대한 기본적 치유책으로 통한다. 물론 우리는 정부들이 지구의 파괴를 중지시켜야 한다는 데, 그리고 부를 지구 전체에 고르게 재분배하는 것이 정당하고 유익하다는 데 진심으로 동의한다. 그러나 이러한 전망에서 움직이는 사회주의관은 (우리가 앞서 비판한 신자유주의관과 매우 유사하게) 사회주의를 부를 분배하는 메커니즘으로만 보고 부의 생성과는 연관시키지 않는다. 사회주의적 환상에 대해서 우리가 제시하는 요점은, 신자유주의처럼 사회주의도 삶정치적 생산의 시대에는 생산을 증진·관리·조절하는 과제를 수행할 수 없다는 것이다.

사회주의에 관한 이 짧은 고찰을 마치기 전에, 우리는 사회주의와 코뮤니즘의 차이—지난 세기를 거치면서 완전히 흐려진 차이—를 기억해야 할 것이다. 오늘날 저널리즘의 일반적 용법에서 코뮤니즘(공산주의)이란 말은 필시 경제와 사회에 대한 중앙집중화된 국가 통제를, 파시즘과 유사한 전체주의적 통치형태를 의미할 것이다. 때로 개념이 그토록 부패했을 때에는 그것을 버리고 우리가 바라는 것을 명명할 다른 방법을 찾아야 할 것처럼 보인다. 그러나 적어도 이 경우에는 개념의 부패한 의미들과 투쟁하면서 그 진정한 의미를 강조하는 편이 더 나은 것 같다. 순전히 개념적인 수준에서 우리는 코뮤니즘을 다음과 같이 정의하기 시작할 수 있을 것이다. 사적인 것이 자본주의의 기반이고 공적인 것이 사회주의의 기반이라면, 코뮤니즘의 기반은 공통적인 것이다.[10] 그런데 이것은 무슨 의미인가? 공통적인 것에 기반을 둔 제도와 정부는 어떤 것이 될 것인가? 이것이 이 책의 남은 부분에서 우리가 연구해야 할 물음 중 하나이다.

전지구적 귀족층과 제국적 협치

지구 전체를 정치·경제적으로 지배할 세력으로 제시된 모든 후보자가 적임이 아닌 것으로 판정된 듯하다. 일방주의의 확연한 실패가 드러났을 때, 다자주의 역시 이미 그 썩어가는 토대 위에서 붕괴해버린 상태였다. 그리고 신자유주의가 자본주의적 생산을 관리할 능력이 없음이 판명되었을 때, 사회주의와 국가관리의 모든 형태들 또한 삶정치적 생산력에 관여하고 그것을 발전시킬 능력이 없음을 이미 보여준 상태였다. 그럼에도 전지구적인 자본주의 경제는 계속해서 돌아가고 있다. 도대체 어떻게 생산이 조절·관리되고 있는 것일까? 이윤은 어떻게 유지·보장되고 있는 것일까? 이러한 필요들을 채워줄, 온전하게 실현된 경제체제는 수립되어 있지 않다. 많은 층위를 가진 복잡한 형태의 제국적 협치가 현재의 공위기에 전지구적 권력구조의 관점에서 일정한 형태의 지배를 수립하듯이, 일국적이고 초국적인 법적·정치적 구조들이 복잡한 조각보의 형태로 한데 연결되어 현재의 이행기에 생산·교역·금융·소유관계들을 조절함으로써 전지구적 경제의 기능을 지탱하고 있다.

앞에서 논의했던 제국적 협치의 특징들이 이 경제적 지형에도 적용된다. 여기서도 국민국가의 역할을 지구화에 대립시키는 진부한 논쟁은 전혀 도움이 되지 않는다. 현재 진행되는 자본의 점증하는 지구화, 더 정확하게는 전지구적 자본의 강화 및 착근着根을 놓고 볼 때 분명한 것은, 한편으로 일국적 구조들만으로는 규제의 과제를 감당할 수 없으며, 다른 한편으로 국민국가가 일국의 자본을 규제하는 것과 같은 방식으로 전지구적 자본을 규제할 전지구적 국가는 없다는 것이다. 그 대신에 **정치적 상호의존**이 경제적 관리·규제·통제의 메커니즘들을 규정한다. 이는 물론 매우 여러가지 것들이 혼합되어 있는 지형으로서, 무엇보다도 상호조정의 방식으로 연결된 일국적 메커니즘, 양자협정 및 다자협정, 국제적·초국적 제도들로 구성되어 있다. 이 혼합은 구성요소들의 절충성 때문만이 아니라 또한 그것이 크게 의존하는 주요한 국제적 경제기구들—이 기구들 대부분은 이전에 세계 전체에 적용되었던 다자주의적 틀에서 발전되었다—자체가 약하고 불안정하기 때문에 허약하다. 오늘날 이 기구들이 점점 더 원래 자신에게 할당된 위기극복 과제를 감당하지 못함이 차례차례 드러나고 있다. 예를 들어 국제통화기금IMF은 통화 위기를 해결하지 못하고, 세계은행은 가난 문제를 해결하지 못하며, 유엔 식량농업기구FAO는 식량 위기를 해결하지 못하고, 세계무역기구WTO는 무역 위기를 해결하지 못하고 있다. 물론 이 기구들이 완전히 무용한 것은 아니지만 지속적이고 안정적인 전지구적 경제질서의 충분한 토대가 되지는 못한다. 자본주의적 지구화—세계시장, 분배네트워크, 연결된 생산구조 등—가 자본주의적 권력의 구조들을 멀리 앞질러 가버린 것이다.

아무도 가게를 돌보지 않는다는 말은 아니다. 다시 말해서, 전지구적 자본이 정치적·법적·제도적 규제와 지원 없이 기능하고 있다는 말은 아니다. 전지구적인 자본주의적 권력구조는 실제로 기능하고 있다. 그러나 그것은 시스템의 서로 다른 층위들을 가로질러 기워 연결된 잠정적이고 임시변통적인 성격의 것이다. 다른 곳에서 우리는 전지구적 경제의 관리와 규제의 지형에서 발전되고 있는 특수한 메커니즘들의 일부—예를 들어 일국적 법체계가 제대로 감당하지 못하는 계약들을 관리하기 위해서 옛 국제상관습법lex mercatoria을 재해석한 새로운 법적 관례—를 탐구한 바 있다.[11] 여기서 우리는 더 넓은 관점에서, 그리고 제국적 협치 구조들과의 관계에서 전지구적 자본주의 권력구조와 그 법적 틀이라는 문제를 다루고자 한다.

제국적 협치의 관점에서 즉각적으로 분명해지는 것은 이 전지구적인 경제 권력구조의 '귀족적' 성격이다. 우리는 새로이 출현하고 있는 제국을 (고대 로마에 대한 폴리비우스의 찬미에 다소 반어적으로 기대어) 하나의 군주와 제한된 수의 귀족 그리고 광범한 (의사擬似)민주적 기층 부분으로 이루어진 피라미드 구조로 규정되는 혼합된 구성을 갖는 것으로 서술한 바 있다.[12] 조지프 나이Joseph Nye는 이 혼합된 제국의 피라미드 이미지를 더 현대적인 유비類比로 제시한다. 그는 다음과 같이 설명한다.

> 세계 정치의 문제는 3차원 체스 게임처럼 되었다. 이 게임에서는 수평으로만이 아니라 수직으로도 움직여야 이길 수 있다. 고전적인 국가 간 군사 문제들이 있는 맨 위의 판에서는 미국이 앞으로도 몇 년 동안 유일한 초강대국으로 남아 있을 것이며, 여기에 대해서는 전통적인 일극성이나 헤게모니의 관점에서 말해도 타당하다. 그러나 국가 간 경제 문제들이 있는 중간 판에서는 권력의 분포가 이미 다극적이다. 미국은 무역, 반트러스트, 혹은 금융규제 문제에서 유럽연합, 일본 및 기타 국가들의 동의 없이는 원하는 결과를 얻을 수 없다. 이러한 권력 분포를 '미국 헤게모니'라고 부르는 것은 거의 타당하지 않다. 그리고 초국적 문제들이 있는 맨 아래 판에서는 권력이 광범하게 분포되어 있고 국가 및 비국가 행위자들 사이에 혼란스럽게 조직되어 있다. 이것을 '일극적 세계'나 '미 제국'이라고 부르는 것은 전혀 타당하지 않다.[13]

조지프 나이의 권력 게임에서 중간 판이 귀족이 지배하는 곳으로서, 그가 말하듯이, 주로 전지구적 경제의 관리 및 규제와 관련되어 있다. 이는 다자주의적 국가관계의 영역이고, 다국적·초국적 기업들의 영역이며, 전지구적 경제제도들의 영역이다. 최근 많은 학자들이 초국적 혹은 전지구적 자본가계급의 형성을 입증하였는데, 이 계급은 기업들 그리고 그 기업들을 규제하는 다양한 국가 및 제도에 속한 인물들과 긴밀하게 연관되며, 새로운 전지구적 귀족으로서 기능한다.[14] 그러나 여기서 우리의 주된 관심은 이 귀족들을 사회학적으로 정의하는 데 있는 것이 아니라 그들이 담당하는 전지구적 경제의 관리와 규제라는 기능을 제국체제의 피라미드 형태 배열 내에서 구조적으로 파악하는 데 있다.

이 귀족 층위에서 맨 먼저 주목할 측면은 그것이 서로 평화롭게 협력하는 동질적이고 동등한 힘들로 구성된 것이 아니라는 점이다. 귀족들은 항상 다투기 좋아하는 무리다. 전지구적 귀족층의 내적 움직임을 보면—이는 예를 들어 세계경제포럼 회의 혹은 세계무역기구의 협상들에서 엿볼 수 있다—교활한 책략들과 함께 힘의 위계가 명백하게 드러난다. 힘 있는 국가들은 자신의 의지를 강제하고 다른 국가들을 배제하며, 종속적인 국가들은 힘 있는 국가들에 맞서기 위해 서로 패거리를 짓는다. 이 이외에 무역, 반트러스트 조치, 금융규제, 재산법 등과 관련하여 다양한 전략과 실력 행사가 행해진다. 그리고 일국적으로든 국제적으로든 정부 규제구조와 기업들 사이의 동학이 귀족층 내부의 또 다른 경합의 장에 해당하는데, 이는 법정 안팎에서 일어난다. 금융신문의 기사가 때때로 (범죄 기사가 아닌 경우) 스포츠 기사처럼 읽히는 것은 위와 같은 이유 때문이다.

물론 귀족은 나라마다 상이한 모델로 조직되어 있다. 가장 새로운 모델은 아마도 '포스트사회주의적'postsocialist 귀족들일 것이다. 러시아의 귀족은 산업 및 금융 과두제의 권력자들과 마피아 및 일련의 정부 관리들로 구성되어 출현했다. 이와 달리 중국의 포스트사회주의 귀족 모델은 국가와 당에 더 긴밀하게 닻을 내리고 있으며 여기에 기업가들과 재계 엘리트들이 엄격한 통제 아래 참여하고 있다. 이러한 포스트사회주의적 귀족층에서 보이는 사회주의의 주된 잔재는 관료와 당이 특권을 가지는 메커니즘과 중앙집중화된 권력회로이다.

그러나 귀족층의 구성 및 내적 동학만큼이나, 혹은 그보다 더 중요한 것은 이 귀족층 전체가 제국 구조의 다른 층위들과 맺는 복잡한 관계이다. 한편으로 우리는 귀족층과 군주 사이의 끊임없는 갈등을 본다. 군주가 귀족들의 호소에 귀 기울이기를 거부하는 일방주의가 실패한 것은 그 군사적·정치적 힘의 소진 때문만이 아니라 귀족들의 무수한 작은 반란들 때문이기도 하다. 귀족들이 내는 불만의 소리는 크고도 많다. 종속국들만이 아니라 다른 강대국들도 전지구적 자본주의 체제에 참여하여 이익을 얻고 싶은 것이다. 또한 기업들은 끊임없이 전쟁을 일으키는 일방주의가 사업에 나쁘다는 것을 안다. 이 이외에 수많은 불만들이 있다. 조지프 나이가 말하듯이, 이 중간 귀족층의 다극적 배열이 '미국 헤게모니'에 의해서 규정된다고 보는 것은 거의 타당하지 않다. 그러나 군주와의 이러한 계속적인 갈등에 속아서, 귀족들이 군주를 끌장내려고 한다거나 아니면 다중 편을 든다고 생각해서는 안 된다. (19세기 프랑스 역사는 귀족과 부르주아지가 계략으로 프롤레타리아와 빈자를 속여서 맨 앞에서 싸우게 하고는 싸움을 이긴 후에 잘라내어 새로운 군주적 혹은 제국적 질서를 수립한 일들로 가득하다.) 전지구적 귀족층은 군주를 필요로 한다. 워싱턴(혹은 북경)에 있는 중앙 군사권력을 필요로 하며, 로스앤젤레스(혹은 뭄바이)에 있는 중앙 문화권력을 필요로 하고, 뉴욕(혹은 프랑크푸르트)에 있는 중앙 금융권력을 필요로 한다. 귀족층은 단지 더 이익이 되는 관계를 협상하기 위해, 군주로 하여금 자신에게 협력하고 큰 몫의 이익을 보장해주도록 강제하기 위해 번번이 싸우는 것이다.

다른 한편으로 전지구적 귀족층은 또한 제국 피라미드의 가장 낮은 세 번째 층위에서 '민중'을 대변한다고 주장하는 조직들 및 기구들과 협상하고 협력해야 한다. 주요 종교의 다양한 지도자들이 그렇듯이, 종속국의 정치엘리트들이 전지구적 민중의 대표자 행세를 하는 경우가 있다. 그러나 대부분의 경우 그들은 귀족의 가난한 사촌들로서 약탈품에서 자기 몫을 챙기려는 자들일 뿐이다. 다른 경우에는 다양한 인도주의적 비정부기구와 원조단체들이 민중을 (혹은 적어도 민중의 이익을) 대표하는 것으로 간주된다. 그리고 물론 주류 미디어는 항상 기꺼이 민중의 목소리라는 가면을 쓴다. 제국체제의 이 셋째 층위는 교묘한 속임수와 왜곡들로 가득 차 있다. 결국 적절한 대의수단도, 대의해야 할 전지구적 '민중'도 없기 때문이다. 그러나 그럼에도 불구하고 대의한다는 주장은 핵심적인 역할을 한다. 특히 귀족층과 관련하여 이 셋째 층위는 들끓는 다중을 봉쇄할 매개의 메커니즘을 제공한다. 자기들끼리 아무리 서로 다투고 경합하더라도 결국 군주와 귀족을 한데 묶어주는 한 가지는 평민들에 대한 공포이다. 비록 귀족층은 다중을 견인하고 관리할 능력이 없지만 이 공포를 진정시킬 수단과 약간의 통제 메커니즘을 제국체제의 셋째 층위와의 항상적인 협상(비록 갈등으로 가득 차 있는 협상이지만)을 통해 얻는 것이다.

그렇다면 귀족층이 제국체제로부터 분리될 가능성은 없다. 전지구적 귀족층은 내부의 싸움으로 항상 시달릴 뿐 아니라 위에 있는 군주 층위와도 아래 있는 '민중' 층위와도 계속적으로 갈등 관계에 처할 것이다. 그러나 이는 더 많은 몫의 권력을 요구하고 이윤의 분배를 협상하며 지위를 놓고 책략을 부리는 것 이상이 결코 되지 못할 것이다. 제국을 구성하는 세 층위들은 서로를 필요로 하며 자립적으로는 기능할 수 없다.

제국체제에 가해지는 진정한 위협은 그 내적 갈등과 모순에 있는 것이 아니라 다중의 저항에 있다. 스피노자는 이렇게 썼다. "그러므로 [귀족의] 통치가 실질적으로 절대적이지 않은 이유는 이것일 수밖에 없다. 즉 그것은 다중이 지배자들에게 공포의 대상이며 그래서 일정 정도의 자유를 스스로 가지고 있고, 이 자유를 명백한 법에 의해서는 아니더라도 암묵적 이해에 의해서 주장하고 유지하기 때문이다."[15] 빈자 다중, 대안근대성의 힘 그리고 삶정치적 생산력은 (이 책의 전반부에서 분석한 대로) 모두 점점 자율적이 되고 있으며 이전에 그들을 봉쇄했던 척도와 통제의 형태들을 초과한다. 우리는 분석을 계속하면서, 제국의 지배에 도전하고 궁극적으로 제국을 대체할 어떤 대안들이 출현하고 있는가를 탐구하기 위해 다시 한 번 공통적인 것의 지형으로 내려갈 필요가 있다.

5.2 자본주의가 남긴 것

그러나 자본주의 생산은 마치 자연적 과정처럼 필연적으로
그 자신의 부정을 산출한다. 이것은 부정의 부정이다.
이는 사적 소유를 다시 수립하는 것이 아니라
자본주의 시기의 성과, 즉 협동과 토지의 공유, 그리고 노동 자체를 통해
생산되는 생산수단의 공유에 기초한 개인적 소유를 수립한다.
칼 마르크스, 『자본론』

공통적인 것의 삶정치적 순환

오늘날 경제적 생산을 이해하는 열쇠는 생산하는 힘인 동시에 부가 생산되는 형태이기도 한 공통적인 것이다. 그런데 우리는 (마르크스가 말한 대로) 사적 소유로 인해 어리석어져서 공통적인 것을 보지 못하는 것이다!* 경제학자들과 정치가들은 마치 공통적인 것이 아예 존재하지도 않는 것처럼 세상이 사적인 것과 공적인 것으로만 나뉘어

* 이는 『1844년 경제학-철학 수고』에서 사적 소유와 코뮤니즘을 다루는 부분에 나오는 내용을 저자들이 공통적인 것의 관점에서 해석한 것이다. 마르크스는 실제로 이렇게 썼다. "사적 소유는 우리를 너무 우둔하고 일면적으로 만들어서, 어떤 대상은 우리가 그것을 소유할 때에만, 그것이 우리에게 자본으로서 존재하거나 아니면 직접적으로 점유하고 먹고 마시고 입고 거주하는 대상이 될 때에만, 요컨대 우리가 **사용할** 때에만 **우리의 것**이 된다."

져 있는 것으로, 즉 자본가들이 소유하거나 국가가 통제하거나 양단간에 하나인 것으로 볼 수 있을 따름이다. 사실 경제학자들은 공통적인 것을 인식하지만, 일반적으로 그것을 본격적인 경제적 관계 외부에 있는 것으로, '외부경제' 혹은 단순히 '외부성'으로 본다. 그러나 삶정치적 생산을 이해하기 위해서는 이 관점을 전도시켜 **생산적 외부성을 내부화하고** 공통적인 것을 경제적 삶의 중심으로 가져올 필요가 있다. 공통적인 것에 초점을 맞추면, 현재의 이행 과정에서 경제적 가치화 과정이 점점 더 사회적 삶의 구조 내부로 진입하고 있다는 점이 드러나게 된다.[16]

외부성 개념은 경제사상에서 긴 역사를 가지고 있다. 20세기 초에 알프레드 마샬Alfred Marshall은 개별 기업이나 산업의 외부에서 일어나는 경제활동과 발전—산업지구들에서 사회적으로 발전하는 지식과 전문기술을 포함한다—을 지칭하는 데 '외부경제'라는 용어를 사용했다.[17] 이 용어는 이후 20세기 경제학 문헌에서 점점 더 자주 사용되지만, 그 의미는 다양하고 종종 애매하다. 물론 이는 놀랄 일이 아니다. '외부경제'라는 용어는 본질적으로 부정적인 용어로서, 고유한 의미의 경제 외부에 있는 모든 것, 사유재산의 교환이 이루어지는 영역 외부에 있는 모든 것을 지칭하기 때문이다. 그리하여 대부분의 경제학자들에게 외부경제란 저기 어둠 속에 묻혀 있는 모든 것을 의미할 뿐이다. 1950년대에 미드J. E. Meade는 두 유형의 외부경제 혹은 '불경제'diseconomy를 구분함으로써 이 용어가 지칭하는 것의 일부를 조명한다. '부불 요인'unpaid factors—꽃가루를 날라 과수果樹의 수분을 돕는 벌들의 활동이 이에 속한다—이 그 하나이고 '대기'atmosphere—과수원에 내리는 비가 여기에 해당된다—가 다른 하나이다.[18] 그런데 이 요인들 각각이 인간적·사회적 요소들도 가지고 있음은 쉽게 인식할 수 있다. 가령 가사노동 같은 지불되지 않은 인간의 활동, 그리고 과도한 벌목이 강우에 영향을 미치듯이 자연환경에 영향을 미치는 모든 것을 포함하는 '사회적 대기'가 그것이다. 사과를 생산할 때조차 (공통적인 것을 가리키는) 이 '외부적' 요인들이 핵심적으로 중요하다는 것을 우리는 쉽게 알 수 있다. 경제학자들이 시장 외부의 모든 것을 더 이상 무시하기만 할 수는 없다는 것을 알고 그것에 대해 공세를 취할 때 문제는 더욱더 흥미로워진다. 일부 경제학자들에 따르면 외부경제는 '부재시장'missing markets이거나 심지어는 '시장실패'를 가리킨다. 이들의 주장에 따르면 그 어느 것도 시장의 외부에 있어서는 안 되고 생산과 관련된 모든 재화는 '소유'의 대상이 되어야 한다. 외부성들은 시장이 부과하는 효율성의 메커니즘을 벗어나려 하기 때문이다.[19]

최근에는 경제학자보다는 주로 법률가나 법이론가들의 작업이 공통적인 것을 더 명확하게 가시화한다. 지적 재산에 대한 논쟁은 사실상 공통적인 것 그리고 공통적인 것과 공적인 것의 상호작용에 주의를 집중할 수밖에 없게 만든다. 요차이 벤클러Yochai Benkler에 따르면 "우리가 개방된 공통재로서 관리하는 가장 중요한 자원, 그것 없이는 인류를 생각할 수 없는 그러한 자원은 20세기 이전의 지식과 문화 전부, 20세기 전반부의 과학 지식 대부분, 그리고 현대의 과학 및 학술적 지식의 많은 부분이다."[20] 우리가 물려받은 이 공통적 지식과 문화는 공적인 것과 사적인 것 모두와 구분되고 종종 양자와 갈등한다. 공통적인 것과 사적 소유의 갈등이 가장 빈번하게 관심의 초점이 된다. 특허와 저작권이 지식을 사유재산으로 만드는 두 가지 메커니즘들로서 최근에 가장 두드러진 역할을 해왔다. 공통적인 것과 공적인 것의 관계도 마찬가지로 중요하지만 이는 종종 눈에 잘 띄지 않는다. 공통적인 것—예컨대 공통적 지식과 문화—과 (공통적인 것에의 접근을 규제하려 하는) 공적·제도적 배치를 개념적으로 분리해두는 것이 중요하다. 이런 맥락에서 사적인 것, 공적인 것, 공통적인 것의 관계를 삼각구도로 보고 싶은 생각이 들기 쉽지만, 이는 너무 쉽게 이 셋이 공통적인 것을 가운데 둔 폐쇄적 체계를 구성할 수 있다는 인상을 준다. 이러한 인상과 달리 공통적인 것은 사적인 것, 공적인 것과 다른 차원에 존재하며 근본적으로 양자로부터 자율적이다.

정보경제와 지식생산의 영역에서는 공통적인 것의 자유가 생산에 필수적이라는 점이 매우 분명하다. 인터넷과 소프트웨어에 관여하는 전문가와 학자들이 종종 지적하듯이, 네트워크 환경에서 공통적인 것—공통적 지식, 공통적 코드, 공통적 소통회로—에의 접근은 창조성과 성장에 필수적이다. 그들은 지적 재산권을 통해 지식과 코드를 사유화하면 공통적인 것의 자유를 파괴함으로써 생산과 혁신을 억제하게 된다고 주장한다.[21] 공통적인 것의 관점에서 보면 경제적 자유에 대한 통상적인 내러티브가 완전히 뒤집힌다는 점을 아는 것이 중요하다. 통상적인 내러티브에 따르면 사유재산이 (효율·규율·혁신의 장소일 뿐 아니라) **공적** 통제에 대항하는 자유의 장소이다. 이제는 바로 공통적인 것이 **사적** 통제, 즉 사적 소유와 사적 소유의 법적 구조 및 시장 세력이 행사하는 통제에 대항하는 자유와 혁신—자유로운 접근, 자유로운 사용, 자유로운 표현, 자유로운 상호작용—의 장소이다. 이런 맥락에서 자유란 공통적인 것의 자유일 수밖에 없다.

공통적인 것은 이전에는 외부적인 것으로 제시되었으나, 삶정치적 생산의 시대에는 완전히 '내부화'되고 있다. 바꾸어 말하자면, 공통적인 것은 자연적인 형태든 인공적인 형태든 경제적 생산의 모든 부문에서 중심적이고 본질적인 요소가 되고 있다. 그러므로 우리는 외부성의 형태를 띤 공통적인 것을 '부재시장' 혹은 '시장실패'로 보기보다 사적 소유를 '부재하는 공통적인 것' 혹은 '공통적인 것의 실패'라는 관점에서 보아야 할 것이다.

일단 공통적인 것의 관점을 선택하면 정치경제학의 많은 중심 개념들을 다시 사고해야 한다. 이 맥락에서는 예를 들어 가치화와 축적이 필연적으로 개별적 성격보다는 사회적 성격을 띤다. 공통적인 것은 광범하고 개방적인 사회적 네트워크들 안에 존재하고 이 네트워크들에 의해서 작동된다. 그러므로 가치 창출과 공통적인 것의 축적은 둘 다 사회의 생산적 힘들의 확대를 가리킨다. 이런 의미에서 경제성장은 사회의 성장으로 이해되어야 한다. 그러나 '사회적 성장'social growth은 여기서 사용되기에는 너무 모호하고 추상적인 개념으로 보일 수 있다. 우리는 이러한 의미의 축적을 '사회적 감각기관'의 관점에서 파악함으로써 보다 철학적으로 정밀하게 설명할 수 있다(물론 이는 경제적 마인드를 가진 사람들을 만족시키는 데는 거의 소용이 없다는 것을 안다). 공통적인 것의 축적은 우리가 더 많은 아이디어, 더 많은 이미지, 더 많은 정동을 갖게 됨을 의미하기보다는 (더 중요한 것으로서) 우리의 힘과 감각이 증가함을 의미한다. 즉 사유하고 느끼고 보는 힘, 서로 관계 맺고 사랑하는 힘이 증가함을 의미한다. 보다 경제학의 관점에 가깝게 말하자면, 이 성장은 사회에서 접근 가능한 공통적인 것의 재고(축적량)가 증가함을 의미하며 또한 공통적인 것에 기반을 둔 생산적 능력이 증가함을 의미한다.

우리로 하여금 정치경제학의 개념들을 사회적 관점에서 다시 생각하게 만드는 사실 가운데 하나는 삶정치적 생산이 희소성의 논리로 제한되지 않는다는 것이다. 삶정치적 생산은 부를 생산하는 데 드는 원료를 파괴하거나 감소시키지 않는다는 독특한 특징을 갖는다. **삶정치적 생산은 비오스(삶)를 가동시키지만 그것을 소진시키지 않는다.** 더욱이 그 생산물은 배타적이지 않다. 내가 어떤 아이디어나 이미지를 당신과 공유할 때 그 아이디어나 이미지로 생각하는 나의 능력은 줄어들지 않는다. 반대로 아이디어와 이미지의 교환이 나의 능력을 증가시킨다. 또한 정동·소통회로·협력방식의 생산은 직접적으로 사회적이며 직접적으로 공유된다.

삶정치적 생산의 특징은 또한 우리로 하여금 경기순환 개념을 다시 생각할 수밖에 없게 한다. 경기순환의 이해는 모든 거시경제 강의의 핵심이다. 산업생산이 헤게모니를 가지고 있을 때의 자본주의 경제는 상승, 정점, 후퇴, 침체, 상승 등의 순서로 이루어진 일련의 반복적 과정을 주기적으로 거치면서 움직인다. 경제학자들은 보통 순환의 '객관적' 원인들—인플레이션, 실업률, 수요와 공급의 불균형—에 초점을 맞추며, 때문에 호황기와 불황기를 완화시키기 위해 재정정책 및 통화정책을 통한 해결책을 처방하고 인플레이션을 억제하는 동시에 성장률과 고용률을 유지하려고 한다, 우리는 이전 저작에서 산업적 경기순환을 분석하면서, '주체적' 원인들—특히 자본의 명령에 대한 노동자들의 조직된 거부와 저항—을 부각하는 것이 더 설명력이 있음을 발견한 바 있다. 인플레이션, 수요공급의 불균형, 생산과 분배의 교란 같은 많은 객관적인 경제지표들의 '배후'에는 종종 노동자들의 반란이 자리 잡고 있다. 이 관점에서는 예컨대 1970년대의 금융 및 경제 위기가 60년대에 일어난 노동자투쟁의 번성 및 강도에 비추어서 이해된다.[22] 사실 늦어도 1930년대부터는 정부들이 임금·고용·복지에 관한 프로그램을 통해 '주체적' 원인에 접근하는 사회정책으로 경기변동을 관리하려 했다. 그러나 주체적으로 보든 객체적으로 보든 호황과 불황을 거치는 산업적 경기순환의 주기적 성격은 남아 있다. 이는 재정정책·통화정책·사회정책으로 때로 완화되지만 부정되지는 않는다.

삶정치적 순환은 산업적 순환과 매우 다르다. 경제는 여전히 성장과 후퇴에 종속되지만, 이제 성장과 후퇴는 공통적인 것의 **질**質이라는 관점에서 이해되어야 한다. 우리가 누차 주장하듯이 공통적인 것에도 해로운 형태가 있고 이로운 형태가 있다. 또 어떤 사회제도는 공통적인 것을 증진하는 반면에 다른 것은 부패시킨다. 만일 삶정치적 경제성장이 우리의 일반적인 사회적 힘을 증가시키는 사회적 구성의 과정으로 파악된다면, 경기후퇴는 신체가 특정의 독에 의해 해체된다는 의미에서 사회적 해체로서 이해되어야 한다. 공통적인 것의 해로운 형태와 공통적인 것을 부패시키는 제도는 사회적 부를 파괴하고 사회적 생산성에 장애를 가한다. 삶정치적 생산성에 필요한 중심 요소 중 하나가 생산 네트워크들이 자본주의적 명령으로부터 그리고 부패한 사회제도들로부터 벗어나 자율적이 되는 것이기에, 계급투쟁은 종종 통제로부터 빠져나와서 자율을 수립하는 엑서더스의 형태를 띤다. 경제전문가들이 제시하는 양적 지표들은 이러한 삶정치적 지형에서 거의 아무런 통찰도 제공해주지 못한다. 무엇보다 공통적인 것의 생산이 통제의 관계만이 아니라 측정의 틀도 부단히 초과하기 때문이다. 유용한 경제적 지표는 이제 질적이어야 할 것이다. 사회를 구성하는 공통적인 것이 어떠한 질을 갖는가? 공통적인 것이 생산적인 사회적 힘들에 얼마나 개방되어 있는가? 생산 네트워크들은 통제의 형식으로부터 얼마나 자율적인가? 사회 제도들이 공통적인 것의 이로운 형태들에의 접근과 그 이로운 형태들의 생산성을 어느 정도로 증진하거나 방해하는가? 만일 이러한 것들을 측정할 수 있는 지표가 존재한다면, 그 지표는 근본적으로 비非주기적이며 사회적 구성과 해체의 문턱들에 의해 정의되는 삶정치적 순환을 그려 보일 것이다. 그러나 삶정치적 생산을 적절히 연구하는 경제학은 아직 창안되어야 할 것으로 남아 있다.

공통적인 것의 경제표

1758년 프랑수아 케네François Quesnay는 농업 경제 부문에서 투자와 소비의 평형관계를 제시하는 『경제표』*Tableau économique*의 초판을 발표했다. 그의 표는 장인匠人이 곡물을 사고 농업 종사자가 수공업품을 사며 지주가 외국 상인과 교환하는 등 사회 전체에 걸쳐서 이루어지는 화폐의 교환을 지그재그로 추적한다. 화폐의 지그재그 운동은 경제체제의 일관성을 입증한다. 각 사회계급이 매매를 위해서 다른 계급에 의존하기 때문이다. 케네의 경제표는 중농주의 교의에 핵심적인 두 가지 주장을 입증하기 위한 것이다. 첫째, 한 나라의 부는 금고 속의 금과 은으로 정의되지 않고 그 순생산물로 정의된다. 둘째, 농업이 유일하게 생산적인 경제 부문이다. 수공업과 매뉴팩처는 투자된 만큼의 가치만 발생시키는 것으로 간주되기 때문이다. 그러므로 케네에게 잉여가치란 주로 지주들에 의해 지대의 형태로 추출되는 것이다.

마르크스는 케네의 경제표에 매료되었으며, 자본의 단순재생산과 확대재생산에 대한 그의 분석은 (자본주의적 생산·유통·교환·소비의 회로들을 거쳐가는 가치의 경로를 추적하면서) 여러 면에서 케네가 농업경제와 관련하여 보여주었던 것을 산업경제에 대해서 정식화하려 한다. 마르크스의 작업이 케네의 작업과의 관계에서 보이는 중요한 차이점 가운데 두 가지는, 토지가 아니라 노동이 자본주의 경제에서 부의 원천이라는 점, 그리고 자본주의 체제는 안정된 평형상태에 있는 것이 아니라 부단히 확대를 필요로 하며 계속해서 새로운 시장, 새로운 원료, 새로운 생산력 등을 찾는다는 점이다. 자본주의 체제에서 잉여가치는 주로 이윤의 형태로 자본가들에 의해서 추출된다.

오늘날 우리는 삶정치적 경제에서 가치의 생산·유통·수탈을 추적하는 새로운 경제표를 만들 필요가 있다. 물론 이는 산업생산이 더 이상 경제의 중요 부문이 아니라는 말은 아니다. 마르크스가 산업자본에 초점을 맞춘 것이 농업이 그 중요성을 잃었다는 것을 의미하지는 않았듯이 말이다. 우리가 주장하는 것은 삶정치적 생산이 현대 경제에서 점점 더 헤게모니를 쥐고 있으며 100년 이상 산업이 수행했던 역할을 떠맡고 있다는 점이다. 이전 시대에 농업이 산업(공업)의 기계적 방법, 임금관계, 소유체제, 노동일을 채택하면서 산업(공업)화되어야 했듯이, 이제 산업은 삶정치적이 되어야 하고 소통네트워크, 지적·문화적 회로, 이미지와 정동의 생산 등을 점점 더 중심으로 통합해야 한다. 바꾸어 말하자면 산업을 비롯한 모든 생산부문이 점점 더 공통적인 것의 경제표를 따를 수밖에 없게 되는 것이다.

그러나 새로운 경제표를 작성하는 일은 즉시 두 가지 어려움에 부딪힌다. 첫째, 삶정치적 노동의 자율성으로 인해 케네의 지그재그 운동의 한쪽이 사라져서 표의 일관성이 위협받는다. 자본은 여전히 삶정치적 노동에 의존하지만, 삶정치적 노동이 자본에 의존하는 정도는 점점 더 낮아진다. 원료를 제공하고 생산에 필요한 협력관계를 부과하는 자본주의적 명령이나 여타 형태의 관리에 의존하는 산업노동과 달리 삶정치적 노동은 경향적으로 공통적인 것에 직접 접근하며 협력을 내부에서 발생시키는 능력을 갖는다. 둘째, 경제표는 보통 수량으로 가득 차 있지만, 사회적 삶, 공통적인 것, 그리고 삶정치적 생산의 모든 생산물들은 측정(척도)을 거부하고 초과한다. 어떻게 하면 양이 아니라 질로 가득 찬 경제표를 작성할 수 있을까? 어떻게 체계의 평형을 결정하기 위해 질적 요소들의 투입과 산출 사이에 균형을 잡을 수 있을까? 예를 들어 주체성의 생산이 삶정치적 가치창출에서 점점 더 중심적인 위치를 차지한다는 점을 생각해보라. 주체성은 사용가치이다. 그러나 자율적으로 생산할 수 있는 능력을 가진 사용가치이다. 주체성은 교환가치이다. 그러나 수량화할 수 없는 교환가치이다. 분명 우리가 작성하는 경제표는 다른 종류의 표가 되어야 할 것이다.[23]

마르크스가 산업생산과 관련하여 발전시킨 용어들은 삶정치적 생산의 맥락에서도 여전히 유용하지만, 재정식화되어야 한다. 예를 들어 마르크스는 노동일을 필요노동시간(노동자들의 사회를 재생산하는 데 필요한 가치를 만들어내는 시간)과 잉여노동시간(자본가가 전유하는 잉여가치가 창출되는 시간)으로 나눈다. 삶정치적 맥락에서 **필요노동은 공통적인 것을 생산하는 노동으로 간주되어야 한다.** 사회적 재생산에 필요한 가치가 공통적인 것에 뿌리를 두고 있기 때문이다. 산업자본의 맥락에서 는 임금관계가 필요노동을 둘러싼 계급갈등의 주된 장이었다. 노동자들은 사회적으로 필요하다고 간주되는 것을 올리려고 투쟁했고 자본가들은 감소시키려고 애썼다. 삶정치적 경제에서도 이러한 갈등은 계속된다. 그러나 이 갈등은 더 이상 임금관계로 포괄되지 않으며, 점점 더 공통적인 것을 둘러싼 투쟁이 된다. 공통적인 것에 기반을 둔 사회적 재생산은 '사회적 자본'의 이론가들이 주장하는 입장과 유사하게 들릴 수 있다. 앞서 보았듯이 이들은 사회적 재생산의 욕구와 메커니즘을 가리키면서 임금만으로는 이것들이 성취될 수 없다고 주장한다. 그러나 일반적으로 '사회적 자본'의 주창자들은 사회적 재생산을 보장하는 정부의 활동을 제안하는 사회민주주의적 틀에 의존하고 만다. 이와 달리 공통적인 것에 기반을 둔 사회적 재생산은 사적이거나 공적인 관리 혹은 통제의 외부에 있는 것으로 사고되어야 한다.

필요노동과 그것이 창출하는 가치가 공통적인 것 속에서 이루어지는 사회적 재생산의 네트워크들의 관점에서 파악된다면, 잉여노동과 잉여가치는 사회적 협력의 형태들과 공통적인 것의 요소들 중 자본이 전유하는 부분으로 이해해야 할 것이다. 자본이 수탈하는 것은 개별적 부가 아니라 사회적 힘의 결과이다. 그렇다면 (마르크스의 정의를 다시 쓰자면) 잉여가치율은 노동자의 노동력과 관련해서만이 아니라 사회적 노동력을 구성하는 공통적 생산력과 관련해서 자본이 행하는 착취의 수준을 표현한다.[24] 그 결과 삶정치적 시대에는 마르크스가 종종 이야기하는 자본주의적 생산의 **사회적** 성격과 자본주의적 축적의 **사적** 성격 사이의 모순이 점점 더 극심해진다. 명심해야 할 것은, 자본이 공통적인 것을 축적하여 사적인 것으로 만들 때 공통적인 것의 생산성이 봉쇄되거나 감소된다는 사실이다. 따라서 자본이 처한 상황은 적대적이면서도 자율적인 사회적 생산력이 (시장의 내부와 외부에서 공히) 자본 축적에 필요하면서도 자본의 명령을 위협하는, 이례적으로 격렬하고도 폭발적인 성격을 띤다. 말하자면 자본은 늑대의 귀를 잡

고 있는 셈이다. 계속 잡고 있으면 물릴 것이고, 놓으면 살아남지 못할 것이다.[25]

자본은 위기에 의해 정의된다. 거의 한 세기 전에 자본주의적 재생산 주기들이 확대되면 불가피하게 제국주의 전쟁이 일어나리라는 것을 인식했을 때 로자 룩셈부르크는 바로 이러한 결론에 도달했다. 이제 우리는 자본이 점점 더 자율적이고 적대적이며 통제 불가능한 형태의 사회적 노동력과 대면하게 되면서 자본관계 내에서도 위기가 일고 있음을 본다. 자본주의적 통제를 유지하기 위해 두 가지 선택이 가능한 것으로 보인다. 바로 전쟁과 금융이다. 전쟁이라는 선택항은 최근에 있었던 일방주의자들의 군사적 모험으로 시도되었고 그로 인해 거의 쓸모가 없어졌다. 안보조치, 투옥, 사회적 감시, 기본적인 시민권 및 인권의 침해 등을 비롯한 전쟁 사회가 동반하는 모든 요소들은 단기적으로는 통제력을 강화시켜주겠지만, 다른 한편으로 생산성을 침식한다. 자유, 소통, 사회적 상호작용이 필수적인 삶정치적 경제에서 가장 극적으로 그렇다. 앞에서 보았듯이 전지구적 귀족층은 일방주의와 그 군사적 체제를 종식시키는 것을 도왔으며, 그 부분적인 이유는 일방주의가 사업에 해롭다는 것이었다. 금융이라는 선택항이 훨씬 더 효과적이다. 여러 면에서 금융화는 산업자본이 의존하는 포드주의적 사회관계와 여타의 사회적 기반들의 위기에 대한 자본주의의 대응이었다. 오직 금융만이 급속하게 변하고 점점 더 전지구적이 되어가는 삶정치적 경제의 사회적 생산회로들을 추적해서 부를 추출하고 명령을 부과할 수 있다. 금융만이 사회복지에 대한 지출을 감소시키면서 동시에 삶정치적 노동력의 유연성·이동성·불안정성을 감독하고 강요할 수 있는 것이다! 금융에 핵심적인 것은 금융이 생산과정 외부에 존재한다는 점이다. 금융은 사회적 노동력을 조직하려 하지 않으며 어떻게 협력해야 할지를 지시하려 하지도 않는다. 금융은 삶정치적 생산에 자율성을 부여하며 그럼에도 불구하고 멀리 떨어져서 삶정치적 생산으로부터 부를 추출해낸다.[26]

공통적인 것의 경제표는 케네와 마르크스가 각각 농업경제와 산업경제에 대해 사용한 형태로는 만들어질 수 없다. 케네와 마르크스가 작성한 표는 교환의 선들만이 아니라 다양한 경제행위자들, 궁극적으로는 사회계급들 사이의 상호의존관계를 추적한다. 공통적인 것 속에 뿌리를 둔 삶정치적 노동의 자율성이 점점 더 커짐에 따라 이러한 관계의 상호성이 깨진다. 물론 자본은 자신이 전유할 수 있는 부를 생산하기 위해서 여전히 노동을 필요로 하지만, 삶정치적 노동으로부터 점점 더 큰 적대와 저항을 맞게 된다. 그렇다면 우리가 여기서 발견하는 것은 교환의 경제표가 아니라 투쟁의 경제표이며, 우리는 이것을 아마도 3단의 형태로 작성할 수 있을 것이다. 첫째 단은 삶정치적 노동의 자유를 방어하는 것으로 정의된다. 탈산업 노동력의 특징은 강요된 이동성과 유연성이다. 노동자들은 고정된 계약과 보장된 고용을 박탈당한 상태에서 평생 이 일자리에서 저 일자리로 이동해야 하고 때로는 하루 동안에 둘 이상의 일을 해야 하며 많은 경우에 일자리를 찾아 도시를 가로지르고 대륙을 가로질러 먼 거리를 가야 한다. 삶정치적 노동은 이동성과 유연성 그 자체는 (마치 포드주의적 공장의 고정성으로 되돌아가기를 꿈꾸는 양) 거부하지 않으며, 이동성과 유연성에 대한 외적 통제를 거부할 따름이다. 삶정치적 노동의 생산성은 자신의 움직임과 변형을 결정할 자율성을 필요로 한다. 즉 생산적 마주침을 구축하고 협력의 네트워크를 형성하며 해로운 관계에서 빠져나갈 자유를 필요로 하는 것이다. 그러므로 이 첫째 단에서 벌어지는 투쟁은 **노동에 맞선 공통적인 것**의 투쟁이다. 이는 노동의 명령을 거부하는 투쟁, 즉 창조성의 자유로운 힘을 방어하는 투쟁이다. 둘째 단은 사회적 삶의 방어로 정의된다. 포드주의 체제에서는 국가의 복지서비스가 뒤를 받쳐주는 가운데 임금이 프롤레타리아의 재생산을 보장하도록 되어 있었다. 비록 종종 실패했지만 말이다. 오늘날 불안정노동자 계급, 즉 프레카리아트precariat가 임금과 맺는 관계는 이와 전혀 다르다. 프레카리아트는 자신의 재생산을 위해서 여전히 임금에 의존하기는 하지만, 점점 더 자본과의 관계 외부에 있게 되며 사회적 부의 다른 원천들로부터 거두어들일 수 있는 소득과 재생산수단에 점점 더 의존한다. 따라서 이 둘째 단에서 투쟁은 **임금에 맞선 공통적인 것**의 투쟁으로 파악될 수 있다. 이는 사회적 삶을 재생산할 소득을 방어하고 점점 더 폭력적이고 신뢰할 수 없게 되는 임금관계에의 의존에 대항하는 투쟁이다. 우리 표의 셋째 단은 민주주의의 방어로 정의되어야 할 것이다. 이 투쟁은 아직 유아기에 있지만, 앞으로 이 투쟁이 사회적 생산력의 민주적 조직화를 이루고 삶정치적 생산의 자율에 안정된 토대를 제공할 사회제도들을 발명해야 한다. 따라서 이 셋째 단에서 투쟁은 **자본에 맞선 공통적인 것**의 투쟁이 될 것이다. 이 표의 단들을 채우는 것이 오늘날의 주된 과제가 되고 있다.

하나가 둘로 나뉜다

1960년대 중반 문화혁명이 한창일 때에 마오쩌둥을 따르는 중국 지식인들은 계급투쟁을 지속하자는 주장이자 프롤레타리아적 관점의 천명으로서 "하나가 둘로 나뉜다"라는 슬로건을 내세웠다. 그들의 주장에 따르면 반대자들은 부르주아적 관점을 취하며 "둘이 하나로 합쳐진다"라는 슬로건을 따른다.[27] 이 마오주의 슬로건은 우리가 5부에서 분석해온 자본의 위기를 잘 포착한다. 삶정치적 노동이 자본의 관리와 명령으로부터 점점 더 자율적인 동시에 적대적이 되면서 자본은 노동을 자신의 지배구조 안에 통합하는 데 점점 더 어려움을 겪게 된다.

산업생산의 맥락에서는 노동을 통합하는 자본의 능력이 당연한 것으로 간주된다. 이는 마르크스가 생산과정을 분석하면서 자본을 불변자본(원료나 기계처럼 자신의 가치를 생산물에 그대로 이전하기만 하는 모든 생산 요소들)과 가변자본(자신의 가치인 임금보다 더 많은 가치를 생산물에 추가한다는 의미에서 가치가 변하는 노동력)으로 나눈 데에서 개념적으로 가장 명확하게 표현된다. 가변자본 개념 자체가 노동력을 (따라서 노동계급 전체를) 자본 안에 위치시킨다. 물론 노동의 자본 내부로의 이러한 통합이, 노동이 항상 평화롭고 자본주의적 발전을 위해 기능함을 의미하는 것은 아니다. 반대로, 급진적인 산업노동자 운동의 오랜 역사는 노동이 자본 안에 있으면서도 자본에 적대하고 자본의 발전을 봉쇄·사보타주·전복한다는 것을 드러낸다. 1960년대에 마리오 트론티Mario Tronti가 행한 분석의 큰 기여 가운데 하나는 노동자 투쟁이 자본주의 발전보다 우선적이라는 점을 보여준 것이었다. 그는 이렇게 썼다. "우리는 문제를 뒤집고 방향을 바꾸어서 처음부터 다시 출발해야 한다. 노동계급의 투쟁이 출발점이다. 사회적으로 발전된 자본의 수준에서는 자본주의 발전이 노동자 투쟁에 종속되어 노동자 투쟁을 뒤따르며, 발전을 재생산하기 위한 정치적 메커니즘은 노동자들의 투쟁에 맞추어져야 한다."[28] 트론티가 분석하는 노동자들의 반란을 하나가 둘로 나뉘는 한 사례로 볼 수도 있을 것이다. 노동자들은 반란을 일으킴으로써 자본가들로부터의 자율과 그들에 대한 적대를 표현하기 때문이다. 그러나 나중에 파업이 끝나면 둘은 다시 하나로 합쳐진다. 트론티의 변증법은 2단계 운동이라고 말하는 것이 더 나을 것 같다. 노동자들의 투쟁이 자본으로 하여금 재구조화를 할 수밖에 없도록 만들고, 자본주의적 재구조화는 노동자 조직의 기존 조건을 파괴하고 새로운 조건을 창출한다. 그러면 다시 새로운 조건에서 일어나는 새로운 노동자 반란이 자본에게 또다시 재구조화를 강제하게 된다. 이런 식으로 계속 진행된다. 그러나 이 2단계 변증법은 혁명적 활동으로 이행하지 않는 한에서 자본의 내부로 통합된 관계를 결코 부수지 못한다.

산업경제에서 삶정치적 경제로의 이행이 이러한 상황을 변화시키는데, 이는 어떤 측면에서는 트론티가 공장에서 예견하였던 구도를 실현하고 더 확대하는 식으로 이루어진다. 산업기업은 이제 (적어도 지배적 국가에서는) 더 이상 이전처럼 자본 속에 생산력을 집중시키고 노동력을 통합하지 못한다. 그러나 앞서 보았듯이 기업기반 자본firm-based capital의 헤게모니와 통합력이 소진된 것이 자본주의 발전의 종식을 의미하지는 않는다. 기업기반 자본 대신 사회기반 자본society-based capital이 출현하여, 사회 전체가 생산 활동의 주된 장소이자 노자갈등과 자본에 대한 반란의 제1의 장소가 된 것이다.[29] 이러한 삶정치적 생산의 사회적 지형에서는 (사회기반 자본의 맥락에서는) 기업기반 자본에서 기능했던 통합 메커니즘이 더 이상 작동하지 않는다. 여기서 정말로 하나가 둘로 나뉜다. 점점 더 자율적으로 되는 노동력과 그 결과 점점 더 순수 명령이 되는 자본으로 나뉘는 것이다. 따라서 노동력은 더 이상 자본의 신체 안에 통합된 가변자본이 아니라 분리되어 있고 점점 더 대립하는 힘이 된다.[30]

이 둘로 나뉨은 이중적 운동의 결과이다. 한편으로 삶정치적 노동의 자율성이 점점 더 두드러진다. 삶정치적 노동이 생산을 위한 협력을 조직하고 사회적 생산을 자주적으로 관리하는 일을 점점 더 잘 할 수 있게 될 뿐 아니라 이에 따라 노동자에게 부과되는 자본주의적 명령의 모든 메커니즘들은 노동의 생산성을 감소시키고 적대를 발생시키게 된다. 다른 한편으로 자본은 노동으로부터 부를 추출해야 함에도 불구하고 노동을 자신과의 관계로부터 점점 더 밀어낼 수밖에 없다. 3부에서 분석한 노동의 기술적 구성이 가진 특징들이 이러한 이중적 운동을 입증한다. 삶정치적 생산에서는 예를 들어 노동일이 점진적으로 해체된다. 8시간 노동, 8시간 여가, 8시간 취침이라는 포드주의적 산업의 약속(이는 실제로는 지구 전체에서 상대적으로 적은 수의 노동자들에게만 적용된 약속이었다)은 더 이상 규제적 이념으로 기능하지 않는다. 특권적 경제 부문이든 주변적 경제 부문이든 공히 노동시간과 비노동시간의 구분이 붕괴되고 있다. 그리고 더 중요한 사실은 공장에서의 삶의 시간성—이는 공장에서의 시관관리법, 시간의 정확성, 시간규율 등으로 구성되며, 공장을 넘어서 사회 전체에 일반화되었다—이 더 이상 적용되지 않는다는 것이다. 노동자들은 여러 면에서 자신의 시간을 알아서 조직하도록 남겨지는데, 이는 종종 불가능한 과제이다. 독일 사회학자들은 노동이 (공간적으로) 사회로 흘러넘치고 (시간적으로) 삶으로 흘러넘치는 상황을 가리키기 위해 노동의 탈경계화Entgrenzung der Arbeit, 노동의 경계가 제거되는 것라는 말을 사용한다.[31] 이와 긴밀하게 연관된 두 번째 사례는 삶정치적 생산에서 점점 더 높아지는 노동의 불안정성이다. 보장된 안정적 고용은 여러 면에서 산업노동이 자본 안에 들어가 있다는 사실의 압축적 표현이었다. 그 극단에는, 회사에 다니는 동안 그리고 그 이후에도 회사의 돌봄을 받는 충실한 노동자와 그 가족들의 이미지가 있었다. 그러나 자본은 점점 더 많은 수의 노동자들을 불안정하게 만듦으로써 노동을 내쫓고 추방하고 안정성·복지·지원과 연결되는 끈을 끊어버리고 있다. 물론 노동일의 해체와 노동의 점증하는 불안정성이 자본의 지배로부터의 자유를 의미하는 것은 아니다. 결코 그렇지 않다! 노동자들은 여전히 상품의 세계에서 자본주의적인 사회적 삶의 상품화된 시간성에 따라 자신의 삶을 꾸려가야 한다. 불안정한 노동자들은 여전히, 아니 더욱더 자신을 상품으로 간주해야 한다. 모든 노동자들은 매우 중요한 여러 측면에서 여전히 자본주의적 지배에 종속되어 있다.

그러므로 "하나가 둘로 나뉜다"고 선언할 때 우리는 자본의 사망을 선고하는 것이 아니라 노동력을 자신의 내부로 통합하지 못하는 자본의 점증하는 무능을 짚어내고 있는 것이며 따라서 자본의 개념이 두 개의 적대하는 주체성으로 분열됨을 가리키고 있는 것이다. 그 결과로 나오는 상황의 특징은 주체성의 이중적 생산, 더 정확하게 말하자면 같은 사회에서 공존하면서 대립하고 갈등하는 두 주체성의 생산이다. 생산적 역할, 생산적 협력을 조직하는 능력, 노동력 재생산의 사회적 메커니즘을 통제하는 역량을 점점 잃어가고 있는 자본주의 권력이, 스스로를 자율적으로 유지하고 새로운 세계를 창조하는 데 필요한 구성적 역량을 획득해가고 있는 생산적 주체성들 즉 다중과 (종종 불안하게) 공존하고 있는 것이다.

이 시점에서 노동계급을 자본 안으로 다시 통합하는 것이 가능한가? 앞에서 분석했듯이 이는 사회민주주의가 장려하는 환상이다. 통합이라 함은 한편으로는 자본이 생산력과 관계하여 그것을 관리하고 조직할 수 있는 메커니즘을 재창출하는 것을 의미하며, 다른 한편으로는 자본이 노동계급의 사회적 재생산을 보장하는 데 필요한 복지구조와 사회적 메커니즘을 부활시키는 것을 의미할 것이다. 그러나 우리는 엘리트층이 정치적 의지를 가지고 있다고 하더라도 이것이 가능하다고 생각하지 않는다. 물이 이미 엎질러졌고 다시 그릇에 담을 방법은 없다. 혹은 다른 용어로 말하자면, 갈등하는 두 주체성을 통일시킬 낡은 3단계 변증법은 더 이상 작동하지 않을 것이다. 이 시점에서 통일과 통합의 주장은 한갓 거짓 약속에 불과하다.

앞에서 말했듯이, 이렇게 둘로 나뉜 상황에서 자본이 권력을 유지하는 주된 전략은 금융을 통한 통제다. 마르크스는 화폐의 이중적 성격에 대한 분석에서 이미 이러한 상황을 여러 측면에서 포착한 바 있다. 화폐는 정치적으로 중립적인 면에서는 자본주의 사회에서 (상품에 응결된 노동의 양에 기반을 둔) 상품의 가치를 재현하는 보편적 등가물이고 교환의 매개체이다. 그러나 화폐는 다른 면에서는 (가치 재현의 배타적 지형으로서) 노동에게 명령을 내리는 권력을 행사한다. 화폐는 사회적으로 생산되어 사적으로 축적되는 부의 재현인데, 이것이 다시 사회적 생산을 지배하는 권력(힘)을 갖는 것이다.[32] 복잡한 재현도구들을 가지고 있는 금융세계는 화폐의 이 두 측면을 확대·증폭시키며, 이 두 측면 모두가 삶정치적 생산의 가치를 전유하고 삶정치적 생산에 대한 통제력을 행사하는 데 필수적이다.

화폐의 두 측면을 밝혀낸 후 마르크스는 이 두 측면이 서로 갈등관계에 있으며, 따라서 사회적 적대를—노동가치를 상품교환의 일반적 등가물로서 재현하는 것과 자본이 지배하는 사회적 생산 조건 사이의 적대를—나타낸다는 사실을 부각시킨다. 화폐의 지배에 맞서는 전통적인 반자본주의 전략 중 첫째는, 아득한 과거에 존재했던 사용가치의 세계로 돌아가는 것을 꿈꾸면서 물물교환 그리고/혹은 가치의 국지적 재현* 등에 기반을 둔 교환체계를 구축함으로써 화폐의 두 가지 재현기능 모두를 파괴하는 것(화폐에 들어 있는 자본주의적 명령뿐 아니라 화폐의 일반적 등가물로서의 역할도 제거하는 것)이다. 둘째 전략은 한 측면은 옹호하고 다른 측면은 공격하는 것이다. 즉 공정무역과 등가교환을 이상으로 여기면서, 가치의 재현으로서의 화폐는 보존하고 일반적인 사회적 생산의 장을 재현하는 화폐의 힘(이는 자본의 명령도구 역할을 한다)은 파괴하는 것이다. 화폐의 재현 기능들을 모두 보존하면서 그에 대한 통제권만 자본으로부터 떼어내는 셋째 전략이 가능한가? 사회적 생산의 장을 재현하는 화폐의 (그리고 금융세계 일반의) 힘이 다중의 손에 쥐어져서 비참과 가난을 전복할 능력을 가진 자유의 도구가 될 수 있는가? 산업노동자 계급을 매우 다양한 부문의 노동자들을 포함하는 응집력 있고 능동적인 주체로서 이해하는 데 추상적 노동이라는 개념이 필요했듯이, 화폐와 금융의 추상도 다양한 형태의 유연하고 이동적이며 불안정한 노동으로부터 다중을 만들어내는 도구를 제공할 수 있는가? 우리는 아직 이 물음들에 만족스럽게 답할 수 없다. 그러나 우리는 이런 식으로 화폐를 재전유하려는 노력이 오

* 특정 지역 혹은 맥락에서만 유통되는 비공식 화폐를 만들어서 사용하는 것이 가치의 국지적 재현의 한 사례이다.

늘날 혁명적 활동의 방향을 가리켜준다고 생각한다. 그리고 이는 하나가 확연하게 둘로 나뉘었음을 나타내줄 것이다.

5.3 단층선을 따라 일어나는 전진前震*

자본주의의 성과는 [자본의 미래의 발전을] 진단하는 데도 적절하지 않다.
대부분의 문명은 자신이 약속한 바를 다 실현할 시간을 갖기도 전에 사라졌다.
따라서 나는 자본주의의 성과를 근거로 해서
자본주의라는 간주곡이 연장될 가능성이 높다고 주장하지 않을 것이다.
사실 나는 정반대의 추론을 하려고 한다.
조지프 슘페터, 『자본주의, 사회주의, 민주주의』

자본의 예후(豫後)

자본은 안 아픈 데가 없다. 그리고 전통적인 치료법은 그 병을 고칠 능력이 없다. 일방주의 혹은 다자주의에 의해 인도되는 신자유주의라는 사적인 치료약도, 케인스적인 혹은 사회주의적인 국가통제라는 공적인 치료약도 전혀 긍정적인 효과가 없으며 사실 병세를 더 악화시킬 뿐이다. 우리는 심하게 그리고 공격적으로 병을 치료하는 것이 환자를 사망시킬 위험이 있다는 것을 잘 알지만, 새로운 치료법을 찾기 위해서 최선을 다해야 한다. 결국 안락사가 가장 인정어린 선택인지

---

* 본진(주진, main shock)에 앞서 발생하는 비교적 작은 지진을 가리킨다.

도 모른다. 그러나 양심 있는 의사는 어쩔 수 없이 그 사실을 받아들이기 전에, 정확한 진단을 내리고 성공적인 치료법을 발명하기 위해서 모든 노력을 다해야 한다.

위기에도 불구하고 자본은 괜찮다는 견해가 있을 수 있다. 부유해지고 있는 저 많은 사람들을 보라! 증권시장이 어떻게 반등하는지를 보라! 생산되는 저 많은 재화들을 보라! 이번 장의 제사에서 슘페터가 말하듯이, 이윤율을 비롯한 이러한 전통적인 성과의 척도들은 자본의 건강을 판정하는 가장 적절한 척도가 아닌 것 같다.[33] 물론 자본은 영원불멸하지 않으며, 다른 모든 생산양식들처럼 생겨났다가 사라질 것이다. 우리의 과제는 증상들을 적절히 식별해내고 어떻게 치료될 수 있는지를 평가하여 자본에 대한 예후에 도달하는 것이다.

슘페터가 이미 반세기 전에 진단한 한 가지 증상은 자본의 기업가 능력의 쇠퇴이다. 슘페터는 20세기 초 오스트리아에서 19세기의 자본주의 발전 모델들에 둘러싸여 작업하면서 기업가정신entrepreneurship을 자본의 생명력으로 찬양하였다. 많은 사람들이 기업가 기능의 본질을 위험을 감수하는 것으로 보지만, 사실 위험감수는 투기일 뿐이라고 그는 설명한다. 슘페터가 말하는 기업가란 새로움을 도입하는 사람, 창조의 즐거움에 의해 추동되는 혁신가이다. 이는 자본을 부단히 전진시키는 니체적 개인 영웅의 성격을 강하게 띤 형상이다. 그러나 20세기 중반에 미국에서 점점 더 관료화되는 기업문화를 분석하면서, 슘페터는 자본의 기업가 기능이 쇠퇴하고 (중역회의실을 채운 얼굴 없는 회색 정장을 입은 자들이 관리합리성에 따라 지시하는) 기계적이고 상투적인 형태의 경제적 진행과정이 기업가 기능을 대체할 것이라고 예견한다. 자본은 일단 그 혁신의 힘과 기업가정신을 잃으면 오래 생

존할 수 없다는 것이 슘페터의 생각이다.[34]

그러나 많은 사람들은 컴퓨터 시대인 오늘날 마이크로소프트의 빌 게이츠Bill Gates나 애플의 스티브 잡스Steve Jobs 같은 인물들이 자본의 기업가 기능을 다시 발명하고 활성화시켰다고 주장할 것이다. 미디어에서는 이들이 기업가 역할을 하는 것으로 제시되는 것이 사실이다. 그러나 이들은 슘페터가 말한 의미에서 진정한 기업가는 아니다. 이들은 그저 세일즈맨이요 투기꾼일 뿐이다. 이들은 아이팟이나 윈도우의 최신 버전을 판매하기 위해 기업의 얼굴로 나서며 자신들이 가진 재산의 일부를 판매의 성공에 판돈으로 걸어놓고 있는 것이지 혁신의 발원점은 아니다. 애플이나 마이크로소프트 같은 기업은 (그 범위가 기업과 직원의 경계를 훌쩍 넘어서는) 컴퓨터와 인터넷을 기반으로 한 생산자들의 방대한 네트워크들로부터 출현하는 혁신적 에너지를 먹어치우면서 생존한다. 삶정치적 생산은 사실 다중의 기업가정신에 의해 아래로부터 추동된다. 그러므로 경제혁신의 샘으로서의 자본주의적 기업가정신이 쇠퇴할 것을 예측한 점에서는 슘페터가 옳았지만, 그는 히드라의 머리를 가진 다중이 자본을 대신하여 삶정치적 기업가로서 등장하리라는 것은 알 수 없었다.

이는 자본이 걸린 병의 두 번째 증상, 즉 생산력에 관여하여 그것을 발전시키는 데 실패한 측면으로 이어진다. 유럽에서 수 세기에 걸쳐 일어난 봉건적 생산관계에서 자본주의적 생산관계로의 이행을 서술할 때, 마르크스와 엥겔스는 생산력의 확대에 초점을 맞춘다. 봉건적 관계들이 생산력 발전을 저해하게 됨에 따라 자본주의적 소유 및 교환관계가 출현하여 생산력을 양성하고 박차를 가해 진전시킨다는 것이다. 마르크스와 엥겔스는 『공산주의 선언』에서 이렇게 썼다. "이러한 생산 및 교환수단 발전의 일정한 단계에서, 봉건사회가 재화를 생산하고 교환했던 조건들, 농업 및 제조업의 봉건적 조직화, 한마디로 말해서 봉건적 소유관계가 이미 발전된 생산력과 더 이상 양립할 수 없게 된다. 봉건적 관계는 족쇄가 된다. 이 족쇄들은 분쇄되어야 했으며, 실제로 분쇄되었다."[35] 자본주의를 포함한 모든 생산양식은 처음에는 생산력을 강력하게 확대시키지만 결국은 억제하게 되며 그럼으로써 다음 생산양식의 토대를 산출한다. 이는 궁핍화 테제가 아니다. '사람들이 이전보다 더 못 사는가?'가 요점이 아니라 '사람들의 능력과 잠재력이 보다 충만하게 발전될 수 있는가?'가 요점이다.

자본주의적 소유관계는 오늘날 점점 더 바로 그러한 족쇄가 되어가고 있다. 이 말에 대하여 자본주의적 발전이 높은 수준으로 계속되고 있지 않느냐는, 예를 들어 디지털 전자장치들의 속도와 성능이 계속해서 2년마다 두 배로 증가하고 있지 않느냐는 이견이 제시될 수 있다. 그러나 이러한 성과의 척도들은 생산력 발전을 반영하지 않는다. 생산력의 발전은 주로 인간적·사회적·주체적 힘의 관점에서 측정되어야 한다. 그리고 이것은 사실상 과학적으로 측정될 수 없다. 우리는 사람들의 능력과 창조성이 한껏 양성되고 계발되었는가를 판단해야 하고 다른 한편 얼마나 많은 삶들이 낭비되었는가를 판단해야 한다. 가장 기본적인 수준에서 생산양식의 건강은 바로 이러한 방식으로 평가되어야 한다. 사실 오늘날 우리는 자본주의적 생산관계가 인구의 점점 더 많은 부분의 능력에 족쇄가 되고 있음을 알려주는 징후를 세계 전역에서 본다. 지배적 국가에서는 '고용 없는 성장'에 관한 이야기가 자주 들리고, 종속국에서는 점점 더 많은 사람들이 자본의 관점에서 무용한 '소모품'이 되어가고 있다. 더 일반적인 의미에서,

자본에 고용되는 사람들 대다수가 생산적 능력을 충분히 계발하도록 허용받지 못하며, 자신의 잠재력과는 거리가 먼 틀에 박힌 일들만 하도록 강제된다. 삶정치적 생산의 맥락에서 생산력 발전의 평가기준은 완전고용, 즉 모두에게 직업을 주는 것과 관계가 없다. 생산력 발전은 오히려 사유하고 창조하는 우리의 힘, 이미지와 사회적 관계를 생성하는 우리의 힘, 소통하고 협력하는 우리의 힘의 확대를 촉진하는 것과 관련되어 있다. 마치 자본이 사람들을 위해 무언가를 해줄 의무가 있다는 듯이 이것을 도덕적 비난의 형태로 제시할 필요는 없다. 우리는 도덕가가 아니라 (환자의 건강을 평가하는) 의사로서 상황을 보려 한다. 그리고 한 경제체제가 기존의 생산력을 활용하여 성장을 촉진하지 못한다는 것, 사람들의 재능과 능력을 낭비한다는 것은 그 체제가 병에 걸렸음을 보여주는 의미심장한 증상이다.

자본이 걸린 병의 이러한 증상들은 반복해서 자본주의적 축적의 위기를 낳는다. 2008년에 시작된 거대한 금융 위기와 경제 위기는 다시 많은 사람들의 주의를 이 사실에 집중시켰다. 전통적으로 자본주의의 위기는 (우리가 말했듯이) 객관적 관점에서 파악되며, 이러한 관점에서는 생산에서 유통을 거쳐 가치실현으로 진행하였다가 다시 생산으로 되돌아오는 회로의 폐색閉塞이 부각된다. 화폐형태를 띠든 상품형태를 띠든 가치가 회로의 어떤 지점에서 (예를 들어 생산을 중지시키는 노동자들의 사보타주나 파업으로 인해서, 혹은 유통을 중단시키는 수송 문제로 인해서, 혹은 상품을 팔아서 가치와 이윤을 실현하기에 불충분한 수요 때문에) 움직이지 않고 있으면 위기가 발생한다는 것이다. 그러나 오늘날 위기는 주체적 관점에서 보아야 한다. 삶정치적 재화들—아이디어·정동·코드·지식·정보·이미지—도 가치를 실현하기 위해서는 유통되어야 하지만, 이 유통은 이제 생산과정의 내부에 속해 있다. 삶정치적 회로는 실로 공통적인 것의 생산에 모두 포함되어 있으며, 공통적인 것의 생산은 동시에 주체성과 사회적 삶의 생산이기도 하다. 이 과정은 관점에 따라 공통적인 것을 통한 주체성의 생산으로 이해될 수도 있고 주체성을 통한 공통적인 것의 생산으로 이해될 수도 있다. 그러므로 삶정치적 회로의 위기는 주체성 생산의 폐색이나 공통적인 것의 생산성에 가해진 장애로서 이해되어야 할 것이다.

어느 날 자본 나리Monsieur le Capital는 몸이 아파 정묘精妙 박사Doctor Subtilis*를 방문하여 밤마다 계속되는 꿈으로 잠을 설친다고 털어놓는다. (우리는 안다. 자본을 마치 인간의 속성과 욕망을 가진 주체처럼 취급하는 것은 독자를 잘못된 방향으로 이끌기 쉽다는 것을. 증권시장이 마치 과민, 우울, 명랑 등의 감정을 가진 존재인 양 제시하는 것이 그렇듯이 말이다. 그렇지만 이 비유를 피하지 말고 한 걸음 더 끌고 가보자!) 자본 나리의 꿈 내용은 이렇다. 잘 익은 열매들이 햇빛에 반짝이며 주렁주렁 달린 나무 앞에 서 있는데 팔이 관절염에 걸려서 낮은 가지에 열린 열매를 딸 수 있을 만큼도 들어 올려지지 않았다. 그는 몹시 배가 고팠지만 앞에 있는 맛있는 열매들을 그저 바라볼 수밖에 없었다. 마침내 죽을 힘을 다해서 열매 하나를 손에 쥐는 데 성공했는데, 손을 내려다보니 끔찍하게도 죽은 인간의 머리가 들려 있는 것 아닌가! 그는 정묘 박사에게 해몽을 간청한다. 정묘 박사는 그의 문제가 단지 교란된 의식에 있을 뿐 아니라 교란된 신체에도 있다고 대답한다. 삶정치적 생산의 시기에는 주체와 객체 사이의 전통적인 구분이 무너진다. 주체가 객체를 생산

* 'Doctor Subtilis'는 중세 철학자 둔스 스코투스Duns Scotus의 별명이었다. 이 맥락에서는 'doctor'가 가진 '의사'로서의 의미도 작용할 것이다.

하고 이어서 객체가 주체를 재생산하는 식의 진행은 이제 더 이상 일어나지 않는다. 주체가 공통적인 것을 통해서 주체를 생산하는 동시에 재생산하는 일종의 단락短絡이 존재한다. 그렇다면 자본 나리가 손에 쥐려는 것은 바로 주체성 그 자체이다. 그러나 역설적이고 비극적이게도 자본 나리는 주체성의 생산에 손을 댐으로써 공통적인 것을 파괴하고 생산력을 시들게 만들어 생산과정을 부패시키게 된다. 물론 자본 나리는 이러한 진단에 무척 당황하지만, 그럼에도 불구하고 정묘 박사에게 치료법을 달라고 조른다. 정묘 박사의 생각으로는 사적 통제와 공적 통제, 신자유주의와 사회민주주의적 전략이라는 옛 처방들은 사태를 더 악화시킬 뿐이다. 오래 숙고한 끝에 마침내 정묘 박사는 수수께끼처럼 이렇게 대답한다. "자본 나리, 내가 해줄 수 있는 것은 '열매를 건드리지 마시오!'라는 말뿐이요."

자본의 미래에 대한 이 암울한 예후를 제시하면서 자본이 하룻밤 사이에 망할 거라는 식의 이야기를 하고자 하는 것은 아니다. 우리는 '붕괴론'Zusammenbruchstheorien이라고 불리는 자본주의에 대한 묵시론적 견해들—그 의도는 부르주아에게 겁을 주고 프롤레타리아 사이에 혁명의 열기를 불러일으키는 것이었다—을 가지고 장난하고 있는 것이 아니다.[36] 사실 오늘날 극적인 위기들이 눈앞에서 일어나고 있는데도 자본의 궁극적 사망을 말하는 사람은 누구나 즉시 파국론자로 치부된다. (이전 시기의 케인스와 슘페터처럼 오늘날 자본주의적 생산양식이 언제 어떻게 종식될 것인가라는 문제를 정면으로 고민하는 현대 경제학자들이 거의 없다는 점은 주목할 만하다.)[37] 우리는 묵시록을 설교하고 있는 것이 아니라 그저 자본이 앓고 있는 병의 증상들을 두 가지 기본적인 가정을 기초로 해서 읽고 있는 것이다. 두 가지 가정이란 첫째, 자본의 지배가 영원하지 않을 것이며, 둘째, 자본은 자신의 지배를 추구하는 과정에서 나중에 언젠가 자본의 뒤를 이을 생산양식과 사회의 조건들을 창출할 것이라는 것이다. 이는 긴 과정이다. 봉건적 생산양식에서 자본주의적 생산양식으로 이행하는 과정이 그랬듯이 말이다. 그리고 언제 결정적 문턱을 넘게 될지는 알 수 없다. 그러나 우리는—삶정치적 생산이 자율적이 되고 공통적인 것이 중심적 중요성을 가지게 되며 삶정치적 생산과 공통적인 것이 자본주의적 착취와 명령으로부터 점점 더 분리된다는 점에서—이미 새로운 사회가 낡은 사회의 껍데기 안에서 형성되고 있음을 인식할 수 있다.

공화국으로부터의 엑서더스

역사적으로 지배적인 것으로 나타났던, 소유를 보호하고 소유에 봉사하는 것을 주된 목적으로 하는 공화국 형태는 자본의 발전을 촉진하고 그 과도함을 규제하며 이익을 보장하면서 오랫동안 자본에 적합한 받침대로서 기능해왔다. 그러나 소유 공화국은 이제 더 이상 자본을 위해 봉사하지 못하며 오히려 생산에 족쇄가 되었다. 앞서 우리는 다중과 공화국 사이의 차이를, 공화국으로부터의 다중의 엑서더스와 함께 주로 정치적 관점에서 살펴보았다. 이제 경제적 생산의 관점에서 동일한 문제에 접근해야 하는데, 물론 삶정치적 시대에는 경제적 과정과 정치적 과정이 점점 더 긴밀하게 서로 맞물려서 때로는 구분이 불가능할 정도라는 점을 염두에 두면서 그렇게 해야 한다. 공화국의 어떤 측면들이 생산력 발전과 공통적인 것의 생산을 가로막는가? 어떤 정치적·사회적 배치가 이 장애들을 제거하고 발전을 촉진하며 자본의 병을 치유할 수 있는가? 이 절에서 우리는 생산력의 새로운 확대와 공통적인 것의 자유로운 생산을 위해서는 (바꾸어 말하자면 병에 걸린 자본을 구하기 위해서는) 다중의 자유와 평등 그리고 민주주의에 기반을 둔 정치가 필요하다는 것을 보게 될 것이다.

우리는 앞 절에서 공통적인 것의 생산에 자유가 필요한 이유 가운데 한 가지를 이미 보았다. 생산하는 주체성들로서의 다중이 오늘날 공통적인 것을 생산하고 발전시키기 위해서는 사적/자본주의적 권력으로부터도 자율적이어야 하고 공적/국가 권력으로부터도 자율적이어야 한다. 이전에는 자본가가 생산을 조직했고 또 심지어 많은 경우에는 그래야 했다. 예를 들어 공장에 프롤레타리아를 모아서 기계 주위에 배치하고 각각 특정한 과제를 할당하며 작업규율을 부과하는 등의 방식으로 협력수단을 제공한 것은 자본가였다. 또한 때로는 국가가 같은 방식으로 생산과정에 필요한 협력 및 소통 수단을 제공하면서 생산을 조직할 수 있었다. 공화국이 자본과 맺는 관계는 사적인 것과 공적인 것 사이의 이러한 균형과 교대(이것이 다중에 대해 행사되는 자본과 국가의 권위를 지탱한다)를 특징으로 한다. 공화국은 때로는 사적인 것에 더 집중하고 때로는 공적인 것에 더 집중했는데, 각각 생산을 조직하는 권위로서 기능하는 이 두 극 너머에는 아무것도 없었다. 그러나 삶정치적 생산에서는 생산적 주체성들로서의 다중을 조직하는 데 필요한 협력과 소통이 다중 내부에서 창출된다. 다중 외부에 있는 자본가나 국가가 생산을 조직할 필요는 더 이상 없다. 오히려 외부에서 조직하려는 어떠한 시도도 다중 내에서 이미 작동하고 있는 자기조직화 과정을 방해하고 부패시킬 뿐이다. 다중은 자신이 정한 조건에서 자신의 협력 및 소통 메커니즘들을 가지고 자기 나름의 방식으로 생산할 자유를 부여받을 때에만 효과적으로 생산하고 더 나아가 새로운 생산력을 발전시킨다. 이 자유는 사적인 모습과 공적인 모습을 모두 가진 통제기구인 소유 공화국으로부터의 엑서더스를 필요로 한다.

여기서 필요한 자유는 분명 개인주의적인 자유가 아니다. 공통적인 것은 사회적으로만, 즉 특이성들의 다중에 의해 소통과 협력을 통해서만 생산될 수 있기 때문이다. 이 자유는 집단주의적이지도 않다. 즉 주체성을 생산하는 모든 이들이 하나의 동질적 전체로 통일될 것은 요구되지 않는다. 바로 이러한 의미에서 우리는 앞에서 메트로폴리스가 자유의 공간이라고, 특이한 주체성들 사이의 마주침을 조직하는 공간이라고 말했던 것이다. 이러한 자유의 필요성은 오래된 계약의 공식들—시민들과 국가 사이의 계약, 그리고 노동자들과 자본 사이의 계약—이 점점 더 생산에 족쇄가 되고 있음을 보여준다. 복종과 안전이 교환되든 아니면 노동시간과 임금이 교환되든, 계약의 결과는 언제나 권위의 수립과 정당화이며, 권위는 항상 그리고 불가피하게 주체성을 통한 공통적인 것의 생산을 둔하게 만들고 심지어는 막아버린다. 계약에 참여하는 당사자들의 개인주의 또한 (이 개인들을 역사적·정치적 과정에 선행하는 것으로 보든 그 결과로 보든) 공통적인 것의 생산을 가로막는다. 계약관계에서 개인들은 자신과 같은 사람들과 수평적 관계를 맺기보다 권위를 가진 자와 수직적 관계를 맺는다. 개인은 결코 공통적인 것을 생산할 수 없다. 마찬가지로 개인은 다른 이들과의 지적 소통과 공통적 생각들이라는 토대에 의존하지 않고서는 새로운 생각을 만들어낼 수 없다. 오직 다중만이 공통적인 것을 생산할 수 있다.

경제적 생산이 잘 이루어지기 위해서는 정치적 자유가 필요하듯이 정치적 평등 또한 필요하다. 위계는 공통적인 것을 수직으로 구획하고 사람들을 공통적인 것으로부터 배제함으로써 필수적인 협력과 소통의 형태들을 방해한다. 거대한 대화의 은유가 삶정치적 생산의 사회적 회로들을 포착하는 통상적인 수단이 되었다. 예를 들어 지식 혹은 정동의 생산이 대화로 상정될 때, 한편으로 모든 사람이 이미 똑같은 지식·재능·능력을 가지고 있으며 따라서 똑같은 말을 한다고 가정하는 것은 말도 안 되거니와 반反생산적이다. 대화가 생산적인 것은 바로 차이들 때문이다. 평등은 동일성, 동질성 혹은 통일성을 의미하지 않으며 오히려 그 반대라는 말은 되풀이할 만한 가치가 있다. 차이들이 위계를 이루어 예를 들어서 '전문가들'만이 말하고 다른 사람들은 듣기만 할 때에도 생산은 제한된다. 삶정치적 영역에서는 사람들이 서로 다른 재능과 능력을 가지고 자유롭게 생산 네트워크에 참여하면 할수록 공통적인 것의 생산이 더 효율적으로 이루어진다. 더욱이 참여는 생산력을 확대시키는 일종의 교육이다. 포함된 모든 사람들이 참여를 통해 능력을 키우기 때문이다.

그러나 거대한 대화라는 은유는 이 생산적 관계의 상을 그것을 구성하는 마주침들의 질과 무관하게 너무 조화롭고 평화로운 것으로 그린다. 많은 사람들이 대화 속에 들어와 있을 때조차 침묵당한다. 그리고 적절한 협력의 수단이 없이 그저 목소리를 더 추가하는 것은 곧 소음을 낳을 것이며 누가 무언가를 이해하는 일을 불가능하게 만들 것이다. 「신체에 관하여 2」에서 메트로폴리스와 관련해서 보았듯이, 현재 사회 상태에서는 대부분의 자연발생적인 마주침들이 행복하지 않으며 공통적인 것의 부패 혹은 부정적이고 해로운 형태의 공통적인 것의 생산으로 귀결된다. 생산을 진전시키고 생산력의 확대를 촉진하는 데 필요한 평등이 가능한 한 위계로부터 자유로운 마주침들의 개방적이고 확장적인 네트워크에 참여하는 것을 특징으로 하긴 하지만, 이것을 성취하기 위한 우리의 첫 행동방향은 종종 대화를 중단하고 해로운 관계와 부패한 형태의 공통적인 것으로부터 빠져나오는 것을 필요로 하게 된다. 그러한 단절의 실천이 많은 경우 평등을 향한 첫걸음이다.

자유와 평등은 또한 헤게모니의 토대를 이루는 대의代議와 대립되는 민주주의의 긍정을 함축한다. 여기서는 대의의 두 가지 사례가 가장 적절한 관련성을 갖는다(분석해보면 이 사례들이 서로 매우 긴밀하게 연관되어 있음이 드러날 것이다). 첫째는 다중을 국민으로 만드는 데 필요한 대의이다. 라클라우가 잘 설명하듯이 국민은 자연적으로 혹은 자생적으로 형성되는 것이 아니라 현존하는 주체성들의 다양성과 복수성을 지도자, 통치집단, 어떤 경우에는 중심적 이념과 동일시함으로써 통일성으로 전환시키는 대의 메커니즘에 의해 형성된다. "민주적 요구들의 복수성을 국민의 정체성으로 구축하지 않으면 헤게모니란 존재하지 않는다"고 라클라우는 명확하게 말한다.[38] 헌법 수준에서 가장 명확하게 볼 수 있는 대의의 둘째 사례는 선거를 통해 선출되는 대표자들과 그 대표자들에 의해 대의되는 사람들 사이의 이접적 종합을 가동시킨다.* 예를 들어 미국 헌법은 대의되는 사람들을 정부와 연결시키는 동시에 정부로부터 분리하도록 설계되어 있다. 이러한 분리는

* '이접'disjunction은 들뢰즈와 가타리가 『천 개의 고원』 등의 저작에서 사용한 개념으로서 '틈'decalage을 사이에 두고 이루어지는 결합이다. 다시 말하자면 결합되어 있지만, 동시에 '틈'에 의해 분리되어 있는 관계이다.

헤게모니의 토대이기도 하다.[39] 이 두 사례에서 대의와 헤게모니의 논리는, 국민은 지도집단과의 관계에서만 존재하며 그 역도 마찬가지라고 규정한다. 따라서 이 구도는 민주적 통치형태가 아니라 귀족적 통치형태를 결정한다. 비록 국민이 이 귀족층을 선출하더라도 말이다.

그러나 삶정치적 생산의 욕구는 정치적 대의 및 헤게모니와 직접적으로 갈등한다. 대의 행위는 정체성을 구축하는 가운데 특이성들을 무력화하거나 동질화하는 만큼 (앞에서 말한) 필수적인 자유와 복수성을 침식함으로써 공통적인 것의 생산에 제한을 가한다. 어떤 국민이 기존의 공통적인 것을 보존할 수는 있을지도 모르겠다. 그러나 공통적인 것의 새로운 사례들을 생산하는 일에는 다중이 필요하다. 즉 다중을 구성하는 특이성들 사이의 마주침·협력·소통이 필요하다. 더 나아가 대표자들과 대의되는 사람들 사이의 분리로 창출되는 헤게모니 또한 공통적인 것의 생산에 장애가 된다. 그러한 위계들 모두가 삶정치적 생산을 침식할 뿐 아니라, 다중의 외부로부터 생산과정에 행사되는 헤게모니 혹은 통제의 사례는 그 어떤 것이라도 생산과정을 부패시키고 제한한다.

공통적인 것의 생산과 생산력의 확장을 촉진하기 위해서는, 바꾸어 말해 자본의 삶정치적 위기를 피하고 그 병을 치유하기 위해서는 (대의와 헤게모니로 이루어지는 귀족제가 아니라) 민주주의가 필요하다. 이 생산자들의 민주주의는 자유와 평등 이외에 본질적 요소를 하나 더 가지고 있다. 생산을 조직하고 협력의 형태들을 창출하며 혁신을 앞으로 밀어붙이는 '결정의 힘'the power of decision이 바로 그것이다. 개별 자본가나 자본가계급이 생산적 협력에 개입해서 그것을 조직함으로써 혁신을 하려는 시도는 공통적인 것을 부패시키고 공통적인 것의 생산을 방해할 뿐임에도 불구하고, 자본주의적 기업가의 신화는 끈질기게 남아 있다. 그러한 신화 대신 출현해야 하는 것(그리고 이미 출현하고 있는 것)은 결정의 힘을 함께 부여받은 생산하는 주체성들의 민주주의 내에서 기능하는 공통적인 것의 기업가정신, 다중의 기업가정신이다.

결국 소유 공화국, 생산에 대한 명령의 위계, 그리고 다른 모든 사회적 위계로부터의 다중의 엑서더스가 아마도 공통적 결정의 가장 의미심장한 사례일 것이다. 이 결정을 어떻게 내릴 것인가? 표결이 가능한가? 우리는 아직 그러한 민주주의의 구조와 기능을 서술할 수 있는 위치에 있지 않다. 그러나 이제 우리는 적어도 그러한 민주주의를 구축하는 것이 자본의 병을 치유하고 삶정치적 생산의 확대를 촉진하는 데 필요하다는 것은 명확하게 알 수 있다.

내진보강—자본을 위한 개혁주의 프로그램

우리의 분석은 자본이 파괴의 길을 가고 있다는 결론에 이르렀다. 이 길은 지구 환경과 가장 가난한 사람들을 비롯한 타자를 파괴하는 길일 뿐 아니라 자본 자신도 파괴하는 길이다. 자본을 그 죽음충동으로부터 구할 수 있는가? 자본의 병에 대한 성공적인 치유책을 맨 마지막으로 제안한 탁월한 경제 사상가는 케인스였다. 그의 저작을 토대로 해서 생산의 국가규제, 생산자들을 위한 복지구조, 유효수요의 자극을 비롯한 여러 치유책들을 위한 체제가 발전되었다. 그러나 이미 보았듯이, 오늘날 삶정치적 시대에는 옛 치료제들이 더 이상 듣지 않으며, 때로는 역으로 병을 악화시킨다. 그러나 이러한 사실이 개혁이 더 이상 가능하지 않음을 의미하는 것은 아니다. 지금까지의 논의를 기반으로 하면 일련의 유익한 개혁들을 제시하는 것이 그렇게 어렵지 않지만, 그러한 프로그램을 제안하는 데에는 확실히 무언가 역설적인 측면이 있다. 우선 전지구적 귀족층이 오늘날 중요한 개혁을 시행하거나 파괴의 길로부터 실질적으로 벗어날 능력을 가지고 있는 것 같지가 않다. 둘째로, 그러한 개혁들이 실제로 제도화된다면 그것은 자본의 병을 치료하는 동시에 즉각적으로 자본 너머에 있는 새로운 생산양식을 가리키게 될 것이다. 이러한 상황은 옛 이디시어Yiddish 농담을 상기시킨다. 물음: 까마귀 한 마리 사이의 차이가 무엇인가?What is the difference between a crow?* 대답: 그 두 날개는 왼쪽을 제외하고는 길이가 같다Its two wings are the same length, except the left. 바로 이와 같은 역설적 정신으로 계속 나아가보자. 이 역설의 논리가 마침내는 어떤 의미를 갖게 될 것이라는 가정 하에 그것을 가능한 한 멀리까지 밀고 나가보는 것이다. 그러나 그 과정 내내 이 역설이 결국에는 붕괴하여 무의미로 떨어질 것임을 아는 채로 말이다.

앞서 보았듯이 오늘날 자본주의의 위기는 객체적 측면(신용위기, 인플레이션, 경기후퇴, 치솟는 에너지가격, 떨어지는 집값, 통화위기, 생태파괴 등)에서만이 아니라 더욱 중요하게는 주체의 측면에서도 이해되어야 한다. 생산적 주체성을 방해하는 장애물들—공통적인 것에의 접근을 막고 공통적인 것을 부패시키는 장벽들, 생산적 마주침을 함께 창출하고 조직하는 데 필요한 것들의 결핍 등—이 산더미처럼 쌓여 있다. 가장 긴급한 것은 공통적인 것의 기업가정신을 발전시키고 협력적인

* 까마귀 한 마리는 단수이므로 "사이"between라는 말이 쓰일 수 없다. 이 농담은 이런 모순을 일부러 사용한 것이다.

사회적 네트워크의 혁신을 이루는 데 필요한 것들을 제공할 개혁이다. 우리는 전지구적 귀족들이 언제가 되었든 빠른 시간 안에 우리에게 조언을 구하러 오리라고 생각하지 않는다. 그러나 그럼에도 불구하고 자본을 위한 프로그램이 될 수 있는 가능한 개혁 몇 가지를 여기 제시해본다.

첫 번째 부류의 개혁은 삶정치적 생산에 필요한 기반시설의 제공을 목표로 한다. 가장 분명한 것은 세계 대부분의 지역에 결여되어 있는 적절한 물리적 기반시설이 필요하다는 점이다. 종속국의 주요 메트로폴리스들에서는 방대한 인구가 깨끗한 식수, 기본적인 위생조건, 전기, 적절한 음식, 기타 삶을 지탱하기 위해 필요한 것들을 결여한 채 죽기 직전의 비참한 상태에서 근근이 버텨나가고 있다. 이것은 삶정치가 아니라 사회적 죽음과 물리적 죽음을 관장하는 시체정치necropolitics라고 불려야 한다고 아쉴 음벰베Achille Mbembe는 말한다. 기반시설에 대한 기본적 욕구를 충족시키는 것은 또한 그 자체로 환경문제이기도 하다. 환경파괴가 적절한 음식, 깨끗한 공기와 물, 여타 생존에 필요한 것들에 접근하는 데 핵심적인 장애물이기 때문이다. 자본은 특정 인구를 그저 소모품으로 치부해버려서는 안 된다. 삶정치적 경제 하의 자본에게는 모든 사람이 생산적이 될 필요가 있기 때문이다.[40]

그러나 벌거벗은 삶은 삶정치적 생산에 충분하지 않다. 생산적 주체성들을 뒷받침하기 위해서는 사회적·지적 기반시설 또한 필요하다. 삶정치적 생산의 시대에 중심 도구는 더 이상 방적기나 조면기繰綿機 혹은 금속프레스가 아니라 언어적 도구, 관계를 구축하기 위한 정동적 도구, 사유하기 위한 도구 등이다. 물론 인간에게는 이미 뇌, 언어

능력, 관계구축 능력이 있다. 그러나 이 능력들은 더욱 발전되어야 한다. 바로 이 때문에 삶정치적 경제에서는 기초교육과 고등교육이 이전보다 훨씬 더 중요하다. 누구나 언어·코드·생각·정동을 가지고 작업하는 법을, 그리고 더 나아가 다른 사람들과 함께 작업하는 법을 배울 필요가 있다. 이 중 어느 것도 학습 없이 자연적으로 이루어지지는 않기 때문이다. 전지구적 교육 프로그램 같은 것이 수립되어서, 글자를 해독하는 능력에서 시작하여 인문학만이 아니라 자연과학 및 사회과학 분야의 고등교육까지도 모두에게 필수적으로 제공되도록 해야 할 것이다.[41]

다중의 사유능력과 협력능력을 한껏 발전시키고 실천에 옮겨놓기 위해서는 교육에 부수되는 사회적·지적 기반시설로서 정보와 문화의 개방적 기반시설이 구축되어야 할 것이다. 그러한 기반시설은 개방적인 물리적 층(예컨대 유·무선 소통네트워크에의 접근), 개방적인 논리적 층(예를 들어 개방된 코드와 프로토콜들), 개방적인 콘텐츠 층(가령 문화적·지적·과학적 작업들)을 포함해야 한다. 이러한 공통적인 기반시설이 특허, 저작권 및 기타 비물질적 재산형태들과 같은 사유화 메커니즘—이것은 사람들이 새로운 아이디어·이미지·코드를 생산하기 위해서 기존에 저장된 것들에 접근하는 것을 막는다—에 맞서게 될 것이다. 공통적인 것에의 그러한 자유로운 접근은 또한 의약품이나 여타 과학연구의 결실과 같은 모든 필요한 재화들을 모두가 알맞은 가격에 구입할 수 있도록 보장하는 이점을 가진다.[42]

또 다른 필수적인 기반시설 개혁은 첨단연구의 기술적 필요를 충족시키기에 충분한 기금을 제공하는 것이다. 예를 들어 특허가 공통적인 것에의 접근을 제한하고 그럼으로써 생산 능력을 감소시키긴 하지만 그럼에도 불구하고 특허를 유지해야 한다는 주장들 중 하나는 기업이 연구개발을 뒷받침하기 위해서는 이윤을 필요로 한다는 논리에 기초하고 있다. 의학·약학·컴퓨터과학·재료과학과 같은 다수의 연구들이 막대한 투자를 필요로 하는 것은 사실이다. 특허와 저작권이 창출하는 엄청난 이윤이 없어진다면, 다른 기금원이 사적 혹은 공적 제도들을 통해 제공되어서 그러한 연구를 뒷받침해야 할 것이다.

물리적·사회적·비물질적 기반시설의 개혁 이외에, 또 다른 일단의 개혁들이 삶정치적 생산에 필요한 자유를 제공해야 한다. 필요한 첫 번째 자유는 이동의 자유이다. 이는 한 국가 안에서 또는 국경을 가로질러 이주할 자유를 의미하며 한 장소에 머물 자유 또한 포함한다. 앞서 분석의 여러 지점에서 보았듯이, 삶정치적 생산성은 이로운 마주침들을 조직하고 유해한 관계와 공통적인 것의 해로운 형태들에서 빠져나올 수 있는 능력에 달려 있다. 따라서 이동의 자유는 다중이 자신이 가장 창조적일 수 있는 곳으로 흘러가고 가장 기쁜 마주침들을 조직하며 가장 생산적인 관계들을 수립하도록 해주는 공간의 자유를 구성할 것이다. 일정 형태의 개방적 시민권을 확립하는 것이 이 자유를 뒷받침하고 그럼으로써 삶정치적 생산을 확대할 (우리가 보기에) 유일한 수단이다.

자유를 부여하는 두 번째 개혁은 시간과 관련된다. 사람들은 살아가면서 비非자유시간의 가장 많은 부분을 노동을 하며 보낸다. 앞에서 보았듯이, 삶정치적 노동의 자율에 대한 침해는 (상사의 명령을 포함하여) 모두 생산성에 장애가 된다. (사실 삶정치적 시대에는 얼마나 많은 시간을—콜센터에서, 사무실 책상에서, 야외에서, 혹은 공장에서 일하면서—어쩔 수 없이 낭비하느냐가 착취의 정도를 재는 하나의 좋은 척도이다.) 시간의 자유를 부여할 개혁은 노동을 하느냐 하지 않느냐에 관계없이 모두에게 지불되는 최소한의 보장소득을 일국적 혹은 전지구적 규모로 제도화하는 것이다. 소득을 노동에서 분리하는 것은 모든 이에게 시간에 대한 더 많은 통제력을 부여할 것이다. 우리를 포함한 많은 저자들이 경제정의(부가 광범하게 분산된 사회적 네트워크 전역에서 생산되므로 그것을 보상하는 임금도 마찬가지로 사회적이어야 한다)와 사회복지(현재의 경제에서는 완전고용에 근사한 것이 결코 이루어질 수 없으므로 일자리가 없는 사람들에게도 소득이 제공되어야 한다)에 기초해서 보장소득을 주장해왔다. 그러나 여기서 우리는 인구 전체가 생활을 위한 최소한의 기본소득을 받도록 보장하는 것이 어떻게 자본에게 이익이 되는지를 인식할 필요가 있다. 삶정치적 경제에서는 다중에게 자율과 시간에 대한 통제력을 부여하는 것이 생산성을 촉진하는 데 필수적인 것이다.[43]

삶정치적 생산에 필요한 자유는 사회적 관계를 구축하고 자율적인 사회제도들을 창출하는 힘 또한 포함한다. 그러한 능력의 계발을 위해 가능한 한 가지 개혁은 통치의 모든 수준에서 다중으로 하여금 사회적 협력과 자치를 학습하게 해줄 참여민주주의의 메커니즘을 수립하는 것이다. 토머스 제퍼슨의 주장대로, 통치에 참여하는 것은 민중의 능력을 계발하고 민중으로 하여금 더 많은 것을 원하도록 하는 자치의 교육이다. 민주주의는 오직 행함으로써만 배울 수 있다.[44]

이것들은 자본주의적 생산을 구제하기 위해 필요한 개혁들 중 단지 몇 가지에 불과하다. 그리고 앞에서 말했듯이, 경제적 관계를 지배하는 전지구적 귀족층이 (엄청난 금융·경제 위기를 눈으로 뻔히 보고 있을 때조차) 이 개혁들을 시행할 의지나 능력이 있다고 믿을 이유는 없다. 개혁은 오직 투쟁을 통해서만, 자본이 개혁을 받아들일 수밖에 없을 때에만 이루어질 것이다. 사회적 삶을 위한 물리적·비물질적 기반시설을 요구하는 수많은 투쟁들이 이미 진행되고 있고, 다중의 자유와 자율을 위한 투쟁도 벌어지고 있다. 개혁을 성취하기 위해서는 이 투쟁들이 성장하고 강화되어야 할 것이다.

이 지점에서 일부 독자들은 우리가 혁명을 할 생각이 있는지를 의심하기 시작할지도 모른다. 왜 자본을 **구하기** 위한 개혁들을 제안하는 것인가? 개혁은 혁명을 지체시킬 뿐이지 않은가? 우리는 여기서 이 가상의 독자들이 가진 것과는 다른 이행관을 가지고 논의를 전개하고 있다. 우리의 입장은 명백히 붕괴론과 다르다. 붕괴론은 "사태가 악화될수록 더 좋다"라는 슬로건을 내세우며, 파국적 위기로부터 결과하는 자본주의 지배의 종식을 머릿속에 그리면서 자본주의의 잿더미로부터 어떤 식으로든 새로운 경제 질서가 생겨날 것이라고 생각한다. 우리의 견해는 부와 통제를 사적인 것에서 공적인 것으로 이전하여 사회적 생산에 대한 국가의 규제·통제·관리를 증가시키는 것을 그리는 사회주의적 이행관과도 다르다. 우리가 생각하는 이행은 사적 통제와 공적 통제 모두로부터 다중이 점점 더 자율적으로 되는 것을 필요로 하고, 협력·소통 그리고 사회적 마주침을 조직하는 법을 학습하고 훈련함으로써 사회적 주체들이 변형되는 것을 필요로 하며, 따라서 공통적인 것의 점진적 축적을 필요로 한다. 이런 식으로 자본은 자신의 무덤을 파는 사람들을 만들어낸다. 자신의 이익을 추구하고 자신의 생존을 유지하려 하는 가운데 생산적 다중의 힘과 자율을 점점 더 증가시킬 수밖에 없는 것이다. 그리고 그러한 힘의 축적이 어떤 문턱을 넘을 때, 다중은 공통의 부를 자율적으로 다스릴 능력을 가지고 출현할 것이다.

인간에 관하여 2
—문턱을 넘어서!

만일 누군가 정말로 윤리를 다루는 책을 쓸 수 있다면
이 책은 폭발하여 세상에 있는 다른 모든 책을 파괴할 것이다.
루트비히 비트겐슈타인, 「윤리에 대한 강의」

탈산업 시대에 기업의 가치란 과연 무엇인가? 전통적으로 한 기업체의 가치는 초기 경비를 계산하고 그것을 노동비용, 원료·시설유지·물자수송 등에 들인 돈의 액수에 더하는 방식으로 확정되었다. 복잡한 계산일지 모르겠지만, 어쨌든 모든 것이 복식부기의 두 변 중 어느 하나에 넣어질 수 있었다. 찰스 디킨스Charles Dickens의 『어려운 시절』*Hard Times*에 나오는 영혼 없는 공장주 토머스 그래드그라인드Thomas Gradgrind는 이런 식으로 삶의 모든 측면을 자신만만하게 수량화할 수 있었다. "자와 저울, 곱셈표를 주머니에 항상 가지고 다니면서 인간성의 어떤 쪼가리라도 무게를 달고 치수를 재서 그 결과를 여러분에게 정확히 알려줍니다."[45] 모든 가치는 정확하게 평가될 수 있었다. 그리고 정치경제학의 고전들이 말해주듯이, 모든 가치는 그 원천인 노동으로 소급되었다. 따라서 가치는 노동을 훈육하고 노동의 노력—다름 아닌 수천의 노동자들의 물질적 노력—을 측정하는 능력에 의존했고 생산과정에서 행사되는 조직된 명령의 가혹함에 의존했다.

오늘날 기업의 가치는 '영업권'營業權, goodwill을 비롯한 무형자산과 같은 비물질적 자산에 점점 더 의존하는데, 이 비물질적 자산은 때에 따라 엄청나게 빠르게 창조될 수도 있고 파괴될 수도 있다. 경제학자들은 영업권을 회사의 평판, 시장에서의 지위, 노사관계, 관리수완, 정부 관리들과의 관계 및 기타 비물질적 자산에서 파생되는 가치라고 정의한다. 따라서 영업권을 수량화하고 다른 무형자산들을 측정하는 것은 회계사들을 괴롭히는 극히 어려운 작업이다. 실상 무형자산을 포함하는 기업의 가치는 대부분 증권거래소, 은행, 판매자와 구매자, 동종 업계의 다양한 기업가, 평가기관, 비물질적인 것을 생산하거나 중개하는 업자들이 동의하는 평가로 결정된다. 기업과 그 무형자산의 가치는 시장기능이 화폐로 체현된 것처럼 보인다.[46] 그렇다면 영업권으로서의 가치 대 노동으로서의 가치의 문제인가? 이러한 양자택일적 구도는 금융시장이 이미 그것을 자신의 구도로 만들고 현대 자본주의를 그것에 적응시키지 않았다면 매우 우스운 것이었을 것이다. 심지어 오늘날 생산에서 노동력이라고 할 만한 것이 여전히 존재하는가라는 물음까지도 가능해 보인다. 부는 정말로 경영자들의 두뇌에서 흘러나오는가? 물론 그렇지 않다. 그렇다면 왜 우리는 영업권이라는 생각을 조롱하거나 무형의 가치를 탈신비화하지 않고 그것들을 그토록 진지하게 받아들이는가?

무형의 가치라는 문제를 다루기 위해서는 전통적인 노동가치론을 간단하게 짚어보는 우회로를 거칠 필요가 있다. 마르크스주의 전통—

우리는 우리도 여기에 포함된다고 본다—에서 가치론은 두 가지 형태로 나타난다. 첫째, 가치론은 추상적 노동의 이론이다. 추상적 노동은 노동이 모든 생산 활동의 공통적 질료인 한에서 모든 상품에 존재한다. 마르크스주의자들은 어떻게 이러한 질적 관념이 노동가치의 측정 문제를 중심으로 하는 가치법칙이라는 양적 관념으로 변형되는지를 분석한다. 가치의 크기는 어떤 상품과 그 상품을 생산하는 데 필요한 노동시간의 연결관계를 표현하는데, 이때 노동시간은 '단순노동'의 단위로 표현될 수 있다. 폴 스위지Paul Sweezy에 따르면 이 양적 가치론이 제기하는 근본적인 문제는 상품 생산자들의 사회에서 다양한 생산부문들에 노동력을 할당하는 것을 규제하는 법칙을 찾는 것이다. 스위지는 이렇게 설명한다. "현대적 표현을 사용하자면, 가치법칙은 본질적으로 (처음에는 단순상품생산과 관련하여 발전되었고 나중에 자본주의에 맞추어진) 일반적 균형의 이론이다."[47] 특정 사례에서 노동이 취하는 모든 특수한 형태의 배후에는 사회적 욕구에 따라 이 용도에서 저 용도로 이전될 수 있는 전지구적인 사회적 노동력이 있으며, 이것의 중요성과 발전은 (궁극적으로) 부를 생산하는 사회의 능력에 의존한다.

가치법칙의 둘째 형태는 균형의 요소가 아니라 적대의 형상으로서의 노동, 체제에 항상 잠재하며 언제라도 일어날 수 있는 파열의 주체로서의 노동이 가지는 가치와 관련된다. 마르크스의 저작 전체에 걸쳐서 노동력 개념은, 가치법칙의 첫 번째 형태가 구하는 균형의 작동으로부터 상대적으로 독립하여 가치화하는 생산요소로 간주된다. 이것이 의미하는 바는 '통일성'이 척도로서 이상화되지 않고 '필요노동'과의 관계에서 발견되며 필요노동은 고정된 양이라기보다는 체제의 역동적 요소라는 것이다. 역사적으로 필요노동은 투쟁에 의해 결정되며 프롤레타리아의 점증하는 욕구 위에 구축된다. 필요노동은 자본에 종속된 '노동'에 대한 투쟁의 산물이며 생산 활동을 변형시키려는 노력의 산물이다. 이러한 맥락에서 두 번째 관점이 출현하는데, 이는 가치법칙을 자본주의 체제의 균형보다는 근본적인 불균형의 발동기로 간주한다. 이 관점에서 볼 때 가치법칙은 균형의 근본적 위기를 규정하는 한에서 실로 잉여가치 법칙의 일부이다. 가치법칙은 자본주의 발전 전체에 적용될 때 위기를 발생시키는데, 이는 유통과 불비례의 위기(즉 체계적 균형의 모델로 환원될 수 있는 현상들)일 뿐 아니라 투쟁이 그리고 주체와 연관된 주기적 불균형이 야기하는 위기이기도 하다.* 후자의 위기는 수요의 성장을, 바꾸어 말해서 생산하는 주체들의 욕구와 욕망의 성장을 봉쇄하는 것이 불가능하다는 사실로부터 나온다. 이러한 구도에서 가치/잉여가치 법칙은 자본주의 발전의 주기가 계속해서 탈구조화되고 재구조화되는 법칙인 동시에 다중이 변형의 힘으로 구성되고 재구성되는 법칙으로서 나타난다. 이처럼 고전 정치경제학이 정의하는 노동가치론은 자본이 탈산업 시대에 들어와서 새로운 조직형태들을 생산함에 따라 자본주의 발전의 과정에서 소멸되고 있는 것이다.[48]

그러나 가치법칙을 넘어가는 이러한 과정은 가치법칙이 본래 제기했던 모든 모순들을 다시 가져와서 심화시킨다. 이 모순들 중 첫째는

* "주체와 연관된 주기적 불균형"은 이어지는 문장에서 설명하듯이 노동자들의 욕구와 투쟁의 성장으로 인해서 생산의 다음 주기가 그 이전 주기와 상황이 달라지는 데서, 동일한 상태의 반복이 아닌 데서 온다. "유통과 불비례"의 위기가 공간적 불균형이라면 "주체와 연관된 주기적 불균형"은 시간적 불균형이다.

'단순노동'과 '숙련노동 및 복잡노동'의 대립이다. 후자는 측정단위로서 간주되는 단순노동의 배수倍數(단순노동×n)로 환원되지 않는다. 숙련노동의 최대 사용가치(즉 그 최고의 생산성 수준)가 생산에 참여하는 노동에 내재해 있는 '차이'에 의해 설명되기보다 그 생산물의 가치로부터 도출될 수 있다는 어처구니없는 주장의 기원은 바로 저와 같은 환원이 가능하다는 관념에 있다. 두 번째 모순은 '생산적' 노동과 '비생산적' 노동의 대립이다. 고전적 정의에 따르면, 비생산적 노동과 달리 생산적 노동은 직접적으로 자본을 생산한다. 그러나 이러한 정의는 생산성 개념을, 더 일반적으로는 생산력 개념을 끔찍하게 축소시킨다. 생산적 노동이라는 용어를 사용하고자 한다면, 그것을 집적된 단순노동 단위들의 양과의 관계에서 정의하기보다는 사회적 협력에의 참여라는 관점에서 정의해야 한다. 이는 노동이 자본에 포섭되면 될수록 더욱더 그렇다. 협력과 공통적인 것이 노동을 생산적으로 만들며, 생산력이 발전하고 점점 더 공통적인 자산이 됨에 따라 협력은 더욱 성장한다. 마지막으로 세 번째 모순은, 지적 활동·과학적 활동·소통적 활동·정동적 활동 등을 포함하는 삶정치적 노동력은 단순노동의 합계로 환원될 수 없고 협력(그것이 아무리 복잡한 것일지라도)으로 환원될 수도 없다는 점이다. 삶정치적 노동은 창조성으로, 공통적인 것의 표현으로서의 창조성으로 특징지어진다.

오늘날 이 모순들은 실질적으로 현존하는 의미심장한 것이 되었다. 단지 체제 내의 모순적 경향을 나타내는 것이 아니라 자본주의가 발전함에 따라 구체적인 아포리아가 된 것이다. 단순노동과 복잡노동의 구분은 마르크스가 단순협업으로 정의했던 자본주의 발전 국면에서는 타당했을지 모르지만, 매뉴팩처 국면에서 이미 아포리아가 된다. 마찬가지로, 매뉴팩처 국면에서는 상당한 타당성을 가졌던 생산적 노동과 비생산적 노동의 구분도 대공업 시대에 와서는 아포리아가 된다. 그리고 이제 탈산업 시대에 들어와서는, 삶정치적 노동의 생산적 가치가 다른 모든 생산요소들을 배제하기보다는 포함함으로써 헤게모니를 쥐게 되었다. 사태의 이러한 진전으로 인해서 고전적 형태의 가치법칙을 경제체제의 전지구적 생산성을 재는 **측정 법칙**으로, 그리고 그 균형의 규칙으로 간주하는 것은 명백히 불가능하다. 시장가치·영업권·무형자산 등의 관점에서 척도를 다시 창안하려는 오늘날의 시도들은 가치법칙이 생산성을 재는 척도로서 부적절함을 보여준다. 그러한 시도들은 생산력의 성격에 일어난, 여전히 노동에 기반을 둔 실질적 변화를 가리키고 있는 것이다.[49] 척도가 자본에게 여전히 필수적인 것이라 하더라도 노동과 가치를 측정하도록 의도된 모든 장치들dispositifs—예를 들어 생산적 노동과 비생산적 노동, 노동일의 조직과 노동시간, 노동의 구성 그리고/혹은 산업이 생산 전체에 대해 갖는 헤게모니, 노동임금과 사회적 소득—은 이제 삶정치적 사회에서는 위기에 처해 있으며 적용이 불가능하다.

이 시점에서 우리에겐 새로운 가치론이 필요하다. 그런데 그것이 정말로 가치론일까? 이 책 각 부의 끝에 달린 일련의 논의들에서 우리는 노동가치가 경제와 권력의 흐름을 초과하는 형상들을 추적해왔다. 첫 번째 논의에서 우리는 삶정치적 사건이 어떻게 발전의 연속성, 시간의 판에 박힌 순차성, 역사의 선형적 전개를 초과하는지를 강조했다. 두 번째 논의에서 우리는 지식의 생산과 삶정치적 이성이 근대에 해석된 지식과 권력의 도구적 규범들을 초과한다는 점을 강조하였다. 세 번째 논의에서는 구성적인 사회적 충동인 사랑이 어떻게 모든 구성된 힘들을 초과하는지를 살펴보았다. 이 논의들과 함께 기능하는 간주곡에서 우리는, 넘쳐흐르는 힘을 가지고 있을지라도 사랑은 또한 잘못되지 않도록 하는 훈련을 요구하며 악과 싸우는 힘을 필요로 한다는 사실을 강조했다. 마지막으로 네 번째 논의에서 우리는 메트로폴리스에서 공통적인 것을 생산하는 과정에서 다중이 행하는 초과에 구체적 형상을 부여하기 시작했다. 이제 위와 같은 논의들의 도움으로 우리는, 이러한 역사적·존재론적 흘러넘침의 세계가 주체와 관련하여 가지는 적실성을 제시할 수 있는 위치에 서게 되었다.

삶정치에서 초과한다는 것이 의미하는 바를 규정하기 위해서 우리는 이러한 **비-척도**non-measure의 형상과 전통적인 가치척도 모델 간의 차이를 확증할 필요가 있다. 삶정치적 맥락에서 가치는 정치·경제적 통제의 모든 문턱을 넘쳐흐른다. 삶정치적 가치의 척도는 필요노동력 전체를 재생산하는 데 지출되는 시간의 양으로부터 도출될 수 없고, 시간의 양에 기반을 둔 사회 질서로부터도 나올 수 없다. 삶정치적 가치는 협력을 바탕으로 한 공통적인 것에 근거한다. 가치화에 의해 해석되는 욕구는 주체로부터 나오며, 다시 주체들을 계속적으로 변형시킨다. 공통적인 것의 지형은 주체성의 생산에 의해 활성화되는 것이다. 스피노자는 이렇게 주장한다. "둘이 만나서 힘을 합치면 둘은 더 많은 힘을 가지게 되고, 결과적으로 따로 혼자 있을 때보다 자연에 대해 더 많은 권리를 갖게 된다. 그렇게 협력 속에서 힘을 합한 사람들의 숫자가 많을수록 그들은 더 많은 권리를 함께 소유한다."[50] 현재 상황에서 가치는 삶의 활동 전체를 가리켜야 한다. 따라서 생산적 노동의 측정 불가능성과 흘러넘침은 사회의 삶정치적 짜임새 전체를 가로지르는 과정이다.[51]

문턱 넘어가기가 삶정치적 초과 과정의 첫 번째 정의를 제공한다. 삶정치적 초과는 노동력과 가치생산을 통제하기 위해서 근대 정치경제학의 전통이 세운 장벽들을 넘쳐흐른다. 인식론적 관점에서 볼 때 초과는 언어적인 파열과 혁신의 행동이다. 즉 인식론적 관점에서의 초과는 언어의 연속성을 재구성하는 데 만족하지 않고, 한편으로 의미가 가진 축적된, 아직 표현되지 않은 힘을 드러내고, 다른 한편으로 기호들의 혁신적 표현을 드러낸다.[52] 물리적 관점, 더 정확하게는 신체들의 삶물리학biophysics*이라고 할 만한 것의 관점에서 볼 때 초과는 살아가는 양태를 계속해서 변형시키는 것이며 공통적인 것 속에서 사회적 삶의 새로운 형태들을 점점 더 빠른 속도로 발명하는 것이다. 유물론 철학의 역사에서 신체들의 물리적 혁신은 항상 클리나멘으로서 제시되었다. 클리나멘은 원자들의 하강에 개입하여 원자들로 하여금 경로를 벗어나게 하고 그럼으로써 사건을 발생시키는 요소이다. 초과는 장치dispositif로서 이해되어야 한다. 즉 자신의 형성과정을 인식할 뿐 아니라 그 과정에 개입하여 실험도 하는 욕망의 동학으로서 이해되어야 한다. 마지막으로 윤리의 관점에서 볼 때, 즉 사랑의 훈련이라는 경험으로 파악되는 경우에 초과는 이제 더 이상 삶정치적 과정의 산물이 아니라 그 수행기계가 됨으로써 (비트겐슈타인이 이 장의 제사에서 말하듯이) 명징하게 폭발한다.[53]

철학의 역사에서 삶의 표현으로서의 가치에 대한 긍정을 옹호하고 가치를 창조의 힘으로 해석하는 계보가 (끊임없이 억압당하면서도) 계속 이어져 내려왔다. 의지가 도구적 지식을 초과한다는 원리는 고

---

* 통상 '생물물리학'으로 새기지만 여기서는 삶정치biopolitics와의 연관을 고려하여 '삶물리학'으로 옮긴다.

대 그리스 이래 강한 반대에 부딪혀왔고 교조적 철학이 삶에 부과하는 지적 위계들과 대치해왔다. 그러나 이 철학사의 대안적 흐름, 저항과 탈주선의 계보는 계속 살아 숨쉬고 있다. 예를 들어 우리는 존재 자체를 변형시키는 문턱까지 인간을 고양시키는 자유의지에 대한 아우구스티누스의 긍정에서 이 흐름을 인식할 수 있다. 아우구스티누스는 진리를 도구적 합리성과 동일시하는 지성주의에 반대하여 자유의지가 모든 것에 스며들어 있다고 확언한다. "의지는 분명히 모든 것에 들어 있으며, 실로 모든 것은 의지에 다름 아니다."Voluntas est quippe in omnibus; imo omnes nihil aliud quam voluntates sunt.[54] 블로흐가 상기시켜 주듯이 이븐 시나Ibn Sinā 혹은 Avicenna와 이븐 루시드Ibn Rushd 혹은 Averroës의 '아리스토텔레스 좌파'에서도 이러한 대안적 흐름을 인식할 수 있다. 이들은 물질의 창조성을 강조했으며, '형식의 도출'eductio formarum이라는 생각에서 볼 수 있듯이, 삶의 힘을 해석하고 발전시키는 인간의 힘을 발견했다.[55] 둔스 스코투스Duns Scotus에서 니콜라우스 쿠자누스Nicolaus Cusanus까지, 스피노자에서 니체를 거쳐 들뢰즈까지, 우리는 이러한 초과와 윤리적 수행성이라는 장치의 발전계보를 이어볼 수 있다. 이 대안적 계보는 아마도 사랑을 힘에의 의지로 이해하는 것에서, 즉 공통적 주체성의 존재론적 생산으로 이해하는 것에서 정점에 달할 것이다.

그러나 우리는 초과, 즉 문턱 넘어가기에 기반을 둔 새로운 가치론을 여전히 필요로 한다. 무엇보다도 먼저 우리가 그러한 이론이 가치를 역사적 사건의 지각이 아닌 다른 어떤 것으로서 드러내주기를 기대하는 것은 아님을 분명히 해야 한다. 마르크스에서 니체에 이르는 가장 강력한 이론적 경험에서 가치는 이미 역사적으로 결정되는 혁신으로, 즉 구성적 활동으로 간주되고 있다. 딜타이가 "이 사회-역사적 현실에서 인간이 하는 모든 일은 의지를 움직임으로써 생산되며, 목적은 의지 속에서 동기의 모습으로 행위자가 된다"라고 말했을 때 그는 이 점을 적절하게 요약하고 있다.[56] 이와 유사하게 미셸 드 세르토 Michel de Certeau도 푸코의 역사적 연구에서 작동하는 장치들이 어떻게 (미래를 구축하는) 삶의 사건들을 "웃음처럼" 폭발하게 하는지 보여준다.[57] 그러나 우리는 더 나아갈 필요가 있다. 우리는 비트겐슈타인이 정의한 폭발의 단계에 있다. 다시 말해서 특이하고 윤리적이며 새롭고 환원 불가능한 결정determination의 단계에 있다.

이 모든 것이 의미하는 것은 가치론이 결정론에서 벗어나서 삶의 시공간을 창조적 관점에서 재정의하는 '장치'로서 해석될 수 있고 해석되어야 한다는 것이다. 초과는 창조적 활동이다. 새로운 가치론은 경제적·정치적·사회적 혁신의 힘들—이는 오늘날 다중의 욕망의 표현이다—에 기반을 두어야 한다. 저항이 흘러넘치고 창조적이고 경계를 모르는 것이 될 때, 그리하여 인간의 활동이 권력의 균형을 초과하고 그 균형 내부의 파열을 결정할 때 가치가 창조된다. 결과적으로 삶정치적 과정의 구성요소들과 삶권력의 구조 사이의 관계가 균형을 잃게 될 때 가치가 창조된다. 발전에 대한 통제—자본의 집단적 기관들과 국가는 자신의 정당성이 바로 여기에 있다고 본다—가 더 이상 다중의, 노동력의, 그리고 사회적 특이성들의 집합 전체의 저항을 억제할 수 없을 때, 오직 그때에만 가치가 존재할 것이다.

이러한 가설은 일련의 정치적 명제를 낳는다. 제일 먼저 나오는 명제는 **노동력과 착취의 대립**이다. 자본주의적 명령을 불안정하게 만드는 요소는 불복종, 사보타주, 산업적 자크리, 기본소득에 대한 요구,

다중의 지적 노동의 해방과 조직화 등이다. 자본주의적 권력은 이 불안정 요소들을 정적인 방식으로 추적하고 제어할 수도 있고 동적인 방식으로 그렇게 할 수도 있다. 자본주의적 권력이 봉쇄를 택하느냐 협치를 택하느냐는 저항의 강도에 따라 결정된다. 다중의 초과하는 힘들이 이길 때 체제는 위기 상태에 들어서며, 억압은 자본주의적 조직화의 가장 진전되고 세련된 수준에서만, 혹은 더 정확하게 말하자면 권력구조의 개혁과정에서 출발함으로써만 부과될 수 있다.[58]

저항하는 주체성들의 관점에서 초과활동 개념을 제시하는 두 번째 명제는 **특이성과 정체성의 대립**이다. 정체성이 어떻게 자본주의적 신비화와 억압의 근본적인 도구가 되는지는 앞에서 언급한 바 있으며 6부에서 다시 분석할 것이다. 그러한 도구로서의 정체성은 특이성들이 다중과 공통적인 것을 구축하는 과정에서 창출한 발전들을 정체성의 변증법을 통해 무력화하거나 분쇄하는 방향으로 작용한다. 그러나 다중이 결코 통일성이 될 수 없듯이, 특이성들은 절대 정체성으로 환원될 수 없다.

셋째 명제는 **공통적인 것과 소유 공화국의 대립**이다. 노동과 삶이 문턱을 초과할 때에는 항상 공통적인 것의 구축을 향하며 이것이 오늘날 생산성의 유일한 징표이다. 그런데 소유 공화국은 공통적인 것을 종속시키고 착취하고 사유화하여 개인적 소유와 자유주의적인 정치적 대의代議의 법칙에 맞추어 재할당하려 한다. 이러한 기획은 특이성들을 질식시키고 공통적인 것의 힘을 무력화한다. 자본주의적 착취와 공화주의적 초월성의 부르주아적 정체성 정치는 정말이지 시체정치 혹은 죽음정치thanatopolitics이다. 삶권력은 언제 어디서나 삶정치적 생산의 초과활동에 대립적 방식으로 반응한다.

그렇다면 경제적 관점에서 가치를 어떻게 정의할 수 있을까? 삶정치 및 삶사회bio-society와 관련하여, 나아가 삶저항bio-resistance, 삶혁명bio-revolution 그리고 심지어는 삶행복bio-happiness과 관련하여, 경제학을 삶경제학bio-economics으로 바꿀 수 없다면 저 질문은 무의미하다. 자본가들이 경제학을 수학으로 만듦으로써 경제학을 파괴했다면, 이제 경제학을 삶의 지형과 '오이코노미아'oikonomia의 옛 의미로 되돌리는 일은 우리의 몫이다.* 경제적 가치는 자본이 시장의 금융적 관행들을 통해 행사하는 자본주의적 사회규제에 맞서서 그리고 그것을 넘어서 지적·육체적·정동적·소통적 협력활동이 이루어내는 흘러넘치고 초과하는 과정에 의해 정의된다. 가치의 **척도**가 여전히 의미를 가지려면 그것은 공통적인 것의 생산을 민주적으로 실행하는 것을 통해 결정되어야 한다. 우리 코뮤니스트들에게는 '자유는 단지 정치적 가치만이 아니라 무엇보다도 경제적 가치, 아니 더 정확하게는 삶정치적 가치다'라는 오래된 격언을 되살리는 것이 유용할 것이다. 우리는 이러한 정치적 고찰에서 출발하여 사회적 활동과 공통적 노동의 초과운동을 설명하기 시작할 수 있다. 생산의 삶정치가 나타내는 '현재'의 존재론은 철저하게 민주적인 구조에 의해서 보완될 필요가 있다.** 우리는 6부에서 이것을 다룰 것이다.

우리가 제안하는 길은 가파른 길이지만, 우리가 이미 걸어가고 있는 길이다. 마르크스는 산업자본주의에 대한 노동자 저항의 발전을

---

* 'economy'는 어원상 여러 의미와 결부되는데, 가장 오래된 그리스어 '*οικονομία*'oikonomia는 가정의 살림살이를 의미했다.

** "'현재'의 존재론"the ontology of the present이라는 표현은 '현재'의 매 순간이 바로 초과가 발생하는 때, 따라서 새로운 존재를 구축하는 때라는 생각을 나타낸다. 'the present ontology'의 옮김으로 잘못 이해되는 것을 피하기 위해서 "현재"에 작은따옴표를 붙였다.

연구하면서 이와 유사한 훈련의 과정을 추적한다. "노동자들이 기계 자체와 자본에 의한 기계 사용을 구분하고, 물질적 생산도구들을 공격하는 데서 이 도구들을 이용하는 사회형태를 공격하는 데로 전환하는 법을 배우는 데는 시간과 경험이 필요했다."[59] 삶정치적 생산을 담당하는 주체인 현대의 프롤레타리아도 공격의 방향을 어디로 향해야 할지를 배워야 한다. 그리고 다중은 이제 공통적인 것에 굳게 발을 딛고 있고 자본은 점점 더 한갓 방해물이 되어간다는 사실이 그러한 배움의 과정을 한결 쉽게 만든다.

Revolution

6부

혁명

우리는 빈번히 민주주의라는 단어를 활자화해왔다.
그러나 민주주의가 그 진정한 핵심이 여전히 잠들어 있는,
아직 깨어나지 못한 단어라는 사실은
아무리 반복해 말해도 오히려 부족할 것이다.
사람들이 그것에 공명하고 그 공명이 수차 분노의 폭풍이 되어
펜이나 입을 통해 그 음절들을 표출해왔음에도 불구하고 말이다.
내 생각에 민주주의는 아직 역사적 사건으로서 발생하지 않았기 때문에
그 역사가 아직 쓰이지 않은 채로 남아 있는 위대한 단어이다.

월트 휘트먼, 「민주주의의 전망」

Commonwealth

6.1 혁명적 평행론

나는 나에게 강제된 것을 제외하고는 인종이 없다.
나는 내가 속하도록 강요된 것을 제외하고는 조국이 없다.
나는 전통이 없다. 나는 자유롭다. 나에게는 오직 미래만이 있다.
리처드 라이트, 『이교도의 스페인』

메스티사인 나는 나라가 없다. 나의 조국이 나를 버렸다…
(레즈비언인 나는 인종이 없다. 나와 같은 인종의 사람들이 나를 거부한다.
그러나 나는 모든 인종이다. 내가 가진 퀴어함이 모든 인종 속에 있기 때문이다.)
글로리아 안잘두아, 『경계지대』

나는 영원히 열등한 인종에 속한다.
아르튀르 랭보, 「지옥에서 보낸 한 철」

연옥(煉獄) 속에 있는 정체성 정치

근래 정체성 정치identity politics는 많은 악평을 받아왔다. 한편으로 우파(뿐 아니라 좌파의 상당 부분)의 지배적인 반응은 정체성의 사회적 위계, 차별, 손상을 말하는 이들에게 바로 너희들이 그것을 만들어냈다는 비난을 가함으로써 이데올로기적인 '정체성 색맹'의 관점을 유지하고 그것이 지켜지도록 단속하는 것이다. 오바마가 미대통령으로 당선됨으로써 우리가 이미 '탈인종주의' 시대에 접어들었다는 주장만이 강화되었다. 다른 한편, 우리의 목적을 고려할 때 더욱 중요한 급진좌파의 반응은 혁명에 장애를 초래한다는 이유로 정체성 정치를 비판하는 것이다. 이러한 주장에 따르면 정체성의 인정과 긍정—계급 · 인종·젠더·섹슈얼리티, 심지어 때로는 종교적 정체성의 인정과 긍정—이 사회적 상처를 드러내고 사회악의 교정을 요구하며 반란과 탈거脫去, 구속벗기의 무기를 만들어낼 수는 있지만, 혁명에 필수적인 사회적 변신, 특히 자기변형을 수행하지는 못한다.* 그러나 모든 혁명적 운동들은 정체성에 근거한다. 여기서 우리는 수수께끼 같은 문제에 직면하게 된다. 혁명적 정치는 정체성에서 출발해야 하지만 거기서 끝나서는 안 된다. 중요한 점은 정체성 정치와 혁명적 정치 사이에 분할선을 긋는 것이 아니라, 반대로 정체성 정치 내부에 있으면서도 역설적이게도 정체성의 폐지를 향하는, 서로 평행하게 진행되는 혁명적인 사유와 실천의 흐름들을 따라가는 것이다. 다시 말해 혁명적 사유는 정체성 정치를 피해서는 안 되고, 오히려 정체성 정치를 관통하고 그것으로부터 배워야 한다.

정체성이 소유 공화국 안에서 소유 공화국에 맞서는 투쟁의 주된 매개체가 되는 것은 불가피한 일이다. 정체성 그 자체가 소유와 주권에 기초하기 때문이다. 첫 번째 층위에서 보면, 소유의 지배는 정체성을 창출하고 위계를 유지하는 수단이다. 예컨대 소유는 인종과 아주 깊숙이 얽혀 있다. 이는 세계 많은 지역에서 소유권의 역사가 노예 소유라는 대하소설에 뿌리박고 있기 때문만이 아니라, 재산을 소유하고 처분할 수 있는 권리가 법제화된 차별책의 도움을 받든 그렇지 않든 인종에 따라 위계화되어 있기 때문이기도 하다. 이와 유사하게 세계 전역에서 소유와 관련한 남성의 특권이 여성의 예속을 규정하고 있다. 여성을 소유물로 보는 관념이나 여성 매매에서부터 상속법 및

* 해방liberation과 구분하여 'emancipation'을 '탈거'로 옮긴다. 양자의 차이에 대해서는 이 책의 453면을 참조하라.

더 미묘하게 젠더에 따라 위계화된 소유형태들에 이르기까지 말이다. 그러나 더 심원한 두 번째 층위에서 보면, **정체성 자체가 바로 소유물**이다. 17·18세기 부르주아 이데올로기의 기원을 이루는, 주권적 개인과 소유적 개인주의의 관념은 철학적 의미에서 정체성을 소유물로 정립한다. 존 로크는 이렇게 썼다. "모든 인간은 자신의 **인신**person에 대한 **소유권**을 가진다."[1] 정체성은 물질적 관점에서도 소유물로 기능한다. 예컨대 체릴 해리스Cheryl Harris의 설명에 따르면 "법이 다른 유형의 소유물의 보유자에게 부여하는 것과 동일한 특권과 혜택을 백인성whiteness의 '보유자'에게 부여해온" 한에서, 백인성은 소유물이다.[2] 비록 양도 가능한 것은 아니지만, 정체성은 대부분의 재산형태들처럼 배제와 위계의 권력을 휘두를 수 있는 권리이자 소유물이다. 정체성은 소유 공화국의 무기인 것이다. 그러나 그것은 거꾸로 소유 공화국을 향해서 사용될 수도 있는 무기이다.

각각의 정체성 영역에 상응하는 혁명적 기획들을 독해하는 가운데 우리는 세 가지 공통적인 과제를 발견한다. 첫 번째 과제는 정체성이 소유물로서 휘두르는 폭력을 드러내고 그럼으로써 어떤 의미에서 그 정체성을 재전유하는 것이다. 이러한 측면에서 예를 들어 아프리카계 미국인 정체성의 '원초적 장면'은 헤스터 아줌마의 비명일 것이다. 프레더릭 더글러스Frederick Douglass는 헤스터 아줌마가 주인에게 채찍질을 당하면서 지르는 비명소리를 들을 때 느끼는 공포 속에서 노예 정체성과 흑인성이 그에게 어떻게 뿌리내리는지를 자서전에서 상세하게 서술한다.[3] 두보이즈와 프란츠 파농의 자전적 서술에서도 증언되고 있는 바와 같이, 흑인성(흑인됨)이라는 사실을 인식한다는 것은 차이의 발견일 뿐 아니라 무엇보다 집단적 예속과 폭력의 발견이기도 하다. 그러나 정체성의 폭력은 대개 비가시적이며 특히 그것에 종속되어 있지 않은 이들에게는 더욱 그렇기에 그것과 싸우기가 한층 더 어려워진다. 이것이, 예속된 이들을 지배적인 사회의 시야로부터 차단하는 장막이 존재한다는 두보이즈의 유명한 주장에 담긴 의미 중 하나이다. 환한 대낮에 집을 청소하고 아이들을 돌보고 상품을 생산하는 등 일반적으로 지배자들의 삶을 떠받치고 있는 것이 그들인데도, 그들은 불가사의하게도 사람들의 눈에 보이지 않는다. 그러므로 오늘날 정체성 정치의 가장 일반적인 형태인 불복종의 초기 과제는 이 비가시성을 공격하는 것, 장막을 찢거나 장막 위로 떠오르는 것, 그래서 사회 전체에 퍼져 있는 위계구조를 폭로하는 것이다.

정체성의 폭력을 가시적으로 만들기 위한 투쟁은 지배적 담론, 특히 북아메리카와 유럽의 지배적 담론이 인종적 위계, 젠더적 위계, 계급적 위계가 극복되었다고 선언하는 시대인 오늘날 한층 더 급박한 것일지도 모른다. 저들은 이렇게 이야기한다. 그래, 유감스러운 사회적 위계들이 있었고 노예제와 흑인차별법Jim Crow laws이 있었으며 가부장제 아래 여성들의 일반화된 예속, 원주민에 대한 억압과 학살, 공장과 노역장에서의 노동자 억압이 있었다. 그러나 이 모든 것은 과거의 일이니, 이제 사회는 '정체성 색맹'이어야 한다. 백악관에 있는 흑인이 이러한 담론의 궁극적인 확증으로 제시된다. 이 견해에 따르면 페미니즘, 반인종주의적 행동주의, 노동자 투쟁을 비롯한 정체성 정치가 위임받은 권한은 끝이 났으며, 계속해서 사회적인 정체성 분할을 이야기하는 자들만이 그러한 분할을 영속시키고 있다. 이런 식으로, 정체성의 선을 따라 존재하는 사회적 불평등에 대한 의식을 고취하는 사람들이 계급, 인종, 젠더 등의 정체성 분할을 만들어내는 것으로 그려진다. 그리고 그 결과 우리는 '피부색 색맹'인 인종주의, '젠더 색맹'인 성차별주의, '계급 색맹'인 계급 억압 등의 역설적 형태와 점점 더 많이 만나게 된다.[4]

예를 들어 미국의 비판적인 인종문제 학자들은, 오늘날 널리 퍼져 있는 지배적인 사법담론이 법사상과 실제 법집행 과정에서 반인종주의의 이름으로 '인종 색맹'적 관점을 요구한다는 의미에서 시민권에 기반을 둔 사법 패러다임의 한 형태가 아이러니하게도 승리를 거둔 셈이라고 설명한다. 이들의 주장에 따르면, 인종에 대한 이러한 법적 색맹은 계속되고 있는 인종적 위계를 감추고 법적 도구를 통해 그 위계와 대결하는 일을 더욱 어렵게 만들 뿐이다.[5] 라틴아메리카 전역의 자유주의적 과두정부들은 독립 이후부터 이와 유사한 '인종 색맹'적 이데올로기를 동원하여 (물리적 섬멸을 통해서가 아닐 때는) 교육, 백인과의 결혼, 이주를 통해 '인디오'를 박멸하고 마침내 토착문명의 흔적들을 박물관으로 보내 관광객들의 호기심거리로만 남게 하려는 목표로 토착민들을 스페인화하려 했다. 물론 이러한 민족통합 담론은 인종적 예속을 제거하지 않았고, 대부분의 경우 심지어 경감시키지도 않았다. 그것은 오히려 계속되고 있는 식민화를 덜 가시적으로 만들어서 식민화와 싸우는 일을 더욱 어렵게 하기만 했다.[6] 한 가지 예만 더 들자면, 개인들을 각자 판매할 물건(프롤레타리아의 경우에는 노동력, 자본가의 경우에는 화폐와 소유물)을 가지고 시장에 나오는 자유롭고 평등한 상품 소유자로 간주한다는 의미에서 시장 이데올로기는 '계급 색맹'이다. 이러한 시장 이데올로기는 노동과정 자체에 수반되는 위계와 명령을 가리고, 소유 및 가난과 연관된 '경제적' 폭력, 정복·제국주의·배제라는 '경제외적' 폭력, 그리고 계급분할을 창출하고 유지하는 사회적 통제를 숨긴다. 우리는 독자들이 이미 다른 정체성 영역에서 이러한 혹은 이와 유사한 사례들을 매우 많이 접했을 것이라고 확신한다. 여기에는 때로 결혼과 가족이라는 덮개 아래서 여성들이 겪고 있는 숨겨진 형태의 성적 폭력과 동성애혐오 및 이성애규범성의 폭력도 포함된다.

물론 정체성의 폭력과 위계는 단순히 의식(혹은 편견과 선입관)의 문제가 아니다. 다른 형태의 소유와 마찬가지로 정체성도 주로 사회 구조와 제도를 통해 위계를 유지한다. 그러므로 다양한 영역의 정체성 정치가 적극적으로 수행해야 할 첫 번째 과제는 색맹상태와 싸우는 것이다. 즉 정체성의 선을 따라 작동하는 잔인하게 현실적이면서도 너무 자주 가려져 있는 사회적 예속·차별·배제의 메커니즘과 체제를 가시화하는 것이다. 소유물인 정체성의 예속을 가시화한다는 것은 어떤 의미에서 정체성을 재전유하는 것이다. 따라서 정체성 정치의 이 첫 번째 과제는 전통적인 코뮤니즘 담론에서 **수탈자들에 대한 수탈**이 차지하는 위치에 놓일 수 있을 것이다.

그러나 정체성 정치는 너무나 자주 이 첫 번째 과제에서 시작해서 거기서 끝나며, 때로는 정체성을 자부하고 긍정하는 창백한 선언들과 결합되고 만다. 웬디 브라운Wendy Brown의 주장에 따르면, 사회적 폭력과 위계를 폭로하려는 정체성 기획은 상처에 집착해서 상처 입은 상태를 유지하는 일에 원한ressentiment의 태도로 집단적으로 몰두할 때 좌초하게 된다. 정체성이 소유물로 간주되고 재산으로서 방어된다고 말할 수도 있을 것이다. 이러한 정체성 정치가 결여하고 있는 가장 중요한 것은 그것의 기초여야 하는 자유에 대한 충동이라고 브라운은 주장한다.[7] 사실 페미니즘 이론과 흑인문제 연구에서 최근 가장 흥미로운 작업들 중 일부는 한때 페미니즘과 흑인 급진주의의 중심에 생기를 불어넣었던 자유의 담론으로 귀환하자는 주장을 편다. 예컨대 프레드 모튼Fred Moten은 흑인성이 종속과 예속의 표시가 아니라 (혹은 표시일 뿐 아니라) 힘과 활력의 소재所在라고 생각한다. "흑인성의 수행적 본질"은 노예화에 대한 저항, 혹은 더 일반적으로 말하자면 자유의 추구라는 것이다.[8] 모튼은 자주 탈거의 힘이 흑인들이 가진 특별한 재능 가운데 하나라고 말했던 두보이즈의 입장, 그리고 자유와 힘이 흑인 급진주의 전통 전체에 중심적이라는 세드릭 로빈슨Cedric Robinson의 주장과 일정 정도 공명하고 있다.[9] 린다 제릴리Linda Zerilli는 이와 유사한 방식으로 자유의 실천으로서의 페미니즘을 회복하여 2세대 페미니즘 초기의 일부 강력했던 흐름들로 되돌아가려 한다. 제릴리가 보기에 자유를 중심으로 하는 페미니즘은 앎(그리고 여성들이 사회적으로 예속되는 방식 등에 대한 폭로)보다는 함doing—"변형하기, 세계를 짓기, 새롭게 시작하기"—과 관계한다.[10] 유사한 사례를 하나만 더 들자면, 혁명적 마르크스주의 전통은 노동계급이 겪는 폭력과 고난을 폭로함으로써만이 아니라 자본에 반격을 가해서 그것으로부터의 자유를 획득할 수 있는 노동자들의 힘의 형상을 구축함으로써 프롤레타리아 정체성을 자본에 대항하는 무기이자 계급투쟁의 원동력으로 제시한다. 그러므로 정체성 정치의 두 번째 과제는 이처럼 자유를 추구하는 과정에서 예속된 정체성을 무기로 사용하여 분노에서 지배구조에 맞선 반란으로 나아가는 것, 그리하여 전통적으로 **국가권력 장악**이 담당했던 역할을 수행하는 것이다.

정체성 정치의 이 두 번째 과제, 즉 자유를 위한 투쟁은 상처에 집착하고 피해자로서의 위치에 초점을 맞출 때 발생하는 위험을 감소시키는 쪽으로 작용하지만, 투쟁과정이 정체성에 고정되어 서서히 멈추게 되는 일을 확실하게 막아주지는 않는다. 자유가 기존 주체의 탈거로 이해되면, 정체성은 전쟁기계이기를 그치고 주권의 한 형태가 된다. 소유물로서의 정체성은 그것이 제아무리 반란적이라 할지라도 언제나 소유 공화국의 지배구조 내에 수용될 수 있다.

이런 식으로 투쟁과정을 정지시키는, 1990년대에 특히 유행했던 정체성 정치의 한 갈래는 투쟁과정을 인정recognition의 기획으로 제시하는데, 이는 종종 헤겔적 변증법의 논리에 의해 인도된다. 찰스 테일러Charles Taylor나 악셀 호네트 같은 그 가장 저명한 주창자들의 작업에서 인정투쟁은 기존 정체성들의 표현과 그 진정성의 천명을 위해 노력하며, 궁극적으로는 모든 정체성 표현들에 대한 상호존중과 관용이라는 다문화적 틀의 구축을 목표로 한다. 이런 식으로 정치를 도덕성으로 대체함으로써 인정은 자유의 추구를 표현과 관용의 기획으로 환원한다. 여기서는 헤겔의 변증법에 대한 마르크스의 비판이 다시 한 번 도움이 된다. 헤겔의 변증법은 새로운 것을 창조하기보다는 기존의 것을 긍정할 뿐이다. 여기서 정체성은 수단이기를 그치고 목적이 되어버린다.[11]

이러한 방식으로 투쟁과정을 정지시키는 정체성 정치의 또 다른 갈래는 민족주의—정체성을 주권적인 것으로 만들려는 노력이라는 다소 넓은 의미로 이해된 민족주의—를 특징으로 한다. 예컨대 영토적 관점에서 제기되는 일은 거의 없지만, 반식민투쟁들과 그 민족해방이라는 목표에서 영감을 얻는 미국의 흑인 민족주의는 분리와 자결自決, 공동체의 경제에 대한 통제, 공동체 질서유지 등을 함축하는 인종적 정체성의 주권을 목표로 한다. 이와 유사하게 젠더 민족주의를 특징으로 하는 페미니즘 정치나 게이·레즈비언 민족주의를 특징으로 하는 게이·레즈비언 정치의 어떤 흐름들을 생각하는 일은 어렵지 않다. 또한 노동자 민족주의라는 형태를 취하는 노동자 정치의 길고 복잡한 역사도 존재한다. 이 모든 경우들에서 민족이라는 은유는 공동체가 사회 전체로부터 상대적으로 분리됨을 가리키고 주권적 국민의 구축을 시사한다. 다문화주의적 인정투쟁과 달리 이 모든 민족주의들은 예속의 구조에 맞서 끊임없이 반란을 일으키는 전투적 형성체이다. 그러나 이 민족주의들은 결국 정체성의 고정성을 강화시키는 것으로 끝나고 만다. 모든 민족주의는 공동체 구성원의 행동을 단속하고 타인으로부터의 분리를 관리하여 정체성 규칙들에 대한 복종을 강제하는 훈육적 형성체이다. 곧 살펴보겠지만 이러한 이유 때문에 말콤 엑스Malcolm X나 휴이 뉴턴Huey Newton 같은 일부 가장 혁명적인 흑인 민족주의 옹호자들이 결국 민족주의적 입장을 떠나게 된다. 정체성의 처음 두 과제를 완수하고 혁명적 정치로 나아가는 열쇠는 폭력과 예속을 가시화하는 일, 그것들에 맞서 반란을 일으키는 일, 자유를 위해 투쟁하는 일이 단순히 정체성으로 돌아가서 거기서 멈추지 않도록 하는 것이다. 정체성 정치가 혁명적으로 되기 위해서는 계속해서 앞으로 나아갈 수 있는 수단을 발견해야 한다.

여기서 결정적으로 중요한 것이 탈거emancipation와 해방liberation 간의 용어상의 구분이다. 탈거가 정체성의 자유, **진정한 당신 자신**who you really are일 수 있는 자유를 추구하는 데 반해, 해방은 자기결정과 자기변형의 자유, **당신이 앞으로 될 수 있는 바**what you can become를 결정할 수 있는 자유를 목표로 한다. 정체성에 고정된 정치는 주체성의 생산을 중단시킨다. 이와 달리 해방은 주체성 생산에 관여하고 그것을 장악해서 그것이 계속해서 앞으로 나아가도록 해야 한다.

혁명은 괴물스럽다

앞의 두 과제를 뒷받침하고 정체성의 반란적 기능을 계속해서 전진시켜서 정체성 정치가 혁명적 기획으로 나아가도록 하기 위해서는 세 번째 정치적 과제, 즉 정체성 자신의 폐지를 위해 싸우는 것이 필요하다. 정체성의 자기폐지는 어떻게 혁명적 정치가 정체성으로 시작하면서도 거기서 끝나지 않을 수 있는지를 이해하는 열쇠이다. 이 역설적 과정이 변증법적 부정처럼 들릴지도 모르지만, 실제로는 곧 살펴보게 될 것처럼 단연코 긍정적인 자기변형과 변신의 운동이다. 나아가 이는 페미니즘, 인종정치, 계급정치를 비롯한 정체성 정치의 혁명적 흐름을 모든 비혁명적 형태들과 구분하는 기준이다.

혁명적 코뮤니즘 전통은 이러한 역설적 명제를 이해하는 데 유용한, 아마도 가장 분명한 사례를 제공한다. 이 전통에 따르면 프롤레타리아는 하나의 계급으로서 자신을 폐지하려 하는 한에서 인류 역사에서 진정으로 혁명적인 첫 번째 계급이다. 귀족을 비롯한 이전의 모든 지배계급들이 그러했듯이 부르주아는 계속해서 스스로를 보존하려 한다. 마리오 트론티는 이렇게 쓴다. "노동계급이 자본에 맞서 투쟁하기 위해서는 자본의 일부인 자신에 맞서 투쟁해야 한다. (…) 노동에 맞선 노동자들의 투쟁, 자기 자신에 맞선 노동자의 투쟁"—바꿔 말하면 자기 자신의 정체성의 폐지를 목표로 하는 정체성 정치.[12] 이 코뮤니즘적 명제는 첫눈에 보이는 것만큼 그렇게 역설적이지 않다. 혁명적 노동자들이 목표로 하는 것은 그들 자신의 파괴가 아니라 그들을 노동자로 규정하는 정체성의 파괴이기 때문이다. 다시 말해 계급투쟁 제1의 목표는 자본가들을 죽이는 것이 아니라 그들의 특권과 권위를 유지시키는 사회구조와 제도를 파괴하고, 그렇게 함으로써 또한 프롤레타리아를 예속시키는 조건들까지도 폐지하는 것이다. 이러한 기획의 중심 슬로건이 **노동거부**이며, 우리는 다른 곳에서 이에 대해 자세히 탐구한 바 있다. 노동거부 그리고 궁극적으로 노동계급의 폐지가 생산과 혁신의 종말을 의미하지는 않는다. 그것은 오히려 우리의 창조적 힘의 확장을 가능케 하고 촉진하는, 아직 상상된 적이 없는 생산관계를 자본을 넘어서 창안하는 것을 의미한다.[13] 노동자 정체성을 넘어서는 이러한 운동은 노동자로서의 예속을 규정하는 폭력과 위계의 구조적·제도적 형태를 가시화하고 그것으로부터의 자유를 위해 투쟁하는 가운데 앞의 두 과제를 종합하고 또 이를 더 밀어붙인다. 물론 여기에 노동자 정체성의 인정이나 긍정, 정체성의 재산으로서의 소유가 들어설 여지는 없다. 자신의 폐지를 겨냥하는 무기로서의 정체성이 아니라면 말이다. 그러므로 정체성의 폐지를 위한 기획은 전통적으로 **소유의 폐지와 국가의 폐지**가 담당했던 역할을 수행한다. 혁명적 코뮤니즘이 탈거가 아닌 해방—노동**의** 탈거가 아닌 노동**으로부터의** 해방—의 기획이기 위해서는, 노동자 정체성을 넘어서는 자기변형의 과정을 개시해야 한다.

이러한 정식화는 혁명적 형태의 계급정치와 혁명적이지 않은 형태의 계급정치를 명확히 구분하는 데 도움을 준다. 혁명적 정치는 자본주의적 사회구조 내에서 노동자들이 처한 조건을 개선하는 것만을 목표로 삼지 않는다. 더 나은 노동조건, 더 높은 임금, 강화된 사회서비스, 통치에 있어서의 더 많은 대의 등을 비롯한 여러 개혁들을 달성함으로써 노동자들은 인정을, 심지어 탈거조차도 성취할 수 있을 것이다. 그러나 이는 오직 **노동자로서의** 정체성을 보존하는 경우에만 해당되는 이야기이다. 혁명적 계급정치는 주체성 생산과 사회적·제도적 혁신의 과정을 가동시키면서, 노동자를 예속시키는 구조와 제도를 파괴하고 그리하여 노동자 정체성 그 자체를 폐지해야 한다. 또한 혁명적 계급정치는 노동자들이 새로운 지배계급으로서 권력을 장악하여 하나의 사회계급이 다른 사회계급을 대신해 권좌를 차지하는 오랜 역사를 더 연장시키는 것을 목표로 하지 않는다. 그리고 혁명적 계급정치는 기존의 계급 정체성들 가운데 하나를 보편화함으로써, 즉 모든 이들을 부르주아 혹은 프롤레타리아로 만듦으로써 사회적 평등을 창출하는 것 역시 목표로 삼을 수 없다. 이러한 비혁명적 기획들은 노동자 정체성을 고스란히 남겨두지만, 혁명적 과정은 이를 폐지해야 한다. 하지만 자본가와 노동자가 없는 사회란 무엇이며, 또 그런 사회에서의 생산은 어떤 식으로 이루어질 것인가? 이것이 바로 우리가 공통적인 부의 자율적 생산이라는 관점에서 5부를 비롯한 이 책 전체에서 탐구했던 바이다.

정체성의 이러한 혁명적 폐지가 정체성 정치의 처음 두 과제의 기반을 침식하거나 차이가 사라진 카오스와 사회적 혼돈상태를 초래할지도 모른다는 두려움은 부디 보류해주길 바란다. 곧 이 문제를 고찰하기 위해 돌아올 것이다. 우리는 우선 이러한 분석을 다른 정체성 영역으로 확장해서 어떻게 그 각각의 영역에서도 마찬가지로 정체성의 자기폐지가 혁명성을 규정하는지를 살펴보고자 한다.

혁명적 페미니즘은 젠더의 폐지를 목표로 한다는 점에서 여타의 페미니즘적 입장들과 구분된다. 혁명적 페미니즘은 여성으로 태어나는 것이 아니라 여성으로 만들어지는 것이라는 점을 증명하고 가부장제가 행사하는 폭력을 폭로하며 가부장제적 사회제도에 맞서 반란을 일으키고 여성의 평등과 탈거를 요구하는 것에 더해서, 정체성으로서의 여성의 폐지를 추구한다. 웬디 브라운은 이렇게 설명한다. “혁명적 페미니즘은 우리가 새로운 여성과 남성이 될 수 있다는 것, 젠더를 생산해내는 조건들을 말 그대로 손에 넣어서 젠더를 다르게 생산할 수 있다는 것, 법을 비롯한 다른 제도들로부터 젠더적 편견을 제거할 수 있을 뿐 아니라 인간 그 자신이 역사적으로 젠더를 넘어서 생산될 수 있다는 것을 천명했다.”[14] 이보다 앞서 게일 루빈Gayle Rubin은 “젠더를 (…) 만들어내는 사회체제의 철폐”가 목표임을 분명히 표현한 바 있다.[15] 앞서 언급한 제릴리의 작업과 같은, 오늘날 “자유를 중심으로 하는” 페미니즘 조류들은 이러한 혁명적 페미니즘의 사유와 맥을 같이 하는 것으로 간주되어야 할 것이다. 자유의 추구를 탈거가 아닌 해방의 과정으로, 젠더 정체성을 보존하고 긍정하는 것이 아니라 정체성을 폐지하고 젠더 관계를 변형시키는 과정으로 사고하는 한에서 말이다. 해러웨이는 이러한 혁명적 명제를 단순하게 “젠더 없는 괴물스러운 세계 (…) 에 대한 유토피아적 꿈”이라 부른다.[16] 혁명적 기획은 개혁주의적인 탈거의 전망—젠더적 차이가 없는 세계가 아니라 젠더적 위계가 없는 세계—을 넘어서 정체성 자체의 폐지를 지향한다. 차이들은 존재할 것이다. 아니 실은 특이성들이 급증할 것이다. 그러나 지금 우리가 젠더라고 알고 있는 바와 같은 것은 존재하지 않을 것이다. 그러므로 혁명적 페미니즘은 라블레적 의미에서 괴물스럽다. 그것은 창조와 발명의 힘으로 넘쳐흐른다.

이러한 관점에서 볼 때 퀴어 정치는 가장 분명하게 혁명적인 형태의 정체성 정치일 것이다. 마이클 워너Michael Warner, 주디스 버틀러, 이브 세지윅Eve Sedgwick 같은 그 가장 중요한 주창자들의 작업 속에서 퀴어 정치가 정체성 정치를 정체성 비판과 불가분하게 연결시키고 있기 때문이다. 다시 말해 퀴어 정치는 다른 젠더적 위계와 더불어 이성애규범성과 동성애혐오의 폭력과 예속을 폭로하고 그것에 맞서 투쟁하기 위한 기획을 제안하면서도 동시에 여성, 남성 등 여타의 젠더 정체성과 함께 정체성으로서의 '동성애자'를—종종 호세 무뇨스José Muñoz가 '탈정체화'disidentification라 칭한 과정을 통해—폐지하려 (혹은 적어도 불안정하게 하거나 문제시하려) 한다. 애너매리 야고스Annamarie Jagose는 이렇게 주장한다. "퀴어는 (…) 자신을 공고하게 하거나 심지어 안정적으로 만드는 데 아무런 관심을 가지고 있지 않은 정체성 범주이다. (…) 퀴어는 정체성이라기보다는 정체성에 대한 **비판**이다."[17] 그러나 오늘날 다른 많은 저자들의 작업과 점점 더 많은 공적 담론들 속에서 '퀴어'가 정체성에 대한 비판이 아니라 단지 또 하나의 정체성 범주로, 종종 LGBT(레즈비언, 게이, 바이섹슈얼, 트랜스젠더/트랜스섹슈얼)의 약칭으로 사용되고 있다는 점에 주목해야 한다. 다른 정체성 영역에서 비혁명적 흐름과 혁명적 흐름 간의 개념적 (그리고 정치적) 분열을 볼 수 있었듯이, 퀴어 이론과 퀴어 정치의 영역 역시 퀴어를 정체성으로 긍정하고 옹호하는 기획과 퀴어를 반反정체성으로 사용하여 모든 젠더 정체성을 침식하고 폐지하며 일련의 생성(되기)들을 작동시키는 제안들로 나뉜다.[18]

흑인 급진주의 역시 다른 정체성 영역과 마찬가지로 혁명적 명제에 입각한 강력한 전통을 가지고 있는데, 특히 북아메리카, 카리브해 연안, 영국 및 여타 흑인 이주지역들에서 그렇다. 이 전통은 백인우월주의에 맞선 반란을 흑인성을 폐지하는 과정으로 보완한다. 파농은 초창기에 쓴 글에서 이렇게 말한다. "나는 유색인의 자기 자신으로부터의 해방과 다름없는 것을 제안한다."[19] 자기 자신으로부터의 이러한 해방은 정체성의 자기폐지이다. 즉 그것은 인종적 위계의 파괴뿐 아니라 우리가 알고 있는 바와 같은 인종의 폐지를, 그리하여 파농의 용어로 하자면 새로운 인간의 창조를 나타낸다. 우리가 앞서 프레드 모튼의 저작에서 인용한 바 있으며 흑인 급진주의 전통에서 중심적 위치를 차지하는 자유의 추구는 그러한 혁명적 명제를 함축한다. 자유를 탈거가 아니라 해방으로, 그리하여 인간이 인종적 정체성을 넘어 변화하는 것으로 사고한다면 말이다. 이러한 측면에서 말콤 엑스와 휴이 뉴턴이 정체성에 대한 민족주의적 긍정과 혁명적 기획 사이에 존재하는 갈등을 인식하고, 자신들이 이전에 옹호했던 흑인 민족주의의 입장을 문제시하면서 그로부터 한 발 물러섰다는 점은 흥미롭다. 특히 뉴턴은 인종적 정체성과 그 예속 구조의 폐지를 함축하는 해방을 위한 정치적 틀을 표현하려 노력하는 가운데 민족주의에서 국제주의로, 마침내는 '상호공생주의'intercommunalism로 혁명의 틀을 점차 이동시켰다.[20] 마지막으로 우리는 또한 이 혁명적 명제가 인종폐지 쪽으로 흑인정치의 담론을 이동시키려 했던 폴 길로이Paul Gilroy의 노력의 바탕을 이루고 있다고 생각한다. 길로이에 따르면, 겉보기에 오늘날 인종적 정체성은 고정되고 극복 불가능하며 기껏해야 인정의 대상이 된 것으로 보인다. 그러나 그는 "백인우월주의로부터의 해방이 아무리 급박하게 요구되더라도, 그것만이 아니라 모든 인종화하는 사고와 학적 인종주의*의 사상으로부터의 해방, 인종화된 방식으로 보고 생각하는 습성으로부터의 해방, 그리고 생각하기 자체를 인종화된 방식으로 생각하는 것으로부터의 해방을 요구"할 것을 제안한다.[21] 물론 길로이의 제안을 끝까지 따라가려면 사유 대상으로서의 인종만이 아니라, 더욱 중요하게는 사회적 위계·차별·지배의 구조와 제도로서의 인종이 파괴되어야 한다. 다시 한 번 말하지만, 정체성의 폐지는 소유와 주권의 폐지를 함축한다. 예속의 정체성으로서의 흑인성뿐 아니라 흑인성 그 자체를 백인성을 비롯한 모든 인종적 정체성들과 더불어 파괴하는 해방의 기획만이 새로운 인간의 창조를 가능케 한다.[22]

정체성 정치에서 나란히 출현하는 이러한 평행적인 혁명적 명제들은 혁명적 기획의 본질적 측면을 강조하는 두 가지 중요한 비판을 맞게 된다. 첫 번째 비판은 정체성을 폐지하자는 제안이 사회적 억압을 폭로하고 그에 맞서 싸우는 정체성 정치의 능력을 침식한다고 주장한다. 다시 말해 우리의 세 번째 과제가 처음 두 과제와 모순되며, 그러한 과제를 수행하는 데 필요한 분석적·정치적 도구를 빼앗는다는 것이다. 이러한 관점에서 보면, 정체성을 폐지하려 애쓰는 것은 정체성과 그 위계를 보이지 않게 만드는 지배적이고 반동적인 전략에 힘을 실어줄 뿐이다. 예를 들면 많은 페미니스트 학자들이 여성이라는 범주를 문제시하고 불안정하게 만든다는 이유로 주디스 버틀러의 저작, 특히 『젠더 트러블』*Gender Trouble*과 『의미를 체현하는 육체』*Bodies That Matter*를 비판한다. 젠더화된 정체성이 토대가 되지 않는다면 젠더적 위계를 부각시키고 분석하여 그것에 맞서 투쟁할 수 없다는 것이 이들의 주장이다.[23] 인종의식에 맞서 인종적 정체성의 폐지라는 목표를 제시하는 폴 길로이의 논의 역시 유사한 반대에 부딪힌다. 인종적 사

---

* 여기서 우리가 '학적 인종주의'로 옮긴 'raciology'는 인종적 열등함이나 우월함 같은 인종주의적 믿음을 학적 언어로 정당화하려 하는 사이비 과학의 기법과 가설 등을 가리킨다.

고 없이는 인종주의의 폭력을 가시화할 방법이 없고, 흑인 정체성이 없다면 백인우월주의에 맞서 투쟁할 반란의 형상도 없다는 것이 그러한 반대의 요체이다.[24] 이러한 비판들은 세 가지 과제가 분리될 수 없다는 사실을 부각시킨다. 처음 두 과제 없이 세 번째 과제—정체성의 폐지—를 추구하는 것은 순진하며, 현존하는 위계에 도전하는 일을 더 어렵게 만들 위험이 있다. 그러나 세 번째 과제가 없다면, 앞의 두 과제는 정체성 형성체들에 얽매여 해방의 과정에 착수할 수 없다. 나아가 (설명의 명료함을 위해 세 가지 과제를 순차적으로 제시하기는 했지만) 우리는 이 과제들 모두를, 예컨대 혁명의 순간을 어떤 막연한 미래로 유예함 없이 동시에 추구해야 한다.

다양한 정체성 부문에서 출현하는 혁명적 명제에 대한 두 번째 비판은 차이의 이름으로 행해진다. 이러한 비판은 정체성을 폐지하면 차이 그 자체가 파괴될 것이고 그 결과 우리는 무차별적인 사회적 장에 맡겨질 것이라는 경고와 함께 이루어진다. 예를 들어 어떤 이들은 젠더를 넘어선 세계라는 퀴어 혹은 페미니즘 유토피아에는 차이와 욕망이 없는 양성적 존재들이 살게 될 것이라고 염려한다. 그러나 정체성—이 경우에는 젠더 정체성—의 폐지가 차이 그 자체를 파괴하고 그리하여 모든 이들을 똑같게 만드는 일을 함축하지 않는다는 점을 인식하는 것이 중요하다. 반대로 정체성의 폐지와 함께 차이들—사회적 위계를 나타내지 않는 차이들—의 발산과 번성이 시작된다. 예컨대 이브 세지윅은 우리가 갖고 있는 그 모든 무수한 성적 욕망의 차이들이 동성애와 이성애라는 두 가지 범주에 가둬져서 오직 욕망 대상의 젠더에 의해서만 규정되고 있다고 주장한다(더 정확히는 불평한다). 우리가 이러한 눈가리개를 벗을 수 있다면, 이보다 종종 더 의미심장한 수많은 차이들이 성적 욕망의 우주를 채우고 있음을 알게 되리라는 것이다.[25] 여성과 남성이라는 두 젠더 정체성과 함께 이성애와 동성애가 폐지되면 다양한 성적 차이들이 봇물 터지듯 쏟아져 나올 수 있을 것이다. 들뢰즈와 가타리가 즐겨 말했듯이 두 개의 성이나 0개의 성이 아니라 n개의 성이 말이다.[26] 폴 길로이 또한 이와 유사하게 차이의 번성을 특징으로 하는 비인종적 사회를 사고하기 위해 디아스포라diaspora라는 개념을 사용한다. 그의 설명에 따르면 디아스포라의 조건과 관점은 변치 않는 기원이나 순수하고 고정적인 정체성에 대한 그 어떤 향수도 함축하지 않으며, 반대로 혼합과 이동이 가능케 하는 풍요로움과 사회적 창조성을 조명한다. 그래서 길로이는 '공생공락'conviviality으로 규정되는 사회, 즉 사회적 차이들이 함께 살면서 자유롭게 상호작용하는 사회를 그린다. 그는 영국 메트로폴리스의 다문화적인 사회적 삶에서 이러한 상황이 출현하고 있음을 본다.[27] 혁명적 기획은 인종적 정체성들에 대한 다문화적 인정을 넘어서, 우리가 더 이상 인종적인 것으로 인식하지 않는 번성하는 차이들 간의 공생공락을 창조해내야 하는 것이다.

세 가지 주된 정치적 과제들을 따라 정체성을 살펴본 지금 이 시점에서 정체성 개념을 다시 생각해볼 필요가 있다. 사실 여기서 우리가 분석하고 있는 과정에 더 적합한 개념은 **특이성**singularity이기 때문이다. 특이성은 유럽 사상에서 둔스 스코투스와 스피노자로부터 니체와 들뢰즈로 이어지는 오랜 역사를 갖고 있는 개념이다(우리는 5부 끝머리의 「인간에 관하여 2」에서 유럽 사상의 이 대안적 노선에 관해 논한 바 있다). 정체성과 비교할 때 특이성 개념은 세 가지 주된 특징으로 규정되는데, 이 특징들 모두가 특이성을 본래적으로 다양성과 연결시킨다. 우선 모든 특이성은 자신 외부의 다양성을 가리키며 그것에 의해 규정된다. 어떤 특이성도 홀로 존재하거나 파악될 수 없다. 특이성의 존재와 정의는 필연적으로 사회를 구성하는 다른 특이성들과의 관계로부터 나온다. 둘째, 모든 특이성은 자신 내부의 다양성을 가리킨다. 각각의 특이성을 가로지르는 수많은 분할들은 특이성의 정의를 침식하는 것이 아니라 실제로는 그것을 구성한다. 셋째, 특이성은 언제나 다르게 되기의 과정, 즉 시간적 다양성에 관여한다. 사회적 다양성을 구성하는 다른 특이성들과의 관계와 각각의 특이성들 내부의 다양성의 내적 구성이 끊임없이 유동하기 때문에, 사실상 이 세 번째 특징은 앞의 두 특징으로부터 나온다고 할 수 있다.[28]

정체성에서 특이성으로 관점을 이동시키면 투쟁과정의 혁명적 계기가 명료해진다. 정체성의 관점에서는 이 과정이 자기폐지라는 부정적이고 역설적인 관점에서 이해될 수밖에 없는 반면, 특이성의 관점에서 투쟁과정은 변신의 계기이다. 그리고 이러한 맥락에서 혁명적 과정이 차이의 번성을 낳는 이유는 미스터리가 아니다. 다르게 되는 것이 특이성들의 본성이기 때문이다. 그러므로 다양성과 변신을 특징으로 하는 특이성 개념은 너무나 자주 정체성에 관한 담론들을 괴롭히는 모든 변증법적 환상을 해소시킨다는 이점 또한 가지고 있다. 특이성은 다양체들의 장場인 공통적인 것과 맞물려 있으며 그 때문에 소유의 논리를 파괴한다. 소유에 있어서 정체성과 같은 것이 공통적인 것에 있어서는 특이성이다. 따라서 정체성과 특이성의 구별은 앞서 언급한, 자유 획득에 대한 두 가지 관념들(탈거와 해방)의 구별에 상응한다. 즉 정체성에게는 탈거가 가능할 뿐이며, 오직 특이성만이 스스로를 해방시킬 수 있다.

정체성을 폐지하는 이 혁명적 과정은 괴물스럽고 폭력적이며 트라우마를 낳기도 한다는 것을 명심해야 한다. 당신 자신을 구하려 하지 말라. 사실 희생되어야 할 것은 바로 당신의 **자아**이다. 해방이 이루어지면 정체성을 공유할 아무런 대상도 없는 무차별적인 바다에 빠지게 된다는 말이 아니라 기존의 정체성들이 더 이상 닻으로 기능하지 않는다는 말이다. 많은 이들이 인종, 젠더 혹은 다른 정체성 형성체들이 없는 세계라는 미지의 바다에 몸을 던지기보다는 벼랑 끝에서 물러나 지금 자신의 모습에 머무르려 할 것이다. 정체성 폐지는 또한 우리가 앞서 언급한 가족·기업·민족과 같은 공통적인 것의 부패한 제도들 모두를 파괴할 것 역시 요구한다. 이는 지배권력에 맞선 (종종 폭력적인) 전투를 수반할 뿐 아니라, 이러한 제도들이 부분적으로 현재 우리의 모습을 규정하고 있기 때문에 분명 피 흘림보다 더 고통스러운 과정을 수반할 것이다. 혁명은 소심한 겁쟁이의 과업이 아니다. 혁명은 괴물들의 것이다. 당신은 당신이 될 수 있는 바를 찾기 위해 지금의 당신을 잃어야 한다.

혁명적 배치들

정체성 정치—그 핵심에서는 특이성 정치—의 세 가지 주요 과제를 대략적으로 살펴보았으니 이제 특이성들 간의 관계를 분석해볼 필요가 있다. 인종투쟁, 계급투쟁, 젠더투쟁, 섹슈얼리티투쟁은 서로 어느 정도로 일치하거나 충돌하는가? 우리는 지금까지 서로 다른 정체성 영역들에 공통적인 과제를 부각시킴으로써, 그 예속형태와 반란 및 해방 과정의 평행적 성격을 강조했다. 이제 우리는 갈등과 그 갈등을 다룰 수단에 초점을 맞춰야 한다.

정체성 정치는 개념상 이론적·실천적 전통들 간의 번역과정을 가능케 하는 일정한 평행성—인종적 예속의 구조는 젠더적 예속, 계급적 예속 등의 구조와 몇 가지 공통적인 요소를 공유한다—을 품고 있다. 학자와 활동가들에게 매우 생산적인 역할을 수행해온 이러한 번역과정은 동일성을 함축하지 않는다(인종·계급·젠더·섹슈얼리티와 연관된 분석틀과 전략들은 질적으로 상이하다). 실제로 그러한 번역은 공통적인 것에 기초할 때 가능하다.

이처럼 번역이 공통적인 것에 기반을 둔다고 해서 정체성들이 분할되어 있고 서로 갈등한다는 점이 부정되는 것은 아니다. **교차성** intersectionality 개념은 두 가지 주요한 측면에서 분할을 부각시키는 데 유용하다. 무엇보다 다양한 정체성들이 교차한다. 다시 말해 폭력과 위계의 구조들이 흑인 레즈비언이나 아이마라 농민과 같은 특정한 주체들 속에서 동시에 작용한다. 이는 각각의 정체성이 다른 정체성들에 의해 내적으로 분할됨을 의미한다. 예컨대 인종적 위계가 젠더와 계급을 분할하기도 하고, 젠더적 위계가 인종과 계급을 분할하기도 한다. (이러한 내적 다양성이, 앞서 우리가 말했듯이 특이성이 정체성보다 개념으로서 더 적합한 한 가지 이유이다.) 둘째, 다양한 정체성들의 정치적 과제가 반드시 일치하는 것은 아니며, 오히려 종종 분리되고 어긋나며 심지어 충돌하기까지 한다. 예컨대 인종적 폭력을 드러내고 그에 맞서 투쟁하는 것이 젠더적 예속에 맞선 투쟁에 반드시 기여하는 것은 아니다. 역사적으로 보면 오히려 반인종주의 투쟁은 노동자 투쟁과 마찬가지로 젠더적 예속을 대체로 눈감아왔고 심지어 그것에 기여해왔다. 다시 말해 교차 분석이 부각시키는 사실은, 정체성들이 겪는 폭력과 예속의 형태들이 서로 평행적인 면을 가지고 있음에도 불구하고 그것들을 다루는 정치적 기획은 서로 충돌할 수 있다는 것이다(어떤 이들은 필연적으로 충돌한다고 주장하기도 한다). 그러나 우리가 수행하고 있는 분석의 맥락에서 정체성들의 인정·긍정·탈거를 위한 투쟁은 실제로 필연적으로 충돌할지도 모르지만, 특이성들의 해방운동은 서로 평행하게 전개되는 가운데 결합될 수 있는 잠재력을 가지고 있다. 다만 교차 분석은 그러한 결합과 평행성이 자동적으로 주어지는 것이 아니라 성취되어야 할 것이라는 점을 보여준다.[29]

스피노자가 제시한 모델에 따라 생각하면 사실 평행론parallelism은 교차성의 교훈을 파악하고 발전시키는 수단이 된다. 스피노자의 평행론은 "관념들의 질서 및 연결은 사물들의 질서 및 연결과 동일하다"라는 명제로 정의된다.[30] 스피노자의 주장은 다음과 같다. 사유와 연장延長이라는 두 속성은 서로에 대해 자율적이다(정신은 신체가 행동하도록 만드는 원인이 될 수 없고, 신체 역시 정신이 사유하도록 만드는 원인이 될 수 없다). 그러나 사유의 영역과 연장의 영역에서 이루어지는 전개는 동일한 질서와 연결을 따른다. 양자 모두 공통적인 실체에 참여하고 그것을 표현하기 때문이다. 그러므로 정체성 영역들을 속성의 위치에 놓고 생각한다는 것은 각 영역의 상호자율성을 강조함을 의미한다. 정신이 신체가 행동하도록 만드는 원인이 될 수 없는 것과 마찬가지로, 계급투쟁이 반드시 젠더억압을 다루는 것은 아니고 인종투쟁이 필연적으로 동성애혐오와 이성애규범성을 공격하는 것도 아니다. 그러나 각 영역에서 특이성들이 수행하는 반란, 해방, 변신의 경로는 동일한 질서와 연결을 따를 수 있다(그리고 우리는 그래야 한다고 생각한다). 하지만 스피노자의 모델과 달리 지금 이야기되고 있는 평행론은 주어지는 것이 아니라 정치적으로 성취되어야 한다. 이 잠재적 상응관계를 드러내고 이해하기 위해 번역과정이 필요하다. 즉 각 영역의 언어가 가지고 있는 자율성을 인정하는 동시에 그 언어들 간의 소통을 촉진시키는 과정이 필요한 것이다. 그리고 구체적인 정치적 조직화의 과정에서 저 언어들 사이의 갈등이 다루어지고 연결되어야 한다. 그 결과 등장하는 것은 반란과 변신의 사례들이 한꺼번에 소용돌이치는 한 떼의 정치적 활동이라고 할 만한 무엇이다. 우리는 이어지는 장들에서 이 떼와 그것의 지성 그리고 그 내적 조직을 탐구해야 할 것이다.

이러한 평행론을 주장하는 것은 분명 그 어떤 영역이나 사회적 적대도 다른 영역이나 적대보다 우선적이지 않다고 보는 것을 의미한다. 지젝은 그가 보기에 정체성 정치가 고무한 다문화주의가 위세를 떨치는 데 반대하면서 계급투쟁은 인종투쟁이나 젠더투쟁과 질적으로 다르다고 (그것들보다 우월하다고) 주장한다. "인종-젠더-계급이라는 식으로 계열을 만드는 것은 계급의 경우 다른 정치적 공간의 논리가 적용된다는 사실을 가린다. 반인종주의 투쟁과 반성차별주의 투쟁은 타자에 대한 완전한 인정을 위한 노력에 의해 인도되지만, 계급투쟁은 타자를 극복하고 제압하며 심지어 절멸시키는 것을 목표로 한다. 이때 절멸이 직접적인 물리적 절멸을 의미하는 것은 아니라 하더라도, 계급투쟁은 타자의 사회정치적 역할과 기능의 절멸을 목표로 한다."[31] 우리는 지젝의 주된 비판이 우리가 앞서 언급한 위험, 즉 정체성 투쟁이 소유물로서의 정체성에 고착되어 해방과정에 참여하지 못하는 위험을 제기하는 한에서 그것에 동의한다. 그러나 계급투쟁이 이러한 측면에서 반인종주의 투쟁이나 반성차별주의 투쟁과 필연적으로 다르다고 생각했다는 점에서 지젝은 틀렸다. 우리는 정체성에 갇혀서 노동자 정체성을 긍정하고 노동을 찬양하는 계급정치 형태들을 너무나 많이 보아왔다. 그러나 이보다 더 중요한 것은 지젝이 젠더 정치나 인종정치의 혁명적 형태들을 알아보지 못한다는 점이다. 혁명적 계급투쟁이 부르주아라 불리는 사람들 모두의 절멸을 목표로 하는 것이 아니라 부르주아의 "사회정치적 역할과 기능"(우리는 노동자의 사회정치적 역할과 기능도 덧붙이고 싶다)을 없애는 것을 목표로 하는 것과 마찬가지로, 혁명적 페미니즘 정치와 반인종주의 정치는 성차별주의자나 인종주의자, 나아가 가부장제나 백인우월주의만이 아니라 젠더 정체성과 인종 정체성의 토대 역시 공격한다. 그러므로 지젝은 혁명적 계급투쟁과 혁명적이지 못한 인종투쟁 및 젠더투쟁을 대비시킴으로써 잘못된 비교를 하고 있는 셈이다. 노동자들을 위한 임금요구, 성폭력으로부터의 법적 보호, 예속된 집단들을 위한 사회적 권리나 소수자 우대정책 등과 같이 (종종 매우 중요하지만) 혁명적이지 못한 형태에서 다양한 투쟁들은 서로 크게 갈라지고 자주 충돌한다. 그러나 정체성·소유·주권을 폐기하고 그리하여 다양성의 장을 여는 혁명적 형태를 취할 때, 투쟁들은 서로 평행적 관계에 놓인다.

스피노자의 평행론은 인종, 계급, 젠더, 섹슈얼리티 등등으로 이어지는 목록을 작성할 때마다 번번이 느끼게 되는 곤혹스러움—"등등"이 특히 우리를 곤혹스럽게 한다—을 해소해주는 이점도 갖고 있다. 스피노자의 주장에 따르면, 실체를 평행하게 표현하는 속성들이 무한히 존재하지만 인간은 그중 오직 두 가지, 즉 사유와 연장만을 (양태로서는 정신과 신체만을) 인식할 수 있다. 이와 동일한 방식으로 우리가 살고 있는 사회에서는 오직 제한된 수의 경로만이 인식되고 있지만, 사실 투쟁과 해방의 경로는 무한하다고 말해야 할 것이다. 다수성은 문제가 되지 않는다. 무한성조차 문제가 아니다. 가장 중요한 문제는 어떻게 그것들을 평행한 선들을 따라 공통적인 기획으로 연결시켜 낼 것인가이다.

그러므로 오늘날 이러한 특이성들의 평행성이 혁명과 관련하여 제기하는 가장 중요한 도전 가운데 하나는, 혁명적 행위가 하나의 영역에 갇혀서는 성공적으로 수행될 수 없고 심지어 생각될 수조차 없다는 사실이다. 여러 흐름이 평행하게 전개되지 않고서는 그 어떤 혁명적 투쟁도 좌초하거나 심지어 스스로 주저앉아 버릴 것이다. 젠더적 위계에 눈감거나 심지어 그것을 악화시키는 혁명적 인종기획은 가로막힐 수밖에 없으며, 인종적 영역에서 평행하게 진행되는 흐름들과 함께하지 못하는 계급기획 역시 실패하고 말 것이다. 다양성과 평행성이 오늘날 혁명적 정치를 평가하는 기준이다. 해방의 다양한 평행적 경로들은 서로 상응하면서 앞으로 나아가거나 아니면 아예 나아가지 못하거나 둘 중 하나이다. 다시 말해 혁명적 과정은 두 다리로 걷는 것과 비슷하다. 일단 움직이기 시작하면 한쪽 다리가 다시 움직일 수 있기 위해서는 그 전에 다른 쪽 다리가 발걸음을 내딛어야만 한다는 점에서 말이다. 하나의 다리만으로는 몇 걸음 깡충거리며 갈 수야 있겠지만 분명히 곧 넘어지고 말 것이다. 다른 점이 있다면 혁명적 과정의 경우에는 다리의 수가 두 개보다 많다는 것이다. 혁명은 오직 지네처럼만, 더 정확하게는 실로 다중으로서만 앞으로 나아갈 수 있다. 공통적인 것을 위한 혁명적 투쟁은 오직 평행성과 다양성이 구성하는 삶정치적 투쟁들의 장에서만 성공적으로 이루어질 수 있다.

지금까지의 논의를 통해 특이성들의 혁명적 투쟁의 평행적 연계가 가능하며 그것은 결코 직접적이거나 자생적이지 않다는 점이 설명되었기를 바란다. 이어지는 장들에서 우리는 특이성들 간의 마주침과 조직적 결합의 논리, 즉 혁명을 다스리는* 민주적 조직화와 결정decision making**의 논리를 발전시켜야 한다. 평행적인 혁명적 투쟁들은 반란의 사건 속에서 서로 교차하고 자신들의 혁명적 과정을 제도적 형태로 지속시키는 방법을 발견해야 한다. 이는 혁명 과정을 관료제적 절차 속에 고정시킴을 의미하는 것이 아니라, 그 과정을 구성하는 마주침들이 반복될 수 있도록 하고 변형의 과정을 지속적인 것으로 만들어서 영속적인 정치적 신체들을 창조함을 의미한다.

논의를 더 진전시키기에 앞서 다음과 같은 점을 분명히 해야 한다. 오늘날 학자들이 혁명을 근대성과 동일시하고, 애도나 환호를 표하면서 이 시대에 혁명은 죽었다고 선언하는 것이 흔한 일이 되었지만, 우리는 정확히 그 반대의 것을 주장한다. 2부에서 논했던 바와 같이 근대성은 언제나 이중적이며 위계·식민성·소유에 의해 규정되기 때문에, 근대적 혁명은 종국적으로 불가능하다. 근대적 훈육과 통제에 저항하는 반근대적 투쟁들조차 저항을 넘어 세계를 새로이 창조하는 데로 나아가는 해방의 과정에 도달하지 못한다. 근대성과 반근대성 간의 투쟁 속에서 나타났던 (너무나 많은!) 그 모든 혁명적 꿈과 기획들

* 여기서 우리가 '다스리다'로 새긴 동사 'govern'은 그 명사형인 'government' 혹은 'governance'와 함께 통상 혁명의 반대편에 있는 권력의 작용이나 기능과 관련하여 사용되는 말이다. 그러나 본문의 맥락에서 혁명을 다스린다 함은, 이어지는 설명에서 알 수 있듯이 반란을 일회적인 사건을 넘어 지속적 혁명의 과정으로 '제도화'함으로써 영속적인 정치적 신체를 창출하는 다중의 민주적 조직화와 결정을 의미하며, 이는 말 그대로의 의미에서 '자율'自律과 다른 것이 아니다. 6부 3장의 제목인 '혁명을 다스리기' 역시 이러한 의미로 이해되어야 하며, 'government'의 옮김인 '통치'라는 개념도 혁명 혹은 반란과의 우호적인 관련 속에서 사용되는 경우에는 마찬가지 방식으로 이해되어야 할 것이다.

은 결국 근대성 너머를 가리켰다. 오늘날 공통적인 것과 특이성들의 다중 사이에서 이루어지는 상호작용에 기초하여 출현하고 있는 대안근대성만이 혁명에 적합한 유일한 지형이다. 가장 단순화된 도식으로 말하자면, 근대성을 규정하는 정체성-소유-주권이라는 세 주요 요소가 대안근대성에서는 특이성-공통적인 것-혁명에 의해 대체된다. 이제 마침내 혁명이 시대의 요청이 되어가고 있다.

** 'decision making'은 통상 '의사결정'으로 번역되는 용어이지만, 네그리와 하트의 맥락에서 'decision'은 '의사'意思만을 대상으로 하는 것이 아니라 다중의 자율적이고 민주적인 정치행위 전반에 적용될 수 있는 개념이며, 또한 동시에 존재론적인 함의를 가진다. 다른 한편, 사실 'decision making'은 영어식 관용어구일 뿐이며 어구 전체가 주요한 개념인 것은 아니다. 이탈리아어에는 이와 같은 형태의 어구가 존재하지 않는다. 네그리의 경우 자신의 이탈리아어 텍스트에서 영어 'decision'에 해당하는 이탈리아어 'la decisione'에 대해 'construire'(구축하다, 영어 'construct')라는 동사를 자주 사용한다. 이러한 점들을 고려하여 'decision making'은 맥락에 따라 '결정하기', '결정과정' 등으로 풀어서 옮기거나 아니면 그냥 핵심 부분으로 줄여서 '결정'으로 옮긴다.

6.2 반란적 교차

혼자일 때, 그들은 보통 사람들에 지나지 않았다.
짝이 지어졌더라도 어떻게 짝이 지어졌든
그 자체로는 보통 사람들에 불과했을 것이다.
그러나 모두 함께 할 때, 그들은 위험하고 새로운 무언가,
이상하고 자꾸 자라나고 거대한 무언가의
심장이자 근육이자 정신이 되었다.
함께 할 때, 모두 함께 할 때 그들은 변화의 도구이다.
케리 흄, 『뼈 사람들』

반동적 교차—위기와 테르미도르

평행적인 투쟁들 그 자체만으로는 혁명적 운동에 충분치 않다. 기존 질서에 대한 반란은 평행적 흐름들이 교차하는 사건, 사회적 위계구조를 무너뜨릴 뿐 아니라 투쟁 속에서 특이성들을 변화시키고 그 힘을 증대시키는 사건을 필요로 한다. 우리는 이러한 반란의 사건이 과거에 어떤 형태를 취했으며 오늘날에는 어떤 새로운 잠재력—특히 혁명적 과정에서 민주적으로 결정을 이루어낼 잠재력—을 가지고 있는지를 곧 분석할 것이다. 그런데 모든 교차가 혁명적인 것은 아니다. 우리는 특정한 사회적 주체들에서 교차하고—모두가 특정의 인종, 젠더, 계급 등에 속해 있다—정체성 정치에 기회와 한계를 동시에 제시

하는 다양한 예속의 축들을 '교차 분석'이 어떻게 탐구하는지 이미 살펴보았다. 이번 절에서는 교차가 기존 정치질서를 유지하고 반란과 해방의 운동을 가두고 길들이기 위한 통제 메커니즘으로 사용되는 방식들 중 일부를 검토한다.

근대의 지배적인 정치적 통제방식은 정체성들의 **매개**를 통해 기능하며, 특히 북대서양 세계의 경우 가장 분명하게 칸트 철학의 요소들에 기초하고 있다. (우리는 이미 이 책의 다른 지점에서 정신의 형식과 존재론적 구조가 선험적으로 경험의 내용을 조직하는 명백한 형이상학이 초월적 매개를 뒷받침하고 있다는 것을 강조한 바 있다.) 고전 형이상학에서 보편적인 것으로 간주되는 실체와 원인 혹은 양상과 관계의 범주들이 존재론적 과정을 규정하기에 충분한 것으로 생각되는 것과 마찬가지로, 초월철학에서 생산적인 것으로 간주되는 매개의 범주들은 초월적 도식기능schematism을 기계와 같은 무언가로 설정한다.* 칸트의 사유와 칸트주의에서 초월적 도식기능은 지식과 권력의 구조를 구축함에 있어 점점 더 자율성을 획득해간다. 그리하여 정체성들은 초월적인 것의 형식적 통일 속에서 매개되는 동시에 확증된다.[32]

근대 정치사상은 이러한 인식론적·존재론적 매개의 도식을 **대의**代議의 관점에서 해석한다. 루소나 헤겔 같은 저자들에게서 나타나는 전통적 주장에 따르면 대의는 모든 사회적, 문화적, 경제적 특수성들을

---

* 칸트 철학에서 도식schema은 상호 이종적인 성격을 갖는 개념과 직관을 이어주는 제3의 것으로 상정되어 개념을 직관에 적용하는 문제를 해결하기 위해 도입되며, 도식기능schematismus은 도식이라는 제약 하에서 순수지성이 작용하는 방식을 가리킨다. 개괄적으로 말해, 칸트의 인식론에서 인식이 성립하기 위해서는 직관에 주어진 '잡다'雜多가 하나의 대상으로 통일되는 과정이 필요한데, 도식이 그 과정에서 일정한 역할을 수행한다. 본문의 맥락에서 '도식'과 '도식기능'은 근대의 지배적인 정치적 통제방식에서 나타나는 매개를 통한 형식적 통일을 설명하기 위해 도입되고 있다.

국가라는 일반성으로 엮어낼 수 있다. 이와 반대로 칼 슈미트는 대의의 반민주적 성격을 올바르게 인식한다. "대의적 성격이 이 '민주주의'에 정확히 비민주적인 요소를 도입한다."[33] 우리는 근대 공화국에 전형적인 대의 메커니즘이 이중적 작용을, 즉 대의되는 이들을 정치권력에 연결시키는 동시에 그로부터 떼어놓는 이접적 종합을 수행한다고 이해하는 편이 더 정확하다고 생각한다. 재현이라는 초월적 영역에서 이루어지는 정체성들의 매개도 이와 유사하게 이중적인 결과를 낳는다.* 한편으로는 구체적 정체성들이 추상적인 재현태로 변형되고 그로부터 정치적 매개의 구조들이 (도식적으로) 형식적 통일을 산출할 수 있다(국민이라는 개념이 그러한 형식적 통일의 한 사례이다). 다른 한편으로 재현의 논리는 정체성들이 정적이고 분리된 상태로 머물 것을 요구한다. 우리는 끊임없이 우리의 정체성을 수행하도록 강요되고 그로부터 조금이라도 이탈할 시에는 처벌을 받는다. 예를 들어 엘리자베스 포비넬리Elizabeth Povinelli에 따르면 호주 정부는 호주 원주민들에게 권리와 공적 자원을 얻으려면 전통적인 원주민 정체성을 충실하게 반복하고 그 기억과 문화를 보존하라고—사실상 똑같은 모습으로 남아 있으라고, 더 정확히는 재현에 순응하라고—요구한다.[34] 이것이 바로 관념론의 폭압이다. 권리와 정체성의 연결은 재현도식이 모든 정체성을 인정의 논리 속에 가두고 특이성들의 생성을 통제하기 위해 휘두르는 무기이다. 그리하여 정치적 매개의 외관상의 역설은 분리된 두 개의 차원에서 해소된다. 초월적 차원에서 이루어지는 추

* '대의'나 '재현'이나 모두 'representation'을 옮긴 것이다. 정치제도와의 연관이 강할 때에는 '대의'로, 철학적 논의의 성격이 강할 때에는 '재현'으로 옮기는 것을 원칙으로 삼았다. 양자를 병기한 곳도 있다.

상적 통일은 오직 정체성들이 사회적 차원에서 자신들의 분리와 불변의 특성을 충실히 지속하는 한에서만 유지되는 것이다.

그러나 근대 대의제는 그 매개 메커니즘들과 함께 위기에 처한 지 오래되었다. 막스 베버, 로베르트 미헬스Robert Michels, 가이타노 모스카Gaetano Mosca, 빌프레도 파레토Vilfredo Pareto 등과 같은 매우 다양한 20세기 정치학자들이 어떻게 대의제가 정당들의 행태를 통해 관료적으로 되는지, 그리하여 어떻게 대의제가 표방하는 사회적 보편성이 완전히 환상에 불과한 것이 되어 정치적 지배를 엘리트들의 손아귀에 맡겨두는지를 지적하며 지탄한다.[35] 많은 저자들이 이와 유사하게 전지구적 맥락에서 대의제의 위기—따라서 '민주주의의 결핍'—를 분석한다. 전지구적 맥락에서는 매개 메커니즘과 대의제도가 대체로 부족하고 그나마 있는 것들도 제대로 기능하지 못해왔다.[36] 대의제의 위기에 대한 이러한 분석들은 일반적으로 '자유주의에 대한 자유주의적 비판', 즉 자유주의를 수선하고 복원하는 것을 목표로 하는 비판이라는 기획에 잘 들어맞는다.

그러나 대의제의 위기에 대한 권력체계의 주된 대응은 협치의 형태로 사회적 매개의 새로운 메커니즘을 구축하는 것이었다. 4부에서 살펴보았듯이 협치는 그 어떤 초월적 도식기능에도 기대지 않고 일반적으로 고정된 구조를 통해 기능하지도 않는다. 협치는 군터 토이브너Gunther Teubner가 "국가 없는 헌법화"constitutionalization without the state라고 지칭한 법적 과정들을 통해 우연성을 다스리는 우발적인 통치 형태이다.[37] 협치는 공화주의적인 관용체제—다문화주의 형태를 띠든 보편주의 형태를 띠든—의 핵심을 이루는 정체성 재현도식을 되살리지 않고 재현 없는 사회 질서를 창출하려 한다. 협치는 위기를 해결하기보다는 관리하려고 한다. 5부 끝머리의 「인간에 관하여 2」에서 시사했듯이, 협치에는 정체성과 재현이 필요로 하는 **척도**의 메커니즘이 빠져 있다. 자본이 더 이상 가치척도에 입각한 훈육체제를 통해 생산과정을 통제할 수 없어서 추상적이고 유연한 금융적 포획장치에 의존해야 하는 것과 마찬가지로, 재현적 매개 역시 정체성들의 척도를 통한 사회통제가 더 이상은 불가능하기에 협치라는 추상적이고 유연한 통제에 기대야만 한다. 협치 메커니즘의 추상성과 유연성은 질서구조가 우연적 성격을 가지며 그 구조와 카오스를 구분하기가 힘들다는 사실을 부각시킨다. 이런 의미에서 협치는 예외를 관리하는 시스템이다. 재현적 매개 메커니즘이 부재하는 상태에서, 정체성들에 대한 협치와 사회적 위계의 관리는 두 극 사이를 오락가락한다. 마치 위계가 존재하지 않는 것처럼 만드는 '정체성 색맹'의 관점을 강요하는 것이 하나의 극이고, 위계가 사회적 삶의 부인할 수 없는 요소가 될 때 '정체성 공포'identity panic를 확산시키는 것이 다른 하나의 극이다.

물론 협치는 지배권력을 유지하고 자본의 이익을 뒷받침하는 데 복무한다. 그러나 협치는 위기를 해결하고 종식시키는 데 결코 성공하지 못한다. 사실 협치의 지형에서는 협상과 투쟁의 과정이 끊임없이 다시 시작된다. 그러므로 어떤 측면에서 협치는 오래된 노동조합 투쟁의 지형과 유사하다. 실제로 어떤 저자들은 협상과 합의라는 노동법의 모델로 현재와 같은 협치형태에 대응할 것을 제안하기도 한다.[38] 옛 노동운동 지도자들이 "협상에는 끝이 없다"고 말하곤 했을 때, 그들이 자본의 궁극적인 헤게모니를 결코 문제 삼지 않은 것은 사실이지만, 그럼에도 여전히 투쟁의 중요성을 정당하게 평가하고 있었다는 점 또한 사실이다. 협치가 (주권적) 권력과 (사회적) 대항권력 간의 갈등과 투쟁이 이루어지는 개방적 공간이라는 사실을 과소평가해서는 안 되는 것이다.

끊임없이 불안정성의 경계 위를 달리는 추상적이고 유연한 협치 메커니즘을 생각해보면, 왜 신보수주의를 비롯한 이 시대의 우익 이데올로기들이 초월적 도식기능을 회복함으로써가 아니라 척도에 관한 이론을 자연법이라는 불변의 영역에 단단히 정초함으로써 재현의 위기를 해소하려 하는지를 이해하기는 어렵지 않다. 물론 에드먼드 버크Edmund Burke와 헤겔에서 레오 스트라우스Leo Strauss와 마이클 오크쇼트Michael Oakeshott로 이어지는 보수주의는 부단히 관습과 전통을 참조하기 때문에 언제나 상대주의의 요소를 가지고 있다. 그러나 사실 이것은 불변하는 척도의 존재론적 토대를 위한 배경일 뿐이다. 그리하여 신보수주의의 전략들은 협치를 거스르고, 협치의 우연성과 유동성에 가치와 정체성의 구체적인 고정성으로 맞선다. 심지어 신보수주의는 새로이 출현하는 자본주의적 통제형태가 경제적·사회적 가치들의 흐름을 관용하거나 촉진하는 경우 때로는 그 형태와 충돌하기도 한다. 신보수주의자들은 구체제를 회복하기 위해, 더 정확히 말하자면 상상된 과거의 재현에 사회현실이 순응하도록 만들기 위해, 소유와 사회적 위계에 관한 가치기준을 절대적으로 고정시키려 하는 새로운 테르미도르Thermidor를 목표로 한다. 이렇듯 신보수주의자들은 세속적 신념을 표현할 때조차 실제로는 신권주의자들이다. 가치의 안정성을 궁극적으로 보장해주는 중앙은행과 대법원이 그들이 모시는 신인 것이다.

민주적으로 결정하기?

민주적 결정을 통해 정체성들의 평행적 투쟁들은 반란적 교차로 변형되며, 이것이 특이성들을 다중으로 구성하는 혁명적 사건이 된다. 이러한 정의는 옳긴 하지만 당혹스러울 정도로 순진하다. 이와 같은 개념적 추상물은 민주적 결정의 구축 배후에 있는 열망들의 복합성과 풍부함을 결코 설명하지 못한다. 이 열망 가운데 일부는 완벽하게 혁명의 방향을 향한다. 다중의 합리성과 기쁨이 공포와 슬픔에 맞서고, 폭압에 대한 분노와 억압에 대한 저항이 불복종과 반란을 무장시킨다. 그러나 해방운동은 또한 늘 피억압자들 간의 내적 갈등과 오해로 곤란을 겪는다. 앞서 언급했던 것처럼 평행적 경로들 사이의 소통을 가능하게 하고 각각의 경로를 전진시키며 더욱 강하게 만드는 번역과정은 종종 오역의 불협화음으로 붕괴한다. 불화는 혁명적 운동의 일상적이고 통상적인 조건이다. 그러므로 민주적 결정의 과제는 해방의 경로를 기획하는 것일 뿐 아니라 다중 내부의 (종종 흔하고 지루한) 갈등들을 해소하기 위한 구조를 제공하는 것이기도 하다. 우리는 어떻게 하면 다중 만들기와 혁명의 과정을 진척시킬 수 있을 만큼 결정과정이 지속적으로 구축될 수 있는지를 탐구할 필요가 있다.

다중 만들기에 기여하는 교차를 이야기할 때, 우리는 전통적으로 **동맹**alliance이나 **연합**coalition으로 사고되는 것과는 다른 무언가를 염두에 두고 있다. 다중은 공통적인 것 안에서 일어나는 특이성들의 마주침을 통해 구성된다. 물론 동맹과 연합도 공통의 적에 맞서 구성되며, 종종 상이한 사회집단들—예컨대 산업노동자와 농민, 여성과 아프리카계 미국인, 노동조합과 교회—사이에서 평행적으로 나타나는 예속과 투쟁에 대한 인식을 수반한다.[39] 그러나 동맹과 연합은 바로 그 동맹과 연합에 참여하여 탈거를 위해 애쓰는 고정된 정체성들의 한계를 결코 넘어설 수 없다. 반란적 교차 속에서 성취되는 조직적 연결의 과정은 사슬의 고리처럼 단순히 정체성들을 짝짓는 것이 아니라, 특이성들 간에 공통적인 것을 확립하는 해방과정 속에서 특이성들을 변형한다. 이러한 연결은 다중을 만드는 가운데 사회적 존재를 변형하는 존재론적 과정이다. 랑시에르는 이렇게 쓴다. "정치는 항상 계쟁係爭이 일어날 수밖에 없는, 어떤 공통의 것의 활동 영역이다."[40] 다중 만들기는 공통적인 것을 분배하고 공유하는 '나눔'partage의 지점에 도달해야 한다. 반복해서 말하거니와 다중 만들기는 (따라서 반란의 사건은) 사르트르Jean-Paul Sartre가 시사하듯이 융합이나 통일의 과정이 아니다. 그것은 공통적인 것 안에서 지속적인 마주침들이 구성하는 특이성들의 번성과정을 가동시키는 것이다.[41] 민주적 결정은 이러한 연결과 합성의 과정을 규정하고 뒷받침해야 한다.

이 지점에서 우리가 제안하고 있는 혁명관이 20세기 코뮤니즘 운동이 제안하고 실천했던 혁명관으로부터 상당히 떨어져 있다는 점을 분명히 해야 한다. 20세기 코뮤니즘 전통의 주류는 새로운 정체성, 즉 사회의 나머지 부분과 분리되어 있으면서 그것을 지도할 수 있는 전위적 주체의 창조라는 관점에서 반란과 혁명을 제시한다. 가령 레닌은 당의 헤게모니 아래서 투쟁하는 사회집단들의 조직적 연결을 사고하는데, 이때 당은 어떤 측면에서는 자신이 반대하는 중앙권력 정체성의 거울이미지일 뿐인 대항권력을 형성한다. 마찬가지로 트로츠키 역시 러시아혁명 과정을 상술하는 가운데 대중들의 자생성에 관한 순진한 생각에 대해 경고한다. 그의 주장에 따르면, 대중 반란은 계획과 결정행위를 책임지는 혁명적 지도부의 '모의'謀議를 필요로 한다. 레닌과 트로츠키의 생각이 19세기 말과 20세기 초 러시아의 현실에 접근하기 위한 현실주의적이고 실용적인 수단이었을 수는 있다. 실제로 혁명적 행위를 위한 결정에 도달하는 데 그 시대의 사회주의 운동이 낳은 다양한 입장들보다 더 효과적이었던 것도 사실이다. 그러나 그들의 생각은 주체성과 혁명적 결정에 관한 이론으로서 우리가 살고 있는 이 시대에는 전적으로 부적합하다. 사실 오늘날 혁명 과정에 적합한 정치적 형상을 구축하기까지는 갈 길이 멀다. 그러나 어떻게 출현하든 그것은 저 전통과는 근본적으로 다른 경로를 취해야 할 것이다. 필요한 것은 다중의 운동의 위가 아니라 안으로부터 혁명적 결정과 지배권력의 전복을 이루어내는 조직적 과정이다.[42]

그러나 코뮤니즘 전통은 노동과 생산의 변형에 대한 분석을 통해 오늘날 민주적 결정을 위한 새로운 잠재력을 탐구하는 데 유용한 방법을 제공한다. 앞서 3부에서 자본의 유기적 구성(즉 가변자본과 불변자본의 관계)과 관련하여 (사실은 노동력의 기술적 구성인) 자본의 기술적 구성의 변화를 검토한 바 있다. 이제 우리는 프롤레타리아의 기술적 구성을 정치적 구성과 관련하여 탐구할 필요가 있다. 사용되는 용어 때문에 모호하게 들릴지도 모르지만 기본 전제는 단순하다. 사람들이 노동할 때 하는 일 그리고 거기서 쓰는 기술들(기술적 구성)이 정치적 행위의 영역에서 그들이 발휘하는 능력(정치적 구성)에 기여한다는 것이다. 이 책 전체에 걸쳐 주장했듯이 만약 삶정치적 생산이 헤게모니적이 되고 그 특성이 여러 생산부문들에 부과될 정도로 프롤레타리아의 기술적 구성이 변화했다면, 삶정치적 노동 특유의 능력들에 조응하는 새로운 정치적 구성이 가능하다. 기술적 구성의 변화가 자연발생적으로 투쟁과 혁명의 새로운 정치적 형상을 창조하는 것은 아니다. 그러기 위해서는 조직화와 정치적 행위가 필요하다. 그러나 기술적 구성의 변화는 우리가 움켜쥘 수 있는 새로운 가능성을 가리킨다. 우리는 오늘날 삶정치적 생산의 성격과 특성들이 민주적 결정이 규정하는 정치적 구성의 과정을 가능케 한다고 주장한다.

이처럼 기술적 구성과 정치적 구성의 관계를 설정하게 되면 전위조직의 문제를 역사적 맥락에 넣어 매우 다른 각도에서 바라볼 수 있게 된다는 점에 주목하자. 이는 대략적인 시기 구분을 통해 분명해질 수 있다. 전문노동자들의 높은 위치가 산업생산의 특징이었던 20세기 초에는 볼셰비키당, 독일의 레테Räte*, 그리고 다양한 평의회운동들이 그러한 노동의 기술적 구성을 해석하는 정치적 형상들을 제시한다. 즉 전위당이 전문노동자라는 공장에서의 전위에 조응한다. 숙련도가 상대적으로 낮은 수많은 노동자대중이 산업생산의 특징이었던 20세기 중반에는 대중정당들—이탈리아 공산당이 때로 이런 역할을 수행했다—이 노동조합을 단순히 당을 위한 '전동벨트'로 취급하고 산업생산 방해와 임금 및 사회복지의 지속적 상승에 대한 요구 사이를 오가는 전략을 취하면서, 이 새로운 상황에 적합한 정치적 형상을 창조하려 한다. 이렇게 기술적 구성과 정치적 구성의 관계를 강조하는 것은 위와 같은 정치조직들의 유효성을 입증하는 (혹은 적어도 설명해주는) 효과를 낳는다. 이러한 강조를 통해 정치조직들이 생산과정에서 노동자들이 조직되는 방식과 노동자들이 발휘하는 능력을 정치적으로 해석하면서 자신이 처한 역사적 상황에 뿌리내리는 모습이 드러난

* 1918년 독일혁명 당시 각지에서 형성되었던 평의회를 말한다.

다는 점에서 그렇다. 그러나 이러한 강조는 그 정치조직들을 돌이킬 수 없을 만큼 확실하게 과거로 귀속시켜 버리는 일과 함께 이루어진다. 노동의 기술적 구성이 속속들이 변화한 오늘날, 저와 같은 전위적 정치조직을 다시 제안하는 것은 잘해야 시대착오일 뿐이다.[43]

오늘날 출현하고 있는 삶정치적 생산의 헤게모니는 새로운 민주주의의 능력들을 수반한다. 3부와 5부에서 강조했던 서로 겹쳐지는 세 가지 경향들이 여기서 결정적으로 중요하다. 첫째, 산업생산의 헤게모니 시대에는 일반적으로 자본가가 노동자들에게 생산을 조직하는 협력의 수단과 도식을 제공했지만, 삶정치적 생산에서는 점점 더 노동이 협력을 발생시키는 원인이 된다. 그 결과 둘째, 삶정치적 노동은 자본주의적 명령으로부터 점점 더 자율적이 된다. 자본주의적 명령은 개입할 때마다 생산을 방해하고 생산성을 감소시키는 경향이 있다. 셋째, 삶정치적 노동은 자본주의적 명령이 부과하는 수직적이고 위계적인 협동형태와 대조적으로 수평적인 네트워크 형태를 창출하는 경향이 있다. 삶정치적 노동의 이러한 세 가지 특징—협력, 자율, 네트워크 형태의 조직화—이 민주적인 정치적 조직화를 위한 견고한 기본 구성요소를 제공한다. 사람들은 노동할 때 우두머리가 필요하게끔 훈련받기 때문에 정치에 있어서도 우두머리를 필요로 한다는 레닌의 주장을 떠올려보라. "현재와 같은 인간의 본성은 (…) 예속, 통제, '관리자' 없이 살아갈 수 없다."[44] 오늘날의 삶정치적 생산은 인간의 본성이 얼마나 많이 변화했는지를 보여준다. 사람들은 노동할 때 우두머리를 필요로 하지 않는다. 사람들은 함께 소통하고 협력하는 타인들로 구성된 확장적 망을 필요로 한다. 우두머리는 점점 더 노동을 수행하는 데 장애물이 될 뿐이다. 이처럼 노동의 기술적 구성에 주목함으로써 사람들이 일상적 삶에서 발휘하는 민주주의적 능력들에 대한 한 가지 시각을 얻을 수 있다. 이러한 노동의 민주주의적 능력이 즉각적으로 민주적인 정치조직의 창출로 이어지는 것은 아니다. 그러나 그 능력은 그러한 조직을 상상하고 창출할 수 있는 견고한 기초를 마련한다.

우리는 이 시대의 민주적 조직형태들이 전위조직과 관련하여 보여주는 중요한 전략적 진전에 주목해야 한다. 역사적으로 전위는 혁명과정을 개시하기 위해 자본주의 체제를 **불안정하게 만드는** 책무를 지녀왔다. 스탈린과 자국의 의회 공산당 모두에 반대했던 1970년대 서유럽의 코뮤니즘 운동 및 자율주의 운동은 이러한 책무를 재정식화하고 확장시켰다. 자본주의를 불안정하게 만드는 전술은 자본주의 사회를 깊고 철저하게 **해체**하고 그 위계와 명령의 구조를 허무는 전략으로 보완되어야 한다는 것이었다.[45] 삶정치적 노동이 제안하는 민주적 조직형태는 혁명적 활동의 정의에 또 다른 요소를 첨가한다. 불안정화라는 전술과 해체라는 전략의 불꽃에 다중이 공통적인 것을 관리할 수 있는 새로운 힘, 새로운 유형의 힘을 구축하는 기획을 더하는 것이다. 그리하여 혁명은 새로운 사회적 삶형태의 창출을 목표로 하게 된다. 이는 새로운 형태의 정치적 결정을 함축한다. 말하자면 삶정치적 지형에서는 결정을 위해 요구되는 지식과 의지가 역사적 존재에 뿌리내리고 있어서 결정이 언제나 수행적 성격을 띠며, 따라서 그에 참여하는 주체의 진정한 인간학적 변형을 낳거나, 혹은 장-뤽 낭시가 말한 대로 결정행위 그 자체의 조건을 존재론적으로 변형하는 데로 이르게 된다.[46]

어떤 독자들은 여기서 경제적인 것과 정치적인 것을 결합시키는 우리의 방법을 불편해하고 심지어 우리에게 경제주의의 혐의를 둘지도 모르겠다. 마치 우리가 경제적 힘이 사회적 삶의 다른 모든 영역을 규정한다고 믿고 있다는 듯이 말이다. 그렇지 않다. 노동에서 표현되는 소질·역량·기술을 연구하는 것이 다중이 일상생활에서 발휘하는 일반화된 능력을 이해하기 위한 수단이라고 우리가 주장할 때, 그것은 단지 많은 것들 중 하나일 뿐이다. 그러나 그것은 중요한 것이다! 앞서 말했듯이 아렌트는 노동의 능력이 자율·소통·협력·창조성을 요구하는 정치적 삶과 아무 관련이 없다고 믿기 때문에, 경제적인 것이 정치적 삶에 대해 갖는 적합성을 무시한다. 그러나 이러한 고유하게 정치적인 능력들이 점점 더 삶정치적 노동을 규정하고 있다. 그리하여 경제 영역에서 출현하고 있는 이러한 능력들이 정치 영역에서 민주적 조직의 발전을 가능케 하고, 경제와 정치가 점점 더 많이 겹쳐지고 있음을 사실상 입증한다. 이런 점에서 우리의 논의는 경제적 요구와 정치적 요구를 결합하는 혁명적 주장의 오랜 전통 안에 자리매김될 수 있다. 1부에서 언급한 17세기 영국의 파르티잔 다중들은 가난에 맞서 자유를 제기했다. 소비에트 혁명의 슬로건은 '평화, 토지, 빵'이었다. 경제적인 것과 정치적인 것을 결합하는 우리의 슬로건은 '가난과 사랑' 혹은 (가난과 사랑이라는 말이 너무 감상적이라고 생각하는 사람들을 위해 다른 말로 하자면) '힘과 공통적인 것'일 것이다. 빈자의 해방과 사회적 협력의 힘의 제도적 발전. 어떤 경우에서든 정치적인 것과 경제적인 것의 교차를 인식하는 것은 이 시대의 사회적 삶을 기술하는 데 필수적일 뿐 아니라 민주적 결정의 메커니즘과 실천을 구축하는 데 있어서도 근본적이다.

반란과 제도

반란이 혁명으로 가는 길을 열기 위해서는 제도적 과정으로 이어져서 공고해져야 한다. 물론 이와 같은 반란의 제도화를 기존 국가제도를 그와 유사하고 동질적인 제도로 대체할 뿐인 쿠데타와 혼동해서는 안 된다. 앞서 말했듯이 다중은 국가장치를 장악하는 데 관심이 없으며, 심지어 국가장치를 다른 목적으로 돌린다는 명목으로도 그것에 관심을 갖는 일이 없다. 더 정확히 말하자면, 다중이 국가장치를 손에 넣고자 한다면 그것은 오직 국가장치를 해체하기 위해서일 뿐이다. 다중은 국가를 자유의 왕국이 아니라, 자본주의적 착취를 보장하고 소유의 지배를 방어할 뿐 아니라 모든 정체성 위계를 유지하고 단속하는 지배의 본거지로 여긴다. 국가제도에 정치적으로 관여하는 것은 의심의 여지없이 예속에 맞선 투쟁에 쓸모 있고 필요한 일이다. 그러나 해방은 오직 국가제도의 파괴를 목적으로 할 수 있을 뿐이다. 반란이 제도에 적대적이라는 말로 들릴지도 모르겠다. 그러나 우리가 이야기했듯이 사실 반란은 제도를 필요로 한다. 다만 그것이 다른 종류의 제도일 뿐이다.

사회이론의 역사에서는 **사회계약**을 제도의 기초로 상정하는 다수 노선과 **사회갈등**이 그 기초라고 생각하는 소수 노선이 오랫동안 대립해왔다. 다수 노선이 갈등을 사회 바깥으로 추방함으로써—계약에 대한 동의가 반란과 갈등을 일으킬 권리를 빼앗는다—사회통합을 유지하고자 하는 반면, 소수 노선은 갈등을 사회에 내적인 것이자 사회의 항구적 토대로 받아들인다. 예컨대 토머스 제퍼슨이 다중은 주기적으로 (적어도 그가 20년으로 잡는 한 세대마다 한 번씩) 정부에 맞서 반란을 일으켜 새로운 헌법을 구성해야 한다고 주장할 때, 그는 이 소수 노선에 기여한다.[47] 소수 노선의 대표적 지지자들인 마키아벨리와 스피노자는 제도를 근거 짓는 갈등을 사고할 때 권위와 억압에 맞선 저항과 반란이라는 분명하게 규정된 길을 따를 뿐 아니라, 더 중요하게는 다중 내부의 갈라지고 변화하는 갈등의 길을 따르기도 한다.[48] 소수 노선에 속하는 저자들의 주장에 따르면, 사회적 제도의 발전은 갈등에 열려 있고 또 갈등에 의해 구성될 때에만 민주적일 수 있다.

우리가 제도를 다수 노선을 따라서만 사고하는 한, 반란은 막다른 골목에 가로막히는 것 같다. 한편으로 제도적 연속성을 발전시키지 못하는 반역과 반란은 금세 지배질서로 뒤덮이고 그 안으로 흡수된다. 웅덩이에 돌이 떨어져도 금세 고요한 수면이 회복되듯이 말이다. 다른 한편으로 정체성에 기초해 있고 재현을 통해 기능하며 통합과 조화를 요구하는 지배적 형태의 제도 속으로 들어가는 것은 반란이 개시한 사회적 파열을 무력화하는 데 복무한다. 정부로 들어가는 반란지도자들의 다음과 같은 선언을 우리는 얼마나 많이 들어왔던가? "이제 여러분은 무기를 내려놓고 집으로 돌아가야 합니다. 우리가 여러분을 대표하겠습니다." 그러나 소수 노선에 따르면 갈등에 기초한 제도적 과정은 그 파열의 기세와 힘을 부정하지 않고도 반란을 공고히 할 수 있다. 앞서 자크리에 대한 논의에서 살펴보았듯이, 반란은 오직 새로운 일단의 집단적 습관과 실천들, 즉 새로운 삶형태를 발명하고 제도화할 때에만 강력해지고 오래 지속될 수 있다. 가령 장 주네는 여행 중에 요르단에서 팔레스타인 난민들과 페다이들fedyeen*,

* 이스라엘과 적대하는 아랍의 무장 게릴라.

미국에서 블랙팬서들을 만나고는 이 집단들의 '스타일'에 매료되었다. 스타일이라는 말로 그가 나타내고자 한 것은 그들의 독특한 제스처와 정동뿐 아니라 새로운 삶형태의 발명, 공통적인 실천과 행위들이었다.[49] 만약 우리에게 역사가의 재능과 도구가 있어서 현대의 다양한 반란들이 어떻게 대안적인 제도적 형태로 공고화되어 왔는지를 연구할 수 있다면 그것은 분명 유익한 일일 것이다. 예를 들어 1969년 뉴욕에서 일어난 스톤월Stonewall 항쟁의 파괴적 힘이 다양한 게이·레즈비언 조직의 형성을 통해 어떻게 이어져 왔는지, 남아프리카공화국에서 아파르트헤이트apartheid에 맞선 투쟁이 진행되는 동안 일어난 1976년 소웨토Soweto 봉기와 같은 반란들이 어떻게 제도적 과정의 짜임새의 일부가 되었는지, 1970년대 이탈리아 노동자들의 반란, 그중에서도 특히 포르토 마르게라Porto Marghera, 피렐리Pirelli, 피아트FIAT의 공장들에서 일어났던 반란들이 새로운 형태의 노동자위원회를 비롯한 정치적 제도의 구축을 통해 어떻게 지속되고 발전되었는지, 1994년 멕시코에서 일어난 사파티스타 봉기가 자율적 의회, 카라콜caracol이라는 기초적인 공동체구조, '좋은정부위원회' 등을 만들어냄으로써 어떻게 발전했는지 등을 말이다. 핵심은 각각의 사례에서 제도적 과정이 어떻게 (그리고 어느 정도로) 반란이 창조한 사회적 파열을 부정하지 않고 그것을 확장하고 발전시켰는지를 알아내는 것이다.

이제 우리는 제도의 새로운 정의에 필요한 몇 가지 요소를 손에 가지고 있다. 제도는 지배권력에 맞선 반란이 만들어내는 사회적 파열을 확장하는 동시에 내적 불화에 열려 있다는 의미에서 갈등에 기초한다. 또한 제도는 삶형태와 연관되는 집단적 습관, 실천, 능력들을 공고히 한다. 끝으로 제도는 그것을 구성하는 특이성들에 의해 지속적으로 변형된다는 점에서 고정되어 있지 않다. 이러한 제도관은 특이성들의 다양성을 축소시키지 않고 특이성들이 자신들의 마주침을 관리할 수 있는 맥락, 다시 말해 자신의 힘을 감소시키는 부정적인 마주침을 피하고 힘을 증가시키는 기쁜 마주침을 연장하고 반복할 수 있는 맥락을 창조한다는 점에서, 우리가 앞서 '사랑의 훈련'이라 불렀던 것과 밀접하게 상응한다. 이런 식으로 생각된 제도는 반란과 혁명의 과정에 필수적인 요소이다.

사이버네틱 네트워크에서 이루어지는 생산적 활동에 대한 공통의 경험들에 기초해서도 제도에 대한 유사한 정의에 도달할 수 있다. 물론 우리는 네트워크의 정치적 함의에 대한 몇몇 초기 저술들의 열정을 특징짓는 일련의 신화들—가령 네트워크는 통제할 수 없다, 네트워크의 투명성은 언제나 좋은 것이다, 사이버네틱 떼는 늘 지적이다—을 잊지 말아야 한다.[50] 그럼에도 불구하고 네트워크 테크놀로지의 경험은 다양성과 상호작용을 특징으로 하는 참신한 결정과정을 발전시켰다. 옛 사회주의 엘리트들이 '결정기계'를 꿈꾸었던 반면, 네트워커들과 네트유저들의 경험은 무수한 미시정치적 경로로 이루어진 **제도적 결정과정**을 형성해냈다. "미디어 되기"는 네트워크 형태로 표현을 집단적으로 모아내는 것이 정치적 무기가 되도록 소통을 제도적으로 구축하는 한 방식이다. 여기에서도 우리는 갈등과 다양성을 특징으로 하고 집단적 습관과 실천들로 이루어지며 특이성들에 의한 변형에 개방되어 있는 제도에 대한 정의를 발견한다.[51]

이러한 제도의 정의에 대한 두 가지 기본적인 이견을 즉각적으로 떠올려볼 수 있다. 이 두 가지 이견은 우리의 정의가 사회학자들과 정치학자들의 표준적인 사고로부터 얼마나 멀리 떨어져 있는지를 알 수 있게 해준다. 우리의 정의가 제도와 상호작용하는 이들의 개인성과 정체성을 적절하게 설명하지 않는다는 사회학적 입장에서의 반대가 있을 것이라 생각한다. 실제로 통상적인 사회학적 관념에 따르면 개인은 제도 속으로 들어가서 정체성이 되어 나온다. 다시 말해 제도는 개인들이 정해진 행위패턴을 따르도록 조용히 강제한다. 가령 사랑에 대한 욕구는 결혼 쪽으로 흐르고 자유에 대한 욕구는 쇼핑 쪽으로 흐른다는 식의 삶의 공식을 개인에게 제공하는 것이다. 그런데 이렇게 만들어지는 행위패턴들은 사회 전체에 획일적으로 나타나지 않으며, 사람들로 하여금 인종, 젠더, 계급 속성에 따르도록 (마치 그 속성들이 자연적이고 필연적인 양) 강제함으로써 정체성 형성체를 규정한다. 이와 반대로 제도에 대한 우리의 생각은 개인에서 시작하지도 않고, 정체성에서 끝나지도 않으며, 순응을 통해 기능하지도 않는다. 제도적 과정에 들어가는 것은 지배권력에 맞서 반란을 일으키고 종종 서로 갈등하기도 하는 특이성들이다. 앞서 이야기했듯이 특이성들은 정의상 항상 이미 다수적이며 끊임없이 자기변형의 과정에 참여한다. 이러한 제도적 과정은 특이성들이 상호작용과 행위 속에서 어떤 일관성을 이룰 수 있도록 하며, 그러한 방식으로 삶형태를 창조한다. 그러나 이때 형성되는 패턴들은 정체성에 고정되지 않는다. 중심적인 차이는 아마도 작인作因이 어디에 있는가와 관계가 있을 것이다. 통상적인 사회학적 관념에 따르면 제도가 개인과 정체성을 형성하지만, 우리의 견해로는 특이성들이 제도를 형성하며 따라서 제도는 영구히 유동적이다.

둘째로, 우리의 제도 개념은 주권의 기초를 형성할 수 없다는 정치학자들과 법이론가들의 이견이 있을 수 있다. 이러한 관점은 경제적·사회적 세계에서 영위되는 개인의 삶이 자연상태에서와 마찬가지로 불안·위험·희소성이라는 특성을 갖는다고 상정한다. 개인은 오직 제도 속으로 들어갈 때만, 그래서 적어도 자신의 권리와 힘의 일부라도 주권적 권위에 이양할 때만 보호를 보장받을 수 있다는 것이다. 사회 질서를 확립하고 유지하기 위해서는 제도에서 법적 권리와 의무 간의 관계가 불변적이어야 한다고 법이론가들이 강조할 때, 그들도 역시 이와 유사한 주장을 하고 있는 셈이다. 이들에 따르면 제도는 구성된constituted 권력, 즉 주권의 입헌적 질서의 토대로 기능해야 한다. 이와 반대로 우리의 생각에 따르면 제도는 구성된 권력이 아니라 구성하는constituent 힘을 형성한다.* 규칙적인 상호작용 속에서 제도적 규범과 의무가 확립되기는 하지만, 그것들은 고정되지 않고 계속해서 바뀔 수 있다. 다중을 구성하는 특이성들은 자신의 권리나 힘을 이양하지 않으며 그럼으로써 주권권력의 형성을 저지하고, 각각은 상호적 마주침 속에서 더욱 강력해진다. 그리하여 제도적 과정은 다중이 직면한 두 가지 주된 위험—외적으로는 지배권력의 억압, 내적으로는 다중 안에 있는 특이성들 간의 파괴적 갈등—에 대한 보호 메커니즘(그러나 보장은 없는 메커니즘)을 제공한다.

혁명은 반란을 확장하여 사회적 존재의 짜임새를 변형하는 제도적 과정으로 이어지게 하는 것이라는 정의는 초기적 접근으로서 훌륭하다. 프랑스혁명은 혁명이 아니라 "자연법Naturrecht에 토대를 둔 헌법의 진화"로 이해되어야 한다고 선언할 때 칸트는 이 정의에 근접한다. 그는 특히 혁명과정의 공적이고 보편적인 성격을 강조한다. "이 사건

* '구성하는 힘' 즉 '구성적 힘'에 대해서는 이 책의 38면과 거기 달린 주석을 참조하라.

의 핵심은 사람들이 행한 중대한 행동이나 범죄들에 있지 않으며 (…) 화려한 구식의 정치구조가 마법처럼 사라져버리고 그 자리를 다른 정치구조가 땅에서 솟아오른 듯이 와서 차지하는 데 있지도 않다. 결코 이런 종류의 것이 아니다. 사건의 핵심은, 이 거대한 혁명의 게임에서 스스로를 **공적으로** 드러내며 혁명과 관련되어 있는 두 쪽 중 한편에 대해 그토록 보편적이면서도 사심 없는 공감을 표현하는 관찰자들의 사유방식에 있다."[52] 반란이 하나의 제도적 과정, 통치의 한 형태가 되면 그것이 곧 혁명이다. 칸트는 이것을 공적인 것으로 정의하지만 우리는 공통적인 것이라 부르고자 한다.

칸트는 계속해서 사회적 존재의 혁명적 변형이 역사에서 혁신을 구성하며 미래를 가리킨다고 설명한다. "이러한 사유방식은 그 보편성으로 인해 인류 전체의 성격을 일거에 보여주며, 그 사심 없음으로 인해 인간의 도덕적 성격을, 적어도 그 경향성을 보여준다. 이 도덕적 성격은 사람들로 하여금 더 좋은 것을 향한 진보를 희망할 수 있도록 해줄 뿐 아니라 그 능력이 현재에 대해 충분한 한에서 이미 그 자체가 진보이다."[53] 사실 진보에 대한 칸트의 확신에도 불구하고 새로운 통치형태로서의 혁명은 과거와 미래 사이에 꽉 끼어 있으며 움직일 수 있는 여지를 별로 가지고 있지 않다. 혁명은 확립되어 있는 구성된 권력과 과거라는 축적된 사회적 무게가 가하는 압력에 끊임없이 맞서야 한다. 예를 들어 혁명가들이 성자와 왕들의 머리를 떼어냄으로써 훼손한 프랑스와 카탈루냐의 고딕 성당들을 생각해보라. 그렇다. 귀중한 문화유산의 파괴에 우리도 분노한다. 그러나 계속해서 자신들을 유령처럼 따라다니는 권력의 상징을 물리적으로 파괴하려는 그들의 시도를 우리는 이해한다. 종종 혁명가들이 자신들의 행위가 우리를 미래로 출발시키기에 충분하다고 생각하는 때조차 과거는 갑자기 나타나서 자신을 다시 부과한다. 예를 들어 토크빌Tocqueville은 과거가 슬며시 혁명의 미래로 스며들어 다시 나타나는 모습을 묘사한다. 그러나 이는 반동가들이 종종 주장하듯이 역사의 법칙이나 혁명의 불가피한 운명이 아니라, 단지 가능한 결과들 중 하나일 뿐이다. 그러므로 우리가 진보에 대한 칸트의 믿음을 공유할 수 있는 것은 첫째, 진보가 자연적 법칙이 아니라 혁명적 투쟁에 토대를 둔 것으로 제시될 때, 둘째, 진보가 제도적 형태로 공고화되고 강화될 때이다. 혁명은 새로운 통치형태를 창조함으로써 과거를 저지하고 미래를 향해 열린다.

6.3 혁명을 다스리기

혁명적 법은 혁명을 지속시키고
그 과정을 가속하거나
조절하는 것을 목적으로 하는 법이다.
콩도르세, 『'혁명적'이라는 단어의 의미에 관하여』

이행의 문제

너무나 많은 혁명사상이 이행의 문제를 제기하지조차 않으며, 이어져야 하는 연극의 모든 막들을 무시하고 서곡에만 관심을 쏟는다. 지배 권력을 타파하고 구체제를 파괴하고 국가장치를 분쇄하는 것만으로는 충분치 않다. 자본, 가부장제, 백인우월주의를 전복하는 것조차 마찬가지다. 만약 다중의 형성이 이미 성취되었다고 믿는다면, 우리 모두가 이미 어떤 식으로든 현대 사회의 위계와 부패로부터 정화되었을 뿐 아니라 공통적인 것의 다양성을 관리하고 서로 자유롭고 평등하게 협력할 수 있게 되었다고 믿는다면, 요컨대 민주적인 사회가 이미 완성되었다고 믿는다면, 그런 것으로 충분할지도 모른다. 그렇다. 만약 그렇다면 권력구조를 파괴하는 반란 사건으로 충분할 것이며, 억압의 속박 아래 이미 존재하고 있던 완벽한 인간 사회가 자생적으로 번창할 것이다. 그러나 현재와 같은 인간의 본성은 완벽과는 거리가 멀다. 우리는 모두 오늘날 권력형태들의 정체성·위계·부패 속에 얽혀 있고 연루되어 있다. 앞서 말했듯이 혁명은 탈거만이 아니라 해방을, 파괴의 사건만이 아니라 새로운 인간을 창조하는 길고 지속적인 변형의 과정을 필요로 한다. 이것이 이행의 문제, 즉 어떻게 반란의 사건을 해방과 변형의 과정으로 확장할 것인가의 문제이다.

콩도르세는 "'혁명적'이라는 단어는 오직 자유를 목표로 하는 혁명에만 적용된다"고 선언하고, 거의 이백년 이후 아렌트 역시 그와 공명한다.[54] 우리는 이 선언을 확장하여 이렇게 말하고자 한다. 혁명은 민주주의를 목표로 해야 하고, 따라서 다중의 민주주의 능력의 증가가 혁명적 이행의 방향과 내용을 규정해야 한다. 서로 자유롭게 협력하고 함께 공통적인 것을 다스릴 수 있는 능력을 사람들이 자생적으로, 본성상 가지고 있는 것은 아니다. 예를 들어 두보이즈는 남북전쟁 이후 재건시대의 약속·배신·실패들을 연구하는 가운데, 탈거만으로는 충분치 않다는 것을 날카롭게 의식한다. 두보이즈는 미국 정부와 (재산을 몰수당한) 남부 노예소유주들의 그 모든 함정과 핑계들, 그리고 남부로 이주한 북부 자본가들이 만들어낸 인종적·계급적 위계에만 초점을 맞추지 않는다. 그는 또한 노예제 폐지 이후에도 백인과 흑인을 막론하고 대다수의 사람들이 민주주의의 능력을 결여한 채 가난하고 무지한 상태에 머물러 있다는 문제에도 주목한다. 탈거는 단지 시작일 뿐이다.[55]

근대 혁명사상의 역사에서 레닌은 혁명적 이행을 이해하기 위한 고전적인 전거를 제공한다. 앞서 언급했듯이 레닌은 현재와 같은 인간 본성이 민주주의의 능력을 갖추고 있지 못하다는 사실을 알고 있다. 습관, 매일 반복되는 일들, 심성 그리고 모세혈관처럼 퍼져 있는 일상의 무수한 관행들 속에서 사람들은 위계·정체성·차별과, 일반적으로 말해 공통적인 것의 부패한 형태들과 단단히 결합되어 있다. 그들은 아직 주인, 지도자, 대표자 없이 스스로를 민주적으로 통치하지 못한다. 때문에 레닌은 두 번의 부정으로 이루어지는 변증법적 이행을 제안한다. 우선 독재 기간에는 사회를 지도하여 사람들을 변형시키기 위해 민주주의를 부정해야 한다. 새로운 인간이 창조되어 스스로를 통치할 수 있게 되면, 독재는 부정되고 새로운 민주주의가 성취될 것이다.[56] 레닌은 문제를 명확하게 제시한다는 큰 장점을 가지고 있지만, 그의 변증법적 해결책은 오늘날 널리 그리고 정당하게 의심받고 있다. 이는 '이행기' 독재가 매우 완고하게 권력에 집착하여 민주주의로의 변증법적 전도에 저항하기 때문만이 아니라, 더욱 중요하게는 독재의 사회적 구조가 다중을 만드는 데 필수적인 민주주의 훈련을 촉진하지 않기 때문이다. 오히려 반대다! 독재는 복종을 가르친다. 민주주의는 오직 행함으로써만 배울 수 있다.

이행의 문제에는 민주주의적 수단을 통해 민주주의로 이어지는 긍정적이고 비변증법적인 해법이 주어져야 한다. 우리는 이미 앞 절의 분석을 통해 그러한 민주적 이행을 위한 몇 가지 요소를 발전시켰다. 반란 사건은 다중의 민주적 결정능력을 발전시키는 제도적 변형과정으로 공고화되어야 한다는 것이 우리의 설명이었다. 그러므로 다중 만들기는 민주주의를 목표로 하는 민주적 조직화의 기획이다. 이러한 이행관은 진행되어온 과정을 마지막 순간에 스펙트럼의 반대편 끝으로 밀어붙이는 변증법의 부메랑효과에 기대기보다는 점근선을 그리며 목표에 접근한다. 이와 같은 접근에서는 운동이 결론에 도달하지 못하더라도 이행과 목표, 수단과 목적 사이의 거리가 무한히 가까워져서 결국 중요치 않게 된다. 이 과정을 점진적 변화를 주장하면서 끊임없이 혁명을 불확정적인 미래로 유예하는 낡은 개혁주의적 환상들과 혼동해서는 안 된다. 결코 그래서는 안 된다. 현재 사회 및 그 지배권력과의 단절은 발본적이어야 한다. 반란이 이행의 과정에 휩쓸리는 만큼 이행은 끊임없이 반란의 힘을 새롭게 해야 한다. 다시 말해 현재 사회의 상태를 평가함에 있어서 잔이 반쯤 비었느냐 반쯤 찼느냐를 가지고 다투는 것이 핵심이 아니라 그 잔을 박살내는 것이 핵심인 경우도 종종 있는 법이다!

그러나 앞서 말했듯이 이행과정은 자생적이지 않다. 어떻게 이행을 다스릴 것인가? 무엇이 혹은 누가 이행을 인도하는 정치적 사선斜線을 그릴 것인가? 어쨌든 정치적 선은 늘 곧고 즉각적으로 명백한 것이 아니라 알 수 없는 휘어짐을 통해 사선으로 움직인다. 그러나 이러한 문제들 앞에서 우리는 전위, 지도부, 재현(대의)의 딜레마로 되돌아가게 된다. 그동안의 역사에서 혁명적 운동들은 (정도의 차이는 있지만) 대중을 대표하는 카리스마적 인물이나 지도적 집단—당, 임시정부, 평의회, 간부진 등—이 키를 잡고 혁명과정을 이끄는 것을 계속해서 허용해왔다. 또한 우리는 혁명적 투쟁에서 지도가 필요하다는 주장, (우월한 지식과 의식 혹은 노동과정에서 우월한 지위를 가진) 하나의 사회집단을 다른 집단들보다 특권적으로 높여서 우리가 앞서 말한 잠재적인 평행론을 깨뜨리는 주장을 얼마나 많이 들어왔던가. 산업노동자가 농민을 지도해야 한다, 백인노동자가 흑인노동자를 지도해야 한다, 남성노동자가 여성노동자를 지도해야 한다 등등의 주장을 말이다. 지도의 확립은 종종 사회적인 것, 경제적인 것, 사적인 것 혹은 단순히 문화적인 것에 대한 '정치적인 것의 자율성'을 주장하는 목소리를 동반해왔다.[57]

우리의 주장이 우리를 막다른 골목으로 인도한 것처럼 보인다. 한편으로 이행 과정은 자생적이지 않고 정치적 사선을 따라 인도되어야 한다. 그러나 다른 한편, 그 과정을 통제할 사회적 정체성이나 전위집단 혹은 지도자의 존재를 허용하면 이행이 추구해야 하는 민주적 기능의 토대가 침식된다. 한편에는 무능과 무질서의 위험이, 그리고 다른 한편에는 위계와 권위의 위험이 도사리고 있는 가운데, 혁명과정이 나아갈 수 있는 길은 없는 것처럼 보인다.

막다른 골목을 벗어나는 방법은 **정치적 사선**을 **삶정치적 다이어그램**으로 되돌리는 것, 즉 사람들이 이미 일상적 삶에서 그리고 특히 삶정치적 생산과정에서 발휘하고 있는 능력들에 대한 연구를 그 토대로 삼는 것이다.* 앞서 제안한 용어법으로 이야기하자면, 이는 생산적 다중의 잠재적인 정치적 구성을 발견하기 위해 그 기술적 구성을 탐구함을 의미한다. 여기서 우리는 3부와 5부에서 수행한 그 모든 경제적 분석들의 정치적 결론을 얻는다. 앞서 살펴보았듯이 삶정치적 맥락에서 소통과 협력의 수평적 네트워크를 통한 생각·이미지·코드·

* '다이어그램'diagram은 들뢰즈와 가타리의 『천 개의 고원』에 제시된 개념을 네그리와 하트가 조금 변경하여 사용한 것으로 보인다(들뢰즈와 가타리의 요약적 설명은 「결론—구체적 규칙들과 추상적 기계」에서 볼 수 있다). 다이어그램은 (예컨대 정치와 경제 같은) 상이한 영역에서 상이하게 현실화된 형태로 작동하지만 개념적으로는 동일한 것으로 파악되는 기능들(혹은 텐서들tensors)이다. 네그리와 하트는 '기능들'의 자리에 '능력들'을 바꾸어 넣고 있다. 다이어그램 개념은 다중의 능력의 측면에서 정치와 경제를 연결시키려는 네그리와 하트의 의도를 뒷받침해준다. (이 개념은 푸코로 소급된다고 할 수도 있다. 이에 대해서는 들뢰즈의 『푸코』 참조.)

언어·지식·정동 등의 생산은 경향적으로 공통적인 것의 자율적 생산, 다시 말해 삶형태의 생산과 재생산을 향한다. 그리고 삶형태의 생산과 재생산이야말로 정치적 행위의 엄밀한 정의이다. 이것이 혁명이 이미 시작되었으며 이행의 문제가 해결되었음을 의미하는 것은 아니다. 여전히 자본의 명령 아래 지시받고 구속되어 있다는 점에서 삶정치적 생산은 단지 부분적으로만 자율적일 뿐이며, 이러한 경제적 능력들이 즉각 정치적 능력으로 표현되는 것도 아니기 때문이다. 그러나 다중의 기술적 구성에 정치적 구성이 잠재해 있다는 사실은 이행의 정치적 사선을 자율적으로 결정할 수 있는 다중의 능력이 삶정치적 다이어그램의 공통적 짜임새 속에 애벌레처럼 잠재해 있고 잠복해 있다는 것을 의미한다. 정치적 행위와 조직화를 통해 이러한 잠재력을 실현한다면, 그것은 반란적 교차라는 사건을 거쳐 공통적인 것을 관리하는 제도적 과정으로 평행적인 혁명적 투쟁들을 밀고나감을 의미할 것이다.

안토니오 그람시의 '수동혁명' 개념과 그것이 갖고 있는 한계는, 정치적 사선과 삶정치적 다이어그램 간의 관계가 이행이라는 어려운 문제의 해결에 어떻게 기여하는지를 이해하는 데 도움이 된다. 자신의 다른 많은 핵심 개념들의 경우와 마찬가지로 그람시는 '수동혁명'을 다양한 맥락에서 약간씩 다른 의미로 사용하며 다양한 관점과 연관시킴으로써 그 개념에 넓은 진폭을 부여한다. 첫 번째 주된 용법은 19세기 이탈리아 부르주아 사회의 수동적 변형을 프랑스 부르주아의 능동적 혁명과정과 대비시키는 것이다. 그람시의 설명에 따르면 수동혁명은 혁명 없는 혁명, 즉 강력한 주체성 생산과정이 중심적인 것으로 등장하지 않은 채로 이루어지는 정치적·제도적 구조의 변형이다. 사회적 행위자들이 아니라 '사실들'이 진정한 주인공인 것이다. 둘째로 그람시는 '수동혁명'이라는 용어를 그가 주로 1920년대와 1930년대 미국 공장체제의 발전에서 인지한 자본주의적 경제생산 구조의 변화를 설명하는 데도 사용한다. '미국주의'Americanism와 '포드주의'Fordism는 마르크스가 노동의 자본 내부로의 '형식적 포섭'에서 '실질적 포섭'으로의 이행이라 부른 것, 즉 고유하게 자본주의적인 사회의 건설을 다르게 부르는 이름이다. 자본의 이러한 구조적 변형은 장기간에 걸쳐 진행되고 강력한 주체에 의해 추동되지 않는다는 의미에서 수동적이다. '수동혁명'을 자본주의 사회의 상부구조와 하부구조의 변화에 관한 역사적 분석을 기술하기 위한 도구로 사용한 이후 그람시가 채택하는 세 번째 용법은 투쟁의 경로를 제안하기 위한 것으로 보인다. 자본에 포섭된 사회에서 우리는 어떻게 혁명을 만들어낼 것인가? 그람시가 찾을 수 있는 유일한 답은 상대적으로 '수동적인' 혁명, 즉 시민사회의 제도들을 통과하는 대장정이다.[58]

그람시의 다양한 정치적 제안들이 서로 결합되면 레닌주의에 대한 레닌주의적 비판이 된다. 그람시는 '기동전'이 아니라 '진지전'을 강조한다는 점에서, 다시 말해 지배권력에 대한 반란적 타격이 아니라 문화 영역과 정치 영역에서 장기간에 걸친 전투를 통해 부르주아로부터 헤게모니를 빼앗아오려 노력할 것을 제안한다는 점에서, 레닌주의에 비판적이다.[59] 그러나 그람시의 비판은 여전히 레닌주의적이다. 19세기 이탈리아의 부르주아나 20세기 프롤레타리아에게 있어서 수동혁명은 능동혁명보다 우월한 것이 아니라 단지 최선이 불가능할 때, 혁명과정을 이끌 능동적 주체가 존재하지 않을 때 택할 수 있는 선택항일 뿐이다. 진지전, 헤게모니, 수동혁명 등을 포함한 그람시 정치학의 모든 핵심 아이디어는 혁명적이지 못한 시대에 적합한 혁명적 활동을 발명하는 것을 목표로 하지만, 그럼에도 불구하고 이것은 능동혁명의 지평을 향해 있다. 즉 언젠가 능동혁명이 가능해질 때를 향해 있는 것이다.

따라서 그람시는 여러 면에서 삶정치적 다이어그램의 예언자이다. 그는 산업노동자들의 전위가 더 이상 능동적인 프롤레타리아 혁명의 주체로서 역할을 수행할 수 없다는 점을 이해하며, 적어도 농민들을 '지도'하는 문제와 관련해서는 노동자 전위가 바람직한지에 의문을 표시한다. 또한 그람시는 사회의 자본 아래로의 포섭이 프롤레타리아의 기술적 구성을 변형시킨다는 점을 포드주의를 통해 인지한다. 그리고 그는 삶정치적 다이어그램 안에서 마침내 자본주의적 생산이 공장의 담을 넘어 사회 영역 전체를 뒤덮어서 하부구조와 상부구조 간의 분할을 무너뜨리고 문화적·사회적 관계들을 곧장 경제적 가치와 생산의 영역으로 가져갈 것이라는 사실을 직관적으로 이해했던 것 같다. 나아가 그는 새로운 기술적 구성이 새로운 주체성의 생산을 함축한다는 사실까지도 파악한다. "미국에서 진행된 합리화 과정은 새로운 유형의 노동과 생산과정에 적합한 새로운 유형의 인간을 만들어낼 필요를 낳았다."[60] 그러나 그람시는 삶정치적 다이어그램이 발전함에 따라 새로운 정치적 사선의 가능성이 열린다는 것을 예견하지 못한다(그가 어떻게 이것을 예견할 수 있었겠는가?). 다중 만들기, 그리고 다중의 민주적 결정능력이 혁명적 제도로 구성되고 공고화되는 것이 바로 그람시가 수동혁명이 아니라 능동혁명을 위해 필요하다고 본 것과 같은 종류의 주체성의 생산이다. 이렇게 삶정치적 지형 위에서 레닌주의적 그람시로 돌아감으로써 우리는 겉보기에 서로 일치하지 않는 그람시

사유의 가닥들을 한데 모을 수 있다. 우리 앞에 있는 것은 반란이냐 제도적 투쟁이냐, 수동혁명이냐 능동혁명이냐 하는 양자택일이 아니다. 혁명은 반란인 동시에 제도여야 하고, 하부구조의 변형인 동시에 상부구조의 변형이어야 한다. 이것이 다중의 '군주 되기'의 길이다.

혁명적 폭력

논의의 이 지점에서 누군가 틀림없이 "혁명은 폭력적이어야 하는가?"라고 물어올 것이다. 물론 그렇다. 그러나 언제나 당신이 생각하는 방식으로 그러한 것은 아니다. 혁명이 반드시 유혈사태를 필요로 하는 것은 아니다. 그러나 힘force의 사용은 요구한다. 그러므로 더 나은 물음은 폭력이 필요한가가 아니라 어떤 종류의 폭력인가이다. 그리고 반란과 제도의 연결에 대한 우리의 분석에 따르면, 이 물음은 서로 다른 두 가지 활동 영역에서 고려되어야 한다. 하나는 지배권력에 맞선 투쟁이라는 영역이고, 다른 하나는 다중 만들기라는 영역이다.[61]

첫 번째 영역에서 힘은 자유를 획득하기 위해 요구된다. 지배권력이 힘을 사용할 수밖에 없도록 만들기 때문이다. 이집트의 유대인 노예들은 모세와 함께 평화롭게 이집트를 떠날 수도 있었을 것이다. 그러나 파라오는 그들이 싸우지 않고 떠나도록 내버려두지 않았다. 일반적으로 지배자들은 자신의 권력이 위협받을 때 폭력적으로 반응한다. 해방은 지배권력에 맞선 방어적 투쟁을, 따라서 사회를 양분하고 있는 진영들 간의 장기간에 걸친 전투인 내전을 필요로 한다. 그러나 전쟁조차 늘 치명적인 무기와 유혈을 요구하는 것은 아니다. 그람시는 앞서 언급한 대로 '기동전'(상트페테르부르크의 겨울궁전이나 쿠바 산

티아고의 몬카다 병영에 대한 습격과 같은 무장반란이 그 전형이다)과 '진지전'(이는 일반적으로 문화 영역과 정치 영역에서 오랜 기간에 걸친 비무장투쟁을 수반한다)을 구별함으로써 특정한 상황에 적합한 서로 다른 유형의 힘과 무기를 구분한다. 그람시는 원칙적으로 무장투쟁에 반대하지 않으며, 우리 역시 마찬가지다. 중요한 점은 단지 병기arms가 언제나 최선의 무기weapons는 아니라는 사실이다. 무엇이 지배권력에 맞서는 최선의 무기인지—총, 평화적 가두시위, 엑서더스, 언론캠페인, 노동파업, 젠더규범을 위반하기, 침묵, 조롱 등등—는 상황에 따라 다르다.

우리는 "상황에 따라 다르다"라는 대답이 썩 만족스럽지 않다는 것을 알고 있다. 그럼에도 우리가 할 수 있는 일은 각각의 상황에서 최선의 무기를 결정하기 위한 기준을 제시하는 것뿐이다. 첫 번째 기준, 그리고 가장 분명한 기준은 어떤 무기와 전략이 가장 효과적이며 투쟁을 승리로 이끌 수 있느냐 하는 것이다. 가장 센 화력을 보유한 쪽이 늘 이기는 것은 아니라는 사실을 명심하라. 사실 우리가 생각하기에 오늘날에는 점점 더 무장부대보다는 '비무장 다중'이 효과적이고, 정면공격보다는 엑서더스가 더욱 강력하다. 이 맥락에서 엑서더스는 종종 사보타주, 비협조, 대항문화적 실천, 일반화된 불복종 등의 형태를 취한다. 이러한 실천들이 효과를 발휘하는 것은 삶권력이 언제나 자신이 지배하는 주체성들에 '종속'되어 있기 때문이다. 주체성들이 어떤 지형을 비우면 진공이 창출되며, 삶권력은 그 진공을 견디지 못한다. 새로운 천년의 전환기에 활발하게 전개되었던 대항지구화 운동들이 대체로 이러한 방식으로—통제의 연속성에 균열을 내고 그 결과 발생한 진공을 새로운 문화적 표현과 삶형태들로 채우는 식으로—움직였다. 대항지구화 운동은 불복종 전략, 새로운 민주주의의 언어, (평화, 환경보호 등을 지향하는) 윤리적 실천이라는 무기들을 남겨 주었으며 이 무기들은 나중에 새로이 등장하는 반란에서 다시 사용될 수 있는 것들이다.

두 번째 기준이 훨씬 더 중요하다. 그것은 어떤 무기와 어떤 형태의 폭력이 다중 자신에게 가장 이로운 영향을 미치는가이다. 전쟁의 수행은 언제나 주체성의 생산을 수반한다. 그리고 종종 적에 대해 가장 효과적인 무기가 투쟁을 수행하는 이들 자신에게 가장 해로운 영향을 미치기도 한다. 1793년에 프랑스혁명의 폭력을 지나치게 열성적으로 옹호할 때의 토마스 제퍼슨은 바로 이 두 번째 기준을 잊은 것 같다. 윌리엄 쇼트William Short에게 보내는 편지에서 그는 이렇게 말한다. "세계 전체의 자유가 그 싸움의 결과에 달려 있었네. 순수한 피를 그토록 적게 흘리고도 그렇게 큰 성과를 거둔 적이 있었던가? 이 대의를 위해 사라져간 순교자들 때문에 내 마음은 너무나 아프다네. 그러나 나는 프랑스혁명이 실패하는 것보다는 차라리 지구의 절반이 황폐해지는 것을 보고자 했을 거야. 모든 나라에 오직 아담과 이브만 남는다 해도, 자유롭게 남을 수만 있다면, 지금보다는 그편이 나을 것이니 말이네."[62] 당연히 우리는 여기서 제퍼슨이 보이고 있는 대규모 유혈사태를 수용하는 태도를 공유하지 않는다(분명 제퍼슨 자신도 편지에서 효과를 극대화하기 위해 자신의 입장을 과장하고 있다). 나아가 그는 혁명적 행위가 공통적인 것의 생산을 뒷받침하고 다중 만들기 과정을 촉진해야 할 필요를 등한시하는 듯한 태도도 보인다(우리는 '자유 아니면 죽음'이라는 슬로건을 좋아하지 않지만, '자유와 죽음'이라는 생각에 공감하지도 않는다). 대규모 유혈사태라는 이슈는 차치하더라도, 문제는 제퍼슨이 아담과 이브라는 말로 의미하는 바가 무엇인가 하는 것이다.

만약 그가 벌거벗은 삶이라는 관념에, 즉 인류를 어떤 상상된 원초적, 자연적 혹은 기초적 조건으로 되돌리는 것에 만족하는 것이라면, 우리는 그에 반대한다. 그러나 아마도 제퍼슨은 우리와 비슷한 관점에서 아담과 이브가 혁명 과정의 결과인 새로운 인간의 창조를 나타내는 것으로 생각했을 것이다. 여하튼 혁명적 투쟁에서 무기와 폭력의 형태를 평가함에 있어서, 적에게 미치는 효과의 문제는 언제나 다중과 다중의 제도를 건설하는 과정에 미치는 영향의 문제에 비해 부차적인 것으로 다루어져야 한다.

이러한 논의는 곧장 혁명이 힘의 사용을 필요로 하는 두 번째 활동 영역으로 우리를 이끈다. 이 두 번째 영역은 다중을 만들고 다중 내의 갈등에 관여해서 그것을 해소하며 다중을 구성하는 특이성들을 점점 더 이로운 관계로 이끌 뿐 아니라 해방에 필요한 이 같은 변형들 앞에 놓인 장애를 극복하기 위한 장이다. 제도가 가진 힘이 어느 정도 이러한 역할을 수행한다. 생쥐스트Louis de Saint Just는 제퍼슨과 마찬가지로 1793년에 쓴 글에서 제도의 혁명적 기능을 주장한다. "테러가 우리에게서 군주제와 귀족제를 제거해줄 수는 있다. 그러나 무엇이 우리를 부패로부터 구해줄 것인가? (…) 제도가 그렇게 할 수 있다."[63] 우리는 이미 현존하는 지배권력과 그 사회적 위계에 맞선 전투에서 (테러는 말할 것도 없고) 무장투쟁이 가지는 유효성과 바람직함에 문제를 제기한 바 있으며, 생쥐스트가 한 말의 첫 번째 부분 역시 그러한 맥락에서 의문시될 수 있다. 그러나 그보다 더 우리의 흥미를 끄는 것은 부패에 맞선 제도의 힘을 긍정하는 두 번째 부분이다. 물론 널리 알려진 바와 같이 생쥐스트가 혁명 지도자들이 수립한 노선으로부터 이탈하는 것을 부패로 보고, 제도를 순종을 가능케 하는 수단으로 보는지도 모르겠다. 그럼에도 우리는 그와 똑같은 슬로건, 즉 부패에 맞선 제도라는 슬로건을 주장하고 싶다. 물론 매우 다른 의미에서이긴 하지만 말이다.

우리는 이 책의 여러 지점에서 공통적인 것의 부패를 분석했다. 이 분석은 두 가지 측면에서 이루어졌는데, 하나는 사회적 위계의 부과에 의한 (예컨대 사유화를 통한) 공통적인 것의 파괴라는 문제이고, 다른 하나는 다중의 힘을 감소시키고 주체성 생산을 가로막으며 다중 내부의 갈등을 악화시키는 제도 속에서 공통적인 것의 부정적 형태가 영속화되는 문제이다. 따라서 혁명적 활동에는 가족·기업·민족과 같은, 우리가 앞서 공통적인 것의 부패한 제도적 형태라 부른 것을 파괴하는 일이 하나의 부분으로서 포함된다. 이러한 제도들에 대한 투쟁은 다양한 전선에서 이루어지게 될 것이고, 그중 다수는 우리가 여태껏 상상해보지 못한 것이 될 것이다. 그리고 확실히 그 전투는 피한 방울 없이도 충분히 폭력적이고 험악하고 고통스러울 것이며, 지금껏 알려지지 않은 방식으로 우리를 시험할 것이다. 예컨대 재생산권reproductive right이나 섹슈얼리티, 친족구조, 성별 분업 혹은 가부장적 권위 등의 측면에서 가족이라는 부패한 제도를 사소한 방식으로라도 위협하는 이들에게 얼마나 폭력적인 처벌이 가해지는지를 생각해보라. 공통적인 것을 부패시키는 가족을 비롯한 다른 제도들은 강렬하고 광범위한 싸움 없이는 무너지지 않을 것이다. 그럼에도 생쥐스트는 투쟁이 부패한 제도들을 파괴하는 일만이 아니라 새로운 제도를 구축하는 일도 수반한다는 점을 분명히 한다. 사회를 통합하고 사회규범에 대한 순종을 만들어냄으로써가 아니라 공통적인 것의 이로운 형태의 생산을 활성화하고, 공통적인 것에 대한 접근을 개방적이고 평등한 상태로 유지하며, 다중을 구성하는 특이성들의 기쁜 마주침을 촉진함으로써—그리고 이와 동시에 그러한 길에 놓인 모든 장애물들과 싸움으로써—부패와 싸우기 위해서는 새로운 제도론이 필요하다. 이는 사랑의 훈련은 악과 싸울 수단으로 무장해야 한다는 우리의 제안을 더 구체적이고 실천적인 관점에서 다시 진술한 것일 뿐이다.

혁명가들이 만나게 되는 가장 무시무시한 폭력은 혁명적인 정체성 정치에서 찾아볼 수 있는 괴물스러운 자기변형일 것이다. 정체성을 폐지하는 것, 현재의 자신을 뒤에 남겨두고 떠나는 것, 인종·젠더·계급·섹슈얼리티를 비롯한 그 어떤 정체성도 없는 새로운 세계를 건설하는 것은 엄청나게 폭력적인 과정이다. 이는 지배권력이 그러한 길을 가는 모든 걸음걸음마다 싸움을 걸어올 것이기 때문만이 아니라, 그 과정이 우리의 핵심적 정체성 중 일부를 포기하고 괴물이 될 것을 요구하기 때문이기도 하다. 생쥐스트와 피로 얼룩진 그의 동료들조차 그러한 공포는 상상할 수 없었을 것이다!

구성적 협치

혁명을 다스리는 일은 혁명을 구성하는 운동들을 이끌고 조절하기 위해서만이 아니라 구성적 힘을 이루는 세력을 새로운 삶형태, 새로운 사회적 존재로 확립하기 위해서도 필요하다. 우리는 반란을 혁명적 절차로 구성하고 공고화하며, 지배권력 및 그 부패와 싸우는 동시에 새로운 집단적 습성과 실천을 수립하는 새로운 제도적 과정의 역할을 논했다. 우리는 또한 삶정치적 맥락에서 민주적 결정의 형태들이 어떻게 이행의 경로를 나타내는 정치적 사선을 발생시킬 수 있는지도 탐구했다. 그러나 이것으로는 아직 충분치 않다. 이 모든 것이 통치·입헌·사법의 틀로 뒷받침되어야 한다. 그러나 여기서 우리의 논의는 또다시 막다른 골목에 부딪힌다. 우리가 분석과정에서 이미 여러 차례에 걸쳐 기존 통치형태와 구조는 혁명의 장애물이라고 설명했기 때문이다. 우리는 혁명적 통치에 관한 많은 제안들을 민주주의의 이름으로 비판했다. 마르크스의 표현을 빌리자면 이미 만들어져 있는 부르주아의 국가기구를 손에 넣는다는 의미에서 권력을 장악한다는 생각, 기존 국가구조와 다를 바 없는 '대항권력'을 창출하려는 기획, 구성하는 힘의 발전을 구성된 권력의 구조에 가두는 메커니즘, 일정한 형태의 독재를 통해 통치하는 혁명적 이행이라는 변증법적 관념 등이 비판의 대상이었다. 그럼에도 우리는 혁명과정이 자생적이지 않으며 다스려져야 한다는 것을 아주 잘 알고 있다. 어떻게 하면 혁명과정에 적합한 다스림의 민주적 형태를 창안할 수 있을 것인가? 이 형태는 자칭 대의(재현)를 담당한다는 정치인들과 미디어가 우리를 매일 먹여 살린다는 거짓된 의미에서가 아니라, 능동적이고 자율적인 다중 전체의 자치라는 의미에서 민주적이어야 한다.

우리는 얼핏 보기에는 그럴 것 같아 보이지 않는 곳에서 이 막다른 골목으로부터 벗어나기 위한 일정한 도움을 발견한다. 제국 내에서 주된 지배형태로 등장하고 있는 협치의 구조가 바로 그것이다. 우리는 4부에서 현재의 전지구적 질서가 '세계국가'의 형태를 취하지도 않고 국민국가의 맥락에서 창출된 통치구조를 재생산하지도 않으며, 전체를 관장하는 정치적 권위에 기대지 않고 그때그때 가변적인 방식으로 관리하고 규제하는 식으로 지배하는 새로이 출현하고 있는 협치의 형태들을 점점 더 특징으로 한다고 주장했다. 우리는 협치 개념의 계보를 부분적으로는 자본주의적 기업의 규제, 관리, 책무성의 구조에 이르기까지 추적했다. 그리고 실제로 기업적 협치의 특성들은 제국체제 속에 존재하는 다양한 협치의 배치들에서 여전히 강한 영향력을 보이고 있다. 전지구적 협치는 과거에 국가권력을 정당화하는 데 복무해왔던 대의(재현) 구조를 피하고 (유산층과 같은 과두세력이 종종 간접적으로 통제하는) 다원주의적 규제형태를 취한다는 의미에서 '포스트민주주의적'이다. 그리하여 협치구조들은 유연성과 유동성을 가지며 변화하는 상황에 끊임없이 적응한다. 협치구조들은 안정성과 규칙성을 필요로 하지 않으며, 위기를 관리하고 예외적 상태를 관장하도록 만들어져 있다.

대립적으로 사고하는 데 익숙한 사람들은 이러한 제국의 '통치 없는 협치'governance without government에 대한 분석에 반대 방향의 제안으로 대응하기 쉽다. 고정적인 사법구조와 규칙화된 규범적 통치과정으로 제국에 맞서야 한다는 식으로 말이다. 그러나 우리는 일반적으로 대립적인 대응보다는 전복적인 대응을 선호한다. 사실 제국의 협치 메커니즘은 삶정치적 맥락을 해석하고, 특이성들의 네트워크의 점증하는 자율성, 다중이 생산하는 넘쳐흐르고 측정 불가능한 가치형태, 점점 더 커지는 공통적인 것의 힘을 등록한다는 장점을 갖고 있다. 우리는 이 협치 개념을 전유해서 그 제국적 소명을 뒤엎고 그것을 민주주의와 혁명의 개념으로 재정식화하고자 한다.

우리는 일부 이론가들이 전지구적 협치의 기능을 이해하기 위해 사용하고 있는 연방주의 개념에서 일정한 잠재력을 발견한다. 이 연방주의는 예컨대 미국이나 스위스의 연방주의와 같은 전통적 모델들과 달리 국가주권을 지향하지 않고, 오히려 매우 다양한 힘들을 연결하며 상이하고 독립적인 목표를 갖고 있는 여러 정치기관들을 매개하는 데 복무한다. 연방주의는 국민국가와 제국 사이에 존재하는 공간에서 일련의 다양한 영토적 매개들을 구축한다. 그러나 이러한 매개 메커니즘들이 단지 일종의 유목적 국가형태를 만들어내고 주권과 통제의 형태를 재생산하려 할 때, 연방주의의 외견상의 다양성은 이내 사라지고 만다.[64]

이보다 훨씬 더 유용한 것은 법이론가들, 특히 니클라스 루만의 체계이론에 기반을 두고 있는 일군의 독일 법이론가들의 협치 분석이다. 이들의 분석은 전지구적 협치의 두 가지 주된 특성을 강조하는데, 그 하나는 고정된 법체계와 규범구조의 한계를 **초과**한다는 것이고, 다른 하나는 충돌하는 규범들과 전지구적 사회의 갈등으로 인해 법체계를 **파편화**시킨다는 것이다. 그러므로 법적 관점에서 볼 때, 통치에서 협치로의 이행은 일원적이고 연역적인 규범구조에서 다원주의적이고 유연한 규범구조로의 운동으로 사고된다. 협치는 (국제법에 기초해서든 국민국가들 간의 합의에 기초해서든) 전지구적 법체계에 통일성을 부여하려는 어떠한 헛된 시도도 하지 않으며, 대신 갈등을 관리하고 전지구적 사회의 부분들 간의 규범적 공존 가능성을 만들어낼 수 있는 네트워크 논리를 확립하기 위해 노력한다. 이러한 식으로 이해된 협치는 실로 "예외를 관장한다." 그러나 이는 칼 슈미트가 (널리 알려진 바와 같이) 이 구절을 통해 주권을 정의할 때 상상했던 것과는 완전히 다른 방식으로 이루어진다. 여기서 예외는 결정을 요구하는 순간적 사건이 아니라 시간의 흐름 속에서 사회 전체에 퍼져 있는 것이다. 협치의 구조는 그것이 규제하고 관리하는 사회가 예외로 가득하기 때문에 늘 우연적이고 우발적인 것으로 남는다. 서로 충돌하는 전지구적

사회의 파도들 위를 떠다니는 구조들이라고 말할 수도 있을 것이다.[65]

이 법이론가들이 상정하는 협치의 요소들 가운데 일부는 삶정치적 사회에 대한 우리의 분석과 너무나도 잘 들어맞아서 이 책에 등장하는 일련의 구절들에 대한 요약으로 간주될 수 있을 정도이다. 그들이 파편화를 읽어내는 곳에서 우리는 다양한 특이성들을 보고, 그들이 사회와 규범구조 간의 관계에서 읽어내는 흘러넘침을 우리는 노동과 가치의 관계에서 인식하며, 그들이 예외적인 규범적 상황들에 대한 협치에서 읽어내는 네트워크 논리를 우리는 삶정치적 생산의 협력에서 분석하고, 그들이 우연적인 법적 틀의 기초로 읽어내는 사회적 갈등을 우리는 혁명적 제도관의 기초로 제시한다. 이는 이 법이론가들이 가면을 쓴 혁명가들이라는 것을 의미하는가? 그렇지 않다. 사실 우리의 관점에서 보면 그들은 사회변혁의 가능성에 대해 무관심하고 회의적이며 심지어 냉소적인 태도를 견지한다. 그러나 전지구적 협치에 대한 그들의 분석이 다중에 대한 우리의 분석에 근접한다는 사실은 제국적 협치 개념이 뒤집어지고 전복되어 혁명적 개념으로 변형될 수 있는 지점을 식별할 수 있도록 해준다. 이것은 변증법적 전도라는 관념적인 작업이 아니라 실천적이고 전복적인 길이다.

사실 제국적 협치구조가 다중의 운동에 그토록 강력하게 상응한다는 것은 전혀 놀랄 일이 아니다. 마치 모래에 새겨진 발자국처럼 협치는 다중이 표현하는 사법적 요구와 정치적 힘을 새로운 다이어그램에 따라 등록하고 재현하도록 강제된다. 여러 곳에서 주장했듯이 다중의 투쟁은 권력보다 우선적이다. 다중의 투쟁이 사회적 혁신의 중심인 데 반해, 권력은 오직 그 힘을 포획하거나 통제하려 하는 식으로 반작용할 수만 있다는 의미에서 말이다.

제국적 협치를 전복하는 구성적 협치는 다스림의 규범적 형상이나 사회적 합의 및 협력의 기능적 구조를 제시하는 데 그쳐서는 안 된다. 구성적 협치는 사회적 실험과 민주적 혁신을 위한 개방적이고 사회적으로 일반화된 도식 또한 제시해야 한다. 이것은 '법원'法源과 그 법원을 정당화하는 수단이 오로지 구성적 힘과 민주적 결정에만 기초하는 입헌체제일 것이다. 반란이 제도적으로 되어야 하듯이 혁명도 이런 식으로 (계속적인 투쟁을 통해) 쉼 없이 모든 체제 균형을 넘쳐흘러서 한 층 한 층 공통적인 것의 민주주의를 향해 올라가는 과정에 기초하여 구성(제헌)의 차원으로 이어져야 한다.

반역과 반란은 일시적이고 수명이 짧을 수 있지만, 혁명적 과정의 경우에는 제도와 구성(제헌)을 향한 의지와도 같은 무언가가 그 전체를 관통하고 있다. 우리는 여기서 빈Wien의 위대한 예술사가인 알로이스 리글Alois Riegl이 말한 '쿤스트볼렌'Kunstwollen—번역하기 어렵긴 하지만 '예술의지'will to art 정도로 옮길 수 있다—과의 유비를 염두에 두고 있다. 리글은 또 다른 이행의 시기인 후기 로마시대에 어떻게 예술이 고대 형식에 맞서 반란을 일으켜서 새로운 기법과 새로운 '산업'만이 아니라 세계를 바라보고 경험하는 새로운 방식까지도 확립하는지를 분석한다. 그는 후기 로마시대의 예술의지를 조형예술의 이러한 변형을 다스리는 힘으로, 모든 특이한 예술적 표현들을 연결하여 일관된 제도적 발전으로 만들고 그리하여 연속성뿐 아니라 그 과정의 혁신까지 보여주는 욕망으로 이해한다. 예술의지는 역사적 문턱을 넘어서는 일을 성취해내는 동시에 초과하고 넘쳐흐르는 사회적 힘들을 일관되고 지속적인 기획으로 조직하는 일도 성취해낸다.[66] 오늘날 혁명과정은 예술의지와 유사한 방식으로 다중의 특이성들을 그 다양한 반역과 반란의 사례들과 더불어 하나의 강력하고 지속적인 공통적 과정으로 연결해내는 법의지Rechtswollen, 즉 제도적이고 구성적인(제헌적인) 의지에 의해 다스려져야 할 것이다.

특이성에 관하여 2
—행복을 제도화하기

건축, 회화, 이야기를 통해 인류는 (그래야만 하는 것이라면)
문명을 견디고 살아남을 준비를 하고 있다.
무엇보다 중요한 것은 인류가 그 일을 웃으면서 하고 있다는 것이다.

발터 벤야민, 「경험과 가난」

우리는 세계를 처음부터 다시 시작할 힘을 갖고 있다.
노아의 시대 이래 여태껏 현재와 같은 상황은 없었다.

토머스 페인, 『상식』

원년Year 0에 온 것을 환영한다! 어둠과 유혈로 점철된 수세기가 지난 후 선사先史는 쾅 소리와 함께 끝나는 것이 아니라 안도의 한숨과 더불어 끝난다. 역사의 시작은 사회적 분쟁이 종식되었음을 의미하는 것이 아니라 우리 모두가 갈등을 다루고 그것을 평화롭고 생산적인 관계로 변형할 수 있는 잠재력을 가지고 있음을 의미한다. 또한 역사의 시작은 우리의 힘이 완전히 실현되었음을 의미하지도 않는다. 만약 그렇다면 역사는 시작하기도 전에 끝이 날 것이다. 역사의 시작은 우리가 사회적 삶을 구성하고 민주적 통치를 실행에 옮기는 일에 집단적으로 참여하는 교육과 훈련의 과정이 시작됨을 의미한다.

디드로와 퐁트넬Fontenelle에서 제퍼슨에 이르는 계몽주의 혁명가들은 고대 그리스인과 로마인들을 따라 공적 행복을 궁극적인 정치적 목표로 제시한다. 오늘날 행복은, 어떤 측면에서는 18세기 사상가들이 이해했던 방식으로 그리고 다른 측면에서는 그들이 미처 상상하지 못했던 방식으로 다시 한 번 정치적 개념이 되어야 한다. 계몽주의 혁명가들이 행복이라는 말로 의미하는 것은 무엇보다 쾌락과 같은 일시적인 감정이 아니라 오래 지속되는 조건이다. 행복은 지속되고 반복되는 쾌락이다. 그들은 또한 행복의 집단적 성격을 주장하며, 행복이 사적이지 않고 공적이라는 점을 강조한다. 이 두 가지 특성만으로도 이미 왜 행복이 통치의 주된 목적이 되어야 하는지가 분명해진다. 행복은 오래 지속되기 위해서 제도적 성격을 띠어야 하는 집단적 선good, 아마도 궁극적인 집단적 선이다. 그러나 행복은 단순히 지도자나 대표자들이 사람들에게 제공해주는 무언가가 아니다. 행복은 수동적 정동이 아니라 능동적 정동이다. 다중은 영속적인 행복의 상태를 창출하기 위해 스스로를 다스려야 한다(따라서 우리는 그것을 '공적 행복'보다는 '공통적 행복'으로 부르고자 한다). 행복은 활동을 가라앉히는 만족의 상태가 아니라 욕망에 가하는 박차이며 우리가 원하는 것과 우리가 할 수 있는 것을 증가시키고 증폭시키는 메커니즘이다. 물론 인간이 스스로를 다스리고 갈등을 해결하며 지속적이고 행복한 관계를 형성하는 능력을 완전히 발전된 상태로 가지고 태어나는 것은 아니지만, 우리 모두는 그럴 수 있는 잠재력을 가지고 있다. 그러므로 행복의 마지막 특징은 우리의 민주적 결정능력을 발전시키고 자치를 훈련하는 과정이라는 점에 있다.[67]

그러므로 행복에 대한 요구는 계몽주의의 목표에 대한 긍정이자 찬양이다. 우리를 흥미롭게 하는 계몽주의의 핵심은 우리 중 일부 혹은 우리 모두가 완전한 숙달, 자기통제, 지식 등의 계몽된 상태를 이미 성취했거나 언젠가 그러한 상태에 도달할 것이라는 주장이 아니다. 계몽주의의 핵심은 인간이 훈련될 수 있다는 사실, 우리가 개인적으로나 집단적으로나 역사의 과정 속에서 스스로를 더 낫게 만들 수 있다는 사실에 대한 인식이다. 그리고 통치의 영역에서 이는 행함에 의한 배움learning by doing을 수반해야 한다. 토머스 제퍼슨은 이렇게 설명한다. "사회에서 자치를 하기 위한 자질들은 타고나는 것이 아닙니다. 그것은 습관과 오랜 훈련의 결과입니다."[68] 민주주의는 다중이 이미 계발되어 있는 자치의 힘에 입각해 추구하는 목표일 뿐 아니라 그 힘을 확대하는 (즉 통치에 참여할 수 있는 능력과 더불어 참여하고자 하는 욕망을 증대시키는) 학습 메커니즘, 장치여야 한다. 여기가 디드로와 마키아벨리가 만나는 지점이다. 행복에 대한 요구는 마키아벨리가 종종 주장하는 바와 같이 현재와 같은 모습의 인간에 기초한 전적으로 현실주의적인 정치적 기획이지만, 인간이 어떻게 달라질 수 있는가, 즉 인간이 어떻게 배우고 자신을 더 낫게 만들고 이전에는 상상할 수 없었던 목표들을 실현할 수 있는가에 대한 마찬가지로 명료한 인식을 수반하는 것이기 때문이다. 요점은 민주주의가 목적이자 수단인 정치적 기획에 착수하기 위해 우리의 능력을 새롭고 점점 더 성장하도록 만드는 것이다.

계몽주의 사상가들은 진보에 대한 믿음으로 인해 오랫동안 조롱받아왔다. 과거는 인간이 초래한 재난과 어리석인 일들로 가득하고 진보의 약속은 너무나도 자주 재앙과 파괴를 낳았기 때문이다. 어떤 이들은 나치의 행정적 합리성이 어떻게 대학살과 가스실을 낳았는지를 지적하고, 또 어떤 이들은 과학적 '발전'이 어떻게 환경의 황폐화와 핵에 의한 파괴를 초래했는지를 지적한다. 물론 자동적인 진보의 운동이란 존재하지 않으며, 내일이 오늘보다 나으리라는 보장도 없다. 그러나 이처럼 미래가 정해져 있지 않다는 사실에 대한 인식이 냉소적 결론으로 이어져서 우리가 우리 세계, 우리 사회, 우리 자신을 더 낫게 만들 수 있는 힘을 가지고 있다는 사실을 무시하도록 해서는 안 된다. 이것은 역사를 앞으로 끌고 가는 보이지 않는 손이나 목적인目的因에 대한 어떠한 환상도 갖지 않는 유물론적 목적론이다. 이것은 최종목적지 없이 우리의 욕망과 우리의 투쟁에 의해서만 앞으로 나아가는 목적론이다. 진보는 우리 모두가 함께 통치하도록 허락되고 통치할 수 있으며 통치하고자 하는 민주적 세계를 형성하고 공통적인 행복을 실현하는 우리의 힘이 얼마나 성장하느냐로 측정될 것이다.

그러므로 행복의 제도화는 정치적 기획일 뿐 아니라 존재론적인 기획이기도 하다. 우리의 힘이 증가할 때마다 우리는 달라지고 우리 자신을 증대시키며 사회적 존재를 확장한다. 존재는 이 세계가 아닌 다른 어떤 세계에 불변적으로 고정되어 있는 것이 아니라 끊임없이 생성의 과정에 종속된다. 마찬가지로 인간 본성도 불변의 것이 아니라 훈련과 교육의 과정에 열려 있다. 우리가 할 수 있는 일에 한계가 없다거나 과거와 완전히 단절하고 깨끗한 상태를 만들어낼 수 있다는 말이 아니다. 진화생물학자들이 즐겨 말하듯이 자연에 비약은 없다. 존재와 인간 본성에 관한 우리의 주장이 의미하는 바는, 우리 세계와 우리 자신의 가장 기본적인 수준에서 변화가 가능하며 우리가 이 변화의 과정에 개입해서 그것을 우리의 욕망에 따라 행복을 향해 이끌어갈 수 있다는 것이다.

지성사가知性史家들은 어떻게 정치적 개념으로서의 행복이 유실되었는지에 대한 하나의 설명을 제시해준다. 18세기적 행복은 19세기에 내면으로 향하여 감상적인 것이 된다. 퐁트넬의 『행복론』*Traité du bonheur*이 아담 스미스의 『도덕감정론』*Theory of Moral Sentiments*에 길을 내어주고, 공적 행복에 대한 생쥐스트의 선언이 19세기 소설들에서 보이는 가정家庭적 감정으로 대체되며, 정치적 권리로서의 행복에 대한 제퍼슨의 주장이 개인적 만족감의 서사들에 자리를 양보한다. 행복은 18세기에 그토록 강하게 결합되어 있었던 이성으로부터 분리되었고, 오늘날에는 단지 하나의 정념, 즉 우리가 행하는 무언가가 아니라 느끼는 무언가—정치적 의미가 제거된 개인적 감정—가 되었으며 여전히 그러한 것으로 남아 있다. 연민과 동정이 결사結社와 사회적 구성의 메커니즘을 제시하는 것은 사실이지만, 그것은 무력하고 심지어 우리의 힘을 봉쇄하기까지 하는 메커니즘이다.

그러므로 정치적이고 존재론적인 행복의 기획을 이해하기 위해서는 더 이전의 저자들에 주목하는 것이 유용하다. 가령 스피노자 철학과 정치학의 목적은 기쁨gaudium이며, 이는 행동하고 사유하는 힘의 증가를 나타내는 능동적 정동이다. 기쁨은 만족과 달리 정적인 상태가 아니라 우리의 힘이 계속해서 증가하는 한에서만 지속되는 동적인 과정이다. 스피노자의 말에 따르면 우리는 아직도 신체가 무엇을 행할 수 있으며 정신이 무엇을 사유할 수 있는지를 알지 못한다. 그리고 우리는 신체와 정신이 가지고 있는 힘의 한계를 앞으로도 결코 알 수 없을 것이다. 기쁨의 길은 늘 새로운 가능성을 열고 우리의 상상력의 장, 느끼고 영향을 받는 우리의 능력, 우리의 능동적 행동과 수동적 겪음의 능력을 확장한다. 사실 스피노자의 사유에서는 영향을 미치는 힘(정신의 사유하는 능력과 신체의 행동하는 능력)과 영향을 받는 힘이 상응한다. 우리 정신의 사유하는 능력이 커질수록 다른 이들의 생각에 영향을 받는 능력도 커지며, 우리 신체의 행동하는 능력이 커질수록 다른 신체들에 영향을 받는 능력도 커진다. 그리고 우리가 다른 사람들과 더 많이 상호작용하여 공통적 관계를 더 많이 창출하면 할수록 사유하고 행동하는 우리의 힘도 더 커진다고 스피노자는 설명한다. 바꿔 말하자면 기쁨은 실로 다른 이들과의 기쁜 마주침, 즉 우리의 힘을 증가시키는 마주침의 결과이며 지속과 반복이 가능하도록 마주침들을 제도화한 결과이다.

스피노자 이전에는 단테Dante Alighieri가 기쁨과 사랑을 존재뿐 아니라 공존재共存在를 생산하는 것으로서, 즉 사회적 삶을 생산하는 것으로서 제시한 바 있다. 단테에게 사랑은 세계를 변혁하고 '비타 누오바'vita nuova, 즉 새로운 삶을 창조하는 우발적 사건이다. 이러한 단테의 사랑관은 그의 선배들의 사랑관, 즉 감상적인 사랑 개념—예컨대 구이도 구이니첼리Guido Guinizelli에게 있어서 사랑은 감정을 생산한다—과 합리주의적 견해—구이도 카발칸티Guido Cavalcanti에게 있어서 사랑은 지식을 생산한다—모두를 넘어선다. 단테는 우리에게 사랑은 공통적인 것의 실천이라고 말한다. 사랑은 도시를 가로질러 공통적인 것 속에 있는 특이성들의 자율성과 상호작용을 긍정하는 새로운 형태의 공생공락을, '함께 삶'을 생성시킬 수 있다.[69]

어떻게 하면 우리가 살고 있는 세계를 위해 이러한 행복, 기쁨, 사랑에 대한 정치적 사고를 복원하거나 다시 발명할 수 있을까? 이러한 물음에 대한 일반적인 응답은 비참에 맞서는 정치적 프로그램을 제시하는 것이리라. 여기서 비참이란 부나 자원의 결핍만이 아니라 더 일반적으로는 창조하고 혁신하는 힘, 스스로를 다스리는 힘의 결핍을 의미한다. 비참은 우리가 할 수 있는 것, 우리가 될 수 있는 것으로부터의 분리가 일어나는 조건이다. 그리고 사실 우리는 이미 기존의 정부들과 다양한 전지구적 협치의 기관들에 요구할 수 있고 요구해야 하는 프로그램의 기본적인 개요를 언급한 바 있다.

첫 번째 강령에서는 비참에 맞서 삶의 유지를 요구해야 한다. 즉 정부가 모든 이들에게 기본적 생활수단을 제공할 것을 요구해야 한다. 많은 나라에서 모든 시민들에게 보장소득, 즉 생산적이고 존엄하게 살아가기 위해 필요한 것들을 갖추기에 충분한 기본소득을 제공하는 문제와 관련해서 중요한 제안들이 논의되어 왔다. 또한 많은 정부들이 (특히 가장 부유한 나라들에서) 이미 모든 시민들에게 기본적인 의료서비스를 보장하고 있다. 그러나 비참하게 살고 있는 사람들, 기아와 질병의 위험에 처해 있는 사람들 중 대다수는 이와 다른 지역에 살고 있다. 필요한 것은 세계 전역에 있는 모든 사람들에게 기본적인 생활수단을 제공하는 일, 즉 전지구적 보장소득과 진정으로 보편적인 의료서비스를 제공하는 일이다. 그것이 UN 같은 전지구적 기관들을 통해 제공되든, 시민단체들을 통해서 제공되든 아니면 기타 단체들을 통해서 제공되든 상관없다.

모든 이들에게 최소한의 삶을 보장하는 것만으로는 비참을 벗어나기에 충분치 않기 때문에, 두 번째 강령에서는 위계에 맞서 평등을 요구하여 모두가 사회의 구성, 집단적 자치, 다른 이들과의 건설적 상호작용에 참여할 수 있도록 해야 한다. 당연히 모든 이들이 필수적인 교육과 일련의 기본적인 사회적·기술적 지식 및 기능에 접근할 수 있어야 한다. 이것은 어떤 식으로든 정치적 참여가 이루어지려면 반드시 갖추어져야 하는 필수조건에 속한다. 물론 이러한 기본적 요소들로 무장한다고 해서 모든 이들이 같아지지는 않겠지만, 사회의 집단적 관리에 동등하게 참여할 수는 있을 것이다. 그러나 사람들은 오늘날 통치에 필요한 기술·지식·능력을 가지고 있을 때조차 권력으로부터 분리되어 있다. 우리는 모두의 참여에 열려 있을 뿐 아니라 민주적 결정에 참여하는 법에 대한 훈련을 모두에게 제공하는 정부, 경계를 가로질러 움직이고 살고 싶은 곳에 살 수 있도록 하는 정부를 원한다. 이러한 강령이 요구하는 종류의 정치적 평등은 일국적 맥락에서 종종 시민권이라고 불리어왔다. 그렇다면 여기서 우리가 염두에 두고 있는 것은 전지구적 시민권과 같은 것이라고 할 수 있겠다. 전지구적 시민권은 전지구적 사회의 통치에 평등하게 참여할 수 있는 수단과 기회를 모두에게 제공하는 것이다.

세 번째 강령에서는 사적 소유의 장벽들에 맞서 공통적인 것에 대한 자유로운 접근을 요구해야 한다. 오늘날에는 모두가 자원과 부를 자유롭고 평등하게 사용하고 또 그것을 가지고 생산하는 일이 가능하다. 물론 과거 희소성의 맥락에서는 이처럼 자원에 대한 평등한 접근을 요구하는 것이 종종 해결할 수 없는 난제를 만들어내기도 했다. 만약 당신이 들에서 농작물을 재배한다면, 다른 누구도 그곳에서 농사를 지을 수 없다. 또 만약 당신이 생산하기 위해 기계를 사용한다면, 다른 누구도 동시에 그것을 사용할 수는 없다. 그러나 오늘날에는 생산과 부가 점점 더 희소성의 논리를 따르지 않고 있다. 당신이 어떤 아이디어를 생산하는 데 사용한다 해도, 나 역시 같은 시간에 그 아이디어를 사용할 수 있다. 사실 더 많은 사람들이 어떤 아이디어를 가지고 작업하고 그것에 관해 소통하면 할수록 그 아이디어는 더욱더 생산적인 것이 된다. 생산적인 공통적 부의 증가를 촉진하고 그에 대한 자유로운 접근을 모두에게 허용하는 것이 공통의 이익에 부합한다.

정부는 특히 지식의 축적을 지원해야 한다. 물론 이때 지식은 생산에서 점점 더 중심적인 것이 되어가고 있는 과학적 지식과 코드들만이 아니라 사회적 지식과 기술, 즉 사회적 갈등을 피하고 행복한 마주침을 촉진하는 수단, 생산적 소통과 교류를 증진하는 수단도 포함한다.

이 세 가지 강령은 오늘날의 지배권력에게 제시할 수 있는 정당하고 합리적인 요구들이다. 이것은 우리가 앞서 메트로폴리스에서 다중의 부를 구성한다고 했던 구성적 마주침들에 가장 유리한 조건과 다르지 않다. 모두가 삶과 건강을 위한 기본적인 수단을 가지도록 보장하는 것, 사회적으로 상호작용하는 지식과 기술을 가지고 평등한 관계 속에서 만날 수 있는 조건을 창출하는 것, 마주침들을 위한 토대로 작용하는 동시에 마주침들에 의해 풍요로워지는 축적된 공통의 부에 대한 자유로운 접근권을 모두에게 제공하는 것이 바로 그 조건이다. 삶정치적 생산의 네트워크, 메트로폴리스의 삶, 일상적인 사회적 삶의 짜임새 속에서 전세계 인구 가운데 상당수가 이미 저 능력들 중 다수를 보유하고 있다는 사실을 우리가 분석과정에서 확인했음을 기억하라. 우리는 지배권력에게 이것들이 보장되고 보편적인 것이 되도록 요구할 수 있다.

그러나 불행히도 오늘날의 지배권력은 이러한 기본적인 요구들조차 수용할 생각이 없다. 권력의 이 오만함에 대한 가장 적절한 대응은 우리의 비참한 운명을 탄식하고 우울함에 빠지기기보다는 웃는 것이다. 웃음이 매우 진지한 문제라는 것에 유의하라. 웃음은 우리의 약함에 대한 위안이 아니라 기쁨의 표현이자 힘의 표시이다. 푸코는 우리를 이렇게 일깨워준다. "설혹 싸움이 끔찍하더라도, 투사가 되기 위해서는 슬퍼해야 한다고 생각하지 말라. 혁명적 힘은 욕망이 (재현의 형식들로 후퇴하는 것이 아니라) 실재와 연결되는 데 있다." 행복을 제도화하는 과정은 늘 웃음을 동반할 것이다.[70]

우리의 웃음은 무엇보다 현실을 아는 웃음이며, 지배권력에 대한 현실적 비판을 수반한다. 지배자들, 파괴자들, 부패한 자들은 그들이 생각하는 만큼 강하지 않고, 우리는 언제나 그들이 알고 있는 것보다 강하다. 오늘날 삶정치적 맥락에서는 갈수록 하나가 둘로 나뉜다. 아이디어·코드·정동·이미지 등과 같은 공통재의 생산에 있어서 생산적 힘이 점점 더 자율적이 되고 있다는 말이다. 자본은 여전히 생산된 공통적인 것을 어떻게든 수탈해내고 있고 지배권력은 계속해서 통제력을 행사하고 있다. 그러나 우리는 그들의 허약함이 우리의 미래에 대해 예고하는 바를 알고 있기에 웃는다.

우리의 웃음은 또한 현재에 견고하게 닻을 내린 창조와 기쁨의 웃음이다. 새롭고 더 큰 형태의 공통적인 것을 함께 생산하는 수단인 공통적인 것에의 자유롭고 평등한 접근, 괴물스러운 자기변형의 과정을 통한 정체성의 예속으로부터의 해방, 사회적 주체성을 생산하는 회로에 대한 자율적 통제, 일반적으로 말해 특이성들이 다중을 구성하는 공통적 실천들의 구축은 모두 점점 더 커지는 우리의 힘과 기쁨의 무한한 순환을 구성한다. 행복을 제도화하는 동안 우리의 웃음은 물만큼이나 순수하다.

마지막으로 우리의 웃음은 파괴의 웃음, 악에 맞선 싸움에 동반되는 무장한 천사의 웃음이다. 행복은 어두운 면을 가지고 있다. 스피노자는 친구에게 해가 되는 것을 파괴하는 데서 오는 기쁨을 묘사한다.[71] 이러한 파괴는 증오와 전혀 관계가 없다. 증오로부터는 실로 어떤 좋은 것도 나올 수 없다. 또한 이 기쁨은 '샤덴프로이데'

Shadenfreude, 즉 다른 이의 불행으로부터 나오는 즐거움과도 관계가 없다. 해로움의 원인을 파괴하는 것은 그 원인이 제거됨으로써 자유로워진 힘과 기쁨의 증가에 비해 부차적이다. 자신 안에 있는 정체성에 대한 집착을, 일반적으로 말해 노예상태의 조건을 일소하는 것은 매우 고통스러운 일이지만, 그래도 우리는 웃는다. 가족·기업·민족처럼 공통적인 것을 부패시키는 제도들과의 긴 싸움에서 끝없이 눈물 흘리게 될 것이지만, 그래도 우리는 웃는다. 자본주의적 착취, 소유의 지배, 공적·사적 통제를 통해 공통적인 것을 파괴하는 자들에 맞선 투쟁에서 끔찍한 고통을 겪게 될 것이지만, 그래도 우리는 기뻐하며 웃는다. 그 모든 것이 웃음에 묻히게 될 것이다.

주

서문

1 여러 분야에서 이루어지는 공통적인 것에 관한 최근의 논의에 대해서는 Nick Dyer-Witheford, *Cyber-Marx* (Urbana: University of Illinois Press, 1999), Augusto Illuminati, Del comune (Rome: Manifestolibri, 2003), Massimo De Angelis, *The Beginning of History* (London: Pluto, 2007), Peter Linebaugh, *The Magna Carta Manifesto* (Berkeley: University of California Press, 2008), Naomi Klein, "Reclaiming the Commons," *New Left Review*, no. 9 (May-June 2001), 81-89, Donald Nonini, ed., *The Global Idea of "the Commons"* (New York: Berghahn Books, 2007), 그리고 Michael Blecher, "Reclaiming the Common or the Beginning of the End of the (Legal) System," in *Soziologische Jurisprudenz: Festschrift für Gunther Teubner zum 65. Geburtstag*, ed. G.-P. Callies, Andreas Fischer-Lescano, Dan Wielsch, and Peer Zumbansen (Berlin: De Gruyter, 2009) 참조.

2 Gilles Deleuze, "What Is a *Dispositif*?," in *Michel Foucault, Philosopher*, ed. Timothy Armstrong (New York: Routledge, 1992), pp. 159-168.

3 Walter Benjamin, "Experience and Poverty," in *Selected Writings*, vol. 2 (Cambridge, Mass.: Harvard University Press, 2005), p. 732. 벤야민을 비롯한 근대 유럽의 시인·철학자들에 나타난 가난 개념에 대한 탁월한 분석으로는 Patrick Greaney, *Untimely Beggars* (Minneapolis: University of Minnesota Press, 2008) 참조.

4 Luce Irigaray, *Éthique de la difference sexuelle* (Paris: Minuit, 1984), pp. 27-39, Diotima, *Il pensiero della differenza sessuale* (Milan: La Tartaruga, 1987), 그리고 Adriana Cavarero, *Nonostante Platone* (Rome: Editori Riuniti, 1990) 참조.

5 피쉬바흐(Franck Fischbach)는 마르크스와 스피노자를 독해하는 가운데 공통적인 것에 기반을 둔 차이들 및 그것이 가져오는 생산성에 입각한 기쁨과 행복에 대한 매우 유사한 생각을 읽어낸다. Franck Fischbach, *La production des hommes* (Paris: PUF, 2005), p. 145 참조.

6 Jacques Derrida, *D'un ton apocalyptique adopté naguère en philosophic* (Paris: Galilée, 1983) 참조.

7 Jean-Luc Nancy, *The Birth to Presence*, trans. Brian Holmes and others (Stanford: Stanford University Press, 1994), p.407, n. 56.

1부 공화국 (그리고 빈자 다중)

1 미국 정부를 중심으로 하는 파시즘에 대한 좌파적 비판의 사례로는 Naomi Wolf, "Fascist America, in 10 Easy Steps," *The Guardian*, 24 April 2007 참조. '이슬람 파시즘'을 우파가 활용하는 사례로는 Norman Podhoretz, *World War IV: The Long Struggle against Islamofascism* (New York: Doubleday, 2007) 참조.

2 주권에 초점을 맞추는 최근의 연구 중 조르조 아감벤의 작업이 확실히 가장 세련되고 의미심장하다. 특히 *Homo Sacer: Sovereign Power and Bare Life*, trans. Daniel Heller-Roazen (Stanford: Stanford University Press, 1998)과 State of Exception, trans. Kevin Attell (Chicago: University of Chicago Press, 2005) 참조. 또한 Jean-Claude Monod, *Penser l'ennemi, affronter l'exception: Réflexions critiques sur l'actualité de Carl Schmitt* (Paris: La découverte, 2007) 참조.

3 Léon Robin, *La pensée grecque et les origins de l'esprit scientifique* (Paris: Renaissance du livre, 1923), pp. 209-212.

4 Immanuel Kant, *Introduction to Critique of Pure Reason*, ed. Paul Guyer and Allen Wood (Cambridge: Cambridge University Press, 1997), A11, B25, p. 149.

5 칸트적 형태의 법사상에 대해 우리가 이미 해놓은 분석으로는 Michael Hardt and Antonio Negri, *Labor of Dionysus: A Critique of the State form* (Minneapolis: University of Minnesota Press, 1994), pp. 217-261과 Antonio Negri, *Alle origini del formalismo giuridico* (Padua: Cedam, 1962), chap.1 참조.

6 Alfred Sohn-Rethel, *Intellectual and Manual Labour* (Atlantic Highlands, N.J.: Humanities Press, 1978), p. 35.

7 Thomas Jefferson to Samuel Kercheval, 12 July 1816, in *Writings*, ed. Merrill Peterson (Washington, D.C.: Library of America, 1984), p. 1396.

8 Emmanuel-Joseph Sieyès, *Écrits politiques*, ed. Roberto Zapperi (Paris: Éditions des archives contemporaines, 1985), p. 81.

9 스키너(Quentin Skinner)와 포콕(J. G. A. Pocock)의 분석 결과를 통합하는, 영국 공화주의 사상에 대한 탁월한 역사적 소개로는 Jonathan Scott, *Commonwealth Principles* (Cambridge: Cambridge University Press, 2004) 참조.

10 물질적 구성이라는 생각에 대해서는 Costantino Mortati, *La costtuzione in senso materiale* (Milan: Giuffre, 1940)와 Ernst Forsthoff, *Rechtsstaat im Wandel* (Stuttgart: Kohlhammer, 1964) 참조.

11 Charles Beard, *An Economic Interpretation of the Constitution of the United States* (New York: Macmillan, 1913), p. 324.

12 John Adams, "Defense of the Constitutions of Government of the United States," in *The*

Works of John Adams, 10 vols., ed. Charles Francis Adams (Boston: Little, Brown & Co., 1850), 6:9.

13 무기를 소지할 권리에 대해서는 J. G. A. Pocock, "Historical Introduction," in *The Political Works of James Harrington* (Cambridge: Cambridge University Press, 1977), pp. 138-143, Antonio Negri, *Insurgencies*, trans. Maurizia Boscagli (Minneapolis: University of Minnesota Press, 1999), pp. 163-164, 그리고 Joyce Lee Malcolm, *To Keep and Bear Arms: The Origins of an Anglo-American Right* (Cambridge, Mass.: Harvard University Press, 1994) 참조.

14 *The Federalist*, no. 51, ed. Benjamin Fletcher Wright (Cambridge, Mass.: Harvard University Press, 1961).

15 Negri, *Insurgencies*, pp. 205-212, 235-236 참조.

16 Henry Cachard, ed., *The French Civil Code* (London: Stevens and Sons, 1895), p. 134.

17 상상할 수 없는 이례적 사건으로서의 아이티혁명에 대해서는 Michel-Rolph Trouillot, *Silencing the Past: Power and the Production of History* (Boston: Beacon Press, 1995), pp. 70-107 참조. 근대 혁명들의 만신전에서 아이티가 차지하는 위치에 대해서는 Nick Nesbitt, *Universal Emancipation: The Haitian Revolution and the Radical Enlightenment* (Charlottesville: University of Virginia Press, 2008), Laurent Dubois, *Avengers of the New World: The Story of the Haitian Revolution* (Cambridge, Mass.: Harvard University Press, 2004), Sibylle Fischer, *Modernity Disavowed: Haiti and the Cultures of Slavery in the Age of Revolution* (Durham: Duke University Press, 2004) 참조.

18 Ranajit Guha, *A Rule of Property for Bengal: An Essay on the Idea of Permanent Settlement*, 2nd ed. (Durham: Duke University Press, 1983) 참조.

19 Evgeny Pashukanis, *General Theory of Law and Marxism, in Selected Writings on Marxism and Law*, ed. Piers Bierne and Robert Sharlet (London: Academic Press, 1980), p. 69. 파슈카니스에 대해서는 Hans Kelsen, *The Communist Theory of Law* (New York: Praeger, 1955)와 Antonio Negri, "Rileggendo Pashukanis," in *La forma stato* (Milan: Feltrinelli, 1979), pp. 161-195 참조. 더 일반적으로 사법과 공법의 관계에 대해서는 Karl Renner, *The Institutions of Private Law and Their Social Functions*, trans. Agnes Schwarzschild (London: Routledge and Kegan Paul, 1949), John R. Commons, *Legal Foundations of Capitalists* (New York: Macmillan, 1924), 그리고 역사적 관점에서 쓴 것으로는 Franz Wieacker, *The History of Private Law in Europe*, trans. Tony Weir (Oxford: Clarendon Press, 1995) 참조.

20 Immanuel Kant, "An Answer to the Question: 'What is Enlightenment?'" in *Political Writings*, 2nd ed., ed. H. S. Reiss (Cambridge: Cambridge University Press, 1991), pp. 54-60.

21 우리의 입장과 상대적으로 가깝게 소수자 칸트를 읽어내는 사례로는 Michel Foucault, "What Is Enlightenment?," in *Ethics: Subjectivity and Truth*, ed. Paul Rabinow (New York: New Press, 1997), pp. 303-320와 Foucault, introduction to Immanuel Kant, *Anthropologic d'un point de vue pragmatique* (Paris: Vrin, 2008), pp. 11-79 참조. 여기서 우리의 관심을 끄는 소수자 칸트와는 다르지만 그래도 대안적인 칸트의 상을 제공하는 많은 훌륭하고 독창적인 책들이 최근에 출간되었다. 특히 Peter Fenves, *Late Kant* (New York: Routledge, 2003)와 Kojin Karatani, *Transcritique: On Kant and Marx*, trans. Sabu Kohso (Cambridge, Mass.: MIT Press, 2003) 참조.

22 상호주관성에 대한 하버마스 초기 저작의 예로는 Jügen Habermas, "Labor and Interaction: Remarks on Hegel's Jena *Philosophy of Mind*," in *Theory and Practice*, trans. John Viertel (Boston: Beacon Press, 1973), pp. 142–169 참조. 소통의 장인 공공영역에 대한 나중의 저작으로는 무엇보다도 *The Theory of Communicative Action*, 2 vols., trans. Thomas McCarthy (Boston: Beacon Press, 1984) 참조. 롤스의 경우, 우리가 그의 저작에서 짚어내는 두 요소들 모두 John Rawls, *A Theory of Justice* (Cambridge, Mass.: Harvard University Press, 1971)에서 발견할 수 있다. 재분배의 도식으로부터 벗어나는 그의 사유의 움직임은 *Collected Papers*, ed. Samuel Freeman (Cambridge, Mass.: Harvard University Press, 1999)에서 추적할 수 있다.

23 대표적인 저작들로 Anthony Giddens, *The Consequences of Modernity* (Stanford: Stanford University Press, 1990), Anthony Giddens, *The Third Way: The Renewal of Social Democracy* (Cambridge: Polity, 1998), Ulrich Beck, Anthony Giddens, and Scott Lash, *Reflexive Modernization* (Cambridge: Polity, 1994), 그리고 Ulrich Beck, *Risk Society: Towards a New Modernity*, trans. Mark Ritter (London: Sage, 1992) 참조.

24 우리와는 다소 다른 관점에서 '전지구적 사회민주주의'를 비판한 사례로는 Walden Bello, "The Post-Washington Dissensus" (Washington, D.C.: Foreign Policy in Focus, September 24, 2007) 참조.

25 Karl Marx, *Economic and Philosophical Manuscripts*, in *Early Writings*, trans. Rodney Livingstone and Gregor Benton (London: Penguin, 1975), p. 336.

26 마르크스의 사상 내에서 일어난 단절에 관한 알튀세르의 견해에 대해서는 Louis Althusser, *For Marx*, trans. Ben Brewster (New York: Pantheon, 1969) 참조. 프랑크푸르트학파에 대해서는 Max Horkheimer and Theodor Adorno, *The Dialectic of Enlightenment*, trans. Edmund Jephcott (Stanford: Stanford University Press, 2002) 참조.

27 Mario Tronti, *Operai e capitale* (Turin: Einaudi, 1964), p. 89. 또한 선집인 *Socialisme on barbaric* (Paris: Acratie, 2006)와 Ranajit Guha and Gayatri Spivak, eds., *Selected Subaltern Studies* (New York: Oxford University Press, 1988) 참조.

28 Raniero Panzieri, *Lotte operaie nello sviluppo capitalistico* (Turin: Einaudi, 1976), pp. 88-

96, Cornelius Castoriadis, "Recommencer la revolution," *Socialisme ou barbarie*, no. 35 (January 1964), p. 136, 그리고 Hans-Jürgen Krahl, *Kostitution and Klassenkampf* (Frankfurt: Neue Kritik, 1971), chap. 31 참조.

29 예를 들어 Georg Lukács, *The Destruction of Reason*, trans. Peter Palmer (Atlantic Highlands, N.J.: Humanities Press, 1980) 참조.

30 *Briefwechsel zwischen Wilhelm Dilthey und dem Grafen Paul Yorck von Wartenburg*, 1877-97, ed. Sigrid von der Schulenburg (Halle: Niemeyer, 1923).

31 Reiner Schürmann, *Des hégémonies brisées* (Toulouse: T. E. R., 1996), p. 650.

32 푸코와 메를로 퐁티의 관계에 대해서는 Daniel Liotta, *Quest-ce que une reprise? Deux études sur Foucault* (Marseille: Transbordeurs, 2007) 참조.

33 예를 들어 Frantz Fanon, *Black Skin, White Masks*, trans. Charles Markmann (New York: Grove, 1967), p. 116 참조.

34 새로운 의료 테크놀로지가 인종적 담론의 경계를 이동시킨 것에 대해서는 Paul Gilroy, *Against Race: Imagining Political Culture beyond the Color Line* (Cambridge, Mass.: Harvard University Press, 2000), pp. 44-48 참조.

35 마르크스는 물신주의에 대한 유명한 대목에서 상품의 형이상학적 성격을 설명한다. *Capital*, vol. 1, trans. Ben Fowkes (New York: Vintage,1976), pp. 163-177.

36 Michel Foucault, "L'esprit d'un monde sans esprit" (interview with Pierre Blancher and Claire Briere), in *Dits et écrits*, vol. 3 (Paris: Gallimard, 1994), p. 749. 또한 Foucault, "Teheran: la foi contre le chah," ibid., pp. 683-688 참조. 이란혁명에 대한 푸코의 에세이들과 인터뷰를 영어로 옮긴 것은 Janet Afary and Kevin Anderson, *Foucault and the Iranian Revolution* (Chicago: University of Chicago Press, 2005), pp. 179-277에 (부록으로) 포함되어 있다.

37 특히 종속국에서 민족주의 및 민족주의 사상이 여전히 가지는 중요성을 주장하는 지속적인 논의로는 Pheng Cheah, *Spectral Nationality* (New York: Columbia University Press, 2003)와 *Inhuman Conditions: On Cosmopolitanism and Human Rights* (Cambridge, Mass.: Harvard University Press, 2006) 참조.

38 Frantz Fallon, *Wretched of the Earth*, trans. Richard Philcox (New York: Grove, 2004).

39 흑인성과 자유의 관계에 대해서는 Cedric Robinson, *Black Marxism* (London: Zed Press, 1983)과 Fred Moten, *In the Break: The Aesthetics of the Black Radical Tradition* (Minneapolis: University of Minnesota Press, 2003) 참조.

40 Marx, *Economic and Philosophical Manuscripts*, p. 351.

41 David Wootten, ed., *Divine Right and Democracy* (New York: Penguin, 1986), p. 273. 17 세기 영국 사상에서 다중이 차지하는 위치에 대한 우리의 연구를 이끌어준 러스 리오(Russ Leo)에게 감사한다.

42 Nahum Tate, *Richard the Second*, 2.1.25, Wolfram Schmidgen, "The Last Royal Bastard and the Multitude," (journal of British Studies 47 Qanuary 2008), p. 64에서 재인용.

43 *The Putney Debates*, ed. Geoffrey Robertson (London: Verso, 2007), p. 69.

44 Robert Filmer, "Observations upon Aristotle's Politiques," in *Patriarchia and Other Writings*, ed. Johann Sommerville (Cambridge: Cambridge University Press, 1991), p. 236. 필머가 다중의 힘을 거부하는 데 대해서는 또한 ibid., pp. 1-68 참조.

45 Thomas Hobbes, *The Elements of Law Natural and Politic*, ed. J. C.A. Gaskin, pt. 2 (Oxford: Oxford University Press, 1994), chap. 21, p. 125. 다중을 통일체로 환원하는 위임(委任)에 관해서는 또한 Hobbes, *Leviathan*, ed. C. B. Macpherson (London: Penguin, 1968), chaps. 16, 17, 특히 pp. 220-221과 227-228 참조. 다중과 국민의 구분에 대해서는 Hobbes, *De Cive* (New York: Appleton Century-Crofts, 1949), chap. 12, sec. 8, p. 135 참조.

46 Wolfram Schmidgen, "Empiricist Multitudes in Boyle and Locke," paper delivered at the Conference of the Society for Literature, Science, and the Arts, Chicago, Fall 2005에서 재인용. 우리는 이 단락 전체에서 슈미젠(Schmidgen)의 분석을 따른다.

47 홉스-보일 논쟁에 대해서, 그리고 과학적 논쟁과 사회 질서라는 정치적 문제 사이의 관계에 대해서는 Steven Shapin and Simon Schaffer, *Leviathan and the Air-Pump: Hobbes, Boyle, and the Experimental Life* (Princeton: Princeton University Press, 1985) 참조.

48 스피노자와 보일의 차이는 스피노자가 올덴부르크(Henry Oldenburg)와 나눈 서신교환에서 상세하게 탐구되고 있다. 이 논쟁에 대한 최근의 분석으로는 Luisa Simonutti, "'Dalle sensate esperienze' all'ermeneutica biblica," in *Spinoza: Ricerche e prospettive*, ed. Daniela Bostrenghi and Cristina Santinelli (Naples: Bibliopolis, 2007), pp. 313-326와 Elhanan Yakira, "oyle et Spinoza," *Archives de philosophic* 51, no. 1 (1988), pp. 107-124 참조.

49 Antonio Negri, *The Savage Anomaly* (Minneapolis: University of Minnesota Press, 1991) 참조.

50 가난과 관련된 프란체스코 수도회의 법이론에 관해서는 Giovanni Tarello, "Profili giuridici della questione della poverty nel francescanesitno prima di Ockham," in *Scritti in mernoria di Antonio Falchi* (Milan: Giuffre, 1964), pp. 338-448 참조. 프란체스코 수도회가 해방신학의 맥락에서 가난을 당대의 정치적 관점으로 긍정한 데 대해서는 Leonardo Boff, *Saint Francis: A Model for Human Liberation* (New York: Crossroad, 1982) 참조. '지고의 가난'에 대한 마르실리우스의 긍정에 대해서는 *Defender of Peace*, trans. Alan Gewirth (New York: Columbia University Press, 1956), 특히 Discourse

Two, chaps. 12-14, pp. 187-233 참조.

51 Franz Mehring, *Absolutism and Revolution in Germany*, 1525-1848 (London: New Park Publications, 1975) 참조.

52 Peter Linebaugh and Marcus Rediker, *The Many-Headed Hydra* (Boston: Beacon Press, 2000) 참조.

53 Jacques Rancière, *Disagreement*, trans. Julie Rose (Minneapolis: University of Minnesota Press, 1999), p. 11.

54 Adolphe Thiers cited in Jeffrey Schnapp and Matthew Tiews, eds., *Crowds* (Stanford: Stanford University Press, 2006), p. 71.

55 Pope Benedict XVI, *God Is Love* (San Francisco: Ignatius Press, 2006).

56 Martin Heidegger, "Die Armut," in *Heidegger Studies*, vol. 10 (Berlin: Duncker & Humblot, 1994), pp. 5-11. 하이데거의 강의를 둘러싼 상황에 대한 설명으로는 이 텍스트의 불어판에 붙인 필립 라쿠-라바르트(Philippe Lacoue-Labarthe)의 탁월한 해설을 따랐다. Martin Heidegger, *La pauvreté* (Strasbourg: Presses Universitaires de Strasbourg, 2004), pp. 7-65. 폰 헤르만(F.-W. von Herrmann)은 『하이데거 연구』(*Heidegger Studies*)에 들어 있는 원문에 붙인 편집자 주(p. 11)에서 하이데거가 여백에 세계사에 관한 문장을 추가했다고 설명한다.

57 Ibid., p. 8.

58 Ibid., pp. 8, 9.

59 이와 유사하게 지젝(Slavoj Žižek)도, 하이데거가 1942년 횔덜린의 시 「이스터」("The Ister")에 대한 강의에서 자신의 반공주의를 어떻게 존재론적 논의로 옮겨놓는지를 보여준다. 지젝은 하이데거가 스탈린그라드 전투와 관련하여 "승리의 본질"을 설명하는 데 초점을 맞춘다. 더 일반적으로 지젝은 하이데거 존재론의 중심적 요소들이 나치 군사주의의 변호로서 기능한다고 주장한다. Slavoj Žižek, *The Parallax View* (Cambridge, Mass.: MIT Press, 2006), pp. 275-285 참조.

60 Theodor Adorno, Else Frenkel Brunswik, Daniel Levinson, and R. Nevitt Sanford, *The Authoritarian Personality* (New York: Harper & Brothers, 1950) 참조.

61 Henry Louis Gates Jr. and Cornell West, *The Future of Race* (New York: Knopf, 1996), p. xiii.

62 하이데거와 슈미트 사이에 강한 이론적 관계가 있다는 가설에 대해서는 Jean-Claude Monod, *Penser l'ennemi* (Paris: La decouverte, 2007)와 Carlo Galli, *Genealogia della politica: Carl Schmitt e la crisi del pensiero politico moderno* (Bologna: 11 Molino, 1996) 참조.

63 Thomas Hobbes, *Behemoth*, ed. Ferdinand Tönnies (New York: Barnes & Noble, 1969), Dialogue 3, p. 126.

64 Niccolò Machiavelli, *Florentine Histories*, trans. Laura Banfield and Harvey Mansfield Jr. (Princeton: Princeton University Press, 1988), bk. 3, chap. 13, pp.122-123.

65 Niccolò Machiavelli, *The Golden Ass*, in *Machiavelli: The Chief Works*, 3 vols., ed. Allan Gilbert (Durham: Duke University Press, 1965), chap. 8, vv. 118-123, 2:772.

66 Baruch Spinoza, *Ethics*, in *Complete Works*, trans. Samuel Shirley (Indianapolis: Hackett, 2002), bk. 3, Proposition 2, Scholium, p. 280.

67 Karl Marx, "Economic Manuscript of 1861-63," trans. Ben Fowkes, in Karl Marx and Frederick Engels, *Collected Works*, vol. 30 (New York: International Publishers, 1982), p. 40. 또한 *Grundrisse*, trans. Martin Nicolaus (New York: Vintage, 1973), pp. 295-296 참조. 우리는 이 주제와 관련하여 순차적으로 작성된 『자본론』의 초안 원고들에 대한 두셀(Dussel)의 독해에 근본적으로 동의한다. 해방신학에 대한 두셀의 관심 및 해방신학과 그의 연관을 놓고 볼 때 마르크스가 가난에 초점을 맞추는 것에 두셀이 특히 민감하다는 점은 놀랄 일이 아니다. Enrique Dussel, *Towards an Unknown Marx: A Commentary on the Manuscripts of 1861-63*, trans. Yolanda Angulo, ed. Fred Moseley (London: Routledge, 2001), 특히 pp. 6-11과 240-245 참조.

68 비버리 실버(Beverly Silver)가 노동계급으로 간주되는 집단 주위에, 젠더와 인종이 계급정체성을 구성한다는 점을 종종 무시하는 방식으로 경계선이 쳐진다는 점을 부각시킬 때, 그녀는 이와 유사한 주장을 하고 있는 셈이다. 노동계급이 어떻게 구성되고 해체되는지를 분석하기 위해 실버는 (수탈과 폭력으로서의 착취를 강조하는) 폴라니 모델과 (경제 현상에 강조를 두는) 마르크스 모델을 결합한다. Beverly Silver, *Forces of Labor: Workers' Movements and Globalization since 1870* (Cambridge: Cambridge University Press, 2003), 특히 pp. 16-25 참조. 마르크스의 시초 축적 개념과 관련하여 이 문제를 다룬 탁월한 글로는 Sandro Mezzadra, "Attualita della preistoria: Per una rilettura del cap. 24 del Capitale, I," in *La condizione postcoloniale* (Verona: Ombre corte, 2008), pp. 127-154 참조.

69 Francois Ewald, *L'État-providence* (Paris: Grasset, 1986)와 Roberto Esposito, *Bios: Biopolitics and Philosophy*, trans. Timothy Campbell (Minneapolis: University of Minnesota Press, 2008) 참조.

70 Agamben, *Homo Sacer*와 Jean-Luc Nancy, *The Inoperative Community*, trans. Peter Connor, Lisa Garbus, Michael Holland, and Simona Sawhney (Minneapolis: University of Minnesota Press, 1991) 참조. *Writing and Difference*나 *Margins of Philosophy* 같은 데리다의 초기 저작들은 전혀 다른 접근법을 취하기는 하지만 유사한 결론에 도달한다. 어떤 점에서 데리다의 후기 작업은 '삶정치적' 관점에서 정치적 접근을 정의하려 한다. 특히 *Specters of Marx, trans.* Peggy Kamuf (New York: Routledge, 1994)와 *Politics of Friendship*, trans. George Collins (London: Verso, 1997) 참조.

71 예를 들어 Noam Chomsky and Michel Foucault, *The Chomsky-Foucault Debate* (New York: New Press, 2006) 참조.

72 Michel Foucault, "The Subject and Power," in Hubert Dreyfus and Paul Rabinow, *Michel Foucault: Beyond Structuralism and Hermeneutics* (Chicago: University of Chicago Press, 1982), pp. 221-222.

73 푸코가 제시하는 언어적 혁신에 대해서는 Judith Revel, *Foucault* (Paris: Bordas, 2006)와 Arnold Davidson, *The Emergence of Sexuality: Historical Epistemology and the Formation of Concepts* (Cambridge, Mass.: Harvard University Press, 2001) 참조.

74 사건 이론은 바디우의 저작을 관통한다. 대표적인 논의를 보려면 Alain Badiou, *Being and Event*, trans. Oliver Feltham (New York: Continuum, 2005), pts. 4 and 5, pp. 173-261 참조. 현대 정치운동은 현재의 지배 메커니즘들과 연결된 "지배적인 정치적 주체성들"로부터 벗어날 수 없다는 바디우의 주장에 대해서는 "Prefazione all'edizione italiana," in Badiou, *Metapolitica* (Naples: Cronopio, 2001), pp. 9-15, 특히 pp. 13-14 참조.

75 Luciano Bolis, *Il mio granello di sabbia* (Turin: Einaudi, 1946), p. 4.

76 Gilles Deleuze, *Negotiations*, trans. Martin Joughin (New York: Columbia University Press, 1995), p. 176.

77 Reiner Schurrnann, ed. and commentary, *Meister Eckhart: Mystic and Philosopher* (Bloomington: Indiana University Press, 1978), p. 4.

78 Charles Peirce, *Elements of Logic*, in *Collected Papers of Charles Sanders Peirce*, ed. Charles Hartshorne and Paul Weiss (Cambridge, Mass.: Harvard University Press, 1960), p. 474.

2부 근대성 (그리고 대안근대성의 풍경들)

1 근대성의 이중적 성격과 그것을 규정하는 위계적 관계에 관해서는 Michael Hardt and Antonio Negri, *Empire* (Cambridge, Mass.: Havard University Press, 2000), pp. 69-92 참조.

2 Walter Mignolo, *The Idea of Latin America* (Cambridge: Blackwell, 2005), p. xiii. 근대성을 세계체제에서 중심부-주변부 관계에 대한 관리로 정의하는 것에 관해서는 Enrique Dussel, *Etica de la liberación* (Madrid: Trotta, 1998), pp. 19-86 참조.

3 두셀은 근대성을 유럽적 현상이 아니라 전지구적 현상으로 보는 사고방식을 명명하기 위해 '횡단근대성'(transmodernity)라는 용어를 창안한다. Enrique Dussel, *The Invention of the Americas*, trans. Michael Barber (New York: Continuum, 1995) 참조.

4 Ranajit Guha, *Dominance without Hegemony: History and Power in Colonial India* (Cambridge, Mass.: Havard University Press, 1997), pp. 97-98.

5 James Lockhart, *The Nahuas after the Conquest* (Palo Alto: Stanford University Press, 1992), p. 14. 또한 Michael Ennis, "Historicizing Nahua Utopias" (Ph.D. diss., Duke University, 2005) 참조.

6 예컨대 Serge Gruzinski, *The Conquest of Mexico: The Incorporation of Indian Societies into the Western World, 16th-18th Centuries*, trans. Eileen Corrigan (Cambridge: Polity Press, 1993) 참조.

7 이로쿼이족의 연방제도에 관해서는 Iris Marion Young, "Hybrid Democracy: Iroquois Federalism and the Postcolonial Project", in *Political Theory and the Rights of Indigenous Peoples*, ed. Duncan Ivison, Paul Patton, and Will Sanders (Cambridge: Cambridge University Press, 2000), pp. 237–258과 Donald Grinde and Bruce Johansen, *Exemplar of Liberty: Native America and the Evolution of Democracy* (Berkeley: University of California Press, 1991) 참조.

8 Guha, *Dominance without Hegemony*, p. 89.

9 우리는 매우 일반적인 관점에서 자크 라캉의 '배제' 개념에 기대고 있다. Dylan Evans, *An Introductory Dictionary of Lacanian Psychoanalysis* (New York: Routledge, 1996), pp. 64–66 참조.

10 예컨대 Matthew Sparke, *In the Space of Theory: Postfoundational Geographies of the Nation-State* (Minneapolis: University of Minnesota Press, 2005)와 James Ferguson and Akhil Gupta, "Spatializing States: Toward an Ethnography of Neoliberal Governmentality," *American Ethnologist* 29, no. 4 (November 2002), 981–1002 참조.

11 세계체제론은 가장 영향력 있으며 가장 분명하게 표현된 중심부-주변부 모델을 제공한다. Immanuel Wallerstein, *World-Systems Analysis: An Introduction* (Durham: Duke University Press, 2004) 참조.

12 Neil Lazarus, "The Fetish of 'the West' in Postcolonial Theory," in *Marxism, Modernity, and Postcolonial Studies*, ed. Crystal Bartolovich and Neil Lazarus (Cambridge: Cambridge University Press, 2002), pp. 43–64 참조.

13 Jürgen Habermas, "Modernity: An Unfinished Project," in *Habermas and the Unfinished Project of Modernity*, ed. Maurizio Passerin d'Entrèves and Seyla Benhabib (Cambridge, Mass.: MIT Press, 1997), pp. 38–58과 *The Philosophical Discourse of Modernity*, trans. Frederick Lawrence (Cambridge, Mass.: MIT Press, 1987) 참조.

14 Susan Buck-Morss, "Hegel and Haiti," *Critical Inquiry* 26, no. 4 (Summer 2000), 821–865 참조.

15 금융투기의 기원에 대한 강조와 함께, 자본주의 발전에 있어서 노예와 소유의 모순

을 다루는 책으로는 Ian Baucom, *Specters of the Atlantic: Finance Capital, Slavery, and the Philosophy of History* (Durham: Duke University Press, 2005) 참조.

16 Marx to Pavel Vasilyevich Annenkov, 28 December 1846, in Karl Marx and Frederick Engels, *Collected Works*, vol. 38 (New York: International Publishers, 1982), pp. 101–102.

17 노예제와 자본주의적 생산의 역사적 관계에 대해서는 Sidney Mintz, *Sweetness and Power: The Place of Sugar in Modern History* (New York: Penguin, 1985), Immanuel Wallerstein, *The Modern World-System: Mercantilism and the Consolidation of the European World-Economy, 1600-1750* (New York: Academic Press, 1980) 그리고 Robin Blackburn, *The Making of New World Slavery* (London: Verso, 1998) 참조.

18 근대성에서 인종이 중심적이라는 점에 관해서는 Paul Gilroy, *The Black Atlantic* (Cambridge, Mass.: Harvard University Press, 1993) 참조.

19 근대성의 본성을 이해함에 있어서 아이티혁명이 갖는 의의, 그리고 특히 부인(否認)이라는 개념에 관해서는 Sibylle Fischer, *Modernity Disavowed: Haiti and the Cultures of Slavery in the Age of Revolution* (Durham: Duke University Press, 2004) 참조. Fischer의 책 pp. 275-281에 부록으로 실려 있는 1805년 아이티 헌법도 참조할 것. 아이티 헌법에서조차 사적 소유는 신성하고 침범할 수 없는 것으로 선언되고 있다는 사실(6조)에 주목하라.

20 이러한 푸코의 관점은 몇몇 측면에서 George Rawick, *From Sundown to Sunup: The Making of the Black Community* (Westport, Conn.: Greenwood Press, 1972)에서 나타나고 있는 관점과 유사하다.

21 Baruch Spinoza, *Theological-Political Treatise*, trans. Samuel Shirley (Indianapolis: Hackett, 2001), chap. 17, p. 185.

22 Robin Blackburn, *The Overthrow of Colonial Slavery* (London: Verso, 1988)와 Yann Moulier Boutang, *De l'esclavage au salariat: Économie historique du salariat bridé* (Paris: PUF, 1998) 참조.

23 W. E. B. Du Bois, *Black Reconstruction* (New York: Russell & Russell, 1935), p. 67.

24 W. E. B. Du Bois, *The Gift of Black Folk* (New York: AMS Press, 1971), p. 139.

25 Furio Ferraresi and Sandro Mezzadra, introduction to Max Weber, *Dalla terra alla fabbrica: Scritti sui lavoratori agricoli e lo Stato nazionale* (1892Ŕ1897) (Bari: Laterza, 2005), pp. vii–xliv와 Moulier Boutang, *De l'esclavage au salariat*, pp. 109–130 참조.

26 Orlando Patterson, *Slavery and Social Death* (Cambridge, Mass.: Harvard University Press, 1985). '벌거벗은 삶'에 관해서는 Giorgio Agamben, *Homo Sacer: Sovereign Power and Bare Life*, trans. Daniel Heller-Roazen (Stanford, Stanford University Press, 1998) 참조.

27 Edward Said, *Orientalism* (New York: Pantheon, 1978) 참조.

28 Gayatri Spivak, *A Critique of Postcolonial Reason* (Cambridge, Mass.: Harvard University Press, 1999).

29 Pope Benedict XVI, "Inaugural Address of the Fifth General Conference of the Bishops of Latin America and the Caribbean," 13 May 2007, www.vatican.va.

30 Stokely Carmichael and Charles Hamilton, *Black Power* (New York: Vintage, 1967).

31 Barnor Hesse, "Im/Plausible Deniability: Racism's Conceptual Double Bind," *Social Identities* 10, no. 1 (2004), 24. 또한 Hesse, "Discourse on Institutional Racism," in *Institutional Racism in Higher Education*, ed. Ian Law, Deborah Phillips, and Laura Turney (London: Trentham Books, 2004), pp. 131–148 참조. 더 일반적으로, 근대국가의 발전에서 인종적 위계가 차지하고 있는 중심적 위치에 관해서는 David Theo Goldberg, *The Racial State* (Oxford: Blackwell, 2002) 참조.

32 이 단락에서 우리는 Irene Silverblatt, *Modern Inquisitions: Peru and the Colonial Origins of the Civilized World* (Durham: Duke University Press, 2004)의 탁월한 분석을 따랐다.

33 Nathan Wachtel, *The Vision of the Vanquished: The Spanish Conquest of Peru through Indian Eyes, 1530-1570*, trans. Ben Reynolds and Siân Reynolds (New York: Barnes & Noble, 1977).

34 로만 로스돌스키(Roman Rosdolsky)의 엥겔스 비판인 *Engels and the "Nonhistoric" Peoples: The National Question in the Revolution of 1848*, trans. and ed. John-Paul Himka (Glasgow: Critique Books, 1986) 참조. 더 일반적인 논의로는 Eric Wolf, *Europe and the People without History* (Los Angeles: University of California Press, 1982) 참조.

35 예를 들어 Karl Marx, "The British Rule in India" and "The Future Results of British Rule in India," in *Surveys from Exile*, vol. 2 of *Political Writings*, ed. David Fernbach (London: Penguin, 1973), pp. 301–307 and 319–325 참조.

36 소명 혹은 직업으로서의 학문과 정치에 대한 유명한 강의에서 베버는 역사적 조건을 경제주의로부터 해방시키지 못하는 우리의 무능을 한탄한다. Max Weber, *The Vocation Lectures*, trans. Rodney Livingstone (Indianapolis: Hachett, 2004) 참조.

37 마르크스주의 전통의 이러한 측면들에 대한 비판으로는 Cedric Robinson, *Black Marxism* (London: Zed Books, 1983), pp. 9–63과 Ward Churchill, ed., *Marxism and Native Americans* (Boston: South End Press, 1983) 참조.

38 이 단락에서 우리는 이매뉴얼 월러스틴(Immanuel Wallerstein), 조반니 아리기(Giovanni Arrighi)와 같은 저자들의 작업을 한데 묶어 이야기하고 있다. 그들 사이에 상당한 차이가 존재함에도 불구하고 말이다. 우리가 보기에 아리기는 지구화 시대에 주기적 경제발전에서 나타나는 불연속이라는 문제를 성공적으로 다룬 유일한 세계체제론자이다. 특히 그는 사회적·정치적 관계들의 새로운 국면을 규정하게 될 지구화 과정

에 대한 상대적으로 평화로운 중국 헤게모니를 특징으로 하는 새로운 주기를 예상한다. *Adam Smith in Beijing* (London: Verso, 2007) 참조. 아리기의 작업이 갖는 중요성 그리고 더 일반적으로 현대의 정치적·이론적 논쟁 속의 세계체제론에 관해서는 Perry Anderson, "Jottings on the Conjuncture," *New Left Review*, no. 48 (November–December 2007), pp. 5–37 참조.

39 Rosa Luxemburg, *The Accumulation of Capital*, trans. Agnes Schwarzschild (New York: Monthly Review, 1951), pp. 466–467.

40 V. I. Lenin, *Imperialism: The Highest Stage of Capitalism* (New York: International Publishers, 1939), p. 10 (1920 preface to the French and German editions).

41 Mao Tsetung, *A Critique of Soviet Economics*, trans. Moss Roberts (New York: Monthly Review, 1977).

42 Wang Hui, *China's New Order* (Cambridge, Mass.: Harvard University Press, 2003), p. 150. 또한 Jean-Louis Rocca, *La société chinoise vue par ses sociologues* (Paris: Presses de Sciences Po, 2008) 참조.

43 Marx to Nicolai Mikhailovsky ["Letter to Otechestvenniye Zapiski"로도 알려져 있음], November 1877, in Karl Marx and Frederick Engels, *Collected Works*, vol. 24 (New York: International Publishers, 1989), p. 200.

44 Karl Marx, "First Draft of Letter to Vera Zasulich," March 1881, ibid., p. 360.

45 러시아 공동체에 대한 마르크스의 편지들에 관해서는 Étienne Balibar, *The Philosophy of Marx* (London: Verso, 1995), pp. 106–112와 Enrique Dussel, El último Marx (1863-1882) *y la liberación latinoamericana* (Ixtapalapa, Mexico: Siglo XXI, 1990), pp. 238–293.

46 José Carlos Mariátegui, *Seven Interpretive Essays on Peruvian Reality* (Austin: University of Texas Press, 1971), p. 57. "잉카 코뮤니즘"과 유럽 코뮤니즘의 관계에 대한 마리아테기의 사고에 관해서는 특히 pp. 35–44, 74–76과 "Prologue to Tempest in the Andes," in *The Heroic and Creative Meaning of Socialism: Selected Essays of José Carlos Mariátegui*, ed. Michael Pearlman (Atlantic Highlands, N.J.: Humanities Press, 1996), pp. 79–84 참조.

47 발전주의 담론의 역사에 대한 유용한 서술로는 Gilbert Rist, *The History of Development* (London: Zed Books, 2002) 참조. 발전주의 이데올로기와 정치경제학에 대한 비판으로는 Arturo Escobar, *Encountering Development* (Princeton: Princeton University Press, 1994)와 Giuseppe Cocco and Antonio Negri, *GlobAL* (Rome: Manifestolibri, 2006) 참조.

48 이것이 소비에트 이데올로기의 파괴적 결과를 지적하는 논쟁의 과정에서 알튀세르가 레닌에 대해 제기했던 비판이다. Louis Althusser, *Lenin and Philosophy*, trans. Ben

Brewster (New York: Monthly Review Press, 1971) 참조.

49 월러스틴은, 윌슨주의(Wilsonianism)와 레닌주의 사이의 거대한 이데올로기적 대립—이는 20세기 후반에는 자본주의적 근대화론과 사회주의적 종속이론 간의 대립으로 이어졌다—에서 양측 모두 국가 발전이라는 공통의 이데올로기를 공유하고 있었다고 주장한다. Immanuel Wallerstein, "The Concept of National Development, 1917–1989: Elegy and Requiem," *American Behavioral Scientist* 35, no. 4–5 (March–June 1992), 517–529 참조.

50 "중도의 극단주의"라는 개념에 관해서는 Étienne Balibar, introduction to Carl Schmitt, *Le léviathan dans la doctrine de l'état de Thomas Hobbes* (Paris: Seuil, 2002), p. 11 참조.

51 Ernesto Guevara, "Socialism and Man in Cuba," in *Che Guevara Reader*, ed. David Deutschmann (Melbourne: Ocean Press, 2003), p. 217. 소련의 정통 경제정책에 대한 체 게바라의 비판으로는 Ernesto Che Guevara, *Apuntes críticos a la economía política* (Havana: Centro de estudios Che Guevara, 2006) 참조.

52 Silvia Federici, *Caliban and the Witch* (New York: Autonomedia, 2004)와 Luisa Muraro, *La Signora del Gioco* (Milan: Feltrinelli, 1976) 참조.

53 Karl Marx, *Capital*, vol. 1, trans. Ben Fowkes (New York: Vintage, 1976), p. 91.

54 Max Horkheimer and Theodor Adorno, *The Dialetic of Enlightenment*, trans. Edmund Jephcott (Palo Alto: Stanford University Press, 2002), p. xvi.

55 William Shakespeare, *The Tempest*, 1.2.311–313.

56 Roberto Fernández Retamar, *Caliban and Other Essays*, trans. Edward Baker (Minneapolis: University of Minnesta Press, 1989), p. 14.

57 Aimé Césaire, *A Tempest*, trans. Richard Miller (New York: TGC Translations, 2002), 특히 3막 5장 참조. Paget Henry, *Caliban's Reason: Introducing Afro-Caribbean* Philosophy (New York: Routledge, 2000)도 참조하라.

58 Spinoza to Pieter Balling, 20 July 1664, in Baruch Spinoza, *Complete Works*, trans. Samuel Shirley (Indianapolis: Hackett, 2002), p. 803.

59 Augusto Illuminati의 *Spinoza atlantico* (Milan: Mimesis, forthcoming)는 스피노자의 편지에 대한 통찰력 있는 분석과 풍부한 서지정보를 담고 있다. 또한 Michael A. Rosenthal, "'The black, scabby Brazilian': Some Thoughts on Race and Early Modern Philosophy," *Philosophy and Social Criticism* 31, no. 2 (2005), 211–221과 Warren Montag, *Bodies, Masses, Power: Spinoza and His Contemporaries* (London: Verso, 1999), pp. 87–89 and 123 참조. 칸트의 인종주의에 관해서는 Emmanuel Chukwadi Eze, "The Color of Reason: The Idea of 'Race' in Kant's Anthropology," in *Postcolonial African Philosophy* (Oxford: Blackwell, 1997), pp. 103–140 참조.

60 상상력의 힘에 관한 스피노자의 논의에 대해서는 Antonio Negri, *The Savage Anomaly* (Minneapolis: University of Minnesota Press, 1991), 특히 pp. 86–98 참조. 또한 Daniela Bostrenghi, *Forme e virtù della immaginazaione in Spinoza* (Naples: Bibliopolis, 1996) 참조.

61 Frantz Fanon, *The Wretched of the Earth*, trans. Richard Philcox (New York: Grove, 2004), p. 155.

62 Ibid., p. 160. 새로운 인간에 대한 파농의 생각에 관해서는 Lewis Gordon, *Fanon and the Crisis of European Man* (New York: Routledge, 1995) 참조.

63 예컨대 Elizabeth Povinelli, *The Cunning of Recognition: Indigenous Alterities and the Making of Australian Multiculturalism* (Durham: Duke University Press, 2002)과 Manuhuia Barcham, "(De)Constructing the Politics of Indigeneity," in *Political Theory and the Rights of Indigenous Peoples*, ed. Duncan Ivison, Paul Patton, and Will Sanders (Cambridge: Cambridge University Press, 2000), pp. 137–151 참조.

64 Guillermo Bonfil Batalla, "Utopía y revolución," in *Utopía y revolución: El pensamiento político contemporáeo de los indios en América Latina*, ed. Bonfil Batalla (Mexico City: Nueva Imagen, 1981), p. 24. 또한 Bonfil Batalla, *México profundo: Una civilización negada* (Mexico City: Grijalbo, 1987) 참조.

65 Leslie Marmon Silko, *Ceremony* (New York: Penguin, 1977), *Almanac of the Dead* (New York: Penguin, 1991), *Gardens in the Dunes* (New York: Simon and Schuster, 1999) 참조.

66 이 단락의 논의는 다음 글을 참조했다. Shannon Speed and Alvaro Reyes, "Rights, Resistance, and Radical Alternatives: The Red de Defensores Comunitarios and Zapatismo in Chiapas," *Humboldt Journal of Social Relations* 29, no. 1 (2005), pp. 47–82.

67 René Zavaleta, *Las masas en noviembre* (La Paz: Juventud, 1983)와 *Lo nacional popular en Bolivia* (Mexico City: Siglo XXI, 1986) 참조. 볼리비아를 '소시에다드 아비가라다'로 보는 사발레타의 생각에 대해서는 Walter Mignolo, "Subalterns and Other Agencies," *Postcolonial Studies* 8, no. 4 (November 2005), 381–407, Luis Atezana, *La diversidad social en Zavaleta Mercado* (La Paz: Centro Boliviano de Estudios Multidisciplinares, 1991), pp. 109–160, 그리고 Luis Tapia, *La producción del conocimiento local* (La Paz: Muela del Diablo Editores, 2002), pp. 305–325 참조.

68 Alvaro García Linera, *Re-proletarización nueva clase obrera y desarrollo del capital industrial en Bolivia* (1952-1998) (La Paz: Muela del Diablo Editores, 1999)와 "La muerte de la condición obrera del siglo XX," in Alvaro García Linera, Raquel Gutiérrez, Raúl Prada, and Luis Tapia, *El retorno de la Bolivia plebaya* (La Paz: Muela del Diablo Editores, 2000), pp. 13–50 참조.

69 Alvaro García Linera, introduction to *Sociología de los movimientos sociales en Bolivia, ed. García Linera* (La Paz: Diakonía/Oxfam, 2004), p. 17.

70 사발레타가 '다중'이라는 용어를 어떻게 사용하는지를 알아보려면 René Zavaleta, "Forma classe y forma multitud en el proletariado minero en Bolivia," in *Boliva, hoy*, ed. Zavaleta (Mexico City: Siglo XXI, 1983), pp. 219–240 참조. 동시대 학자들의 다중 개념 사용과 관련해서는 구티에레스(Raquel Gutiérrez), 리네라(Alvaro García Linera), 프라다(Raúl Prada), 베가(Oscar Vega), 타피아(Luis Tapia)가 속해 있는 '코무나'(Comuna) 그룹의 작업 참조. 대표적인 텍스트로는 다음과 같은 것들이 있다. Raquel Gutiérrez, Alvaro García Linera, and Luis Tapia, "La forma multitud de la política de las necesidades vitales," in *El retorno de la Bolivia plebeya*, pp. 133–184, García Linera, "Sindicato, multitud y comunidad: Movimientos sociales y formas de autonomía política," in *Tiempos de rebelión* (La Paz: Muela del Diablo Editores, 2001), pp. 9–79, 그리고 Raúl Prada, "Politica de las multitudes," in *Memorias de Octubre* (La Paz: Muela del Diablo Editores, 2004), pp. 89–135. 사발레타와 '코무나' 그룹이 다중 개념 사용에서 보이는 차이에 관해서는 García Linera, "Sindicato, multitud y comunidad," p. 39, n. 30 참조.

71 2003년 봉기가 기존의 자치구조에 기반을 두고 있음을 다루는 두 개의 훌륭한 문헌이 있는데, 이들은 서로 다른 측면을 부각시킨다. 지역위원회를 강조하는 문헌으로는 Raúl Zibechi, *Dispersar el poder: Los movimiento como poderes antiestatales* (Buenos Aires: Tinta Limón, 2006), pp. 33–60이 있고, 아이마라 공동체구조를 강조하는 것으로는 Pablo Mamani, *El rugir de las multitudes* (La Paz: Ediciones Yachaywasi, 2004), pp. 139–159가 있다. 힙합을 비롯한 문화적 형태들의 역할을 포함하여 청년과 학생 주체성의 반란 형태들을 분석한 것으로는 Jiovanny Samanamud, Cleverth Cárdenas, and Patrisia Prieto, *Jóvenes y política en El Alto* (La Paz: PIEB, 2007)가 있다. 마지막으로, 2003년 엘알토 봉기에서 다중이 수행한 역할에 대한 철학적 고찰로는 Raúl Prada, *Largo octubre* (La Paz: Plural, 2004)를 참조하라. 볼리비아에서 이루어진 연구의 결과를 공유해준 것에 대해 리아 하로(Lia Haro)에게 감사를 표한다.

72 예를 들어 Ulrich Beck and Christoph Lau, "Second Modernity as a Research Agenda: Theoretical and Empirical Explorations in the 'Meta-Change' of Modern Society," *British Journal of Sociology* 56, no. 4 (December 2005), pp. 525–557 참조. 초근대성과 탈근대성의 문제에 관해서는 또한 Antonio Negri, *Fabrique de porcelaine* (Paris: Stock, 2006) 참조.

73 장 마리 뱅상(Jean-Marie Vincent)은 문명의 자본주의적 '총체화'와 문화적 '좌절' 과정의 합류라는 관점에서 근대성 극복을 분석한다. Jean-Marie Vincent, *Max Weber ou la démocratie inachevée* (Paris: Éditions du Félin, 1998), pp. 184–189 참조. 또한 Massimo

Cacciari, *Krisis: Saggio sulla crisi del pensiero negativo da Nietzsche a Wittgenstein* (Milan: Feltrinelli, 1976) 참조.

74 장 프랑수아 리오타르(Jean-François Lyotard)와 리처드 로티(Richard Rorty)에서 장 보드리야르(Jean Baudrillard)와 잔니 바티모(Gianni Vattimo)에 이르는 포스트모더니즘의 약한 형태들은 위기에 대한 이러한 종류의 심미화된 대응을 제안하며, 때로는 신학으로 빠진다.

75 Jonathan Israel, *Radical Enlightenment* (Oxford: Oxford University Press, 2001) 참조.

76 Michel Foucault, "Le pouvoir psychiatrique," in *Dits et érits*, 4 vols. (Paris: Gallimard, 1994), 2:686. 또한 Jacques Derrida's critique of Foucault, "Cogito and the History of Madness," in *Writing and Difference*, trans. Alan Bass (Chicago: University of Chicago Press, 1978), pp. 31–63과 Foucault, "Réponse à Derrida," in *Dits et érits*, 2:281–295 참조.

77 Johannes Fabian, *Out of Our Minds: Reason and Madness in the Exploration of Central Africa* (Berkeley: University of California Press, 2000) 참조.

78 우리가 앞서 인용한 Henry, *Caliban's Reason* 외에 Walter Mignolo, "The Geopolitics of Knowledge and the Colonial Difference," *South Atlantic Quarterly* 101, no. 1 (Winter 2002), pp. 57–96도 참조. 다양한 페미니즘적 인식론들에 대한 훌륭한 개관으로는 Linda Alcoff and Elizabeth Potter, eds., *Feminist Epistemologies* (New York: Routledge, 1993)와 Sandra Harding, ed., *The Feminist Standpoint Theory Reader* (New York: Routledge, 2004) 참조.

79 Donna Haraway, "A Cyborg Manifesto" and "Situated Knowledges: The Science Question in Feminism and the Privilege of Partial Perspective," in *Simians, Cyborgs, and Women: The Reinvention of Nature* (New York: Routledge, 1991), pp. 149–181 and 183–201 참조.

80 예컨대 "Critical Notes on an Attempt at Popular Sociology," in *Selection from the Prison Notebooks*, trans. Quintin Hoare and Geoffrey Nowell Smith (New York: International Publishers, 1971), pp. 419–472에 나타난 '상식'에 관한 안토니오 그람시의 명쾌한 논의 참조. 스피노자의 '공통관념'에 관해서는 Martial Guéroult, *Spinoza*, vol. 2, L'âme (Paris: Aubier-Montaigne, 1974), pp. 324–333 참조.

81 Michel Foucault, *Society Must Be Defended*, trans. David Macey (New York: Picador, 2003), p. 9.

82 Ludwig Wittgenstein, *Philosophical Investigations*, trans. G. E. M. Anscombe (Oxford: Blackwell, 1953), no. 241, p. 75.

83 Ibid., no. 19, p. 7.

84 앎에서 함으로, 그리고 인식론에서 정치적 행위로의 움직임에 대한 비트겐슈타

인의 논의와 관련해서는 Linda Zerilli, *Feminism and the Abyss of Freedom* (Chicago: University of Chicago Press, 2005) 참조.

85 Philippe Descola, *Par-delà nature et culture* (Paris: Gallimard, 2005), pp. 129–131.

86 Claude Lévi-Strauss, ed., *L'identité: Seminaire interdisciplinaire* (Paris: PUF, 1983), p. 331.

87 Eduardo Viveiros de Castro, "Exchanging Perspectives: The Transformation of Subjects into Objects in Amerindian Ontologies," *Common Knowledge* 10, no. 3 (2004), pp. 474–475.

88 Eduardo Viveiros de Castro, *From the Enemy's Point of View: Humanity and Divinity in an Amazonian Society*, trans. Catherine Howard (Chicago: University of Chicago Press, 1992) [originally *Araweté: Os deuses canibais* (1986)].

89 Bruno Latour, *Politics of Nature*, trans. Catherine Porter (Cambridge, Mass.: Harvard University Press, 2004).

90 Baruch Spinoza, Letter 50 to Jarig Jelles, in *Complete Works*, pp. 891–892.

91 Gianfranco Pala, ed., "L'inchiesta operaia di Marx" (1880), *Quaderni rossi*, no. 5 (April 1965), pp. 24–30 참조.

92 1960년대 토론집회의 논리에 대해서는, 예컨대 Marshall Sahlins, "The Future of the National Teach-In: A History" (1965), in *Culture in Practice* (New York: Zone Books, 2000), pp. 209–218 참조.

93 Michel Foucault, "Le jeu de Michel Foucault," in *Dits et écrits*, 3:299–300.

94 Romano Alquati, *Sulla Fiat ed altri scritti* (Milan: Feltrinelli, 1975)와 *Per fare conricerca* (Turin: Velleità alternative, 1993) 참조.

95 예를 들어 Charles Hale, "Activist Research v. Cultural Critique," *Cultural Anthropology* 21, no. 1 (2006), pp. 96–120 참조.

96 예를 들어 MTD Solano and Colectivo Situaciones, *La hipótesis 891* (Buenos Aires: De mano en mano, 2002), Collettivo edu-factory, ed., *L'università globale* (Rome: Manifestolibri, 2008), Marta Malo, ed., *Nociones comunes: Experiencias y ensayos entre investigación y militancia* (Madrid: Traficantes de Sueños, 2004) 참조.

97 Robin Kelley, *Freedom Dreams* (Boston: Beacon Press, 2002), p. 8.

98 우리는 여기서 멜란드리의 말을 풀어쓰면서 '유비'(analogy)라는 말 대신 '확인'(confirmation)이라는 말을 사용한다. 그가 의미한 바에서 너무 멀리 벗어난 것이 아니길 바란다. Enzo Melandri, *La linea e il circolo* (Macerata: Quidlibet, 2004), p. 810 참조.

3부 자본 (그리고 공통의 부를 둘러싼 투쟁)

1 새로이 대두하고 있는 비물질적 생산의 헤게모니에 대해서는 Michael Hardt and Antonio Negri, *Multitude* (New York: Penguin, 2004), pp. 103–115 참조.

2 André Gorz, *L'immatéiel* (Paris: Galilée, 2003), p. 35.

3 Robert Boyer, *La croissance, début de siècle* (Paris: Albin Michel, 2002), p. 192.

4 Christian Marazzi, "Capitalismo digitale e modello antropogenetico di produzione," in *Reinventare il lavoro*, ed. Jean-Louis Laville (Rome: Sapere 2000, 2005), pp. 107–126.

5 노동의 여성화에 대해서는 Guy Standing, "Global Feminization through Flexible Labor: A Theme Revisited," *World Development* 27, no. 3 (March 1999), 583–602; V. Spike Peterson, *A Critical Rewriting of Global Political Economy* (London: Routledge, 2003), pp. 62–65; Valentine Moghadam, *Globalizing Women* (Baltimore: Johns Hopkins University Press, 2005), pp. 51–58, 그리고 Nazneed Kanji and Kalyani Menon-Sen, "What Does the Feminisation of Labour Mean for Sustainable Livelihoods," International Institute for Environment and Development, August 2001 참조.

6 Chandra Mohanty, "Women Workers and Capitalist Scripts," in *Feminist Geneologies, Colonial Legacies, Democratic Futures*, ed. M. Jacqui Alexander and Chandra Mohanty (New York: Routledge, 1997), p. 20. 또한 Peterson, *A Critical Rewriting of Global Political Economy* , pp. 65-68 참조.

7 Michel Foucault, "Entretien" (with Duccio Trombadori), in *Dits et écrits*, 4 vols. (Paris: Gallimard, 1994), 4:74 [in English, *Remarks on Marx* (New York: Semiotext(e), 1991), pp. 121-122]. 푸코는 자신과 프랑크푸르트학파의 차이를 논하는 맥락에서 이렇게 말했다.

8 예를 들어 David Harvey, *The New Imperialism* (Oxford: Oxford University Press, 2003)과 *A Brief History of Neoliberalism* (Oxford: Oxford University Press, 2005)에 들어 있는 데이비드 하비의 신자유주의 분석 참조. 또한 Aihwa Ong, *Neoliberalism as Exception* (Durham: Duke University Press, 2006) 참조.

9 Naomi Klein, *The Shock Doctrine* (New York: Metropolitan Books, 2007).

10 남부아프리카 및 중앙아프리카에서 이루어지는 채취경제에 대해서는 James Ferguson, *Global Shadows: Africa in the Neoliberal World Order* (Durham: Duke University Press, 2006), pp. 194–210 참조

11 시초축적에 대해서는 Jason Read, *The Micro-Politics of Capital* (Albany: SUNY Press, 2003)와 Sandro Mezzadra, "Attualitàdella preistoria," in *La condizione postcoloniale* (Verona: Ombre corte, 2008), pp. 127–154 참조.

12 John Locke, *Second Treatise of Government* (Indianapolis: Hackett, 1980), p. 18.

13 Thomas Jefferson to Isaac McPherson, 13 August 1813, in *The Writings of Thomas Jefferson*, ed. Andrew A. Lipscomb and Albert Ellery Bergh, 20 vols. (Washington, D.C.: Thomas Jefferson Memorial Association, 1905), 13:333.

14 정동노동과 관련된 소외 개념에 대해서는 Kathi Weeks, "Life within and against Work: Affective Labor, Feminist Critique, and Post-Fordist Politics," *Ephemera* 7, no. 1 (2007), 233-249 참조. 또한 Christophe Dejours, ed., *Plaisir et souffrance dans le travail*, 2 vols. (Paris: Aocip, 1987-88), 그리고 Yves Clot, *La fonction psychologique du travail* (Paris: PUF, 1999) 참조.

15 협력에 대해서는 Karl Marx, *Capital*, vol. 1, trans. Ben Fowkes (New York: Vintage, 1976), pp. 439-454.

16 경제학에서 말하는 외부성에 대해서는 Yann Moulier Boutang, *Le capitalisme cognitif* (Paris: Amsterdam, 2007)과 Carlo Vercellone, ed., Capitalismo cognitivo (Rome: Manifestolibri, 2006).

17 Carlo Vercellone, "Finance, rente, et travail dans le capitalisme cognitif," *Multitudes*, no. 32 (March 2008), 32-38 참조.

18 John Maynard Keynes, *The General Theory of Employment, Interest and Money* (London: Macmillan, 1936), p. 376.

19 다시 한 번 Klein, *The Shock Doctrine* 참조.

20 전통적으로 정치경제학이 파악하는 위기의 형태들에 대해서는 Adelino Zanini, *Economic Philosophy* (Oxford: Peter Lang, 2008) 참조.

21 Michel Crozier, Samuel Huntington, and Joji Watanuki, *The Crisis of Democracy* (New York: NYU Press, 1975), p. 61 참조.

22 유럽에서의 불안정성에 대해서는 Anne Gray, *Unsocial Europe: Social Protection or Flexploitation?* (London: Pluto Press, 2004); Andrea Fumagalli, *Bioeconomia e capitalismo cognitivo* (Rome: Carocci, 2007), Evelyne Perrin, *Chorneurs et precaires, an cour de la question sociale* (Paris: La dispute, 2004), Pascal Nicolas-Le-Strat, *L'experience de l'interrnittence* (Paris: L'Harmattan, 2005), 그리고 Antoniella Corsani and Maurizio Lazzarato, *Interrnittents et precaires* (Paris: Amsterdam, 2008) 참조.

23 Danny Hoffman, "The City as Barracks: Freetown, Monrovia, and the Organization of Violence in Postcolonial African Cities," *Cultural Anthropology* 22, no. 3 (2007), 400-428.

24 Bernard Mandeville, *The Fable of the Bees*, cited in Marx, *Capital*, 1:764.

25 리처드 플로리다(Richard Florida)는 "창조적 계급"은 관용, 개방성, 다양성을 특징으로 하는 사회에서 번성한다고 주장한다. *The Rise of the Creative Class* (New York: Basic Books, 2002) 참조.

26 프레드릭 제임슨(Fredric Jameson)은 "The Brick and the Balloon: Architecture, Idealism, and Land Speculation," in *The Cultural Turn: Selected Writings on the Postmodern, 1983-1998* (London: Verso, 1998), pp.162-190에서 건축과 금융자본의 맥락에서 지대의 문제를 훌륭하게 분석하고 있다.

27 이와 관련된 방대한 문헌들 중에 한 사례로 Edward Glaeser, "Market and Policy Failure in Urban Economics," in *Chile: Political Economy of Urban Development*, ed. Glaeser and John R. Meyer (Cambridge, Mass.: Harvard School of Government, 2002), pp. 13-26 참조.

28 Antonio Negri and Carlo Vercellone, "Le rapport capital / travail dans le capitalisme cognitif," *Multitudes*, no. 32 (March 2008), 39-50 참조.

29 도시 공간에서 존재하는 공통적인 것에 관해서는 Henri Lefebvre, *Critique of Everyday Life*, 3 vols., trans. John Moore (London: Verso, 1991) 참조.

30 Georg Simmel, "The Metropolis and Mental Life," in *The Sociology of Georg Simmel*, ed. Kurt Wolff (Glencoe, Ill.: Free Press, 1950), pp. 409-24 참조.

31 등가물로서의 화폐, 유통수단으로서의 화폐, 자본으로서의 화폐에 대한 탁월한 분석으로는 Michel Aglietta, *Macroéconomic financiére* (Paris: La découverte, 2002)와 Aglietta and André Orléan, *La monnaie: Entre violence et confiance* (Paris: Odile Jacob, 2002) 참조.

32 Christian Marazzi, *E il denaro va: Esodo e rivoluzione dei mercati finanziari* (Turin: Bollati Boringhieri, 1998)와 *Capital and Language: From the New Economy to the War Economy*, trans. Gregory Conti (New York: Semiotext(e), 2008) 참조.

33 Giovanni Arrighi, *The Long Twentieth Century* (London: Verso, 1994) 참조

34 Georg Simmel, *The Philosophy of Money*, 3rd ed., ed. David Frisby, trans. Tom Bottomore and David Frisby (New York: Routledge, 2004), p. 129.

35 주디스 버틀러(Judith Butler)는 크레온(Creon)에 맞서서 안티고네(Antigone)가 주장하는 바를 창조적으로 독해하여, 그것이 이성애를 규범으로 삼는 가족의 지배 외부에 대안적 친족구조를 구축할 자유를 생각하는 하나의 방식이라고 본다. Judith Butler, *Antigone's Claim: Kinship between Life and Death* (New York: Columbia University Press, 2000) 참조. 또한 Valerie Lehr, *Queer Family Values* (Philadelphia: Temple University Press, 1999) 참조.

36 Lee Edelman, *No Future: Queer Theory and the Death Drive* (Durham: Duke University Press, 2004) 참조.

37 미국의 맞벌이 부부들이 노동과 가족 사이의 균형을 잡기 위해 벌이는 노력에 관해서는 Arlie Russell Hochschild, *The Time Bind: When Work Becomes Home and Home Becomes Work*, 2nd ed. (New York: Holt, 2001)와 Kathi Weeks, "Hours for What We

Will: Work, Family, and the Movement for Shorter Hours," *Feminist Studies* 35, no. 1 (Spring 2009) 참조.

38 펭 치아(Pheng Cheah)는, 특히 종속국에서 민족이 사유와 정신의 중심이며 자유의 장소라는 주장을 가장 지속적으로 펴온 사람들 중 하나이다. Pheng Cheah, *Spectral Nationality: Passages of Freedom from Kant to Postcolonial Literatures of Liberation* (New York: Columbia University Press, 2003)와 *Inhuman Conditions: On Cosmopolitanism and Human Rights* (Cambridge, Mass.: Harvard University Press, 2007) 참조.

39 Hardt and Negri, *Multitude* 참조.

40 Pierre Macherey, "Presentation," Citéphilo, Palais des Beaux-Arts, Lille, 19 November 2004.

41 Ernesto Laclau, *On Populist Reason* (London: Verso, 2005), p. 153.

42 Paolo Virno, "Il cosidetto 'male' e la critica dello Stato," *Forme di vita*, no. 4 (2005), 9-36 참조.

43 Étienne Balibar, "Spinoza, the Anti-Orwell: The Fear of the Masses," in *Masses, Classes, Ideas*, trans. James Swenson (New York: Routledge, 1993), pp. 3-38과 "Potentia multitudinis, quae una veluti mente dicitur," in *Ethik, Recht and Politik*, ed. Marcel Senn and Manfred Walther (Zurich: Schulthess, 2001), pp. 105-137 참조.

44 Slavoj Žižek, *The Parallax View* (Cambridge, Mass.: MIT Press, 2006), pp.261-267 참조.

45 Alain Badiou, "Beyond Formalization: An Interview," trans. Bruno Bosteels and Alberto Toscano, *Angelaki* 8, no. 2 (August 2003), 125.

46 Judith Butler, *Gender Trouble: Feminism and the Subversion of Identity* (New York: Routledge, 1990)와 *Bodies That Matter: On the Discursive Limits of "Sex"* (New York: Routledge, 1993) 참조.

47 Anne Fausto-Sterling, *Sexing the Body: Gender Politics and the Construction of Sexuality* (New York: Basic Books, 2000), p.4. 뼈 발달과 성의 문제에 관해서는 Fausto-Sterling, "The Bare Bones of Sex: Part 1-Sex and Gender," *Signs* 30, no. 2 (2005), 1491-1527 참조. 더 일반적으로 젠더와 신체에 대한 과학적 연구에 관해서는 Elizabeth Wilson, *Psychosomatic: Feminism and the Neurological Body* (Durham: Duke University Press, 2004) 참조.

48 스피노자가 말하는, 양태들이 가진 존재론적으로 구성적인 성격에 대해서는 Gilles Deleuze, *Expressionism in Philosophy: Spinoza*, trans. Martin Joughin (New York: Zone Books, 1990), Antonio Negri, *The Savage Anomaly: The Power of Spinoza's Metaphysics and Politics* (Minneapolis: University of Minnesota Press, 1991), 그리고 더 최근의 것으로 Laurent Bove, *La stratégie du conatus* (Paris: Vrin, 2001) 참조.

49 많은 페미니즘 이론가들이 탈구조주의 및 정체성론을 피해가는 과정에서 이와 유

사한 결론에 도달한다. 예를 들어 Rey Chow, "The Interruption of Referentiality: or, Poststructuralism's Outside," in *The Age of the World Target* (Durham: Duke University Press, 2006), pp. 45-70 참조.

50 Hannah Arendt, *The Human Condition* (Chicago: University of Chicago Press, 1958), p. 233.

51 V I. Lenin, *State and Revolution* (NewYork: International Publishers, 1971), p. 43.

52 Macherey, "Présentation."

53 Karl Marx, *Grundrisse*, trans. Martin Nicolaus (London: Penguin, 1973), p. 712.

54 우리가 사랑이라는 개념을 사용하는 데 대해서 다니엘 벤사이드(Daniel Bensaïd)가 특히 불편해하는 것 같다. 그의 *Un monde a changer* (Paris: Textuel, 2003), pp. 69-89와 "Antonio Negri et le pouvoir constituent," in *Resistances* (Paris: Fayard, 2001), pp. 193-212 참조.

55 Franz Rosenzweig, *The Star of Redemption*, trans. Barbara Galli (Madison: University of Wisconsin Press, 2005), p. 234.

56 Friedrich Nietzsche, *Thus Spoke Zarathustra*, trans. Adrian Del Caro (Cambridge: Cambridge University Press, 2006), pp. 44-45.

57 Arendt, *The Human Condition*, 특히 pp. 50-57.

58 Adam Smith, *The Wealth of Nations*, ed. Edwin Cannan (New York: Modern Library, 1994), p. 15.

59 긍정적 외부성의 사례로서의 수분에 대해서는 Boutang, *Le capitalisme cognitif* 참조.

60 Félix Guattari, *The Anti-Oedipus Papers*, ed. Stéphane Nadaud, trans. Kélina Gorman (New York: Semiotext(e), 2006), p. 179.

61 Gilles Deleuze and Félix Guattari, *A Thousand Plateaus*, trans. Brian Massumi (Minneapolis: University of Minnesota Press, 1987), p. 10.

간주곡: 악과 싸우는 힘

1 Helmuth Plessner, *Macht and menschliche Natur* (Frankfurt: Suhrkamp, 1981) 참조. 플레스너의 종내 공격성 개념에 대해서는 Paolo Virno, "Il cosidetto 'male' e la critica dello Stato," *Forme di vita*, no. 4 (2005), 9-36 참조.

2 Baruch Spinoza, *Theologico-Political Treatise*, in *Complete Works*, trans. Samuel Shirley (Indianapolis: Hackett, 2002), pp. 389-390.

3 Immanuel Kant, *Religion within the Boundaries of Mere Reason and Other Writings*, ed. and trans. Allen Wood and George Di Giovanni (Cambridge: Cambridge University Press,

1998) 참조. 악에 대한 칸트의 이론의 모호성과 모순에 대해서는 Victor Delbos, *La philosophie pratique de Kant* (Paris: Felix Alcan, 1905), p. 621 참조. 더 일반적으로는 Richard Bernstein, *Radical Evil* (Cambridge: Polity, 2002) 참조. 선험적인 형식적 요소들에 기반을 둔 규제기능을 법에 부여하는 법형식주의의 형상들에 대해서는 Antonio Negri, *Alle origini del formalismo giuridico* (Padua: Cedam, 1962) 참조.

4 Baruch Spinoza, *Ethics*, pt. 3, Proposition 9, Scholium, in *Collected Works*, p. 284와 Michel Foucault and Noam Chomsky, "Human Nature: Justice vs. Power," in *The Chomsky-Foucault Debate* (New York: New Press, 2006), p. 51 참조.

5 Baruch Spinoza, *Political Treatise*, chap. 6, in *Complete Works*, pp. 700-701.

6 Karl Marx and Frederick Engels, *The Holy Family*, in *Collected Works*, vol. 4 (New York: International Publishers, 1975), p. 128.

7 고통에 대한 비트겐슈타인의 논의에 대해서는 Ludwig Wittgenstein, *Philosophical Investigations, trans*. G. E. M. Anscombe (Oxford: Blackwell, 1984) 참조.

8 Antonio Negri, *Lenta ginestra* (Milan: Sugarco, 1987).

9 Carl Schmitt, *The Nomos of the Earth*, trans. G. L. Ulmen (New York: Telos, 2003), pp. 59-60. 아감벤(Giorgio Agamben)은 *The Time That Remains*, trans. Patricia Dailey (Stanford: Stanford University Press, 2005), pp. 108-112에서 바울의 이 대목을 읽으면서 그의 저작에 특유한 현학과 명민함을 과시한다. 비르노(Paolo Virno)는 *Multitude: Between Innovation and Negation* (New York: Semiotext(e), 2008), pp. 56-67에서 카테콘을 다중의 제도에 열쇠가 되는 것으로서 제안한다.

4부 제국, 돌아오다

1 예컨대 Philip Gordon, "The End of the Bush Revolution," *Foreign Affairs* 85, no. 4 (July–August 2006), 75–86 참조.

2 Richard Haass, "The Age of Nonpolarity: What Will Follow U.S. Dominance," *Foreign Affairs* 87. no. 3 (May–June 2008), pp. 44–56. 또한 중동에서 미국 지배의 종식에 대한 하스의 분석인 "The New Middle East," *Foreign Affairs* 85, no. 6 (November-December 2006), pp. 2–11 참조. 유사한 의견으로는 Fareed Zakaria, *The Post-American World* (New York: Norton, 2008) 참조.

3 Michael Hardt and Antonio Negri, *Empire* (Cambridge, Mass.: Harvard University Press, 2000) 참조.

4 조반니 아리기는 쿠데타와 그 제국주의적 기획의 실패를 훨씬 더 장기간에 걸친 역사적 틀 속에 위치시킨다. "'새로운 미국의 세기를 위한 기획'에 담긴 새로운 제국주

의는 세계국가를 조직하는 중심이 되려는 미국의 60년에 걸친 분투의 불명예스러운 끝을 나타낸다. 그 분투는 세계를 바꾸었다. 그러나 가장 성공적인 순간들에도 미국은 결코 자신의 노력에서 성공을 거두지 못했다." Giovanni Arrighi, *Adam Smith in Beijing* (London: Verso, 2007), p. 261.

5 '소프트파워'의 사용에 대한 주장으로는 기본적으로 Joseph Nye, *Soft Power* (New York: Public Affairs, 2004)와 *The Paradox of American Power* (Oxford: Oxford University Press, 2002) 참조.

6 David Frum and Richard Perle, *An End to Evil: How to Win the War on Terror* (New York: Random House, 2003), p. 7.

7 니얼 퍼거슨(Niall Ferguson)은 제국주의에 찬성하는 입장에서 미국을 비판하는 가장 저명한 비평가이다. 그는 진정한 제국주의적 권력이 되기 위해 해야 할 바를 하지 않는다는 이유로 미국을 비난한다. *Colossus* (New York: Penguin, 2004) 참조.

8 이전의 이데올로기와 단절하려는 신보수주의자의 예로는 Francis Fukuyama, *After the Neocons* (London: Profile, 2006) 참조. 신념을 유지하는 이들의 예로는 '자유의 수호와 발전'(Defending and Advancing Freedom) 심포지엄에서 리처드 펄(Richard Perle), 노먼 포도레츠(Norman Podhoretz), 맥스 부트(Max Boot) 등이 발표하고 *Commentary* 120, no. 4 (November 2005)에 실린 글들 참조.

9 이러한 노선을 따르는 더 지적인 학술작업의 예로는 Ellen Wood, *Empire of Capital* (London: Verso, 2003)과 Tariq Ali, *Bush in Babylon: The Recolonisation of Iraq* (London: Verso, 2003) 참조.

10 '군사혁신' 및 이라크에서의 적용에 대한 우리의 분석으로는 Michael Hardt and Antonio Negri, *Multitude* (New York: Penguin, 2004), pp. 41–62를 보라.

11 Jennifer Taw and Bruce Hoffmann, *The Urbanization of Insurgency* (Santa Monica, Calif.: Rand Corporation, 1994)와 Stephen Graham, "Robo-War Dreams: Global South Urbanization and the United States Military's 'Revolution in Military Affairs,'" LSE Crisis States Working Papers, 2007 참조.

12 Stephen Graham, "Imagining Urban Warfare," in *War, Citizenship, Territory*, ed. Deborah Cohen and Emily Gilbert (New York: Routledge, 2007), pp. 33–56.

13 Eyal Weizman, *Hollow Land: Israel's Architecture of Occupation* (London: Verso, 2007) 참조.

14 노암 촘스키는 세계 전역에 미국이 개입하여 민주적 정부들의 토대를 침식해온 사례들을 지치지 않고 기록하고 있다. 그의 여러 책들 가운데서도 *Hegemony or Survival: America's Quest for Global Dominance* (New York: Owl Books, 2004) 참조. 특히 라틴 아메리카에 관해서는 Greg Grandin, *Empire's Workshop: Latin America, the United States, and the Rise of the New Imperialism* (New York: Metropolitan Books, 2006) 참조.

15 엠마뉘엘 토드(Emmanuel Todd)는 미국의 전지구적 헤게모니가 이득을 가져다 줄 것이라고 믿었다가 환상에서 깨어나게 된 유럽인의 좋은 사례이다. *After the Empire: The Breakdown of the American Order*, trans. C. Jon Delogu (New York: Columbia University Press, 2003) 참조.

16 Thomas Friedman, "Restoring Our Honor," *New York Times*, 6 May 2004.

17 어째서 '석유를 차지하기 위해 흘린 피'가 2003년 이라크 침공을 이해하기에 충분치 않은 프레임인지에 대한 섬세한 분석으로는 Retort, *Afflicted Powers: Capital and Spectacle in a New Age of War* (London: Verso, 2005), pp. 38–77 참조.

18 신자유주의적 개혁의 '백지상태' 모델에 대해서는 Naomi Klein, *The Shock Doctrine: The Rise of Disaster Capitalism* (New York: Metropolitan Books, 2007) 참조. 미국의 이라크점령 기획의 경제적 측면에 관해서는 Klein, "Baghdad Year Zero," *Harpers* (September 2004), pp. 43–53과 *The Shock Doctrine*, pp. 389–460 참조.

19 Arrighi, *Adam Smith in Beijing*, p. 384. 또한 pp. 198–202 참조.

20 우리는 Paul Krugman, *Conscience of a Liberal* (New York: Norton, 2007)의 분석 가운데 일부 측면을 공유한다.

21 Arrighi, *Adam Smith in Beijing*, p. 8. 또한 Giovanni Arrighi, *The Long Twentieth Century* (London: Verso, 1994) 참조.

22 Henry Kissinger, Speech at the International Bertelsmann Forum, 23 September 2006, cited in Daniel Vernet, "Le monde selon Kissinger," *Le monde*, 25 October 2006.

23 Francis Fukuyama, *State-Building* (Ithaca: Cornell University Press, 2004).

24 Saskia Sassen, *Territory, Authority, Rights* (Princeton: Princeton University Press, 2006).

25 '전지구적 협치'라는 용어에 대한 유용한 입문으로는 Gianfranco Borrelli, ed., *Governance* (Naples: Dante & Descartes, 2004)와 David Held and Anthony McGrew, eds., *Governing Globalization* (Oxford: Polity, 2002) 참조.

26 예컨대 Robert Cobbaut and Jacques Lenoble, eds., *Corporate Governance: An Institutionalist Approach* (The Hague: Kluwer Law International, 2003) 참조.

27 푸코의 통치성(governmentality) 개념에 대해서는 Graham Burchell, Colin Gordon, and Peter Miller, eds., *The Foucault Effect: Studies in Governmentality* (Chicago: University of Chicago Press, 1991) 참조. 루만과 자기생산(autopoiesis) 학파에 관해서는 Niklas Luhmann, *Legitimation durch Verfahren* (Frankfurt: Suhrkamp, 1969), Gunther Teubner, *Law as an Autopoietic System* (Oxford: Blackwell, 1993), 그리고 Alessandro Febbraio and Gunther Teubner, eds., *State, Law, and Economy as Autopoietic Systems* (Milan: Giuffrè 1992) 참조.

28 Sabino Cassese, *Lo spazio giuridico globale* (Bari: Laterza, 2003)와 *Oltre lo Stato* (Bari: Laterza, 2006).

29 예를 들어 Robert Keohane and Joseph Nye, "Between Centralization and Fragmentation: The Club Model of Multilateral Cooperation and Problems of Democratic Legitimacy," Kennedy School of Government Working Paper no. 01–004, February 2001과 Robert Keohane, *Power and Governance in a Partially Globalized World* (New York: Routledge, 2002) 참조.

30 예를 들어 Bob Jessop, "The Regulation Approach and Governance Theory," *Economy and Society* 24, no. 3 (1995), 307–333과 Mary Kaldor, *Global Civil Society* (Oxford: Polity, 2003) 참조.

31 Hans Maier, *Die ältere deutsche Staats-und Verwaltungslehre*, 2nd ed. (Munich: C. H. Becksche, 1980), p. 223. 마이어(Maier)는 Friedrich Meinecke, *Weltbürgertum und Nationalstaat* (Munich: R. Oldenbourg, 1911)를 참조한다.

32 Sandro Chignola, ed., *Governare la vita* (Verona: Ombre corte, 2006) 참조. 또한 Ulrich Beck, *Politik der Globalisierung* (Frankfurt: Suhrkamp, 2003)과 Ulrich Beck and Edgard Grande, "Empire Europa," *Zeitschrift für Politik* 52, no. 4 (2004), 397–420 참조.

33 예컨대 동아시아와 관련해서는 Aihwa Ong, *Neoliberalism as Exception* (Durham: Duke University Press, 2006) 참조. 또한 아프리카에 관해서는 James Ferguson, *Global Shadows: Africa in the Neoliberal World Order* (Durham: Duke University Press, 2006) 참조. 제임스 미텔먼(James Mittelman)은 *The Globalization Syndrome* (Princeton: Princeton University Press, 2000)에서 노동과 권력의 전지구적 분할에 관한 생각을 전개한다.

34 Cecil Rhodes, V. I. Lenin, *Imperialism* (New York: International Publishers, 1939), p. 79에서 재인용.

35 형식적 포섭과 실질적 포섭에 관해서는 Karl Marx, *Capital*, vol. 1, trans. Ben Fowkes (New York: Vintage, 1976), pp. 1019–38 참조. 제국주의를 자본이 자신의 외부를 내부화하는 것으로 분석하는 로자 룩셈부르크의 논의에 대해서는 *The Accumulation of Capital*, trans. Agnes Schwarzchild (New York: Monthly Review Press, 1968) 참조. 우리가 이전에 지구화의 맥락에서 형식적 포섭과 실질적 포섭을 분석한 것으로는 *Empire*, 특히 pp. 254–256 참조.

36 David Harvey, *The New Imperialism* (Oxford: Oxford University Press, 2003); *A Brief History of Neoliberalism* (Oxford: Oxford University Press, 2005) 참조.

37 Klein, *The Shock Doctrine*.

38 Ferguson, *Global Shadows*, p. 196. 또한 Patrick Bond, *Looting Africa* (London: Zed Books, 2006) 참조.

39 Rebecca Karl, "The Asiatic Mode of Production: National and Imperial Formations," *Historein* 5 (2005), 58–75.

40 William Robinson, *A Theory of Global Capitalism* (Baltimore: Johns Hopkins University

Press, 2004), p. 129.

41 이곳에서 우리가 푸코의 언어로 표현한 자유의 공리는 1960년대와 1970년대에 톰슨(E. P. Thompson), 마리오 트론티(Mario Tronti), 칼-하인츠 로트(Karl-Heinz Roth) 같은 저자들이 수행한 '노동자 관점' 연구의 방법론적 원리들의 연속선 위에 있다.

42 우리는 *Empire*, pp. 276–279에서 소련의 붕괴에 대해 이 같은 주장을 폈다.

43 이러한 테마가 *Multitude* 전체에 걸쳐 다루어지고 있다.

44 스피노자의 분노 개념에 대해서는 Laurent Bove, *La stratégie du conatus* (Paris: Vrin, 1997)와 Filippo Del Lucchese, *Tumulti e indignation: Conflitto, diritto e moltitudine in Machiavelli e Spinoza* (Milan: Ghibli, 2004) 참조.

45 부정의의 경험에 대응하는 사회적 투쟁들에 관한 이론으로는 Emmanuel Renault, *L'expérience de l'injustice* (Paris: La découverte, 2004) 참조. 르노의 연구는 의사소통적 '초월태들'에 대한 분석을 사회 모순과 노동 착취의 영역으로 다시 되돌리는 악셀 호네트(Axel Honneth)의 작업가설에 의존한다. Honneth, *Kritik der Macht* (Frankfurt: Suhrkamp, 1988)와 *The Struggle for Recognition* (Cambridge: Polity, 1995) 참조.

46 자본주의 체제 안에서 끊임없이 출현하는 갈등들에 대한 분석으로는 Guido Rossi, *Il conflitto epidemico* (Milan: Adelphi, 2003) 참조.

47 Alain Bertho, *Nous autres, nous mêmes* (Paris : Du Croquant, 2008) 참조.

48 Carl Schmitt, *Theorie des Partisanen* (Berlin: Duncker & Humblot, 1963).

49 조르주 소렐에 관해서는 무엇보다도 *Reflections on Violence*, ed. Jerome Jennings (Cambridge: Cambridge University Press, 1999) 참조. 레닌에 관해서는 무엇보다도 *What Is to Be Done?*과 *State and Revolution* 그리고 Antonio Negri, *Thirty-three Lessons on Lenin* (New York: Columbia University Press, forthcoming) 참조.

50 C. B. Macpherson, *The Political Theory of Possessive Individualism* (Oxford: Clarendon Press, 1962)과 Karl Marx, *A Contribution to the Critique of Hegel's Philosophy of Right and Economic and Philosophical Manuscripts,* in *Early Writings*, trans. Rodney Livingstone and Gregor Benton (London: Penguin, 1975) 참조.

51 신보수주의적 사유의 철학적 내력은 일반적으로 유럽의 반동적 전통이 아니라 자연권 이론, 특히 레오 스트라우스(Leo Strauss)와 마이클 오크쇼트(Michael Oakeshott)의 이론에서 발견된다. 이들은 개인주의와 권력에 대한 초월적, 홉스적 정의를 결합한다.

52 Baruch Spinoza, *Ethics,* in *Complete Works*, trans. Samuel Shirley (Indianapolis: Hackett, 2002), pt. 3, Definitions of the Affects, no. 20, p. 314.

53 Michel Foucault, "Inutile de se soulever?" *Le monde*, 11–12 May 1979, reprinted in *Dits et écrits*, vol. 3 (Paris: Gallimard, 1994), p. 793.

54 Ernst Bloch, *The Principle of Hope*, 3 vols., trans. Neville Plaice, Stephen Plaice, and Paul Knight (Cambridge, Mass.: MIT Press, 1986).

55 Sandro Mezzadra, *Diritto di fuga* (Verona: Ombre corte, 2006)와 Enrica Riga, *Europa di confine* (Rome: Meltelmi, 2007) 참조.

56 노동력의 변형에 관한 진화론적 가정들에 반대하는 논의로는 André Gorz, *L'immatériel* (Paris: Galileé 2003) 참조.

57 Robert Castel, *L'insécurité sociale* (Paris: Seuil, 2003) 참조. 프랑스의 불안정노동에 대해서는 Antonella Corsani and Maurizio Lazzarato, *Intermittents et précaires* (Paris: Amsterdam, 2008) 참조. 프랑스 방리유의 사회적 조건에 관해서는 Stéphane Beaud and Michel Pialoux, *Violence urbaines, violence sociale* (Paris Fayard, 2003)과 Loïc Wacquant, *Parias urbains* (Paris: La découverte, 2006) 참조.

58 Judith Revel, *Qui a peur de la banlieue?* (Paris: Bayard, 2008) 참조.

59 Karl Marx, *Economic and Philosophical Manuscripts*, in *Early Writings*, p. 328. 이 구절에 대한 들뢰즈와 가타리의 해석으로는 *Anti-Oedipus*, trans. Robert Hurley, Mark Seem, and Helen Lane (Minneapolis: University of Minnesota Press, 1983), pp. 4–5 참조.

60 사스키아 사센은 금융활동을 중심으로 하는 현재의 '전지구적 도시'(global city)를 정의하기 위해 이와 유사한 도시적인 생산형태와 패러다임의 계보를 추적한다. 다른 경우들과 마찬가지로 여기서도 우리의 사고는 사센에 매우 가깝다. 그러나 우리처럼 금융보다 삶정치적 생산에 초점을 맞추면 현대 메트로폴리스의 삶과 잠재력에 대한 매우 다른 시각을 얻을 수 있을 것이다.

61 Charles Baudelaire, "La foule," in *Œuvres complètes*, ed. Marcel Ruff (Paris: Seuil, 1968), p. 155.

62 소통과 협력이라는 정치적 역량의 부족으로 정의되는 농민세계의 황혼기에 대한 우리의 논의로는 *Multitude*, pp. 115–127 참조. 19세기 프랑스 농민들의 정치적 역량에 대한 마르크스의 견해에 대해서는 *The Eighteenth Brumaire of Louis Bonaparte* (New York: International Publishers, 1998), pp. 123–129 참조.

63 메갈로폴리스에 관해서는 Kenneth Frampton, "Towards a Critical Regionalism," in *The Anti-Aesthetic*, ed. Hal Foster (Port Townsend, Wash.: Bay Press, 1983), pp. 26–30 참조.

64 Mike Davis, *Planet of Slums* (London: Verso, 2006) 참조.

65 예를 들어 Achille Mbembe and Sarah Nuttall, eds., *Johannesburg: The Elusive Metropolis* (Durham: Duke University Press, 2008), Filip de Boeck and Marie-Françoise Plissart, *Kinshasa: Invisible City* (Ghent: Ludion, 2004), AbdouMaliq Simone, *For the City Yet to Come* (Durham: Duke University Press, 2004), 그리고 Rem Koolhaas, ed., *Lagos: How It Works* (Baden: Lars Müller, forthcoming) 참조.

66 마주침에 대한 철학적 상술로는 *Expressionism in Philosophy: Spinoza*, trans. Martin Joughin (New York: Zone Books, 1990)에 들어 있는 기쁜 정념 및 슬픈 정념과 관련

한 스피노자의 정동이론에 대한 질 들뢰즈의 해석 참조. 마주침의 상이한 형태들에 대한 정치적 논의로는 El Kilombo and Michael Hardt, "Organizing Encounters and Generating Events," *Whirlwinds: Journal of Aesthetics and Protest* (2008), www.joaap.org 참조.

67 우리와 유사하게 아르준 아파두라이(Arjun Appadurai)도 뭄바이에 대한 자신의 연구에서 메트로폴리스의 정치를 아래로부터 마주침을 조직하는 것으로 제시한다. 그는 이것을 '심층 민주주의'(deep democracy)라고 부른다. "Deep Democracy: Urban Governmentality and the Horizon of Politics," *Public Culture* 14, no. 1 (2002), 21–47 참조.

68 Grace and James Boggs, "The City Is the Black Man's Land," *Monthly Review* 17, no. 11 (April 1966), 35–46.

69 Teresa Caldeira, *City of Walls: Crime, Segregation, and Citizenship in São Paulo* (Berkeley: University of California Press, 2000).

70 도시의 지대와 금융에 관해서는 Carlo Vercellone, "Finance, rente et travail dans le capitalisme cognitive," *Multitudes*, no. 32 (March 2008), 27–38과 같은 호에 실린 그 밖에 다른 논문들 참조. 또한 Agostino Petrillo, "La rendita fondiaria urbana e la metropolis," Presentation at Uninomade, Bologna, 8 December 2007 참조. 젠트리피케이션에 관해서는 Neil Smith, *The New Urban Frontier: Gentrification and the Revanchist* City (New York: Routledge, 1996) 참조. 국제적 맥락에서 이 문제를 다룬 것으로는 Rowland Atkinson and Gary Bridge, eds., *Gentrification in a Global Context: The New Urban Colonialism* (New York: Routledge, 2005) 참조.

71 2005년 10월과 11월의 프랑스 반란에 대해서는 Revel, *Qui ha peur de la banlieue?*와 Bertho, *Nous autres, nous meme*, 그리고 Guido Caldiron, *Banlieue* (Rome: Manifestolibri, 2005) 참조.

5부 자본을 넘어서?

1 피노체트에서 레이건을 거쳐 그 이후까지 이어지는, 신자유주의와 미국 일방주의 사이의 이러한 결합을 이야기해주는 두 권의 탁월한 저서로 David Harvey, *A Brief History of Neoliberalism* (Oxford: Oxford University Press, 2005)과 Naomi Klein, *The Shock Doctrine* (New York: Metropolitan Books, 2007)이 있다.

2 Michael Hardt and Antonio Negri, *Empire* (Cambridge, Mass.: Harvard University Press, 2000), pp. 260-303 참조.

3 Harvey, *A Brief History of Neoliberalism*, p. 159.

4 David Landes, *The Wealth and Poverty of Nations* (New York: Norton, 1999)와 Michael Polanyi, *The Tacit Dimension* (London: Routledge, 1967) 참조.

5 Carlo Vercellone, "Sens et enjeux de la transition vers le capitalisme cognitif," paper presented at the conference "Transformations du travail et crise de l'économie politique" at the University of Paris 1, Panthéon- Sorbonne, 12 October 2004. 또한 Robert Boyer, *The Future of Economic Growth* (Cheltenham: E. Elgar, 2004) 참조.

6 예를 들어 Kenneth Arrow, "The Economic Implications of Learning by Doing," *Review of Economic Studies* 29, no. 3 (June 1962), 155-173 참조.

7 지구화의 관점에서 종속이론을 분석한 것으로는 Giuseppe Cocco and Antonio Negri, *GlobAL* (Buenos Aires: Paidos, 2006) 참조.

8 Alexei Yurchak, Everything Was Forever, *Until It Was No More: The Last Soviet Generation* (Durham: Duke University Press, 2006). 소련의 붕괴에 대해 우리가 이미 제시한 설명으로서 이 점을 더 진전시켜 논의하는 것으로는 Hardt and Negri, *Empire*, pp. 276-279 참조.

9 이 개념이 활용되는 다양한 방식에 관한 좋은 개관서로는 David Halpern, *Social Capital* (Cambridge: Polity, 2005) 참조.

10 위데포드(Nick Dyer-Witheford)는 공통적인 것과 공통적 부에 기반을 둔 사회에 붙일 이름으로 '커머니즘'(commonism)이라는 용어를 만들어낸다. "Commonism," *Turbulence* 1 (June 2007), 81-87과 *Cyber-Marx* (Urbana: University of Illinois Press, 1999) 참조.

11 Michael Hardt and Antonio Negri, *Multitude* (New York: Penguin, 2004), pp. 169-171. *Indiana Journal of Global Legal Studies*는 이 문제에 관한 탁월한 자료이다.

12 Hardt and Negri, *Empire*, pp. 304-324.

13 Joseph Nye, "U.S. Power and Strategy after Iraq," *Foreign Affairs* 82, no. 4 (July-August 2003), pp. 60-73.

14 예를 들어 William Robinson, *A Theory of Global Capitalism* (Baltimore: Johns Hopkins University Press, 2004), pp. 33-84 참조.

15 Baruch Spinoza, *Political Treatise*, in *Complete Works*, trans. Samuel Shirley (Indianapolis: Hackett, 2002), chap. 8, para. 4, p. 725.

16 '인지적' 생산의 맥락에서 본 경제적 외부성의 내부화에 대해서는 Carlo Vercellone, ed., *Sommes-nous sortis du capitalisme industriel?* (Paris: La Dispute, 2003) 그리고 이러한 견해에 관해 일부 단서를 단 것으로 Yann Moulier Boutang, *Le capitalisme cognitif* (Paris: Éditions Amsterdam, 2007) 참조.

17 마샬의 외부경제에 대해서는 Renee Prendergast, "Marshallian External Economies," *Economic Journal* 103, no. 417 (March 1993), 454-458, 그리고 Marco Bellandi,

"Some Remarks on Marshallian External Economies and Industrial Tendencies," in *The Economics of Alfred Marshall*, ed. Richard Arena and Michel Quéré (New York: Palgrave Macmillan, 2003), pp. 240-253 참조.

18 J. E. Meade, "External Economies and Diseconomies in a Competitive Situation," *Economic Journal* 62, no. 245 (March 1952), pp. 54-67.

19 Andreas Papandreou, *Externality and Institutions* (Oxford: Clarendon Press, 1994), pp. 53-57. 우리는 이 단락 전체에서 외부성 개념의 역사에 대한 파판드레우의 탁월한 서술을 따른다.

20 Yochai Benkler, "The Political Economy of the Commons," *Upgrade* 4, no. 3 (June 2003), p. 7.

21 예를 들어 Lawrence Lessig, *Free Culture* (New York: Penguin, 2004), 그리고 Kembrew McLeod, *Freedom of Expression: Resistance and Repression in the Age of Intellectual Property* (Minneapolis: University of Minnesota Press, 2007) 참조.

22 노동자 투쟁을 경기순환과 위기를 추동하는 발동기로 해석하는 사례로는 Antonio Negri, "Marx on Cycle and Crisis," in *Revolution Retrieved*, trans. Ed Emery and John Merrington (London: Red Notes, 1988), pp. 43-90 참조.

23 매우 다른 방식으로 삶정치적 노동의 자율성과 창조성을 부각시키는 분석으로는 McKenzie Wark, *A Hacker Manifesto* (Cambridge, Mass.: Harvard University Press, 2004)와 Richard Florida, *The Rise of the Creative Class* (New York: Basic Books, 2002) 참조.

24 우리가 여기서 다시 풀어본, 마르크스의 잉여가치율 정의에 대해서는 Karl Marx, *Capital*, vol. 1, trans. Ben Fowkes (New York: Vintage, 1976), p. 326 참조.

25 토머스 제퍼슨은 자신이 보기에 왜 미국이 흑인노예제를 계속할 수도 없고 폐지할 수도 없는 진퇴양난의 상황에 있는가를 나타내기 위해 "우리는 늑대의 귀를 잡고 있다"는 표현을 사용한 바 있다. Jefferson to John Holmes, 22 April 1820, in *Writings*, ed. Merrill Peterson (New York: Library of America, 1984), pp. 1433-35 참조.

26 Christian Marazzi, *Capital and Language*, trans. Gregory Conti (Cambridge, Mass.: MIT Press, 2008) 참조.

27 이 문화혁명이라는 이데올로기적 에피소드는 누구보다도 기 드보르와 알랭 바디우에게 영감을 고취했다. Guy Debord, *The Society of the Spectacle*, trans. Donald Nicholson-Smith (New York: Zone Books, 1994), p. 35와 Alain Badiou, *The Century*, trans. Alberto Toscano (Cambridge: Polity, 2007), pp. 58-67 참조.

28 Mario Tronti, *Operai e capitale*, 2nd ed. (Turin: Einaudi, 1971), p. 89.

29 우리는 이런 상황을 마르크스를 따라서 사회의 자본 내로의 실질적 포섭이라고 부른다. 마르크스의 실질적 포섭 개념에 대해서는 *Capital*, 1:1019-38 참조.

30 1970년대에 이 상황을 미리 포착한 분석으로는 Antonio Negri, "Marx on Cycle and

Crisis," in *Revolution Retrieved*, trans. Ed Emery and John Merrington (London: Red Notes, 1988), pp. 43-90 참조.

31 사업체의 시간규율과 그것이 사회에 점진적으로 확대된 데 대해서는 E. P. Thompson, "Time, Work-Discipline, and Industrial Capitalism," *Past & Present*, no. 38 (1967), 56-97 참조. '노동의 탈경계화'에 대한 독일 사회학자들의 논쟁에 관해서는 Karin Gottschall and Harald Wolf, "Introduction: Work Unbound," *Critical Sociology* 33 (2007), 11-18 참조. 우리는 이 문헌을 주목할 수 있게 해준 스테판 매닝(Stephan Manning)에게 감사한다.

32 마르크스의 『정치경제학 비판 요강』 중 『화폐에 관한 장』에 대한 해석으로는 Antonio Negri, *Marx beyond Marx*, trans. Harry Cleaver, Michael Ryan, and Maurizio Viano (New York: Autonomedia, 1991), pp. 21-40 참조.

33 이윤율 하락과 경제적 위기에 대해서는 Robert Brenner, *The Boom and the Bubble: The U.S. in the World Economy* (London: Verso, 2002) 참조.

34 기업가의 특징에 대해서는 Joseph Schumpeter, *The Theory of Economic Development* (1911), trans. Redvers Opie (Cambridge, Mass.: Harvard University Press, 1934), pp. 128-156 참조. 기업가의 노후화에 대해서는 Schumpeter, *Capitalism, Socialism, and Democracy* (New York: Harper & Brothers, 1942), pp. 131-134 참조.

35 Karl Marx and Friedrich Engels, *The Communist Manifesto* (Oxford: Oxford University Press, 1992), p. 8.

36 예를 들어 Henryk Grossmann, *The Law of Accumulation and Breakdown of Capitalist Systems: Being Also a Theory of Crises* (1929), trans. Jairus Banaji (London: Pluto Press, 1992) 참조.

37 현대의 일부 비주류 경제학자들이 자본주의 이후의 미래의 윤곽을 그린 바 있다. 예를 들어 J. K. Gibson-Graham, *A Postcapitalist Politics* (Minneapolis: University of Minnesota Press, 2006)와 Michael Albert, *Parecon: Life after Capitalism* (London: Verso, 2003) 참조.

38 Ernesto Laclau, *On Populist Reason* (London: Verso, 2005), p. 95.

39 대의제와 민주주의 사이의 갈등에 관한 우리의 가장 상세한 논의로는 Hardt and Negri, *Multitude*, pp. 241-247 참조.

40 Achille Mbembe, "Necropolitics," *Public Culture* 15, no. 1 (2003), pp. 11-40 참조. 후진국 메트로폴리스의 비참한 물리적 조건에 대해서는 Mike Davis, *Planet of Slums* (London: Verso, 2006) 참조.

41 뉴필드(Christopher Newfield)는 삶정치적 경제에서는 인문학과 사회과학 분야에서 고등교육을 받은 대중이 필요하다는 것을 강조한다. *Unmaking the Public University* (Cambridge, Mass.: Harvard University Press, 2008) 참조.

42 지성 · 문화 · 소통을 위한 공통적인 기반시설의 필요에 대해서는 Yochai Benkler, *The Wealth of Networks* (New Haven: Yale University Press, 2006) 참조.

43 많은 경제학자들이 그러한 보장소득이 어떻게 지배적 국가에서 실행 가능한지에 대해 자세하게 서술하였으며, 진지한 제안들이 유럽과 미국에서 제시되었다. 그러나 가난하기 때문에 능력을 발휘하지 못하는 인구의 비율이 훨씬 높은 종속국들에서 그러한 제도가 훨씬 더 중요할 것임은 명백하다. 브라질 정부에서 보장임금과 유사한 방식으로 가난한 가족들에게 실험적으로 지원금을 지급한 '가족 수당'(bolsa familia) 제도는 이와 관련된 중요한 사례이다. 부유하지 않은 나라에서도 그러한 프로그램이 실행 가능함을 입증하기 때문이다.

44 다중을 위한 자치 훈련으로서 제퍼슨이 '구(區) 제도'(ward system)를 제안한 데 대해서는 Michael Hardt, *Thomas Jefferson: The Declaration of Independence* (London: Verso, 2007) 참조. 참여민주주의에 대한 현재의 실험에 대해서는 America Vera-Zavala, *Deltagande demokrati* (Stockholm: Agora, 2003) 참조.

45 Charles Dickens, *Hard Times* (Ware, Hertfordshire: Wordsworth Classics, 1995), p. 4.

46 영업권과 무형자산에 대해서는 Michel Aglietta, "Le capitalisme de demain" (Paris: Fondation Saint-Simon, 1998)과 Baruch Lev, *Intangibles: Management, Measurement, and Reporting* (Washington, D.C.: Brookings Institute, 2001) 참조.

47 Paul Sweezy, *The Theory of Capitalist Development* (New York: Oxford University Press, 1942), p. 53.

48 가치론에 대해서는 Isaak Rubin, *Essays on Marx's Theory of Value*, trans. Miloš Sarnardžija and Fredy Perlman (Detroit: Black and Red, 1972), Ronald Meek, *Studies in the Labour Theory of Value* (London: Lawrence and Wishart, 1956) 그리고 Claudio Napoleoni, *Smith, Ricardo, Marx*, trans. J.M.A. Gee (Oxford: Blackwell, 1975) 참조. 가치법칙을 잉여가치법칙으로 전환시키는 것에 관해서는 Mario Tronti, *Operai e capitale* (Turin: Einaudi, 1966)와 Negri, *Marx beyond Marx* 참조. 위기론에 대해서는 Negri, "Marx on Cycle and Crisis" 참조.

49 See André Orléan, *Le pouvoir de la finance* (Paris: Odile Jacob, 1999) 참조.

50 Spinoza, *Political Treatise*, chap. 2, para. 13, p. 686.

51 Maurice Nussenbaum, "Juste valeur et actifs incorporels," *Revue d'économie financière*, no. 71 (August 2003), 71-85 참조.

52 이 이중적 방법에 대해서는 Giorgio Agamben, *Signatura rerum* (Milan: Bollati Boringhieri, 2008) 참조.

53 여기서 우리는 스피노자의 『윤리학』에 대한 들뢰즈의 해석을 참조한다. Michael Hardt, *Gilles Deleuze* (Minneapolis: University of Minnesota Press, 1993)와 Antonio Negri, "Kairos, Alma Venus, Multitudo," in *Time for Revolution*, trans. Matteo Mandarini

(London: Continuum, 2003) 참조.

54 Augustine, *De civitate dei*, bk. 14, chap. 7, Heinz Heimsoeth, *Les six grands thèmes de la métaphisique* (Paris: Vrin, 2003), p. 223에서 재인용.

55 Ernst Bloch, *Avicenna und die Aristotelische Linke* (Berlin: Rütten & Loening, 1952). ["eductio formarum"은 이븐 루시드의 "eductio formarum ex materia"라는 구절을 줄인 것으로 그 의미는 물질(질료)에서 형식이 도출된다(끌어내어진다)는 것, 즉 형식보다 물질(질료)이 먼저라는 것이다—옮긴이]

56 Wilhelm Dilthey, *Einleitung in die Geisteswissenschaften*, vol. 1 of *Gesammelte Schriften* (Leipzig: Teubner, 1914), p. 47.

57 Michel de Certeau, "Le rire de Michel Foucault," *Revue de la Bibliothèque Nationale*, no. 14 (Winter 1984), 10-16.

58 특히 슘페터의 저작에서 제시되는 혁신을 역사적 파열로서 해석하는 논의로는 Adelino Zanini, *Economic Philosophy: Economic Foundations and Political Categories*, trans. Cosina Orsi (Oxford: Peter Lang, 2008) 참조.

59 Marx, *Capital*, 1:554-555.

6부 혁명

1 John Locke, *Second Treatise on Government* (Indianapolis: Hackett, 1980), p. 19. 또한 C. B. MacPherson, *The Political Theory of Possessive Individualism* (London: Oxford University Press, 1964) 참조.

2 Cheryl Harris, "Whiteness as Property," *Harvard Law Review* 106, no. 8 (June 1993), 1731. 또한 George Lipsitz, *The Possessive Investment in Whiteness*, 2nd ed. (Philadelphia: Temple University Press, 2006) 참조.

3 Saidiya Hartman, *Scenes of Subjection: Terror, Slavery, and Self-Making in Nineteenth-Century America* (Oxford: Oxford University Press, 1997)에서 더글러스와 그의 헤스터 아줌마가 언급되는 부분 참조. [헤스터 아줌마(Aunt Hester)는 더글러스의 자서전 *Narrative of the Life of Frederick Douglass, an American Slave*(1845)에 나오는 인물로서 실제로 더글러스의 숙모이다. 헤스터 아줌마는 주인인 앤터니 선장(Captain Anthony)으로부터 수없이 채찍질을 당했다—옮긴이]

4 예를 들어 Eduardo Bonilla-Silva, *Racism without Racists: Color-Blind Racism and the Persistence of Racial Inequality in the United States* (Lanham, Md.: Rowman & Littlefield, 2003) 참조.

5 예를 들어 Gary Peller, "Race Consciousness," in *Critical Race Theory*, ed. Kimberlé Williams Crenshaw et al. (New York: New Press, 1996), pp. 127–158 참조.

6 예를 들어 Silvia Rivera Cusicanqui, *"Oppressed but not defeated": Peasant Struggles among the Aymara and Qhechwa in Bolivia, 1900-1980* (Geneva: United Nations Research Institute for Social Development, 1987) 참조.

7 Wendy Brown, *States of Injury* (Princeton: Princeton University Press, 1995).

8 Fred Moten, *In the Break: The Aesthetics of the Black Radical Tradition* (Minneapolis: University of Minnesota Press, 2003). 또한 Robin Kelley, *Freedom Dreams: The Black Radical Imagination* (Boston: Beacon Press, 2002) 참조.

9 흑인 급진주의 전통에 관해서는 Cedric Robinson, *Black Marxism* (London: Zed, 1983) 참조.

10 Linda Zerilli, *Feminism and the Abyss of Freedom* (Chicago: University of Chicago Press, 2005), p. 65.

11 Charles Taylor, *Multiculturalism: Examining the Politics of Recognition* (Princeton: Princeton University Press, 1994), Axel Honneth, *The Struggle for Recognition* (Cambridge, Mass.: MIT Press, 1996) 그리고 *Justice Interruptus* (New York: Routledge, 1996)에 나타나 있는 인정의 정치에 대한 낸시 프레이저(Nancy Fraser)의 유용한 비판 참조.

12 Mario Tronti, *Operai e capitale* (Turin: Einaudi, 1966), p. 260.

13 노동거부의 간단한 정의에 대해서는 Paolo Virno and Michael Hardt, eds., *Radical Thought in Italy* (Minneapolis: University of Minnesota Press, 1994), p. 263 참조. 또한 Antonio Negri, *Books for Burning: Between Civil War and Democracy in 1970s Italy*, trans. Timothy Murphy and Arianna Bove (London: Verso, 2005)와 Mario Tronti, "The Strategy of Refusal," in *Autonomia: Post-Political Politics, Semiotext(e)*, 2nd ed., ed. Sylvère Lotringer and Christian Marazzi (Cambridge, Mass.: MIT Press, 2008), pp. 28–34 참조.

14 Wendy Brown, *Edgework* (Princeton: Princeton University Press, 2005), p. 108.

15 Gayle Rubin, "The Traffic in Women," in *The Second Wave of Feminism*, ed. Linda Nicholson (New York: Routledge, 1997), p. 54.

16 Donna Haraway, "A Cyborg Manifesto," in Simians, *Cyborgs, and Women* (New York: Routledge, 1991), p. 181.

17 Annamarie Jagose, *Queer Theory: An Introduction* (New York: NYU Press, 1996), p. 131.

18 이러한 퀴어 이론 내부의 분할, 더 일반적으로는 '퀴어'라는 말의 다양한 의미에 대한 훌륭한 개괄로는 Nikki Sullivan, *A Critical Introduction to Queer Theory* (New York: NYU Press, 2003), pp. 37–56과 Jagose, *Queer Theory*, pp. 101–132 참조.

19 Frantz Fanon, *Black Skin, White Masks* (New York: Grove, 1967), p. 8. 루이스 고든(Lewis Gordon)은 *Fanon and the Crisis of European Man* (New York: Routledge, 1995)에서 새로운 휴머니즘에 대한 파농의 요구를 강조한다.

20 말콤 엑스에 관해서는 "The Young Socialist Interview," in *By Any Means Necessary* (New York: Pathfinder, 1992), pp. 179–188, 특히 p. 181과 Angela Davis, "Meditations on the Legacy of Malcolm X," in *The Angela Y. Davis Reader*, ed. Joy Jones (Oxford: Blackwell, 1998), pp. 279–288 참조. 휴이 뉴턴에 관해서는 Erik Erikson and Huey Newton, *In Search of Common Ground* (New York: Norton, 1973), pp. 27–32, Judson Jeffries, *Huey P. Newton: The Radical Theorist* (Jackson: University of Mississippi Press, 2002), pp. 62–82, 그리고 Alvaro Reyes, "Huey Newton e la nascita di autonomia," in *Gli autonomi*, vol. 2, ed. Sergio Bianchi and Lanfranco Caminiti (Rome: Derive/approdi, 2008), pp. 454–476 참조.

21 Paul Gilroy, *Against Race* (Cambridge, Mass.: Harvard University Press, 2000), p. 40.

22 혁명적 흑인 전통과 유사하게, 미국에서는 백인성의 파괴를 목표로 하는 '새로운 폐지론'(new abolitionism)이 등장했다. 이러한 입장에 서 있는 저자들은 호소력 있는 격정적 언어로 필요한 모든 수단을 동원해서 백인종을 폐지해야 한다고 주장하는데, 이로써 그들이 의미하는 바는 백인성의 특권을 폐지하자는 것이다. David Roediger, *Towards the Abolition of Whiteness* (New York: Verso, 1994)와 Noel Ignatiev and John Garvey, eds., *Race Traitor* (New York: Routledge, 1996) 참조.

23 예를 들어 토릴 모이(Toril Moi)는 주로 시몬 드 보부아르에 기대서 여성 범주가 버틀러가 이야기하는 것만큼 문제적이지는 않다고 주장한다. *What Is a Woman? and Other Essays* (Oxford: Oxford University Press, 1999), pp. 3–120 참조.

24 예를 들어 호텐스 스필러스(Hortense Spillers)는 "인종 없는 상태"라는 목표에 이의를 제기하지는 않지만 그 목적지에 도달하기 위해 길로이가 제안하는 경로에는 의문을 표한다. "Über against Race," *Black Renaissance/Renaissance Noire* 3, no. 2 (Spring 2001), 59–68 참조.

25 Eve Kosofsky Sedgwick, *Epistemology of the Closet* (Berkeley: University of California Press, 1990), pp. 1–66.

26 Gilles Deleuze and Félix Guattari, *Anti-Oedipus*, trans. Robert Hurley, Mark Seem, and Helen Lane (Minneapolis: University of Minnesota Press, 1983), p. 296 참조.

27 길로이의 디아스포라와 혼종성(hybridity) 개념에 관해서는 Paul Gilroy, *Against Race* (Cambridge, Mass.: Harvard University Press, 2000), pp. 97–133 참조. 공생공락에 관해서는 *After Empire* (Oxfordshire: Routledge, 2004), p. xi을 비롯한 이곳저곳 참조.

28 특이성은 질 들뢰즈, 알랭 바디우를 비롯한 여러 현대 프랑스 철학자들의 어휘 속에서 전문용어로 쓰인다. 이 개념에 대한 우리의 정의는 특이성과 다양성의 관계를 강조한다는 측면에서 저들의 정의와 공통점을 갖는다.

29 교차 분석에 대한 고전적인 제안으로는 Kimberlé Williams Crenshaw, "Mapping the Margins: Intersectionality, Identity Politics, and Violence against Women of Color,"

Stanford Law Review 43, no. 6 (July 1991), 1241–99 참조.

30 Baruch Spinoza, *Ethics*, in *Complete Works*, ed. Samuel Shirley (Indianapolis: Hackett, 2002), pt. 2, Proposition 7, p. 247.

31 Slavoj Žižek, *The Parallax View* (Cambridge, Mass.: MIT Press, 2006), p. 362.

32 H. J. De Vleeschauwer, *The Development of Kantian Thought* (New York: T. Nelson, 1962)와 Ernst Cassirer, *The Problem of Knowledge* (New Haven: Yale University Press, 1959) 참조. 후자는 마르부르크학파(Marburg School)의 작업, 특히 헤르만 코헨의 사상을 발전시킨다.

33 Carl Schmitt, *Verfassungslehre*, 6th ed. (Berlin: Duncker & Humblot, 1983), p. 218. 또한 Olivier Beaud, "'Repräsentation' et 'Stellvertretung': Sur une distinction de Carl Schmitt," *Droits*, no. 6 (1987), 11–20 참조.

34 Elizabeth Povinelli, *The Cunning of Recognition: Indigenous Alterities and the Making of Australian Multiculturalism* (Durham: Duke University Press, 2002).

35 Antonio Negri, "Lo stato dei partiti," in *La forma stato* (Milan: Feltrinelli, 1977), pp. 111–149.

36 Michael Hardt and Antonio Negri, *Multitude* (New York: Penguin, 2004), pp. 231–37에 서술되어 있는 전지구적 맥락에서 민주주의의 위기에 관한 현대의 입장들에 대한 설명 참조.

37 Gunther Teubner, "Societal Constitutionalism: Alternatives to State-Centered Constitutional Theory?" in *Transnational Governance and Constitutionalism*, ed. Christian Joerges, Inger-Johanne Sand, and Gunther Teubner (Oxford: Hart, 2004), pp. 3–28.

38 Alain Supiot, *Au-delà de l'emploi* (Paris: Flammarion, 1999) 참조.

39 로빈 켈리(Robin Kelley)는 *Freedom Dreams*에서 반란적 교차에 가까운 일련의 혁명적 동맹들을 역사적 관점에서 분석한다.

40 Jacques Rancière, *Disagreement*, trans. Julie Rose (Minneapolis: University of Minnesota Press, 1999), p. 14.

41 Jean-Paul Sartre, *Critique of Dialectical Reason*, vol. 1, trans. Alan Sheridan-Smith (London: Verso, 2004).

42 레닌의 글로는 주로 *What Is to Be Done?* (New York: International Publishers, 1969) 참조. 레닌에 관해서는 또한 Antonio Negri, *La fabbrica della strategia: 33 lezioni su Lenin*, 2nd ed. (Rome: Manifestolibri, 2004)과 Slavoj Žižek, ed., *Revolution at the Gates: Žižek on Lenin, the 1917 Writings* (London: Verso, 2004) 참조. 트로츠키의 글로는 *The History of the Russian Revolution*, trans. Max Eastman (New York: Simon & Schuster, 1932), 특히 chap. 43, "The Art of Insurrection" 참조.

43 전위적인 정치적 형상들을 이렇게 시기에 따라 구분하는 것은 지젝과 라클라우가 내놓는 제안과 우리 입장 간의 차이를 분명히 해준다. 지젝이 레닌으로 돌아간 것은 레닌의 방법—당대 프롤레타리아의 기술적 구성에 입각해서 정치적 구성을 기획하기—으로의 복귀가 아니라, 반대로 노동의 구성과 무관한 전위적인 정치적 형성체의 반복이다. 이와 달리 라클라우는 레닌 이후의 국면에 전형적인 헤게모니관, 특히 노동자주의적 모습이 아니라 포퓰리즘적 모습의 이탈리아 공산당이 고무한 헤게모니관을 충실히 유지하고 있다.

44 V. I. Lenin, *State and Revolution* (New York: International Publishers, 1971), p. 43.

45 1970년대 코뮤니즘 운동의 발전에 관해서는 Negri, *Books for Burning* 참조.

46 Jean-Luc Nancy, "The Decision of Existence," in *The Birth to Presence*, trans. Brian Holmes et al. (Stanford: Stanford University Press, 1993), pp. 82–109.

47 Michael Hardt, "Thomas Jefferson, or, The Transition of Democracy," in Thomas Jefferson, *The Declaration of Independence* (London: Verso, 2007), pp. vii–xxv 참조.

48 Filippo Del Lucchese, *Tumulti e indignatio: Conflitto, diritto e moltitudine in Machiavelli e Spinoza* (Milan: Ghibli, 2004) 참조.

49 Jean Genet, *Prisoner of Love*, trans. Barbara Bray (Hanover, N.H.: University Press of New England, 1992).

50 이러한 네트워크 정치의 신화에 관해서는 Carlo Formenti, *Cybersoviet* (Milan: Raffaele Cortina, 2008), pp. 201–264 참조.

51 네트워크 구조의 정치적 가능성에 관해서는 Tiziana Terranova, *Network Culture* (London: Pluto, 2004), Geert Lovink, *Uncanny Networks* (Cambridge, Mass.: MIT Press, 2003), Olivier Blondeau, *Devenir media* (Paris: Amsterdam, 2007) 그리고 Alexander Galloway and Eugene Thacker, *The Exploit* (Minneapolis: University of Minnesota Press, 2007) 참조.

52 Immanuel Kant, *The Conflict of Faculties*, trans. Mary Gregor (Lincoln: University of Nebraska Press, 1992), p. 153 (강조는 인용자).

53 Ibid., p. 153.

54 Condorcet, "Sur le sens du mot révolutionnaire," in *OEuvres de Condorcet*, ed. A. Condorcet and F. Arago, 12 vols. (Paris: Firmin Didot, 1847), 12:615. 또한 Hannah Arendt, *On Revolution* (London: Penguin, 1963) 참조.

55 W. E. B. Du Bois, *Black Reconstruction* (New York: Russell & Russell, 1935), p. 206.

56 주로 Lenin, *State and Revolution* 참조.

57 '정치적인 것의 자율성'에 관한 논의들 가운데 하나로는 Mario Tronti, *Sull'autonomia del politico* (Milan: Feltrinelli, 1977) 참조.

58 Antonio Gramsci, *Selections from the Prison Notebooks*, trans. Quintin Hoare and

Geoffrey Nowell Smith (New York: International Books, 1971), pp. 105–120(수동혁명에 관한 부분)과 pp. 279–318(미국주의 및 포드주의에 관한 부분) 참조.

59 기동전과 진지전의 구별에 대해서는 ibid., pp. 229-235 참조.

60 Ibid., p. 286.

61 우리는 이전에 쓴 책들에서 혁명적 폭력의 문제를 여러 차례 다룬 바 있다. 그러나 이 책의 분석은 우리로 하여금 조금은 새로운 통찰을 제시할 수 있도록 해준다. Negri, *Books for Burning*과 Hardt and Negri, *Multitude*, pp. 341–347 참조.

62 Jefferson to William Short, 3 January 1793, in Thomas Jefferson, *Writings*, ed. Merrill Peterson (New York: Library of America, 1984), p. 1004.

63 Saint-Just, "Fragments sur les institutions républicaines," in *Œuvres choisies*, ed. Dionys Mascolo (Paris: Gallimard, 1968), p. 310.

64 Olivier Beaud, *Théorie de la fédération* (Paris: PUF, 2007) 참조.

65 예컨대 Gunther Teubner and Andreas Fischer-Lescano, "Regime Collisions: The Vain Search for Legal Unity in the Fragmentation of Global Law," *Michigan Journal of International Law* 25, no. 4 (2004), 999–1046.

66 Alois Riegl, *Late Roman Art Industry* (Rome: Giorgio Brentschneider, 1985) 참조. 예술의지 개념을 둘러싼 논쟁에 관해서는 Jas' Elsner, "From Empirical Evident to the Big Picture: Some Reflections on Riegl's Concept of Kunstwollen," *Critical Inquiry*, no. 32 (Summer 2006), 741–766 참조. 우리가 여기서 제안한 것과 유사한 선을 따라 리글의 개념을 변형시키는 발터 벤야민의 작업에 대한 이해를 돕는 분석으로는 Katherine Arens, "Stadtwollen: Benjamin's Arcades Project and the Problem of Method," *PMLA* 122, no. 1 (January 2007), 43–60 참조.

67 Vivasvan Soni, "Affecting Happiness: The Emergence of the Modern Political Subject in the Eighteenth Century" (Ph.D. diss., Duke University, 2000).

68 Jefferson to Edward Everett, 27 March 1824, in Thomas Jefferson, *Writings*, vol. 16, ed. Andrew Lipscomb (Washington, D.C.: Thomas Jefferson Memorial Association, 1904), p. 22.

69 단테와 사랑에 관해서는 Giorgio Agamben, *Stanzas*, trans. Ronald Martinez (Minneapolis: University of Minnesota Press, 1993)와 Giorgio Passerone, *Dante: Cartographie de la vie* (Paris: Kimé 2001) 참조.

70 Michel Foucault, preface to Deleuze and Guattari, *Anti-Oedipus*, pp. xi–xiv.

71 *Ethics*, pt. 3, Definition 20, p. 314에 나타난 '분노'에 대한 스피노자의 정의 참조.

감사의 말

이 책의 집필에 도움을 준 모든 사람들에게 감사의 마음을 전하는 것은 불가능할 것이다. 우리는 여기서 범위를 좁혀 원고의 내용에 관해서 토론을 했던 사람들과 번역으로 우리를 도와준 사람들에게 사의를 표하고 싶다. 이들은 다음과 같다. 알랭 베르토, 아리안나 보베, 베페 카차, 체자레 카자리노, 주세페 코코, 안토니오 콘티, 패트릭 듀에이드, 안드레아 푸마갈리, 스테파노 하니, 프레드릭 제임슨, 나오미 클라인, 와니마 루비아노, 마테오 만다린스, 크리스티안 마라치, 산드로 메차드라, 티머시 머피, 파스칼 니콜라스르 스트라트, 찰스 플롯, 주디트 레벨, 알바로 레예스, 아메리카 베라자발라, 카를로 베르첼로네, 린지 워터스, 캐시 윅스, 로빈 위그먼, 그리고 토미코 요다. 우리는 이 벗들이 우리에게 가르쳐준 모든 것에 대해서 감사한다.

서문의 제사로 사용된 마이클 프랜티의 가사는 “Bomb the World”에서 허락을 받고 인용한 것이다.

네그리와 하트의 내재적 장치론과 혁명의 제도화 문제

조정환 (다중지성의 정원)

1. 전략적 연구, 3+1

2000년부터 2012년까지 거의 4년을 주기로 출간되어온 네그리와 하트의 3+1부작의 첫 책 『제국』(2000)은 현재의 **정치구성**을 다룬다. 주권의 이행과 권력의 유기적 구성을 밝히는 것이 그 책의 초점이었다. 두 번째 책 『다중』(2004)은 제국 시대의 **계급구성**을 다룬다. 제국에 대항하는 반란과 저항의 힘이 어떤 **기술적 구성**을 갖고 있는지를 밝히는 것이 그 책의 초점이었다. 네 번째 책 『선언』(2012)은 위기와 저항 속에서 생산되고 있는 현재적 **주체구성**을 다룬다. '공통인'의 주체적 사건이 발생할 가능성의 윤곽을 그려내는 것이 이 책의 초점이다. 한국어로는 마지막 순서로 출판되는 책이지만, 실제로는 세 번째 책인 이 책, 『공통체』(2009)는 근대성을 넘어설 정치적 조직화 방향을, 다시 말해 대안근대성의 **제도구성**을 다룬다. 근대성의 지배적 제도형태인 국가, 즉 소유 공화국을 대체할 정치적 대안체제의 원리와 그것의 가능조건을 세밀하게 그려내는 것이 이 책의 초점이다.

각각의 책들은 독립적이지만 나선형처럼 뻗어나가면서 서로를 반복한다. 다시 말해 각각의 책은 다른 책들을 포함하면서 그것들에 다른 위치와 다른 기능을 부여한다. 예컨대 『제국』에서 제국은 제국주의를 대체하면서 나타나지만, 『다중』에서는 미국의 일방주의 쿠데타로 큰 정부의 형태의 제국주의가 복귀하며, 『공통체』에서는 쿠데타의 실패로 제국이 다시 돌아오지만, 『선언』에서 그 제국은 다중의 반란으로 인해 결정적 위기에 직면한다. 『제국』에서 다중은 제국에 대항하는 잠재력으로 나타나지만, 『다중』에서 다중은 절대민주주의의 구성적 힘으로 나타나고, 『공통체』에서 다중은 소유 공화국에 대항하면서 대안근대성의 제도를 구성하는 동력으로 나타나며, 『선언』에서 다중은 위기의 주체성이자 위기에 맞서는 공통인의 형상으로 나타난다. 네 권의 저작에서 분석은 객관적인 것에서 시작하여 주체적인 것으로, 구성된 것에서 시작하여 구성하는 것으로, 제국의 운동에서 시작하여 다중의 운동으로 나아가는 순서를 밟는다. 하지만 저자들이 후자, 즉 다중의 존재론적 역량을 더 근본적이고 우선적인 것으로 사고한다는 점은 어떤 책에서건 누누이 강조되고 있는 바이다. 사실상 저자들은 마르크스의 자본구성론을 정치적 구성론으로 번역할 뿐 아니라 자본구성론이 가려온 계급구성의 문제를 전면에 부각시킨다. 그래서 각각 기술적 차원, 제도적 차원, 주체성의 차원에서 새로운 계급구성을 해명하고 있는 『다중』 『공통체』 『선언』은 물론이고 주권구성을 규명하기 위한 책인 『제국』조차 계급구성을 규명하기 위한 디딤돌로서의 의미를 갖는다.

얼핏 보면 2011년의 전지구적 반란들이라는 혁명적 사건 속에서 빚진 사람들, 미디어된 사람들, 보안된 사람들, 대의된 사람들 사이의 공통 되기를 주장하는 『선언』만이 시사적 사건과 연관되어 있는 듯이 보이지만 모든 책이 당대의 중요한 시사적 사건에 대한 이론적이고 비판적인 참여라는 성격을 갖는다. 『제국』은 사회주의가 붕괴하고 부시 1세가 새로운 세계질서의 도래를 선언하는 상황에서 혁명의 새로운 가능성을 모색하려는 시도였다. 『다중』은 2001년 9·11과 테러에 대한 전쟁이라는 상황에서 대안세계화 운동의 방향을 밝히려는 시도이다. 『공통체』는 2008년의 금융위기와 경제위기의 상황에서 **소유**에 기반한 근대정치체제의 부패와 한계를 폭로하고 가난과 사랑 그리고 공통적인 것에 기반하여 **자유**의 정치체제를 구축할 전망을 확보하려는 시도이다. 이런 의미에서 3+1부작은 처음부터 미리 짜여진 이론적 설계도를 긴 시간에 걸쳐 구현한 것이 아니다. 그것들은 저자들이 '전략적 연구'라고 부르는 것, 즉 현실에의 치열한 관심과 비판적 참여 속에서 생성되어 나오는 발생적 사건이다. 그러므로 이 작업이 이제 '끝났다'고 보아서는 안 될 것이다. 그것은 앞으로도 다른 형태로 계속될 수밖에 없는 이론적 사건이며, 앞으로 3+n의 형태로 나타날 수 있는, 집합적 진리생산의 한 과정이자 부분이라고 보아야 할 것이다.

2. 내재적 장치

이 책, 『공통체』는 매우 복잡한 역선들의 교차과정 속에 놓여 있다. 그것은 다양한 주제들을 다르게 반복하면서 새로운 사유의 가닥을 다듬어 나가는 저자들의 **교향악**交響樂**적** 서술방식과 연관되어 있다. 그러므로 여기서는 그 복잡한 역선들을 횡단하는 이 책의 붉은 실, 중심 줄기를 좀 더 굵은 선으로 그려내보도록 하자. 이것은, 저자들이 다중의 군주 되기라고 표현하는, 혁명의 '제도구성'(제도화)의 내용과 의미를 밝히는 작업이기도 할 것이다.

제도구성을 깊이 있게 이해하려면 저자들이 이 책에서 사용하는 세 가지의 핵심적 정치철학 개념을 먼저 이해해야 한다. 초재적인 것, 초월적인 것, 내재적인 것이 그것이다. 초재적인 것은 내재적인 것으로부터 **분리**되어 그것에 **대립**하는 것으로 내재적인 것 외부에 있다. 그러므로 **초재적 권력**은 다중 외부에서 다중을 지배하는 힘이다. 권리를 정지시키고 법 위에 군림하는 군주적 권력이나 예외상태가 그 예라고 할 수 있다. 그것은 주로 권위와 폭력에 의존한다. 반면 초월적인 것은 내재적인 것의 **추상**으로서 내재적인 것으로부터 분리되지만 그것을 포섭하는 방식으로 재접속된다. 그러므로 **초월적 권력**은 다중을 기반으로 삼으면서 동시에 그 다중을 지배한다. 법에 뿌리를 두고 법에 의해 뒷받침되는 권력으로서 소유와 자본에 구현된 권력이 그 예라고 할 수 있다. 내재적인 것은 **자기생성**하는 존재론적 힘으로서 초재적인 것 외부에서 그것에 대립할 뿐 아니라 초월적인 것 안에서도 그것에 대항하는 구성적 힘이다. **내재적 권력**은 다중의 자기가치화하는 생성적 운동력으로서, 저자들이 추구하는 구성적 힘(즉 제헌권력)이 그 예이다.

저자들은 현존하는 정치제도를 **초재적인 것**으로 묘사하는 묵시록적 유형의 관점들(특히 아감벤의 예외상태론)에 반대하면서 현존하는 정치제도들의 성격을 **초월적인 것**으로 정의한다. 이것을 부르는 이름이 '소유 공화국'이다. 소유 공화국은 소유(재산)를 인간의 사고와 행동에 본질적인 것으로 정의한다. 소유는 그 공화국에서 사회적 삶의 가능성의 조건이다. 그래서 소유 공화국에서는 '인간'이 소유에 따라 규정된 개인들(즉 소유자들)로 나타난다. 소유 공화국에서 소유 그 자체는 다중으로부터 분리되어 대립하는 **초재적** 형상이다. 하지만 개인 범주는 다중을 추상하면서 적법성의 형식 속에 다중을 포섭하는 **초월적** 형상으로 기능한다. 자본의 소유를 기준으로 조직된 자본주의 사회에서 자본을 소유하지 못한 개인들의 위치는 이중적이다. 형식적으로 그들은 법적 인격을 가진 것으로 나타나지만 실제로는 인간의 경계 밖으로 밀려난다. 소유하지 못한 개인들은 소유의 위계에 종속된 기계적 부품으로 소유체제를 떠받치는 역할을 하게 되는데, 이것이 마치 자연스럽고 필연적인 법칙처럼 보이게 된다. 자본주의에서 권리와 법을 보장하는 제도들은 이 이중적인 사회적 관계와 과정을 구조화하는 **초월적 장치**들로서 기능한다.

이것에 대한 비판들은 처음에는 과학을 통해 그 제도들의 부정적 이데올로기 기능을 폭로하고 고발하는 데에서 출발했다. 마르크스의 자본 비판은 그 대표적인 예다. 저자들은 초월적 장치에 대한 이 유물론적 비판으로는 충분치 않다고 보면서 그것의 완성은 이 장치를 **내재적 장치들**로 대체하는 것에 의해 비로소 이루어질 수 있다고 본다. 저자들은 이것을, 소유에 대한 초월적 비판에서 신체의 내재적 현상학으로의 **삶정치적 이성**의 전진이라고 말한다. 저자들이 자신들의 이론작업을 귀속시키는 범주이기도 한 이 삶정치적 이성은 지식과정에서 출발하여 주체성의 대안적 생산의 처방으로 나아가는 활동이며,

이를 통해 공통적인 것과 내재적 신체의 구성에 참여하는 **장치**들 중의 하나이기도 하다.

3. 대안근대성의 신체와 제도장치

내재적 신체의 구성은, 소유 공화국의 초월적 신체들에 포섭되어 그것의 기반을 이루고 있지만 그 신체들과는 다른 원리에 따라 움직이는 잠재적 신체를 찾아내는 것에서 시작되어야 한다. 저자들이 마키아벨리, 스피노자, 마르크스 등에 의해 포착된 가난한 신체들에 주목하는 것은 이 때문이다. 이 신체들은 **절대적 빈곤**과 **일반적 가능성**을 동시에 가리킨다. 가난한 신체는 무위의 신체(아감벤)에 머물기에는 역동적이며, 비판과 분노의 신체(에스포지토, 홀러웨이)에 머물기에는 너무 능동적이고, 불변의 언어적·자연적 상수들에 의해 규정되기에는 너무 창조적이다. 저자들이 보기에 가난한 신체들은, 상호간의 협력을 통해, 타자들과의 새로운 관계를 발명하는 생산적 힘이며 바로 이런 의미에서 그것들은 항구적인 삶정치적 사건들의 주체성이다. 이 사건들의 지속적 반복 속에서 소유의 제도들은 침식되거나 분쇄되며 그 밑바닥에서 자유의 주체성과 그 제도들의 윤곽이 비로소 드러나기 시작한다.

이 가난한 신체들은 그러므로 근대의 소유 공화국 속에서 저항하며 그 너머를 가리키는 **대안근대성**의 힘이다. 저자들에 따르면, 소유 공화국은 근본에서는 노예제를 기반으로 운영된다. 흑인노예제, 인종주의, 식민주의, 그리고 무엇보다도 임금노동은 노예제를 근대성의 중심적 받침대로 만들어내는 장치들이다. 주의해야 할 것은, 그것들이 단지 **앎**의 형태들에 그치지 않고 **함**의 형태들이라는 것이다. 그것들이 함의 권력장치들인 한에서, 그것들은 평등이나 자유와 같은 공화국의 이념을 무력화시킨다는 식의 이데올로기적 비판만으로는 결코 완전히 극복될 수 없는 성격의 것들이다. 제도장치 그 자체의 실제적 극복이 문제이기 때문이다. 소유에 기반한 근대성이 공화제 형태 하에서 노예제를 가동시키고 있다는 사실, 요컨대 근대성의 이 **제도적** 이중성은 오직 가난 속에서 전개되는 노예들의 저항과 그것이 행사하는 자유의 역량 외의 다른 것으로는 극복될 수 없는 것이다.

그러므로 노예들의 저항, 반란, 봉기, 탈주 등은 분명히 **반**근대적인 힘의 분출이다. 하지만 저자들은, 그것들이 직접적으로 **대안**근대적인 것이라고 볼 수는 없다고 말한다. 왜냐하면 이 반대의 움직임들은 현존하는 권력장치들의 작동에 의해 규정되고 있는 것이고 그런 한에서, 그 장치들의 기능의 (부정적) 일부에 불과하기 때문이다. 대안성은 직접적으로 주어지지 않으며 현존하는 장치들의 기능방식을 전복하는 관점의 전환을 통해서, 그리고 장치의 다른 장치로의 실제적 대체를 통해서 비로소 완성될 수 있는 것이다. 저자들은 **저항**이 **권력**에 우선하고, 주체성의 자유가 권력의 행사에 우선한다는 관점을 확보하는 것에서 출발하여, 이 가난한 신체들의 저항과 반란의 힘이 자유와 구성의 힘으로 나타날 진화의 노선을 탐구하는 방향으로 나아간다. 이것이 초월적인 것에서 내재적인 것으로의 전환가능성을 찾는 저자들의 탐구방식이다.

가난한 신체들의 저항과 반란에 대안구성의 초점을 놓을 때, 즉각적으로 고려되어야 할 것은 지난 세기들에 가난한 사람들의 저항을 조직하면서 소유 공화국에 대항해 싸워온 마르크스주의와 사회주의의 운동노선이다. 마르크스주의와 사회주의가 가난한 신체들을 자유와 구성의 힘으로 전환시키려는 바로 그 전환의 시도였던 것은 아닐까? 저자들은 마르크스주의의 역사 속에 (특히 마르크스, 레닌, 로자, 마오 등의 고전적 사유 속에) 자본주의적 근대성에 맞서는 반근대적 주체성의 힘에 대한 강조가 살아 있는 것은 분명하다고 말한다. 하지만 그것들은 근대성을 **진보**로 찬양하는 경향과 불가분하게 얽혀 있어 대안근대적 사유로 나아가기 어려웠다고 저자들은 평가한다. 현실사회주의의 발전도 마르크스주의 이론의 발전과 유사한 양면성을 보인다. 러시아, 중국, 쿠바에서 전개된 세 번의 위대한 사회주의 혁명들은, 한편에서는 강력한 반근대성의 힘에 의해 추동되었고 투쟁의 연쇄들을 촉발하면서 근대성을 넘어설 새로운 희망과 꿈의 생성을 자극했지만 결정적으로 근대화 기획과 결별하지 못한다. 혁명 이후의 현실에서 궁극적으로 승리한 것은 근대적 경제발전주의와 진보주의였다. 저자들의 이러한 생각은, 사회주의 실험은 실패했다는 식의 통념과는 거리가 멀다. 오히려 사회주의는, 강력한 시초축적 계기이자 경제발전기계라는 측면에서, 그리고 위기와 예외에 대한 관리기계라는 측면에서 결코 실패하지 않았으며 붕괴하지도 않았다. 사회주의는, 전통적 형태의 사회민주주의나 제3의 길 형태의 사회민주주의와 더불어, 오늘날 전지구적 자본주의 질서 속에서 그와는 다른 형태의 장치들보다 강력하고 생생한 것으로 기능하고 있다는 것이 저자들의 생각이다. 저자들의 생각에 현실의 사회주의는 자본주의의 국가주의적 발전형태에 다름 아닌데, 이런 관점에서 보면, 사회주의는 이미 지나간 문제가 아니라 우리 시대에 생생하게 살아 있는 현재적 문제이다. 많은 사람들이 '붕괴' 혹은 '해체'라고 표현하는 짧고 격렬한 위기 이후에 더 부유하고 강력한 힘으로 세계자본주의 질서에 복귀한 오늘날의 러시아나 중국은 그것의 대표적 사례라 할 것이다.

이상의 서술에서 우리는 근대성도 이중적이지만 반근대성도 이중적이라는 결론을 도출할 수 있다. 이 상호이중성 때문에 근대성과 반근대성이 대립하면서도 서로를 껴안고 있는 관계에, 다시 말해 **변증법적 모순**의 관계에 있는 것 같은 환상이 나타난다. 실제로 프랑크푸르트학파의 음울한 정치학을 가로지르고 있는 것은 바로 이런 종류의 변증법적 환상이다. 그래서 저자들은 이 변증법의 환상을 깰 괴물적 사유가 필요하다고, 근대성과 반근대성 사이를 가로지르며 나아가는 **사선 긋기**가 필요하다고 주장한다. 그것은 근대성에 대한 찬양은 물론이고, 그것에 대한 단순한 반대에도 머물지 않는 것이다. 이를 위해서는, 반근대성 속에서도 주권의 해방을 추구하는 **반동적** 반근대성(파시즘, 인종청소, 백인우월주의, 신보수주의, 근본주의 등)으로부터 저항과 구성의 확대를 추구하는 **해방적** 반근대성을 명확히 식별해낼 수 있는 대안근대적 상상력이 필요하다.

물론 상상력에 대한 요구만으로 충분치 않다. 상상력은 훈련되어야 하며 물질적 힘으로 전화되어야 한다. 이런 판단 위에서 저자들은 새로운 사회적 제도들에 공고화되는 **습관과 관행**이 변형된 새로운 인간본성을 구성할 것이라고 말한다. 저항과 반란도 새로운 일단의 집단적 습관과 관행들, 즉 새로운 삶형태를 발명하고 **제도화**할 때에만 강력해지고 오래 지속될 수 있다고 보기 때문이다. 이제 근대성의 삶형태와 제도장치들을 대안근대적 **삶형태**와 **제도장치들**로 대체하는 것이 핵심적 문제로 제기된다. 그렇다면 그 장치들은 어떤 장치들이며 어떻게 구축될 수 있는 것일까?

4. 정체성의 평행정렬과 특이화

초점을 분명히 하기 위해 강조해야 할 것은, 기존의 제도장치들이 **정체성**에 기반할 뿐 아니라 정체성을 생산하는 장치라는 사실이다. 제도 속에서 사람들은 개인으로, 가족으로, 민족으로 생산되고 또 기능한다. 이러한 정체성들의 **계약론적** 관계가 근대의 제도형태들이다. 물론 근대성만이 정체성에 의해 규정되어온 것은 아니다. 반근대성의 힘들도 많은 경우에 정체성의 형성을 통해 작용한다. 노동운동의 '노동자', 소수자 운동의 '여성', '동성애자', '이주민', '원주민', 그리고 근본주의 운동의 '형제' 등이 그것이다. 근대성을 넘어서고자 하는 운동들이 정체성에서 출발하는 것에 저자들은 큰 이견을 갖지 않는다. 하지만 **출발지**가 **도착지**여야 하는 것은 아니다. 정체성에서 출발하고 정체성 내부에 있으면서도 정체성의 폐지를 향하는 것이 혁명적 정치이고 혁명적 주체성일 것이기 때문이다.

그런데 정체성은 다양하다. 운동이 정체성에서 출발한다면 어떻게 다양한 정체성들이 생산적인 제도적 관계 속으로 들어올 수 있을까? 이 문제에 대한 전통적 해법은 정체성들 사이의 계약, 특정 정체성의 헤게모니 확립, 권리의 양도, 권위의 수립, 중앙집권 등의 절차를 제도적으로 규정하는 것이었다. 이것은 궁극적으로 **주권**의 구축을 가져오는 해법이다. 이 전통적이고 다수적인 해법 속에서 개인과 개인 사이의 계약, 노동과 자본 사이의 계약, 시민과 국가 사이의 계약 등은 제도의 필수불가결한 기초로 작용한다. 저자들은 이러한 제도개념에 맞서 **사회계약**이 아니라 **사회갈등**이 제도의 기초라는 생각을 제시한다. 마키아벨리, 스피노자, 토머스 제퍼슨 등의 생각에서 저자들이 읽어내는 제도 개념에서 **갈등**은 사회에 내적인 것일 뿐 아니라 사회발전의 항구적 토대이다.

갈등에 열려 있고 갈등에 의해 구성되는 제도만이 민주적이라는 관점을 대안근대성의 제도 개념으로 삼을 때, 정체성의 다양성은 **헤게모니관계** 속에서가 아니라 갈등하는 **평행정렬관계** 속에서 생산적 힘을 발휘할 수 있다. 하지만 여기서 평행은 서로 만나지 않으면서 불변하는 정체성을 유지하는 것을 의미하지 않는다. 갈등하는 평행관계에서 정체성들은 끊임없는 **우발적 마주침**에 열려 있다. 마주침은 각자의 힘을 증대시키는 것(기쁜 마주침)으로 작용하기도 하고 감소시키는 것(슬픈 마주침)으로 작용하기도 한다. 그러므로 대안근대성의 제도장치들은, 갈등하는 정체성들의 평행관계 속에서 일어나는 이 부단한 마주침들이 가능한 한 기쁜 마주침을 더 많이 낳을 수 있도록 배치되어야 한다. 이렇게 열린 과정 속에 놓인 정체성들은 더 이상 출발점의 그 정체성이 아니며 이미 특이화 과정 속에 있는 정체성, 즉 **특이성들**일 것이다.

특이성들이 서로 마주치고 그것들이 기쁨의 관계 속에 들어간다는 것은 자신들의 특이성을 잃지 않으면서 새로운 **공통의** 관계를 맺는 것을 의미한다. 이것은 분명 단편들에서 출발하는 암중모색의 과정일 수밖에 없겠지만 **반복된 실천**과 그것에 참여하는 신체들의 **부단한 변신**을 통해 일정한 정도의 안정된 모음을 생산할 수 있는 과정이다. 하지만 대안근대적인 공통적 제도의 생산은 총체성의 복구와는 다른 것이다. 무엇보다도 그것이 매 순간 변형에 열려 있다는 사실에서 그렇다.

5. 공통적인 것의 두 유형과 근대성 속의 공통적인 것

그렇다면 공통적인 것은 대안근대성에만 고유한 것이고 근대성과는 무관한 것일까? 이 물음은, 사회적 상황의 공통적 짜임새에 온전히 참여하는 일종의 윤리적 실천으로서의 **전략적 연구**에 의해서만 제대로 답해질 수 있는 것인데, 그 답은, '그렇지 않다!'는 것이다. 근대 자본주의 속에서도 공통적인 것은 살아 움직인다. 현대의 정치경제학들은 '사회적 자본', '(시장)외부경제', '불경제diseconomy', '영업권', '무형자산' 등의 용어로 공통적인 것의 그림자를 더듬어 왔으며, 케인스주의, 신자유주의 등은 그 공통적인 것을 정치적으로 관리하고 통제하기 위한 역사적 정치양식들로 출현했다고 해도 과언이 아니다.

무엇보다도 현대 자본주의 사회에서 확인되는 노동의 변형이 근대성 속에서 공통적인 것의 실재를 증언해준다. 오늘날 노동은 비물질화하고 여성화하며 혼종되고 있다. 저자들이 **삶정치적 노동**으로의 변용이라고 부르는 이 과정은 노동을 사회적 관계의 생산이자 새로운 혁신의 생산일 뿐 아니라 새로운 주체, 새로운 인간의 생산과정으로 만든다. 요컨대 노동은 오늘날 공통적인 것의 생산으로 나타난다. 저자들은 노동에 의해 생산되는 이 공통적인 것이, 천연의 자원이나 토지와 같은 공통적인 것의 첫 번째 수준과 나란히, 공통적인 것의 두 번째 수준을 구성한다고 말한다. 이렇게 근대성 속에서도 공통적인 것은 실재하지만 근대성의 장치들이 이 공통적인 것과 맺는 관계는 대안근대성의 장치들이 공통적인 것과 맺을 관계와 다르다. 현실의 자본주의 제도장치들은 현대의 사회적 노동이 수행하는 이 공통적인 것의 생산을 **봉쇄**하고 **수탈**하는 것으로 기능한다. 감독, 훈육, 감시,

민영화, 지적재산권 등의 장치들은 생산적 협력이 이루어지는 공통의 장을 **분할**하고 **구획**함으로써 공통적인 것의 생산능력을 **축소**시키고 **고갈**시킨다.

이러한 장치들과 그 기능이 생산과정 내부의 것이라면 금융은 생산과정 외부에서 지식, 코드, 이미지, 정동, 소통 등의 공통의 부를 화폐적 방식으로 수탈하고 사유화하여 결국은 파괴하는 장치다. 메트로폴리스에서의 부동산경제 역시 금융과 마찬가지로, 무수한 마주침들을 통해 공통적인 것이 생산되는 원천이자 그 저장소인 도시공간을 수탈하는 장치다. 이렇게 삶정치적 착취의 장치들은 (자본의 장치들이 형식적 포섭에서 실질적 포섭으로, 수탈에서 착취로, 지대에서 이윤으로, 소외에서 착취로 **이행**했던 마르크스의 시대와는 반대로) 실질적 포섭에서 형식적 포섭으로, 시간분할을 통한 착취에서 공통적인 것에 대한 수탈로, 이윤에서 지대로, 다시 말해 착취에서 소외로의 **역행**을 가져온다. 주목해야 할 것은 이 역행의 과정에서 근대의 제도장치들이 이로운 공통적인 것을 봉쇄, 축소, 고갈시킬 뿐 아니라 대기와 물과 땅의 오염, 교통체증, 전염병 등 해로운 공통적인 것을 더욱 증식시킨다는 사실이다.

그러므로 대안근대성의 장치들에는, 공통적인 것에 대한 수탈을 저지하고 이로운 공통적인 것의 생산을 확대하면서 동시에 해로운 공통적인 것의 생산을 축소해야 하는 이중의 과제가 주어진다. 우리에게 친숙한 몇몇 제도장치들이 이런 역할을 감당할 수 있을까? 이 물음에 대해 저자들은, 우리에게 친숙한 근대의 장치들인 가족이나 기업(과 같은 사적 장치나), 민족이나 국가(와 같은 공적 장치) 등이 그러한 역할을 수행할 수 없다고 단호하게 말한다. 저자들에 따르면 내적 위계, 이성애규범성, 나르시시즘, 사유재산과 개인주의를 동반할 수밖에 없는 가족제도는, 공통적인 것에의 동등하고 자유로운 참여를 실현하기 위해 폐지되어야 한다고 말한다. 기업이나 민족, 혹은 국가 역시 공통적인 것을 부패시키며 제한하고 고갈시키는 것에서, 가족과는 다른 방식으로지만 유사한 역할을 수행한다. 이것들 역시 동일한 이유에서 폐지되어야 할 것들이라는 것이다.

이런 판단 위에서 저자들은 다른 곳으로 시선을 돌린다. 가난한 사람들과 그들의 삶이 그것이다. 이미 적지 않은 사람들이 당혹감을 표현하곤 했지만, 저자들은 대안근대성의 장치를 구축하고 공통적인 것을 수호하고 확대시킬 힘을 가난한 사람들과 그들의 **사랑**에서 찾는다. 저자들이, 드라마나 대중가요나 광고 등에 특화된 주제라고나 할 수 있을 사랑을 자신들의 전략적 연구의 주제로 삼는 데에는 그럴 만한 이유가 있다. 그것은 근대성의 장치들인 가족, 기업, 민족, 국가 등이 모두 암묵적으로 사랑을 생산하고 관리하는 것에서 그 존재이유를 찾고 있기 때문이다. 가족애, 애사심, 동포애, 애국심 등과 같은 용어들의 광범위한 확산과 증폭현상에서 읽어볼 수 있듯이 이 장치들은 사랑을 동원하고 사랑을 생산하고 사랑을 관리함으로써만 유지될 수 있는 것들이다. 하지만 이것들이 동원, 생산, 관리하는 사랑은 정체성에 기반을 둔 사랑이며 그럼으로써 사랑의 부패를 가져왔다. 심지어 이것들과 싸우기 위해 만들어진 혁명당조차 정체성적 애당심에 호소함으로써 공통적 사랑을 부패시키는 장치로 추락했다. 이러한 장치들을 통해서 사랑은, 기존의 존재와 단절하면서 새로운 존재의 창조를 가져오는 힘으로 살아 움직일 수 없다. 이 장치들은 부패해서 치워야 할 장애물로 된 사랑, 공통적인 것의 악화의 산물로서의 악으로 된 사랑을 생산한다. 요컨대 저자들은 가족, 인종, 민족, 국가 등이 정체성에 사랑을 묶어 둠으로써 사랑을 부패시키고 해로운 공통적인 것의 생산과 확산에 한몫을 한다고 본다. 그러므로 대안근대적 사랑의 장치들과 제도들은, 말벌과 난초의 공생관계에서처럼, 정체성들의 마주침(연합) 속에서 정체성을 넘어서는 그것들의 부단한 특이화를, 즉 신체적 변이의 습관과 관행을 함양하는 것이어야 한다고 말한다.

6. 제국적 협치장치와 현대 금융제도

이런 기준에서 볼 때, 가족, 기업, 국가보다 상위의 장치, 즉 신자유주의적 다자주의 제국과 그것에 대한 신보수주의적 일방주의 쿠데타(그것은 협치를 거스르면서 자연법 가치론, 정체성, 중앙은행, 대법원에 호소하는 신권주의자들의 테르미도르 반동이었다)의 순차적 실패 끝에 다시 돌아온 제국은 어떨까? 이제 새로 출현 중인 그 장치는 공통적인 것과 다른 관계를 맺을 수 있을까? 기업 담론과 철학 담론(예컨대 루만) 모두로부터 자양분을 얻으며 출현 중인 이 장치는, 체제의 중력중심을 다양한 수준의 결정네트워크 내부에서 이루어지는 국가와 비국가 간의 더 큰 협력 쪽으로 옮김으로써 하향 대신 상향, 연역 대신 귀납을 방법론적 원리로 채택한다. 이것이 일방주의 쿠데타와 금융위기를 겪으면서도 살아남아 움직이는 제국적 협치의 장치다. 제국적 협치가 다수의 행위자로 구성되고 유연하고 개방적이며 상향적인 것은 사실이다. 하지만 그것에서 다양성과 개방성은 심각하게 **제한**되어 있다. 또 그것의 권위구조와 규제메커니즘은 아직 부분적이고 때로는 무력하며 불균형적이기 때문에 일련의 위기들에 노출되어 있다. 그래서 저자들은 제국적 협치가, 미국과 같은 특정 국가의 자본이 아니라 세계 총자본이 지휘권을 장악한 것을 의미할 뿐이라고 말한다. 이것은 일종의 귀족정이다. 그래서 제국적 협치의 귀족들은 군주를 필요로 하면서도 그것과 갈등하며, 민중을 대의한다고 주장하는 조직들 및 제도들과 협상하고 협동하면서도 민중에 대한 공포 때문에 그렇게 한다. 요컨대 이 귀족정은 위뿐만 아니라 아래와도 부단한 갈등관계에 있는 제도형태이다.

소유 공화국의 이 장치들을 밑받침하면서 공통적인 것을 관리하는 두 개의 제도형태들이 있다. 하나는 **대의제도**이다. 이것은 대표자라는 형식을 통해 민중들의 정치적 의지를 모은 후 그것을 그들로부터 분리시키는 이접장치이다. (이것은 전작 『다중』의 핵심주제 중의 하나이므로 여기서 더 이상의 설명은 피한다.) 2008년 금융위기 상황 속에서 쓰여진 『공통체』에서 저자들이 주요하게 검토하는 것은 **화폐제도와 금융제도**다. 화폐와 금융은 소유 공화국의 다른 제도형태들을 횡단하고 있지만 그것들의 심층에 놓여 있어서 명확하게 기업이나 국가 혹은 당만큼 분명하게 식별되지 않는다. 그것은 마치 조직화의 산물이 아니라 자연의 산물인 것처럼 보인다. 하지만 그것들은 다른 제도형태들처럼 소유 공화국에서 생산되는 공통적인 것을 측정하고 재현한다. 2008년 금융위기 이후 전 세계적 관심을 끌고 있는 것은 금융이다. 금융이 가진 추상하는 힘은 강력하다. 그것은 보편적이고 강력한 **추상기계**다. 추상의 수준이 올라갈 때마다 금융제도들은, 생산과정에서 직접적으로 혹은 간접적으로 협력하는 사회적 수준의 네트워크들을 더 넓게 장악한다. 금융은 생산된 공통의 부를 그 부의 외부에서 그리고 생산과정으로부터 떨어진 채로 **수탈**하는 도구다. 그것은 공통적인 것의 생산에 의존하면서 그것을 높은 추상수준에서 신비화한다.

금융이 갖는 이 추상의 힘은, 순수한 상호작용(즉 공통적인 것)을 가장 순수한 형태(즉 일반적인 사회적 형태)로 재현하는 화폐의 힘의 표현이다. 화폐는 **개별** 상품의 가치를 재현하는 보편적 등가물이면서 교환의 매체이다. 이와 동시에 화폐는 생산된 **사회적** 가치를 재현하는 유일한 지형이다. 이 때문에 화폐를 소유한 자본은 노동에게 명령을 내릴 수 있는 권력을 갖는다. 개별적 재현과 사회적 재현이라는 이 두 기능은 자본주의 사회에서 갈등관계에 있게 되고 그 사회의 **내적 적대**를 표현한다. 저자들은 이 적대를 극복하기 위한 몇 가지 대안들을 검토해본다. 첫째로 화폐 이전의 사용가치 세계, 물물교환 관계로 복귀하는 방안은 화폐가 추상의 방식으로 관여해온 상품생산에 투하된 노동가치의 재현과, 생산이 이루어지는 일반적 사회적 장의 재현 모두를 불가능하게 만들 것이고 그 결과 공통적인 것을 사유하고 생산하는 우리의 능력을 침식할 것이다. 둘째로 공정무역이나 등가교환을 제안하면서 개별적 가치 재현은 보존하고 일반적 사회적 장의 가치 재현은 해체하자는 방안이 있다. 이것 역시 사회적인 공통적인 것과 관계할 우리의 능력을 침식할 것이다. 그래서 저자들은 다중이 화폐를 재전유함으로써 공통적인 것에 대한 화폐의 두 가지 재현 기능들을 모두 보존하는 세 번째 방안을 가장 가능성 있는 대안으로 제시한다. 산업노동계급이 추상노동과 임금의 개념을 통해 자신을 응집력 있는 사회적 주체로 표상할 수 있었듯이, 다중들이 강력한 추상기계인 화폐를 재전유함으로써 오늘날 다양한 형태의 유연하고 이동적이며 불안정한 노동력들을 새로운 집합적·사회적 주체로 표상할 수 있게 하고 그럼으로써 그것이 다중을 만들어나갈 제도적 수단을 제공해줄 수 있으리라는 것이다.

7. 반란과 그것의 제도적 안정화

대안제도화의 문제의식이 '어떻게 다중이 화폐를 재전유할 수 있을 것인가'라는 물음으로 돌아온 이곳에서, 저자들은 다시 한 번, 가난한 사람들에게 눈을 돌리고 그들의 현실적 투쟁에서 이 재전유의 힘을 찾으려 한다. 농민봉기, 노동자반란, 반식민 인종폭동, 도시반란, 식량폭동 등 16세기에서 20세기에 걸친 근대 정치운동사 전체에서 단절적이면서 지속적으로 발견되는 반란, 즉 분노에 기초한 자기조직적 반란인 **자크리**jacquerie가 그것이다. 저자들이 보기에, 자크리가 대안으로 기능할 수 있는 어떤 조직구조나 합법적 제도를 남겨놓지 않는다는 통상적 관점은 잘못된 것이다. 농민반란이 일관되게 지대제도를 공격했고 노동자 반란이 고정자본을 타격했으며 도시반란이 사회적 이동 및 분할조건들을 공격했다는 사실은, 자크리들이 타격대상인 생산관계에 의해 특징지어지며 다중의 행동을 공통적인 것으로 만드는 **추진력**을 갖고 있음을 보여준다. 즉 자크리들은 흔히 생각되는 것보다 훨씬 더 **지적**이며 **합목적적**이다. 그것들은 대안들을, 다시 말해 지배권력에 맞선 새로운 권력, 착취구조에 맞선 삶형태, 명령에 맞선 해방의 기획을 적극적으로 제시한다. 하지만 저자들이 보기에 문제는, 그 **반란**의 계기를 **통치**의 계기로 옮겨놓는 것, 반란이 제기하는 기획들을 안정화시키는 것이다. 오늘날의 삶정치적 자크리들이 제기하는 기획들을 정치적으로 **조직**하고 제도로 **안정**시키는 것이 문제이다.

반란의 제도적 안정화는 시간과 공간이라는 두 축에서 전개되어야 한다. 삶정치적 반란은 **시간**의 축에서 산업노동자들의 반란과는 다른 지평을 제시한다. 필요노동과 잉여노동의 순차적 구분은 이제 불가능해졌으며 노동시간과 삶시간의 구분도 불가능해졌다. 현대의 자본주의적 가치화와 수탈은 더 이상 측정된 시간단위들의 순차적 연속 속에서 전개되지 않고 선형적 시간성에 대한 **예외**로 나타나는 일종의 **동시성** 속에서 전개된다. 이에 대한 다중의 삶정치적 반란은 자신에게 부과되는 모든 척도를 초과하고 자본주의적 착취메커니즘을 넘쳐흐르는 **초과**의 시간 속에서 전개된다. 예외의 시간성과 초과의 시간성은 모두 낡은 시간 척도 너머로 움직인다. 그래서 자본주의적 통제와 혁명적 운동은 동일한 시간성의 지평에 있게 된다. 다중의 혁명의 시간은 자본의 수탈의 시간 안에 있으면서 그것에 맞서는 **엑서더스**의 운동을 통해 분명하게 드러난다. 엑서더스는 자본주의적 명령의 예외성에 맞서 다중의 초과하는 생산성을 제시하는 기획이다. 이것은 자본의 **현재**에 노동의 **미래**를 대치시켰던 산업노동자의 반란과는 다르다. 그것은 미래적인 것을 담고 있지만 초과를 표현하는 현재 속에서 표현되는 기획이다. 그러므로 이 **지금 여기**에서 엑서더스의 시간을 조직하는 것이 대안근대성의 시간론적 과제다.

그렇다면 **공간**의 축에서 반란의 제도화는 어떻게 가능할까? 오늘날 엑서더스의 현장은 산업노동 시대와는 달리 공장에 국한되지 않는다. 오늘날 다중의 비유기적 신체, 기관 없는 신체는 산업노동자의 공장보다 훨씬 넓은 지평인 **메트로폴리스**다. 메트로폴리스는 예속, 고난, 투쟁과 같은 다중의 과거를 **기록**하고 활성화할 뿐 아니라 미래의 형상을 **제시**한다. 저자들은 이것을, '산업노동계급과 공장의 관계는 오늘날 다중과 메트로폴리스의 관계와 같다'라는 말로 표현한다. 메트로폴리스는 공통적인 것이 생산되는 장소이며 타자들과의 마주침이 일상적으로 전개되는 현장이다. 세계인구의 과반수가 도시지역에 살게 되면서 세계 전체는 명실상부하게 메트로폴리스화되었다. 그러나 이것은 시골지역을 메트로폴리스 **밖**에 두는 관점을 의미하지 않는다. 농민을 **자연적인** 공통적인 것에 뿌리박은 존재로, 노동자를 **인공적인** 공통적인 것에 뿌리박은 존재로 사고했던 마르크스의 시대와는 달리, 시골은 더 이상 메트로폴리스로부터의 고립과 소통불가능성이라는 특징을 갖지 않는다. 메트로폴리스의 공통적인 것은 공간적으로 불균등한 강도들을 나타내지만 그것은 도시인가 시골인가를 경계로 삼는 것은 **아니다**. 정치적으로 조직되어야 할 것은 도시인가 시골인가를 불문한 메트로폴리스적 세계 **전체**이고 그곳에서 생산되는 공통적인 것과 마주침들 **전체**이다.

시간 지평에서 자본의 예외의 시간과 다중의 초과의 시간이 투쟁하듯이 공간의 지평에서도 이와 같은 투쟁이 필연적이다. 메트로폴리스에 대한 자본의 관리는 일반화된 오염, 교통체증, 악취와 같은 해로운 공통적인 것을 증대시키고 **불행한** 마주침들을 증폭시킨다. 이로부터 다중에게는 어떻게 이로운 공통적인 것을 증대시키고 **행복한** 마주침을 증폭시킬 것인가라는 과제가 주어진다. 기쁨의 마주침들을 조직함으로써 메트로폴리스에서 더 이로운 공통적인 것을 증식시키기 위해 다중은, (산업노동자들이 공장에서의 위계, 억압과 이윤에 대항해 싸웠던 것과 유사하게) 메트로폴리스의 위계, 분할, 폭력에 대항하는, 그리고 지대수탈에 대항하는 투쟁을 전개하는 한편 다른 쪽에서는 그것의 부, 지식, 소통, 협력 등 공통적인 것의 네트워크를 다중 자신의 것으로 전유하는 방향의 조직화를 전개해야 한다.

8. 제도화의 두 방향

이 조직화의 방향은 두 가지 차원에서 고려된다. 하나는 **위**를 향한 것으로, 자본에게 현재의 공통적인 것에 상응하는 개혁프로그램을 요구하는 것이다. 『제국』에서 상술된 바 있는 보편적 시민권, 무조건적 보장소득, 보편적 접근권은 저자들이 제안하는 대표적인 개혁프로그램들이다. 저자들이 혁명적 의지를 의심받으면서까지 위기로부터 자본을 **구하기** 위한 개혁들을 제시하는 것은, '사태가 더 악화될수록 좋다'는 식의 붕괴론적 이행관이나 사회적 생산에 대한 국가규제를 지향하는 장악론적 이행관을 극복하기 위한 노력이다. 저자들은 **사적** 통제와 **공적** 통제로부터 다중이 실제로 자율적으로 되기 위해서는 협력, 소통, 사회적 마주침을 조직하는 법을 학습하고 훈련할 필요가 있으며 이를 통해 사회적 주체의 변형이 가능한데 이것은 **공통적인** 것의 **점진적** 축적을 필요로 한다고 본다. 그러므로 저자들의 시각에서 볼 때, 자본이 공통적인 것에 대한 수탈에 의존하면서 모순적이게도 그것을 고갈시키며 이로부터 위기들이 반복적으로 촉발되는 상황에서, 자본으로 하여금 공통적인 것을 고갈시키지 않고 보존하며 촉진하는 방향으로 제도를 개혁하도록 촉구하는 것은 자본을 구하기 위한 것이 아니라 궁극적으로는 자본의 무덤을 파는 주체성을 실제로 생산하기 위한 것이다.

또 하나의 차원은 **아래**로부터의 것으로, 즉 다중 자신의 자기가치화와 자기조직화를 촉진하는 것이다. 자기가치화는 **가치**법칙을 다양한 생산부문들 사이에 노동력을 할당하는 **평형**의 법칙이 아니라 노동관계를 파열하는 **비평형**의 발동기로, 적대의 법칙으로 이해하는 것에서 출발한다. 오늘날 단순-복잡, 생산적-비생산적, 물질적-비물질적인 온갖 노동형태들이 삶정치적 노동의 지평에서 혼종되고 있는 전지구적 생산의 상황에서는, 평형론적 가치법칙이 이것들을 재는 일관된 척도법칙으로 기능하는 것은 불가능하다. 적대의 가치법칙은 이제, 낡은 정치경제적 통제의 척도나 문턱을 흘러넘치는 공통적인 것의 초과의 시공간(사실상 이것은 삶의 활동 전체이다)을 기반으로 하는 **새로운** 가치론으로 정립되어야 한다. 초과는 삶의 양태를 연속적으로 **변형**시키는 과정이며 공통적인 것 속에서 사회적 삶의 새로운 형태들을 늘 가속되는 방향으로 **발명**하는 과정이다. 클리나멘이 원자들의 하강에 개입하여 원자들로 하여금 그 각각의 경로로부터 벗어나게 하고 사건을 발생시키는 요소이듯이 **초과**는 자신의 형성과정을 인식하고 그 과정에 개입하여 실험을 촉진하는 욕망의 **동학**이자 **장치**로, 일종의 윤리정치적 수행**기계**로 간주되어야 한다. 그것은 사랑을 힘에의 의지, 구성적 활동으로 이해하면서 공통적 주체성의 존재론적 생산을 가져오며, 삶의 사건들이 **웃음**처럼 폭발하도록 할 수 있는 기계장치이다. 이 새로운 **가치기계**는, 발전을 위한 통제가 다중의 특이성들의 집합 전체의 저항을 더 이상 억제하지 못하도록 만든다. 이 초과장치의 활동이 자본의 통제의 문턱을 넘어 나아가면 갈수록 자본은, 더 이상 불필요한, 역사의 방해물로 표상될 것이다.

그런데 이 문턱 넘기는 정체성들에서 출발한 투쟁들의 평행약진을 넘어 그것들의 **반란적 교차**를 요구한다. 평행약진과 우발적 마주침의 연속과정에서 **갈등과 불화**는 운동과 투쟁의 일상적이고 통상적인 조건이다. 이 사실의 승인 위에서 이루어질 때에만 반란적 교차는 다중 만들기에 실제로 기여할 수 있다. 그것은 전통적인 동맹이나 연합과는 다른 무엇이다. 왜냐하면 반란적 교차는 정체성을 짝짓는 것이 아니라 특이성들의 변신과 공통적인 것의 구성을 가능하게 만드는 장치이기 때문이다. 전통적 당형태는 이 반란적 교차의 장치로 이용되기에는 이미 낡았다. 왜냐하면 당형태는 20세기 초 전문적 노동자들의 기술적 구성에 조응하는 장치(공장전위)로서 새로운 정체성의 형성(즉 통일)을 목표로 삼는 장치였기 때문이다. 그 목표는 일반적으로, 산업노동자들이 노동과정에서 감독에 의해 통일된 신체로 조직되었듯이, 우두머리의 형성을 통해 달성되었다. 산업노동에서와는 달리 오늘날의 삶정치적 노동은 우두머리를 필요로 하지 않으며 그것을 장애물로 느낀다. 20세기 말 이후 발생한 반란적 교차의 사례들이 수평적 네트워크의 형태로, 그리고 사이버네트워크의 형태로 이루어지고 있는 것은 오늘날의 삶정치적 노동의 기술적 구성이 정치적 구성의 수준에서 나타난 것의 결과로 볼 수 있다.

다중의 반란적 교차 속에서 형성되는 제도들은 결코 **고정적**일 수 없다. 왜냐하면, 그 교차 속에서 제도화되는 것은 역동적인 반란들이며, 그 교차가 조장하는 것은 정체성들의 변신과 특이화이고, 생산되는 공통적인 것은 부단히 확장되어 가기 때문이다. 그래서 공통적인 것의 제도들은 영구히 **유동적**일 수밖에 없고 영원히 혁신에 열려 있을 수밖에 없다. 이 제도화 속에서도 다중들은 자신들의 권리나 힘을 결코 양도하지 않으며 권력의 주권화를 저지하는 구성적 힘, 즉 제헌권력으로 기능한다. 반란적 교차가 공통적인 것의 제도화 과정을 촉진시키면서 **통치의 한 형태**로 되어 낡은 제도들이 가하는 통제의 **문턱**을 넘어설 때 그것이 바로 민주주의적 결정의 순간이자 **혁명**이라고 저자들은 말한다.

9. 혁명이 가동하는 두 종류의 힘과 행복의 제도화

이제 남는 것은 혁명을 다스리는 문제이다. 평행과 반란적 교차의 과정을 거쳐 공통적인 것의 제도화를 향해 나아가는 혁명은, 반란인가 제도인가, 수동인가 능동인가의 양자택일을 거부한다. 그것은 반란인 동시에 제도이며 수동인 동시에 능동이다. 또 다른 양자택일의 물음이 제기될 수 있다. 그것은 기동전인가 진지전인가, 폭력인가 비폭력인가 사이에서의 양자택일을 재촉하는 물음이다. 이 물음에 대해 저자들은 혁명에는 두 개의 활동영역(장)이 있다는 사실을 제시하는 것으로 응답하기 시작한다. 하나는 권력에 대항하는 투쟁의 장이며 또 하나는 다중 만들기라는 구성의 장이다.

무력이 요구되는 것은 첫 번째 장에서다. 지배자들은 자신들의 권력이 위협받을 때, 폭력적으로 반응하며 이때 다중은 자신을 **방어**하기 위해 무력을 필요로 한다는 것이다. 하지만 무엇이 최선의 무기인지는 상황에 따라 다르며 각각의 상황에서 최선의 무기를 결정해야 하는데, 거기에는 두 가지의 기준이 있다. 하나는 투쟁을 **승리로 이끄는 데** 가장 효과적인 무기가 무엇인가라는 기준이다. 이것은 삶정치적 생산과정에 기초하여 판단되어야 한다. 저자들은, 삶권력이 자신이 지배하는 주체성에 종속되어 있고, 예외의 관리인가 초과의 생산인가라는 다른 방향에서지만 다중의 특이성의 시간을 놓고 삶권력과 주체성 양자가 서로 갈등하는 상황에서는, 무장부대보다 비무장다중이, 정면공격보다 엑서더스가 더 효과적이라고 말한다. 이보다 훨씬 중요한 또 하나의 기준이 있는데, 그것은 어떤 무기가 **다중을 만드는 데** 가장 효과적인가 하는 기준이다. 무기나 폭력이 적에게 미치는 효과의 문제는 그것들이 다중과 다중의 제도를 건설하는 과정에 미치는 영향의 문제에 비해 부차적이라는 것이다.

이 관점의 연장에서 저자들은 혁명이 무기나 **폭력**violence이 아니라 **힘**force의 사용을 필요로 하는 두 번째 활동영역을 고찰한다. 이 영역은 직접적으로 지배권력과 갈등하는 영역이 아니다. 하지만 권력은 사회적 위계를 부과함으로써 공통적인 것을 파괴하고 다중 내부의 갈등을 조장하는 제도를 통해 공통적인 것의 부정적 형태를 영속시킨다. 이것들이 공통적인 것의 부패를 가져온다. 저자들은, 부패에 대항하는 새로운 제도의 구축을 통해 기쁜 마주침과 이로운 공통적인 것을 활성화시키는 투쟁이, 무기와 폭력을 통해 지배권력을 파괴하는 투쟁에 못지않게, 아니 그보다도 더 중요한 가치를 갖는 것임을 강조한다. 저자들에 따르면, 부패에 대항하는 제도구축은 다중들의 **구성적 협치**를 통해 이루어질 수 있다. 그것은 **제국적 협치**를 **전복**하는 것이지만 그것에 직접적으로 **반대**하는 것이 아니다. 제국적 협치는 다원주의적이고 유연한 규범구조를 따라 움직이며, 전지구적 법체계에 통일성을 부여하려 하기보다, 갈등을 관리하고 각각의 부분들 사이의 규범적 공존가능성을 만들어낼 네트워크 논리에 따라 움직인다. 저자들은, 제국적 협치가 전지구적 사회의 파도들 위를 떠다니는 구조물과 유사하다고 말한다. 주목해야 할 것은 저자들이, 제국적 협치를, 구성적 협치의 가능성을 보여주는 징후로서 읽자고 제안한다는 것이다. 제국적 협치가 제안하는 규범적으로 예외적인 것들의 네트워크 논리를 삶정치적 생산의 협력의 논리로 **역전**시키고 제국적 협치가 **우연적인 법적 틀**의 기초로 읽어내는 사회적 갈등을 **혁명적 제도화**의 기초로 역전시키는 것이다.

부패에 대항하는 제도의 혁명적 구축은 궁극적으로, **일시적**인 것에 머물지 않고 지속적으로 **반복되는** 쾌락을, 그리고 **개인적**인 데 머물지 않고 **집단적**인 수준에서 구현되는 쾌락을 생산할 수 있다. 이 지속적이고 집단적인 선善이야말로 저자들이 말하는 행복이다. 이것은 결코 단번에 달성될 수 있는 것이 아니다. 오랜 과정에 걸친 학습과 훈련을 통해서만, 무엇보다도 **행함을 통한 배움**을 통해서만 이러한 행복이 실현될 수 있다. 이것을 실현하는 메커니즘을 다중의 민주주의라고 부를 때 그것은 **행복을 제도화**하면서 창조와 기쁨의 웃음을 폭발시키는 **장치** 외에 다른 것이 아닐 것이다.

10. 내재적 장치론의 현재적 위치

이상에서 짐작할 수 있듯이 네그리와 하트의 혁명적 장치론은 장치의 내재론 혹은 **내재적인 것의 장치론**이라고 할 수 있다. 푸코의 장치론이나 들뢰즈와 가타리의 배치론을 21세기의 생산지형과 정치지형에 적절한 방식으로 가공하면서 저자들은, 존재론적으로 내재적인 공통적인 것의 자기운동을, 정체성들 사이의 갈등에 기초하여 유동적인 방식으로 제도화하자고 제안한다. 이 내재적 장치론은 삶의 변형을 사유하면서 혁명적이거나 개혁적인 대안을 제안하고 있는 현대의 여러 정치사상적 조류들과 뚜렷이 구분되는 독특한 자리를 차지한다. 첫째로 그것은 장치와 제도를 거부하는 **반장치론**들과 구분된다. 반장치론의 대표자는 『크랙 캐피털리즘』의 저자, 존 홀러웨이다. 이 책의 저자들과 많은 점에서 매우 깊이 공명하는 사유들을 전개하고 있음에도 불구하고 그는, 제도화를 혁명의 **무덤**이라고 보는 점에서만은 네그리와 하트와 뚜렷이 대조된다. 그는 제도화 대신 **균열**들의 합류와 공통하기communizing를 주장하는데, 이 점에서 그의 생각은 **적극적** 반장치론이라고 부를 수 있을 것이다. 『장치란 무엇인가』의 저자, 조르조 아감벤도 반장치론의 경향에 속한다고 할 수 있다. 하지만 그는 균열이 아니라 **무위**를 대안으로 생각하는 점에서 **소극적** 반장치론을 표현한다. 하지만 이 반장치론들은 초재적이거나 초월적인 것보다 내재적인 흐름과 그것의 반란성을 중시한다는 점에서는 네그리와 하트의 생각과 상통하는데, 지금까지의 정체성적 제도화가 가져온 부정적 결과에 대한 정당한 거부감이 반란적 흐름들의 탈정체성적 제도화까지 거부하는 것으로 나아가는 점에서 네그리와 하트의 문제의식과 대립한다. 이들과는 달리, 내재적 흐름을 경계하면서 장치의 중요성을 강조하는 입장들이 있다. 전자에 비해 그 사례가 많고 좌파에서 주류적이고 다수적인 위치를 차지하는 이 경향은 고전적 마르크스주의를 계승한다고 자임하는 여러 조류들과 사회민주주의 조류들에서 흔히 찾아볼 수 있다. 예컨대 에르네스토 라클라우는 내재성의 차원들에서의 다양성을 인정하면서도 그것들의 이질성을 조절할 헤게모니 장치가 별도로 출현해야 한다고 본다. 알렉스 캘리니코스는 공장 중심적 관점에 서지만 노동자들의 자생적 힘을 인정하면서 그것에 의식적인 정치적 방향성을 부여할 혁명정당 장치의 필요성을 주장한다. 지젝의 경우는 좀 더 극단적이다. 그는 내재적인 것인 것으로 보이는 다중들의 다양성과 수평적 네트워크가 자본의 탈영토적이고 탈중심적인 배치를 거울처럼 반영하는 것에 지나지 않으며 다중은 지배세력과 한패가 되는 경향이 있다(이런 진단에서는 바디우도 지젝과 일치한다)고 주장하면서 전위적 정치조직 장치의 필요성을 역설한다. 장치의 중요성을 강조하는 점에서 이 생각들은 네그리와 하트의 관점과 상통하지만, 이들의 장치 개념은 내재성의 관점에서 벗어날 뿐 아니라 정체화를 지향하는 경향이 있다는 점에서 네그리와 하트의 생각과 대립한다. 네그리와 하트의 관점에서 보면 이러한 생각들은 근대성에 본질적이며 대안근대적 운동에는 치명적인 **초월적** 장치들을 혁명이라는 이름으로 다시 구축하는 것에 지나지 않는다. 이런 점을 고려하면, '제도화는 혁명의 무덤이다'라는 홀러웨이의 비판을 마르크스주의와 사회민주주의의 실제 역사 속에서 무수히 반복되어온 이 초월적 장치론들의 파괴적 효과에 대한 반응이자 날카로운 비판으로 읽어야 할 것이다. 그러므로 네그리와 하트의 관점에서 필요한 것은, 제도화가 혁명을 매장해 왔다는 사실로부터 제도화 그 자체로부터 물러나지도 않으며, 반제도적 태도가 반란을 일시적인 것으로 만들어 왔다는 사실로부터 정체성을 생산하는 초월적 제도화에 호소하지도 않는 것이다. 다시 말해 문제는 혁명을 묻어버릴 제도화가 아니라 혁명을 촉진하면서도 다스릴 수 있는 형식의 제도화를 이루는 것인데, 이 문제에 네그리와 하트는 내재적 장치구축으로서의 제도화라는 독특한 노선을 제시하고 있는 것이다.

물론 이 책, 『공통체』에서 반란의 제도화, 공통적인 것의 제도화, 행복의 제도화에 대한 탐구는 아직 정치철학적 개념의 제시와 그 실현조건의 탐구라는 이론적 수준에 머물러 있다. 저자들이 이 책의 곳곳에서, 이 책을 읽는 독자들에게, 독자들 자신의 경험을 통해 저자들의 이 이론적 탐구를 보충하고 발전시켜 줄 것을 주문하곤 하는 것은 이 때문일 것이다. 다행스럽게도, 다중들이 실제적 경험으로 이 이론을 보충할 뿐 아니라 이론 그 자체를 지성적으로 발전시킬 집단적 기회는 이 책의 출간 이후인 2011년, 북아프리카에서 서유럽을 거쳐 북미대륙으로 확산되어간 반란의 물결 속에서 주어졌다. 그 사건은 자본의 전 지구적 지배지형에 커다란 균열을 가져왔을 뿐 아니라 전 세계적으로 다중지성적 힘의 거대한 분출을 가져왔다. 다중이 이 집합적 반란의 경험을 몸으로 실천한 후인 2012년에 출간된 『선언』은, 『공통체』에서 정치경제학, 정치학, 철학 저작들에 대한 계보학적 탐구라는 방식으로 시도된 전략적 연구의 한계를 세계 여러 곳에서의 실제적 거리투쟁들에 대한 계보학적 탐구를 통해 저자들 자신이 직접 보충하려는 강렬한 시도이다. 이 실험적 시도를 지적 탐구로 지속하고 또 행동으로 확장함으로써 새로운 이론적·실천적 장치들을 집단적으로 창조해 나갈 과제와 책무는 이제 그들이 아니라 우리들 자신의 어깨 위에 주어지고 있다.

조정환 서울대 국문과에서 프롤레타리아 문학을 전공하고 노동해방문학운동에 참가했다. 정치사상사와 정치철학, 정치미학을 연구하며 주권형태의 변형과 21세기 정치의 새로운 주체성에 대한 탐구를 진행하고 있다. 현재 다중지성의 정원 대표 겸 상임강사, 도서출판 갈무리 대표로 활동하고 있다. 저서로 『아우또노미아』 『미네르바의 촛불』 『인지자본주의』 등이 있고 이외에 여러 권의 편역서와 번역서가 있다.

찾아보기

ㄹ

ㅁ

ㅇ

ㅈ